· 国家重点学科华东政法大学法律史学科建设项目
· 上海市人文社科基地华东政法大学外国法与比较法研究院项目

TALK WITH CHINESE
JURISTS

［第十卷］

中国法学家访谈录

何勤华／主编

北京大学出版社
PEKING UNIVERSITY PRESS

图书在版编目（CIP）数据

中国法学家访谈录.第 10 卷/何勤华主编.—北京:北京大学出版社,2014.7
ISBN 978 - 7 - 301 - 24104 - 2

Ⅰ.①中…　Ⅱ.①何…　Ⅲ.①法学家 - 访问记 - 中国 - 现代　Ⅳ.①K825.19

中国版本图书馆 CIP 数据核字(2014)第 068174 号

书　　　　名:中国法学家访谈录(第十卷)
著作责任者:何勤华　主编
责 任 编 辑:朱梅全　王业龙
标 准 书 号:ISBN 978 - 7 - 301 - 24104 - 2/D · 3553
出 版 发 行:北京大学出版社
地　　　　址:北京市海淀区成府路 205 号　　100871
新 浪 微 博:@北京大学出版社
电 子 信 箱:sdyy_2005@126.com
电　　　　话:邮购部 62752015　发行部 62750672　编辑部 021 - 62071998
　　　　　　 出版部 62754962
印　刷　者:北京中科印刷有限公司
经　销　者:新华书店
　　　　　　 730 毫米×980 毫米　16 开本　36 印张　627 千字
　　　　　　 2014 年 7 月第 1 版　2014 年 7 月第 2 次印刷
定　　　　价:118.00 元(精装)

前　　言

在法律史研究(当然,在更广泛的意义上也包括整个历史学研究)中,大体包括四种方法:文本解读、社会考证、民族调查和当事人访谈。

文本解读方法的优点是可以不受时间的限制,即我们生活在当代的人,可以通过流传下来的文本研究数百年或数千年之前的法律制度。其缺点则是容易忽视文本之外的研究史料,或者说容易忽视文本在实际社会生活中的影响(运用、贯彻)。

社会考证方法的内容比文本解读要丰富复杂得多,包括历史上留下来的活动遗迹、考古出土的文物、国家正式文本之外的文献资料等。这种方法的优点除了研究不受时间的限制之外,研究的结论会更加符合社会生活多元化的原貌,更加接近当时事物的真实状态,也比文本解读更为丰富多彩。其缺点是受考古出土成就的大小、历史保留古迹的多少、资料分散零碎状况等的限制,而且史料的来源具有很大的随意性和偶然性。

民族调查,即对某些具有"活化石"特征的民族(种族)作田野、社会考察。这种方法的优点很明显,因为对于现代人来说,在文本文献、考古资料、保留下来的遗迹都极为不充分的情况下,要对人类早期社会进行复原研究,利用这种还保留了原始社会生活习惯的种族群体进行考察、比较、研究,是唯一可行、有效的方法。但这种方法的缺点也是很明显的,即这种"活化石"特征的民族数量有限,大量的民族在近代化的浪潮中,已自觉或不自觉地进入了现代社会。而且,即使找到了这样的民族,对这种民族的典型性、这种民族中保留的"活化石"特征中的制度和习惯的代表性与普遍性等,也都是需要非常谨慎地进行分析、鉴别的。

当事人访谈,即对亲身经历或接触过历史上的事件、人物和文献的当事人进行采访,通过其回忆描述,再现以往社会生活的原貌。这种方法,虽然有许多缺点,如当事人可能因年代久远而记忆不清,或记错事实,或可能因某种不便说出口的原因而故意隐瞒、歪曲乃至伪造某些事实,或因许多当事人还健在而无法完全真实地叙述一些事实,等等。但这种方法的优点也是显而易见的。因为在研究离我们生活的时代还不远的一些人和事时,曾经亲身经历过、接触过当时的事件、人物和文献的那些当事人,比保留下来的文本文献和其他资料,要更为真实可靠一些。因此,这种方法也是中外史学家们广泛采用的方法。众多传记、回忆录的出版,就说明了这一点。因此,笔者认为,在这种访谈、回忆得到其他相关资料印证的前提下,当事人访谈应是研究历史尤其是研究现代史、当代史的重要方法。①

《中国法学家访谈录》是当代史作品。在上述四种史学研究方法中,第四种方法是最为适合本书的编写目的的。因此,在新中国法学发展史研究成为上海市人文社科基地华东政法大学外国法与比较法研究院建设和国家重点学科华东政法大学法律史学科建设的重要内容后,我们首先想到的就是这个方法。当然,采用这个方法的另一个考虑是,亲身经历、接触过对中国现代法律史和法学史的发展影响深远的20世纪50年代初期、60年代至70年代中叶中国发生的那些法律事件、运动的法学家,已经越来越少了。所以,为了抢救新中国法律、法学发展的活的史料,设计并完成《中国法学家访谈录》课题,也是非常有价值的。

《中国法学家访谈录》的最初构思,是笔者在2001年参加中共中央党校中青班学习期间形成的。当时,笔者在听课、学习、讨论之余,经常坐在党校的图书馆里,翻阅革命根据地以及新中国初期的各种文献资料(顺便说一句,中共中央党校图书馆保存的这方面的资料,是全中国各大图书馆中最为齐全的),对我们党在革命战争时期,以及20世纪50、60年代的活动,和当时的一批风云人物、一些重大历史事件产生了浓厚的兴趣,希望能够把这些事件、人物以及作品等原原本本地写出来,让后人对此有一个比较真实的认识、理解和把握。但是,由于从事这一访谈、研究和写作工作需要较多的经费投入,当时尚无此条件,故此事就拖了下来,未能及时开展。

延至2007年10月,一方面,许多著名的法学家,如周枏、王铁崖、倪征噢、李浩培、谢怀栻、高格、徐轶民等相继去世,使得开展这项工作更为紧迫:如果我们这项工作再不做,这些作为新中国社会主义法制史的"活的历史"的当事人,就会越来越少;另一方面,此时,华东政法大学法律史学科,被教育部批准为国家

---

① 笔者对历史研究方法的这种分类,当然是出于分析和说明问题的方便,同时,比较的方法、训诂的方法等,在历史研究中也是非常重要的。实际上,在历史研究中,同时使用其中几种或者全部方法的学者和作品也很多。笔者的观点是,只要有可能,在历史研究中,使用的方法愈多,研究成果就会愈加丰硕。

级重点学科,获得了比较充足的经费资助。这样,笔者的上述构想才得以在重点学科建设项目中立项,争取到了外出访谈调研必需的课题经费。当一个多年的愿望得以实现之时,笔者真的是非常高兴!

本书原来设想是分为六卷:第一卷,采访的主要是 1935 年之前出生的法学家,因为这个年龄段的法学家基本上是在 1957 年之前大学毕业,他们都亲身经历或接触过 20 世纪 50 年代中国所发生的影响中国法律和法学发展的事件、人物和文献,甚至许多都是当时"左"的思潮、运动的受害者,身心俱受到很大伤害。正因为如此,有些法学家在回忆时语气、用词比较尖锐、愤懑,有些情绪化。此点,恳望读者诸君予以理解和谅解,毕竟本书是一本历史的著作。第二卷,主要访谈 1936 年至 1948 年出生的法学家,这批法学家亲身经历了 1966 年至 1976 年间的"文化大革命",对此前后发生的影响中国法律和法学发展的事情感受比较深,相当一部分人也是这场"大革命"的受害者,他们所叙述的内容,最具真实性,也最权威。受第一卷篇幅的限制,有一部分 1935 年之前出生的法学家,我们也放在第二卷之中。第三、第四、第五卷,主要访谈 1949 年至 1960 年期间出生的法学家,这批法学家人数众多,是现在最为活跃的群体,也是当前中国法律和法学发展的主要推动者。在学术上,他们是中国改革开放之后成长起来的,是与中国 20 世纪 70 年代末之后法治大发展同步成长起来的法学家。第六卷主要访谈 1960 年之后出生的法学家,在他们这一年龄段的人中间,也已经涌现出了许多优秀的法学工作者。

在后来的实际采访中,我们访谈的 1949 年至 1960 年期间(后来还包括了 1960 年之后)出生的法学家,人数大大超出了我们原来的计划,因采访内容的丰富而增加的字数也无法在第三至第五卷这三卷中所容纳,从而不得不又增加了四卷,即第六至第九卷(原计划的第六卷变为第十卷)。由于这一原因,本书就从原来计划的六卷,变成了目前的十卷。此点,也请广大读者理解和谅解。基于此,目前的第三至第十卷共收录了四百多名法学家。因种种原因在前面一卷中遗漏了的学者,一般就在后面一卷中补充收录进来。

参加本书访谈、写作的是华东政法大学法律史专业 2006 级之后入学的博士、硕士研究生。他们虽然还很年轻,但经过本专业多项省部级课题的调研和写作锻炼,在科研方面已经比较成熟了。由于在每一篇访谈文章的末尾都注明了作者名字,所以在扉页和前言中就不再一一列出每位作者的名字了。尽管如此,李明倩、张伟、王海军等名字我还是要特别地提及。他们是本书访谈活动的主要组织者和联系人,协助笔者做了许多涉及全书成稿事务的工作。虽然他们还很年轻,但工作起来非常投入、充满激情,也具有很强的组织和协调能力。由于本书涉及的内容比较繁杂,历史头绪比较多,加上都是回忆类文章,记录过程中可能出现一些不正确或错误之处,谨希望各位被采访者以及广大读者批评指正。

《中国法学家访谈录》属于现、当代人写现、当代事,编写这种作品,如上所述,既有有利的方面,也存在着许多困难和缺陷。笔者曾在《中国法学史》第四卷(即将由法律出版社出版)的序中说过:"现代法律人写现代法学史,好处当然是有的,那就是对绝大多数法律事件、法学成果、讨论争鸣、法律人物都是熟悉的,或亲身经历过的,甚或是直接参与者和当事人。因此,写起来当然可以非常真实,非常细致,文献资料也容易收集。但现代法律人写现代法学史的弊端也是明显的。一方面,由于作者是这一段历史的见证人,甚至是当事人,因此,作者就不能做到百分之百地纯粹客观描述,而一定会加入自己的见解和体会,甚至是各种情绪。另一方面,由于被描述的学者都还健在,故考虑到各种人际关系,作者在阐述这一段历史时就会有所顾忌,对许多人和事常常不得不做一些'技术处理',无法保证其描述的客观公正。但是,对现代中国的法学发展史进行研究,又是笔者兴趣之所在,放弃这种兴趣我自认为生活将变得毫无意义。因此,笔者决定不去考虑上述两个方面的弊端,以自己的学术良心为准则,无所顾忌地、客观公正地对现代中国这六十余年法学发展的历史作一番系统的梳理,以为学界及其后人留下一点真实的学术积累。"笔者感到这段话对本书的写作也是有指导意义的。

为了忠实地反映每一个被访问者的真实思想和话语,我们在每一篇访谈录成稿之后,都寄给被访问者本人审阅过;有些由于某种原因无法做到这一点的,我们也严格按照采访时的录音进行整理,以保证访谈录的原始性和真实性。

在撰写、审阅每一篇访谈录时,笔者以及其他各位作者,经常抑制不住地会叹息、沉思,有时也感到心酸,但更多的时候是感动、钦佩和激动。这些法学家的人生道路和学术事业尽管经历了那么多挫折和坎坷,但他们对祖国的爱、对人民的爱、对生活的爱始终没有消失,对在中国建设社会主义法治国家的信念始终没有动摇。他们中的许多人在"反右"运动、"文化大革命"中都吃了许多苦,但他们仍然那么开朗、自信、豁达,对过去的那段历史也理解得那么透彻,看得那么平淡,不怨天尤人,不颓废消沉,秉持着我们的党一定能够认识、纠正自己身上的错误,带领全体人民将中国建设成为一个伟大的社会主义法治国家的信念,勇敢地活下去,拥抱每一天来自东方的太阳。

我们原来的打算,是在第一、第二卷出版(2010年1月)之后,在2010年年内就把之后的各卷一起推出。但由于本书访谈工作量特别巨大,我们没有能够做到,使编辑出版工作一直拖了下来,至今已过去了两年多。我们一边心里很愧疚,一边不得不承认,有的时候真的是身不由己啊!由此给各位受访者带来的麻烦,务必请诸位专家学者谅解。

本书中许多法学家的访谈,自 2009 年起,已经有近三十位法学家的访谈为《检察风云》杂志转载刊出。这些法学家的曲折经历和动人事迹,激励着年轻一代的法律人在法治建设的道路上进一步奋勇攀登,从而在司法系统以及整个社会上产生了广泛的良好影响。

《中国法学家访谈录》是上海市人文社科基地华东政法大学外国法与比较法研究院、国家重点学科华东政法大学法律史学科重点建设项目,本书的调研、写作和出版,得到了这两个建设项目的经费资助。北京大学出版社的项目负责人王业龙老师和责任编辑丁传斌、徐音,为本书的编写和出版付出了辛勤的劳动。在此,谨表示我们一片诚挚的谢意。

何勤华
于华东政法大学
外国法与比较法研究院
2014 年 5 月 18 日

目　录

李秀清
Li Xiuqing

　　1966 年 3 月生,浙江临海人。华东政法大学教授、博士生导师,《华东政法大学学报》主编,兼任全国外国法制史研究会副会长。英国牛津大学法律系访问学者,美国密歇根大学法学院富布赖特研究学者,德国马克思-普兰克欧洲法律史研究所访问学者。主要从事法律史、比较法的研究。

　　著有《日耳曼法研究》《所谓宪政》,其他合(译)著有《20 世纪比较法学》《外国法与中国法》等十余部,还主编《民国法学论文精粹》《外国民商法导论》等。在《中国社会科学》等杂志上发表论文三十余篇,曾获上海市哲学社会科学著作一等奖及“上海市优秀中青年法学家”称号。2011 年荣获第六届“全国十大杰出青年法学家”荣誉称号。

　　尽管与李秀清教授早已熟识,但访谈的过程依然能感受到几分震颤。性格决定命运,从 17 岁进入华东政法学院的那一刻起,李秀清教授的人生道路便开启了崭新的一扇门,七年间求学的快乐,辗转去日本的艰辛,转入法史后的打拼……环境改变着李秀清教授的性格,而性格则决定了李秀清教授今日的成功,在这个校园里,李秀清教授付出了太多,也得到了本应属于她的收获:学位与荣誉,还有友谊与爱情。

　　大学期间,跟我关系好的同学很多,加上经常参加体育活动,再后来跟男朋友交往,使我在研究生期间恢复了原来的性格。我觉得,性格对一个人生活的幸福、事业的进步都有很大影响。

记者(以下简称“记”):李老师,您好,我们从您入学的时候开始聊吧,您那个时候为什么会选择来华政读法律?

李秀清(以下简称"李"):我们那一代的学生可能都有一个问题,对浙江人来说,一般不会走得太远,所以上海肯定是首选。我的分数复旦可能进不去,上海财大和华政的分数差不多,但我的脑子里根本没有想过去考一个和财经有关的什么专业,于是就选择了华政。当时还有一个很偶然的因素,我们高中的教务处处长席老师的哥哥,也就是我们宪法的席祖德老师在华政当教授。当时他说,上海有一个华东政法学院,我的分数可以考虑,于是我就进来了。其实那个时候法律系并不热门,文科比较热门的系还是传统的哲学、文学、历史等。不过,当时我们的目标就是要考进大学,至于读什么专业,好像没有考虑太多。

记:您是 1983 年入学的,当时的华政和现在有什么不一样的地方?

李:当时的华政和现在差别很大。当时一个年级也就四百多人,整个学校也就只有法律系,而且还没有完整的图书馆,只能借用于现在的食堂。现在的图书馆那时虽然已经建起来了,但是还没有使用。除此之外,韬奋楼当时还被卫校占着,我们还需要在帐篷里上课。可以说,现在的硬件变化很大。

记:您对当时的老师有什么印象?

李:当时的我只是一个本科生,与专业老师的交流并不多,再加上那时候我从乡下过来,不大习惯跟人交流,也不是那种活跃的学生。当时只知道任课老师和班主任,法理的张善恭老师担任我们的班主任。我觉得当时大学里设班主任的机制是很好的,班主任也由专业的老师担任,老师与学生的联系很密切,这个机制对本科,特别是一年级和二年级同学的影响很大。那时候上课都是小班教学,所以老师与学生之间的关系肯定比现在密切得多。但可惜的是,这个机制在现在是没有了,现在的老师都记不住每个学生是谁,只能跟几个比较活跃的学生进行沟通。

记:有哪些给您印象比较深的老师?

李:在本科期间印象比较深的老师有法理的张善恭老师,还有我们的辅导员,也就是现在讲授刑事诉讼法的王俊民老师,他当时刚刚留校。特别要说的一点是,当时我们1983级进来的时候,恰逢1979级第一届毕业生开始留校,像周伟文老师等一批年轻教师都给我们上过课;在我们三年级时,张弛老师也当过我们的班主任,他是1980级留下来的,是兼职的班主任。所以,我觉得当时的班主任制度是很好的。现在尽管也有导师制,但是导师与学生之间的关系却还没有当时那么密切。

记:当时的学科体系是什么样子的?

李:科目体系,我现在也不太记得了,只记得应该没有太大的变化,从基础课开始,法理、中法史、外法史、罗马法等,跟现在的课几乎都差不多,现在变化大的可能就是民法的课是越来越多了,我们那时只有民法、民法总论、民法分则的课程,老师是李淑琴老师,她的课上得很好。刑法是杨兴培老师上的,当时给我的印象也很深。

记:当时同学们之间的关系怎么样?

李:同学们的关系十分密切,我在 40 号楼住了两年,当时的那间宿舍是在 40 号楼三楼,也就是我们专业老师现在的工作室所在的楼层。分配工作室的时候,我就专门选择了那间我住过的宿舍,也就是现在的 308 房间。当时一二年级都住在 40 号楼,我们女同学住在三楼,二楼就是男同学,所以男女同学之间的关系也很密切,而且可以互相串门。那时学生的业余活动很单一,要么看电视,要么跳舞,要么看电影。当时 40 号楼一幢楼只有一台电视,放在走廊上,一般是星期六吃好饭,大家就搬着小凳子挤在那里,就像以前乡下放露天电影。那时候有一点好处,每周末都有舞会,只是很简陋,有时候在教室里举行,后来则在体育馆楼上。那时候班级的概念是很强的,大家也比较单纯,没有太多担忧的东西。

记:您本科时还有哪些让您印象特别深的片段?

李:有几件事情,第一件事情是,1985 年,我们学校开始分系,原来只有一个法律系。读到二年级的时候要分成四个系,有法律系、经济法系、国际法系,后来的刑事司法系当时叫犯罪学系。分系对以后的生活都产生了一定的影响,因为之前读书都是按部就班,到这个时候就要有一个选择专业的意识。当时我们什么都不懂,也不知道经济法要干什么,国际法要干什么,我就是随大流选择留在了法律系。第二件事情是,那时候老师对同学真的是很好,大部分老教师也住在校园里,所以老师会把学生当做自己的孩子一样,逢年过节,老师会到宿舍看望同学们,尤其是外地的同学。

记:一直听说那时您的体育特别好?

李:运动会也是本科时印象比较深的事情。当时我们学校没有自己的操场,所以开运动会都是租华师大的操场。因为我体育很好,所以每次运动会都很踊跃。我那时的特长是短跑,60 米我经常拿冠军。那时候的规定很奇怪,比如规定有的项目哪些班级必须有多少人参加,因为我体育比较好,所以每次都是哪里人不够了就拉我过去凑。印象中我还扔过铅球,而且铅球好像还拿了学校第六名,还有跳远、跳高,连三级跳远我也跳过,反正就是哪里人不够了,我就去补人数。

记:您那一代学生的体质肯定比我们现在好很多。

李:是的,我印象中大家都在运动,而且当时大家的精力很旺盛,如果不运动就没事干了。当时书也不多,很多教材都没有正式出版。所以说物质条件好了未必是一件好事,很多东西并不是信息越多越好。我曾经看过一篇文章,说每个人脑中的信息都是有限的,人们对于信息必须要有所鉴别,很多事情知道了无非是去猎奇,并没有什么好处。

记:其他还有什么事情让您印象比较深?

李:还有一件事情我必须要提,那就是我的丈夫,我们是同班同学。说来也巧,我到大学校园里看到的第一个人也是他,我从浙江乡下到上海要乘船,所以我提早了一天到。那时候学校会有一些同学先来做一些预备的事情,我丈夫是上海人,而且因为他原来工作过,年龄也大一点,所以就理所当然地先到学校来迎接新同学。那时是我的哥哥送我过来的,我们在校门口就看到了他,当时他正在校门口迎接新生。

记:1987年,您本科毕业,为什么会选择去考研究生?

李:其实我原本没有想过要去考研究生,只是想着毕业回浙江。那时候考研究生和现在也不一样,读了研究生就意味着要走上学术的道路,读研并不是我最初的选择。但是,大三的时候情况发生了变化,我的个人问题来了,我那时的男朋友,也就是现在的丈夫,之前一直对我很好,但我一直在想自己是要回浙江的,并未对此多加考虑。那时候女同学是很吃香的,一个班级50个人,女同学就10个左右,所以女生被追的也很多。大三的时候,我也定好了要在大四上半学期的9月份去嘉兴中院实习,但在这个时候,我和他之间的关系变得很微妙,我们决定要建立关系,这样我的压力就很大了,因为他是上海人,虽然他不介意随我到浙江去,但当时上海比浙江的条件要好很多,我觉得不能让自己欠他什么,而当时要留在上海,唯一的可能就是考研究生,所以我才决定考研,这样至少我已经努力过了,也算是对他有一个交代。

我们是1月份考研究生的,当时我考研究生的有利条件就是,我男朋友也和我一起考,他喜欢做研究,我考研究生就是把他准备的东西回去背一背,当时也没有什么自己的想法。他报刑法,我也跟着报刑法,因为我的背功比较好,所以许多门课我居然考得比他还好。

记:您那时候考的是刑法,为什么后来却进入了宪法行政法专业?

李:当时我们两个人都考上了,那时一个年级就招29个人,刑法招7个,我的成绩在刑法考生中并不冒尖。当时苏惠渔老师对我的丈夫说,如果你们两个人都读这个专业挺无聊的,刚好那一年宪法没有招满,当时宪法的金永健老师也愿意接收我,就这样,为了不在一个专业读下去,我转到了宪法专业。

记:那您当时对宪法有概念吗?

李:当时没有什么概念。当时我们宪法一个年级就两个研究生,有时候就是金永健老师、孔令望老师和俞子清老师这三个老先生对着我们两个学生上课,而且80年代末期,宪法课也不那么好上,所以我的感觉就是我这三年中基本没有好好读书。

记:学业没太上进,那您课余时间主要做了哪些事情?

李:我最多的时间就是在玩,我没有现在的学生读书那么认真,也不会花太多的精力在学习上,更不会被逼着写论文。当然,也有个别同学花很多的精力在英语上,但主要要么为了出国,要么为了考博士。我的生活状态,可能跟我个人性格有关。我真不是自己要去考什么研究生才考上的,性格上也比较被动。

记:但现在回想起那时的时光,也许会觉得无忧无虑地去玩,也不是什么坏事。

李:虽然我也觉得不一定是什么坏事,但是现在还是很后悔,至少我该用在学习上的时间没有用到。不过,我的性格在这一段时间里确实发生了很大的变化,在本科一二年级的时候,我几乎是不大说话的,甚至一个人连校门都不敢出,这与我从小在乡下长大,没见过世面有一定的关系。在我考大学的前一个月,我的妈妈去世了,这对我的性格有很大的影响。我从小很开朗,因为我在家中是老小,也一直被宠着,但我从来没想过,我妈妈才60岁就突然去世。一直到了大三以后,我才慢慢地调整过来。大学期间,跟我关系好的同学很多,加上经常参加体育活动,再后来跟男朋友交往,使我在研究生期间恢复了原来的性格。我觉得,性格对一个人生活的幸福、事业的进步都有很大影响。我本科到研究生期间变化很大,大一大二其实不是真正的我,所以现在有时候本科同学看到我现在这个样子,都会问我你怎么变了呢。其实我并没有变,我本来就应该是这种样子。

记:您出生在60年代,一个普遍的现象是,在您的本科和研究生的时代,一批50年代的青年学者已经开始在学术等各个领域崭露头角了,在您的记忆里,早期的本科生和研究生与您是否有接触,对您又有什么帮助?

李:本科期间就我个人来说,和他们的接触很少。因为我的性格并不是那种很主动的,但是我们一进校,给我们印象比较深的一件事情就是曹建明老师给我们作报告。当时曹老师已经是一个全国性的模范人物,我们这一届听过他很多次报告,大家对他有一种"高山仰止"的感觉。当时大家都住在一幢楼,上下几届都很熟悉。另外,当时每届还都有像北大等名校来考我们学校的研究生,这种不同背景不同地域之间学生的交流是非常重要的。现在你们博士与硕士、高年级与低年级之间也一定要做好交流和沟通,做好传帮带的工作,一定要彼此之间多交流。读书,读学位,其实都不是考出来的,而是"熏出来"的,在这样一个环境中,慢慢吸收很多人的优点,这样才能成长。

记:您读书的时候,当时的思想比较活跃,政治风气比较敏感,对您有什么影响?

李:因为女同学不大关注这个方面,只是政治风波出现以后我们才知道是怎么一回事情,而当时的政治风波对我们这一届影响很大,尤其是对于文科学法律的同学,我们在分配之前心里都没底。政治风波影响到了很多人,比如说我的男朋友,本来他已经确定留校,他在研究生期间就已经在《中国法学》发了一篇文章,但最后没有办法留下来。从我个人来说,我也觉得很内疚,因为他比我更适合做学术,所以说有时候像我这样一个从来没想过要留在高校,从来没想过要搞研究的可以留下来,而他却没有留下来,这对学校来说是一种损失。

> (在日本)当时很艰苦,我一边打工,一边还要读书,我日语就是完全自学的,当时我带的磁带,一有空就听。选择做电焊工,是因为不需要说话。后来我还去打蜡,做得最多的是在拉面厂拉面条,就是大家很熟悉的味千拉面,另外还当过服务员,卖过盒饭……现在回过头有时候想想觉得很苦,但这都是我成长的收获。可以说,对我成长最大的,应该就是在日本的这段日子。

记:您毕业以后即选择了留校,当时有没有想到过别的工作,还是一切听从分配?

李:我一直是很被动地做一些事情,在1989年之前,硕士留校并不是很好,因为外面有很多选择的机会。到1990年,如果能留校,那就非常好了,而且我本身性格上就是随遇而安的,当时学校的师资确实很缺,所以我就留了下来。

记:那时的宪法教研室是个什么样的情况?

李:当时的宪法教研室是比较强的,除了刚才提到的三位老教授,年轻的还有孙潮老师等一批前面几届我们学校培养出来的硕士。那时宪法学的和社会学的在一起,社会学也有一批年轻的骨干,比如说李建勇老师等,人数也不少。相对而言,二十多岁的人比较少,我和傅思明老师是最年轻的。

记:您是1990年留下来的,您在教研室里待了多长时间?后来为什么要选择出国?

李:我从1990年7月到1993年10月在教研室,当时规定所有的留校老师还要兼职当班主任,我当 1989 级 8905 班的班主任当了半年多,在 1992 年我怀孕了,那个时候是我的一段过渡期,因为我还要照顾家里。1993 年 3 月,我女儿出生,两个月后,我丈夫就要去日本,他抛不开那种对学术的追求,想去日本读博士。那时我在学校,他在上海的庄臣公司,就工资收入来说,我在学校每个月只有 165 元,而他已经有 2000 多元了。他想去日本读博士,但到了日本才知道,博士学位特别难拿,很多老师在那边读了五六年都没有读出来。日本的经济压力特别大,如果一边打工一边学习,肯定学不好,所以他去了以后帮我以妻子的身份弄到了一个倒签证。虽然我并不想去,因为我的女儿太小,还在哺乳期,但拿到了一个倒签证不去又太可惜了,而且我婆婆也支持我去,说这个孙女由她来照顾。这样我才来到了日本。去了之后确实很辛苦,到了那边一句话我都不会说,一边工作一边学日语。

记:过去听您说过,您曾经当过 3 个月的电焊工。

李:当时很艰苦,我一边打工,一边还要读书,我日语就是完全自学的,当时我带的磁带,一有空就听。选择做电焊工,是因为不需要说话。后来我还去打蜡,做得最多的是在拉面厂拉面条,就是大家很熟悉的味千拉面,另外还当过服务员,卖过盒饭。其实从法律上说我是不符合打工的身份的,因为家属是不能打工的,当时我的身份写成中文叫"家族滞在",但是当时留学生们都是和我一样的情况。我爱人当时在日本也是一边读书一边打工,他刚进去的时候叫研究生,相当于访问学者,没有正式入籍,在研究生读完之后,他再读的硕士生,写成中文叫"修士"。

记:这段生活对您的影响应该是非常大的。

李:现在回过头有时候想想觉得很苦,但这都是我成长的收获。可以说,对我成长最大的,应该就是在日本的这段日子。在日本一年多的时间,让我有了一种担当、独立的意识。因为我丈夫自己本身也很辛苦,不能一切都依靠他,所以在那边,包括找工作,都需要很大的勇气。那时我的日语刚刚会说一点,就要拿着书去打电话,这需要克服原来我那种害羞的性格。

记:您当时回来是因为什么原因?

李:当时我回来的原因有很多,其中有两个最重要的原因。一个是想我女儿了,有一段时间我都觉得自己快崩溃了。那时中国还没有超市,我在日本的超市里看着小孩推着个小推车在超市里面跑来跑去,听到他们"咿咿呀呀"的声音,就会觉得很伤心,甚至会不由自主地跟着小孩走。另外一个原因就是我丈夫本来想去读博士,但是到了那边才发现他所在的大学竟然不能招博士,必须从硕士开始读,而且当时中国人去了很多,奖学金也不是很好拿。这样一想,有点遥遥无期的感觉,所以及时作出了回国的决定。其实现在我们很庆幸及时回来了。因为在那边真的待下去以后,换一个学校,拿到一个博士学位,不一定是现在这个样子。对我来说,我可能就会变成一个家庭主妇了。

记:现在想想,在日本的岁月真的是一笔财富。

李:前年,我和丈夫还特地回了一趟熊本。虽然之前我们也回过日本,但是一直没有勇气回熊本,因为那个地方给我们留下的回忆是最底层、最辛苦的部分。回去以后我们就在找当时住过哪里,在哪个地方买菜,很多角落我们都特意过去看了一下。

记:您后来为什么又回到了华政?

李:当时我回来之后,因为之前和同事们的关系都很好,所以先回教研室去看望他们。那时候孙潮老师当系主任,郝铁川老师当书记,他们都对我比较了解。我性格上比较随和,那时候在学术上大家也都不怎么写东西,再加上当时学校的人往外走正是一个潮流,学校正好也缺人。我虽然也去公司面试过,但我发现那里并没有我喜欢的感觉。另外,我还要与我女儿培养感情。我刚回来时,我女儿都不愿意叫我,所以我回来以后一直住在婆婆家,整天带她去长风公园玩,一待就待了好几个月,也没有刻意去外面寻找工作。

记:对您来说,回到华政有一种归属感。

李:我觉得是这样,当时也是个契机,如果在日本读完博士再回学校,学校教研室如果名额已满,也不一定要我了。回来后,我发现宪法教研室因为殷啸虎老师的到来已经满了,但刚好外法史教研室缺一个人,那时的外法史教研室自周伟文老师之后就没有进人。孙潮老师和郝铁川老师把我的情况跟徐轶民老师和何勤华老师说了一下,他们说愿意接收,我就这样进入了外法史教研室。当时我的感觉是一下子就懵掉了,我从来就没怎么接触过外法史,我总是觉得自己是宪法出身,心里有些不安,但我丈夫已经找到了非常不错的工作,他很忙,所以也希望我回到学校,然后能照顾一下孩子,这样生活能安定一点。就这样,我就误打误撞地进入了外法史教研室。

记:当时的外法史教研室的情况是什么样子的?

李:当时法制史教研室都在一起,在东风楼一进去的角落里。那时王召棠老师、徐轶民老师、陈鹏生老师都还没有退休,中法史的一帮老教师也都在。我1995年回来时,何勤华老师刚刚当上副院长,徐老师他们本来基础打得就很好,而何老师又那么执著。整个外法史在各方面的项目开始启动,最开始我是跟何老师做现在的统编教材,然后再写"法律发达史"系列。我在日本学到的日语也就派上了用场,回来的时候我日语的口语已经很好了,看看文本问题也不是很大,在写教材时,特别是日本法的这一部分就派上了用场。日本法的这一部分与之前的外法史教材可以说是有了全新的变化,我几乎全都是参考日文的资料。从那个时候起,我逐渐开始踏上了学术的道路。

记:统编教材的影响很大,当时是什么情形?

李:该项目的启动是在1996年,我到现在都还清楚地记得。因为当时这套教材是司法部的统编教材,王人博老师、方立新老师、郑祝君老师等等都来到上海,司法部还来了一个姓沈的老师,我们像模像样地开了一个会,我还带他们去了外滩。我还记得当时我和王人博老师站在外滩,王老师说:"上海好是好,但是我不属于这个地方。"我对这句话印象很深。

记:1996年以后,徐轶民老师、王召棠老师就已经慢慢准备退了,当时的教研室又有什么变化? 您当时主要做了什么?

李:我刚回来时,跟着何老师听了他给本科生上了一个学期的课,也跟着徐老师听了他给研究生上了一个学期的课。两个老师的课我完整地听了一遍。何老师的课,就是在东风楼那个大的教室上的,而徐老师给研究生的课都是在小教室上。这两门课对我当时外法史的起步很有帮助,因为那时并不像现在有那么多的资料。

记:您是哪一年开始给本科生上课的?

李:在听完何老师和徐老师一个学期的课后,我就开始给本科生上课了。不过,刚开始自己的水平还很有限,能把整个场面应付下来就不错了。随着自己的积累,我的课才越上越好。上课是一个综合实力的体现,并不只是文字上的东西。

记:后来您就开始做"法律发达史"方面的工作,那套书的影响应该很大。

李:是的,后来就是《法律发达史》的撰写工作。其实我一直没有问过何老师,但是有一点,我写的统编教材中的日本部分何老师肯定是满意的,所以才可能让我跟着做很多事情。我先是做《日本法律发达史》,在做这本书时我是蛮投入的,我参考的几乎全部是日文的资料。

> 这么多年,我一直能在这个学校,无非是受到两个因素影响,一方面是对这个校区的感情太深了,万航渡路1575号,我自从17岁就到了这里,走在这个校园里我有一种归属感,这个是很重要的原因。另外一个就是我也离不开我们法律史的年轻老师和学生,我还希望在这样的一个团体中发挥我一定的作用,所以我特别不能忍受一些有损于我们这个团体的不好的言行。

记：2001 年，华东政法的法律史有了第一批博士，您也就顺理成章地成为他们中的一员？

李：我在博士论文后记里面说的都是真心话，我在回顾的时候一直觉得自己很幸运。单是从这个点的建设来说，当时我们法律史申请博士点的资料，大部分是我在何老师的指导下填的。我从 1997 年以后就没有真正地休息过，一直在忙这样那样的事。申请博士点的时候，当时的环境比较微妙，那时候盛传可能要与交通大学合并，各种事情很多，何老师的压力也很大。博士点申请下来后，在高校读博士已经是大势所趋，从家庭等方面考虑，我又不大愿意跑到北京去读，所以就决定考何老师的博士。关于考博士，我是花了大力气的，因为一般来说我们第一年招博士只能招一个，所以我当时给自己规定一定要考第一名。因为当时正处在与交大合并不合并的时期，交大答应拨了我们 50 个博士名额，所以那一年我们专业才会有 15 个名额，而我最终也如愿考到了第一名。

记：当时您读博士时，您要一边读博士，一边继续做没有做完的一些课题。

李：那个时候很累，尤其是 2000 年到 2004 年，我不断地承接着各种课题。2000 年，我们启动了《外国法与中国法》项目，何老师最初是想招一批人来写，以主编的形式，按照年代来分。当时去湘潭开年会，我主动跟何老师讲，何老师您不要这么弄，我们能不能以专题的形式做，我和你两个人弄就可以了。何老师觉得这个建议很好，所以这样就定下来，当时初定何老师只写开头和结尾，当中全部由我来写。从这时开始，我几乎没日没夜地到上海图书馆找资料，还弄了一个《民国法学论文精粹》——与这个课题有关的副产品。那个时候的硕士也非常得力，如王沛、陈颐、冷霞，他们都是无偿劳动。在丰富资料的基础上，我顺利地写完宪政、民商、刑法三部分，但是写到司法制度、国际法时我就觉得没有时间了，再不写博士论文就来不及了。现在想想，正是因为这本书让我自己对研究的要求、视野提高了。从此以后，我再也不认为随随便便编的一本书是我想做的，我希望这一本书的每一个部分都是一个独立的文章。可以说，如果没有《外国法与中国法》，后来的《日耳曼法研究》我可能也写不出来。

记：您的博士论文是《日耳曼法研究》，当时一个比较有利的形势是您在英国，能说说当时的情况吗？

李：那时因为定了《日耳曼法研究》，我才去的英国。最初我的博士论文想写的是教会法，2002 年我去澳大利亚悉尼大学法学院复印的都是教会法的资料。但到了 2002 年的秋季，情况发生了变化，第二届博士生进来了，商务印书馆的王兰萍编审在报到的时候，我去留学生楼与她聊天，她说彭晓瑜的《教会法研究》一书已经准备由商务印书馆出版了。听后我一个晚上没睡着觉，我觉得自己必须重新确定题目。在考虑了几天之后,我主动向何老师打了电话,我问刘晓雅当时选的"日耳曼法研究"还弄不弄了,何老师说刘晓雅已经不弄了,我就跟何老师说我想弄。当时我说这句话的时候,心里一点底也没有,因为当时我什么资料也还没有找。后来,牛津大学的一个老师来参加校庆50周年活动,正好学校也有出国的一个名额,所以我就去了英国。

记:您去了英国后有什么不适应的地方吗?

李:因为之前有了去日本的经历,而且博士论文压着我,所以我在英国一直很专注。当时我是和李桂林老师一起去的,因为他已经是博士后了,所以比较轻松,他是我们学校引进的第一个博士后。我在牛津大学法学院的半年,大部分时间都花在了博士论文的写作上。李桂林老师是不大喜欢玩的,但是我想这么好的一个地方,怎么能不出去呢?所以,我在星期一到星期五时非常用功地寻找资料,在星期五晚上我就开始上网查哪里好玩,周末就是在玩。牛津大学总共有39个学院,我在刚去的时候就想着先把这39个学院玩一遍,然后再到英国重要的地方看一看。比如说在伦敦,坎特伯雷等地方我是肯定要去的。很多地方都是我一个人去的,我先了解好去的路线,一个人背着双肩包,里面放着最简单的东西:一瓶水,一个苹果,一个面包,一台照相机。这个双肩包跟着我去了很多地方,我去过哪个国家,它就去过哪个国家。当时星期一至星期五我就拼命地找资料,然后翻译,我给自己的规定是每天编译五千字,所以回来的时候编了四十多万字的有关资料,虽然最后也只用了十几万字的资料,但这个过程使我收获很大。我在牛津待了半年多,2003年7月回来的。

记:有一个事情,您是很有发言权的。现在我们专业很多的博士生和硕士生都会面对何老师的课题,这对大家有很大的锻炼,这点是毫无疑问的。但另一方面,如果没有这些课题,我们会有很多时间看很多的书,或者是扩展自己的视野。这样有时候大家就会很纠结,有时候书也看不好,课题也做不好,这两者之间的平衡怎么去掌握?

李:这个确实是一个矛盾,跟何老师做学科的课题对大家确实是一个锻炼,很多其他的点并没有这个机会。所以,我的硕士生、博士生问我时,我都会这样回答:"如果你真的感兴趣,你就要参加。如果你真的参加,一定要尽力。"但是,对博士同学来说,我觉得你可以参加,但是你必须要保证这个课题在博士一年级完成,如果在博士二年级之后你还在忙一个与博士论文无关的课题,就没有时间来完成博士论文了。但从另一个方面说,假如你从来没有参加过做课题这方面的训练,你一定要参加,因为做课题的过程是对你的训练。之所以我要逼着我的学生上课时提交自己的论文,就是因为这是一个完整的学术训练过程,训练大家如何找资料、如何构思、如何规范。只有这样,才能应付其他的一些写作。但关键还是要尽力、尽心尽力去做,才会从课题中得到收获,否则就是拼拼凑凑,人家不喜欢看,自己也觉得没有意思,就会很遗憾。

记:您回来之后不仅要面对艰苦的论文写作,行政职务上也有了一定的调整。

李:回来之后,我就成了《华东政法大学学报》的主编,当时学校要重新轮岗,我原来是科研处的副处长、学报副主编,那两个职务都是虚职,不需要我去做什么事情,但是回来以后我成了主编,事情也就忙碌起来了。在我之前,学报主编是何老师挂名的,殷啸虎老师是常务副主编。我回来后殷老师去图书馆当了馆长。开始办杂志的时候,我对办杂志什么也不清楚。当时编辑部总共就三个人,我、余红老师和已经退休的郑江老师这三个女的,好在冷霞、王沛他们两个人轮流到编辑部帮我值班,帮了我很大的忙。

记:在您的主持下,学报这几年有了很大的发展,您觉得自己对学报作出了什么样的贡献或者是自己得到了什么样的锻炼?

李:这个要从两方面说,从我自己当学报主编后,学报确实在发展了,有几个衡量的指标,包括学报进入了 CSSCI 核心。那个时候的我居然还不知道什么是 CSSCI 核心,我只是想把每期学报弄好,后来突然有人向我们表示祝贺,我才反应过来这是我们学报一个非常重要的突破。后来,学报也被评为全国的、上海的最佳学报及百强社科学报等,这些都是一些硬的指标。从软的方面看,学报的学术声誉也逐步提高了,从投稿量、人们对我们的认可度上说我们都可以感受到我们的进步。我希望在我当主编期间,学报是一个相对纯洁的环境,而且我办杂志是有底线的,虽然有的时候"人情稿"我们没有办法,但是我们绝对不会以牺牲学报的声誉去迎合,有时甚至会得罪领导和同事,我觉得时间长了大家也都会理解的,因为这是学校的一个学报,我的这个位置决定了我要把学报做好。尽管我在学报的时间不多,但是我费的心力是十分多的,每一期的稿子,我都好好看一下。

记:我觉得这个事情从某种意义上说也是开拓了自己的学术视野。

李:是的,当主编对我自己的好处就是逼着自己要去了解所有的领域,并不只是局限于法制史。像刑法、民商法这些领域的文章,我都要花时间去浏览。尽管我没有很深入地去研究,但是我要知道现在大家都在关注些什么,而且我也要关注最新的立法的动态。另外一个好处就是在当主编期间,我也有了很多这个行业主编的朋友,包括法学系统的,包括学报系统的,还包括一些相应的协会。对于自己的一些实质性的好处可能就是自己写出来的东西现在发出去比较容易,但我希望他们发我的文章是因为我是在搞研究,而且这些研究是我在认真地做,而不是因为其他的原因。但从另外一个方面来说,当主编压力太大,尤其是稿源的压力太大了。有时投稿的朋友跟我熟悉,看到好稿子我也很高兴,但问题是每期杂志版面有限,不可能照顾到方方面面。我的很多脑细胞都用在了怎么样婉转地去应对、去拒绝一些稿子,而我又不愿意去伤任何人的心。我不能说哪篇稿子好,哪篇稿子不好,我只能说哪篇稿子不适合我们的学报。一般的稿子我自己是不审的,由我们的编辑去审,这样可以分担一些我的压力,让我能更超脱一些。

记:不仅仅是学报主编,这些年您还有一个重要的职务,就是全国外国法制史研究会秘书长,能说说这些年您当秘书长的感受吗?

李:我从 2000 年开始当副秘书长,2004 年贵州会议时开始当秘书长。这些年我当秘书长也是尽心尽力,因为当秘书长要协调各方面的关系,何老师也十分信任我。我觉得不管是秘书长也好,主编也好,主要还是做人,还是和人的性格是有关系的。我当秘书长的一个宗旨,就是要把这个研究会弄成团结、平等、开放、民主的研究会。我们从一开始就是要"以文会友",没有文章就没有发言权,即使你是最资深的教授,要做主题发言就必须要交出与主题符合的文章。这样对整个研究会,特别是对年轻老师的培养,是有很多好处的。早些年,会议代表不多,一般来过一次的人,下次见面的时候我肯定能叫出那个人的名字,尤其是比较偏僻的学校来的老师,人家就会特别感动。我也觉得与他们的交流会有很大的收获,我做的无非是些协调的工作,把整个会弄得平平安安、开开心心,大家觉得有收获、有交流,就已经很好了。

记:这几年,您的另一项重要职务是比较法研究所的所长,能谈一下这方面的事情吗?

李:我其实在几年前就是法律史中心的主任了,法制史教研室只有我处在这个年龄段中,比较适合这个岗位,因为需要很多心力去做协调工作。有很多事情比如说申请基地、争取上海市经费的支持等工作都需要我去处理。之前何老师还让我担任博士生导师组组长。有时候何老师太信任我了,这也让我觉得太累了。但是,任何一个事情,我都只是一个协调人,我就是为这个团体能够向上作出一点自己的贡献,这是对整个团队老师的一个交代。我也希望年轻的老师能够快点成长,以接替我现在的职位。

记:李老师,这些年关于您的未来有很多传闻,比如说之前学校领导层的变动、您女儿考上清华大学等等,很多事情会不可避免地和您以后的去向联系在一起,您对自己的未来有什么规划呢?

李:说实话,离开华政并不是件非常困难的事情,如果离开高校,离开这样的工作岗位,或者是到其他的高校,到其他的法学院,现在自己做过的一些事情,别的学校也会感兴趣。所以,现在外面有传闻也是正常的。我现在自己经常扪心自问,我是不是一辈子要待在华政?从行政职位上说,我对此是不感兴趣的,很多时候我都是"被"竞聘的。这么多年我一直能在这个学校,无非是受到两个因素的影响,一方面是对这个校区的感情太深了,万航渡路1575号,我自从17岁就到了这里,走在这个校园里我有一种归属感,这个是很重要的原因。另外一个就是我也离不开我们法律史的年轻老师和学生,我还希望在这样的一个团体中发挥我一定的作用,所以我特别不能忍受一些有损于我们这个团体的不好的言行。我们是法学专业,应该具备与人交流与沟通的能力,但有时候人不能太势利,有的同学整天想着眼前的利益,这样是成不了大气候的。因为何勤华老师和周伟文老师都比较宽容,而我对此往往会有一些意见,所以有时候我会表现得激烈一些。我希望在我退休的时候,我们这个团体仍然是蒸蒸日上的,尽管有的时候我有可能会感到无力,但我还是希望能够发表我的观点。这个团体里有一批年轻而优秀的老师,像王沛、陈颐、冷霞、陈灵海等,他们都十分出色,在与他们交流中,我感觉到我有责任尽我所能帮助他们,我十分珍惜与他们交流的机会。而如果叫我去一个更著名的大学、待遇更高的法学院,却要放弃这么熟悉的一个环境,我还是舍不得。

记:2011年,您得到了"全国十大杰出青年法学家"这个荣誉,这也是华政自曹建明教授、何勤华教授后十年来首位获此殊荣的教授,您觉得这个荣誉对您有什么影响?

李:这个荣誉不属于我个人,而是属于我们整个法制史的,也是属于华政法制史的。这样一个结果对我个人当然是一个肯定,但同时不要真的把这个荣誉当做"法学家"来看。我希望这个事情过去就过去了,自己该做什么还是应该去做什么,我真的没有太多的感觉,但是从世俗的眼光来看,这还是一个很高的荣誉,这对何勤华老师、对我们专业也是一个交代。从法制史学科来说,这是一个比较值得庆贺的事情,因为法制史学科本身就是一个小学科,特别是我还是偏外法史的,外法史的影响力与中法史是不能比的,很多杂志都不发外法史的文章,这是我们自己心里必须有数的一个事情。荣誉对很多人来说可能很重要,但对我来说,我已经习惯了华政的生活,所以也仅此而已,这绝对不是什么谦虚的话。

（尚　锴、方　堃）

程宝库
Cheng Baoku

1966 年 3 月生，河北武强人。南开大学法学院教授，南开大学国际经济法研究所所长。天津市人民政府法律顾问，中国国际法学会理事，中国 WTO 法研究会理事，南开大学廉政研究中心常务副主任，南开大学跨国公司研究中心研究员。

1987 年南开大学法学系本科毕业，1990 年南开大学国际经济法专业研究生毕业，1992 年赴香港胡关李罗律师行实习，1996 年破格晋升副教授，1997 年起担任硕士研究生导师，2000 年破格晋升教授。

程宝库教授的研究方向为国际经济法、经济法。在科研方面，主持并完成国家十一五哲学社会科学重点规划项目一项、天津市哲学社会科学重点规划项目一项、天津市哲学社会科学一般规划项目一项、南开大学科研创新基金项目两项；参加并完成国家八五哲学社会科学规划项目一项、天津市哲学社会科学规划项目一项；发表科研成果 230 多万字，包括出版个人专著 6 部、参编著作 5 部、发表论文 30 多篇；获得天津市优秀社科成果一等奖一项、天津市优秀调研成果三等奖一项。在 2004 年以前主要以 WTO 法的研究成果见称，2003 年出版的《WTO 与中国的法治建设》获得天津市优秀社科成果一等奖。从 2005 年起，对商业贿赂和廉政法律问题的研究引起了社会的广泛关注，2005 年他向国家提议治理商业贿赂，并发表系列论文，引起社会强烈反响。2006 年在法律出版社出版我国首套反商业贿赂法律实务丛书。

> 我们做学问要出成果有很多方面的选择,如果选择用原创性的研究方法如社会调查、案例分析,那么出的成果就是很有价值的。我认为中国法学目前从学术氛围上讲,应该到了从传统的语言逻辑的研究方法转到以实证研究为主的阶段。希望无论是本科生还是研究生,都更多地关注分析问题的方法。分析型的法律人才是理论与实务相结合的人才。希望年青一代的法律学人能够比我们这一代更深入地研究中国社会所面临的问题,使用一些更偏向实证的、既能定性也能定量地研究问题的方法,这是我对下一代法律学人的期待。

记者(以下简称"记"):感谢程老师在百忙之中接受我们的采访。首先想请程老师为我们简要介绍一下您的求学经历。

程宝库(以下简称"程"):好的。我 1983 年考入南开大学历史学系世界史专业,1985 年转专业到法律系。当时促使我转专业的原因比较简单,在考大学以前我对法学并不了解,读大学期间我才逐渐意识到法律对治国兴邦有着非常重要的意义。此外,我所经历的一些事件使我认识到中国的法制很不健全,需要研究的问题很多,有些法律规定需要我们重新思考、重新认识,法制进步的客观需要呼唤年轻学子进入这个领域。这里有一个乡亲的故事对我有很大影响。这位乡亲曾是某中级人民法院的一位法官,在 20 世纪 60 年代,我国的法治很不健全。他曾参与审理一起二次上诉的离婚案,女方要求离婚,男方却坚决不同意离婚;女方痛哭流涕,表示实在无法忍受与男方一起生活;但男方表示倘若判决离婚,他就在法院自杀。法院审判的结果也许在大家的想象之中——不支持离婚。结果,在从法院回家的路上,女方就跳悬崖自杀了。我的这位乡亲很善良,他为此特别难过。令他困惑的是,法律对于离婚条件的规定过于模糊,很难掌握,而法律对于类似上述男方无理取闹威胁公堂的行为却没有什么硬性的惩戒措施。于是,他从法院请辞回家,离开大城市后来变成了一位农民。这个故事揭示了当时我国婚姻法在离婚理由的规定上所存在的严重问题,法律规定存在误区,执法人员经常处于两难境地,"欺软怕硬"也许就成了一种无可奈何的选择,否则就可能被领导视为处理问题不够"政治"。我读大学期间是我国法制建设的一个高潮时期,所以我就转专业了。

记:您刚进入法学系感觉如何?觉得法律系和历史系的区别在哪里呢?

程:区别比较大。历史系关注的重点是历史上的重要人物和重大事件,都是过去的事情,而法律关注的问题更加现实,包括各种社会关系怎么调整。1985 年我转到法律系,那时中国的法制和现在相比还处在一个相当幼稚的阶段。一方面法律的关注点是各种各样的社会关系,包括公法关系、私法关系,这一点是我非常喜欢的;另一方面,在学习法律的过程中也感觉到中国的法律比较粗糙,很多问题规定得过于笼统。

记:当时转到法律系时,法律系开设了哪些课程?

程:当时开设的课程和现在的差别不是很大,有民法、刑法、经济法、宪法、行政法、法理学以及国际法等课程。我大三转系后,补修了一些专业课程,在一年半的时间内学了很多门课程。

记:您是在什么时候对国际经济法产生兴趣了呢?

程:对国际经济法产生兴趣主要是在大四第一学期,当时想考研究生。一方面是因为对法学学习比较感兴趣,另一方面是感觉到中国的法律制度确实还不健全,觉得一些法律问题还需要好好地研究,特别是国际经济法。当时一些老师也介绍了国外的法律制度。此外,当时南开大学的国际经济法专业属于强势学科,有硕士点。于是我就准备报考国际经济法专业的研究生。我当时觉得国外的法律制度比较完善,从了解国外的法律制度入手再看中国的法律制度,是研究法学一个很好的角度。

记:您的大学生活中,对您影响比较深的老师有哪些?

程:当时南开法学院是一个新建的学院。在国际经济法领域的老师资格稍微老一些,他们比其他专业的老师高一代人。我是这么理解中国近现代的法学教育的,第一代老师基本上是从国外留学回来的,国际法领域像王铁崖先生、芮沐先生。我们南开有一位王赣愚先生,是留美的,抗日期间曾任西南联大法学院院长,他当时没给本科生上课。第二代老师是解放前在大学里学习法学的,包括我的导师高尔森先生,南开还有潘同龙先生、陈文秋先生、李光霖先生。他们几位解放前就在北京大学读书,我读大学的时候他们都处在教学第一线。他们的优势之一在于外语(英语、俄语)比较好,能够翻译国外的法学资料,了解国外的法律制度。第三代老师可能是“文革”之前新中国在苏联专家培养下出现的一代法律人才。法律系当时任课的老师多是这些人,这一代老师的局限性在于他们都是学的俄语,而苏联的法律在改革开放之后对中国的借鉴意义相对较小。我是一个好学生,对所有老师都很尊重,但受国际法专业老师的影响比较大。

记:在您的同学当中,有哪些给您留下了深刻的印象?

程:从本科到研究生期间,同学之中出的人才也是比较多的。应该说,许多同学都在自己的岗位上为国家、为社会作出了自己的贡献,而不论其职位高低。我举一个例子,我的一位研究生同学名叫蔡虹,她本科是在北大读的,之后在南开法律系当了三年教师。研究生毕业之后,她到天津市经济技术开发区做律师。当时正是大型跨国公司尝试进入中国市场的时期。摩托罗拉来中国考察投资环境时带了律师团,他们非常关注中国的法制环境。跨国公司更重视的不是领导人的允诺,而是法律。我的这位同学利用她所学的国际经济法知识,在摩托罗拉落户天津投资的过程中起了很重要的作用。当时,摩托罗拉在中国考察了几个地方,当地政府都允诺较长期的减免税政策优惠。我的这位同学是天津和摩托罗拉进行谈判的律师,当时摩托罗拉询问在天津减免税的待遇能持续多少年,她回答按照法律的规定来办,"两免三减半"。摩托罗拉的代表提出别的地方允诺的时间比这长一倍,这位同学回答如果允诺时间长一倍,那就是违法的,不符合法律的规定,我们要严格按照法律的规定来决定给外商投资企业的待遇。摩托罗拉的律师团看到天津市能够依法办事,非常高兴地决定在天津投资。摩托罗拉投资天津,与我的这位同学了解国际经济法律规则和西方人依法办事的精神有很大关系。这种学以致用的例子在同学中还是很多的。比如,我还有一位同学叫郑伟鹤,他现在在深圳做创业投资,做得非常好,是我国有限合伙制投资基金第一人。有限合伙制度是西方国家创业投资领域中最重要的组织形式之一,他学以致用,已经投资了几十家公司。

记:您在研究生阶段确定国际经济法作为研究领域后进行了哪些具体的研究?

程:从学习课程的角度来讲,在这个领域应该是比较全面的。到写硕士论文阶段,我定的是关贸总协定,它是世界贸易组织的前身。当时中国的改革开放还处在早期阶段,对世界经济的运行规则国内了解得还比较少。关贸总协定的规则构成了世界贸易秩序的框架,当时想搞明白世界贸易是在什么样的框架下运行的,中国的对外开放要融入什么样的规则。当时我想从宏观的角度认识这个问题。这项研究一直延续到2004年左右。

记:在您所研究的领域中有没有遇到比较大的争论?您在这些争论中所持的观点又是怎样的?

程:在研究过程中也遇到过一些争论,开始的研究主要立足于英文资料。这些资料对关贸总协定的评价都比较积极,认为它是世界经济的三大支柱之一。该领域中最著名的学者之一就是美国密西根大学的 John Jackson 先生,他认为如果没有关贸总协定,战后世界经济的增长是不能想象的。我当时也基本上吸收了西方学者的观点。但是,当时国内一些学者对世界经济体系的敌意比较大,他们更多地继承了苏联的观点,认为关贸总协定是"富人俱乐部",是富国剥削穷国的工具,看到更多的是负面的东西。我当时看到的主要是正面的价值,在一些国内学术研讨会上也曾经参与过这样的争论。我的观点是我们要看到这样一种规则框架的价值,这套规则对于维持世界经济运行是至关重要的。如果它是"富人俱乐部",那么中国就没必要参加了;如果它是世界经济运行的必要规则,那么中国非参加不可。我的观点一直都是中国一定要参加关贸总协定以及后来的世界贸易组织,不能游离在这个规则之外。

记:中国的"复关"之路非常艰辛,直到 2001 年才正式加入世界贸易组织。请问程老师,您如何评价中国在世界贸易组织中的作用?

程:中国在世界贸易组织中的作用可以从两个方面来说,一方面,中国加入世界贸易组织是为了享受世界贸易组织成员经过多年谈判已经形成的成果。另一个方面,中国已经是全球第二大经济体,是世界上最大的发展中国家、经济发展最快的国家,世界贸易组织不能没有中国的参与,否则其就不具有世界性,不能代表"世界";中国代表发展中国家的利益,同其他发展中国家合作,在许多议题上同发达国家相抗衡,已经改变了世界贸易组织的谈判格局。世界贸易组织的前途不再由发达国家单独掌控。世界贸易组织的机制有很多不完善之处和软肋,需要不断进行谈判来推进、发展。作为国际机制,世界贸易组织的运作是非常复杂的。中国加入后也形成了一些被诉和诉其他国家的案例,中国提起申诉也等于维护了世界贸易组织规则的正确实施,中国在这方面做得很积极,中国人对世界贸易组织的理解也是比较成熟的。

记:您认为在对世界贸易组织的研究领域中,中国同国外相比是否还存在差距?如果存在,还有哪些提升空间?

程:目前中国学者对世界贸易组织的研究已经比较深入,同国外学者的研究水平基本相当,并不存在明显的差距。

记:您如何看待对世界贸易组织的案例研究方法?

程:案例研究是一种比较深入的研究方法,是对活的法律也就是实践中的法律进行研究。在案例研究的过程中可能涉及对世界贸易组织一些条款进行解释和理解,往往会涉及非常广泛的法律领域,超出世界贸易组织本身,深入到国际法的其他领域,以至于深入到国内法、法理学中,这样才能对这些案例进行深入的解析。这也是发现世界贸易组织规则是否存在弊端的关键方法,我对这种研究方法是非常肯定的。

记:那么您在众多的研究方法之中最为欣赏的是哪一种?

程:我最欣赏的方法是调查研究和案例研究。我从 2004 年以后基本上停止了对世界贸易组织的研究,虽然在 2003 年我自己还在尝试做这方面的案例研究。比较特殊的原因是我除了教授世界贸易组织的课程外,还教授反不正当竞争法。在不正当竞争行为中有一种叫做商业贿赂行为,中国市场上商业贿赂行为是很严重的。在中国加入世界贸易组织之后,大量外资进入中国市场,这些外资企业的商业贿赂行为也相当多。我在 2005 年以后将更多的精力用来研究商业贿赂行为,对中国以及国际市场上的商业贿赂行为进行研究,这个领域因为之前很少有人关注,为此我采用了调查研究的方法,投入了大量的精力,因而没有再继续有关世界贸易组织的研究。最近几年,我主要是从国际商务的角度研究商业贿赂行为,研究如何通过国内立法及国际合作对商业贿赂行为进行控制。

记:那么接下来我们来聊聊学术环境的问题,请问您认为什么是良好的学术环境? 当前中国的学术规范执行得如何?

程:我想谈谈研究方法和学术成果之间的关系,我们谈学术环境,当然是为了促进我国法学出更多的成果,不至于停留在低的水平上,是为了让我国的法学能够很好地发展。这样就涉及学术方法的问题。学术环境如果有利于求真务实的学术方法,那么就有利于出有价值的学术成果。如果选择用原创性的研究方法如社会调查、案例分析,那么出的成果就是很有价值的。在我国,学术界有一些不好的学术风气,学术著作和论文大量重复,没有新意,不同的期刊反复发表内容雷同的论文,许多学者对这种学术环境提出了尖锐的批评。我本人也认为当前中国的学术规范执行得不好,亟待改进。

记:程老师您现在的教学情况如何? 您如何平衡教学和科研之间的关系?

程:我为本科生教过国际经济法,也教过反不正当竞争的案例,但由于科研比较忙,给本科生上课也比较少。科研和教学两者实际上是不矛盾的,研究的结论应该融入教学,无论是本科生教学还是研究生教学。这里有个问题就是如何理解教学的目标,教学是培养以记忆为主的学生还是培养以分析能力为主的学生? 我国传统上以填鸭式教学为主,从中学到大学都存在这样的问题,往往不是很重视分析问题的能力。而西方国家往往更重视案例教学,或者说拿大量的案例让学生分析,更注重学生分析问题的能力。如果是填鸭式教学,科研成果是很难在课堂上传授的。因为科研成果通常不是很系统地让学生记忆的东西,它的结论可能是很复杂的,也可能具有争议性。既然是有争议性的,怎么让学生死记硬背呢? 如何把科研与教学结合起来? 这是需要通过教学体制改革才能实现的。

记:您从事法学研究教学多年,如何看待读书和科研创新的关系?

程:我在做学生的时候喜欢读一些国际法的名著,特别是 WTO 领域读 John H. Jackson 的书,喜欢一些经典的著作。这些年我偏向调查研究,可能不再拥有这样的风格。国际法领域中的经典书目对启发学生是非常有价值的,但这都是我比较久以前读的书了。现在来说,我更多地希望通过调查的方法重新认识一些问题,或者说是研究一些传统上学术界没有关注的领域,比如商业贿赂问题,传统上无论是国际法学还是国内法学都没有很多关注,这是一个新的领域。这次我们在《国际经济法》教材的编写中特别加入了"反海外商业贿赂法"一章。我们传统上讲国际经济法可能关注到贸易术语,但是如果在订立合同中一方当事人的销售人员贿赂另一方的采购代表,这种合同应该如何处理,这就是传统国际经济法没有关注到的问题,我更倾向于研究这种新问题。国家应该如何看待这种现象? 企业应该如何处理这种问题? 读书的目的是学以致用,学生读书不仅应该钻研进去,还应该走得出来。

记:最后,程老师能不能为我们这些法学学子提几点希望?

程:希望无论是本科生还是研究生,都更多地关注分析问题的方法。分析型的法律人才是理论与实务相结合的人才。希望年轻的学子从一开始就注重这种分析的方法,减少死记硬背。我们读一些法学名著,应该去理解作者的分析方法,了解他或者她是通过什么样的分析方法得出结论的。不然,你的理解可能就比较肤浅。你能看透作者的心思,才是真正理解了他或者她的观点。

(张正怡、蒋永锵)

徐亚文
Xu Yawen

1966 年 3 月生,浙江天台人。1988 年毕业于湖北师范学院政法系,获法学学士学位;1993 年毕业于武汉大学法学院,获法学硕士学位;1999 年毕业于武汉大学法学院,获法学博士学位。现任武汉大学法学院教授、博导,武汉大学法学院法理学教研室主任,《法学评论》、《珞珈法学论坛》编辑,武汉大学宪政与法治国家研究中心研究员,中国法学会会员,中国法学会法理学研究会理事,湖北省法学理论研究会常务理事,美国亚洲研究协会(Association of Asian Study,AAS)会员,兼任湖北珞珈律师事务所律师、武汉仲裁委员会仲裁员、佛山仲裁委员会仲裁员。加拿大不列颠哥伦比亚大学法学院中加学者交流项目(China-Canada Scholar Exchange Program)访问学者(2003—2004 年)、美国哈佛大学哈佛燕京学社(Harvard-Yenching Institute)访问学者(2008—2009 年)。研究方向为法理学、程序正义、人本法学、比较宪法学(加拿大宪法)。

代表性著作有:《程序正义论》(专著)、《依法治国方略实施问题研究》(执行主编)、《法理学》(参编)。另于《光明日报》《新华文摘》《法学评论》《武汉大学学报》(哲学社会科学版)等中文报刊上发表论文数十篇。承担教育部重大教学改革项目《面向 21 世纪法学类各专业课程结构、共同核心课及其主要教学内容的改革与实践》、教育部教学改革项目《重点大学法学专业研究》、武汉大学社科部科研启动基金《正当法律程序的法理分析》等科研课题。2001年,作为主要参与者撰写的《中国法学教育改革研究报告》获湖北省高等学校省级教学成果特等奖;2001年,作为主要参与者撰写的《中国法学教育改革研究报告》获国家级教学优秀成果一等奖等。

> 正是因为"文化大革命"讲人治不讲法治,运动造成了邓小平个人的悲剧,也造成了国家和民族的悲剧。从这一悲剧当中,邓小平汲取了经验教训,要搞法治。

记者(以下简称"记"):徐老师,您是1966年出生的,您对"文革"还有印象吗?您是如何看待这场浩劫的?

徐亚文(以下简称"徐"):对"文化大革命"的印象,主要是通过两个方面得到的:一方面是我个人的经历,1971年我刚记事,那个时候发生了林彪叛逃事件,依稀记得当时好像有不少小道消息传开,整个事件显得很神秘。我印象比较深刻的是1976年9月9日,我记得当天早晨,很多人打开收音机在等候着广播即将宣布的一则重要新闻,我从新华书店门口经过的时候,听到中央人民广播电台宣布毛主席逝世的讣告,还未宣布完,街上行人的哭声已经连成一片。不久之后,"四人帮"被粉碎,群众又走上街头,舞狮敲锣,游行庆祝。"文化大革命"是一场波及了全中国全民参与的大事件。我们小时候通过学习英雄人物如雷锋、黄继光和邱少云等等的光荣事迹,来对个人主义和集体主义作些粗浅的评价和判断。我认为对"文革"进行反思的话,必须要跳出那个年代才能获得对这一事件的真实观感。另一方面是日常教学科研过程中对"文革"的一些书面材料的接触,我在学院开了一门"邓小平法治思想研究"的课程,我讲到邓小平法治思想的来源时会说,正是因为"文化大革命"讲人治不讲法治,运动造成了邓小平个人的悲剧,也造成了国家和民族的悲剧。从这一悲剧当中,邓小平汲取了经验教训,要搞法治。美国哈佛大学费正清研究中心是海外一所比较重视中国"文化大革命"研究的机构,在那里我亲眼看到了很多保存下来的当时红卫兵的传单和全面真实地反映了当时社会的"反右""炮打司令部""上山下乡"等运动的厚厚几大本的照片。那里的研究比国内的研究更加开放,更加注重对历史的批评和反思。而在中国国内,人们总希望淡忘这些记忆,我们对自己历史的反思做得还不够。

记:您高考的时候报考的是法学专业吗?

徐:我大学就读于湖北师范学院政治系。我们那个时候高考录取率是很低的,只有4%,报考大学时我的第一志愿是外交学院,第二志愿是北京的另一所高校。湖北师院并不是我当初的选择,我报考的也不是政治系,而是中文系。后来我服从调剂,才来到了我后来的这所学校。政治系开设的课程比较多,像政治学、经济学、法学基础理论、民事诉讼法和刑法等。我印象中开课比较多的是李龙教授,李龙教授"文革"时被打成"右派",当时被我们学校收留。我们学校还有一位法学教授朱开化老师。我们一些本来对文学、哲学和社会学抱有兴趣的青年受他们的影响,才慢慢转到法学上来。

记:您在湖北师院读大学期间,学校环境和条件如何?

徐:比较简陋,和中学的办学条件差不多,我们上课的坐椅大多是拐手椅。图书资料主要是报纸杂志,英文原著很少。我们那个时候接触的西方法学资料主要还是以中国当时的意识形态作为指导思想编写的一些书,了解西方世界的学理和制度主要是通过北京大学西方法律思想史编写小组、法学基础理论编写小组等编辑的一些老的教材,这些老教材仍旧是以政治的观念统帅法律,所以我们最初接受的法学思想是一种政治法学的思想,也就是以政治理论来解读法律,对西方的法律制度持批判的态度。

记:在您求学生涯中,有没有您印象特别深刻或者对您影响比较大的老师?

徐:李龙教授和邓正来教授。李龙教授在湖北师院工作期间担任政治系系主任,我们年轻学生都很喜欢他激情澎湃、富有感染力的讲课风格。因为他是律师的缘故,他会经常带我们去法庭旁听一些案子。出于对自己的老师的模仿,我慢慢对法学有了一定的认同。后来李龙老师调到了武汉大学,因为难以割舍的师生情谊,我便报考了武汉大学的研究生,继续追随着他,投身他的门下读完硕士和博士,并留在法理学教研室从事教学和研究。通过他,我结识了在20世纪八九十年代开始活跃的法理学家,如沈宗灵、张文显、徐显明、公丕祥。说起邓正来教授,我和他的接触并不是很多,他翻译的博登海默的《法理学——法哲学及其方法》是当时法学院法理学专业学生的必读书目。初次见他是2005年在西班牙召开的世界法哲学大会上,我们国家一共去了七个人,其中就包括我和他。第二次接触是在吉林大学法学院举办的第一期西方法律思想史讲习班上。邓正来教授写过一本书《中国法学向何处去》,他提出,在中国的分析框架当中,以张文显教授为代表的从政治角度看法律和以朱苏力教授为代表的从社会角度看法律的观点均有失片面,他认为法律是一项相对独立于政治和社会的专门化知识,有其自身传统,应该从知识角度看法律。我觉得这种观点对我影响很大,我这些年一直在思考政治和法律的关系。

记:您博士毕业以后去美国和加拿大留学过一段时间,能不能简要介绍一下您在那边留学的一些经历?

徐:我是通过申请国家留学基金去加拿大的,我在加拿大的不列颠哥伦比亚大学法学院待了一年,因为我博士读的是宪法专业,所以我在那边主要从事加拿大宪法的研究。他们法学院有位彭德教授,是一位研究WTO法的加拿大学者,同时也是我国上海市政府的法律顾问、四川大学和复旦大学的客座教授。

徐亚文老师在美国哈佛大学法学院访学,摄于 2009 年

我每到周五都会去旁听他给他的博士生上的西方法哲学课,并参与到他们中间一起讨论。通过在加拿大的学习生活,我第一次把对书本知识的学习和对西方国家的社会环境的认识结合起来。第二次出国是 2008 年。你们知道,美国哈佛大学有一个专门进行文化研究的燕京学社,由于我申报了"跨文化的争端解决机制"这一研究课题,我便有了去哈佛大学访学的机会。我经常在费正清研究中心和哈佛法学院听讲座,我听过安守廉教授讲比较法、肯尼迪教授讲后现代主义法学。主讲人一般都会印发几本厚厚的讲义,里面是他们指定阅读的一些文章以及专著或教材的某些章节,听讲者事先要做好预习工作。在哈佛费正清中心和燕京学社,来自不同专业的人士可以申请开讲座,讲座事先都会发布公告,讲完之后会给听众简短的评论时间。哈佛大学有着良好的学术环境,大家安静地坐在一起,围绕某一个问题展开交流,气氛很宽松、自由。尤其是不讲情面的批评和争论,常常引人沉思,促人钻研。我通过和他们那边学生和教师的对话,发现他们对中国的问题比较了解,和他们交流可以感觉到受到尊重。我感受比较深的还有一点,就是哈佛的教授非常敬业,从本科生到博士生的课他们都开,课间经常会有学生围着他们提问题,如果没有问完,就到教室附近的咖啡店坐在一起接着谈。教授不会因为提问题的人不是他所在专业的学生而拒绝。

> 我的导师李龙教授会经常来到学生宿舍里,和自己的学生一起下象棋,到了很晚才乘兴而归。

记:国外师生间的这种互动好像在我们国内的高校里面见得很少?

徐:以前也还是有的。比如我的导师李龙教授,我读本科和硕士那会儿,他会经常来到学生宿舍里，和自己的学生一起下象棋，到了很晚才乘兴而归。我们那个时候师生之间的关系是比较融洽的，毕业的时候老师一般都能叫得出他教过的学生的名字。现在大学扩招，老师带的学生多了。高校又都转型为所谓的科研型大学，考评老师工作的标准是完成科研任务的多少，所以老师的精力便分散了。再加上有的老师住在了学校外面，老师和学生在一起的时间就少了。

记：您这些年的求学过程中，有没有特别要好、志同道合或者给过您较大帮助的同学？

徐：很难说得上有多少。我一直在武大师从李龙老师，由于学术渊源的关系，我认识的朋友大部分是武大的。能够在一起促膝谈心、长期合作的主要是自己的老师和博士生，特别是有过一定工作经验的博士生。因为从本科一直读上来的博士生，社会阅历较浅，缺乏和老师在更广阔空间进行对话的能力。

记：您觉得西方三大法学流派分别对现实社会生活提供了哪些价值观和方法论的支持？

徐：我们学院的西方法哲学这门课是作为公共课程为全院法理学专业研究生开的，学生们比较关心的是西方法律思想史上某某学者在某某书里有些什么观点，我觉得应该以传授方法的形式进行授课比较好。我最近在主编一部教材，主要是从解释方法的角度对西方法哲学进行重新梳理。经过我和几位老师、博士生的讨论，我们决定从十几个方面进行体例编排，像法律的理性解释、法律的经济解释、法律的社会解释、法律的身份解释、法律的政治解释、法律的文化解释和法律的比较解释等。我认为方法比知识更重要，我们学院法理学专业考试曾出了一道要求考生从法经济学角度对上海"钓鱼执法"事件进行分析的题目。我们现在的学生看了很多书，知道很多的理论观点，但是运用这些观点和方法分析现实问题的能力很欠缺。我曾布置我的几个学生写法律的博弈分析方面的论文，他们举的大多数是博弈论当中的"囚徒困境"之类的例子，却不懂得分析现有的某部法律中立法者之间和当事人之间是如何进行博弈的。

> 我们国家正在和平崛起，不仅仅是经济上的崛起，更是要在文化上实现崛起，但是文化的崛起必须要有自己的话语权。我们提出了"和谐社会、和谐世界"，但它不是法律话语。法律文化上我们的话语权远远没有树立起来。

记：您能介绍一下当代西方法理学界最新的学术动态和研究成果吗？

徐:我在哈佛大学的时候,学习最多的是后现代主义法学。我比较感兴趣的是它里面的"后殖民主义批判"理论。以前西方流行欧洲中心主义的思潮,喜欢站在欧洲立场上看待亚非拉国家的社会制度。到了当代,一些出生和成长于第三世界国家,后来在西方国家求学的知识分子慢慢地进入西方的主流社会之后,站在殖民地和半殖民地国家的立场上看待西方国家的制度和法律,他们认为所谓的全球化实质是西方的话语权控制着全球其他国家,即所谓的文化帝国主义。这就是所谓的后殖民主义批判。我们国家正在和平崛起,不仅仅是经济上的崛起,更是要在文化上实现崛起,但是文化的崛起必须要有自己的话语权。我们提出了"和谐社会、和谐世界",但它不是法律话语。法律文化上我们的话语权远远没有树立起来。我们国家的民法学者言必称德国、法国和我国台湾地区的民法典,而我国古代的法律制度和法律文化继承下来的已很缺乏了。由于我们所有的法学理论和法律语言体系,包括法治和人权等,都是引进西方的,当我们拿这些东西来解决自己国家问题的时候就会产生问题和矛盾,所以有人说要重新回到儒家那套学说中去寻找答案。

徐亚文老师在美国哈佛大学法学院访学,摄于 2009 年

记:您觉得法理学对部门法的影响和作用体现在哪些方面?

徐:应该是道德伦理方面吧,法理学注重法律职业伦理的培养,西方国家很强调法官和律师的职业操守,这一点在我们的法学教育中提得很少,我们更多强调的是政治和技术,把法理学当做政治意识形态向部门法渗透的管道,如涉及物权的当事人的权利和义务,也必须放在我们国家宏观的社会环境中去理解。西方法理学倾向于培养法律人的独立操守、独立品格,而我们国家法理学的任务是政治教化。在技术理性方面,法理学有助于宏观上把握法律和政治运行的框架,可以从三个层次上看待这个问题,第一是应该怎么运行,第二是法律规定怎么运行,第三是实际怎么运行。我们可以以这三个层次分析一些法律问题,比如人权问题。法理学是方法之学。

记：您觉得我们国家的法理学研究哪些方面还比较欠缺？

徐：第一，没有及时从部门法当中汲取养分。法理学学者对部门法研究的东西比较陌生，没有深入到部门法研究的问题当中进行交叉研究。第二，照搬西方。如一些学者引进了西方的语义分析法学或者叫法律解释学，但是翻译过来文字很晦涩，我们的法学教授尚且不能读懂，怎么能指望一般的学生去读懂它？就像司法考试的法理学教材中法律解释学一章中的一些数据符号和注释，纯粹是一种知识的考察，而不能运用到解决中国实际问题中来。这些都是法理学和部门法同社会生活脱节的表现。我们在介绍西方学术观点的时候，不应该为了纯粹地引进而引进，或是为了证明自己是某一方面的学术权威，为了占领某一学术高地，而应该多涉及一些有关法学实践问题和法学教育问题的研究，现在一些年轻学者用法经济学的方法去分析诸如环境法、破产法、物权法等的文章，就给人耳目一新的感觉。

记：有人说近些年法史学的研究遇到了一个瓶颈，有法理化的倾向。您觉得法理学和法史学这两个专业之间可以进行哪些互动？

徐：法史学的研究途径是从史料研究中抽象出一定的理论，法理学的研究则是相反的，从法理学的一般理论出发，研究具体问题。有的法理学者的法史学的根基很差，往往是先设定某一个结论，然后拿着这一结论回到历史当中寻找相应的资料，这是很可怕的事情。我觉得好的法理学家不应该只是纯粹研究法理，还应该学习部门法和法律史的知识，然后抽象或者补充、修改他的理论。现在法学院的学科设置不是很合理，同一专业不同老师教的东西基本差不多，没有学科间的交叉。学生也是如此，部门法的学生不懂得法理学，法理学的学生又不懂得部门法。

记：我们知道，您还从事邓小平法治思想和依法治国理论的研究。您觉得我国政府在近些年的法治建设方面取得了哪些显著的成绩？还存在哪些需要进一步改进的地方？

徐：进步很大，取得的成绩有目共睹。最显著的一点是言论自由受到充分的保障，比如你可以在法律博客网站里发表一些"激进"的言论。说到不足之处，我觉得政治方面的法律推进得比较缓慢，这和我国的政治体制改革举步维艰有着很大的关系。一些民商事法律蓬勃发展，但是公法研究存在太多的禁区。

> 我们需要通过关注中国的现实问题，总结出能够代表自己本国人的法理观念，去和西方学者进行交流。

记:我们国家这三十年来的法治建设主要是政府推进型模式,您觉得以民间力量为主推动法治的转型点什么时候能到来?

徐:我们应该走政府推进型和民间推进型互动的法治道路。互联网的兴起有助于提升民间力量对法治的推动作用。我觉得中国法治建设的突破口将出现在我称之为的"公共法律事件"当中。"公共法律事件"指的是整个社会关注某一个案后,在争论中达成共识,然后在法律制度上加以变革的法律案件或事件。首先,"公共法律事件"是一次宝贵的普及法律的教育。其次,当所有人对某一公共事件进行讨论的时候,官方的声音只是所有声音当中的一种,老百姓便不会对官方的声音深信不疑,甚至可以对它进行尖锐的批评了。但是,我们现在有的地方政府对民间声音的回应应该做得更积极、主动点才好。

记:可是有学者认为,老百姓由于没有受过法律专业的训练,看待一些公共事件会带有一些情绪色彩,而过分听从于民意往往导致办案程序的不公正。您对这个说法是怎么看的?

徐:这实质上是立法层面没有解决好的问题反映到了司法层面上来。我们的立法是关起门来的立法,立法者往往站在政府、官员、管理者的立场立法,结果立出来的法在实际操作过程中便出现了和社会现实之间的矛盾。由于在立法层面没有代表民意,反过来又要求司法反映民意,这就造成了司法的尴尬局面。如果民意的诉求在立法层面已经得到充分讨论和回应的话,那么司法层面的争执就不会像现在这么多、这么激烈了,到时候,司法再保持对媒体、公众和政府的独立,也就不难了。

记:我了解到,您曾经做过一些关于法学教育改革的课题,您对法学教育的改革有些什么好的想法?

徐:法学教育主要是在法学院对学生进行学位教育,而非职业培训。我批评现在的法学院系设置太多,一些没有达到办学条件的法学院应该关掉。我曾和朱苏力教授讨论过这一问题,苏力老师不同意我这个观点,他认为之所以设置这么多的法学院系,是因为社会上有需求,再一个原因是高校评估制度人为地使大量法学院系设置合法化了。早些年的一些法律系,由于规模小,评估的成绩可能不及格,评估客观上刺激了高校法学院系通过扩编来达到评估的要求。所以,他认为应该搞教育市场化,让这些院系自由发展,发展条件不好,没有特色的自然会被淘汰。再者,我认为应该注重法学本科教育,本科教育是所有教育当中最重要的一环,本科四年是学生一生当中最好的读书年华。现在我们学院的研究生很多是从一些学校的分校和成人自学考试毕业后考进来的,他们专业学习的系统性不如重点院校法学院毕业的本科生。而武大本校的法学本科生大多考到北大和清华去了,北大、清华等名校的学生则又考出国继续深造。这样我们便为国外输送了大量优秀的人才,而自己的人才资源白白流失掉了。我觉得这个循环应该扭转。

记:您同时也是一位研究证券法的学者,您是如何开展证券法的研究的呢?

徐:我对证券法没有系统地研究过。因为我是律师的缘故,曾经在证券公司和上市公司里担任法律顾问,做过一些有关证券方面的案件,并为某些个案提供一些法律咨询,或者出具一些法律意见书,如股民透支方面,当然,国家允许融资融券后,股民透支的现象已经不存在了。同时,还为企业的股份制改造和股份上市发行提供法律服务。我在接触法律实务的过程中,认真地去钻研一些新出台的法律法规,增长了很多部门法的知识。

记:徐老师,未来几年您会致力于哪些新的领域的研究?

徐:可能是受武大法学院传统的影响吧,我以前对政治法学比较感兴趣。但是,这些年我感到对这一块的研究已经走到了一个尽头,我未来会致力于从社会角度研究法律,从对公共法律事件的关注中提炼出一些理论。比如西方有个著名的"自由秩序原理",中国的自由秩序原理是什么呢?是和谐秩序原理,还是其他的什么原理?我们需要通过关注中国的现实问题,总结出能够代表自己本国人的法理观念,去和西方学者进行交流。另外,我还准备从知识社会学的角度来对法律知识的传播做些研究。再一个就是我前面提到的,我在做一个教学课题,从方法论的角度对西方法理学的体系进行重新梳理。

记:您觉得当前的学术规范执行得怎样?

徐:我一般要求我的硕士生在学期末交一篇论文,可是很多学生在电脑前花上半个小时随便点击几下就搞定了,然后交给我,没有什么学术含量可言。所以,现在我干脆以出题的方式对他们进行闭卷考察,写点他们自己的想法。当然,对待博士生就不一样了,我会要求他们做一点实证研究。至于国内法学整体上的学术规范,由于高校行政化已经将学术挤压到几乎没有生存的空间了,建立学术共同体,建设规范化的学术,要走的路还有很远。

记:您觉得良好的学术环境或者学术评价机制应该是什么样的?

徐:一些学者社会头衔多,著作等身,但是这其中有多少能够代表他的真实水平呢?又有多少能够流传下来,经得住时间的检验呢?我觉得评价学者发表的文章、出版的著作的好与坏,应该要以五年甚至十年之后看还有没有引证来评判,而不应该以绝对数量的多少或者获得政府颁发的奖项的情况来评判。简而言之,要得到学术共同体的认可。以这个标准来看,我觉得季卫东老师很了不起。早在1991年的时候,他就开始研究法律的程序问题,在此前后陆续在

《中国社会科学》上发表关于法律程序的文章。直到今天,很多人研究同一个问题的时候都会引用他在 1991 年写的那几篇文章,只有这样的文章才经得住时间的检验。

记:您能为研究理论法学的硕士生和博士生推荐一些阅读书籍吗?

徐:比如李桂林老师翻译的《法理学:从古希腊到后现代》,魏德士著、丁小春译的《法理学》。还有一些后现代主义法学的著作,它们主要是对传统的法哲学的一种批判和反思。

记:最后请您给年轻学子提点寄语和希望吧。

徐:首先要处理好学习和生活的关系,理性地面对未来生活的压力。人的一生不可能从一而终,工作岗位在不停地发生转换,人说三十而立,你们要慢慢地找准自己在社会中的位置。你们要相信,机遇常常偏爱有准备的头脑,打好学习基础,将来一定会有用武之地。其次要注意心理健康,焦虑和忧郁的心理会影响到你的学习,也会影响到你未来生活的质量。社会上攀比和诱惑的东西太多了,不要太浮躁,静下心来读几本书。通过读书完善自我,培养能力,学会正确地同自己对话,同他人对话,同社会对话。

（占志铖）

姚建宗
Yao Jianzong

1966 年 3 月生，四川通江人。1989 年毕业于西南师范大学政治系，获法学学士学位；1992 年毕业于吉林大学法学院，获法学硕士学位；1997 年毕业于中国人民大学法学院，获法学博士学位。现任吉林大学法学院院长，教授、博导，主要研究方向为法理学、法哲学和法律社会学。

出版的著作有：《法律与发展研究导论》（专著）、《法治的生态环境》（专著）。代表性论文有：《思考与补正：论法的调整对象》《法律行为本体论纲》《法律效力论纲》《法律制度构造论》《法的哲学理解》《为法哲学申辩：法哲学研究提纲》《法哲学批判与批判的法哲学》《法治的多重视界》《信仰：法治的精神意蕴》《法治的人文关怀》《法治与良知》等。

一次偶然的调剂，让姚建宗与张文显教授结下了二十多年的师生情谊，作为张文显教授的大弟子，姚建宗也在无形中传承着张教授的学术精神和人格魅力。艰难贫困之中，他依然保持着非同一般进取的气度与尊严；小有名气之时，他依然保有那份不变的对学术的执著追求与对人的谦和、真诚。访谈结束之时，姚建宗感慨地说："我所走过的每一步，都离不开一位又一位前辈们的支持。"而谦和的姚建宗院长，也正一步步地用自己的勤奋回报着这些前辈们的关爱。

> 每个月的生活补助，我都要省下来大约五元，去沙坪坝的书店里买书。大学四年下来，我身上只有一套衣服，每周五晚上洗衣，借我同学王德全的衣服穿周六周日两天，星期一的时候再穿回自己的那套衣服，同时把同学的衣服洗好。

记者（以下简称"记"）：姚老师您好，在您这批吉林大学法学院的老师中，您是为数不多的本科非吉大的学生,您的家乡是遥远的四川,能谈谈您读大学前的情况吗?

姚建宗(以下简称"姚"):我家乡的条件非常艰苦。上小学四年级以前我们都没有教材,老师上课就是用"老三篇"(《毛泽东选集》里的三篇文章)做文本,从那里找一些生字教我们认字。我们没有作业本也没有白纸,我就到处(主要是垃圾堆)找废弃的香烟盒,把烟盒打开,将锡纸和包装纸分开装订成作业本,先用铅笔芯在上面写字,再用圆珠笔芯写,最后用水笔写,一个作业本相当于三个作业本。那个时候我们是"复式班教学"——这个估计你们不知道是怎么回事,就是小学所有年级都在一个教室里上课,只有一位老师教授我们小学各个年级所有的课程。那时读书,直到初中毕业,我晚上在家里都只能在瓦片中放松明子、松油、松树根燃烧的"灯光"中学习,冬天的时候就围坐在"火塘"边,脑袋伸过"火架子"框沿,把书倒拿着借助火光读书,前面的头发几乎被火燎得焦黄,前额皮肤也几乎被"烤熟"了。所以,每年春天我的前额都要褪掉两次皮才能恢复正常。后来我去县城读高中,才第一次见到了电灯。当然,我老家在 2000 年终于也用上电了。我那个时候很少有新衣服穿,基本上都是穿满是补丁的破旧衣服,不过母亲总是把这些衣服给洗得干干净净的。我那时最大的愿望就是衣服上的各个补丁,特别是裤子上屁股后面和膝盖处的补丁是用机器轧的,那整整齐齐的一圈又一圈严严实实的大补丁,就像大树砍伐之后现出的年轮,相当美。我四年级下半年就从村办学校(当时村里的作业小组集体使用保管粮食的保管室中的一个房间作学校)转到了乡中心小学读书,每天早上从家里去上学下午放学回家,都要涉水过河(这条河上有渡船,但码头较远很不方便)。南方的冬天因为湿气大是很冷的,河边的浅水一般都会结一层薄薄的冰,忍着刺骨的寒冷脱掉袜子踩在河边的鹅卵石上,感觉脚板像粘在石头上一样,脚踩到水中,寒气会从脚心直逼脑门,一个劲地直打寒战,趟过七八米之后,双脚就没有任何感觉了。过了河,再次踩在鹅卵石上,感觉脚板粘在石头上更牢实了。等匆匆忙忙湿漉漉地穿上袜子和鞋子,走上十来米的距离,双脚又像在热水里泡着一样火热。每天两次这样冰火相间地涉水过河,不到一周,脚后跟就开始皲裂了,并且裂口会越来越大,半个月之后脚后跟的皲裂口就大约有筷子头那么宽了,而且很深,基本上可以看到骨头,涉水后到岸边脚后跟上顺水留下的都是血。虽然皲口处流血,但又必须穿上袜子走路,所以袜子会和脚后跟的皲裂处粘到一起。晚上睡觉前洗脚,必须把穿着袜子的双脚放在温水里泡上好一会儿才能稍微减少一点疼痛地把袜子慢慢脱下来,脚洗好了,把双脚放到火塘边烤——一是取暖,二是烤干——时,双脚脚后跟皲裂处的血水就一滴一滴地往火塘边的地上滴。那个难受的滋味实在难以描述！这些在今天的学生们听来肯定是不可想象的，可我那时每年冬天都要遭受这样的痛苦，而且是每一天都要两次遭受这样的"肉刑"。

记：条件这么艰苦，但姚老师您那时的学习劲头好像还不错。

姚：因为我从读书中获得了很多乐趣，在读书中我体会到了一个又一个新奇的事物和令人向往的生活场景；在读书中我也结识了一个又一个令人感动的大人物和小人物，他们的故事在一点一滴地影响着我、引导着我。所以，我忘记了自己日常生活中的这些艰苦，更何况我们那时的家乡基本都是这样的，我的同龄人几乎跟我过着一样的生活。除了书上的故事之外，我们从来没有想到过有比我们好得多的另一种生活状况存在，所以压根儿也就没有一丁点儿什么特别的感受。我说了，我到县城读高中时才第一次见到了电灯，以前在家里，我只能借助月光看书，或是借助燃烧松脂油的火光看书，或是借助火塘取暖的火光看书。所以，见到电灯的时候，我觉得特别新奇。更令人惊奇的是，我在县城里看到了电视。除了冬天之外的大部分春秋时节以及整个夏天，每个周六、周日的晚上，我们农村来的同学都要三五成群地（一群人太多怕人家反感，不让我们看电视）分散着到大街上逡巡，看到有居民把电视放在屋外，就站在那里跟主人家一起看电视，直到不得不回学校去。也就是在看电视的过程中，看到了来自我国香港、新加坡等地的电视连续剧中的那些大律师们，一个个神采奕奕、风度翩翩、口若悬河、气度非凡。这给我以相当的震撼和好感，觉得干这个行业真是不错。所以，尽管那时对法律一点都不了解，但觉得做律师应该是一个不错的活了，在个人的表演发挥到极致的同时还能为社会、为社会的弱者主持正义，真是光荣。

记：既然有了兴趣，那您在高考的时候为什么没有选择法律系而是选择了西南师范大学的政治系？

姚：我家里非常穷，经济上特别困难，我是家中老大，还有几个弟弟妹妹，那时还有七十多岁的爷爷奶奶，就靠父母务农维持全家生计。我从小学到高中、弟弟妹妹们读书到初中（后来都先后自愿辍学了），都是父母不论严冬还是酷暑地背柴卖草一分一角积攒下来支付学杂费。尽管具体情况不了解，但那时人们都说上大学需要一大笔钱，而我家肯定是拿不出这笔钱的。但读师范院校是国家包全部的生活和学杂费，自己不需要交钱，所以，父母和亲戚朋友希望我读师范，而我也有减轻家庭负担的想法，这样就可以使弟弟妹妹们也能够顺利完成学业，于是我最后报了西南师范大学。另外，1985 年，四川省高考做了改革，就是教育部直属的六个师范院校——北京师大、华东师大、东北师大、华中师大、陕西师大和西南师大——是在军事院校之后第一批次录取,之后才是全国重点大学录取,之后再是省属师范院校录取,再接着是一般院校录取等等。我那年高考,第一门语文考得出乎意料地差,作文基本上失败,因为要求写 800 字以上,而我因为时间分配不合理(自己没有钟表),只有最后的 10 分钟时间来写作文,结果写了一百来字,甚至最后一个字的笔画都没有写完整,就不得不交卷了。但总体上,在班主任张前光老师(他教我们数学)强制性的要求和鼓励下我坚持到了最后,结果居然考了文科全县第三的名次,超出当年四川高考重点大学分数线五十多分。所以,我在自己根本就没有想到能够上大学的情况下被西南师范大学政治系录取了。

记:但还不是法律系。

姚:西南师范大学招收独立的法律本科专业学生是从 1986 年开始的,我们那个时候没有这个机会。本来我应该满足了,因为早就出乎意料了嘛,但想到自己的成绩实际上可以读很多非常好的综合性重点大学,同时,到这些重点大学读书的同学写信说,其实学校里有困难补助、有学费减免,所以也基本上花不了家里多少钱,在这样的情况下,我心里就因为没有读上重点大学的法律院系而总有些不甘心。按照一般的情况,我大学毕业后应当去中学教政治理论课,但我当时一因为上述情况而失望,二也因为不知天高地厚地傲慢,总觉得如果是为了教中学政治理论课而专门读大学四年,根本就没有那个必要,所以我对专业学习也仅仅是满足于考试过关就行,我的大学成绩在班里也只是中等偏上而已。不过在大学期间,我始终没有放弃学习法律的愿望,一直坚持自学,按照西南政法大学的专业教学课程自行购买教材,法学各个部门的主要教科书和专著我基本上都收集得比较齐全,也都认真读过,但《刑事侦查学》《法医学》之类技术性非常强的、当时感到也比较"吓人"的教科书我没有学习过。我的课余时间主要是用来阅读法律类的书籍。我还清楚地记得,武汉大学出版社出版的《国际私法》教科书,我至少读过十七八遍,最后才慢慢明白了一些东西,掌握了其中一些基本的知识和理论。在本科阶段,我还参加了诸如全国性的全民普法宣传和教育活动(也就是现在所谓的"一五普法")等法律实践活动。

记:除了学习,您对大学生活还有哪些记忆?

姚:我那时读师范每个月有 19.5 元的生活补助,家里实际上已不可能给我什么大的经济支持,所以我每个月都要省下 5 元钱,去沙坪坝的书店里买法律方面的图书。大学四年,我身上只有一套衣服是属于我的,而这套衣服也伴随着我直到硕士研究生毕业,我是靠借我同寝室的同学王德全的衣服穿周六和周日才能够换洗我自己的衣服。同时,在我因为信息错误、片面地为减轻家庭经济负担而报考师范,从而没有读上重点大学的法律院系而懊悔不已进而出现严重的神经衰弱的时候,是我高中同学不断地开导、鼓励、帮助和支持,使我振作起来,认真地投入和努力进行法学方面的自学,从而对我的人生和事业产生了决定性的影响。

除此之外,我们的大学生活还有现在似乎不再能够见到的那个时代的烙印。我们当时的学生社会责任感普遍很强,忧患意识很强,我们所说的话做的事,大多数都是出自我们内心的社会责任感的驱动。同时,我们那个时候同学之间的关系很好,比如每隔一段时间,我们小组(一共十来位同学)来自城里的同学就会拿出钱,召集我们上街买菜,大家围在煤油炉子或者酒精炉子旁,一起做重庆火锅,边吃火锅边喝啤酒边讨论社会热点问题,或者学习中的一些专业问题,气氛非常热烈和融洽。再比如,重庆的夏天非常炎热,不到后半夜根本没法睡觉,我们就把水泥地板用水冲洗几遍,等水干了,再铺上竹凉席,躺在上面天南海北地随便找个主题进行辩论。那种场景至今历历在目,这种训练对我们的收获很大,我觉得自己从寝室辩论和卧谈中学到了不少东西。

> 一个很偶然的机会使我选择了吉大,也是这个很偶然的机会让我选择了法学理论学科,遇到了张文显老师。

记:您的大学生活还是很艰苦,但在这种艰苦的环境下,您毕业的时候却没有选择挣钱养家,而是去了遥远的东北读研究生,这又是基于什么考虑?

姚:我考研究生也是出于偶然。我们毕业那会,虽然赶上了政治风波,但对我们而言,工作并不是一个问题,我本身也没有要留在大城市的想法(现在想来可能还是自卑,怕自己适应不了大城市的生活)。对于考研,本来我没有太大的兴趣,因为我知道我家里的条件根本供不起我再读研究生,所以我只想考当时的全国律师资格考试。但我周围有很多同学准备考研究生,他们劝导我说,考研和考律师并不冲突,考研也是对自己学习情况和实际能力的一个检验。特别是我的同乡朋友刘金林(他是西南师范大学政治系法学专业 1986 级学生)坚决主张我先报名考研,我的一位高中同学也极力鼓励我考,刘金林还专门去给我报名并支付了包括体检费在内的全部费用,当时是 12 元人民币,我当时根本就没有这笔钱。老乡给我报名之后,我不好意思再推脱了,也只好跟着考研的同学上晚自习,并跟大家同样熬时间,很多同学是穿着军用棉大衣熬通宵的(我没有军大衣),但我没有熬几天就发现自己根本受不了,老是在 10 点钟后打瞌睡,所以也就干脆不熬夜了,晚上 10 点准时回寝室。同时,我也决定还是要一如既往地回家过年。回家之后,几乎天天被亲戚朋友宴请,而且顿顿都吃肉,太惬意了。所以,我也就根本不想回学校参加研究生考试了。到那年的 6 号,我依然在家快乐地吃请,我老乡刘金林来到我家,要求我跟他一起第二天出发回学校参加研究生考试,考试费是他给出的,我不好意思,只好同意。由于我们老家那个地方非常落后,交通也非常不便——顺便说一下,我老家到现在还依然是全国贫困县,是温家宝总理的扶贫联系点——春节期间交通更加紧张,也就是长途客车车票非常不好买,我老乡的父母找了各种"关系",终于让我们在 8 号下午回到了学校——研究生考试是 9 号上午(记忆中好像是这个日子)开始——这样终于赶上了考试。

记:考研您最终还是考了,但为什么选择了离家这么远的一所学校?

姚:考吉林大学也是一种偶然。当时我的首选是西南政法大学,为此,我还专门给西政的金平教授写过信,想报考他的研究生,也收到了金老师非常热情的欢迎我报考的回信,金老师还专门让他的一个在读研究生经常性地跟我信件联系。因为那时研究生招生名额非常少,金老师说我必须考进前六名才有被录取的希望。考虑再三,我最终还是放弃了报考西政,这主要还是对自己没有太大信心。那时我的同年级同学郑维东(现在深圳大学工作)特别希望报考政治学专业,尤其对于吉林大学的王惠岩教授推崇备至,他决定报考吉林大学,因此也动员我报考吉林大学。我当然知道吉林大学的法学也是非常强的,所以也就同意了,结果还真是不好不差,居然上了吉林大学的研究生复试分数线。

记:那时您在法学具体专业的选择上有没有什么要求?

姚:我当时报考的是民法专业。对我而言,当时我特别不愿考的是法学理论、刑法学、宪法学,我认为这些学科政治色彩太浓,我内心比较抵触,特别是我家的政治成分不好(中农),所以我觉得这些专业我最好不要去沾边。相反,我认为民法里的很多东西比如婚姻、继承,在任何社会都是需要的,所以我选择了民法。在考场上,我自己的心态还是非常不错的——因为知道即使考上了也不一定最后能读上研究生,所以放松得很,我把自己有把握的东西都写上去了,而自己不会的东西就在试卷上空着,结果考试成绩还真是不错。

记:但您最终没有成为吉大的民法学研究生。

姚:因为当时吉大研究生招生是在职的单独考试的考生和应届考生的录取各占招生指标的一半名额,而我的成绩没有进入民法专业应届考生的前四名,所以就只能接受调剂。我当时给吉大法学院的民法学导师写信,希望推荐我到西北政法学院民法专业,那里当时没有民法学的硕士学位授予权,但可以招收硕士研究生,论文答辩到有授予权的学校或者科研机构去进行,最后授予该学校或者机构的学位,这在当时是我国普遍存在的一种现象。那时张文显老师刚从美国回来不久,是首次招收硕士研究生,由于当时吉大法学院法学理论专业只有一位考生过了复试分数线,即使加上两位免试推荐的研究生,其六个招生名额还是无法完成,所以,张文显老师决定从报考民法专业而无法被录取的考生中进行选择,而我就是被民法专业的老师推荐到了张文显老师那里。

记:可能张老师自己都没想到,这一调剂,就给张老师调剂了一位他日后的得意弟子。

姚:得意弟子绝对算不上,只能说是开门弟子,我离张老师的要求始终还有很大的差距。我那时考研的复试经历也很独特。刚才我一直说家里没有钱,我收到了复试通知,但从重庆到东北,这么远的距离,我哪有钱去?加上不太喜欢这种色彩强的专业,所以我就给吉林大学研究生招生办公室发了电报,说明了我的家庭情况及无钱购买火车票的事实。过了几天,吉林大学研招办回电报说,只要我能找一个委培单位就可以不参加复试了。但对于我这样一个农村的孩子来说,经济窘迫,也根本不认识什么人,哪有办法找委培单位?我只好又给吉林大学发了封回电,说明我自己实在无力做到这个要求,因此决定放弃这次读研究生的机会,两年后再考。后来可能还是张老师跟吉林大学协调,吉林大学研招办再给我回电说:经导师同意,免复试录取。后来,我就收到了张老师的信,同时他还给我寄了几本书,一本是辽宁人民出版社出版的《当代西方法学思潮》,一本是辽宁大学出版社出版的他主编的《法的一般理论》教科书,张老师勉励我说他审阅过我的答卷,感觉我具有一定的法学功底,没有必要再浪费两年时间,他嘱咐我还要花费一定的时间再系统地补一补法学专业基础知识的课。就这样一个很偶然的机会使我选择了吉大,也是这个很偶然的机会让我选择了法学理论学科,并有幸遇到了张文显老师作为自己的导师。

> 张老师告诉我说学术积累是点滴积累的,你和别人哪怕在外面吃饭闲聊时得到的启发,只要感到有价值,就应该把它记下来,这些都会成为你以后思想的火花,而这些火花汇集到一定程度就有可能成为一个研究主题的思想主干。

记:从重庆到长春,旅途想必也很辛劳。

姚:那时对这个路途的远近也没有什么特别的感觉,我还是穿着重庆较为合适的短袖衣服就上了火车。那时是9月初,南北的温差相当大,南方还很热而北方开始降温了,所以火车一进山海关,我就感觉不行了,那时我还穿着拖鞋,冻得浑身哆嗦。我还记得当时我身边坐着一个来自宁夏的吉林农大的大二女孩,她带着御寒的衣服,并借给我一件毛衣穿。就这样,我来到了长春。

记:您来到长春后,是不是也抱着一种补课的心态,毕竟您之前并非系统的法学专业出身?

姚:可以这么说,一方面我觉得自己虽然以前都是自学,但自认为法学功底还不错,基础知识还行,但另一方面我感觉在法理学方面还存在问题,毕竟自己以前没有在法理学上投入太多的精力,所以我进校后就感觉自己的压力很大,也很着急,我就想着怎么样抓紧时间补课,于是开始大量阅读经典著作。我首先选择的是商务印书馆出版的那套政治法律类的汉译世界学术名著,张老师的那些专著我读得也很认真,再就是当时的学术刊物里的文章,我没事也翻一翻、读一读。

记:您当时的学习,不能不提到张老师对您的巨大帮助,当时张老师对您的指导表现在哪些方面?

姚:吉大法学院的包容性特别强,张老师那时刚从国外回来,并没有因为我不是吉大的,或不是法学本科毕业的,就减少对我的指导。我记得我刚入学不久张老师就要去美国,在去美国之前,他给我们布置了任务,要求我们读书,主要是读博登海默的那本《法理学:法哲学及其方法》。当时1989年政治风波发生后不久,我们吉大所有的文科研究生被要求下到长春客车工厂锻炼,那时张老师就告诉我们:锻炼归锻炼,但在锻炼之余一是要多看看书,二是外语也要认真学。他到了美国之后还专门给我写过两封信,谈了很多他在美国的见闻和感想,同时也告诉了我们很多读书方法。他回国之后,每个月都要找我们去他家里汇报自己的读书心得,他和师母还经常请我们去他家里吃饭。尽管那时他已经担任了法学院副院长的职务,但对我们的要求从来没放松过。作为学生,如果这段时期没读什么书,那是无论如何都混不过去的。张老师会经常问我们:你们从这本书里发现了什么问题?这本书成功在什么地方?有什么不足?此外,在吉大法学院,张老师应该是第一个要求学生写读书报告的研究生导师。我们那个时候根本不知道怎么写读书报告,张老师就一再给我们讲解应该怎么去写。我还记得我写的第一篇读书报告就是关于博登海默的那本书,为了写好这个报告,我实实在在地把那本书读了将近二十遍。那个时候记忆力很好,所以后来很多学生答辩时其论文引用到那本书时,我一眼就能看出他的引用正确不正确。那本书我确实太熟了,一本书我看了整整一个学期,所以学生想蒙混过去,那肯定是不大可能的。

记:除了读书,您还有哪些印象很深的事情?

姚:我还记得张老师告诉我说学术积累是点滴积累的,你和别人哪怕在外面吃饭闲聊时得到的启发,只要感到有价值,就应该把它记下来,这些都会成为你以后思想的火花,而这些火花汇集到一定程度就有可能成为一个研究主题的思想主干。这对我以后的学术研究习惯的形成影响非常大。同时,张老师还告诉我们:法理学的学习比较辛苦,不仅要关注法理学本身的内容,还要关注和尽可能掌握其他人文社会科学各个学科的知识、理论与方法,关注现实的社会问题。他的这些话,实际上是对我们提出的高要求,但确实对我们的启发和帮助很大。此外,张老师是个非常谦和的人,他很少批评我们,我印象里几乎没有批评过我。即使我们有什么事情做得不太令人满意,他也是以一种宽容的态度来对待我们。

记:除了张老师对您的帮助,您的研究生生活还有哪些印象很深的事情?

姚:除了张老师的影响,还有其他多位非常好的老师给了我很多的指导,比如栗劲教授、李放教授、崔建远教授、高格教授等名家的课,哲学系孙正聿教授、孙利天教授等的讲座我也经常去听。吉林大学作为综合性大学在这方面的优势也让我受益匪浅。再有就是我们研究生同学大家都住在一起,相互之间在学习方面交流很多,彼此之间都学到了很多东西。

> 出国学习,我最大的收获就是与一些学者建立了良好的关系,这对我以后的工作帮助很大。

记:1992 年您研究生毕业了,当时您选择了留校?

姚:那个时候的毕业研究生通常都不愿意留校,当时我们在外面找份相对好的工作岗位太容易了,但我的问题还是自己没有钱,根本不可能跑到广州、深圳那些大家都向往的地方去找工作。后来张老师对我说:你留校吧。我心里想,留校也挺好,有了工资,攒点钱,之后还能去南方找工作。在后来的二十来年里,我也动过多次回南方的念头,主要还是因为对东北的气候不适应。但当时我根本就想不到,我这一留校,就留了近二十年!

记:您留下来后就在法理学教研室?

姚:当时我留校后,先在法理学教研室当助教,那可是实实在在地助课的助教啊,那时徐卫东老师讲授"西方法律思想史"课程,我给徐老师助课。1994 年9 月,我就去中国人民大学读博士研究生去了。

记:在我印象中,吉大似乎不太愿意老师们去外边读博士,怕像您这样的人才去了外面就不回来了。

姚:当时吉大确实是有这种情况。那时的吉大法学院只有刑法学一个博士点,要读法学理论专业的博士研究生,只能去别的院校。当时我选择了报考中国人民大学,学校确定由吕世伦老师做我的博士研究生指导教师。而吉大这边,既没有让我拿走档案也没有与我、中国人民大学签订委托培养合同(这在当时是必须的),所以我只是事实上被算做了吉大委托培养。因为没有这样的委培合同,博士研究生毕业之后,我还曾考虑过去西南财经大学做博士后研究,想跟刘诗白教授做制度经济学研究,但后来因为我们法学院的原因没有成功。

记:博士毕业后,您应当算是吉大法学院的中青年骨干教师了,当时吉大法学院给您提供了怎样一个发展的平台?

姚:1997 年博士毕业回到吉大,我曾经有一个非常好的机会可以去美国深造 3 年,当时这个项目在经费方面也很优厚,但我那时态度非常坚决地不去,就想直接离开吉大。同时,也觉得自己的英语水平不行,不敢去国外闯荡。现在想想,那实在是一个千载难逢的好机遇,因此也觉得非常后悔。这可能是这 20 年来我最感到遗憾的事情了。

记:但之后您还是出国了,当时又是什么情况?

姚:我在 1998 年和 2000 年连续被破格提拔为副教授和教授,但说实话,我对职称倒不是很看重,我心里想,在我四十来岁的时候肯定能当上教授,没有必要去刻意追求这些东西。这期间,我参与了我们理论法学研究中心的建设以及申请成为教育部人文社会科学重点研究基地的工作,而重点研究基地建设中有一个重要指标,就是国际学术交流。我感到我这方面欠缺非常多,必须有针对性地加强自己在这方面的训练。在我的朋友和同事孙世彦博士的说服下,我主动向英国的王宽诚教育基金会申请了一个项目,去英国做项目研究。为了提高自己的英语水平,特别是听说能力,我在 2003 年春节刚过就自费去了西安,在西安外国语学院出国人员培训部进行英语培训。但很不幸,到西安刚上了不到一个月的课,就遇到了"非典"的爆发,不能继续上课,也无法返回,只好在自己租住的城中村房间里自己学习。7 月中旬回学校,9 月份我也顾不得自己的英语水平差了,先出去了再说,所以我就到了伦敦政治经济学院(LSE)研修,2004年 5 月我完成研究工作回国。

记:回来不久,您好像又出去了一次。

姚:是的。因为这期间,我也得到教育部国家留学基金委员会的批准,获得去英国进修学习的机会,但我没有相应的英语水平考试合格证,按照规定必须参加教育部在有关高校设立的出国留学人员培训机构的专门培训并考试合格方才有资格出国。所以,回国后,我在东北师范大学出国留学人员培训中心培训了两个月的英语,7 月初结束培训并通过了考试,拿到了申请公费出国的资格。于是,2004 年 9 月初我又出国在伦敦政治经济学院进修了一年,这个出国学习的经历,对我的学术影响确实很大。

记:出国究竟给您带来了哪些震撼?

姚:我觉得自己在那里最大的收获就是与一些学者建立了良好的关系,这对我自己和理论法学研究中心、法学院的教学和科研工作都有很大的帮助,我也经常邀请这些朋友来我们吉大访问讲学。同时对我而言,出国毫无疑问增长了自己的见识,一定程度上提高了自己的外语水平,也收集到了很多研究资料。

> 吉林大学的法学理论学科一直具有学术批评的传统。我们和张文显老师之间也是经常性地进行学术批评的。这是一种学术精神的传承。

记:您回国后继续从事法学理论的教学和科研工作,协助张文显老师进行教育部重点研究基地以及国家重点学科的建设工作。我想问您一个有意思的话题:我们一提到吉大法理学,标志性的人物就是张文显老师,在这个领域,张老师就像是一棵参天大树,而您和黄文艺等多位老师从求学到工作都承蒙张老师的指导和帮助,这么多年,您和您的同事是否也会感到长期在张老师的光环下会有一定的压力?

姚:这是个很有意思的问题。先说张老师本人,这么多年来,他对吉大法学院包括整个学科建设在内的全面工作以及对法学理论学科的贡献是巨大的,这点毋庸置疑,他在我国法学界的学术地位也是大家公认的,但这里我要特别谈谈张老师的人格魅力。张老师作为我国最有影响的法学大家之一,无论是与老一辈的法学家,还是与同辈的法学家,或是与年轻的法学学者,他几乎都能保持非常良好的关系。所以,你刚才问到在张老师的光环下我们作为学生是否有压力,我觉得张老师真的没有给我们太大的压力,张老师的大家风范和气度绝不是一般人所能达到的。

坦率地说,现在无论是我还是黄文艺等老师,我们的一些研究成果在某些时候可能都在一定程度上是对张老师的一些研究成果的批判性作品,我本人的一些文章甚至还直接拿张老师的观点作靶子进行批判的,但张老师读到我的文章后却告诉我说我的文章写得很好,还主动推荐我去发表呢。我印象最深的一件事情发生在 2004 年 7 月,当时我们理论法学研究中心召开了一个以"中西法律文化比较"为主题的国际学术讨论会,参加这个会议的除了国内的学者外还有来自美国、英国、日本和韩国的学者。当时全国一批知名教授如张中秋老师、周永坤老师、范忠信老师、徐忠明老师等都参加了这次会议。在这个会上,张老师做了主题发言。他发完言后,黄文艺老师在发言中就把张老师的一些观点批判了一番。而到我发言,我也直言不讳地说黄老师批评张老师的观点在有些地方没有批判到位,我再做些补充批判。会议茶歇的时候,周永坤、范忠信等老师对我说:建宗啊,你们是怎么啦? 怎么能当着这么多学者的面对张老师的观点做这样的批评呢? 我说这没什么啊,我们平时讨论问题都是这样的。这些老师无不感到异常吃惊,也对张文显老师的学术大家风范很是钦佩。其实,在张老师的言传身教之下,吉林大学的法学理论学科一直具有学术批评的传统。我们和张文显老师之间也是经常性地进行学术批评的。这是一种学术精神的传承。比如在张文显老师主编的高等教育出版社出版的《法理学》教科书的修订上、"三个至上"的解读上以及和谐司法等一系列问题上,我们都和张老师的意见不一致,甚至分歧很大。但张老师很多时候都说:你们的想法也有一定的道理,也是我没想到的,我再考虑考虑。

记:张老师的这种魅力与气度,是不是对您的人生态度也有一定的影响?

姚:是的。至少从我的角度讲,张老师带给我最多和最大的,并不是他传授了我多少学术方面的知识,而是展示给了我学术的精神与风格、宽和的人格魅力。这种魅力、气度与胸怀,才是我从张老师身上感受最深并使我终身受益的。就我来说,我对很多外在的功名利禄看得并不重,比如职称的破格提拔、各种各样各级别的重要荣誉和称号,我都从来没有主动地积极地去争取过,而是主动推辞与让贤,包括2008年的全校中层单位与院系换届,我也是很突然地被推上了法学院院长的位置。

记:有些无奈,也有些突然,您就被赋予了领导历史悠久的吉大法学院的历史使命,您怎么看待您的这个职位,又打算为它做些什么?

姚:现在吉大法学院的发展确实面临着不小的困难,尤其是吉大所处的地理位置注定了它以后发展的艰难。在全国六百多所法学院蓬勃发展的今天,吉大法学院如何应对各大法学院的竞争,是一个现实而紧迫的问题,我作为院长必须也应该尽力而为。

吉大法学院最重要的问题就是人才,无论是教学还是科研,人才都是至为关键的因素。如何留住人才并提高现有人才的水平以及引进高水平的人才,作为院长,这些问题不能不考虑。首先,我们必须立足现实,充分挖掘现有科研教学人员的潜力,力求在自己的老师中培养出一批高精尖的人才;其次,我们也希望能够引进一些来自于国外和国内其他高校的优秀博士,以更新我们的师资队伍,改善师资结构,增强教师和科研队伍的活力。

我始终认为,吉大法学院必须走内涵式发展道路,这是吉大这么多年来办学的基本经验,也是她的传统优势之所在。因此,我们需要始终把人才培养和科学研究放在全院工作的首位,始终作为重点和难点工作来抓。人才培养重点在于:一方面是法学本科生的培养,这就要求我们必须高度重视并采取实际措施坚决抓好本科教学工作;另一方面是研究生的培养,核心在于学术规范教育和独立研究能力的培养和提高。在科学研究方面,全院教师和研究人员必须在科学研究成果的质和量两个方面都有实质性的提高。

记:那你对吉大法学院的未来发展抱持一种什么样的期待?

姚:我希望吉大法学院在未来的发展中始终秉承其独特的传统和文化,始终致力于培育学生"永葆'人''类'的共同情感、尊崇永恒的人间'正义'、守护法律的终极目的、担当法律人的神圣责任、追寻法治的精神境界"的法律职业情怀。

我希望吉大法学院始终致力于涵养学生具有"自由开放的思想、厚重严谨的学术、公义诚信的教养、雍容大度的胸怀"的法律人的精神气质。我希望吉大法学院始终致力于锻造学生"藉天下公器,显法律智慧;养浩然正气,展法胆律识"的法律人的文化品性。

本着上述方面,我特别希望吉大法学院的全体教师具有与自己所处的这所具有辉煌历史的著名法学院的学术声望与社会荣誉相一致的责任心、良心与荣誉感,为吉大法学院的未来共做历史使命与责任的担当者。

(方　堃、许钗玲)

王世涛
Wang Shitao

1966 年 6 月生,辽宁抚顺人。大连海事大学法学院教授,海事行政法方向博士生导师,宪法行政法专业博士生导师,学术带头人,基础法系主任,海事行政法治研究中心主任。中国人民大学法学院宪法行政法学博士,师从中国著名宪法学者韩大元教授。中国人民大学博士后。辽宁省"百千万人才工程"百层次人才。辽宁省宪法行政法学会副会长,中国法学会宪法学会理事,中国人民大学宪政与行政法研究中心特聘研究员,济南大学法学院客座教授,辽宁省普通高校学生争议处理委员会法律顾问团专家,辽宁省公安厅法律咨询专家,大连市中级人民法院法律咨询专家,大连市政府法制办法律咨询专家,大连市检察院监督员,民革辽宁省委参政委员。

主要从事宪法、行政法、海事行政法及财政税收的宪政与行政法治研究。第五届中国十大杰出青年法学家候选人,2007 年被评为辽宁省优秀教师,2004 至 2005 学年东北财经大学优秀教师,获 2006 至 2007 学年大连海事大学优秀教学一等奖。2008 年被评为大连海事大学校教学名师,辽宁省百千万人才工程百层次人才,大连市 551 工程优秀青年后备人才。至今,在国家级及省级学术期刊上发表论文 80 多篇,出版著作、主编或参编教材十多部。已经或正在主持或参与国家级研究课题及省部级课题十项。《宪法不应该规定公民的基本义务吗?——与张千帆教授商榷》,获中国法学会宪法学 2008 年会理论研讨会优秀论文三等奖。《行政救济合法性标准的省思》获辽宁省 2009 年十大法学成果奖,《论海法统合》获 2011 年辽宁省国际法学会学术年会优秀论文一等奖,一些论文在全国权威的资料文集如中国人民大学复印资料上全文转载。

> 人生的这一步步走过来很多都是机缘巧合,很可能其中关键的几步,有时你自己也无法改变,然而每一步的选择,都可能会完全改变你的人生轨迹。

记者(以下简称"记"):王老师,您是哪一年参加高考的? 当时报考的是什么专业呢?

王世涛(以下简称"王"):我是1985年参加高考的。当时我报考的是东北师范大学,那时的师范院校在专业设置上普遍都是采用"大法学"的概念,东北师范大学现在改称为政法系,法学方面的师资力量比那时候要强一些。

记:您当时在选择报考专业的时候是如何考虑的呢?

王:其实我当时还很懵懂,那个时候没有什么具体的人生规划,将来要做什么,毕业以后要从事什么工作,那时候其实都还没有想好。就1985年的我来说,非常的单纯,仅仅是为了上大学而上大学。我那时候认为东北师大是全东北最好的大学,甚至都不知道本科和专科有什么区别。

其实我当时的志向是南开大学,在我们那个年代,南开大学是非常知名的,当时我在我的书桌的背面刻着:"南开南开真难开,要开要开一定开。"但是我高考那年,师范学院提前招生。一开始我并没有想考,因为我的志向是南开大学。可老师动员我试一试,考不上可以再考嘛。于是我就把之前的复习规划全打乱了,开始为了应付三月份的高考抓紧复习,当时觉得考不上也无所谓,就当演练一次。

结果一发榜,我竟然考上了。我拿着通知书非常郁闷,同学们还不太理解,怎么考上大学了还不大高兴? 对我而言,其实志向并不在东北师大,于是当时我想放弃,再参加一次高考。可是当时的政策是不允许录取过的学生再参加第二次高考。再加上我是农村的,一旦放弃,七月份的再考万一不理想,那后果不堪设想。考虑再三,我最终还是选择来到了东北师大。

我在高中的时候,学习非常刻苦。在我高中毕业后,我当时的老师都还会以我为榜样教育后来的学生。当时我真的是一门心思花在学习上,对其他事一概都不在乎,即使是过年过节都留在学校里学习。所以历次考试我在学校排名几乎都是第一名。那个时候我生活非常的节俭,我每天学习到很晚,回家后就只有剩饭,吃完后再到学校里自习。

记:您去了东北师范大学以后,感觉怎么样?

王:说心里话,我到了东北师范大学以后,感觉学风等各个方面都非常好,而且遇到了一些老师也不错,可能有些老师现在不在了,但是却给我留下了很深的印象。我经常去听些学术讲座,那个时候是"文化大革命"结束不久,青年学子对知识十分渴求,是思想最活跃的时代,在 1989 年之前的那段时间,国内的学术界是非常活跃的,特别是对传统文化的一些反思。当时东北师范大学有个阶梯教室,一有讲座就挤得满满的,当时觉得到了大学真好。那时的思想大多比较偏执,不过学生往往就喜欢这种偏执的观点,而不喜欢那种四平八稳的保守的僵化的观点。

记:您在大学毕业以后又是如何打算的呢?

王:我是 1989 年毕业的,那一年的分配形势不太好。不过其实我在这之前就已经打算要考研了。我在高中考上大学时已经立下志向,大学毕业以后要考研,这也算是我那个时候的一个人生规划。为了稳妥起见,我还是选择了报考本校,因为硕士导师在本科期间也给我们上过课,复习起来也比较方便。

记:您当时是怎么选的专业呢?

王:王才松老师,也就是后来我的硕士生导师,他主要从事宪法、法理方面的研究,王老师给我的印象非常好。所以我在选择专业的时候就选择了法律,并没有考虑到未来个人的前途和职业。

记:您对宪政专业的兴趣是什么时候开始产生的?

王:说心里话,我是先学,然后才感兴趣的,属于误打误撞的。在研究生时期我开始系统地学习宪法,开始对宪法有了一些初步的认识,才慢慢对宪法加深了了解。

记:您是如何走上法律教学工作岗位的?

王:在 1992 年的时候,我研究生毕业开始面临择业问题。我当时读研究生时,是定向录取的,定向的单位是辽宁青年干部管理学院,也就是过去的辽宁省团校,定向意味着我毕业以后就要去沈阳工作。但是说实话,去团校工作并非我志向所在。为了改变这个状况,我付出了很多的努力。在我研究生毕业的时候我去了次大连,分别到了东北财经大学和大连海事大学进行试讲,当时面试都通过了,这两个学校也都同意录用我。但是前提条件是我必须要把辽宁青年干部管理学院的工作辞去。为此我几次往返奔波于沈阳和抚顺。因为我家在抚顺,对于沈阳我很陌生,路也不熟悉,每次去都非常辛苦,但是我去辽宁省教委分配办几次,都没有人理我。于是我一直都不死心,又去了好多次,可是始终都没有结果。当时我在沈阳有一种流落街头的感觉,挫折感特别强。最终,我抱着最后试一次的希望,再次从家里赶到沈阳,也就是那天峰回路转了,可能是辽宁省负责就业分配的人多次看到我眼巴巴地等在门口,因此打动了他们。我后来就来到了东北财经大学法律系工作。如果我那天放弃的话,现在也许就是在沈阳工作了,而且也不一定从事法律工作,所以我有时候感觉人生真的很奇妙,可能仅仅一念之差就能改变一个人的命运。

我是 1992 年的时候去东北财经大学法律系的,在东北财经大学一直从事宪法行政法的教学,一干就是 13 年。中间还有一个插曲,实际上我 1992 年研究生毕业的时候,当时是一直想要考博士,报的是中国人民大学,我记得当时我已经拿到准考证了。其实 1992 年的时候,考博士竞争相对不是那么激烈。而我最终还是放弃了考博,其中有两个原因,一是家庭条件不允许;二是即便我能够考上,还是会有定向的限制。这次的放弃让我感到很遗憾。人生的这一步步走过来很多都是机缘巧合,很可能其中关键的几步,有时你自己也无法改变,然而每一步的选择,都可能会完全改变你的人生轨迹。

记:在您整个的求学生涯中有没有给您印象很深的老师?

王:那当然是韩大元老师。我到东北财经大学工作之后,总觉得我的人生志向还没有实现,心有不甘。大概是 1996 年的时候,我曾经尝试考吉林大学,当时吉林大学只有一个博士点是刑法学,和我当时从事的教学专业不一样。我之所以会选择考吉林大学,一方面是考虑可能吉林大学相比中国人民大学可能会好考一些,另一方面因为我曾经在吉林的长春待过一段时间,对那里比较熟悉,而且也非常喜欢长春的环境,有点想回到过去学生时代生活氛围的憧憬。那一年我下了很大的工夫,复习得非常刻苦,我把吉林大学资料室里堆积如山的资料都翻了个遍。虽然如此,可能是因为我毕竟不是从事刑法学专业的工作,另外那一年吉林大学计划要扩大本校老师博士的比例,而恰恰是那一年吉林大学有很多年轻的老师都在报考本校的博士,也许是命里注定的,结果那年考试没有成功。这次失败给了我很大的打击,我几乎已经心灰意冷了。

2003 年,王世涛(右一)在博士论文答辩会上

到了 1999 年,那时我 33 岁了,我觉得趁现在还算年轻必须还得继续考。于是就在 1999 年报考了中国人民大学法学院,当时韩老师还属于宪法学界的少壮派,报考后我就开始搜集各方面的资料,包括韩老师的著作、发表的论文,我都仔细地读过。韩老师在博士录取上比较倾向于高校教师,我所幸能被录取也是对我多年不懈努力的回报。韩老师的人格魅力及学术修养也一直在潜移默化地影响感召着我。

记:在您的求学生涯中有没有印象比较深的同学?

王:我那届同学中有一个韩国学生郑二根,他比韩老师年龄还大,汉语说得也不太好,我们沟通的时候还是会有点障碍,但是他对老师非常的尊重。每次见到韩老师他都会鞠躬,还有从韩老师办公室走出去的时候,他不会转身就走而是倒着退出去,快到门口的时候再转身。

记:您博士后选择了做财政税收法的研究是出于什么考虑呢?

王:我虽然是在职读的博士,但是我那三年基本是脱产学习的。到 2003 年我博士毕业,因为我的关系还是在东北财经大学,所以我应回东财工作,但是我感觉自己所学还不够,必须还得继续深造。但是博士后是不能再留在原法学院的,必须"双跨",跨学校或跨专业。我当时联系了北京的几所高校,但都不太合适,后来还是想留在人大,于是就打算在另外的专业上从事一些交叉的比较研究。因为我之前是在东北财经大学,对财经以及经济法还是有一些了解,而且财政和税收的宪政和法治问题恰恰是我们国家目前非常需要研究的问题,实践中需要解决的问题也是最多的,所以在进入中国人大财政金融学院博士后流动站的两年时间里,我还试图对国家财政税收方面的问题以宪法和行政法的视角作了一些解读,也发表了一些论文。当然这个研究并没有因为我博士后出站而终止,我还一直在作这方面的研究。虽然我觉得自己做得还很不够还很欠缺,我的研究还不一定有什么突破,但我的选择对于探讨宪法学一些实质上的问题还是有着一定的创新意义。

> 这么多年来,上课对我来说从来不是一种负担、一种工作,看着学生这么专注地望着自己,让我觉得给学生上课是一种很享受的过程。在我每一次讲课的时候,都是全身心的投入,激情洋溢。

记:您现在还一直在给本科生上课,感觉如何?

王:我最愿意给本科生上课,我之所以能在高校这个阵地上一直坚守到今天,我觉得首先是因为我非常热爱这个职业,我对这个职业是全身心的投入。

而且我觉得教师这个职业很适合我,同时我也为这个职业倾入了很大的热情与精力。所幸的是学生对我也有所回报,这点我也要感谢学生,我在东北财经大学的时候就被评为优秀教师,到大连海事大学以后曾被评为辽宁省优秀教师,当时是大连海事大学唯一的一位。我曾经注意到在网上评教中,学生把我评为了第一名,我当时说:"金杯银杯不如学生的口碑。"我最看重的就是学生的网上评教。这么多年来,上课对我来说从来不是一种负担、一种工作,看着学生这么专注地望着自己,让我觉得给学生上课是一种很享受的过程。在我每一次讲课的时候,都是全身心的投入,激情洋溢。当然,上课的时候老师的口才、表达的能力还有感染力只是一个方面,而同时也一定要有足够的学术修养,自身的学术研究以及知识量也要达到一定程度,不然你讲得很热闹,学生还是觉得你讲得太空。所以教学的效果是倚重于学术的积累。我在给学生讲课时,一个方面是自己要认真准备,每次上课前都要再看看自己的教案中是不是还有什么不足的,有没有什么观点已经陈旧了;另一方面就是跟学生以平等的视角进行交流,并且要做到心灵的交流,不仅仅是观点的交流。学生也可以看出我说的每一句话都是发自肺腑,包括宪法学的很多敏感话题,我从不隐瞒自己的看法,很多观点可能很激进,但是我认为宪法学研究是没法回避这些问题的,这是一种学术,如果有意回避的话,现实中的很多问题都得不到解决。

我的课堂也是一个开放的课堂,我从来不点名,如果我的学生有不愿意上我的课的,可以转身就走,我绝不会对他有任何的偏见。如果学生认为他在这个课堂上学不到什么东西,要求他坐下来听课是对学生的不负责任,这并不是对老师的尊敬,反而浪费了大好的青春。老师如果靠点名来强要求学生听他的课,那其实是一种"绑架"。我觉得上好课是老师的义务,不听课是学生的权利,不需要靠一种"绑架",用纪律强行的约束学生留在教室当中,这对学生是不公平的,他是来上课的,不是来守纪律的。如果有一天我的教室达不到要求的上课人数,那就是我要下课了。我们高校就应该有这样的机制,所有的学生对老师的选课人数就是对老师上课评价的晴雨表,在大学混饭吃的老师就应该一个个下课,当你的课无法吸引学生而只能靠点名来维系的话,你就不要再误人子弟再端教师这个饭碗了。这样大学教育的质量才能不断的提高。平等交流、坦诚相待、用心灵去沟通,我觉得我这个理念还是得到了学生的普遍认同的。

记:您有没有印象比较深的学生?

王:印象深的学生很多,现在的学生都很活跃,他们背地里都管我叫"涛哥",现在90后的学生见我面,较少叫王老师,好多都是"涛哥你好!"甚至我自己带的学生也是这么叫我,感觉很亲切。我觉得这不是学生对你的不尊重,其实是对你的认可。现在上课的学生也很多,说实话要全部记住学生的名字也比较难,但是我带的研究生的名字都能记住,比如我带过一个研究生叫汤喆峰,今年也考上我的博士了。汤喆峰在上课的时候就会经常直接质疑、批评我的观点,但是我对这个学生并没有什么成见,相反还非常赏识,他有这样一种批判的精神,而不是唯唯诺诺,这样的学生在学术上才可能会有更大的长进。

记:您是如何平衡您的教学工作和科研工作的?

王:我觉得就是"教学相长",对个人来说,学术研究越深入,你的教学知识点越多、对学生的启发就会越大。我自己就觉得如果在某些方面没有讲清楚,一定是自己在科研上有盲点,相反平时在科研上如果更深入的话,课堂上就会对某一问题滔滔不绝地讲好长时间。

还有我常对学生说不要看重考试的结果,学习的过程比考试的结果更为重要。我教的课从来都是开卷考试,教务处不允许开卷的我都坚持要开卷考试,我认为闭卷考试没有任何的意义,让学生背个答案,在考试的时候抄在试卷上得到个高分,然后考完试就一字不留的全忘掉,这样的教学有什么意义呢?现在很多学生就只是希望能拿一个高分,学完以后拿到个文凭,然后什么也没学到带着一纸文凭回家。我认为考试的内容应该是教材上原本没有的,需要学生去动脑子,他在答题的过程中就是在思考解决问题。这样既减轻了学生的学习负担,同时也让学生对宪法学更为感兴趣。

另外,我在上课的时候是不要求学生记笔记的,记太多的笔记往往会忽略了很多重要的东西,上课只要认真听就行了。如果你觉得重要的,关键地方提纲挈领地记一记就可以,不要每言必录,这是没有意义的。我认为课堂应该成为一种启迪互动交流的平台,让学生也有表达的机会。虽然课程安排得都很紧,但是一些资料性的东西,翻书都可以看到的内容就不应该放在课堂上讲,让学生自己看书比听老师讲效果可能还要更好。所以我讲课有一个特点,书上有的我一般不讲,众所周知的我一般也不讲,这样课时怎么会不够用呢?虽然我做不到像从前陈寅恪大师那样的:别人说过的话我不说,书上有的我不说。我可能会重复别人的观点,但是对学生来说却是新的。孔子曾说:"学而时习之,不亦乐乎?"学习是件很快乐的事,我们总把它当做一件痛苦的事,形成一种压力,这就是我们教育体制的失败。

> 关于宪法学的研究方法,用胡适的话来说就是多谈些问题少谈些主义。……过多的研究"主义",研究大的抽象的原则,学术也深入不下去,这都只是不解决实际问题的清谈。这样的学术研究也就没有了生命力。现在的宪法研究,研究归研究,但研究完以后,对社会的指导意义不大。

记:您个人比较欣赏哪一种研究方法?

王:宪法学的研究方法有很多,我发现在学术上法学方面每次的变革都是方法论的突破,从西方法律思想史上看,每一位思想家的出现往往就是一种新的方法论的出现。我们中国宪法学的研究要想突破,我觉得也一定要在方法论上有所突破。在我们国家现在的法学研究过程中,比较成熟的是民法学。而财政税收的宪法学有人把它归入到经济宪法之中,其实很多学术的研究方法国外早就有了,我们国内的学者做的大都不是开创性的,更多的是用西方的研究方法来解决中国的问题。我觉得这方面做得比较好的是苏力教授,他的研究是把法社会学的方法真正融入自己的研究成果之中。传统的宪法学研究最大的问题就是太过空泛,用大词吓唬人,而不注重具体问题的深入研究。这可能是在法学滞后的整体状态下,所要必经的启蒙阶段,但是中国现在应当要跨越这个阶段。比如中国的人权研究,研究了那么多年,但是中国的人权问题并没有因为学者的这些研究而有所改善。那么学术研究的意义在哪呢?我们宪法学的研究应该要更精微更深入地研究一些问题。

关于宪法学的研究方法,用胡适的话来说就是多谈些问题少谈些主义。我们应当抛弃过去那种用阶级批判、阶级分析方法研究宪法学的路径,如果不告别这样一种思维路径,我们中国的宪法学肯定是止步不前的。"主义"意味着过去那种传统的不同制度、不同阶级立场之间进行的一种阶级批判式的思维方式,这样的思维方式导致总是认为"我"永远是对的,"你"永远是错的,在学术上恐怕很难会有长进。过多的研究"主义",研究大的抽象的原则,学术也深入不下去,这都只是不解决实际问题的清谈。这样的学术研究也就没有了生命力。现在的宪法研究,研究归研究,但研究完以后,对社会的指导意义不大。我们很多的行政法的法案都是由一些学者参与在其中,让学者直接主笔起草这个法案,这样学术的研究才能和国家的法治实践紧密地联系在一起。而宪法学者们却显得力不从心。我觉得中国的宪法学和宪政发展要想有所突破,必须要对我们国家目前理论上的所谓禁区和一些敏感话题进行深入的探讨,并提出一些可操作的建议和意见,敦促政府自我调整来改变目前的状况。

记:您有什么座右铭吗?或者是比较喜欢的格言之类的?

王：我曾经在一次学生的毕业典礼上，说过这样一句话"只要有追求就永远年轻。"回顾我走过的路，始终没有忘记人生的追求。

记：王老师您能给我们推荐一些阅读的书目吗？

王：我觉得何勤华教授主编的《西方法学流派撮要》很值得一看，我平时看得也比较多，另外还有博登海默的《法理学——法律哲学与法律方法》、苏力的《法治及其本土资源》《送法下乡》等。

王世涛（右）与博士生导师韩大元（左）

最近这些年来，我对法哲学、法理学这方面的书比较感兴趣。我感觉学术要再深入一点的话，就要从两个维度展开：一个是从哲学角度，另一个就是历史的角度。我对宪法的认识就是首先从制度开始的，然后必然会回归到历史。对历史的研究，无论是什么部门法，都是需要去了解的。我现在开始对宪政的思想史、制度史感兴趣了。在深入研究的情况下，如果想要知道一个制度的来龙去脉，就必须要先去了解它过去是怎样的一个情况。而我们现在的教科书上对清末以来的历史陈述得太过空洞了，而且对那时候的很多评价太武断了，人物评价也不太公允。

关于宪法学方面的书，韩大元老师和徐秀义一起主编的《现代宪法学基本原理》这本书对宪法学界的体系建设有很大的价值。另外，还有林来梵的《从宪法规范到规范宪法》、王人博的《宪政的中国之道》和郑贤君的《宪法方法论》都很值得深入去读。

（蒋永锵、周会蕾）

黎 宏
Li Hong

1966 年 8 月生,湖北罗田人。1984 年考入武汉大学法学院,1988 年获法学学士学位;同年考取本校刑法学专业硕士研究生,1990 年提前毕业,攻读本校刑法学专业博士学位。1992 年 10 月赴日本同志社大学留学,1995 年获同志社大学法学硕士学位;1996 年获武汉大学法学博士学位;1999 年获同志社大学法学博士学位。同年 9 月回国,到清华大学法学院任教。现为清华大学法学院党委书记、教授、博士生导师,中国法学会刑法学研究会理事,2008 年 4 月—2012 年 3 月兼任北京市西城区人民检察院副检察长。

主要专著有:《不作为犯研究》《单位刑事责任论》《日本刑法精义》《刑法总论问题思考》《刑法学》,译著有《刑事政策学》《刑法总论》《刑法各论》《刑法学基础》,参与《中国刑法原理》(上)(下)、《量刑通论》《刑种通论》《刑法学全书》《西方近代刑法学说史略》《刑法新问题探究》《中国刑法解释》《侵财犯罪的理论与实践》等多部著作的编写,并且翻译了大量日本学者的文章,如《犯罪被害人补偿制度》《犯罪化和非犯罪化》《交通事故和过失论》《企业灾害和过失论》《有组织犯罪的对策》《日本学者眼中的中国刑事诉讼法》等。

> 我们当时所受的教育给人一种浪漫主义、理想主义的情怀,像我去年去井冈山,第一感觉就是要去找《闪闪的红星》里那些情节中的地方。

记者(以下简称"记"):在读大学之前,您已经工作了吗?

黎宏(以下简称"黎"):没有工作过,我 1966 年出生的,读完高中后直接念大学的。

记：您对三年"大跃进""四清运动"有什么看法？

黎："大跃进"和"四清运动"，我没有亲身经历过，只是听说那会儿死了很多人。不过我喜欢看历史书，特别是1957年"反右"以前的。

记：您对"文化大革命"有印象吗？

黎：我记事应该说比较早，尤其是四五岁时候的事一直都记忆犹新，1973、1974年亲眼看到过游街、批斗。有一阵兴起"严打"、"镇压反革命"，经常召开公判大会，我还去过枪毙现场，至今想起仍然觉得有些毛骨悚然，很多时候都是通过杀一儆百起到震慑作用。有一次看到父子两个人由于反革命而被五花大绑地送去枪毙，那时候据说政治犯被枪毙要打脑袋，流氓犯（像鸡奸罪性质）也是要枪毙的，那时第一次知道人死了之后，绳子捆在身上就把人固定了，看得我心惊肉跳。1983年第一次严打时，比我高一届的两个人因为强奸罪被判了死刑，我没在现场看执行，由于都是熟人，实在不忍心看到这样的场面。

记：您上学时是不是也受到了"文革"的冲击而影响了念书？

黎：上小学是1973年，差不多已经是"文革"后期，在此之前也上过幼儿园，基本上是正规教育。上小学时是半天读书，半天看电影。家在县城里，电影院就在学校旁边，那时候第一场电影总是我们学校里的学生看，小学有一千多人，电影院也能容纳一千多人，走道上加些座位就没问题了。当时电影是五分钱看一场，我看《闪闪的红星》就看了十几遍，几乎每个情节和细节都记得很清楚。这个状况一直持续到1977年。"文革"期间我们也劳动过，去农场种稻子，把手指都拉开了，留了疤，现在还在，真可谓时代的烙印了。我虽然没有亲身经历过"停课闹革命""上山下乡"，但是都看到过。

记：听到恢复高考的消息，您是怎么想的呢？

黎：恢复高考的消息正式公布后，我们上学开始正规化了，小学当时有六个班，分了一个班是快班，成绩最好的那些学生去快班，另外一个班是慢班，就是铁定要留级的班，我很有幸被分到快班。我们湖北黄冈的教育抓得比较紧，我们这个班在升初中的考试里都表现不错，全部考上了重点中学。我们当时所受的教育给人一种浪漫主义、理想主义的情怀，像我去年去井冈山，第一感觉就是要去找《闪闪的红星》里那些情节中的地方。毕竟一代人有一代人的生活，现在想起来觉得还是很美好的，那时的人都很单纯，对生活上、物质上的要求都不高。

记：您是在哪里参加高考的呢？

黎：是在家乡黄冈参加的。上中学以后，我们那儿就准备建业余体校，我所在的班成为试点班，训练三个月后淘汰一半的人，我仍然留在里面，继续练田径一直到初中三年级。1981年考上高中后,还练了一年,第二年就不练了,考大学竞争很激烈,所以要好好花时间在学习上了。

记:您当时报考的专业就是法律吗?

黎:我报的第一专业是武汉大学历史系考古专业,那时候总是带有些浪漫主义情怀,想着若是读了理科就报地质专业,读文科就报考古专业。业余体校的生活基本上是半天训练,半天读书,早晚上自习,那会儿没太多时间好好学习,考试前临时抱佛脚把要点背下来。其实理科学习是靠理解,文科多半是靠背,我觉得自己理科有些先天不足,没法子,高二分科时毫不犹豫地选择了文科。我不知道为什么后来没有被录取,反而是法律系的分数比考古的要高,大概是因为他们看我反正报了这个地方,就先录取了吧。可以说是机缘凑巧,倘若读了考古专业,没准儿现在就失业了呢。咱们国家对文化保护事业还不是很重视,很多学考古专业的都改行了,我的熟人中就有这样的。

崇尚自然之心依旧

记:您刚进入武汉大学的法律系时,感觉怎么样?

黎:其实一直不是很好。那时候,武汉大学可以转系,我进了武大后就想转中文系。那时中文系、哲学系和法律系的男生都住一个楼,但踌躇了很久,却也没有真的去做。到了三年级,学校又新办了一个政教系,辅导员动员我们转系,说到时候毕业了可以留在大学当辅导员,我当时心动了一下,但最终还是放弃了。我在法律系一直进入不了状态,法律学得很不好,很多科目的考试成绩在班上总是倒数几名,像婚姻法、民法都是非常差的,倒是没有不及格的。但刑事侦查学、法医学、外国法制史、中国法制史这些学科都学得比较好。说起来,那时确实对法律还是没有入门。那时候,报纸上经常说,很多了不起的天才神童生来就对某些领域很有兴趣,很小的时候就显示出过人的能力,这一点常令我羡慕不已。我身上怎么一点点这样的迹象都没有呢?老天爷真的不公平。我们那个年代最热门的专业是文史哲,经济学、法学都是“旁门左道”,到20世纪80年代后期稍好一些,武汉大学的传统也是文史哲。

记:在您大学四年的学习中,您印象最深的是哪些教师呢?

黎:确实有几个。首先当然是我的导师马克昌老师。他曾经当过林彪、江青"反革命集团"的辩护律师,属于武大的传奇人物。武大法律系当时懂外语的老师不多,好多老师是"文革"以后分配到检察院、法院等其他一些地方工作,后来抽调回来讲课的,而马老师懂外语,他讲外国刑法时很多都是用日本资料讲的,而且在理论上说起来也是一套一套的,我们听起来耳目一新。另一个是搞法制史的陈晓枫老师,他当时刚研究生毕业,口才非常了得,经常会给我们提到一些日本学者,像仁井田升、滋贺秀三啊什么的,还会讲出很多历史典故,讲课水平很高,使我对法制史有了很深厚的兴趣。教经济法的王峻岩教授给我的印象也很深。他是武大的几个铁嘴之一,口才极好,只要是他上课,教室里就挤得满满的。还有一个是当年教我民法,后来和我在清华共事的马骏驹老师。他当时从政法大学研究生毕业到武大工作,走路总是背着双手,走得很慢,总是在思考问题的样子。他上课时民法的内容讲得极为细致,一节课下来,记笔记手都写麻了。

记:现在武大好像国际法学特别强大,不过很可惜,据说韩德培老师前几天去世了。

黎:韩德培老先生给我的印象很深,当时七十来岁,风度翩翩。开学典礼时,他给我们讲话,说自己现在还坚持打乒乓球,讲他过去求学的经历,非常慈祥亲切。他在哈佛大学待过一段时间,衣着打扮很绅士。现在去世了,武大法学院的一面旗帜倒下了。真的非常可惜。

记:在您的同学中,您最为敬重的是哪些同学呢?

黎:我们宿舍的同学感情都很好,相处得很融洽。其中有三个人,当时被称为"三秀才",双关意——酸秀才。其中一个现在广州市检察院办公室做主任,文笔很好,在法学院里算是比较难得的,写了好多缠缠绵绵的东西。另一个在湖北孝感电力局任公司老总,也很有文才。今年我们还见了面,从1988年毕业到现在二十多年了,头一回见,当初他家里经济条件不是很好,所以一毕业就回了老家。这两个同学都是文采特别好,所以给我印象特别深。

记:那看来第三个秀才就是黎老师您吧?

黎:呵呵,其实真就是酸溜溜的酸!

记:相信您的文学素养一定非常高,那么对于您现在所从事的这个专业,其兴趣是从什么时候产生的呢?

黎:这个说来话长了。那会儿谈恋爱影响不太好,学校基本上是不赞成的。如果两个人谈恋爱的话,到时候就不给分配到一起,意思就是不鼓励这两人在一起。如果谈恋爱还分到一块儿,那不就是间接鼓励大家这么做,让越来越多的学生都这么干了吗?所以当时法律系有一个不成文的规则,如果要谈恋爱的话,最好是一个人考研究生,另外一个人就只占分配的一个名额。我和我当时的女朋友都是湖北人,两人想分在一起,都留在武汉显然有困难,所以,必须有一个人考上研究生才行。当时我们两人都预备考研究生,我想读西方法制史,差不多是在大三下学期时开始复习的。到大四时,我去法院刑庭实习,突然就转念想考刑法了。刑法是当时武大法律系最热门、实力也最强的专业,竞争非常激烈,我当时抱着尝试一下,考不考得上也没多大关系的心态。那会儿离考研只有三个多月了,但由于法理、宪法、中法史什么的都看过,所以也不觉得太离谱。好在最终考上了。总分考了第二名,第一名是胡鹰,我们年级一直以来成绩最好的,他现在在深圳的一个法院当院长。1987 年下半年出现了一次学潮,这对 1988 年准备考研和就业的学生有很大影响。当年招收研究生的时候,优先考虑那些具有基层工作经验的人,应届的虽然招但很受限制,我们那年,武大刑法专业录取了七个人,其中五个来自法院或其他单位,只有我们两个是应届毕业生,应该说我运气不错。但真正对刑法感兴趣,还是在读了刑法专业研究生之后。

记:您为什么想到要从事现在这个专业的教学和研究呢?

黎:我读了两年硕士就去读博士了。当时武大有提前攻博制度,但我们专业没有实施过。我有个室友叫肖永平,他是韩德培老师的学生,现在是武大法学院院长。那会儿他不经常来学校,有一次我在校医院门口看到他,问他匆匆忙忙干什么呢,他说去办理提前攻博的手续,要找韩老师签字,他就问我怎么不

参观中共一大会址

尝试一下？我查了下申请的条件，自己倒也符合要求，于是就跟我导师马老师讲了这事儿，他说国际法一直执行这项制度，但我们刑法专业没有先例，他不敢保证质量会如何，故建议我参加那年的博士研究生入学考试，如果考上就同意我两年毕业，但如果考不上就别提了。后来我考了第一，胡鹰考了第二，结果我们两人占了名额，把应届的人都给挤了，不太地道，呵呵。

　　读博士的第二年就准备去日本留学，是作为中日政府联合培养博士生，拿日本政府奖学金去的。1991年9月到长春学日语，1992年8月回来，10月便去了日本。去日本之前对那里的大学一点都不了解，1991年在教育部组织的选拔面试时，日本大使馆的考官问我最后一个问题，想去哪个大学，我说东京大学。他说东京大学人太多，要是去不了怎么办呢？我一下愣住了。因为拿这个奖学金的人，要求进日本的国立大学，我先前听说并且能够肯定的国立大学只有东京大学，其他的包括我后来就读的同志社大学，只是听说过名字，但到底是否国立大学，根本就没有想过。但是在考试啊，总不能说什么都不知道吧。于是就硬着头皮说，进不了东京大学，我就去同志社大学。他问我缘何那么自信，我回答说因为同志社大学里有个老师叫大谷实，他肯定会收我的，因为教我外国刑法的简明老师，就在他门下读了两年。后来日本文部省果然真的把我分到了这个大学。这个大学其实是私立的，我完全不知道。面试结束之后回武汉，我赶紧找简明老师，才知道这个问题说错了，由于这个错误，几乎让我去日本留学的希望变为绝望。不过，有惊无险，最终还是顺利过关了。同志社大学作为私立大学在日本很有名，最早提倡国际主义教育和英语教育，而大谷实教授当时在日本刑法界可谓如日中天。现在想来，能够到他门下留学，真的是我的造化。他不仅学问好，也很有人格魅力，知道人间的冷暖，很能体会别人的痛苦并且力所能及地帮助你。要说在我求学阶段，给我帮助和影响最大的两个人，一个是马先生的话，另一个就是他了。他知道我在日本要待两年之后，建议我读个硕士学位，而我想，我在国内可以拿到博士学位了，在这里读硕士有什么用呢？我最初没同意，当时西北大学搞考古的王维坤教授也在那里做访问学者，他是同志社的文学硕士，他知道以后就跟我说，导师让你读就读啊，日本教育和中国不一样。于是我就和导师说准备读了。读完以后我才发现，读学位和不读学位确实不一样。正规的学生必须参加课堂讨论，一堂课也不能落，还要参加考试。如果我不读学位，仅仅是收集资料写论文的话，两年即便不去上课，也没人管。但我进了课程之后，就有前辈、后辈之分，之间虽说等级分明，但有必须互相照顾、互相提携的好处，通俗地说是进入那个圈子了。1995年3月，我在同志社大学的硕士课程读完了，学位也顺利地拿到了。这时候，不仅语言完全过关，而且也有些入门的感觉了,于是就有了在日本读博士的愿望。在日本,硕士课程叫博士课程前期,博士课程叫博士课程后期,当时,就我的情况而言,才读完了博士课程前期。但是,读后期所面临的问题是,我在日本能否拿到博士学位。因为,到当时为止,同志社大学一百多年的历史上,还没有外国人拿到法学博士学位。因此,在同志社大学读博士课程值不值,成为问题。好在导师大谷教授鼓励我读。他说,日本政府也在准备改革博士学位的发放政策,那么多留学生读完书拿不到学位,不是一件好事,再说不读完怎么能知道是否能拿到呢?于是我就决心留下来读后面的课程了。不过,下这种决心的时候,我也留有后路。我出去的时候,在武大还保留着博士研究生的学籍。武大规定,博士生学籍保留六年,我在日本读完硕士的时候,正好五年已经过去了,因为不能确定在日本到底能否拿到博士学位,所以,武大的博士学位就不得不拿了。于是,在 1995 年非常炎热的夏天,我花了三个月的时间,将我提交给同志社大学的硕士论文进行扩充和修改,加入了很多相关的内容,完成了一个 20 万字的稿子——《不作为犯研究》,把它作为提交给武大的博士学位论文,寄回了国内。这个问题,当时在国内没有人专门研究,国内的资料很少,武大图书馆一些积满灰尘的图书被我翻了个底朝天,马先生当时还开玩笑说,日本的教育和中国就不一样,留洋生回国查资料专门翻这个。尽管论文写得很辛苦,但在当时的情况下,能写到这个程度,我自己也比较满意。写完这个论文时,我已经快三十岁了。直到这时,我才真正体会到研究刑法的乐趣,并预感到它将来要成为我毕生的职业了。

> 要对现在的四要件说进行改良,而不是重构。另外,在行为社会危害性的判断上,我主张结果无价值论,而不是行为无价值论。

记:您对所从事的专业,有什么基本的学术观点呢?

黎:在刑法学的研究当中,我比较倾向学以致用的刑法解释学。而在解释学上,我的基本观点是,刑法学上的一切争论,均源自刑法的保护法益机能和保障人权机能之间与生俱来的紧张和冲突;刑法学特别是刑法解释学的任务,就是在这二者之间进行折中和平衡。实现这一任务的最好做法,就是在犯罪判断上严格分工,即在行为的危害性的判断上,只考虑行为所引起的法益侵害结果等客观方面的内容,而将当时行为人主观的心理状态,统统作为判断行为人主观责任的因素。

首先,刑法解释就是在保障人权和保护法益之间进行平衡的问题。刑法当中,经常考虑这样的问题,如"多次盗窃"中的"多次","故意伤害"中的"伤害"。

我认为,之所以在这些看似简单的问题上存在争议,就是因为为了在保障人权和保护法益之间维持一种平衡。拿"多次"来说,司法解释的规定是,一年之内三次入室盗窃或者在公开场所扒窃。但假如出现这样的情况,一个人在一个小时内在公交车站旁边连续偷了三个乘客的手机,每部手机大概两三百元,总价值也就七八百元。按照"多次"来认定的话,他是有罪的,但最高法院关于抢劫罪的一个司法解释中说,对于"多次"的认定,要根据场所、时间、犯罪当时这个人的心态以及很多因素来考量,即便实施了三次,但是如果时间很短且针对同一对象,基于同一个犯意还是认定为一次。这里面包含上述两个机能之间的博弈,倘站在保护法益的角度看,只要符合三次盗窃行为,就应该定罪;如果从保障人权而言,虽然实施了三次盗窃行为,但数额很小,如连偷三支铅笔,尽管达到了多次的要求,但对法益的侵害程度很低,是不是有必要作为盗窃罪处理,这就涉及对于被告的人权如何保障的问题。刑法里面的解释基本上都是涉及这两方面的平衡问题。

其次,保障人权和罪刑法定原则之间的平衡问题。行为即便侵害了法益,但如果法律没有规定的话,那也不能作为犯罪来处理。比如非法制造土炮的行为,刑法规定生产枪支、弹药、爆炸物的构成犯罪,但土炮不属于那三类。有一种判断方法认为,连生产枪支的行为都属于犯罪,那么生产比枪支更厉害的土炮理所当然也应该属于犯罪,这是一种类推思维,违反罪刑法定原则。所以,即便是侵害法益的有责任行为,是否构成犯罪,还要看该行为是不是为刑法所规定,在采用各种方法分析之后还是难以说刑法当中有规定的话,就不能将该行为认定为犯罪,否则就是违反罪刑法定原则,也是侵害了刑法的保障人权机能。因此,我说刑法里面所有的争议应该说都是围绕保障人权和保护法益出发的,这是第一个层次的概念。那么在此层次下如何平衡?我考虑的是把客观方面和主观方面分开。首先是考察客观的法益侵害,比如杀人、抢劫等客观上造成侵害的行为原则上统统被认定为犯罪行为;其次考虑主体的刑事责任,如正当防卫杀人、梦游杀人,或者偷了别人东西是因为认识错误,不是故意的,这是第二步要考虑的情况,即主观上需不需要负刑事责任;最后再看行为有没有被法律所规定,即便客观造成侵害且主观上有刑事责任,但法律上如果没有规定,那无论如何也不能作为犯罪论处的,这是我认为的犯罪认定的三个层次。我在刑法当中所有问题的分析上,都是按照这种思路,其分析成果集中体现在2007年出版的《刑法总论问题思考》当中。本来,想写分则问题思考之类的书,但是,现在被安了个行政职务,杂务缠身,根本没有心思弄,所以到现在也没有动手。

记:在您的专业中,出现过什么大的争论吗?您的观点如何?

在"第六届中韩刑法学国际研讨会"上发言

黎:现在比较热门的问题就是犯罪构成体系是不是要变更,2006年的时候我在《法学研究》上发表了一篇论文,对于引进德日体系的三阶段论进行了猛烈的批判,影响还蛮大的,国内转载也很多,也被翻译成英文介绍到了国外。针对国内流行的全盘引进德日的犯罪构成三阶段论的学说,我主张对中国现有的犯罪构成四要素说进行改良,分成客观侵害、主观责任,用不着引入国外的犯罪构成要件该当性、违法性、有责性的理论。司法考试大纲好像已经改成三阶段论了吧,估计难以坚持下去。因为多数人看不懂这个。对于司法实践中的95%的问题,我国传统的犯罪构成论都可以解决,剩下只有5%的问题解决不了。比如一个十三岁的孩子强奸并杀死了邻居九岁的女孩,告诉了父母,父母让他把衣服烧了,把作案工具扔到池塘里,尸体也帮他处理掉了,还告诉他警察来了千万不能承认。过了半年以后,终于查获是这个小孩杀的,但这个小孩因为不满十四周岁,不需要对此负刑事责任,那么他的父母是不是构成窝藏、包庇罪呢?根据我国刑法的相关规定,我们知道,成立本罪,行为人必须是明知犯罪的人而进行窝藏、包庇。前提是被包庇、窝藏的人有罪。但本案中,作为凶手的小孩只有十三周岁,按照我国的犯罪构成四要件说是不构成犯罪的。既然如此,那么他的父母也就不构成犯罪了。这显然是有问题的。因为,从保护法益的角度看,其父母的行为显然是妨害了司法管理秩序的,而且有意实施,应当受到处罚。而且,严格地要求行为人明知是"犯罪的人"才能处罚的话,本罪可能成为虚设条款。因为,任何人在法院没有认定有罪之前都是无罪的,其父母怎么能知道他们的孩子是有罪的呢?而且,成立刑法上的犯罪,有各种条件限制,要求一般人都了解这些,最后得出是否犯罪的结论,也是强人所难。

　　基于这种考虑,我觉得我们需要多元化的犯罪概念,除了现有的犯罪概念之外,还要一种实质的犯罪概念,即侵害了法益但不被追究刑事责任的犯罪概念。事实上我国刑法典当中就有这种犯罪概念,如这个案件中的十三岁男孩只要杀人就是犯罪,只不过他不到十四岁不受处罚而已。按照这种理解,包庇、窝藏他的父母的行为也构成犯罪。按照我的这种理解,传统学说当中所剩下的另外 5% 的问题也能解决了。

　　三阶段的体系论还有个很大的问题,就是行为是否成立犯罪,首先考虑行为在形式上是否符合犯罪构成要件,我觉得这有点本末倒置的感觉。比如见死不救的行为,我看到一个人在马路上倒了,我不救他,他死了,那我负不负责任?按照上述的三阶段论,首先我是符合了不作为的故意杀人罪的构成要件,其次看我是不是因为缺乏救助能力,还有其他比如社会危害性很低之类,反正算在排除危害性里了,这种逻辑体系就很没有必要。我还是强调,要对现在的四要素说进行改良,而不是重构。另外,在行为社会危害性的判断上,我主张不要将主观要素不能在社会危害性的判断上加以考虑的结果无价值论,而不是相反的行为无价值论。这种观点,简单地说,就是行为所造成的危害结果是判断行为有没有社会危害性的出发点,而不是将行为是否为大家所认可作为判断其是否危害社会的出发点。这是我从刑法体系到判断方法上和其他人的想法不太一样的地方。

　　另外,在社会危害性的判断上,到底是采用行为本位的分析方法还是结果本位的分析方法,也是刑法学界所热议的话题。传统学说基本上是行为本位的,而且最近有学者提出强化的趋势。但我反对这种做法。2006 年我在《中国法学》上发表了《行为无价值论批判》一文,2008 年又在《法学研究》上发表了《结果无价值论的展开》一文,对行为本位的做法进行批判,提倡结果本位的做法。行为本位的分析方法的最大问题是,它在社会危害性有无的判断里面加入了主观要素,将故意、过失作为判断行为是否具有社会危害性的要素对待。比如交通肇事后逃逸、见死不救的行为,按照他们的理解,就成了间接故意杀人了。因为,间接故意是明知自己的行为会发生危害社会的结果,并放任这种结果发生的心态。明知交通肇事后的逃逸行为会造成他人死亡的结果,还放任被害人死亡,这不是间接故意杀人吗?但是,行为人尽管主观上很恶劣,恨不得被害人死亡,但其客观上毕竟没有加速被害人死亡的行为,但凭这一点怎么能说行为人构成故意杀人罪呢?所以,在对社会危害性的判断中考虑主观要素的话,就会出现客观不足主观补的结果,即行为客观上本没有那么大的社会危害性,可是人们说这人主观上多坏啊,一定要处罚他。所以,我认为这种观点有问题。行为有无危害,只能客观判断,行为人的主观想法只能说明其主观责任的因素,在行为没有引起严重危害结果的场合,绝对不能因为行为人主观恶劣,就将其本不严重的行为作为犯罪处理。

记:听了您的观点,有一种豁然开朗的感觉,仿佛您用了一种比较简单的判断方法来处理复杂的问题。

黎:可以这样说吧。我觉得,研究学问有两大禁忌,就是把简单问题复杂化以及把复杂问题简单化。任何人在做学问的过程中,可能都避免不了第一个过程,年轻时觉得某个理论看起来没什么技术含量,于是花了很多工夫去论证它,结果把简单问题复杂化了。上了一定年岁后,就会意识到很多问题还是越简单越好,就像我们刚才提到的结果无价值论的问题,树立一个标准,便于我们去判断。倘用构成要件符合性,我们再举个例子:关于杀人的行为,什么叫杀?什么叫人?杀有物理的杀,如枪杀、刀杀、火烧等等,还有精神上的杀,如吓死人、教唆他人自杀、为他人自杀提供帮助、强迫他人自杀、欺骗他人自杀。每种情况判断起来都很麻烦,欺骗到什么程度构成犯罪呢?相约自杀的案子你们听说过吧,某男想和某女分手,女方不肯,男方就说,现实中不能在一起,干脆一起自杀吧,女方说好,但男方根本就没自杀,那么他就构成故意杀人罪吗?

记:毫无疑问,肯定构成嘛。

黎:好,那他是情节一般还是情节较重?对这个的判断涉及他的量刑,情节一般就是三到十年,较重就是十年以上了。

记:您觉得是一般还是较重呢?

黎:我觉得是一般。还有一种情况,还是某男想和某女分手,某女不肯,并说,如果你要和我分手,我就去自杀,某男说,随便你。结果某女真的自杀了,这个案例是绍兴的一个真实案例,那你说某男构成故意杀人罪吗?光这个杀就能变出那么多问题来。还有"人",其从出生开始,到死亡为止都是人。那么,什么叫出生?什么叫死亡?出生有四种学说,阵痛说、部分露出说、全部露出说、独立呼吸说,有的国家采部分露出说,那问题就来了。本来婴儿的头已经露出一部分了,但是由于难产的原因又缩回去了,那到底算不算是人呢?难道刚才算是人,现在又不算了吗?再说死,也有四种学说,心脏停止说、呼吸停止说、脑死亡说、综合说,现在一个人脑死亡了,但身上的器官没死,你把他的器官摘走,算不算故意伤害?还有像有没有救助义务、算不算正当防卫等诸如此类的问题,所以说用构成要件符合性本身就是一个很复杂、冗长的过程,绝对不可能一开始就能从形式上说得清楚。

> 一些学者学了点国外理论的皮毛就用它来大谈中国问题,其实该理论可能只是一个很小的学说或者是用来解决一个很小的问题的,并不能代表其全貌。

记:在各种法学研究方法中,您最欣赏哪一种呢?

黎:比较加实证是我用得比较多的,我的求学经历使我和比较的方法结下了不解之缘,还有我讲的东西应该说都是非常具体的东西,运用中国、外国的事实和案例,所以实证肯定少不了,我不太喜欢抽象的东西。我的知识也很有限,做那些宏大、抽象的问题也做不了,考虑任何理论的时候,我首先会问,这个理论能解决什么问题,比如我的学生写硕士、博士学位论文时,我就问为什么要研究这个题目,一般是现实生活中出现这些问题,而现有理论解决不了,所以要找出现有理论的症结所在并得出结论来,看看对此问题能否妥当解决,也就是从问题出发,到理论分析,最后用结论指导现实,所谓从实践中来到实践中去。

记:您认为法学界的中青年学者现在浮躁吗? 现在学术规范执行得如何?

黎:应该说浮躁的比较多,这和我们国家的体制有关,不能完全归咎于学者,人毕竟是环境的产物。就我自身而言,还是比较幸运的,我的心里充满了感激,所以不能贪得无厌,还是要踏踏实实学点东西。我心态蛮好,执著于做学问,对外在的事不是太在乎。学术界现在"炒别人饭"的人太多,很少有自己真知灼见的东西。

记:您认为现在中青年学者是多发表成果好呢,还是少发表好?

黎:这个不能单纯从发表的数量看,做任何研究,写任何文章都要慎之又慎。你的文章写出来后,会有很多人阅读、引用,如果你自己对某个问题没有弄懂或者写得很肤浅,那很可能会贻误后人。我觉得文章还是要有分量,一定要比目前状态下其他文章质量高才考虑发表,如果及不上别人或者和别人差不多水平,那还是不要发表的好。

记:您可以简要地评价一下中国目前的法学研究状况吗?

黎:我感觉这二十年以来我们国家的法学研究是发展迅猛的,国外最先进的观点、理论都能在第一时间被国内的学者所了解,而且用这些理论分析我们自身问题的论文也是随处可见。但这些论文似乎有些零碎,有点像盲人摸象,只是看到某个部分,比如说这个理论它是在国外怎样的发展中形成的,它是解决什么问题的,没有作系统的研究;其次,把国外的理论和中国的实际紧密结合做得也不够好,一些学者学了点国外理论的皮毛就用它来大谈中国问题,其实该理论可能只是一个很小的学说或者是用来解决一个很小的问题的,并不能代表其全貌。我觉得还是应该静下心来认真作些比较研究,把人家的东西弄通弄透,再来决定是不是可以用来借鉴解决中国的实际问题。

记者与黎宏教授合影

记:您能为我们法科学子推荐一些优秀的阅读书目吗?

黎:我确实不敢推荐,因为我自己读的书很少。我觉得,有两点经验可以分享。一是实践出真知。多参加一些社会实践,或者多看一些案例书,对于我们了解什么是真正的刑法问题,而不是伪问题有好处。二是多看一些国内外的经典教科书,它们代表了一个国家当时最基本的思想,从当中我们可以看到并了解这个国家关于刑法适用的最基本动态。

记:最后,能否请您给我们年轻学子提几点希望?

黎:现在的年青人真是赶上一个好的时代,如果要有志做学问的话,一定不要浮躁,跟着一名好老师,掌握两门外语,弄通一种研究思路,以良好的心态作研究,十几二十年后定能成一家之言。

(陈　艳)

梁晓俭
Liang Xiaojian

1966 年 8 月生，山东青岛人。2002 年获得北京大学法学博士学位，现任山东财经大学法学院副院长。曾任同济大学法政学院党委书记、法律硕士指导委员会主任、环境法研究所所长、文法学院院长助理，上海市市委党校公共管理教研部教授。另外，还担任中国西方法律思想史研究会理事、上海法学会环境法研究会副总干事。

梁老师发表论文数十篇，参加编写的译著、专著等三部。近年来在法学类核心刊物上发表的主要论文有：《试论凯尔森基础规范理论的合理性》《司法审判的合法性究竟是什么——评德沃金阐释学法学的司法审判理论》《哈特法律规则说的解释学研究》《后现代法学对我国法制建设和法律理论的启示》《实践理性——一种法学方法论意义上的探究》《素质教育视野下的法学教育方法浅议》。其中，《哈特法律规则说的解释学研究》获得上海市 2004 年哲学社会科学论文类优秀成果三等奖。另外，她所承担的本科课程"法理学"获得同济大学本科优质课程称号。

> 我比较符合北大传统，北大从旧社会起就有携妻带子去读书的，我在 33 岁的时候辞职，带着孩子在北京读了三年全日制的博士，我儿子也就在北大幼儿园读了三年。

记者（以下简称"记"）：梁老师您好，很荣幸有机会对您进行专访，从师门辈分上讲，我们是您的侄辈，我们知道您是一位不喜欢谈话被打断的老师，那晚辈就请您自由发挥，开始讲述您的法学人生吧。

梁晓俭（以下简称"梁"）：首先我非常感谢你们将我列入中国当代法学家

的队列之中,称我为法学家,其实过奖了。

我 1984 年读的大学,已经属于正常读书的那一代人了,所以我只能从我的高中生活谈起。当年青岛有三个省级重点中学,分别是一中、二中和九中,我就读于九中。这所学校之前叫做礼贤男子中学,解放前是全国四大高中之一,是德国教会学校,解放后则男女同校就读了。我的爷爷和父亲也就读于这所学校,其特点是英语教学出色,学生的英语水平较高。我在初中升高中的时候是想考"外转文"的,结果英语成绩比分数线低一分——84 分。可能是因为当年没有人能同时满足所有条件,所以最后北外来的老师也对我进行了面试,毕竟我的总分还是上线的。我当时选报了德语,后来我从高二起的成绩每年都向上汇报,可惜最终还是没能上。这样一来,高考时填报志愿就不是太认真了,后来就读于山东大学,专业是哲学。我对外国的哲学兴趣很浓,也算年级里学习最好的那一拨儿,到大二的时候想转专业到法学,这倒不是我意志不坚定,而是因为招生那年没有法学。

那年是乔伟老师(徐显明的硕士导师)在山东大学主持法学专业,他一看我的成绩是第一,就同意转过去,没想到我这一折腾,居然带动我们哲学系的八个同学也要转,一来二去,把哲学系的系主任搞得发了火,结果是把我扣下,其他人转过去了。这事儿一直延续到毕业那年,我对老师说既然保送研究生是在本校,那我就不读了。我内心是很想到北京读书的,万万没想到学校想留我当老师,结果呢,学校出资,让我到中国社会科学院读研,但学历还算是山东大学的硕士,这样我也接受了。参加完硕士英语过关考试后,1989 年春天我到北京,开始在社科院南亚所学习。那个年代的学术风气很淳朴,当时中国真正搞学问的人大都集中在社科院,所以社科院对硕士的培养也偏重于引导你继续读博士。记得当时社科院有一批很优秀甚至可以说是出类拔萃的博士们,终日刻苦钻研,但我那时却太幼稚,反而觉得人家学得太傻,像在监狱读书一样,因此我没有接受父母的建议继续深造完成博士阶段的学习,如今回头才知道自己的可笑,人家那批博士现在好多人都是国务院发展研究中心的顶梁柱了。

记:事情没有就这样结束,您后来又为什么选择读博士呢?

梁:变化发生在 1989 年的政治风波之后,社科院的中坚力量们要么出走,要么调动,一下子七零八落,因为社科院在当时中国的教育体制中多少有些自生自灭的境遇,经费少,又没有招生名额,终究难以为继。这不能不说是时代的一大遗憾。而我在回到济南参加工作之后好几年才又想到读博士的问题,基于对宗教法律比较研究的兴趣,我报考了北京大学,也就成了何勤华老师的师妹,师兄里头比较出名的还有吴玉章、徐爱国、李桂林,同班同学中有名的就算俞江和易继明了。

说到俞江,我觉得他跟我挺像的,虽然男女有别,我也比他大好多,但是我们在两方面高度近似,第一是读书,俞江很勤奋、很特立独行,据说他能每天阅读15万字的书籍,这个我信,因为我也可以,尽管不能每天如此,但是我也能在一天之内读完45万字的大部头,不是泛读,是精读,如此读书是非常消耗人的,所以俞江能这样坚持,我认为他有超人的毅力;第二是严格要求学生,我们都会给学生开书单,要求学生认真写读书笔记,按时完成,不许抄袭,俞江曾经因为一名研究生混学位而拒绝再带他,不做他的导师,这换了我是做不到的,但我会好好地"收拾"这种学生,让他明白不要拿学术开玩笑。

记:您不但严谨,而且严厉,那么读博期间的生活又与之前有什么不一样呢?

梁:我比较符合北大传统,北大从旧社会起就有携妻带子去读书的,我在33岁的时候辞职,带着孩子在北京读了三年全日制的博士,我儿子也就在北大幼儿园读了三年。北大对外语课程的要求非常严格,那时由两对夫妻教我们英语,他们都出自耶鲁或是哈佛,四个人分别教四门英语课,基本上不说汉语,巴不得"摧残"着我们一天24小时都在学英语,每天写日记,每周看电影、写影评,搞个英语沙龙还给你打考勤,所以我过得非常紧张。有趣的是,全班12个人中有几位是省高院的法官,外教在上课称呼他们时总加上一个"Your Excellency(阁下)"的尊称。在他们"集中营"似的教育下,大家的英语表达能力都有质的飞跃。

记:关于老师,我们也了解到您对自己博导的感情很深。

梁:王哲老师是中国现代西方法律思想史学科的开创者和奠基人,他在世的时候这门课是法学专业的必修课,王老师有长期在苏联学习、生活的背景,是莫斯科大学的刑法学副博士,又在南斯拉夫贝尔格莱德大学做过访问学者,学问非常精深,我在恩师门下获益良多。

记:梁老师,谈谈您的研究心得吧。

梁:我的博士论文《凯尔森法律效力论研究——基于法学方法论的视角》在当时可以说是领先了一步,主要创新在于对分析法学的研究。一说到分析法学,都是从边沁、奥斯丁开始,再到哈特、凯尔森、麦考密克,虽然德沃金明确地作出了解释学法学的研究,但是从哈特开始,分析法学不得不转型了,时代要求非常严格地拘泥于法学的思维方式、法学的专业术语在法学本身的圈子里解释问题,那就只能是自娱自乐了,于此哈特才在解释法学的体系上开了一个口子。主要从内在和外在两种立场看待法学,从外在看法学,结论往往会有变化,故而社会学法学派和现实法学派就会说法学变来变去,并无严谨性可言,也就丧失了其权威性。但是,哈特认为,法学是否稳定、是否可预期,并不会由法社会学之类来决定,从事法律职业的人是固定且独立的,如法官、律师、检察官之类,他们对于法律及法学是有非常稳定的看法的。法律的道理是什么,主要应该看职业人士对于法律的认可,哈特认为这类人对法律的认可是非常固定、统一和持久的,正是这样的认可保证了法律的整体性、严谨性。其实,这就是融入了解释法学的东西,即看待事物的本质须有参与其中的职业人来决定。从我本人的哲学底子来讲,在读本科的时候,我就有一篇关于主题性研究的论文获得了五四论文二等奖,这是学生时代比较值得夸耀的荣誉。我从解释法学中得到了"态度决定一切"的结论,这话在十年前不也被米卢蒂诺维奇反复强调吗?在特定的圈子当中,比如法学界或者说是法律职业团体,每天浸淫其中,渗入了生活和规则。不管外面的人怎么看,这个圈子里的人自身的看法和观点才是最重要的,身在其中,你才能有符合规则的立场。所以,我赞同哈特的观点——从职业人的视角出发,法律是稳定的、永恒的、不变的、确定的、毋庸置疑的。事实上,哈特已经引入了解释学的东西,所以我认为德沃金对哈特的评论不是很中肯,他把哈特推到了凯尔森的队列中。其实,哈特和凯尔森早就不同了,两者相距几十年,差异是明显的,哈特已经用了最新的哲学方法来解释和完善分析法学,以避免该学科陷入捉襟见肘的窘境。以德沃金的学识、智商,对哈特的这份良苦用心不应该看不出来。我认为他是故意回避了事实从而保护自己解释法学创始人的地位。在这个问题上,德沃金的私心是明显的。我始终都认为是哈特开创了解释学法学的视角,现在有很多学者也都认同这一观点。

说到解释学,解释学本身就是从文艺评论和历史学家那里得来的,我在专著中特别梳理了西方法学方法论的发展,认为法学是不能只靠自身完成其发展的,它当然也要从哲学根源上去凝练方法论,也唯有哲学是上升到了世界观和方法论层次上的,尽管哲学本身的发展也是分分合合,从本体论到认识论,再从语言哲学到解释学哲学。事实上,法学就是在稍微滞后于社会现实的状态下变型发展的。学界同仁称我为国内研究凯尔森的专家,主要也就是我那本关于凯尔森的专著被提及的次数太多。在凯尔森的那个年代,大家都将他归类于分析法学,认为他是受实证主义的影响,但我认为他受康德主义的影响最深。当时的哲学重镇是维也纳,维也纳大学云集了一帮最优秀的哲学家,故而被称为"维也纳圈子"。在哥德尔不完全定理中,他指出,任何一个逻辑体系都存在着两个不完全,其一是在体系内不能完全解释每一个要素,即不可能完全协调起来。其二是任何逻辑体系的奠基理论都不是体系本身可以解释的,必须被替换到大的系统中去解释。这就像数学领域的几何公理不能在几何本身的体系内得到解释一样,枚举法总是不完整的,它的不严谨最容易被攻破,我们说天下乌鸦一般黑,可哪天有只白乌鸦呢?偏偏自然科学的真理基础就是可重复性、是枚举、是归纳推理,而社会科学要求进行演绎推理,所以我们追求大逻辑、小逻辑,喜欢三段论。

哥德尔的理论对我启发很大,后来我又看了一本书《费马大定理》,在使我明白数学对于自然科学的重要性的同时,也使我认为数学对法学的重要性应该等同于历史对于法学的重要性。事实上,法律就是一套规范的逻辑,我们用这些逻辑去对应现实,制定行为准则。正是这种严明的逻辑性让法学靠近数学,也让我在1999年读博期间产生了"顿悟",萌发对凯尔森的法学思想展开研究、进行写作的念头。凯尔森受哥德尔的影响特别大,在1919年到1922年期间,他们都在维也纳大学。后来我又看了王皓的书,还有一些数学家的书,让我了解到凯尔森的"基本规范"。当然,这里的基本规范不是指宪法。在凯尔森的眼中,法律是有基本效力的,是下位法向上位法求效力,直至宪法,可是宪法的效力又从何而来呢?宪法又怎么合法呢?可以说,宪法是暴力革命的产物,或是来自于改良与改朝换代。也就是说,到了宪法的层次,法律的效力就不能再往上追溯了,所以,宪法之上的基本规范是什么已经不属于法学家要谈论的问题,那是属于社会学家、伦理学家、政治学家甚至军事学家们研讨的范畴。总之,凯尔森认为非法是可以导致合法的。凯尔森的话意味着宪法源自于基本规范,基本规范赋予所有法律以合法性,作为法学家,他尊重法律在形式上的严谨性,不愿意再去提及那些基本规范的内容。因为他认为一旦谈及基本规范,就超越了自己作为法学家的身份限制,就不是纯粹的法学了。基本规范是实现从非法到合法的桥梁,或者说是沟通杂乱的现实与严谨的法学二者间的渡桥,桥搭好了,概念法学意义上的法律体系也就可以完整地实现了。

我在2002年发表于《法学》杂志上的论文《试论凯尔森基础规范理论的合理性》完整地表述了自己对凯尔森理论的理解。学科之间是相通的,学科的交流是必须的,就像我在同济大学任职的时候,虽然有人反对我一定要学生学习数学知识,但我还是坚持,只不过是降低标准罢了。数学史与科学史这类学科对我们思维的训练是大有裨益的,只不过我们目前的大学教育还真是没有适合文科生学习的数学、物理等自然科学的知识体系。要是真让自然科学科目的老师们来给文科生上课,就会出现老师刹不住车、学生理解不了的情况,文科生怎么去理解自然科学的精髓呢?如何掌握这把钥匙来开启自己的思维呢?这是个大问题,我们没有或者说是缺乏这样的老师。我认为之所以出现全世界的小孩儿都不爱学数学这种情况,其实是因为数学的方法一直没有得到准确的传授,我们的传授方法——"逻辑要和实物相对应"从一开始就错了。数学不是单纯的 1 + 1 = 2,它在更广泛的领域内不能实现上述对应,需要高度的抽象思维,数学不可能真的和实物一一对应起来,所以当对应化的感性思维在抽象思维面前碰壁的时候,孩子们就傻眼了,从此讨厌数学、反感数学。我认为数学不是完全意义上的自然科学,它甚至和哲学一样是人的逻辑体系的高度凝练与总结,人的逻辑从行为中来,和外物没关系,是一种认识自身的路径。通过总结自身行为而形成的逻辑运用自如,可到达超脱的境界。但是,此前必须经过反复的历练,你才能上升至这个境界,这个过程是有意识的交融,而不是无知的混淆。哲学学科里的各种逻辑为什么不能拿到法学课上讲呢?阿列克西的《法律论证理论》为什么那么难懂?不就是因为它对阅读者的逻辑思维要求很高,需要大量的逻辑运算吗?现在中国法学界的不少名人过去就是学数学出身的呀,法学研究者如果严重缺乏这种数学功底和逻辑能力,他的说理最终会陷入胡说八道的窘境。那些没有受过训练,朴素地、无意识地在使用这种方法的法学人我还可以谅解,但是有些深谙其道的法学名师们都在大玩此类偷换概念、讨巧诡辩的把戏,而且还乐此不疲,就是不可以原谅的了。我认为这不是正常的现象,是法学教育应该反思的地方。

无论我们要论证什么,应当先将其推向片面的境地,把它精细化,然后再结合社会学法学中的调查与统计,结合价值论法学及其他的法学理论对它进行"掺沙子"的加工。这个"掺沙子"不是随便乱加杂质,而是使之坚固、完善的必要材料,所以你必须知道为什么"掺沙子"?掺什么"沙子"?不能是乱成一锅粥地瞎掺。

分析法学最大的优势在于它是由一帮真正理解法学精髓的法学家在研究法学,所以无论是案例还是推论,包括著作,如凯尔森的《法与国家的一般理论》、奥斯丁的《法理学研究的范围》等等都不是一般人所能超越的。法学的方法论受哲学方法论的影响极深,在沿着一条分分合合的道路前行。所谓"分"与"合",就是从笼统到细致,再从分散到统一的过程,我认为比较完整的法学方法论就是分析法学、社会学法学、价值论法学(或称为解释学法学)三者的结合。这种结合我认为是比较中肯的,当然这种结合也有主次之分,我觉得它的基础还是分析法学的理论,在疑难案例和特殊情况出现以至于分析法学本身无法解释的时候,就需要另外两者的帮助。正是基于这种预测,2005 年我将自己的书定名为《凯尔森法律效力论研究:基于法学方法论的视角》,比较完整地梳理了一遍西方的法学方法论。当年这本书卖得还挺好的。

> 我认为民主只有一种,即选举的民主,无论其选举方式如何。当年毛主席把原定的"中华人民民主共和国"改为"中华人民共和国"是正确的,他是清醒的,没有混淆概念。

记:以您的个性,应该不会选择为官,后来又为什么担任了领导职务呢?

梁:那是在同济大学任职期间,同济大学的环境学院很有名,时称"北清华,南同济",我是在环境法研究所任所长。当时我执笔了上海市环保局的执法条例,这个条例一直用到现在。当时出台这个条例,是因为执法的程序错误太严重,使得环保局常常成为被告。那时环保局的工作人员在对违法企业进行调查取证的时候,几乎不按取证规则和程序来操作。比如勘验排放废水是否超标的问题,法律规定应该在 24 小时之内分 6 次取证,均匀摇晃后再进行化验,最终认定排放情况。可是那些有经验的勘察人员往往只凭肉眼识别就判断出大概的超标情况,紧接着就给企业开罚单。这样一来环保局就相当被动了,由于取证的程序错误,被罚企业经常将其告上法庭。结果就出现罚了企业二三十万,倒赔人家五六十万的情况。这也从一个侧面反映出我们国家对正当执法程序的忽视。当时上海市环保局以招标课题的形式征求执法条例,最终被我们拿下,这可能也是全国第一了。

说到担任行政领导的工作经历,真的是感触极深,那两三年里我没写出什么像样的东西来。那时我的办公室很大,成天是电话不断、来人不绝,可以穿梭好几拨,能把人烦死。但这也让我切身体会到什么是"不在其位不谋其政",还有法律的问题、实践的问题真的不仅仅是技术性问题。在中国,可以说学术研究尚且技术不够,更何况法律制度的建设、社会制度的完善绝对不仅仅是个技术性问题。当领导之前我就是个纯粹的"技术流",每天研究的是如何正确解释、如何完成逻辑上的圆满之类的问题,当真正坐上那个位置之后,就明白什么叫"屁股决定脑袋"了。就拿评职称的事情来讲,我自己评教授职称的时候是破格提的,使我认为只要我自己有水平、有实力就可以了,人家发三篇论文我发五篇,而且还能成为杂志的标题论文,大家凭实力说话就结了。但领导是不能这么看问题的,要是有一位老副教授在等着今年这个最后的机会,他明年就能退休腾出位置来,那些年轻的副教授们才三十出头,完全可以再等上大半年,先成全了这位老副教授。但要让很多人保持稳定和平衡,领导的工作繁重啊。我也感慨执法难,为什么执法难?法律在社会上要得到承认和信任,并被尊重和实行,绝对不仅仅是其自身的圆融问题。过去王胜俊(原最高人民法院党组书记兼院长)大谈"三个至上"的时候,我认为他是在胡说八道,但我现在能理解为官者看法律的视角是什么,法律是需要人去执行的。从这一点上我又理解了柏拉图,原先我也讨厌他说的"人治"。在这种变化中我发现了自己的幼稚,这种幼稚可能每个人都有。因为不理解,所以讨厌。还没有弄明白真实的含义,就开始反对。是基于情感和本能的反对,从一开始就没有抱着理解和认知的态度。法律其实是我们的饭碗,我们这代八十年代的大学生在思想上是很西化的,就像我自己,由于家庭教育和自身兴趣的原因,培养出了近似西方人的思维模式,所以我们那时候的大学生爱搞游行,大事游行,小事也游行。今天回头去看柏拉图的《理想国》和《法律篇》,我终于明白柏拉图所讲的"怎么可能法律说了算",法律是个规范体系,制定法律的是人,执行法律的是人,遵守法律的是人,监督法律的还是人,制度本身是不会运转的。假如法律本身是有严重缺陷的,是流氓法律,那我们还有遵守它、严格执行它的必要么?那样就没有公道可言了。所以,我理解了后现代法学,还在《同济大学学报》上发了一篇关于后现代法学的文章。做官那几年看到的法律绝不是法学家眼中的法律,法学家因为法律而痛苦是一种狭隘导致的痛苦。事实上,最终得到应用的法律是一个交集——是百姓眼中的法律、官员眼中的法律、法律学者眼中的法律三者的交集,交集以外的部分就只能闲置。这也难怪柏拉图会说"最上乘的是'人治',退而求其次是'法治'",站在这个视角,我能明白王胜俊说"三个至上"是发自内心的,并非矫情和"抬轿",也不是虚伪,这是他真实的想法,是官员的思维。我觉得法学家还是要设身处地地考虑法制建设的问题,走出书斋,尽可能地妥当、合理、现实。

领导职务的历练让我更加成熟,但也正是这样的领导工作让我不堪其苦。我这个人写作有怪癖,要求清净和相对的闲散,我不可能在一天的行政事务忙完了之后还能保证自己回家了继续写两三个小时的文章,我感到有些荒废光阴,所以接受了上海市委党校的邀请,签下五年的合同开始任教。教学过程中还是有我前面讲过的问题出现,因为党校有专门为公职人员开设的课程,如局级班、处级班、一般公务员班,你要是把法学家们请来授课,学员们可能一分钟都不爱听,因为现实情况与理想状态太不一样了,如果法学家的思想和现实的领域总是不发生交叉,那我们的社会该怎么办?

记:现在您又回到了普通教授的工作岗位,对于未来,您有何期待?

梁:在未来的几年里,我想再写两本书,再发几篇好文章。原先我是对部门法进行研究,现在的研究重心偏向政治学了。我一直认为,法理学范畴分为两块,比较基层的一块是要解决部门法的问题,这是技术性的,因为部门法有各自的原则;另外一块对于我们国家而言显得特别重要,是上位的法理,它跟政治学、人类学等结合得相当紧密,包括制度的建设在内。宪法是法律么?我认为不完全是。在关注民主的过程中,我发现东方民族也许真的有不适应西方式民主的民族特性,两种文明的区别已经有人论证过,那么文化基因呢?我不想像马克思那样从经济决定论出发找出法律的问题来。比如我们现在讲的"协商民主",这个概念是有问题的。"协商"不是民主,而是"共和"。哈贝马斯曾讲过协商交往的理论。我认为民主只有一种,即选举的民主,无论其选举方式如何。当年毛主席把原定的"中华人民民主共和国"改为"中华人民共和国"是正确的,他是清醒的,没有混淆概念。民主的基础只有选举,我就想在未来的著述中把适合中国现状的民主道路弄清楚。在我看来,闭门造车地把自己的一套理论弄得自圆其说而不顾现实的状态其实是不负责任的表现,学者最好不要抽风似地写东西,一篇好文章,起码应该全身心投入地写三个月吧,两个月的时间用来准备材料、梳理逻辑、调整思维,另一个月用来认真写作,可能最后的精彩只需要三天就能完成,但前期的准备一定得是翔实、精密的。

邓正来先生曾说他在吉林大学的时候做过"自我的放逐",在近三年的时间里不出门、不开会、不上课、不受访、不写作,就为了储备能量、积蓄精力,做出好作品来,这相当于古人说的"闭关"了。从这个角度看,他还是一个作风严谨的学习者。回想当干部的时候,我的社交圈很重要,因为它不仅仅关系到你一个人的得失。现在清净了,普通教授一名,什么都不用管,步行上下班,工作情绪来了就睡办公室,这是一种多么幸福的生活状态啊!

> 让文章的发表与否影响到学者的饭碗问题是不正常的现象,学者已经无可奈何,不要再苛求他们,物质的局促和压力、官本位政治对学术空间的挤压,逼得知识分子在庸俗化,我们不能责怪知识分子,我们不能要求知识分子都是职业革命家,老婆疯了、孩子死了都还要继续革命。

记:确实如此,这样的学术状态我们也很想拥有,但是客观环境不允许,从这个方面看问题的话,你认为法学界的中青年学者现在浮躁吗?

梁:首先我要明确学者的概念,学术江湖里的骗子是不配叫学者的,我甚至都不想把他们归类于这个行当的从业者。严格意义上的学者,80%以上都是好的,是有淳朴学术思想的,我们只能怪这个时代太浮躁了。我所接触过的人,包括做领导时引进的人才,都面对着生活带来的现实压力,房子车子要着落,老婆孩子要养活。我最惋惜的就是有一年江平老师推荐来到我们学校的一名博士,当时学生对他授课的反应很好,我们都准备对他进行重点培养了,可是家庭生活的压力迫使他先放弃了,你知道那年他离开的时候,挖走他的单位一次性给了他多少钱么?十万,只是十万,但这十万能帮助他迈过最要命的那道坎儿。其实,我们很多学人只要能达到一般的中产状态就能安心学术,激情四射地把研究搞下去,遗憾的是时代没有给他们这样的机会,反倒是那些个四处钻营、手眼通天的人,作为文科学者,一篇像样的文章没写过,挖空心思找领导、拉关系,居然能搞出上千万的课题项目来,这不是开玩笑么?"良心是奢侈品!"这话一点儿都不假,饥寒交迫的人可以为了一顿饭做任何事情,基本发展的条件都不能保障,谈论浮躁与否是没有意义的。骗子不会因为有一千万而满足,他只会惦记着更多的一千万。"浮躁"可以归结为个性问题,但是当骗子、混子就是人品问题。

记:那我们现行的学术制度和规范是否也应该为此负责呢?

梁:有学术规范是件好事,学术规范存在问题总比没有学术规范强,这就好比我们先得把房子盖好,再说建筑风格的问题。现阶段的学术规范是在保障大多数,还没到照顾小众的时候,正因为过去没有规范、不懂规范,所以目前有些矫枉过正也是难免的。

我知道你们年青一代对学术规范里的有些过度要求很有意见。就拿注释来说,我理解的注释是"一口气没上来,用呼吸机缓缓",它会导致写作中不断打结、阅读中佶屈聱牙,但是没办法,不硬性要求注释的规范性就会乱套,连抄袭和引用都分不清楚,因此它是合理的。

我曾给《同济大学学报》写过一篇文章《论法治框架下法官角色的社会期待》,当时由于催稿应急的原因,我在办公室住了三天半把它写完了,完成之后才发现居然没有分段、没有注释,因为不像写论文那样进行过片断化的思考,是一气呵成的激情之作,但是行文流畅、文采飞扬、逻辑关系也很明确,等到经过了整理发表出来,就不如刚写好时那么耐看了。

记:或许这些规范都是针对想要成名的学术人的,因为他们要对自己的历史负责,您觉得呢?

梁:要真是只管理学术名人的话,建议一套规范的学术评论体系就足够了,学术评论一般是不会对无名小卒的文章感兴趣的。我们现在有文艺评论、电影评论、文学评论等成熟的文化评论体系,却没有一个严肃、公正、认真、客观的学术评论圈子,电影评论多真实啊,谁演得好谁演得不好一目了然,旧社会说"戏子不登大雅之堂",现在人家那个圈子的评价体系做得比我们好,如果我们学术界这个圈子形成了,那么规范不规范的也就无所谓了。譬如在法理学范围内,成名之人的文章拿一篇过来,我不用看作者、注释,就知道那句话是谁说的、这篇文章是谁写的。不过话分两头说,建立这种圈子比建立学术规范还难,相比于其他的监督机制,目前的学术规范可以说是最省事的,所以我们只能倚仗这条底线了,是最低的底线。

至于你说的对自己的历史负责,我是这样看的,发表文章如同嫁女儿,女儿出嫁不风光,我也丢不起那人。一篇文章写完之后,至少放上一个星期,我才能再去看它。文字要经过发酵再来推敲,写完就看的话,搞不好连错别字都挑不出来,那种校对是没什么实际效果的。多发文章可以,但你要慎之又慎,文章一旦发表,就成为历史的痕迹,没办法再改啦。"覆水难收"懂吗?别看你们今天都籍籍无名,说不定哪天你就会声名鹊起,人生的机遇是很难预料的。出于对自己负责的态度,也提防着将来会有人拿你说事儿,让你难堪,自己写不出来就不要胡写瞎说,写不了干脆不写。

记:治学那么多年,你认为自己有何种学术贡献?

梁:贡献?未必算得上有。我只不过是在法学方法论的研究上有一点自己的特色,对法学方法论的演变和进展有自己的解释,对分析法学、解释学法学有独立的见解而已。

另外,关于教师的本分——上课,我是这样认为的:上课就是上课,切记不要在课堂上评论自己校内或者系里的事情,生活在学校的小范围里,言之所指一听就明白,我们很容易犯"文人相轻"的毛病。牢骚可以在同事之间发,学生们不应该听到这些,老师对学生的影响是很重要的,特别是那些有魅力的老师很容易因为自己不经意的言谈影响到学生的判断和选择,学生会浮想联翩,甚至作出重要抉择。年轻人要有自己的价值思维和判断能力,我们不要过多地提供干扰信息,这样不公道。

记:对于学术大环境和我们的生活状态,您还有什么希望吗?

梁:想要有良好的学术环境,首先得有优裕的物质保障。我反对徐显明老师的贫困适度论,我们既没有"贫困"的界限,也没有"适度"的界限。学者也得先富裕起来才能保持住自由精神。洛克是自由主义鼻祖,在他看来,生命、财产、安全都很重要,但他更强调财产,没有财产,生命与安全都无法保障,财产也是保住自由主义精神的前提。让文章的发表与否影响到学者的饭碗问题是不正常的现象,学者已经无可奈何,不要再苛求他们,物质的局促和压力、官本位政治对学术空间的挤压,逼得知识分子在庸俗化,我们不能责怪知识分子,我们不能要求知识分子都是职业革命家,老婆疯了、孩子死了都还要继续革命。知识分子需要被"养",任何一个有理智、讲良心的社会都会有意识地养着一部分知识分子。我所说的"养"不是养宠物那样的"养",那叫嗟来之食,对知识分子应该是有贵族之气的"养",把他们滋养得富足、优越,像西方社会定义的知识分子那样拥有自觉意识、清醒意识,能对社会进行分析性批判。现在的中国还做不到让知识分子完全不为生活发愁,这是整个社会要检讨之处,是基本规范的问题。

另外,那些从事司法工作的人也未必轻松,记得我前面讲到的法官博士们吗?当年外教很诧异级别那么高的法官还要来读博士,其实学者式的法官处境是很艰难的,中国的司法现状使得他们不能按照学识和学术背景判案,各方面的影响导致判决出来的东西是违背良心的,为了不泯灭自己的良知,他们不想再干了,所以都去读博士了。

不过,这些年由于非正常的导向,官员读博士热度高涨,造成博士队伍越来越不纯粹了,我跟我的官博士同学毕业之后虽然联系少,但依旧很亲,也很实在,但总感觉不像是学术圈子了。

记:刚才您说您的阅读能力很强,相信也是"读书破万卷"了,请您为我们推荐一些书籍,并对年青一代提出您的希望好吗?

梁:可推荐的书太多了,我每次开给学生的书单上就有一百多本,具体的不枚举了,提一本入门的吧,梅因写的《古代法》,一个注释没有,全是名言警句,简直叫脍炙人口,能让人像看小说一样就把它看完,所以我也将其作为本科生的必读书。

说到对年青一代的希望,我又想起了王哲老师,他们那代学者有学术的功夫,却未必有观点。过去我轻视"学",欣赏"才",其实学比才重要,学是积累,是苦功夫,不写论文的骗子有自觉性,明明写不出来,还胡说八道的人更可恶,"无知者无畏"真是一件非常可怕的事情,明明别人已经反复说透了的东西,他还能当成自己的新发现再津津有味地讲上一通,一个人写出一百本学术专著来,这叫什么状况?所以,我希望你们做到一个"真"字,现在的学生已经有心理疾病了,不会用笔说话,缺乏信心,闲聊天的时候一套一套的,可我一旦要求他写出来,他就总想着上网去抄,这可能也是大学语文教育的失败。有一次我布置学生课堂作业《我看法理学》,没想到学生居然问我:"老师,这篇文章的重点是'我看',还是'法理学'?"我要求他自己解题,随意发挥,克制想上哪个网去抄的念头,哪怕是拙劣、幼稚、朴素也得写,多练、勤写,最终形成自己的写作风格。其实,这是能力形式化的问题。在我眼中,文科生要么能写,要么能说,二者兼备更好,就连陈景润先生这样的科学痴人都能用数学的语言表达出自己的学术思想,其他人又有什么理由说自己是"满腹经纶无人识"呢?所谓"茶壶里装饺子——有货倒不出"是不正确的说法,你总有一种方式可以让我们看到你的学识吧。你拿不出来,我又怎么知道你是真有学问还是草包呢?写和说的能力小到请假条、发通知,大到打报告、开讲座,无不体现着一个人的综合素养,所以,能力的形式化非常重要,卓越的能力更需要完美的形式去表达、去发挥。

记:对于未来的中国法学,您还有什么期望?

梁:话题又沉重了!政治文明的国家才会有优良的知识分子群体,我们现在的国情是,职称是活命的东西,我们的体制跟别人不一样。在美国,副教授也可以是终身教授,一篇文章没发表过也能评教授,他能力的好坏完全看学生的评价。我为自己感到特别骄傲的一件事情就是我上过评师网,2007 年被学生们评为红钻石级别的老师,2009 年跃升到全国最受欢迎百佳教授排行榜第一名。同济大学的杨校长曾为此说我是"同济大学的骄傲",尽管这个评师网不是官方的,但却是对我极大的肯定,也是我在其他荣誉之外最欣慰的地方。

好了,我就言尽于此,希望对你们有所帮助。

（王思杰）

王振民
Wang Zhenmin

　　1966 年 8 月生,河南郑州人。1989 年毕业于郑州大学,获法学学士学位。1995 年毕业于中国人民大学,获法学硕士学位和法学博士学位。其中 1993—1995 年在香港大学法律系学习并进行研究工作。2000 年至 2001 年在哈佛大学法学院做富布莱特高级访问学者。1995 年至今在清华大学任教,2003 年被评为教授。现任清华大学法学院院长。

　　出版专著《中央与特别行政区关系——一种法治结构的解析》(清华大学出版社 2002 年版)、《中国违宪审查制度》(中国政法大学出版社 2004 年版)。发表中英文宪法和法学教育方面的学术论文近四十篇,有些论文被翻译成英文、葡萄牙文、意大利文,在美国、英国、意大利和巴西等国出版。

> 　　那篇论文我改了十几遍,然后交给了马老师。马老师就给我提了一个意见,就是在最后加了一句话"恳请各位老师指正",其他的地方觉得都非常好。现在看来,这篇文章都是不过时的。

　　记者(以下简称"记"):王老师您好!您在上大学之前,已经有过工作经验吗?

　　王振民(以下简称"王"):没有,我是从学校里一路读上来的。参加高考是 1985 年。

　　记:那您对"文化大革命"还有印象吗?

　　王:有的,主要是劳动,组织小学生进行的劳动。我是在郑州附近的农村上的学,那时有很多的组织小学生进行的义务劳动。现在看来,绝对是非法使用童工。还有参加批斗会,批斗老师的会议。那时差不多是 1972 年、1973 年,我还是小学生,大约是二三年级的时候,看到老师被批斗的情形,觉得他们挺可怜的。

记:1977年恢复高考的消息传来,您还是小学生吧?

王:对。恢复高考以后,各级教育一步步都恢复了正轨。我正赶上了初中高中都改成三年。原先是初中高中各两年,四年制。之前"文革"对我的教育经历影响不大。上学时听过的报告不少,比如请来抗美援朝的老兵给我们进行爱国主义教育。

记:您填报志愿时,第一志愿填报的是法律吗?

王:不是。我最想读的是党史专业。上中学的时候我就有从政的志向,想为国家、为人民做一点事情。因此,第一志愿我报考的是中国人民大学的党史专业。人大党史当年在河南省只招一个人,而且肯定是优先招党员的。那年我的分数我记得是497分,比重点线高了16分,但最后还是没有被人大录取。到了第二批,就是郑州大学。郑州大学其实是我随便报的,因为觉得考上人大党史没什么问题。法律专业也是随便报的。一开始读法律是不满意的,想读的还是政治类的。不过,进入了法律的大门之后,见识到了里面很多博大精深的东西,觉得政治和法律是不能分离的两个学科。

记:那您进入郑州大学之后,觉得学校硬件条件怎么样?

王:郑州大学法学院挺好的。除了全国几个重点的法学院校,在非重点法学院校里,郑大算最好的。郑大也是全国最早恢复法学院的学校之一,诞生过77级的赵秉志。同时,师资力量是很强的。说起来,硬件条件可能比人民大学还要好一些。人民大学当时还被部队占着,吃饭还是露天的。而郑大的师资、硬件还是很强的,尤其是资料很丰富。

记:那大学期间,哪位老师给您的印象最深?

王:印象最深的是教法制史的马老师,我那时经常和他聊天。农村出来的孩子往往不善于和老师交流。而我很有幸,马老师在学业上给我很多指导,而且也常常和我谈国家大事,不是考虑一些很琐碎的问题,帮助我树立了一种志向。法学的启蒙,他对我帮助很大。我渐渐对宪法产生了兴趣。

大学里除了法律,我还听了很多别的讲座。20世纪80年代中期是改革开放很活跃的时期,各种讲座很多。其他的一些学科对我研究法律也有启发。我在大三的时候写了一篇文章,被北京的一个全国性学术会议选上了,被邀请参加会议。那篇文章是我听了某个系开设的"三论"讲座,即信息论、系统论、控制论之后,结合如何重建我国的社会控制系统所写的。主要写的是怎样从人治转向法治,从伦理控制转向法律控制。那篇论文我改了十几遍,然后交给了马老师。马老师就给我提了一个意见,就是在最后加了一句话"恳请各位老师指正",其他的地方觉得都非常好。现在看来,这篇文章都是不过时的,包括文笔也非常好。有的老师、同学读了以后,觉得那篇文章不仅有思想,而且朗朗上口,读起来很有节奏感。我现在对我的学生说,大学期间要写一篇好文章、自己满意的文章,然后反复改,最好手写。通过写,训练人的思维,知道文章该怎么写。逻辑关系、遣词造句等方面,一定要通过写作来训练。现在有的同学写完文章,一遍都不看就交给我了。这样的文章我也不看。自己都不喜欢,一遍都不愿多看的文章,还交给我看,还要让我喜欢,让我给高分,天底下哪有这样的事情?我那时写的时候,每一个词、每一个字都要反复斟酌,认真思考,甚至标点符号都要斟酌,这样才能精益求精。

记:那您有什么同学记忆比较深的吗?

王:同学的话,那时招生不多,一届不到一百人,一个班三十多人,一共三个班。有几个同学关系非常好。当时同学们还搞了个演讲协会,因为学法律,很重要的是培养演说的能力。我觉得那时的学生比较理想化,从来不考虑工作的问题,也可以说比较"傻",整天就是读书学习、锻炼身体,看的书也是现在的学生绝对不看的书,比如一些非常理论化的书。闲来大家一起讨论国家大事,比如国家的政治改革、法律改革。根本不考虑将来找个什么工作,怎么赚钱的事情,就考虑怎么能为国家、社会做什么有益的事情。90 年代以前的学生还是很理想化的,每天都处于一种莫名的兴奋当中。

我们 1989 年毕业,当时好多党政机关都不让应届生去,因此好多同学都是从哪里来到哪里去。我那一届有四个人考上研究生。我考上的是人大,其他同学考上的是北大、武大、政法大学。考上研究生在那时是相当不错的了。我考研的目标非常明确,就是宪法,因为和政治的关系最密切。

记:那您大学最难忘的事情是哪一件?

王:应该就是到北京参加学术会议的那次。那是我第一次离开河南外出,而且是到北京参加学术会议,对一个本科生来说,可以说非常了不起了。学校还特地拨了点小钱,赞助我火车费,那次是我第一次坐卧铺。那个会议是现在中国政法大学的熊继宁主持的,主办单位是政法大学的法制系统科学研究所。我觉得就是在那次之后,我认准了将来走考研搞学术的道路。最终考到人大读研。

其他印象深的事情,就是和马老师聊天,一聊能聊上好几个小时。现在的学生和老师交流太少,学生主动性不够。最近我看了一本书,是讲清华胡锦涛那一届入校五十周年。当年的清华校长蒋南翔经常到宿舍和学生促膝谈心,一谈就是好几个小时。所以，那届后来出了两个国家领导人，还有一个是吴官正。另外还出了七位院士、三位部长。而我那时候学生和老师的关系也还是很密切的。学生见老师，不需要预约，直接就奔老师家里了。

还有印象深的就是郑州大学的图书馆。它的法律资料室让我受益很大，我天天在那里阅读刊物，在学习。

记：那您是研究生毕业时候决定当老师的吗？

王：人大读研的头一年是在北京印染厂劳动。根据当时国家的政策，所有文科的应届研究生都要劳动一年。于是我就在印染厂印了一年的花布，接着回到学校读了两年硕士。当时就改变了想法，对从政已经没有太大的兴趣了。硕士研究生毕业的时候，国务院法制办本来已经录取我了，体检也已经做了。但是，人民大学录取我为博士研究生，于是我决定不再走仕途，而是转为做学问，立志于学术以及教育下一代法律人。经过了研究生三年，包括劳动的那一年，我改变了很多想法。

> 我认为非常理想的法治社会的状态就是香港那样。一块弹丸之地，能够成为国际金融中心、航运中心、贸易中心，靠的是"法治立市"。

记：您在人大读博期间也赴港进修过吧？

王：不错。我在港大学习了两年。那段经历对我的影响，一个是认识到了什么叫做法治，什么叫做法治社会。在香港，我看到了一个法治社会。这个影响非常深刻。时任港大法律系主任的韦利文先生，他的夫人是一位大律师，她带过我上法庭旁听庭审过程，还带我到政府机关访问，很让我受到震动。我认为非常理想的法治社会的状态就是香港那样。一块弹丸之地，能够成为国际金融中心、航运中心、贸易中心，靠的是"法治立市"，这点受益最大。

我对香港的法学教育也印象深刻，法学院和内地差别很大。第一个震惊之处是，每个老师都有办公室。而当时在内地找老师都是上老师家，因为老师没有自己的办公室。后来筹划清华法学院的时候，我就坚持，一定要每位老师都有一间办公室。第二个震惊之处在于，港大的法律图书馆占了两层楼。后来清华的法律图书馆占了四层楼，有人就说，清华是仿照香港建的图书馆。

香港学者的敬业精神也让我感动。不光老师，法学院的行政人员也非常勤奋。有的人几十年一直当秘书，干一行爱一行。不过也不像我们，行政人员时间长了可以转为老师。还有一个收获，我在香港结识了很多朋友，清华后来建法学院楼，一些筹款就是来自这些朋友。

记：您在宪法领域这么多年来基本的学术观点有哪些？

王：首先，我认为，宪法并不是一门理论性学科，宪法学与民法学、刑法学等其他部门法律学科一样，应该是一门应用学科。我国宪法学长期以来只重视理论，轻视实际，宪法学者只会坐而论道的情况必须改变，我国的宪法学体系必须有一个大的改变，应该以宪法诉讼、违宪审查为中心重新建构我国宪法学的体系，建立真正的"宪法学"，而不是把宪法课等同于一般的政治课或者宪法典的注释课。我已经在宪法课堂上试行这种新的宪法学体系，并试行案例教学法。

同时，我国宪法应该有实施的程序。我国法治不健全的一个重要表现和原因就是宪法没有一个实施程序，人民不能在宪法的层面上监督政府，导致政府腐败问题无法根本解决，权力得不到国家根本法的监督。因此必须推动我国宪法实施制度的建设，建立健全违宪审查制度。这不仅是我国发展社会主义市场经济、健全社会主义民主和确立法治的需要，也是我国加入 WTO 后必须在司法上实行的一个配套改革，同时也是我国最终实现国家统一所必须开展的一项基本法治建设工程，因为国家法治的完善可以促进、保障国家的统一，法治与国家统一有密切的关系。

宪法学也应该关注"一国两制"的实施对我国国家结构的影响。"一国两制"是我国制定特别行政区基本法、成立特别行政区的指导思想，它的产生使得我国的中央与地方的关系变得更加丰富了。特区成立后，处理中央与特区的关系应该严格遵守法治原则，严格按照特区基本法办事。这其中产生的一些困难，主要是因为两地的政治法律体制和宪法观念不同，尤其是法律解释制度和违宪审查制度的不同。而要解决这些问题，不仅两种制度要加强了解和沟通，而且也和整个中国法治化的进程有直接关系。在运用"一国两制"处理我国台湾地区问题的时候，要有更大的灵活性。

记：那您认为我国的宪法学研究与国外的差距体现在哪里？

王：我国的宪法体制从某种意义上说是一种非常先进的理论。比如我国《宪法》规定："一切权力属于人民"，哪个国家的宪法这么写？人家的宪法一般回避这个问题，不写权力属于谁。我们是人民民主，而且是最广泛的民主、最大的民主。从理论上而言，社会主义处于比资本主义更高级的水准，因此从政治法学理论而言，我们的宪法理论也应当是更先进的。关键是制度的框架该如何设计，如何落实？在这一点上，我觉得是远远不完善的。

记：那您认为，为了使我国的宪政制度更为完善，是应当侧重引进外国的思想和制度，还是应该立足本土资源？

王：我觉得借鉴外国的经验也是必要的，但主要还是立足于本国进行创造。

我研究过各国的宪政体制,把无论哪个国家的宪政体制移植到中国,都是无法运行的。历史上移植别国的宪政体制都是不成功的。比如法国的 1946 年宪法移植英国的宪政体制,结果第四共和国在 12 年里更换了 24 届政府,在英国运行得很好的议会制,在法国就不行。因此,我国应该立足本土,创造自己的民主宪政体制。用自己的智慧,创造比西方的制度更为合理的制度。

记:您在 2004 年和 2006 年分别被全国人大常委会任命为香港特别行政区和澳门特别行政区基本法委员会委员,对这段经历,您有何感触?

王:我国立法体制的完善,不仅仅是中国内地发展的需要,也是国家统一的需要。比如,我们以前没有认真对待过法律解释,全国人大常委会拥有解释法律的权力,但对这项权力,以前并没有严肃认真地行使过。而香港回归后,对基本法必须非常正规地进行解释。这样国家统一反过来促进了国家有关制度的建设。因此,我们的制度改革需要适应国家统一的需要,二者是一个相辅相成的关系。

"一国两制"框架下的基本法,也是一门很大的学问。基本法对中国宪政理论、宪政实践都产生了重大影响。这在国际上也是非常有道理的。我们现在一个国家能宽容不同的制度,那么在全世界内,是不是也能宽容不同的制度呢?奥运会的口号是"同一个世界,同一个梦想",那么可不可以叫做"同一种制度"呢?如果全世界都是同一种制度,谁也不敢保证不出问题。之前大家都认为美国的制度是最完美的,但是现在金融危机,美国的制度出问题了。如果全世界都实行和美国一样的制度,那么现在大家都完蛋了。同一个世界,不同的国家,不同的制度,是很自然的,也是很安全的。"一国两制"框架下的基本法,我认为是一种政治哲学。

记:除了刚才您提到的那些点,现在国内宪法研究还有哪些领域是需要开拓的?

王:其实很多宪法问题我们研究得都不深入。比如我国的宪法监督制度,即违宪审查制度,这几年研究的人多起来了。这一点我认为是需要加强的。还有就是中央和地方的关系,扩大一点,就是中央与港澳台的关系,怎么样创造更加合理的制度,促进实现国家的统一?还有人权问题研究得也不够。现在研究人权的,好多是法理和政治的,宪法界研究人权的不多。国外讲课讲到人权,不是一门课,而是好几门课。这一点,我们远远没有达到。

记:王老师,您认为现在的中青年学者是否存在浮躁情绪?

王:确实存在。现在的诱惑太多,各种各样有意思的东西太多,使人没有办法专心坐下来研究学问。像我至今也就出过两本书。我并不是写不出来,也不是没有思想,但是写文章,宁可写不出,也不能粗制滥造。我写的书,一本是关于中国违宪审查制度,一本是关于中央与地方关系,确实是我有感而发,能够在社会上产生一定的积极作用。写东西,一不要无病呻吟,二不要粗制滥造,三更不能做害人的事情。现在一些人为了职称、为了赚钱而写书。我自己的原则是,自己写的字自己要承担责任。

记:现在对于发表的论文,主要还是要求数量,质量是其次的。

王:对。但要求数量是完全没有意义的。我们从来没有对老师要求一年发表多少文章,哪怕一篇都不发表也没什么。我去访问普林斯顿高等研究院时,对方介绍说,其招进的学者,来的时候必须两手空空,脑袋空空,脑子里不能再有别的课题,如果手上还有别的课题,那么就不会招。招来以后,会提供充足资金,允许研究者研究任何有兴趣的课题。他们也不定课题,没有什么国家课题,只要研究者自己有兴趣就可以,所谓没有目标地研究。什么时候完成也没有要求,每个月会提供足够的资金。在选人的时候也会严格把关,认定这个人来了不会白吃饭。认定以后,就给予充足的自由。我问,如果真的写不出文章怎么办?对方说,写不出来也只好写不出,不能强求。但是,历史上还没有人什么都写不出来的。爱因斯坦当年在普林斯顿也没被指定什么任务,照样取得了很大的成绩。我们现在太多的课题是完成任务式的。作为大学,应给老师提供充足的科研经费,其他也不要限定什么。其实,以前也完全没有这么多限制。

记:对于学术规范的执行情况,您怎么看待?好还是不好?

王:学术规范应该说很不正规。中国还没有统一的法学文章、著作的引述规范。美国法学院有个《蓝皮书》,详细规定了引用的标准,全国都是统一的。我们现在还没有。另外,还有一些抄袭事件,这不是学术规范的问题,而涉及道德与法律的层面了。

记:您认为一种良好的学术环境是怎样的状态?

王:我感觉,良好的学术环境并不是完全靠规定创造出来的,而是取决于一种学术自觉。拿不要抄袭这个要求来讲,打个比方,我们有的地方选领导人,要求廉洁自律不要贪污,全世界其他国家和地区,哪个地方选领导人有这样的要求呢?如果有贪污腐败的情况,那还能当选吗?这根本是不能放到台面上来说的东西,而我们有的地方把这点放到台面上来说了。我大学里有一门课,"大学语文",老师给命题作文,根据一则某个法官廉洁公正为民做主的材料写一篇作文,其他很多同学都顺着写,说这个法官怎么好怎么好,而我就反过来写,我认为这个法官只是做了一个法官应该做的事情。其实有哪件事是超出一个法官的职责范围呢?然而,我们却把这样的例子当做典型宣传,说明这样的人太少,中国整个法制环境里,人的素质太差了。这篇文章,后来老师给我打了最高分。我们现在的学术环境,就是放不到台面上说的事情强调得太多了。

记:在各种法学研究方法中,您最为欣赏的是哪一种?

王:我自己比较欣赏历史研究的方法。现在我的学生写论文,我也经常引导他们研究人物。最近有学生写硕士论文,我就建议研究一下伍廷芳,因为他是中国第一个律师,研究他的法律思想发展轨迹很有意义。还有个刚毕业的学生,写的是中央政府与陕甘宁边区政府的关系,这是很有意思的课题,但现在不太有人写这一方面,我觉得把这些历史讲清楚,非常有意思。我现在还在想,将来会不会有同学研究研究 1930 年民国政府收回威海卫后成立的直属于中央政府的"特别行政区"?那段历史虽然不长,但是如果能讲清楚,对我们现在是非常有启发的。

记:那您能为我们法科学子推荐一些优秀的阅读书目吗?

王:现在书很多了。我推荐冯象的书,他有一本《政法笔记》,他的书对法治启蒙是非常有用的。他现在还在翻译《圣经》,从希伯来文翻译成中文。当然,其他传统的法学经典名著也是要读的。除了专业书,学法律的人应该多读一点课外的东西。我记得我上学的时候,专业课上课的时间我是非常认真听的,下课之后我基本就不看专业书了,基本看的都是我喜欢看的东西。如果有兴趣,我建议读一读毛泽东的一些文章,对于训练一个人的思维、语言驾驭能力很有帮助。很多法律学生在法律里钻得太深,往往只能看到很微观的东西,而实际上的法律问题可能需要有更宏观的把握。现在有人说,法学教育要变成职业教育,我感觉现在对职业教育有一点误解,认为法学教育就是辩论、办案的技巧、技术细节问题,把法学教育等同于技巧教育了,忽视了法律的价值教育。法学也是一种价值观,价值观的树立,需要有全面、宏观的思维。对于法学教育,我也想说几句。我们的法学教育是一国司法体制的重要组成部分,如果我们想改革国家的司法体制、提高司法的质量并根除司法腐败,就必须从源头即法学教育入手。我国法学教育的一个大问题是法学教育不是专业教育,在性质上是普通的大学教育。这导致法学院的毕业生大量不从事法律工作,而大量没有学过法律的人去做律师、法官、检察官,这样就直接导致司法质量不高、司法不公甚至司法腐败,法律不能成为一个相对独立的职业。要解决这些问题,就必须从大学法学教育入手,把法学教育变成真正的专业教育,培养将来可以致力于从事法律工作的专业人才,去充实法律队伍,这样培养出来的年轻法律学生才是真正可堪大用的法律人才。

记:最后请您给年轻学子提一点希望、要求吧。

王：我的希望就是，既要有远大志向，又要能够脚踏实地。如果太实干了，没有理想，那肯定不行，不能只管埋头拉车，不抬头看路。但是，光看路，不能实干，也不行。理想和实际要结合起来。我们法律院校培养学生，一定要能够解决实际问题。现在往往存在两极化倾向，有些只知空谈，太理想化，有些太实际，看不到世界上其他的东西，这样也不好。所以说两方面自己要平衡好。

（陈　艳、董　能）

曾文革
Zeng Wenge

　　1966 年 8 月生,重庆人。1987 年于西南政法学院获法学学士学位,1999 年于西南政法大学获经济法硕士学位,2004 年于西南政法大学获经济法博士学位。曾在香港大学法律学院、美国佛罗里达大学法律学院做访问学者。现为重庆大学法学院教授、博士生导师,重庆市国际法学科学术和技术带头人后备人选,重庆大学法学院国际法学科学术带头人,主要从事国际经济法、环境与资源保护法的教学与研究。兼任中国国际经济法研究会理事、中国法学会环境与资源保护法学研究会理事、重庆市法学会国际经济法研究会秘书长、重庆市人大常委会立法咨询专家等。

　　代表性著作有:《农业补贴与反补贴法律制度研究》,法律出版社 2009 年出版;《外资银行风险控制法律问题研究》,北京大学出版社 2007 年出版;《中国绿色贸易法律制度研究》,法律出版社 2007 年出版;《国际环境法新论》,重庆大学出版社 2005 年出版。另有多篇学术论文发表于《现代法学》《亚太经济》《重庆大学学报(社会科学版)》等中文核心期刊上,并多次被人大《复印报刊资料》转载。曾主持的科研课题包括:司法部课题《我国特殊经济功能区法律制度研究》、教育部课题《我国应对全球气候变化能力建设的法制保障》、教育部课题《中国绿色贸易法律制度研究》等。

　　高校行政化的改革,就是要把不同的东西放到不同的位置,做行政的就是做行政的,做职员的就是做职员的,做教师的就是做教师的,各司其职。这些行业的定位要清楚,不能搞乱,不然最后什么都在做,却什么也做不好。

记者(以下简称"记"):您1987年毕业于西南政法学院,在大学四年中对哪些事物印象比较深刻呢?

曾文革(以下简称"曾"):大学四年,我印象比较深刻的是虽然西政的物质条件比较差,校舍也不漂亮,但我觉得西政的学习氛围非常好,我们上自习往往要抢座位。老师们也非常敬业,当时我们教室不多,有时不得不在宿舍里讨论案例问题,老师们经常来宿舍指导我们。我觉得西政一直有这样的传统,就是强调理论教学和实践的案例并重,这种教学方法注重理论和实践相结合,使我收获很大,因为毕竟书本上讲的东西和现实案例是有很大差距的。所以,虽然当时条件艰苦,但我们的功底都打得很扎实。

我觉得西政的学风是比较开放的,一直延续着兼容并蓄的传统。现在很多到西政开讲座的教授,在演讲的同时会有两三位教授到场进行评点,学术观点的交锋往往可以从中体现,久而久之便形成了西政的论辩文化,这是一个非常好的传统,对我的影响很大。

记:您从西南政法大学本科毕业一直到获得硕士学位,当中跨度有十二年之久,能谈谈这段时间的经历吗?

曾:我毕业后去了当时的重庆工业管理学院(重庆工学院的前身)任教,教经济管理专业的学生"经济法""民法""国际商法"。这期间我还到彭水县支教一年。我考研是因为有这样一个背景,当时教育部有个意见,就是提高高校教师的学历学位。在这种情况下,学校就让我到西政读了三年硕士。当时我在班上年龄算是偏大的。实际上我当时读的是在职硕士,并没有脱离学校,所以我除了读书之外还要完成工作任务,还得上课,所以平时要几头跑。

记:您为什么选择出去支教一年呢?

曾:支教一年是国家的规定,以讲师团的名义从各高校抽调老师去支教,主要是为了支援贫困山区。那个时候我刚毕业,年纪很轻,阅历不深,也没有工作经验,就想出去锻炼锻炼,所以就去那里锻炼了一年。这段支教生活使我收获很大,中学教育和大学教育不同,我除了备课之外,还要管学生。因为我读的西政不是师范类学校,所以我的教学经验几乎没有。这样锻炼一年,对我之后教大学生帮助很大,在如何控制课堂节奏、如何备课、如何组织课堂讨论这些环节的能力都得到了很大的提升。

记:在您的求学经历中,有哪些非常难忘的老师?

曾:印象深刻的老师实在是太多了,本科时的张孝烈老师给我的印象很深。当时我的本科毕业论文选了环境法方向,我写了几万字,最后他帮我修改到三千多字。这件事对我的帮助非常大,让我学会如何收集资料,如何修改论文的框架,如何提炼观点等等。在硕士阶段,我印象深刻的是李昌麒老师。他是我的导师,他在学术方面的研究方法和思想对我影响很大。经济法实际上是非常难研究的学科,研究材料很多来自于经济学领域,要求学者运用法学的思维对其进行解读,但是我觉得李老师在这方面比较专长,很有学术天赋,他讲经济怎么跟法律结合,怎么从法律角度来研究一些经济现象,怎么研究农村问题等等,对我的帮助很大。博士阶段印象深刻的就是我的导师种明钊老师。他是学经济学出身,所以强调的和李老师强调的又有些不同,他认为经济是第一位的,法律是第二位的。他常常告诫我一定要把经济的问题先弄清楚,然后再去分析的时候才不会"开黄腔"。所以,在学术上我觉得李昌麒、种明钊两位老师对我的影响很大,而且李昌麒老师有一个理念是我非常认同的。当时我考博士之后,就面临选导师的问题,李昌麒老师劝我一定要换一位不同的老师,这样对自己的学术研究非常有帮助。因为每位老师的研究思路不一样,这样对学生而言可以博采众长。

记:您博士毕业之后又是如何来到重庆大学任教的?

曾:我硕士毕业后就来重大了,原本我毕业后准备回重庆工学院,当时学校也给了我很好的条件。但当时发生了一件很突然的事:我太太生病了。重大离我太太的单位近,可以照顾到一些,所以我就决定去重大。我从 1999 年 6 月份到重大,一直工作到现在,已有十多年的时光了。

记:您在 2004 年 3 月到 5 月曾经到香港大学做过访问学者,在当年 7 月份至第二年的 8 月份又到美国佛罗里达大学做访问学者,您能谈谈做访问学者的这段经历吗?

曾:我当时想研究国际法领域,我的硕士和博士论文都是偏向于国际法方向的,主要是关于外资银行、外资银行监管、外资银行风险控制法律等问题的研究。我去香港大学三个月,主要是因为有一个香港法律教育基金的项目在全国选了五个人,当时我们重大有两个指标,我就和陈伯礼教授一起去,他去研究法理学,我主要去研究国际金融法。因为香港是国际金融中心,香港大学法律学院有金融法的一个 Program,也有很多优秀的金融法老师,我在那边主要也是做一些外资银行法方面的研究。

2004 年下半年我去了美国佛罗里达大学,主要也是研究国际经济法和国际金融法。我利用那段时间把佛罗里达大学的国际法课程听了一遍。学校还开了一门很有趣的课程,是针对高年级学生开的,将国际贸易、劳工和环保合并在一起教,让我开了眼界。有两位国际法的老师负责讲这门课,他们的观点是不一样的,经常会有交锋和争论。我在佛罗里达当时还认识了当地的一位高中英文老师,我教了她一年的中文,她教了我一年的英文,对我帮助很大,回国之后我就开始转向国际法的研究了。在美国的这段做访问学者的经历使我产生了开双语教学的想法,回国后我就开了法律英语的课程。

记:这两段访问学者的经历,对您从事学术研究和教学工作有没有产生什么影响?

曾:我觉得这种影响是决定性的。作为访问学者,我和刚刚毕业出去的留学生不一样,毕竟做了这么多年的教学和研究,有一定的经验和基础,可以进行比较,观察他们是怎么做研究的,是怎么教学的。所以,我不仅去听他们的课程,也去了解他们是怎么做研究的。他们的研究方法和我们不一样,非常细致。比如有一次佛罗里达大学农学院的教授到法学院开讲座,讲关于佛罗里达的农产品贸易,甚至具体到了 WTO 对于佛罗里达柑橘的出口有何影响的程度。这种实证性的研究方法对我影响很大。

在教学方面,美国非常注重案例讨论,这是他们的传统,能让学生更多地进行自主学习和讨论,而这正是我们所缺乏的。我觉得这种讨论式的学习对培养研究生是非常有帮助的。所以,我回国之后,就经常开展读书会,一段时间推荐读一本书,大家读完后再一起讨论问题,还有些课题的讨论。在这一过程中,学生提高很大,对我自己来讲也是教学相长,因为有的同学查到的一些材料连我都没看过。这正是参照他们的教学方法所得的效果。

美国的法学注重精英教学,他们的师资配备、硬件条件也都非常好。我们国内法学这几年飞速发展,到一定阶段,也要注重教学质量的问题。美国还有一个非常好的教育理念,比如佛罗里达大学每年从全世界招五十个学生,包括欧洲、亚洲、非洲的学生,有些学生基础并不好,但也招进来,主要是注重学术的多样性。这个理念我认为是国内很多大学不具备的,所以现在我带研究生也趋向这样的理念。比如我招专业硕士,就要看学生不同的背景、不同的学校,以及不同的学习经历。从我这几年的招生情况来讲,帮助也挺大的,就我带的学生而言,就业率很高。因为学生都有专长,比如以前学过金融的、学过计算机的,当他们经过法律的学习之后,竞争性就会很强。所以,我觉得,学习法律的人还是要多走一走,到英美法、大陆法的国家去看看,这不仅是做研究的问题,也对自己的学术思想、对学生培养、对研究方法很有帮助。

记:您从国外回来以后继续在重大教书,和之前相比在教学方面有什么变化吗?

曾:我觉得有很大的变化,比如我刚才所说的,在对学生的培养和教学的方法方面,变化很大。在研究的领域方面,我下决心专心做一些国际法的研究。

然后,我对学生的教学方法也进行了改革,比如说我教法律英语,可能和有些老师的教法不太一样。首先,一般而言,法律英语都是老师讲得比较多,我增加了听力的环节,我认为这个是非常重要的,因为学生能看懂不能听,到了国外就不能和老师交流,所以我增加了法律英语的听力材料。其次,我还找了一些图表,比如美国联邦法系统、州法系统的结构图,以及我在美国拍的一些州法院、律师事务所、检察官的办公室的照片等给他们做一些演示。另外,我在课程中有一个使学生压力很大的地方,就是要求学生翻译,由我来点评,这让学生觉得压力很大。

记:您既从事国际法的研究,又从事环境资源保护法的研究,这两个专业对您来说孰先孰后呢?

曾:专业的转换是工作方面的需要,重庆工业管理学院有很多经济类的专业,所以我对于经济法的研究差不多有十来年。但经济类专业的经济法和我们法学专业讲的经济法有所不同,还包括了很多民商法的内容,因为要培养财会和销售人员,所以需要懂这些东西。到了重大之后,因为重大为了办法理学和环境法的硕士点,当时很缺这方面的研究人员,所以我就开始做环境法的研究。做了八九年之后,最近几年开始转向研究国际法。但我认为,以前的学术基础和学术积淀对之后的研究还是很有帮助的。比如说我以前研究合同法、民商法领域,对研究环境侵权是很有帮助的。还有经济法中一些国家干预的理论,对我来做环境管理体制的研究也很有帮助。

从环境法转向国际法的研究看,实际上我主要的研究方向是打了个交叉:研究国际环境法。我现在也研究国际金融法,因为以前我在经济法的研究中接触过一些金融的知识,金融的整个运行流程我比较熟悉,所以我做国际法、做外资银行的研究会有一定的基础。如果你光是从国际法这个角度一下子转到国际金融法,反而会觉得比较难,因为没有一个金融学、货币银行学的学术基础。这个就是如何看待跨专业研究的问题,我觉得要把这个背景作为一个优势而不是包袱。

记:您觉得自己从事的研究对国际经济法领域的贡献在哪些方面呢?

曾:说不上什么大的贡献,现在我在国际经济法领域做得比较多的一块是国际金融法方面,尤其是外资银行法这块。当时我在《重庆大学学报》发过一篇文章,是关于外资银行风险控制的法律机制研究,被人大《复印报刊资料》全文转载。另外一块就是国际环境法方面,尤其是绿色贸易,我应该是做得比较早的。现在我又把它衍生到了国际法中的农产品贸易,也申请到了一些课题,我在 2009 年也出了一本关于农产品补贴的专著。国际金融法和国际环境法方面的研究我还是有一点体会的,在这两个领域做的稍微多一些。

记:您是如何看待我国目前在这些领域的学术研究现状呢?

曾:从国际金融法的学术研究现状来看,应该说受到了越来越多的关注。比如研究经济法的、研究金融法的学者也比较关注《巴塞尔协议》。国际金融法学界也很关注中国的一些具体的问题,比如金融危机之后,我们国家的银行制度、监管如何去进行这些方面我自己感觉就需要整个金融法学界、国际法学界一起来研究,这样才能做得好。最好还有实务界的人士一起参与,因为这块领域非常大,在这个过程中有许多比较新兴的东西,比如说像金融中有证券、保险、银行,这些新兴领域的开拓空间是非常大的。

从国际金融法的研究队伍来看,我觉得研究人员现在还不是非常多,应该鼓励更多的人来做国际金融法的研究。因为中国入世之后,实际上很多领域已经开放了,和国际金融市场基本上是连通的。我觉得研究国内法的学者应该更多地关注一些国际背景,这是很重要的,如果只是以中国的样本来研究问题,有时候得出的结论不一定能看得远。这个阶段得出这个阶段的结论,但是将来怎么做,可能还得考虑国际市场的发展。比如说《新巴塞尔协议》出来后,有一些新的理念,肯定要引领国际金融监管的潮流,如果这些东西不去关注,而只是研究国内的东西,头疼医头,脚痛医脚,就会有局限性。所以,这需要研究者有一定的国际背景和眼光。

从国际环境法、绿色贸易这方面来看,我觉得法学界和我们理工界的学者交流还不够,因为国际环境法很多领域的研究需要一些工科背景。如果就法律谈法律,得出的结果可能会有失偏颇,所以我们一般做课题时都会吸收一两位工科的教授,他们的参与,能够加强这两大学界的沟通,这是非常重要的。工科教授在做同样研究的时候,也会去考虑一些法律上的问题。重大法学院对此还是有一些创新的,比如说环境法专业,我们为硕士专门安排一门课程,叫做"环境科学概论",这是很多学校的环境法专业没有的。我们有这个优势,能够把环境政策、环境科学融合在一起讲,这让学生觉得效果很好。研究环境法不能太空泛,所以我觉得应该加强理工科和法学之间的交叉和融合。

记:按老师的意思,学术研究要深入下去的话,就必须跨出自身专业的限制?

曾:对,我个人体会是这样。因为我的研究经历使我的观点和一些老师不同,我读书是在法学传统深厚的西南政法大学,工作的第一所学校是经贸和理工相结合的学校,然后又到了一所具有工科背景的学校。我的感觉是,做法学当然要通过一些法理学的范畴来分析解决问题,以确定具体的权利义务,但是在这个过程中，必须要把相关领域的东西弄懂。不能说研究金融法的不懂金融，研究环境法的不懂生态学，这样研究就无法深入了。在整个研究过程当中，其他学者的参与，可以提供很多新的思维，这个对于学术研究的成长是非常有帮助的。因为其他专业的学者毕竟接触的东西不一样，他有独特的研究方法，比如像研究环境科学的学者，会去调查样本，做一些量表，都对我们很有帮助，我们也可以学。

记：您觉得当前我国的国际经济法、国际环境资源保护法的学术环境还有什么不足？

曾：我觉得两个学科都有不同的特点，两个学科的年会我都参加，环境法这边是高度开放性，每次开会的人很多，各个学科的老师都会来。因为环境法是新兴的学科，可能是在理论的体系化、基本理论的研究方面还需要进一步突破。国际法这边我感觉是很专业化，有研究贸易法的，有研究国际金融法的，但是我觉得相对来说，开放性还需要加强。东盟法研究会有个理念很好，它会邀请一些企业界的人士参加。我觉得这很重要，特别是做国际法的研究，比如说反倾销、反补贴方面，学者说了不少，但是这个流程到底是怎样的，还是需要询问企业界，请他们来现身说法，提出一些实际的问题进行研究。现在企业界人士的素质都很高，很多都是硕士博士出身，到企业中通过几年做高管，如果大家能共同开创一个对话平台，将会大大有助于学科的发展。

记：您对这两个学科未来的展望如何呢？

曾：环境法是非常朝阳的学科，前景非常好，我国的工业化进程非常快，所以越来越重视一些问题，包括解决资源短缺的问题、防止公害的问题等等，都会越来越受到国家的重视。因为工业化必然会带来环保的问题。人类的生活水平越来越高，对生存的要求、对空间质量的要求就会越来越高。

研究国际法的背景在于中国的崛起，国家的经济实力上去了，政治影响扩大了，但它的法律人才缺口很大，而且国际法是皇冠上的明珠，是很艰深的学科，很多学生都望而生畏。但对国家而言，是非常需要国际法领域的研究人才的，这是中国未来发展战略的问题，所以这应该是一门焕发青春的学科。

记：现在大学老师面临着不少学术压力，发表的论文数量往往和评教直接挂钩，您如何看待这样的现象？

曾：考评这个制度，首先要看大的背景和学术环境，民国的时候不设置考评，是因为那时有非常好的机制，比如说教授委员会。有这样的机制，同时学界的学风也很好，环境是很公正的。比如聘请一位教授，像陈寅恪先生，虽然一本著作都没有，但公认水平很高，大家也服气。而我国现在是什么状况呢？我觉得是处在转型期,相应的学术制度还没有很好地建立起来,就纯粹否定考评,这是不对的。我觉得还是需要考评的,但关键是如何考评,这是非常需要研究的。比如说考评的周期,每年都进行的考评,可不可以改成三年一评,否则实际上会非常影响学术质量。本来一篇文章可能需要三年磨一剑,现在要求一年就要磨好,这样就不会磨出好剑。

我觉得,最迫切需要解决的是学校的行政化。这是最根本的问题。不能简单地要求学校或学院放弃考评,这样对成果多的老师也不公平。关键是要从体制上解决问题。重庆大学现在也开始注意这个问题,所以组织教授委员会,我觉得这是很大的进步。在这个过程中肯定会有新的问题,比如院系如何划分职权,教授们如何自律、讲诚信……这些都需要一个很长的过程,就这个过程而言,可能有时是非常痛苦的,各个学校也都在探索。

都说高校是改革的最后一个堡垒,实际上它积压的问题很多。从大的方面来看,它有行政人员,又有职员,又有老师,以前还开办公司,再加上后勤……让学校的校长很头疼。所以,要把这件事做好不是一年两年的问题,而是一个很长的过程。高校行政化的改革,就是要把不同的东西放到不同的位置,做行政的就是做行政的,做职员的就是做职员的,做教师的就是做教师的,各司其职。这些行业的定位要清楚,不能搞乱,不然最后什么都在做,却什么也做不好。

我是比较主张循序渐进的改革,而不要搞很大的力度,把一切都推倒重来。新的制度没建立起来,旧的制度又推翻了,这样就没法平稳运行,甚至会伤到元气。我觉得第一,改革要循序渐进。第二是改变行政化这样一个状况,把学术权和行政权分开。第三还是需要考评,这是比较循序渐进的方式,教授也好,副教授也好,讲师也好,都有基本要求,必须要达到。但这个标准要定得适中,不能太高,太高则老师都会疲于奔命,就会产生造假,什么货色都写出来了;如果说太低,老师什么都不做,那也不对,所以说要适中。

比如说教授在三年聘期中发两到三篇文章就可以了,至于超过的数量,可以给予奖励。考评标准定得适中,这样一方面老师会有积极性;另一方面,只有不在疲于奔命的情况下,老师才有心思把学生培养好。这样学生和老师之间才会有比较和谐的关系,而不是老板和打工仔的关系。现在高校普遍科研指标定得过高,指标定得太高,老师哪里愿意给学生上课? 他是不愿意的,完成眼前的科研任务就行了。

另外,对老师而言,需要有一个综合的评价,不能光看科研,还要看教学质量,对学生怎么样。老师不是研究员,研究员可以只管研究,老师主要面对的是学生,如果你连课都不上,研究做得再好,都未必是个合格的老师。有的时候你需要为学生着想,我觉得这个很重要。对老师的考评应该是综合性的:科研方面、教学方面、对学生服务方面、学院公益服务方面……这样才能构建一个和谐的氛围。老师做的工作得到承认,老师的想法、不同的观点也可以比较自由表达。因为高校是出思想的地方,不是出产品的地方,给老师加了那么大的压力,这其实就有问题。当然,这个情况是很复杂的。

记:之前我们采访过的一些老师认为,如果使教师的生计压力和学术压力合二为一的话,会使他们为了生计而一直追求发表文章的数量,会导致学术环境的浮躁。

曾:我觉得生计问题确实要高度重视,作为一名学者,他所必需的硬件设施还是很重要的,如果你连一个办公室都没有,成天要回家去研究,效果就会差很多。从待遇来看,作为一名教授或者是副教授,要有相应的待遇,不是说让他富,而是让他安心做学术,如果让老师整天忙到不在外面当律师就活不下去,那这所学校肯定办不好。如果你连基本的生活都不能保障,必须通过做兼职,在外面挣钱,才能够有条件做学术,我觉得是不可能做好学术的。老师天天想着外面案子的事,哪里会想着学生啊,上完课提着包就跑了,学生也非常恨这种老师,但老师有的时候也很无奈。所以,我觉得压力要有,但是要适度。

佛罗里达大学有一位得诺贝尔奖的老师,他从高中到本科到博士,到最后顺顺当当拿诺贝尔奖,所经历的环境一直很宽松,没有受到太大的压力。国外大学也有考评,但是考评机制有些不同。我们的学术管理还是在非常初级的阶段。我们总是看论文的级别,而不管它们的内容。但是,国外大学聘教授很简单,你拿一篇论文过去,学校觉得行,就聘请你了。你在那三年一个聘期,学校会有基本要求,你要发多少文章,完成就行了。指标不会定很高,因为学校知道定得太高反而适得其反。教学也好,学术也好,都是有规律的,我们要尊重这个学术规律,然后来探索到底怎么做,这个我觉得很重要。我觉得大家应该有一个共识,就是如何使学术得到发展,如何让做了贡献的人获益,让没做贡献的人不获益,主要应该考虑这个方面。大家要一起把这事情做好,只要蛋糕做大了人人都会有,大家都去砸蛋糕,最后人人都没有。

记:您对现在学习法律的学生有什么寄语和期望呢?

曾:我觉得学习法律的学生,基础和素质是关键。比如说,我常常会看到连句子主谓宾定状补都分不清楚的学生。这也是我们国家文科教育比较失败的地方,很多学生没学好语文,也不知道怎么学好语文,以致人文方面的素养很缺乏。我们应该培养学生多学国学,多学国文,多学写作,多读课外书,因为我们自己都是这么过来的。作为学生,首要考虑的是要打好基础,要多去看一些课外书,我觉得学生的国学基础、西学基础的培养都是非常重要的。本科四年,人生最宝贵的时间,是用来读书的,不是用来争分数的。学生必须好好地打基础,基础打得不扎实,就是读到博士也不济。

其次,学生要有持续学习的心态,要坚持终生学习,要通过学习提高自身的素质和学习能力,要善于去吸收最新的东西。学生一定要多听讲座,多参加学术活动。四年常听讲座和很少听讲座的学生往往差别很大。

最后,学生要注重个人修养,这对于学生的成长是更重要的。是否有个人修养,是否有感恩之心,是决定学生今后人生道路的主要因素。这说起来是很大很宽泛,其实在生活中都从点滴小事中体现。可以说,个人修养和是否懂得感恩决定了学生未来发展的好坏。

(严佳斌、卢煜林)

夏新华
Xia Xinhua

　　1966 年 11 月生,湖南武冈人。1990 年获湖南师范大学历史学学士学位,1995 年获吉林大学历史学硕士学位,2005 年获中国人民大学法学博士学位。现任湖南师范大学法学院教授、博士生导师,外国法律史研究方向学科带头人,湖南省法学研究基地首席专家,全国外国法制史研究会常务理事、副秘书长,中国法学会西方法律思想史研究会理事,中国法学会比较法研究会理事。

　　个人专著有《法治:实践与超越——借鉴外域法律文化研究》《近代中国宪法与宪政研究》《非洲法律文化专论》;合著有《非洲法导论》《法治:传承与创新——当代中国依法治国之路再探》;整理点校有《近代中国宪政历程:史料荟萃》《民事习惯调查报告录》《日耳曼法概说》;编著有《外国法制史》《马拉维》等;主编《湘江法治讲演录》。代表性论文主要有:《论殖民时代西方法在非洲的移植》《论印度法文化的变革及价值》《非洲法律文化之变迁》《中国的传统诉讼原则》《比较法制史:中国法律史学研究的新视角》《工具性的宪法与宪法的工具性——以近代中国宪政历程为视角》《古埃及法研究新探》《美国宪政主义与 20 世纪非洲宪政的发展》《德国法律文化的特性》《非洲法律文化研究初探》《中国近代宪政史料编辑的意义与价值》《民初私拟宪草研究》《寻访李宜琛》《内阁制与总统制之争——民国初年政体模式选择的宪政反思》。曾获首届中国法律文化优秀成果二等奖,湖南省社科优秀成果特别奖、二等奖,全国优秀法律硕士教学奖,湖南省教学成果一等奖。

> 你复试回答问题时基本上都答错了,可是你敢于表现自己,能够迅速应对,振振有词、滔滔不绝,可见你的思维很灵活,就凭这一点录取了你。

记者（以下简称"记"）：您对"文革"有点印象吗？

夏新华（以下简称"夏"）：我对"文革"后期还有点印象,但不是很深。那时候大约十岁,看到地主被关起来吊着打,好在我们家都是贫农,没受什么冲击。我在看牛看鹅时总是带着"红宝书",当时家家户户都有《毛主席选集》,我最初读过最长的书就是《毛主席选集》。在图书匮乏的条件下,我这个喜欢看书的人就把《毛主席选集》看了好多遍,我喜欢历史也是源于此。现代人总是处于亚健康状态,感觉太疲惫,但你们看从"文革"过来的老先生们,都已经八九十岁了,身体也不错,有人就说虽然他们在四十来岁时受到"文革"的很大打击,但那段迫使他们劳动的日子倒是让他们的身体调整过来了,这也许有点道理。现在我们面临的压力都相当大,身体健康很重要。

记：您高考填志愿时报的专业就是法律吗？

夏：不是。20 世纪 80 年代初期,文史哲炙手可热,而法律和经济相对而言比较冷门,所以成绩好的人在填志愿时第一考虑的是文史哲,退而求其次才是法律。我参加高考是在 1986 年,刚巧那年师范院校开始单独录取,唯有成绩优秀的才敢填。我的班主任很看重我,所以他建议我填报,于是我就顺手报了湖南师范大学的历史专业,进去后发现大家的分数都特别高。

记：您后来又怎么会去吉林大学读硕士的呢？

夏：我们 1990 年大学毕业时,政策不允许考研,全部下基层到农村,给我的分配指标本来是到农村了,但毕业前一个星期,邵阳市的一个重点中学到我们学校来要一个教历史的老师,由于我做过学生会副主席,当了几年班长,成绩又比较好,故而看中了我,就这样我去了那所中学。校长是有意识地培养我成为高三的骨干教师,所以他让我当班主任,并要求我从初一教到高三,熟悉整个教学规律。然而,由于次年学校高考历史成绩考得不尽如人意,因此校长要我加快进度——带初二全部的班,高一带两个班,高二带一个班,下一年就须全盘接手高三。我同时要上那么多班级的课,还要当班主任,很有些喘不过气来。但我仍然存着考研的念头,硬是挤出时间看书。校长对此很不以为然,大笔一挥就批准了我们考研。然而,令他始料未及的是,我们同年来校的四个人全部考走了。导致的结果就是,此后去这所学校的人首先必须承诺六年内不参加考研。我本科读历史时,对世界史、国际关系特别感兴趣,考研时考的是中国近现代史。但因为复习的时间和精力有限,考分不是很高,吉大就把我调到了中国古代史专业,学习先秦政治史。

夏新华教授在第二届全国法律文化博士论坛

记:您对法律的兴趣是从什么时候产生的?

夏:坦白说,我不是太喜欢中国古代史那个专业,所以在整个研究生学习的过程中有点不务正业,好在我的导师非常开明,他知道我不是很感兴趣,也不特别要求我。他说,你们湖南人很胆大,很聪明,因为你复试回答问题时基本上都答错了,可是你敢于表现自己,能够迅速应对,振振有词、滔滔不绝,可见你的思维很灵活,就凭这一点录取了你。那时不像现在一位导师带那么多研究生,他就带我一人,常常在他家,师徒两人聊学问,有时还抽着烟,海阔天空地侃大山,弄得烟云缭绕。我课余大部分时间都是在吉大图书馆看书,那里的文科教参阅览室的书几乎被我浏览了一遍,且看得还算仔细。我也经常去其他学院听课,像经管学院、法学院,选修过经济、法律和国际战略等课程,修的课程比我的专业课还多,有些还记了学分。

记:您可以说做到了博览群书,相信对您日后向法制史专业转变奠定了深厚的基础。那么在您学习生涯中,您感觉印象最深的是哪位教师呢?

夏:我的硕士导师黄中业教授对我影响很大。刚才我也提到,他很开明,没有天天检查我的读书笔记,要求我读多少"十三经"之类的古文献。倘若他逼得太紧,也许我不会有今天,因此我很感谢导师给我创造了一个宽松的环境。还有一位就是当时吉林大学历史系研究国际关系的王家福教授,我非常认真地听了他两门课,即"国际战略学"和"世界人才学",并且参与讨论、撰写文章,他的课很能启发人的思维,培养看问题的宏大视野,这一点恰好对我后来研究外法史很有好处。后来我写硕士毕业论文时,就是用国际战略学的基本原理来分析春秋战国时期的外交关系,答辩时还得到了高度评价。在人民大学读博士阶段,导师叶秋华教授对我帮助很大,她同样给了我很宽松的环境。叶老师作为人大法学院的党委书记,在为人、为学、处事,特别是处理复杂问题方面,给我很多启示。我们常说,传道授业解惑,我认为,传道是第一位的。道包括很多方面,比如做学问的方法、思维方式、处事风格以及做人的道理等,不是单纯的知识点,不仅仅是解决具体问题。人要有一种主动进取和锐意创新的精神,不能完全按部就班,如何把知识转化为能力才是关键。我现在很注重对学生在这些方面的培养,因此他们综合素质都比较高,思维也很活跃。

> 经历了生死之间,对人生的感悟会有不同。我觉得人生阅历对于从事社会科学研究的人而言是一笔宝贵的财富,人还是要吃点苦、受点挫折,这样能够磨炼一个人的意志。

记:您那时候最难忘的事情有哪些,是否能跟我们分享一下呢?

夏:我是在村里面的小学开的初中班读的,没到重点中学念过书,但我成绩一直很好,也没觉得读书特别辛苦。当初我父亲说考个武岗师范学校就可以了,毕业后回到村里的小学教书也不错,只要别当农民就行了。从小学、初中到高中,在我念过的班级中考上重点大学的就我一个人,从这个意义上说,我是孤独的。我是村里解放后第一个大学生、硕士生、博士生,因为学历最高,前些年家族修谱时,我有幸被推荐为族谱作序,这是对文化人的最高礼遇了。在我的各个学习阶段的同学里,我是第一个拿到副高级、正高级职称的。现在回头看看过去的日子,好像很辛苦,其实也没什么,大家都一样。记得在农村中学念高中时,有一年冬天下着雪,我放假待在宿舍没回去,被子薄,太冷,我就把别人床上垫的稻草搬过来,弄了个草窝,钻到里面,倒也挺暖和的。清晨起来还跑到树林里锻炼,模仿电视里的武打动作,很有趣。平日里因为限量供应饭菜,总是有吃不饱的感觉,一到周末,有人回家去了,我们打完篮球后,食堂师傅把没卖掉的饭菜都给我们,于是就放肆地吃。我还有过不同于一般人的经历,在江里救过人,可以说经历了生关死劫,有时候想起来仍然觉得后怕。那回我在资江游泳,看到一个人在水里挣扎呼救,出于本能,我第一个反应就是要救他。可是在水里救人是异常艰难的,一个人的力量很有限,我拼命从后面托着他游,河水很湍急,我们几上几下,我自己也筋疲力尽了。最后我咬着牙把他托出水面,并使劲儿呼喊,岸上的人终于看到了,抛过来轮胎,人终于得救了。过了两天,我又下河游泳,经过救人的地方时,看到漩涡忽然就非常紧张恐惧。迷信的说法是,河里面每年要死几个人,我把那个人拉上来了,水鬼就要找我了。当时我已经没有力气,但我水性还好,于是眼睛紧盯着大桥上的行人,顺着水流往下游冲了一百多米,冲到对岸码头后,我死命抓住船桥子,坐在甲板上一动也不敢动,从此以后再也不敢轻易下河游泳了。我救人不是要别人感谢我,救人一命胜造七级浮屠嘛。经历了生死之间,对人生的感悟会有不同。我觉得人生阅历对于从事社会科学研究的人而言是一笔宝贵的财富,人还是要吃点苦、受点挫折,这样能够磨炼一个人的意志。

记:您毕业后缘何会来湘大从事教学与研究呢?

夏:1994 年我硕士毕业时,大部分同学去了北京、大连、深圳以及省会城市,我之所以到湘潭这么一个地级市,原因之一是家属问题。湘潭大学将我当人才引进,提供住房,解决配偶的工作调动,而且满足了我进法律系的要求。最初找工作时抱着"学而优则仕"的想法,也想进机关,或者去北京找家报社或高校都不难。综合各方面的因素后,我来到了湘大。当时胡旭晟老师和李交发老师分别教授外法史和中法史,正好胡旭晟老师去人大念博士,没人教外法史了,于是就让我教。结果我发现以前在吉大学的东西都用上了。一直以来我对世界史都很关注,现在算是无心插柳柳成荫,我感到得心应手。

夏新华教授在中国—非洲法律教育与法律文化论坛

记:您最近几年在外法史方面的研究重点在哪里呢?

夏:主要有两个领域,首先是非洲法的研究。涉足非洲法研究,于我而言实属偶然。湘潭大学是在中华人民共和国缔造者毛泽东主席的亲切关怀下创建的,有着研究非洲的优良传统,早在 1978 年就成立了非洲研究室,并在 1979 年主办了全国第一次非洲问题学术研讨会,与国内研究非洲问题的著名高校发起并成立了"中国非洲问题研究会"。此后数年,湘潭大学的非洲研究成绩喜人,在学界有良好影响。然而,进入 20 世纪 90 年代,史学研究日渐清贫,1993 年非洲研究所从挂靠单位历史系转移到了当时的法律系(现在的法学院)。由于种种原因,在法律系的非洲研究无法定位,几近停顿。我来到湘潭大学后,受命讲授外国法制史,我发现,当时使用的几种外国法制史教材甚至还没有专门介绍非洲法的章节,只是北京大学法学院的由嵘教授在其主编的自学考试教材中的"第三世界国家的法律制度"一章述及非洲法律的有关内容,但语焉不详。直觉告诉我,无论是在非洲学界还是在法史学界,非洲法的研究还是一块空白,亟待弥补。湘潭大学非洲研究的传统要光大,何不以此为契机,推陈出新,加强对非洲法律的研究,走特色发展之道? 我们就这样萌发了研究非洲法的冲动。目前,我们的研究成果在国内处于领先地位,今后要继续朝理论化、体系化发展,努力创建"非洲法学"。在这期间,我对刑法史也很有兴趣,在我院有了刑法学硕士点后,我是第一个给学生开设"刑法思想史"学位课程的,现在湘大法学院的不少年轻老师都听过我的课。

第二个研究领域是对比较宪法和宪政文化的研究。学历史出身的人,其知识背景和结构决定了他更适合从事公法研究。我的基本研究思路和方法是:第一步,遵循科学研究的规律,先对近代中国的宪法、宪政史料从源流上作一番梳理,正本清源,力图再现历史的真实;第二步,消化史料,进行专题研究;第三步,从近代宪政实践到当代宪政建设,从域外宪政文化到中国宪政实践,以史为鉴,体现历史研究的现实价值,为今日中国之民主政治建设提供有益的历史借鉴与启迪。看材料的过程常带给我很大收获,容易找到一些值得研究的专题,比如外国宪政文化对中国的影响,它是如何一步步移植到中国来的,而中国又是如何"洋为中用,古为今用"的。

> 基础理论的研究有一个逐步被认可的过程,所以一定要坚持自己的选择……创新是学术的生命,在此基础上,以质量创品牌,以数量求效益。

记:您对所从事的专业有什么基本的学术观点呢?

夏:首先,非洲法律的发展是法律全球化进程中的重要组成部分,由于特殊的历史变迁过程和特有的文化属性,在全球化大潮中,非洲法律的未来发展呈现出若干独有趋向。非洲融入法律全球化的主要方式是参加各种国际条约。在经济法律领域,非洲国家同样由于加入各种国际经济组织以及接受各种国际经济组织的援助而加快了本国经济立法的步伐,在加紧立法的同时,非洲各国还通过司法手段来改善本国的法治状况,并实现了司法与立法的良性互动。当然,在法律全球化进程中,非洲国家更多的是被动地接受而不是主动地参与这一进程。这在有关国际经济和人权的国际条约的制定方面表现得尤为明显。如作为新一轮全球化主要载体的多边贸易体制,已成为左右各国经济关系乃至各国国内经济政策极为重要的制度工具。而非洲各国对这一体制运行规则的制定过程一直很少参与,也就是说,非洲对全球化规则的制定缺乏有效的影响与参与。事实上,也很难指望主要由西方大国制定的规则能在多大程度上反映非洲的利益。乌拉圭回合一揽子协议对于加入国已成为法律,非洲国家无从选择。

其次,由于其特有的民族关系、地缘战略以及与宗主国千丝万缕的联系,区域性法律融合趋向在不断增强。西非国家经济共同体自成立以来,正在努力形成自己的共同体法律。在法律渊源上,主要包括条约、修正案及其后附加的议定书、加盟条约和惯例等,其次要法律渊源也有很多。在司法实践上,1991年西共体首次起草了《共同体法院条约》。西共体法律的发展具有重大意义,其从法律意义上将西非人民连成一体。受西方入侵的非洲国家与其前宗主国尤其是法国和英国等存在实现法的统一的可能性。此外,西亚国家与非洲的伊斯兰国家也尝试在阿拉伯文化的旗帜下实现法的统一。

再次,非洲大陆的法律类型发展到今天,总体趋势是走向一种混合法类型。这其中不仅有本土习惯法与外来宗教法的融合、本土习惯法与近代西方法的融合,更有近代以来西方法不同法律类型的相融并存。在整体上,非洲的混合法可以划分为北非混合法区域、黑非洲混合法区域和南非混合法区域三大区域。在北非混合法区域,伊斯兰教与非洲本土原始宗教神灵崇拜的意旨在某种程度上刚好契合,促成了伊斯兰法在北非地区的本土化。非洲典型的混合法区域存在于南部非洲地区。非洲国家自独立以来,固有习惯法正发挥着越来越重要的作用,但不可否认的是,西方法也正在更大程度上融入非洲人民的日常生活当中,这不仅是由于西方法治文明的优越性,更是因为蓬勃发展的非洲社会对法治文明的迫切需求。非洲法律的混合法趋势是一个值得我们关注的时代课题。

非洲国家融入全球化进程在时间上虽然不长,但所产生的影响对非洲法的未来发展却是深远的。一方面,非洲各国的法律概念、规则、原则都受到了不同程度的影响,有些国家还按照与国际标准接轨的要求重新进行立法;另一方面,也暴露了非洲国家法律的不足。这说明全球化对非洲法的发展既是机遇、更是挑战。随着非洲融入全球化进程的加快,我们离康德的"永久和平"理想又近了一步。

记:您的专业中还有哪些发展空间,或者说还有哪些需要开拓的新的领域?

夏:刚才提到,我主要从事非洲法基础理论的研究,现在有关非洲法律文化的研究队伍越来越庞大,有的学者从公法角度研究,有的则侧重于部门法的研究。然而,如何形成完整的理论体系,使之到达一个新的层次,还是要下很大工夫。我申报的国家社科基金课题、教育部的课题都是与之有关。或许有人觉得并不重要,可是新的领域倘若未能构筑一个理论体系,它是行不远的。比如经济法学,当时很繁荣,不少学者都有扬眉吐气的感觉,但他们忽略了这一点,从长远来看,无法和民商法相抗衡,最终还是被湮没掉。这是深刻的教训。非洲法的研究尚属新兴领域,最初对于诸如非洲有没有法律、非洲法有没有用这样的问题还存在争议,而如今争议基本不存在,大多被广泛接受了。自从中非合作论坛蓬勃开展后,非洲对中国越来越成为相当重要的商品市场和能源基地,包括在联合国投票,非洲的支持亦是必不可少的。之前我们举办了首届非洲法律与社会经济发展国际研讨会,来了许多外国学者,那次会议的主题主要是从实务角度展开的。基础理论的研究有一个逐步被认可的过程,所以一定要坚持自己的选择。在研究方向上,我认为有两个到三个比较合适。一个太单调,三个以上又过于宽泛。两三个领域可以做到互相帮衬,融会贯通,培育出新的研究生长点。创新是学术的生命,在此基础上,以质量创品牌,以数量求效益。

夏新华教授在海南三亚

记:以您自己专业为例,您认为中国与其他国家的差距在哪里呢？

夏:在国外,法理学教授可能是诉讼法教授,国际法教授可能是刑法教授,这体现了知识的交叉和学科的渗透、交融。而我们在这方面却要逊色得多,似乎有些画地为牢、故步自封,学科划分也太细。外国法制史是有中国特色的,或言之是中国独有的课程,我们在学科建设、课程体系和科学研究等方面取得了很大的成绩。但差距是存在的,研究者精湛的外文水平和开阔的世界性视野尚显不足,亟待弥补。

记:您所从事的这个专业中,您感觉您的最大贡献在哪里?

夏:我从事非洲法研究不觉已有十多年了,深深体会到开拓新的领域不是一朝一夕之功,需要长期的关注和积累。我习惯把这个过程称为三部曲,即搜集材料——整理材料——消化材料。我们当时主要去国家图书馆、中国社科院西亚非洲所复印材料。起初是写些介绍性的文章,因为对外国法制的研究首先是介绍性的工作,到了一定阶段后就必须跳出来,形成自己的观点。在宪政文化方面的研究同样遵循着三部曲,若是基础性工作没做好的话,研究是很难出新意的。例如,我那本《近代中国宪政历程:史料荟萃》,出版时是143万字,可是我当时追本溯源,看的材料至少有两千万字,可谓投入了相当大的工夫。比如书里提到省宪运动,那我就要找有关它的最原始的文本,因为别人很可能会断章取义,错误使用。我在国家图书馆的地库里发现了有关四川省的省宪运动的内容,出处在1912年的《民立报》,结果翻了半天后才发现已被制成胶片,只好瞪着牛眼使劲儿看,看了半天能用的也就是一小部分内容。鉴于整理了一些很多人难以找到的宝贵材料,为研究者提供了很大方便,所以那本书的反响还不错,引用率很高。虽然书的内容不是我的独创,但我耗费的精力和整理出来后产生的影响却远远超过那些一般的专著。

我很不满意一般教材里宪法史的定论,往往是以讹传讹。有不少名家、大家作的校注,觉得很可靠,可是有几次我根据其引用的内容查出处,却怎么也查不到。难怪历史学界对法史学界很藐视,那是因为我们一些学者基础功夫不行,拿了史料就随便用,也不管对错真假。有些历史学界已经有定论的,也懵然不知。学术是相通的,从知识结构而言,我的古文功底还不错,从前学的中国古代史对法史研究很有帮助。特别是民国时期,属于文言文和白话文的过渡期,语言不规范,没有一定的古文功底很难看懂。我以前整理过《民事习惯调查报告录》,涉及很多民事习惯,对我是一种锤炼。我们要最大限度发挥自己的优势,扬长避短。

在一些研究部门法的人看来,学法史似乎没有什么实用,容易被轻视。我做宪政史研究时,从不去跟宪政专业的人争论违宪审查、"三个代表"、科学发展观什么的,大家各有各的研究路数。但最要紧的是得有自己的一片领地,哪怕是很小的,也要始终站在制高点,发出自己的声音,否则没有独到见解,成天跟着别人跑,是失败的。其实也没法简单判断某个专业是"冷门"抑或"热门",是有用还是无用,一切都要等历史的检验。退一万步说,学术研究可以视为自娱自乐,又不拿这些讨好谁。

记：能有如此好的心态实属难得，难怪在法史学界，大家都赞您非洲法做得好；而在宪法学界，您的史料整理也为宪法学者所称道。那么在各种法学研究方法中，您最欣赏哪一种呢？

夏：我的研究方法恰好与我的同事张全民教授不同，应该说各有优劣，各有千秋吧。张全民老师的文献功底特别好，这主要缘于读研时，他的导师抓得很严，天天要检查读书笔记。他的研究方法主要是考证，以小见大。而我受国际战略学的影响，喜欢用宏大的视野看问题，善于以大见小，提出标新立异的观点。有一次在南昌开会，我提出混合法系的问题，结果引起轩然大波。虽然视野宽广易于构筑一种宏大的体系，但不注意的话就会走向粗糙，因而我现在努力结合这两种方法。其实，法制史的研究没有固定的研究方法，通常是多种方法交替使用。比如说历史研究方法，扎实的史学功底是研究法史的基础。此外，比较研究的方法，看起来好像很容易，但作比较，首先要找出可比性，弄清比较的价值和目的是什么。实证研究方法在部门法里可能更重要，现在兴起的法社会学、法文化学、法人类学也有助于我们用新的视角来看待问题。在这个知识交叉运用和发展的时代，交叉学科的知识储备和方法的运用，容易产生新思维和新亮点，也可以避免不必要的专业歧视。

> 不管从事什么工作，基本知识学了总是有好处的。在功利浮躁的时代，虽然无法独善其身，但要尽可能踏实沉稳，远离急功近利，毕竟欲速则不达。

记：您认为法学界的中青年学者现在浮躁吗？

夏：对于浮躁这个问题，很多人都很无奈，毕竟评价标准迫使你这样去做，很难独善其身。评职称，依据的是多少篇载在核心期刊上的论文，完成多少课题，即便评上了教授，到了年末要定津贴等级，没有成绩的话要解聘，这些都被量化了。据说还要推行绩效考核，这对理工科还好些，但社会科学一旦量化，容易浮于表面。我1995年到湘大工作，2000年以前还算比较轻松，这十多年来却非常辛苦，明显感觉到压力越来越大。每年那么多人出著作，好像带来了学术繁荣，但急功近利的浮躁学风也在渐长。学术价值在于创新，如果说做讲师时为了评职称，还有功利思想的话，那么做了教授，就该想想如何真正作出自己的贡献。对于从事应用对策部分法研究的，就该围绕如何解决现实问题，如何通过实证分析为决策部门服务等方面发挥作用。像我这样从事基础理论研究的，在理论上必须要有所创新和突破。那么多学者都在低水平沉浮，做表面文章，是没有用的,等于制造学术垃圾。

记:您认为现在学术规范执行得好还是不好?

夏:现在的论文,纸质的已经很少有人看了,大家习惯在网上找,而很多论文除了应付功利性的要求,没什么用处。老师和学生们想在优秀报刊上发表文章很难,为了满足发表数量,只好买版面,价格还都不菲。这都是违背学术良知的啊!此外,像编著、翻译、点校、教材等,按照现在的评价机制都不算成果了,所以有的人明明是编或编著,也写个著,这也是不符合学术规范的。

记者与夏新华教授合影

记:您认为现在中青年学者是多发表成果好还是少发表好呢?

夏:我觉得踏踏实实把书读好,功到自然成,应该说有一个厚积薄发的过程。但要坚持这点并不容易,尤其是现在很多学者既要申报学位点,又要做学术方向的带头人,申报材料时填的那些成果、获奖等项目,少一点都不行。这个课题完了,那个又接踵而来,很难静下来潜心学习,很多问题还没有思考得很成熟就发表了。这样下去,几乎把人都掏空了,所以我常常感到很紧张。事实上,每年出那么多成果,看似学术繁华的背后,我反而觉得有很多所谓的成果都是没有意义的。如今一般的学术著作我都不看,我比较喜欢资料性的东西,很有价值。

记:最后,能否请您给我们年轻学子提几点希望?

夏:我觉得作为年轻学生首先给自己一个定位,特别是到博士阶段,要好好思考将来自己的兴趣何在。如果想从事教学和学术研究,就要早点下苦工夫。我觉得自己还是比较幸运的,求学时也没要求发表多少文章,大家都学得很扎实,基本功打得好,加上没有像现在这么大的求职压力,所以一门心思读了几年书。其实,不管从事什么工作,基本知识学了总是有好处的。在功利浮躁的时代,虽然无法独善其身,但要尽可能踏实沉稳,远离急功近利,毕竟欲速则不达,不重视积累,是没有多大发展前途的。特别聪明的人可能先冒尖,但重在积累的人纵然是后发,其优势也会更加明显。另外,要培养一些吃苦耐劳、团结协作的精神。年轻学生务必要加强沟通交流,多结交朋友,因为人脉在任何时候都很重要。我在人大法学院读博士时,与同学一起经常自发组织法律文化论坛或沙龙,由我们自己讲、自己评议,很有好处,后来这个传统被延续下来。我在湘大社科处时,就按照这个模式搞起了湘潭大学的博士论坛,现在还在举办。创办学术论坛也是对自己的一种锻炼。我们一定要善于创新,主动选择走自己的路。

（陈　艳）

赵 明
Zhao Ming

1966 年 11 月生,四川营山人。1983 年至 1987 年就读于西南师范大学,获法学学士学位;1992 年至 1995 年就读于西南政法大学法律思想史专业,师从俞荣根先生,获法学硕士学位;1998 年至 2001 年,就读于中国社会科学院研究生院法学理论专业,师从韩延龙先生和李步云先生,获法学博士学位;2002 年至 2004 年,在武汉大学哲学博士后流动站跟随邓晓芒先生研习西方哲学。现任北京航空航天大学法学院法理与法律史研究中心主任,教授、博士生导师。主要研究领域为法哲学和传统法律文化。

著有专著多部,其中,《近代中国的自然权利观》获重庆市第四届哲学社会科学优秀成果一等奖、《先秦儒家政治哲学引论》获2005 年渝盟教育奖励基金第六次评奖一等奖;在《中国法学》《现代法学》等法学刊物上发表学术论文数十篇。

> 我们这一代人,无论是思考、言语,包括后来的写作都摆脱不掉"文革"的语言风格。……现在的很多著作中充满着结论式的断语,却很少有非常逻辑化的细密的描述、论证。即使是在谈论一个非常现代的论题,整个语式也充满了论断,而缺少逻辑和实证思维。

记者(以下简称"记"):赵老师,您对"文化大革命"是否有印象呢? 能不能跟我们讲一讲您当时的经历?

赵明(以下简称"赵"):我是"文革"那年出生的,家庭成分是地主。"文革"十年,我也就十岁了,从记事算起,对"文革"就有五六年的记忆了。如果不是因为家庭出身的缘故,对一个孩子而言,那段经历更多的恐怕是看热闹,之后也就慢慢淡忘了,对"文革"也只能是借助于阅读一些历史材料来获得一般的了解。但是,由于我的家庭背景,我对"文革"是有记忆的。

首先是经常看到奶奶被批斗。批斗会上,先是由大队党支部书记发表一通演说,然后是治保委员会主任和民兵连长带领大家喊一通口号,比如"打到某某某",接着进入批斗过程,给被批斗的人带上高帽子,然后就是打,就是骂。我奶奶每次都被打得死去活来。由于是"地主分子",我父母都没有参会的资格,只能等到批斗会结束了,再把我奶奶背回去。这种批斗会严重的时候可能达到每周两次。那些参加批斗会的人,按照辈分我应该叫爷爷奶奶叔叔阿姨。山村是典型的熟人社会,大家都有盘根错节的亲戚关系。可是,一到这个时候,大家都变得如此残忍、冷酷,完全没有熟人的感情,是熟悉的陌生人。这个给我的印象太深刻了。本来是一个非常古朴、非常宁静、非常简单、人情味很浓的社会,但是在这样的政治斗争中,这种精神氛围、这种情感氛围荡然无存了。我已经很多年不回老家了,不想回去。回去就会见到那些当年批斗我奶奶的人。他们现在年纪也大了,也总是感到不好意思。大家心里都不好受。

还有一个非常深刻的印象,就是批判老师。"文革"期间,升学是推荐选拔的,主要标准就是家庭出身。像我这样地主家庭出身的孩子是不可能上初中的。这也就意味着我只能读小学五年,然后就不能读书了。所以,五年小学对我而言就显得非常的宝贵。家里人因此非常珍惜我读书的时间,对老师也就异常地尊重。逢年过节,父母都要给老师送点蔬菜瓜果什么的,希望他能够多给我一些关照,多教我认几个字。老师对我也确实非常地照顾,我现在能够念古书也就是当时打下的基础。所以,我对老师的感情特别深。"文革"后期,出现了"白卷英雄"事件,之后大家就开始批斗老师。那个时候我们上小学,什么也不会,老师就教我们写大字报批判他,而且骂得越狠就表示越革命,就越能过关。一位老师教自己的学生骂自己,自我凌辱,师道尊严几乎被完全摧毁了。这也是我印象很深的。

我个人也有过精神世界的冲击。有一次小学考试,让默写毛主席诗词,我误把"七绝"写成了"七炮"。但是,有人会想:没有人教他,一个孩子怎么会写"七炮"呢? 这个"炮"要打谁? 于是,这个误写被演绎为反革命行为。我的父亲因此被公社革命委员会关了十二天禁闭,要他写交代材料。家里人都吓得魂不附体。还有一次是毛主席去世的时候,生产队设了灵堂,每个人都去参加追悼会,大家都哭得很伤心。但是,因为小,不懂事,我站在那里不仅没哭,还东张西望。结果站在我旁边的一位婆婆狠狠地给了我一记耳光,硬是把我打哭了。后来我才知道,她是在保护我。这就是我自己在"文革"期间的直接遭遇。

　　在感情上，我很长一段时间对自己的出身都觉得很怨恨，很羞耻。我也同贫下中农的孩子一样，有阶级斗争的意识，爱憎分明，对自己的家庭有种自我怨恨和诅咒。为什么我会出生在地主家庭？为什么会面临这样糟糕的社会环境？1978年恢复中考后，我考上了一所重点中学。每每到了开学的时候，老师都会在全班点名，被点到的学生要报告自己的家庭成分。每当这时我就觉得很可耻，就哭。我并不怨恨别人，只是恨自己为什么出生在地主家庭。后来班主任体谅到我的心情，也就不再问了。这种怨恨的情结一直持续到高中，直到上了大学，才慢慢地校正过来。

　　记：那您对于"文革"有没有自己的看法呢？

　　赵："文革"过去了，现在一些写"文革"的东西都已经被抽象化、概念化、理论化了，离当时的生活、心理、情感也很远了，看上去不够深刻。反倒是我上中学、大学的时候那些伤痕文学、朦胧诗能够反映当时人的感情。因为那是从文学的角度进行的描述、倾诉甚至是控诉，没有太多的距离，看上去非常的亲切。我特别喜欢北岛的一首诗，其中有这样两句："万岁！我只他妈喊了一声，胡子就长出来了。"这是我们那一代人的经历。我的整个童年就是在"万岁"声中度过的。课本一开篇就是"毛主席万岁"，这是第一课；第二课是"中国共产党万岁"；第三课是"中华人民共和国万岁"；第四课是"毛主席语录：好好学习，天天向上"。我们就是在"万岁"声中识字，通过念"万岁"句识字的。"万岁"这个词在我们的内心世界扎根得太深太深了。面对北岛的诗，你突然间就领悟了，但是却又无言以对。然而，"文革"对整个民族、对一个个生命个体的影响又在哪里？这其实不是任何学术著作能解决的，因为那是生活。

　　我认为，我们这一代人，无论是思考、言语，包括后来的写作都摆脱不掉"文革"的语言风格。在长春法理学年会上，我作为年青一代的代表发言的时候就讲到了这一点。我们这一辈在"文革"中长大的人，到现在四十来岁，"文革"时的那套话语实际上还没有结束，它还在延续，而且还要延续很长一段时间。老一辈的人比我们更严重，因为他们受到的影响更深。我们能否真正地具有现代法学的话语意识，这是个问题。现在的很多著作中充满着结论式的断语，却很少有非常逻辑化的细密的描述、论证。即使是在谈论一个非常现代的论题，整个语式也充满了论断，而缺少逻辑和实证思维。这种断语对法学来说是非常不适合的。

　　我们有那么一种经历，但很多人却已经忘掉了。我们在谈到"文革"的时候，终究仅仅是对过去苦难的回忆。如果我们仍然是用一种怨恨去对抗另外一种怨恨，那我们仍然是出于一种复仇的心理，而没有对那一段社会历史，尤其是没有对在那样一种时代、那样一种历史条件下生存下来的人们的心理、情感、生存秩序进行一个正当的、合理的思考,不过是用另外一种断语去对待、反击罢了。所以,我们这一代人,包括比我们年长的,在谈起中国的法制建设的时候,可能是百感交集,忧愤不已。尽管这种情绪可能非常正当,但是如果法学还是这样一种思维的话,就一点希望也没有了。对这样一种论断式的价值霸权的思维方式,真正贴近大地、有着真实生命感悟的人就会产生怀疑。像现在我们提的法治社会、依法治国,在法学界、政界很快就会被口语化、标语化,就是这种思维方式的体现。比如说我们谈和谐社会,很快就有了和谐校园等等说法。一个好好的概念很快就被这种论断式的结构口语化了,这真的让人有些忧虑。我们的理论文章,包括法学界的也是这样。每每有了这样一个口号之后,类似的文章便铺天盖地,即使是对这个问题毫无研究的人也要拼命地以研究的务实性的名义去写。我们现在就是这样一种思维方式,就是在等待一个命题、一个口号,然后蜂拥而上地去演绎。这样的东西很容易发表啊,报纸杂志都很欢迎。这基本上变成了一种新闻性的东西了。因此,我们史学的文章就很难发表了,因为不时髦。于是,现在写史学的文章,就从以前的东西里找现在的东西,去演绎,去附和。尽管被附和的东西是好的,但是这种思维方式却要不得。现在很多人年纪轻轻的就已经发表了很多文章,可是学术研究不是这样做的。

记:您觉得一个比较理想的学术氛围应该是怎样的呢?是不是学者都要有独立的研究和独立的思考?

赵:现在很多人谈到中国学术研究自由度、自治性不够的问题的时候,可能会找出很多原因,有政治的、文化的、社会的、传统的等等。但是,这些都是外在的原因,我认为更多的还是内在的东西,那就是一个学者有没有从事学术研究的端正态度,或者用李幼蒸先生在《忆往叙实》中的说法,就是"心术"正不正,这个非常重要。我们做学术的人,心术端正不端正,宁静不宁静,才是一个根本的问题。这个东西是内在的,不是外在的。我们都知道司马迁是在怎样的环境下写出《史记》的,所谓苦难出诗人,苦难催生思想家嘛。而我们现在所处的时代比起当时已经有了很大的改变了。今天这个时代尽管还有许多的牢骚、许多的怨恨,但是我们顶多把它称为一个平庸的时代,而所有的牢骚、不满不过是这一平庸时代的表征而已。这三十多年来,外在的环境不能说好,但也还没坏到哪儿去,如果你真有平静的心境,有那么一股子劲儿好好地做学问,是有条件的。但是,我们没有宁静下来。"文革"期间,大家吃饭都成问题,可是中国还是能出顾准这样的思想家,现在至少吃饱饭是没问题的吧。因此,我们没有理由甚至没有资格把学术的浮躁、肤浅、造假归结到外在的时代原因。所以,我认为,这个时候谈学术的环境、气氛应该是什么样的,意义不大。

记:是不是因为现在经济发达了,条件好了,人们的意识在慢慢地发生改变呢?

赵:我们没有学术自觉,没有思想意识。"文革"期间,虽然我们天天高呼"万岁",但是人们有忠诚意识,有凝聚感。可我们今天呢?没有。在今天这样一个时代,我们应该静下来,多花一点精力和心思去培育它,去呵护它,甚至更需要一种心态去等待它。不要在铺天盖地的口号声中把这样一种东西给吹散了,吓跑了。我们这三十多年的法学,有多少积淀?多少积累?我们出了那么多的法学教授,有那么多的法学家,出版了那么多的法学著作,可我们能否平心静气地问一问,这些能够作为硕士论文、博士论文的选题吗?再过二三十年,我们再回过头来看现在中国的学术史,也许它是苍白的,也许它是虚无的。我们要考虑它为什么是虚无的,为什么思想贫乏,理论根基浅薄,但是这个跟学术思想本身的含金量是两回事。现在生活条件也行,也没饿肚子,可是为什么没有收获呢?我们面对着很多东西,是去追求时新堆积文字,还是静下心来读点书做点学问呢?可能静下来读书就不热闹了,很多利益就与你无关了。所以,这个时候更多的还是需要内心的东西。学术内在心灵的、良知的、灵魂的、心智的这样一种自我培育、呵护,甚至重塑、锻造这样一种意志力,我们太缺乏了,而这样一种意志力很大程度上直接影响到我们对一个政治共同体的学术判断。

我曾经思考过自己到底要做一个什么样的人,是做呼风唤雨式的人,还是做一个默默无闻的安安静静读书的读书人。有一次逛书店,偶尔翻看易中天先生的《书生意气》,其中一篇就讲到中国的三位书生,一是李泽厚,一是顾准,一是陈寅恪。通过这三位中国当代具有非凡影响力的书生,我们或许就能够感悟"何为书生"。殷海光先生在他晚年最重要的一部著作《中国文化的展望》后记中写到,读书人可不仅仅是一个读读书的人。确实是,不然为什么自古以来就有"万般皆下品,唯有读书高"的说法呢?我们常常把书生看成一种社会良知。如果连书生都没心肝了,那还有谁有心肝呢?书更多地还是传承了一种高尚的精神境界,书中的文字传达出来的是一种精神,一种心灵。一个读书的人,如果在这个方面都没有受到感染,那就不像话。到今天,像李泽厚一样有才气的人说不定还有;可是顾准那样的书生今天却越来越少了;至于陈寅恪那样的既有社会的良知,又有史家的眼力、学者的心力、思想家的高傲,能够抵制权势的诱惑,甚至克制身体的病痛,有独立的思想、自由的精神,还能有经典作品的人,恐怕已经成为这个时代的奢望了。易中天先生的这本书真的给了我很大的震撼。所以,最后我还是选择了做一个读书人。

做一个读书人有几个好处。第一,节约时间,节约精力,不浪费金钱。读书是要时间的,读书也是需要环境的。一本典籍,怎么可能在飞机上、汽车里、旅馆里随意地翻阅呢?不可能,除非有过目不忘的本领。第二,免除外界的干扰。这个时代信息量太大了,需要过滤,需要逃避。我不愿意听到什么新词、新的说法。可能这会让我变得封闭、狭隘,但是却可以让我保持独立的思考,做到自持。第三,我可以与这个时代保持适度的距离,在历史的典籍中去获得智慧,尤其是一个民族精神命运的启示。我们经常讲反思,反思有两个,一个是假反思,一个是真反思。假的反思就是借助于"镜子",借助于外物,但是"镜子"从来无法透视你的内心。一种真正意义上的反思是思想追求,就是把自己的那点东西作为对象打量打量,守护真正的智慧的母体。包括我们的政治法律也应这样,因为它涉及我们的秩序、我们生活的方式和我们行动的规则。这不是一个人凭着他强烈的意志能够长久地左右的。我们或许没办法那么客观地打量自己、评价自己,这无可厚非,因为我们是人,我们有情感,我们有私欲。但也正因为如此,我们才需要去追求、去反思。可能我们能选择的就是等待。我们工作,做自己的事情,念自己的书,至于说是否有成绩,有多大的成绩,就留待后人去说吧。

记:赵老师,您采取一种置身事外的等待的态度,只是作为一个旁观者而不积极地去推动时代的进步,那您怎么让您的思想去影响这个时代的发展呢?

赵:当年有一位学者去日本访学的时候问过日本教授一个问题,说我们中国特别强调理论与实践相结合,在你们那儿有吗?日本教授觉得很吃惊,说怎么会有这样的问题呢?怎么会把两者分开呢?即使我是研究古希腊,我不也是以一个日本人的眼光、日本人的心态、日本人的思维在看待古希腊吗?我不是以一个古人的心态,也不是以一个未来的人的心态来看的,我就生活在今天,其实这个时代那些主题不是我们来选择它的,是它选择了我们,我们连逃避都逃避不了,所以这不应该是一个特别的问题。

记:可能从法史的角度来讲是对过去的反思,但是对部门法的学者而言,他们则会面临一些前沿的问题,所以是不是也有差别呢?

赵:这有一个分工的问题。我讲的是一个学者,一个法学教授,一个法学家。一个学者,就是传承,就是知识的生产,就是思想的孵化者、孕育者。一个学者是靠他的文字、靠他的作品来说话的。为什么学者要去充当立法者、律师、法官,或者去觊觎一个政治家的事业呢?这不是越位吗?罗马时代那些被我们称为法学家的法学家们,他们不同,他们本来就身兼数职,就是皇帝的顾问,他们就是在判词、文书和给皇帝的建议当中来表达他们的思想的。孔子不写作,他的学说是通过言谈、交流来传播的,这就是他的生活方式。我们今天不是这样。在现代这样一种社会分工的体制下,学者其实早就被学院化、书斋化了。刚才我讲到要节约时间,节约精力,就是因为如果我们仍然要身兼数任,那学院化、书斋化的这一块工作就将大大地受到影响了。反过来,我们也不懂政治家、法官的思维方式,我们不是他们。学者要做的是用旁观者的眼光去打量他们,静静地做我们的工作,静静地等待。一个学者记录一个时代,观察一个时代,哪怕是通过对古代的研究来表达自己的观点。我们为什么要急于把自己的东西进行推广呢? 我们为什么不反思一下:第一,自己是否掌握了真理? 第二,大家凭什么相信? 在这个意义上,我觉得学者应该有自我的限定。

> 我们说西化,其实在其他问题上中国可能还没有西化,唯独在一个问题上是早就西化了,那就是法律制度。从沈家本清末修律到国民政府的"六法全书"、法院体制、司法体制,然后是新中国的司法改革、法律体系的建构,从头至尾我们不是在抵制西化,而是早就已经西化了。

记:赵老师,您能讲一讲您为什么会选择法学专业吗?

赵:那纯属偶然。我大学念的是师范。为什么念师范呢? 那也是偶然。这一切都不是我选的,都是偶然的。我们一向都说既来之则安之,因为我们反抗不了。1983 年,老师为了保证升学率,一定要让我填师范专业,当时师范跟现在一样也是第一批录取的。结果我那年考了五百多分,上北大是没有问题的,可是没办法,最后来到西南师范大学。但是,我并不喜欢录取的专业,我想重新考,考北大,大学一年级我就提出要退学。可是,这个学不容易退啊。我的辅导员老师以母亲的身份跟我谈,说你是农村的孩子,考上大学不容易,假如你明年高考失败了,我们怎么跟你家里交代啊。所以,我还是留下来了。一年级觉得什么都好玩,于是我抽烟、喝酒,作息还不规律,结果把身体搞垮了。后来就无聊了,空虚,然后才开始读书。易中天先生在我刚才提到的那本书里说过,无聊才读书,就是这个道理。

我们上大学的时候,正好是"人治"与"法治"大讨论的时代。所以,这个话题不是我能选择的,一切都是时代的安排。后来我开始念法学。那是司法部的第一套统编教材,是浅黄色封面的,我自己到新华书店去订了一套回来自学。但是,宪法、民法、刑法读了之后觉得没意思。读书应该念得好玩儿,念得有意思。我当时就是一个小孩儿,对于整个时代都懵懵懂懂的。我毕业之后会成为一个教书匠,没有想要当律师,也没有当法官的志向。所以,后来这套书就送给一位立志当律师的同学去了。后来又有了精神文明问题的讨论,于是我又找来了和伦理学相关的书,看了也觉得没意思,除了一些说教好像也就没什么了。

我想读书了,但是时代给我的东西吸引不了我,勾不起我的兴趣。后来,我就给自己定了一个读书的标准,就是到图书馆找文科类的、借阅人数最多的、也就是封面最破旧的书看。我想既然这本书有这么多人看过,那肯定有它的可取之处,那我就随大流看看吧。我在图书馆里找到的第一本书就是李泽厚的《美的历程》。书中的语句一下子就把我吸引住了,就是它把我带入了读书人的世界。后来李泽厚的文章我每见必读。跟着它的指引,我大学期间还读了陈寅恪先生的《隋唐制度渊源略论稿》《唐代政治史略稿》,然后又看了瞿同祖老先生的《中国法律与中国社会》。这样我又慢慢地被带入了制度的思考当中来。后来我又在哲学老师的带领下读了一些典籍,比如《商君书》。这本书给我印象很深,以至于现在我想静下来做点学问的时候,就想要写关于商鞅变法的问题。因为只有商鞅变法直接地影响到了制度的大局。我们现在转型社会面临的也就是这些问题。我们能说这个跟时代没有关系吗?其实,一切都是时代在牵引着的。

大学毕业的时候我到了西南政法大学,起初因为对心理学感兴趣,我就申请到犯罪心理学专业,但是学校认为我不是学法律的所以不同意。后来学校看我学的是政治专业,又会写毛笔字,就把我安排到团委做思想政治工作。我在团委待了五年,天天在团委写毛笔字,写标语、口号。在这期间,我天天读书,从《论语》《孟子》《庄子》一直读到魏晋玄学,然后就走访名家。

大学毕业那年我本来想考李泽厚先生的研究生,但是后来发现老先生已经去新加坡,不招生了。后来又考中国社会科学院的中西方比较哲学,但是因为英语成绩没能如愿。这之后考中国社会科学院就成了我的梦想。这也是为什么我后来会到那里去读博士的原因,就是圆梦啊。后来我又决定考武汉大学的美学,考了两次都没过。在这个过程当中,我更坚定了学另外一门学科的想法。后来我就去听俞荣根老师的课,考他的研究生。俞老师是我学术上真正的第一个领路人,是我能够考研究生突破制度的一个人。因为我已经考过两次了,按当时的规定是不能再考的,是俞老师帮我争取了一次机会。在校长同意的当天下午,我才去买教材,有《法理学》《宪法》《中国法制史》《中国法律思想史》《民法总论》《刑法总论》。其中《中国法制史》我感觉最有难度,因为里面有好多字我都不认识。于是,我又买来《古汉语词典》《中国历代职官辞典》,一个一个地查。那一年我很幸运,英语考了 68 分,非常高,因为在同年报考西政的考生中英语上 60 分的就只有 5 个。这样我终于考上了研究生。

考上之后,俞老师给我提了两点要求。第一是三年内不要打架。我过去老是打架,但都不是自己惹是生非,而是路见不平拔刀相助。有一次因为打架伤得很重,被送进了医院。当时俞老师还到医院来看我。所以,俞老师才对我有这样的要求。从那以后,我真的再也没有打过架了。因为我觉得,要一位老师来要求自己不再打架了是一件很羞耻的事情。第二是三年书读下来要消除原来美学和哲学的思维,多一点历史感。为了让我培养起历史的思维,俞老师还送了我一套侯外庐的《中国思想通史》,并且题词"史唯恐不出于人,文唯恐不出于己"。我当时就下定决心,我既然学了法学,就要学得像个样子,这是命运。后来我慢慢地意识到,一个学法学的人首先要有规范意识、法律意识,慢慢地关注和了解中国的法律制度问题。

记:在中国法律制度这个问题上,您有什么特殊的见解呢?

赵:我们说西化,其实在其他问题上中国可能还没有西化,唯独在一个问题上是早就西化了,那就是法律制度。从沈家本清末修律到国民政府的"六法全书"、法院体制、司法体制,然后是新中国的司法改革、法律体系的建构,从头至尾我们不是在抵制西化,而是早就已经西化了。概念、术语、表达方式、制度建构、机制运作、目标追求等等这一切,我们其实早就西化了。只是为什么这些制度在人家那里是成功的,一移植到中国来就变味儿了呢?为什么在别人那儿不错的东西,一到我们这儿就不是那么回事了呢?从研究生的时候,我就开始考虑这些问题了,我一直想揭开这个秘密。

对于这个问题很多人都觉得很简单,他们有的认为是我们民众的心理条件不成熟,有的认为是中国的历史传统问题等等。目前有的学者已经发表了一些成果,比如梁治平先生的《法辩》和《寻求自然秩序中的和谐》。这些著作都很优秀,到现在为止它们仍然是优秀的教学参考书目。但是,也有一些文章谈论《法经》《十二铜表法》当中有"私权"的规定,而我们现在有没有之类的问题。这就相当于把一个男人和一个女人进行比较。这些文章如果能够把史实完整地陈述出来就很好了,至于它具有怎样的意义,或者揭开了一个怎样的问题就根本谈不上了。由于作者自己总是带着有色的眼镜在看待历史,因而是不可能有正确的认识的,更何况作者所看到的历史又是如此的狭隘。人本身要比法律丰富得多,法律还需要靠许多别的东西来滋养。法律同我们的生活息息相关,但是又最容易背叛生活。所以,法律这个问题是非常复杂的。我自己来做这方面的研究也显得很狭隘。我们现在的学者连"私家笔记"都没有读过几本,不懂得真正的生活,如何进行研究?当然,这样的阅读是非常难的。所以,现在很多年轻人随意地谈论一些很宏大的国家法制等话题,我认为是靠不住的。

记:您刚才谈到现在年轻人的问题,那请您为我们年轻的学子提几点建议吧。

赵:我觉得一个年轻人最重要的首先是接受时代,克制怨恨。没有一个时代是象牙塔般完美无瑕的。我们要接受时代,这个时代不是文学意境。即使是文学,我认为最好的文学还是"苦难文学"。我们不能够靠任何人,只能靠自己踏踏实实地去生活。你是学生,那你就要踏踏实实地读书,读真的书;工作了,就要善待同事,善待领导,善待你自己。要始终保持平和的心态,增强自己对时代的"免疫力",增强自己对时代理想的"打量"的能力。怨恨只会害人害己。这其实就是"摆平"自己。要想"干预"社会,"摆平"别人,首先就要"摆平"自己。别人和你是一样的,我们应该学着宽容。第二,我认为一个人要有自我生存的能力。哪怕做个卖菜的小贩,你也要健康地生活。人活着要有理想、有抱负,但是千万不要把这种理想转化成一种"诅咒"。但现在的年轻人太容易犯这样的毛病。我们应该遵循生活的自然规律。第三,要不断地积累。我们要在这种平和的健康的生活中孕育我们的理想,为它进行积累,也许它就能慢慢地成为你的事业。我们都是普通的人,我的事业最终就是由生活促成的。我认为,一个年轻人如果能够做到这三点,他就是一个健康的人,一个健全的人,他必然会过着有意义的生活,那么整个社会也就有望安定和谐。

记:您的这些看法是不是您自己人生的写照呢?

赵:我就是这样的吧,生活中其实充满了无奈。就像我评职称、考博士也都是生活的需求所至,其实没有别的原因。我曾经设想过自己的生活,就做个编辑,辛苦地讨生活,但是等到了五十岁的时候,我应该就可以写自己的著作了。但是,生活不允许我这样。从我上大学读师范专业起,冥冥之中似乎就注定了我要从事教师这个职业。做了老师,我也没有想过要评职称,而且坚持了很多年,但是因为生活的缘故还是要评啊,于是就得读博士。

我考博士的经历也非常曲折。我起初想考的专业不是法学,我想考北京大学的基督教与西方哲学专业,但是学校没有容许。1996年,我想考社科院法理学专业的博士,但是由于李步云先生那年不招生,因此又只得作罢。1997年,我考取了社科院韩延龙先生的法律文化专业的博士,并且由李步云先生和韩延龙先生一同指导。完成博士学业之后,我还是想当编辑,这已经成了我的梦想了,但遗憾的是没有如愿。我自己很少写作。我读硕士期间还会写一些文章,当做练笔,但在读博士期间我就不怎么写作了。因为我认为,一篇文章要具有逻辑性,要有历史的根基,我不喜欢空泛的东西。我觉得很悲凉,一个法学博士却不能写作,不愿写作。唉,美国的基辛格,人们都称他为基辛格博士,而忽略了他的国务卿头衔,人家把博士看得如此重要。相比之下,我真的觉得很悲哀。所以,年轻人要懂得调整自己,没有人能够救你,你只能靠自己。

博士毕业之后,要评副教授,要求在核心期刊上发表三篇文章,还要出版一本书。这些我都应付过去了,于是勉勉强强评上了副教授。之后我就不想再写东西,不想再评职称了。但是,没办法。这个时代,其实只有我们自己知道自己在做什么,自己写的东西是什么水平。之后又要评教授,我还是一狠心,又发表了一些文章,做了教授。我想上帝不会故意地谴责吧。2003年,我回到我的母校西南政法大学,也曾主持过《法学论坛》,点评文章,也当上了博导。这时候,我就真的静下来,想读真的书,好好地指导学生。后来北京航空航天大学邀请我来任教,我也看重北京的学术氛围,所以就来到了这里。现在,我很少参加各种活动,开始静心读书。我觉得现在我慢慢地能够过上对自己有交代的学术的生活了。我曾经跟我的学生说,我大概不会有"江郎才尽"的时候。因为首先我无才,所以无所谓"才尽";第二,我还从没做过什么了不起的事,所以还有期待;第三,我一直在读书,所以不可能"江郎才尽"。做学问不能急,每天慢慢地积累,有的书本经常地翻阅,平和地修养自身,等到成熟的那一天便会有得。这就是我现在的生活。我已经四十多岁了,孔子说"四十而不惑"。我曾经跟学生讲过,这个"惑"就是"或上心,或不上心"。人到了这个年纪,所有的事情你都用心了,也就该定心了。到了这个年纪,就应该平静了,认真地做该做的事情,该"上路"了。我现在就是处在这样的阶段。

(肖崇俊、马维佳)

宋连斌
Song Lianbin

1966 年 12 月生, 湖北蕲春人。1984 年进入西北政法学院学习。本科毕业短暂工作两年之后, 1990 年以第一名的成绩考上武汉大学国际法研究所国际法专业硕士研究生, 师从梁西先生。硕士毕业后, 在中国国际经济贸易仲裁委员会深圳分会(2004 年更名为"华南分会")工作数年。1996 年, 又以优异成绩考入武汉大学国际私法方向博士研究生, 师从黄进教授, 于 1999 年获法学博士学位。2001 年起执教于武汉大学国际法研究所。现任中国政法大学国际法学院教授、博士生导师。曾长期从事仲裁实务, 现主要研究方向为国际私法、仲裁法。兼任中国国际私法学会常务理事、副秘书长,《中国国际私法与比较法年刊》编委、执行编辑,《北京仲裁》顾问,《商事仲裁》编委,《商事仲裁评论》编委, 新加坡国际仲裁中心(SIAC)仲裁员, 中国国际经济贸易仲裁委员会及武汉、北京、上海、海口、湘潭、广州、郑州等仲裁委员会仲裁员。

主要著作有《仲裁法》(主编)、《法学教育方法论》(合著)、《仲裁法学》(合著)、《仲裁理论与实务》(主编)、《国际私法学》(主编)、《国际商事仲裁管辖权研究》等。主要译著有《国际商事仲裁法律与实践》(第四版, Alan Redfern 等原著, 合译)、《国际商事仲裁资料精选》(合译)、《信息技术法》(合译)等。另在国内外公开发表中英文论文、译作、书评、文章等一百多篇。

> 我对本科时候法律系的感觉, 从专业这个方面来说, 老师们教书还是很敬业的, 对学生也是挺好的, ……学习的氛围要好一点, 学生也要单纯一点。

记者(以下简称"记"):请宋老师先介绍一下早年在高中和大学这个时期求学的经历吧。

宋连斌(以下简称"宋"):我是应届考生,高中二年级考上的大学。我们那时候的高中正好是两年转三年,可以上两年也可以上三年。到了高中二年级的时候,老师说你可以试一下,没想到一试就试成了。我当时对法律专业并没有特殊爱好,填报的所有志愿中只有一个是法律专业,因为当时赶上试验,就是第一次高考完了之后分数还没有出来,大家要先填志愿。我的做法是第一批先填好的学校,到了第二批就挑相对好一点的专业。我是在湖北参加的高考,当时第二批只有一个学校(西北政法)有法律系,像华政、中南政法都没有在湖北招生,那我只好就报这一个,但就这一个被录取了,然后就这样基本上一辈子和法律打上了交道。我觉得还算是挺好的,法律这个专业还是挺适合我的。这应该是很幸运的!

我对本科时候法律系的感觉,从专业这个方面来说,老师们教书还是很敬业的,对学生也是挺好的,我们那时候作为普通的本科生跟教授或任课老师打的交道比现在的本科生和我们打交道要多得多。那个时候的老师也很愿意跟学生打交道,学习的氛围要好一点,学生也要单纯一点。那时候电视还没有,报纸很少,也很难看到,当然也没有网络,所以就只能在学校里参加点体育活动,偶尔的逛街也很简单,然后就没有别的了。我估计现在的学生在这个方面面临的诱惑要多一些。我感觉当时我们学校不好的一方面主要是在行政管理上。直到现在,我自己早已读到博士,也教了很多学生,包括我自己在内,学生们对学校的好印象大部分都来自于专业课的老师,而对学校很坏的印象往往来自行政。他们的态度都很差,你去问什么事情,他们都是爱理不理的;有时还操纵学生中的评比,让大家过早地领略到不公平、不公开。可能现在要好一点,但也没有好多少,这一点和国外的法学院在管理上差别有点大。

另外,这几年无论是本科生还是硕士生,甚至到博士这个阶段,老师上课我觉得是退步了,很多老师上课就是在应付,上课也成了个良心活儿。这和当时的老师们比差别还是很大的。我上研究生时候的老师是梁西先生,他那时候上课的笔记我现在都在,而且那笔记现在来看还是像一篇文章一样,观点也还是有一定的真知灼见的,不是过时的。我的本科是在1984年上的,那时候老师讲的内容跟我们现在的老师讲的相比,除了没有那些新的条约、新的法规、新的组织,比如WTO、欧盟外,其他的内容还是很扎实的。有时候我都会感慨,那时候老师们做的功课真的是很仔细的。从这点讲,我们的法学教育,原来好的东西现在未必有原来那么好了;原来差的东西,比方说行政管理这个方面,现在未必改进了。

记：您对"四清"和"文化大革命"还有印象吗？

宋：我对"四清"唯一的印象可能是来自于父母亲讲的那些事情。我妈妈说那时候老是开会、批斗。她就举了个例子，在怀我的时候，有一次大家都在电影院里开会，其实开始并不知道是开什么会，但好像另外一派过来了，后面甚至发生了枪战，所以当时还是很担惊受怕的。

"文革"我还是有印象的，但印象比较多的是满大街的标语，就跟我们今天高速公路旁边有很多广告一样。那个时候比较多的是毛泽东语录、马列语录之类的。有一条在我们家门口，是我印象最深的："谦虚使人进步，骄傲使人落后"。第二个是游行和集会比较多，几乎每年的"五一""十一"、春节、元旦都有。有一次我记得很清楚，早上一起来就看到地上有很多鞭炮屑之类的东西，我就问出什么事了，他们说昨天晚上游行了，也不知道是什么事，反正就是放鞭炮、扔纸。第三个印象深的就是当时的小学教育。我上小学的时候就有政治课，当时的政治课教材是一本很薄的小本子，但课本不叫政治，叫什么名称现在忘记了。这个书的最后一部分也是讲社会主义的优越性，我记得好像有六条。因为到后来上初中、高中甚至硕士、博士都在学政治，我也经常时不时在比较这样一个相同的问题，我现在都觉得很奇怪，怎么连这个问题的答案也在与时俱进？当时讲的都是公费医疗、土地公有制、全民有工作没有人失业等等，后来就慢慢地不那么提了。

我觉得，"文革"在中国人的思想里影响太深了。我现在接触到的大部分像你们这个年龄段的学生，有很多思想太封闭了，我不知道是不是他们从小也接触了像我们那时候一样的教育。其实，我们大多是在有自学的兴趣和能力以后，慢慢看更多的书，眼界更开阔之后，才会去反思以前的东西。这个应该说是中国教育的悲哀，因为你当时所要学的东西正是你以后所要忘记的东西，它在无形中束缚了你。我们现在的学生写文章动不动就是什么辩证法啊、一分为二啊，什么历史唯物主义、辩证唯物主义之类的，说句实在话，人类社会一定要分成五个阶段吗？法律一定是在国家这个阶段才产生的吗？这些并没有确凿证据的教条，我们都是在灌输。最近我在跟本科生上课的时候，举例说到一个加拿大的判决，中国公司是被告，因为两国之间没有条约依据，这个判决在中国就不会得到执行。但是，加拿大跟其他国家是有条约的，而我们国家的这个公司是跨国公司，在其他国家有财产，那么在理论上看，这个判决在其他国家是可能得到执行的。可是，马上就有同学提出质疑，说针对中国公司的判决怎么外国法院可以执行，这不是侵犯中国的司法主权吗？你看这是多么奇怪的想法，到了现在大家的思想还是被束缚在以前的那个阶段,眼界还是那么狭隘,很多看起来是很民族主义、爱国主义,实际上是在曲解民族主义。

记:您听到恢复高考这个消息后有没有什么比较深的感受?

宋:我听到高考恢复的时候还没有上高中,所以没有太深的感受。但是,我想恢复高考这个事情肯定是有一定的影响的,特别是对我的哥哥姐姐这一代有很深的影响。我今天也在想,假设要是没有高考,去从事体力劳动或者是当一个农民的话,我该怎么生存呢?因为自己体力没有别人好。所以,从这个角度看,我觉得恢复高考对我来说是一件好事。当然,对一个国家来说也是一件好事。说句实在话,一个国家可以废除大学,把教育完全低俗化,这真是太不可思议了,居然还有人相信这是符合社会主义、共产主义的,这只能说是太愚昧了。

> 他是从人格到做学问的态度都值得我们学习的老师。……我觉得这个对于我来说真的是可望而不可即的,我也热爱这个专业,但我做不到他那个样子。

记:您在大学期间有没有印象很深的老师?

宋:我在大学印象最深的老师有两位,一个是教我国际法的王浩老师。他是比较淡泊名利的,他去过德国一次,回国以后就得了个莫名其妙的病,然后就退休了。其实那时他年纪不是很大,所以也没评教授,是副教授,到现在还一直是副教授。我觉得他讲课第一是有内容,这一点我印象非常深。我考武汉大学国际法专业硕士研究生的那一年,发现初试、复试内容王老师在平时上课时都讲过,而且讲得很深入。因此,考试一结束,就跑到当时设在武大梅园的邮局给王老师寄了一封信,表示欣喜、感激之意。第二是他严肃又不失亲和,对上课很认真,这是非常有助于学生扩大眼界,学好这门课程,引导学生对这个专业做进一步的学习或者研究的。我们当时那一批同学里面很多是学国际法的,王老师对大家都有很重要的影响。我今天也很感谢他,这也是为什么我在搬家的时候要清掉很多东西,但他那本笔记还是要留下来的原因。

另外一位是刘振江老师。刘老师是评上教授以后退休的,现在年龄也比较大了,他在我们国际私法里面算是知名教授,这一点也是学界公认的。我印象比较深的就是他在专业上对我的影响。我记得刘老师特别用功,有一年国庆,几个同学想要去他家拜访一下,结果他夫人说他已经到办公室了。我们到了办公室,看到他正在看书。我觉得这样的老师挺难得,一大早在休息的时间坐在办公室看书,而且当时他已经是教授了,我觉得真是挺不容易的。有一次他给我们做讲座,就讲到一个我印象特别深的问题。以前我们老是说国际法是个部门法,是和民法、刑法平行的学科。当时我们用的是 1983 年王铁崖先生主编的教材,在那个教材里面有一句话,讲国际法是一个独立的法律体系。刘老师就跟我们讲,大家在看这本书的时候要注意,一个法律体系和一个法律部门是不一样的,国际法是与国内法相对应,而不是与国内法里面的部门法相对应。这个给我的印象特别深,事实上到现在为止,我对国际法体系的理解也是来自于他,直到后来李双元老师八十大寿的时候我写了一篇文章,还特意提到了当时这样的一个观点。

记:请问您在大学里最佩服的老师是哪一位?

宋:我最佩服的老师应该是读硕士时候的梁西老师,他是国际组织法的专家,也是中国国际组织法学的奠基人。他是从人格到做学问的态度都值得我们学习的老师。梁老师在我们法学院的口碑很好,连我们的行政人员都说梁老师是我们法学院的"圣人"。他真的是淡泊名利(当然,这不等于说他不该得到他该得到的,恰恰是这一点被我们法学院和学校忽视了),做什么东西写什么东西都很严谨,当然文笔也是非常好的。他也不是很追求高产,但一直都在写,你看他现在已经是八十多岁了,他那本《国际组织法》已经出了第五版了,还在修订第六版。上次他还问最近有哪些新的关于国际组织法的英文资料,我说我看到有一本牛津的关于国际组织法的书,他就叫我帮他收集。那么厚的书,他那么大年龄,有青光眼,戴个眼镜还要再拿个放大镜才能看清楚。我想他看资料跟我们相比肯定是不容易多了,这就说明他确实是热爱学问、热爱学生、热爱学校,不计功利的。我觉得这个对于我来说真的是可望而不可即的,我也热爱这个专业,但我做不到他那个样子。

记:那么梁先生对您后来从事国际私法研究和教学有什么影响吗?

宋:我觉得第一个就是引起了我对学术的兴趣,第二个是对学术的规范和写作的高要求。在我的本科阶段,书不是很多,因为那个时候刚恢复高考不久,甚至在我们之前都是没有教材的。当时我先在图书馆的分类目录里找到国际法那一栏,也就那么一点书,我就从第一本看到最后一本,有的记笔记几乎是全文抄下来,有的要看很多遍,但看完之后你会发现,有很多书或者文章实际上并非是必须要看的。那个时候比较苦恼,因为你不知道哪些是必须看的,哪些是值得看的。但是读了研究生,跟了梁老师以后,在这个方面就有了很大的改变,确实让我们在学习上少走了很多弯路,而且他真的是言传身教的。我还记得在研究生刚入学时,他就要求我们写一份学习计划,当时我还自认为我的文笔是很好的,就手写了一份交给他。有天中午他打电话到我们宿舍来。那个时候一个楼才有一个电话,不是每间宿舍都有的,门房老大爷就在下面喊。因为当时我也不知道是谁打的电话,就穿了个拖鞋下去。梁老师让我马上到他家去,我说我现在穿着个拖鞋,他说没关系。到了之后,我就看到,他把我的计划改得密密麻麻的。这件事我的印象特别深,我觉得这个老师对文字的要求是非常高的,那张纸我到现在还保存着。而且他带研究生,是每个学生包括已经毕业的,都专门有一个袋子保存着你的学习档案,包括你交的第一篇作业什么的。我们自己是不知道的,直到我现在到他家里去,他才会拿给我看,以前写了什么东西,做了什么笔记,哪些地方是怎么谈的。那真是不容易,除了他之外,我没见到第二个老师是这样做的。当然,我不知道是不是其他老师也这样做过,可能只是我不知道而已。我想这个影响是非常之大的。我还和梁先生一起出了一本书《法学教育方法论》,我觉得这也是继续向他学习的机会。

记:那么您在大学的时候有没有印象比较深的同学?

宋:在我们的同学里面印象最深的还有点不好说,因为我们的同学中优秀的很多。早期我们的机会比现在多得多,从个人的聪明程度上讲,我并不认为我们当时的同学从智商上要比今天的同学高,但那个时候的同学所面临的历史机遇比今天的同学多,比如那个时候本科毕业进最高人民法院是很正常的。现在的同学综合素质是非常好的,但可能就是没有这个机会了,可能找到一个和法律相关的工作就是比较不错的了,这个只能说是历史造成的。

记:您在大学期间有没有印象比较深刻的事情?

宋:我觉得大学四年里面印象最深的并不是哪一件事。那个时候我们本科的讲座是很多的,那个年代国内法学界比较著名的法学家都在我们学校做过讲座,国外学者来做讲座的也非常多,而且我都去听过,尽管有的时候也并不是我所感兴趣的专业。这一点,我很感激西北政法大学,估计现在的师弟师妹们没那么好运气了。我现在工作的武大是做不到这一点的。我还记得当时有个纽约大学的华人教授来给我们讲中国法律思想史,他讲得特别好,当时就觉得那个老师好厉害啊,他对中国的情况那么了解。当时的马克斯·普朗克研究所的所长也过来做过讲座,我还记有笔记,其中一个是讲国际法发展的新趋势。我觉得这个(做讲座)是非常重要的,但现在好像学校对本科生在这个方面不太重视,实际上这是个基础,本科生质量不好的话,后面的硕士博士生源就会差,因为只有这么点来源,我想在这一点上学校应该再做更多的投入。教育这个事情本来就是广种薄收,你给一百个人做讲座说不定只有一个人在听,但这一个人又会去影响其他的人。

> 我就觉得要做一个事就尽力做好,不要幻想着一边在实务部门工作一边做学问,还是做一个真正的职业化的学者最好。

记:您对国际私法的兴趣是什么时候产生的?为什么在工作了之后又重新回到学校,投入到研究和教学工作中?

宋:这个兴趣实际上是从1985年的时候开始的,这个我记得特别深。因为刚学习法律的时候,我并不知道哪个是最感兴趣的,但在这个问题上和其他同学相比,我想我是比较理性的,尽管那个时候我的年龄并不是班里最大的。我当时的做法就是先去图书馆里面把关于法律的基本东西扫一遍,了解一下概况,包括律师公证、中国法制史、中国法律思想史、西方法律思想史都是在那个时候看的。我记得在一年级的第二个学期看了四十多本这样的书,看完了之后再去挑选自己感兴趣的。可能最后的选择也跟我们大的政策有关系,因为当时正在实行开放政策,所以就选择了国际法,我是觉得这个选择对于我来说是很合适的。当然也比较幸运,因为在研究生毕业之后也在实务部门从事了国际私法的工作。我觉得从专业这个角度讲,能把自己的兴趣和工作结合起来还是比较幸运的,因为有很多老师可能没有机会到对口的实务部门工作。所以,当时在那儿工作了之后我就觉得可以再作进一步的研究,就上了在职的博士,跟了黄进老师,因为那个时候梁西老师已经退休了。我很幸运,黄老师也是非常好的老师,帮助我对国际私法、国际商事仲裁的认识上了一个台阶。我在写博士论文的过程中就想回到学校来,当然我一直对学校和教学是感兴趣的,但这个想法的促成还是在那个时候。因为我们在那个时候是办案的,每天要坐班,几个人一个办公室,有人来就要去接待,电话也会响个不停,所以在工作时间不可能有那么多时间做博士论文。每天晚上回去也特别累,一到家就躺在沙发上先睡一会儿,还把电视打开听着体育新闻,等到过一会儿电视把我吵醒了,估计就是要吃晚饭了。所以,只能吃完晚饭再去看看书、写点东西。因为第二天还要上班,晚上也不能看到太晚,所以就感觉时间特别紧,也特别累,该看的书也没有看,做得不够充分。可是回到学校来的时候,学校里面的同学,特别是没有工作过的同学,还是很想有个很好的工作的,这就像围城一样,里面的人想出去,外面的人想进来。我挺羡慕他们是因为他们有专门的时间看很多的书,而且学校里面的资料要丰富一些,实务部门是不会订很多杂志,更不会订什么外文资料、购买数据库的。基于这样的一个情况,我就觉得要做一个事就尽力做好,不要幻想着一边在实务部门工作一边做学问,还是做一个真正的职业化的学者最好。在我看来,很多从事实务的人,他虽然爱研究、爱学习,但他们提供的东西,相对于学校里的老师来讲,只是一些第一手很粗糙的素材。我是基于这样一个想法,想做一个专业学者,所以就回到了学校。

记:那么您对国际私法有没有特别关注的地方?

宋:关于国际私法,我比较关注的是两个地方,一个是冲突法,另外一个是国际商事仲裁。因为我原来做的是仲裁这方面的工作,所以大部分文章写得都是关于这方面的。在仲裁这个方面,要说基本的学术观点,如果说还有一点贡献的话,我认为应该是在仲裁员制度这个方面。因为我们国家以前没有人对这个问题做过很深的研究,在我对这个东西做专门的研究之前,大概只有两三篇文章。其实都很难说是严谨的论文,只能说是模模糊糊感觉到了怎么对仲裁员进行管理才能维持仲裁的公正。因为仲裁裁决是一裁终决的;法院的审查是只审查程序问题,即使是实体上犯错了,它一样会支持;仲裁员不一定是学法律的,有时一个仲裁庭可能三个仲裁员都不是学法律的,在这种情况下怎么能保证它的公正性跟法院一样甚至比法院还好,这就需要对仲裁员作一些规范的研究。其实仲裁起源于商业团体自治,在这个熟人社会里面因为信任才委托你来做这个案子,所以只要你没有违反基本的法律制度或公共秩序就可以了。但是,今天的社会不可能像 14 世纪、16 世纪那个样子,你怎么样保证仲裁公正? 我觉得,第一,要去找真正的专家。第二,要强调当事人自愿,你自愿选择就要自愿承担后果。当然,因为你的选择失误而导致这个裁决被撤销的风险要自己承担。第三,需要给仲裁员或者说潜在的仲裁员有一个训练的过程。以前在一个村庄里面长老自然而然地就成为"仲裁员",村庄里的事情就找他去裁决,而且他的裁决也会得到别人的信服。但今天的开放

宋连斌教授与记者亲切合影

型社会不是这样的,所以还是需要对仲裁员进行必要的训练。所以,我觉得要建立一套仲裁员的行为规范出来,这个实际上就是一个行业自律的规范。北京仲裁委员会在修订 2004 年版的仲裁规则时,可以说是全盘接受了我的这个观点,当然我本人也参加了这次修订。因为北仲本身的影响力比较大,后面像中国国际经济贸易仲裁委员会(贸仲)2005 年修订新的《仲裁规则》、《仲裁员守则》时,很多都是照搬北仲的仲裁员规范,贸仲有很多的条文都是跟北仲一模一样的。其他各地的仲裁规则、仲裁员守则,也有很多以北仲的为重要的参考蓝本。另外,在仲裁的司法监督方面,我个人觉得还是应该要尊重当事人的意思自治,因为仲裁本来就是商人自治的产物,还是不应该做过多的干预。关于仲裁协议的效力认定,我觉得还是尽可能认定为有效;在仲裁裁决的撤销与执行方面,不要轻易去撤销一个裁决,也不要轻易不予执行,除非真正有必要。我们国家的法官老是担心我们的当事人是不是吃亏了,其实吃不吃亏他们自己最清楚,不要受这样的外在因素影响,法官要执行的就是法律的规定和法律的精神。

> 因为我们的这个制度基本上是从西方引进的一个东西,所以不管是从理论上也好,实践上也好,都是我们跟在别人后面跑。

记:在国际私法方面,您认为我们国家跟其他国家有什么样的差别?

宋:差别还是挺大的。因为我们的这个制度基本上是从西方引进的一个东西,所以不管是从理论上也好,实践上也好,都是我们跟在别人后面跑。我把仲裁员作为一个切入点还是比较好的,因为西方人对这个问题的关注也不多。在我作系统研究之前,国内能找到的英文资料是很少的,而且他们谈的重点跟我们不一样,因为发达国家的信用体系比我们要完善些,社会要成熟些,一个知名的专家或者知名的商人,他是不会因为一点点小的贿赂徇私的。但中国长期受农业文化影响,所以讲情面会比较多一些。在这个情况下,就很难让仲裁员尽可能做到中立或者自律。具体来说,我觉得,在司法监督方面,我们国家跟国外的差距比较大,因为支持仲裁这样一个理念没有真正地深入人的内心。这个理念不仅在实务部门没有被普遍接受,就是在理论界也还是有很多人不理解。现在法院的纠纷那么多,替代诉讼的争议解决方式最成熟的可能就是仲裁了,然后是调解及其他方式。但在中国一直没有很好地把这个(替代诉讼争议解决方式)发展起来,比如调解,我们老说中国是调解的故乡,实际上我觉得我们现在的商事调解比美国至少差了二十年。我们现在只是在谈论一个概念,比如调解有何等之好,这个可以说只是理念层面上的东西,但是用什么手段去促进对立的双方在一起达成和解,我们国家关注的还是比较少的,所以差距还是比较大的。只要比较一下中外的杂志就能发现,国内主流法学杂志发表的仲裁论文基本上跟仲裁的实践是不搭界的,与 International Arbitration Law Review、Arbitration International 比较,会发现我们的文章跟他们的文章连领域都不太一样。可见我们还没有跟上他们关注的东西,后面也是有很大努力的空间。其实在中国,像国际私法、民诉法学界中对仲裁的研究是非常多的,但往深入研究的还不是很多,争议解决这门课,在我们国家法学院的教学体系里面都没有受到足够的重视,这和我所看到的其他国家是差距最大的一个方面。

对于冲突法,争论就更多了,基本上从它的定义开始就没有一个问题是有定论的,从这点来讲中国跟外国的差距更大。我个人感觉,我们现在无论是冲突法的法规还是研究,还停留在美国 20 世纪七八十年代的水平。比方说实体法方法,这个在中国基本上是没有人去提的,只是偶尔有一两个年轻人提到过。但这很有可能是未来法律选择的主流,可惜我们国家到现在为止还是不怎么去研究,我觉得这是比较遗憾的。另外,我们的冲突法也是从国外引进过来的。民国时候我们学的德日法比较多,1949 年以后学苏联的又比较多,但在 1949 年到 1978 年之间,实际上只有一条冲突规范。改革开放以后我们延续的观点还是苏联的观点,实际上没有真正去学习德国法或者英美法里面的东西,这是个很奇怪的现象。因为冲突法上很多东西是引进的,就导致很多人不太理解,比方说识别、反致、法律规避、先决问题、公共秩序保留这些概念看起来是很奇怪的。我觉得从事研究就要把这些东西向别人解释清楚,最重要的是要从功能上去界定为什么会有这样奇怪的制度在这个法律里存在,而在其他的法律里面并不存在,或者意思不一样。我觉得这个是我们国际私法研究很大的一个缺陷。这个缺陷也可以说是法理学上没有解决的问题。我最近就这个问题写了一篇文章,是讲冲突法的特殊性与法学方法论的关系。比方说反致,可能就是从日文中来的,看到日文中有和中文一样的词,所以就搬过来了。因为 19 世纪末 20世纪初,我们引进的国际私法大部分是留日学生的笔记或者他们翻译的东西,所以就难免存在这样的问题,导致我们现在再去学这些内容时会觉得难懂。当然,今天我们也没有必要再回过头去重新翻译那些概念了。挽救的方法就是从功能主义的角度去界定它,不然大家就会很奇怪这些概念,也不容易跟同学们解释,只会让大家停留在一种疑惑的状态。在理论研究上,我觉得我们学界还是比较"农业化",做的研究看起来能和国际上连在一起,实际上还是没有那么同步,没有那么专业和细致、深入。

此外,其他国家对其本国的实践是很关注的,只有中国人研究国际私法是很奇怪的,有时候像是在用上帝的眼睛看世界。既不是站在甲国也不是站在乙国,貌似是站在第三者中立的角度,好像是站在空中看的,没有一个落脚点。其实这样是解决不了问题的。我们看国外的学者们写的国际私法,很明显都是以自己的国家为出发点,但是在我们的教材里面却不是这样的情况,中国的东西基本不提,或者是附带提到一点。这样学生学了以后更会觉得这个东西离我们太遥远,我们为什么去学呢?这样是不对的。今天我们国家的涉外实践可以说是世界上最丰富的地区,比美国都丰富,因为美国的涉外案件大部分是跨州案件,但我们实践中出现的问题是没有人专门研究的。

记:在国际私法这个领域有没有争议比较大的争论?您是怎么看待这些问题的?

宋:在我们专业里面争论的东西还是比较多的,比如说仲裁里面关于仲裁司法监督的范围到底有多大、程序问题要不要监督、实体问题要不要监督、公共秩序怎么看等等,这曾经有很大的争论。我觉得,对涉外裁决和对国内裁决在司法监督上还是应该保持一致。但国际公共政策和国内公共政策在解释上还是有区别的,这个就导致对国内的案件管制得更严一点,对国际仲裁相对来说没有那么严格的要求,但总体上应该是趋于一致的,主要应该以程序监督为主,但不排除例外。在仲裁协议的效力认定上,我觉得没有什么好争论的,如果当事人达成了协议,就要尽可能把它解释成有效的协议,这既满足了当事人的愿望,又减轻了法院的负担。但为什么不这么做呢?我想主要还是因为有的法院诉讼收费和经费是连在一起的,当然这几年改革了,要好一点。另外就是官本位的问题,法院认为所有的事都应该干涉。其实,如果有人帮法院解决好问题,又没有花国家的钱,岂不是要更好一点?还有一个是关于仲裁裁决的国籍的问题,就是外国仲裁机构能不能在中国仲裁的问题。这个也是没有什么争论的。其他国家基本上有一个共识。现在外国的仲裁机构受理中国的案子能不能到中国来开庭,或者能不能以中国为法律意义上的仲裁地,其实我觉得根本不是问题,因为来中国仲裁只能是方便了中国当事人,禁止是没有用的,而且禁止也是没有意义的。相反,禁止了还会对我们的经济造成损失,比如很多会议都不在我们这儿开,国家就不会有那么开放的形象。其实,一个仲裁庭在我们这里开庭,也会给我们的旅游业、酒店业带来好处。如果全世界都往这里来,这个效益是不能小看的。拿英国的海事仲裁来说,全世界大部分海事仲裁都在那儿,这也是一大笔经济来源,最重要的是展现了一个开放性的形象和商业环境。

记：您觉得作为一个学者，发表的成果是多了好，还是少而精好呢？

宋：当然是少而精更好，但是也要达到一定的数量。不能说这一辈子只写一篇，那谁能保证这一篇就是好的呢？写作也是一个锻炼的过程，比方说我十年前写的文章跟我现在写的肯定是有区别的。我想还是需要有一定数量的，只是不能单纯以数量论英雄。这个涉及学术环境的问题，应该把学术评价制度建设做到最前面。如果以学术贡献为核心，那很多问题就相对比较容易解决。因为我们现在很多是以课题、论文数量、权威期刊来评价，都不是在评价学术贡献。这是中国法学界的悲哀，很多人拿到文科最高级别的二级教授，甚至在外面也号称自己是大师、名教授，其实是没有什么学术贡献的。因为他们并没有解决什么重大的理论问题。但是，我们没必要去批评他，只要把学术贡献这个概念引进来，他们就生存不下去了，这是很简单的事情。我只想对我们的同行和未来的年轻人说一句话，当你觉得某个人好、某个人知名的时候，你一定要想他有什么学术观点，不要盲目去崇拜他。只有这个评价观念在大众心中形成了，官方的评价体系也会随之改变。我觉得盲目崇拜这种现象不仅在政治领域不好，在学术界也是不好的。所以，目前中国法学界的状况我不是很满意，但是以后可能会好一点。毕竟国家现在处在一个转型时期，有太多的问题需要大家去面对。

> 我希望大家能读一点法律之外的社科类著作。目前对中国人来讲，最重要的是要去除自己的狭隘，视角要多元化。偏见是深入骨子里的东西，改起来可能很痛苦。

记：请您对我们这些法律学科的同学推荐一些优秀的书籍吧。

宋：对我们法科的同学，我希望大家能读一点法律之外的社科类著作。目前对中国人来讲，最重要的是要去除自己的狭隘，视角要多元化。偏见是深入骨子里的东西，改起来可能很痛苦。我就向大家推荐几本吧，比如哈耶克的《致命的自负》和《通往奴役之路》，尤其是《致命的自负》，因为这本书才15万字左右，读起来很快。还有一本是比较有趣的，叫《停滞的帝国——两个世界的撞击》，这本书有助于我们中国人真正认清自己，去掉自大。还有就是马克斯·韦伯的《新教伦理与资本主义精神》，我觉得即使你不赞成这本书的观点，只要看看这本书的形式规范，就知道学术是怎么做出来的。如果你能写本书，形式上跟它差不多，那质量就不会很差。问题是我们中国有很多书形式上就达不到这样的高度,更不要说书里面的观念了。当然,也有很多很好的文章值得我们去读,我记得有一个叫萧功秦的历史学者写过一篇叫《从千年史看百年史》的文章,这个对我们是很有启发的。其实,好的东西是很多的,需要大家不断发现。

记:您作为研究生导师、博士生导师,对我们这些年轻的学子有没有什么建议?

宋:这个不敢当,我只能从我个人的角度来谈一下。我觉得自己应该要给自己做一个初步的人生规划,当然这个规划是要有弹性的,而且这个规划一定要写出来,不能糊里糊涂的。要是考虑到个人的爱好、兴趣以及自身的条件之后,觉得自己还是义无反顾地要踏上学术这条路,我就建议还是要一口气把硕士、博士读完,哪怕读完之后再去接触一些实际。如果不一口气读完,中间很容易会出现掉链子的现象。比如你工作了八年或十年,不是说不想关注一些学术问题,实际上是很难有时间去关注了,很多东西变化得很快,后面再去补的话就很难。再一个就是人的脑袋活跃的时间段或者是有创造力的时间段也是有年龄段的,比如我现在这个年纪就和在你们这个年纪时候的记忆力差得很远了。我上小学的时候基本上是可以过目成诵的,读研究生的时候视力也是非常好的,那个时候看到什么东西马上就能记下来,但现在就不行了。还有就是要珍惜时间,因为你在外面工作就把这个时间段给错过了,有创造力的年龄应该去做有创造力的事情。另外,我觉得大家有什么好的主意、看到什么好的观点,一定要记下来,好记性不如烂笔头嘛。一旦看到什么好的文章、好的书都要记下来,不仅要记观点,也要记出处。我对我的研究生都是这样要求的,每个人都要有个小本。甚至在路上看到别人用到很好的词也要记下来,当然不是让大家马上就掏出本子记下来,就是当时先记在脑海中,然后到了没人的地方再拿出本子记下来。比如有一次,有个外国人问我哪一条路是通往学校正门的主干道,因为我们武大的路是乱七八糟的,当时他用了"main access",这个词我觉得就用得很好,如果换了我们肯定很难表达出来这个意思,所以我的印象就特别深,也记下来了。还有在一开始就要注重自己的学术规范,一开始你可能觉得这是个负担,但你一旦熟练之后,就不会成为负担了。比如现在再去写一篇文章,我就根本不会觉得注释是个负担。当然也要注意实质规范,要注重原创,不要去抄袭,还要注意文笔的锻炼,我觉得这些东西都是从年轻的时候开始锻炼的。有很多学者的文笔和口才都是很好的,这都是一辈子的财富。另外,我觉得还是要博览群书。多看点书还是比较好的,我是比较倾向于大家多去看一些外国人的书,看译著也可以,虽然译著跟原著还是有差别,但看比不看还是要好得多。有很多研究生也是不知道自己未来要干什么，我觉得首先要尽量给自己确立一个目标。如果发现暂时确实是很迷惑也没关系，这是人生很正常的状态，那就多去看看书。此外，一定要学好外语，不要为了考试而学，是为了要用而学，哪怕以后出去做实务，外语也是很重要的。这些就是我个人的建议，有的是我自己的经验教训，有的是后来我觉得很重要但以前没有做好的，供大家参考吧。

（孙　科）

汪金兰
Wang Jinlan

1966 年 12 月生, 安徽怀宁人。1987 年毕业于安徽大学法律系, 获法学学士学位;1990 年毕业于西南政法学院民法专业, 获法学硕士学位;2003 年毕业于武汉大学国际私法专业, 获法学博士学位。现任安徽大学法学院教授、国际法硕士生导师, 兼任中国国际私法学会常务理事、安徽省政府立法咨询员、合肥市仲裁委仲裁员。长期从事国际私法的教学与研究工作, 主要研究领域为国际民商事程序法和国际家庭法。

> 中国国际私法的研究和发展与中国的改革开放形影相随, 有了改革开放政策, 才有了国际私法这个独立学科的研究。……如果用批判的眼光来看, 不仅仅是国际私法, 整个法学研究在呈现繁荣的表象之下真正的、具有实际意义的研究并不多。

记者(以下简称"记"):汪老师, 您好, 很高兴有机会能采访您。首先能请您谈谈大学前的一些生活和学习情况吗?

汪金兰(以下简称"汪"):我出生在安徽怀宁的农村, 赶上最后一拨两年制高中, 于 1983 年考上安徽大学法律系。由于我的父母非常重视给子女读书, 使得我与别的农村女孩不同, 没有辍学在家。他们让我从小学读到高中, 并顺利考上大学。我高中是学文科的, 上大学时还没有满 17 岁。说实话, 上大学之前, 我连一篇长篇小说都没有看过, 只看那时最流行的课外读物——《辽宁青年》。那时候思想非常单纯, 除了要考上大学之外, 心无旁骛, 可以用"纯真年代"来概括。

记:在这样的环境中您是怎样想到去报考法律专业的?

汪:其实, 我高考第一志愿是安徽大学外语系, 当时外语专业属于提前录取专业, 我没有达到录取线, 后来就被录取到安徽大学法律系。因为除外语之外,我所有的志愿都是选择法律系。至于为什么想要学法律,说来可笑,可能主要还是因为看了电影《405 谋杀案》吧,羡慕电影里女警察穿制服的威严,非常向往自己将来也能从事这个职业。当时对法官、警察也没有搞清有什么区别,只知道政法工作的概念。后来到学校学习法律,才开始慢慢熟悉和了解法律,并喜欢上法律这个职业。

记:您进入当时的安徽大学法律系学习,对安大法律系是什么印象?

汪:安徽大学法律系是 1979 年我国第一批恢复重建的法律系之一,当时在全国的排名还算前列,有周枏、陈盛清、朱学山三位非常知名的教授,师资非常好。当时给我们上课的大部分老师都是法律科班出身,从其他单位抽调到法律系任教。我们教学时用的是司法部统编教材,那时教材比较简单,注重理论基础知识,没有多少案例。另外,司法部在华东政法学院办了师资培训班,有几门课的老师就是用师资培训班的资料作讲稿。当时,给我印象最深的是教法律逻辑学的苏灵雨老师,他上课从来不用讲稿的,只用几张卡片,但教学内容非常清晰和熟练。这种讲课模式比照本宣科更受学生欢迎。

记:从安徽大学毕业后,您又去西政攻读研究生,您对西政是什么印象? 有哪些不同于安徽大学的感受?

汪:在这两个学校的读书经历和感受有明显的差异。一是学习的态度和方法不一样。1983 到 1987 年在安徽大学的四年当中,我对法律的了解完全是以老师为主,主要是按照老师给的教材读书,属于被动学习。那时法律专业的参考书比较少,学者的专著也很少。课外阅读的专业书籍多半是西方法律思想史或哲学类的。老师推荐我们阅读《论法的精神》《法学阶梯》等,但很少有真正精读完。

我是本科毕业就直接考上西南政法学院读研究生,在西政主要是自学为主,主动关注自己感兴趣的研究领域,收集大量的资料,尤其是西政提倡的"卡片式"学习法至今印象深刻。我们在入学时,学校给每人发大、小卡片各 500 张,让我们把收集的资料和自己的思考记录在卡片上。这对我的专业学习帮助很大。

二是学习氛围不同。安徽大学是综合性大学,读书期间应该说视野还是比较开阔的。除法律之外,可以去看中外古典小说,像《红与黑》《安娜·卡列尼娜》《战争与和平》《红楼梦》《鹿鼎记》之类,还有那时很流行琼瑶的小说《在水一方》等,那时我们特别热衷文学书籍。另外,还可以看一些哲学书籍,包括尼采的《悲剧的诞生》、弗洛伊德的《梦的解析》、罗素的《幸福之路》等等。那时谈起对法律的理解,很多同学没有今天这样的长远打算,因为那时包分配,大多数人都愿意去工作而不选择读研,一般都被分到基层法院、检察院和公安机关工作。那时在大学里,我只是抽象地了解到法律的基本精神是公平。当时我国的法律体系尚不健全,只是刑法、刑事诉讼法等刑事法律制度基本成熟,民商及经济法律都处在破旧立新的阶段。开民法课程时,《民法通则》还没有出来,经济法等就更不用说了。

西政的感觉跟安徽大学就不一样了,首先作为专门的政法学院,图书资料比安徽大学要丰富很多,师资也强许多。我那时感觉最大的不同是图书馆和阅览室,印象最深的是西政的图书馆里港台资料特别多,外文法律资料也丰富一些。其次,在西政的学习和生活中张口只有"法律"二字,人们往往只关注法律和法制事件。但在安徽大学除了法律之外,外语、国贸、经济等专业也很活跃,我们会关注法律之外的事件。这可能也是专科学校跟综合性学校的差别。

记:我留意到您研究生读的是民法专业,后又从事国际私法的教学和研究,您如何理解二者的关系?人大法工委曾安排将国际私法放在民法典里作为一编,管辖、司法协助等程序法问题则放在诉讼法中规定,您如何看待这种安排?

汪:我到西政读的是民法专业,婚姻法方向。1990 年分到安大工作之后,我开始也是从事婚姻法的教学,后来还开过比较家庭法的课程。1993 年,法律系教国际私法的老师调走了,就安排我教国际私法。自 1993 年至今,我一直从事国际私法的教学与科研工作。

对于国际私法与民法的关系,我个人认为要从以下几个方面来认识:一是从规则的性质和渊源的角度来看,国际私法是国内法,民法也是国内法,如果说民法是私法,那么国际私法与民法一起共同构成一国私法的主要核心内容。二是从法律部门的划分来看,两者可以划分为不同的法律部门,因为理论上通常是以其调整的社会关系来作为判断标准的。虽然两者都属私法,但民法主要调

与海牙国际私法会议副秘书长邓迪合影

整纯国内的平等主体之间的财产关系和人身关系,国际私法则是调整具有涉外因素的平等主体之间的财产关系和人身关系。三是在理论上,国际私法也被一些学者称为比较民法或国际民法,这就表明两者之间存在一定的联系。国际私法的任务之一是解决民事法律冲突,而各国民法的规定不同则是法律冲突产生的一个重要原因。研究国际私法,必须以民法为基础。

在立法上如何处理国际私法与民法的关系,理论上的争论已随着《涉外民事关系法律适用法》的出台而画上句号。但其间的争论还是很激烈的,无论是国际私法学会还是司法实务界,对中国国际私法的立法都给予了极大的热情支持。中国国际私法法典化是中国国际私法学界的共同梦想,中国国际私法学会一直致力于起草一部单行的中国国际私法法典。2000年,法律出版社公开出版了中国国际私法学会起草的《中国国际私法示范法》,成为海外学者了解我国国际私法的主要研究成果。从1995年开始,制定一部科学完整的中国国际私法法典,成为国际私法学界的头等任务。但后来在民法典起草中,对国际私法要不要单行法典化有了不同意见。学界认为,国际私法是单独的二级学科,从规范上讲,是独立的部门法,从体系的完整性考虑,应当制定专门的国际私法法典,包括总则、管辖、法律适用、判决的承认与执行等内容。但在实务界,经典的说法是,国际私法就是涉外民商事案件的审判法,要解决的问题就是涉外民商事案件怎么适用法律,主要就是法律适用规范,因此当然可以放在民法典中。经过这些年,我的感觉就是对于中国国际私法来说,学界的研究和实务界的期待是两种境界。学界总是追求完美的体系,深受欧洲国家晚近国际私法立法尤其是1989年《瑞士联邦国际私法》的影响,希望把涉外民事案件从管辖到判决的承认与执行所涉及的法律问题法典化,这主要是一个体系上的考虑。在实务界,则是分割来看国际私法的。他们认为,国际私法主要是规范涉外民商事案件的法律适用,不主张采用"国际私法"这一名称。因此,对国际私法理论上的"识别""反致""准据法"等概念甚至不愿意接受,认为这些概念不够通俗易懂。采用《涉外民事关系法律适用法》这一名称,也是便于司法实践中当事人和法官的接受和理解。至于管辖权、司法协助等程序法问题,因为民事诉讼法中已经对涉外民事诉讼管辖权、司法协助、判决的承认与执行等问题有明确的规定,在实务中也运用得很好,因此没必要拆开。将它们仍然保留在民事诉讼法中,能够符合司法实践的需要。

《涉外民事关系法律适用法》作为处理涉外民商事争议的法律适用的专门法,其中大部分的内容是对现行分散的法律适用规则加以集中。因为在很多领域,比如说《海商法》《民用航空法》《票据法》《继承法》《民法通则》《合同法》等法律中都有法律适用规则。《涉外民事关系法律适用法》不仅集中了这些规则，将实践中适用的相关司法解释上升为立法，而且还借鉴国际社会最新国际私法立法成果，在涉外侵权、涉外合同、涉外婚姻家庭等法律适用问题上，采用与国际社会先进立法较为一致的规定。此外，还对实践中较为突出的涉外知识产权案件规定了专门的法律适用规则。期望新的《涉外民事关系法律适用法》能够满足涉外民商事审判的需要。但对于这部单行法的内容，我认为还不够完善。无论是法律用语还是适用规则，都有值得进一步推敲的地方。比如说，在总则中我们不用"识别"而是用"定性"。其实，识别和定性的内涵是不一样的：识别不仅仅是法律关系的归类，还包括对法律规范的解释；定性则只是对案件法律关系的归类，只是对案件事实所反映的法律关系的辨认，辨认是合同案件还是侵权案件。如果是识别，不但要考虑案件所属的法律关系，然后还要考虑该法律关系所适用的法律条文。比方说，一起涉外合同案件应适用最密切联系的法律，那么最密切联系的法律是哪里的法律，对此应作出界定。但如果是定性的话，就不包括这个任务了。事实上，法律适用的过程一定包括对法律规范的解释，而定性只是完成了第一步，对于其后涉及的法律适用问题，定性一词是无法包含的。所以，我认为采用"识别"而不用"定性"更贴切。还有，新法规定了强制性法律规则的直接适用，没有了公共秩序保留的专门条款，而《民法通则》采用的是公共秩序保留制度。这两者也是有差异的，强制性规则的直接适用，只能对内国法院在适用法律时产生约束力；而公共秩序保留制度既可以对内国法院的法律适用具有约束力，对外国法院的法律适用效力也会产生影响。

记：您可以简要地评价一下目前中国国际私法研究状况吗？

汪：中国国际私法的研究和发展与中国的改革开放形影相随，有了改革开放政策，才有了国际私法这个独立学科的研究。比如，早期的国际私法研究主要是翻译和编写教材，后来有了一些介绍欧美国际私法的理论著述，如邓正来翻译的《美国现代国际私法流派》，再后来开始出现比较研究，有很多博士论文都是作国别国际私法的研究，这方面的成果也比较丰富，包括澳大利亚、瑞士、荷兰、加拿大，还有德国、韩国、比利时、俄罗斯等国的国际私法。

如果用批判的眼光来看，不仅仅是国际私法，整个法学研究在呈现繁荣的表象之下真正的、具有实际意义的研究并不多。我对当前中国国际私法研究状况概括为以下几点：一是理论研究比较多，实证的研究比较少。学界采用比较研究的方法，研究外国的国际私法立法较多。在论及完善中国国际私法立法时，往往就要借鉴和吸收国外的立法经验和内容，但这些是否适合中国的实际，跟中国的传统和司法习惯是否能自然地衔接，却关注得不够。也就是说，中国国际私法立法的本土化研究不够,对策性研究也不够。二是在研究内容方面,关注涉外商事问题较多,比如对融资、投资、担保、国际工程、劳务派遣等问题研究多,对传统的涉外民事问题,如婚姻家庭、身份等问题研究较少。实践中,跨国婚姻家庭纠纷日益增多,涉外离婚、跨国儿童监护权的行使等问题在全球化的背景下都呈现新的特点。在解决此类纠纷时,我国的立法明显滞后。例如,在跨国婚姻破裂以后,父母一方擅自将儿童带离出国境,另一方当事人怎样来行使监护权就是一个问题。对此,海牙国际私法会议通过了《国际性儿童诱拐民事方面公约》,许多国家可以通过加入该公约来解决这个问题,但我国没加入该公约。《民法通则》和《涉外民事关系法律适用法》都有关于涉外监护的法律适用规则,并且这些规则也体现了保护儿童利益的原则,但实际操作中却存在困难。其实,我关注到,在解决涉外婚姻家庭法律问题时,律师界走在了学界前面。有些律师专门做涉外婚姻家庭案件,他们在寻找法律依据时发现我国有关的立法规范非常少,而且很多都是民政部、外交部等部委作出的,法律位阶不够。可以说,不仅仅是国际私法,整个法学界的研究整体上都特别关注财产法领域,而忽略身份法领域。此外,大家都热衷于研究热点问题,从而导致写出的文章重复的多,有创新的比较少。

有一点可以欣慰的是,我国对国际私法的研究几乎与全球国际私法的发展是同步的,尤其是对国际私法立法规则的研究。比如说,欧盟出台一个新的国际私法规则,国内立即就有对该规则的翻译、解释和比较研究。对国际私法规则的解释性研究可以说是与国际社会同步的。现在用比较法的眼光,或者从国际条约角度来研究国际私法还是比较多的。

2008 年海峡两岸国际私法交流会·西安

记:您刚才提到了学界与实务的脱节,我留意到您在从事教学科研的同时还担任合肥市仲裁委仲裁员,不少老师都在做这些工作,您怎样理解教学科研和实务这两种工作之间的关联?

汪:客观地说,我们的法学教研工作与实务之间存在脱节现象。教学研究一般注重法律应该是怎样的,属于应然性的;而实务则是要解决问题,属于实然性的。比如,在对法律的理解上,作理论研究时,解释法律会更贴近法律的精神,而实务中,律师和当事人都有利己主义思想,往往作出对自己有利的解释。我认为,做实务工作对教学有促进作用,通过实务发现社会真正所需要的法律,引导我们教学的内容。以我个人的经历来说,在解决国际民商事争议程序法的教学中,长期以来非常重视国际民事诉讼法和国际商事仲裁法,却忽视国际民商事调解法。但在处理国际民商事案件的实务中,调解很重要。在国际社会上调解之所以能够成为新兴的解决争议的方式,是有它的合理性的。因为在调解中可以让人去追求很朴素的相对公平,而不是法律条文那样的绝对公正。事实上,法律在实务中往往无法达到绝对的公正,但通过调解可以找到一个利益平衡点,做到相对公正。目前,我国尚未就国际民商事调解制定专门的程序规则,只是在仲裁中我们极力主张进行调解,但这些调解都有附属性。我认为,在不久的将来,调解、仲裁和诉讼将成为三个并行的解决争议的程序制度。

另外,我们的教学科研与实务之间的互动不够。虽然我们已经意识到实践性教学的重要性,但在具体实施中还是不够,还亟待加强。目前,法学实践性教学主要是模拟仲裁和模拟法庭,由老师指导学生参与,采用虚拟案例,往往针对性不强。在法学教学中,高校与涉外案件的审判机构、仲裁机构以及国家外事部门的联系不够紧密,很少有实质性的交流与合作。尤其是我们地方性院校的法学院,对外交流与合作更加欠缺。但上海、北京的一些知名高校的法学院在这方面做得要好些,一些学校与外事部门或仲裁机构建立了实习平台,专门提供实习机会,这样就可以让学生懂得法律实践中需要什么。另外,还有一些律师事务所也与法学院合作,建立实习基地,可以让学生在面对争议的时候,知道需要什么样的执业能力。

记:您认为一种良好的学术环境应该是怎么样的状态?

汪:自由的意志,真实的表达,百家争鸣,和而不同。每一个人都要有自由表达意见的权利和机会,真实地表达自己的思想;要有批判的精神,不盲目崇尚权威;要敢于表达不同的学术思想,在和谐的氛围中形成一个学术自由的环境。

记:您在教学的过程中是否向学生推荐阅读书目?您认为阅读书目应该有怎样的取舍标准?

汪:我在教学过程中也有一个困惑的问题,那就是教材与教辅的关系。国际私法是教育部规定的法学本科专业的核心课程之一。教材的使用一般由授课教师推荐,基本上是用教育部或司法部组织的统一规划教材,内容大同小异。

授课内容必须围绕教材和教学大纲,由教师编写教案与课件。如果要让学生更深入地了解国际私法课程的知识,必须要有教辅材料,因此授课教师必须推荐课外阅读书目。在法学本科阶段,推荐与国际私法有关的课外阅读书还真有点困难。因为,国内出版的有关国际私法的书籍主要就是教材,而且雷同太多。一些学者的研究成果,名字看上去是著作,但打开一看还是与教材差不多。但我还是会向学生推荐几本,比如《奥本海国际法》、李浩培的《条约法概论》、卢峻的《国际私法的理论与实际》、施米托夫的《国际贸易法文选》、李双元先生翻译的《戴西和莫里斯论冲突法》、邓正来编译的《美国现代国际私法流派》等。还有英国丹宁勋爵的书,如《法律的训诫》《家庭故事》等,我也会推荐给学生,因为在看他的这些著作时,感觉是在听他讲故事,是在与你谈心,让你自己去感悟法律是什么,而且文字也写得很有人情味。

除法律书籍之外,我认为应该多看一些文学与哲学方面的著作。因为法律职业需要良好的口才和沉着的理性。多看文学书籍可以让你变得更善于表达;而多看哲学书籍可以使你更善于思辨。有许多法学大家都向本科学生推荐过必读的经典书目,其中大多数是法理学和法哲学方面的。在网络时代,学生获取专业资讯的渠道非常多,许多著作都可以在网络上阅读。网络使阅读变得更加便捷。

记:您在发表学术成果方面如何要求自己的研究生?是多发表还是少发表?

汪:我对研究生发表论文没有太严格的要求,只要符合国家的要求即可。对于我的研究生,一般提倡他们根据自己的研究兴趣和未来就业方向来写文章。学术研究,贵在创新。但在学术评价指标数字化的环境下,学术原创越来越少。在导师难以做到的情况下,很难苛求每个学生都能写出原创或创新的论文。所以,我认为,对学生发表论文不能一刀切。有兴趣、有科研能力的学生可以多发表文章。在硕士研究生阶段,还是应该引导学生培养自己的学术兴趣,以锻炼他们的独立思考能力和科研方法为主。到了博士生阶段,不要求有数量,但至少要有一篇自己在学术上的标志性文章,表示你是从事这方面的研究,奠定你以后的学术基础和大致的研究领域。当然,现在博士生教育也扩招了,不见得每位博士将来都做研究,也可能去做公务员或做实务。总之,我觉得所有的学习都应该围绕着人生的目标来进行。

记:您2005年赴美国马里兰大学进行高等教育行政管理交流,与我国法学教育相比,您有什么感受?

汪:我们当时主要是去了解美国的高等教育管理体制问题。因为马里兰大学与安徽大学是姊妹学校,我们去那里了解美国大学的教师人力资本管理、学生管理以及就业培训等规章制度。从法学教育来看,马里兰大学的法学专业不是很强,但其知识产权法在全美排名前列。美国给我的印象是,每个大学都不一样,每个法学院都有自己的专业强项,比如有的学校社会法比较好,有的人权法、海商法比较好,专业设置也分得特别细。他们的教学计划、专业设置会随时根据实务的需要进行调整,不像我们这边有统一的教学计划,变动很难。

记:您对高等教育去行政化怎么看?

汪:我只能说我赞成去行政化,但实际上是去不了,甚至行政化越来越强。我们一直认为,法律教育要讲真话,追求规则之治。但现在行政的力量无处不在,行政化都有法律的外衣。大家都知道法学本科教育的扩招、法学高等教育的模式和方法都有问题,但我们就像登上了一列火车,明知方向不对,却又没办法调头。

记:最后请对您的教学和研究作些总结和展望吧。

汪:我从 1993 年至今从事国际私法教学和研究刚满二十年。这二十年是中国国际私法发展最快也是最好的时期。在其间的教学和科研中,我关注过国际商事仲裁尤其是仲裁管辖权问题、统一国际私法问题、跨国婚姻家庭和儿童保护问题以及中国国际私法本土化问题。我作为国际私法学会的代表,亲历了《涉外民事关系法律适用法》制定的过程。在这部新的法律中,我关注最多的还是涉外婚姻家庭的法律适用问题。虽然这部法律充实了很多内容,但在涉外结婚、离婚的问题上,与《民法通则》相比,可能使法律适用更加复杂化了,但其科学性没有得到体现。至于这部新法的效果如何,还有待于司法实践的检验。

目前,国际私法教学与研究的重点和热点主要集中在新出台的《涉外民事关系法律适用法》上,这是个新问题。这部法律在适用的过程中可能会面临一些困境。一方面,这部新法与《民法通则》(第 146 条、第 147 条除外)同时并行适用,新法与旧法之间的关系尚未理顺;另一方面,新法的许多条文还需要用司法解释来加以完善才能得到很好地适用。我希望在跨国婚姻家庭法领域能够作进一步的研究。我在做一个有关儿童权利保护的国家社科基金项目时,发现外国有关婚姻家庭方面的法律发展很快,尤其是儿童法。我国有关儿童保护的立法是分散式的,既没有突出父母对儿童的第一保护责任的理念,也缺乏社会和政府对儿童保护的责任制度。因此,我想从比较法和国际法的角度,对儿童权利保护作进一步的研究。

(李耀跃、汪　强)

贾兵兵
Jia Bingbing

1985 年 9 月至 1989 年 7 月,就读于北京大学法律系,主修中国法律和国际公法;1990 年 1—6 月,就读于冰岛大学英语系,学习冰岛语和英语文学;1990 年 10 月至 1991 年 11 月,就读于牛津大学法律系,攻读法律硕士学位,后经法律系批准,于 1991 年 11 月转为博士学生,攻读国际公法博士。曾任牛津大学学院讲师(Tutor)、法律系研究助手,前南斯拉夫荷兰海牙国际刑事法庭李浩培法官、王铁崖法官助理以及 P2 级(P 指专业雇员)助理法律官员、P3 级法律官员。现任清华大学法学院教授,教授人道法和国际公法。

主要著作包括:《国际法中的海峡制度》(英文)(独著)、《前南法庭程序与证据论文集:献给加布里尔-科克-麦克唐纳》(英文)(编著者之一)、《国际人道法简明教程》(英文)(独著)、《国际公法:理论与实践》(中文)(独著)、《牛津国际刑法简明百科》(英文)(编著者之一)。

> 我认为,对于学生而言,最重要的往往并不是概念的堆砌,而是思维上的开放性和灵活性。

记者(以下简称“记”):贾老师,您好! 非常荣幸能够在美丽的清华园对您进行采访。请问您是什么时候参加高考的?

贾兵兵(以下简称“贾”):1985 年。

记:当时您是怎么想到报考北大法律系的? 我们知道,20 世纪 80 年代,比较热门或者说年轻人喜爱的专业还是文史哲一类学术思辨性比较强的学科,而法律的应用性、实用性比较强,不像现在这样属于热门学科。您是怎么想到报考法律系的呢?

贾:我报考法律系是通过他人建议和自己的分析,说起来也并没有太明确的原因。

记:进入北大之后,头顶着"天之骄子"的光环,想必您是着实激动了一阵子的。那么在激动的情绪过去以后,您对北大的校园、北大的学术氛围有些什么样的认识?

贾:感觉北大确实是一个思想自由、学术气氛活跃的校园。同学里有很多都是地方上高考的"状元",素质很高;学校里有很多讲座,请来的都是各个领域顶尖的学者,这些讲座大大地启发了我的思维,让人感到原来还有这样的一片天地,原来学术的视野可以这么广阔。这种思想上的交流,对一个人的成长很关键。我读书时候的法律教育强调的是知识、概念的自我演绎,并不怎么有利于启发思维。我认为,对于学生而言,最重要的往往并不是概念的堆砌,而是思维上的开放性和灵活性。当然,除了这种氛围的感染,我还非常有幸能够接受到名师的教诲,让我领略到前辈学人的风采以及他们治学的严谨。

> 我也特别感激在我职业生涯的起步阶段帮助过我的王铁崖先生。王先生那种宽厚的性格、提携晚辈学子的热情,可以说让我终生难忘。

记:具体有哪些老师让您感到难忘呢?

贾:那有不少,比如说已故的王铁崖先生;现任北大国际法研究所所长的饶戈平教授,我在北大向饶老师学的国际组织法;我大学时的班主任李兆杰老师,他现在是我在清华法学院的同事;还有北大的白桂梅教授,我向她学习了国际公法的基础课。我想着重谈谈王铁崖老师。我在联合国前南斯拉夫刑事法庭工作的时候,有幸成为他的助手。其实,在前往海牙做王老师的助手之前,在大学读书的时候,我就见到过王老师三回,其中和他面对面交谈过一回。那时候他是我们法律系的教授。我读本科的时候就已经有志于从事国际法的研究了,因此在大三的时候,我就开始学习国际公法这门课。学习的过程中有四位老师的名字让我深深铭记:陈体强、周鲠生、李浩培、王铁崖。这四位先生都曾执教于北大,声名卓著。陈老师和周老师我都无缘谋面,但我后来有机会与李先生、王先生相处。

我第一次见到王先生是 1988 年,在当代国际关系史这门课的课堂上。王先生时年 75 岁,穿着得体,精神健旺,有一副大学者的风度。这门课是由王先生的学生饶戈平老师来主讲,但是由王先生开篇阐述国际关系史与国际法这两者的联系,他讲得非常透彻。在大三快结束的时候,我开始准备争取到牛津留学的机会。之所以会有这个念头,是因为我读了牛津大学的伊恩·布朗利教授《国际公法原理》(第三版),当下就壮着胆子给他写信,表示想投入他门下学习。布朗利教授回信给我,仔细说明了申请程序。程序之一是需要两份推荐信。于是我就去找王铁崖先生,这是他和我第一次交谈。

王先生的屋子里有很多很多的书,这些书里包括了一些最好的国际法著作,比如说 D. P. 奥康纳的两卷本《国际法》。我那时候对许多国际法大家的名字还只是略知一二。王先生坐在沙发上,面色和善地听我介绍。听完他笑着说,那好,他会支持我申请牛津的。我听完这话有些惊奇,没想到这么轻松就能得到他这样的大学者的推荐。王先生事务繁忙,但是他仍然能够这样地关心年青一代,这点确实很让我感动。

在王铁崖先生的推荐下,1989 年我被录取为牛津大学的研究生。1990 年在牛津入学,师从的正是布朗利教授。牛津的六年学习是我学术道路上极其重要的一段时光,因此,我也特别感激在我职业生涯的起步阶段帮助过我的王铁崖先生。王先生那种宽厚的性格、提携晚辈学子的热情,可以说让我终生难忘。

记:王铁崖老师确实是老一辈学者中非常出类拔萃的人物,我们在之前的采访中也了解到王老师出众的学术成果和高尚的人品。那您对于国际法学科的兴趣,或者说从事国际法学研究的志向,也是那时萌生的吗?

贾:是的。就像我刚才说的,是在我读了伊恩·布朗利教授的《国际公法原理》(第三版)的原版之后下的决心。我 1990 年牛津入学,师从于他,一直到 1995 年博士毕业,一直在做布朗利教授的博士生。

记:后来您在海牙也做过王老师的助手?

贾:是的。前南刑事法庭是联合国安理会在 1993 年设立的,而我在 1995 年获得牛津大学博士学位。1996 年,我正在申请博士后研究的时候,我在北大的班主任李兆杰老师发了一封邮件给我,询问我是否有兴趣到荷兰海牙做李浩培法官的助手。我答应并提出了申请。这次还是由王铁崖先生向国际法学家委员会推荐我,很快委员会便通知我动身。可以说,这是王先生在我职业生涯的起步阶段第二次帮助了我。他在决定性时刻两次帮助了我,因此我也迫切地期望能够再次见到他。

记:在海牙,您的这个愿望实现了吧。

贾:不错。我一开始到海牙,是做李浩培法官的助手。李法官任期结束后,推荐王先生接任法官。1997 年 5 月末,我收到王先生的信,他邀请我留在他身边工作。当时我的答复是,能够向他学习是我的荣幸,现在我终于有机会和他共事并成为他的学生了。

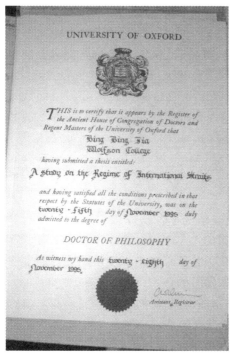

UNIVERSITY OF OXFORD

THIS is to certify that it appears by the Register of the Ancient House of Congregation of Doctors and Regent Masters of the University of Oxford that

Bing Bing Jia
Wolfson College

having submitted a thesis entitled:

A study on the Regime of International Straits

and having satisfied all the conditions prescribed in that respect by the Statutes of the University, was on the twenty-fifth day of November 1995 duly admitted to the degree of

DOCTOR OF PHILOSOPHY

As witness my hand this twenty-eighth day of November 1995.

Assistant Registrar

贾兵兵获得的牛津大学哲学博士学位证书

我记得是 1997 年 11 月 11 日,我到机场迎接他和他的妻子、外孙女。毕竟岁月不饶人,和我十年前的印象相比,王先生说话变得很轻声,不过思维还是一如既往地敏捷。海牙这个地方属于典型的海洋性气候,气候温和,春天和夏天都很短,但是很明媚,不过很快就会进入阴暗、多雨、多风而漫长的冬季。王先生住在海牙市南边的一栋公寓房里,我会定期拜访他。王师母会做可口的中国饭菜给我们,我和王先生也时常聊着他早年在伦敦政治经济学院学习,师从赫什·劳特派特(Hersch Lauterpacht)和罗伯特·詹宁斯(Robert Jennings)的经历。从他的回忆中,我可以感受到他对两位师长深深的感佩与眷恋之情。

记:您之后一直在国外从事着国际法的工作吗?

贾:我从 1997 年 11 月到 2000 年的 3 月担任王铁崖法官的助理,而王铁崖法官的正式职务是前南斯拉夫刑事法庭上诉庭的法官。我从事的工作包括研究和起草判决、决定等文件,为法庭秘书处提供有关豁免权及判决执行的法律咨询,起草王铁崖法官的发言并协助他处理其他事务,以及参与法庭的司法行政工作。王铁崖法官由于健康恶化,于 2000 年 3 月辞职。之后我留在前南法庭的审判庭和上诉庭工作,直到 2004 年 11 月回到国内,开始在清华法学院教授人道法、国际公法和国际刑法。

> 王先生就谈到过,他这样一个年纪还要作为国家的代表来出任国际法庭的法官,实在是"着急多于兴奋"。就是说,在他那一代的国际法律师和国内年青一代之间有断层。他反复表达过这种担忧,并且也写信给国内的同事们,提醒他们注意这一点。

记:您在国外的工作经历确实是非常充实的。从 1990 年牛津入学,直到

2004 年回国,您在国外十多年,参与前南斯拉夫与卢旺达国际刑事法庭的工作,对国外国际法的理论流派以及具体操作实施,相比一些国内的学者,可能有更高的见解与认识。您能向我们大概谈一谈,您认为国内的国际法学研究和国外主要有哪些差距吗?

贾:我们的国际法研究,首先是研究深度不够,对很多理论上的问题、实务中出现的问题都关注不够,因此我们缺少在国际上有发言权、有公认学术地位的学者。其次,在基本研究方法上,我认为还需要改革。我们现在做学问,脱离现实,这是很危险的。再有,国际法是一门对从业者综合素质要求很高的学科,外语能力极其重要,甚至说它是入门的门槛也不为过。同时,对于国际政治、地缘政治、热点地区的历史文化的了解,也是必需的。国际法庭非常重视程序和证据,可能要审上好几年才会最后给一个人定罪,因此,尤其需要精细、耐心的探索。可以说,要培养一个符合国际要求的国际法从业人员是需要较大投入的;要出知名的学者,那更要通过自身辛勤的奋斗和努力。只有在创新上、在理论联系并服务于实际上投入大的精力,坚持不懈,才可能在国际上有所建树。

记:贾老师,我们换一个话题。您认为现在我们的青年学者是否存在着一定的浮躁情绪?现在的法学和三十年前相比确实非常非常繁荣,成果显著,但是也有人担忧,这种繁荣背后隐藏着很多的泡沫,学术界存在着弄虚作假的现象,或者说这样的一种轻浮的思想状态,对此您怎么看?

贾:我在国外十多年,回国待的时间也不长,对国内的很多情况恐怕并不是很了解,对此我不太好置评。不过,我曾向王铁崖先生问过国内的学术状况。王先生就谈到过,他这样一个年纪还要作为国家的代表来出任国际法庭的法官,实在是"着急多于兴奋"。就是说,在他那一代的国际法律师和国内年青一代之间有断层。他反复表达过这种担忧,并且也写信给国内的同事们,提醒他们注意这一点。

记:最后,对于年轻的法科学子,您有一些什么样的期望或者说建议、寄语?现在法律这个学科也已经成为"显学"了,投身的人多,学习法律的学生也越来越多,社会总体的氛围也比较浮躁,有些学生也比较困惑,不知道该一心读书好还是忙着找工作。这样的一种心态,在现在的学生里面,我们认为还是具有一定普遍性的。

贾:2004 年我回国时的中国社会同我出国时的中国社会相比,真的不可同日而语,发生了非常巨大的变化,物质丰富程度大大提高,人们的视野也变得更加开阔,年轻学生面对的诱惑更多。在这种情况下,我认为首要的是如何把握自己。要分析自己的志向、能力、爱好是什么,是更适合做学术,还是做实务性的工作。这种分析可以在本科的学习和实习过程中慢慢进行,一旦明确之后,就应该自己制定出一个大体的规划,考研也好,考公务员也好,都要有明确的目标。没有目标,肯定会困惑。同时,不管是想要做学术还是想要做实务,打好基础是很必要的。专业的书、专业以外的书,都可以看,看完了还要思考,或者和老师、同学探讨。不管将来走什么样的道路,知识的积累是非常重要的。再有,思维方式的形成也很重要,有效的思维方式可以帮助你在更短的时间内设想出更为行之有效的策略。

（陈　艳、董　能）

陈瑞华
Chen Ruihua

1967 年 2 月生,山东聊城人。1989 年毕业于中国政法大学法律系,获法学学士学位;1992 年毕业于中国政法大学研究生院,获诉讼法学硕士学位;1995 年毕业于中国政法大学研究生院,获诉讼法学博士学位。1995 年 7 月至 1997 年 6 月,在北京大学法律学系从事博士后研究工作。1997 年至今,在北京大学法学院任教;2002 年 1 月至 6 月,在美国耶鲁大学法学院作高级访问学者。现为北京大学法学院教授、博士生导师。

主要研究领域为刑事诉讼法、刑事证据法、司法制度和程序法理学。独立出版学术专著十余部。其中代表作有:《刑事审判原理论》《刑事诉讼的前沿问题》《看得见的正义》《问题与主义之间——刑事诉讼基本问题研究》《程序性制裁理论》《法律人的思维方式》《刑事诉讼的中国模式》《论法学研究方法》《比较刑事诉讼法》《程序正义理论》《量刑程序中的理论问题》。

先后在《中国社会科学》《中国法学》《法学研究》《政法论坛》《中外法学》等刊物发表学术论文一百余篇。其中具有代表性的论文有:《程序价值理论的四个模式》《程序正义论——从刑事审判角度的分析》《程序正义的理论基础——评马修的"尊严价值理论"》《刑事侦查构造之比较研究》《走向综合性程序价值理论:贝勒斯程序正义理论述评》《司法权的性质——以刑事司法为范例的分析》《未决羁押制度的理论反思》《案卷笔录中心主义》《司法过程中的对抗与合作——一种新的刑事诉讼模式》《刑事附带民事诉讼的三个模式》《论量刑程序的独立性》《量刑程序改革的模式选择》。

2005 年获得第四届"全国十大杰出中青年法学家"称号;2010 年获得教育部"长江学者奖励计划"特聘教授资格。

> 学术这个东西,一开始就应该有宏大的视野,站在世界的角度看问题。

记者(以下简称"记"):您是在哪里参加高考的? 您当时报考的专业就是法律吗?

陈瑞华(以下简称"陈"):我是 1985 年从山东聊城一中考入中国政法大学的,高考以后对于专业的选择没有太多考虑,也不知道要学什么,基于当时老师、家人和自己一点朦朦胧胧的认识选择了法律专业。至于学校的选择是这样的,我所在的高中聊城一中是当地最好的中学,因此我也想在最好的法科大学学习。西南政法大学很有名气,但是距离家乡太远,而且我当时想去北京读书,最终选择了中国政法大学。

记:您对当时法律系的学习环境有什么感受?

陈:中国政法大学给了我很多美好的印象,人生中有很多第一次都在政法大学发生,比如说我发表的第一篇文章、聆听的第一场讲座、第一次接触西方的理论思潮。我们读书时的环境和氛围很好,学校里每周都有一场讲座,请来的都是名师,讲的都是当时最新的理论思潮,这使我受益匪浅。法大是我永远的母校,给了我太多太多。

我在本科阶段属于比较乖的孩子,是班上的学习委员,体育运动和文娱活动几乎为零,因此大学里生活比较单纯。当时大多数人在体育或文艺方面都有自己的爱好,而我就是喜欢读书,在法大系统地读了很多书,而且每周都会参加读书活动。我对学术的兴趣也是那时培养起来的。考研的时候,最初想报考的专业是民法,还写了一篇民法精神方面的论文,老师给了很高的分。但是,后来发现当时中国的民法不是很发达,于是想学行政法,因为这是控制政府权力的法,所写的一篇行政法论文还得到了年级最高分——99 分。最后才决定报刑事诉讼法,一方面,我发现刑事诉讼法是动态的宪法、宪法的适用法,对保障公民权利有重要作用,这增加了我原本就浓厚的学习兴趣;另一方面,当时的刑事诉讼法问题很严重,没有形成完善的系统,还有很大的发展空间,此外,政法大学刑事诉讼法专业的师资力量也是最强的。

在读研期间,我一共发表了五六篇小文章,虽然不是在核心期刊上,但是这三年给我的研究带来了质的飞跃。这体现在三个方面上:一是对整个诉讼法的理论作了系统的研究。政法大学的库本阅览室和外文新书阅览室是我最常去的地方,当时我主要以港澳台学者的著作为学习、阅读的对象,台湾著作读得很多,通过他们的著述对诉讼法的理论有了更加清晰的认识和更加系统的研究。

二是深入地阅读了很多法学经典名著。本科时读的东西比较杂,研究生期间集中阅读了法学名著,尤其在法理学领域下了很多苦功夫,看了很多理论著作,当时有一个观点,法理学是进行法学研究的基础,打不好这个基础,做出来的部门法就是工匠型学术。三是初步掌握了一些研究方法。当时政法大学硕士的每一堂课几乎都是讨论课,在课堂上同学们相互启发,相互交流比较多,有时还会产生观点碰撞,这些都使我对刑诉研究产生了深入的兴趣。

记:在您的学习生活中,您感觉印象最深的是哪位教师呢?

陈:当然是我的启蒙者和领路人陈光中先生。我在报考博士研究生时以第一名的成绩被陈教授录取。1992 年到 1995 年这三年是我的博士时光,也是我的研究出现革命性飞跃的期间。

陈光中先生是大师级的人物,可以说,是他手把手地教我写论文,使我在研究方法和研究能力上取得了实质性的飞跃,有这么几个标志:第一,终于知道怎么谋篇布局,怎么架构文章框架,而且还能形成前后连贯的理论体系。陈老师站得高看得远,教导我们要具备大气磅礴的学术视野。学术这个东西,一开始就应该有宏大的视野,站在世界的角度看问题。第二,学会怎么收集资料,怎么分析资料。有了宏大的视野之后还需要脚踏实地地运用资料、分析资料以解决问题。我现在辅导研究生就吸取了当时的经验,既要有远大的眼光又要有脚踏实地的分析,从小事入手。第三,学会创新。我个人觉得没有新东西、没有独到的见解很快就会被遗忘,于是立志求新。当然,这期间也经历了一些挫折,走了一段弯路,一开始就是标新立异,发出不同声音,当了一段时间的"愤青"。不过,我始终感觉选题、视角要独特,要抓住读者的注意力,这样才能在学术上产生自己应有的影响力。我的博士论文出版后,就产生了一定的影响力。

> 我做学问就是有点"拼命三郎"的精神。

记:在您多年的求学生活中,您印象最深的是哪几件事情呢?

陈:本科阶段我印象最深的事情就是听讲座,中国法律人的先天不足是高中毕业之后就直接去学法学。法律是一个应用型的学科,学法律将会遇到多种社会科学,而这些都是本科阶段不会讲授的,这也是中国法学教育的一个缺陷,没有社会科学的背景和基础,学到的不过是一些法律条文的皮毛,很难理解条文背后的理论基础,而听讲座很好地弥补了这个缺陷。我听讲座一个都不漏,政法大学 1987、88 年最活跃时几乎每天都有名师来做讲座,来介绍多个领域的最新思潮。我听讲座时一定要做笔记,而且做得非常工整,每次听完讲座后都会有一种冲动,要去读这方面的书,我本科读的最多的是哲学、社会学方面的书。我印象最深的是一个老师讲卢梭,讲了两个小时,我都听不懂,就去大量借书,我们一个寝室的同学每个人都借了一本,看完后一起讨论交流,比如《论人类不平等的起源》《爱弥尔》《社会契约论》和《忏悔录》。有一个教授来讲伦理学的名著,我们就又去借书,对道德上的善、恶、正义的标准都有了更深一层的认识。那个时候开始读诺齐克、亚里士多德等人的著作,虽然没有完全读懂,但是培养了一种理论的兴趣。学法学必须要有广博的知识,完全指望课堂是不行的。

硕士阶段最深刻的印象就是迷茫、痛苦,根本原因是对中国的司法制度存在那么多问题感到很痛心、很失落。我读硕士时是 1989—1992 年,那个时候的司法实践存在许多问题,律师权利得不到保障,法庭审判流于形式,超期羁押严重,法治观念非常淡薄,人权、公平、正义得不到保障。现在回过头来看,硕士阶段迷茫失落的根本原因是,认为研究法学就是要改变社会、改变制度,而一个软弱书生面对司法实践中的众多问题无能为力,所以写文章时很悲观、很失望。当时我还是很不成熟,没有站在社会科学的角度看问题。其实,一个医生看到这么多细菌和病毒,需要失落么? 同样道理,看到法律领域中的很多不公平、不正义,首先要做一个冷静的观察者。总之,失落、悲观是硕士阶段印象最深的,越深入研究西方,就越发现中西差距之大,也使得这种失落感在很长时间都弥漫于心头。

博士阶段是一个比较平静的阶段。随着年龄的增长和阅历的增加,已经不再像过去那样有不切实际的幻想,而且在研究方法上有了一些头绪。印象最深的是第一次写文章,首稿导师不满意,推倒重来,五稿之后导师才算满意,所以博士一开始就深深陷入到对自己科研能力的不自信之中,一种要从头打基础、从头做学问的想法油然而生。到了第三次写文章时只要两稿基本就可以了,无形之中,润物细无声地,科研能力开始提高,驾驭语言的能力也得以提高,系统、规范的表达观点的能力越来越强,而且离发表文章越来越近,这个经历构成了博士阶段的主线。这和我当时的刻苦努力是分不开的。举个例子,刚读博士时外语不过关。阅读外文原著最难的是专业词汇,怎么办? 我当时带了五六篇文章复印件和一本英汉法律词典,逐字逐句地翻译,连注释都翻译了。当时正值意大利 1988 年《刑事诉讼法》修改,我找的文章全是美国、加拿大法学家对此的评论。每篇文章都有几十页,全部翻下来后,相关的专业词汇几乎都学会了,我还在此基础上发表了两篇论文,至今引用率仍然很高,这两篇论文的写作给我留下了极深的印象。

陈瑞华在美国交流访问

博士阶段另一件印象深的事就是博士论文的选题,这同样得益于我的大量阅读。一开始我就想研究刑事诉讼程序价值论,在法学领域中,关于程序正义中文概念的提出和使用,我算是比较早的,硕士论文中我已经提出此概念,博士论文中也有专章研究。我一直觉得,审判程序的公正性是整个刑事诉讼程序的灵魂,法治与人治最大的分歧在于过程,而不在结果。刑讯逼供也可能达到一定的结果,但这是野蛮的、专制的,而非文明的、法治的。于是,我对程序正义产生了浓厚的兴趣。同时,我在政法大学找到了一些英美学者的文章,就像找到了宝库一般,沿着这些文章的注解,我又在国家图书馆找到了五六十本书、上百篇论文。这项工作一直持续到 2002 年我到耶鲁访学。可以说,我把耶鲁大学图书馆翻了个底朝天,比较全面地收集了关于程序正义的文献。所以,博士论文写这个选题是出于强烈的兴趣,有时候到了夜里 12 点还很亢奋,我做学问就是有点"拼命三郎"的精神。博士论文第一稿 40 万字,一个月后,删改到了 20 万字。这一直延续到我到北大做博士后,我的博士后出站论文就是程序正义论。在我国,程序正义曾经极其不发达,当前法治观念的逐渐强化与程序正义的理论传播是分不开的。这里面有三个核心的问题:第一,违反法律程序,结果再正确,也不等于正当;第二,我们不仅要遵守合法的程序,程序本身还要正义;第三,人治和法治的最大区别是过程,而不是结果。

记:博士毕业后,您怎么会选择离开就读十年的法大而去北大工作呢?

陈:来北大工作其实是一个非常偶然的机会。我博士即将毕业时,北京的君合律师事务所设立了"君合律师人才奖",奖励 5 名北京地区的法学研究生。我是以第一名的成绩入选的。中央电视台对颁奖典礼进行了现场报道,我还代表获奖学生发了言。当时北大法律系的负责人看中了我,建议我去北大做博士后。当时北大的法学博士后流动站刚刚获批,这样我就成了北大第一个法学博士后。在北大做博士后时,正值几位诉讼法的老先生退休,几位年轻的老师也相继离开。在北大做了两年博士后,我就开始在那里任教。在北大执教十多年期间有我个人学术生涯的几个里程碑,第一个是 2005 年被评为第四届"全国十大杰出中青年法学家";第二个是 2010 年当选教育部"长江学者",目前法学界的"长江学者"不超过 10 个。

> 刑事诉讼法本质上是一个人权法,又是一个动态的宪法,是观察中国宪政最好的窗口,更是观察中国公法命运最好的样本。

记:您对刑事诉讼法专业的兴趣是缘何而来呢?

陈:实事求是地讲,这个兴趣点是由当时读书和后来做学问产生的。前面也提到过,在法大读刑诉研究生期间,我通过对大量著作的系统阅读和研习,增加了原本就愈加浓厚的兴趣。我就谈谈兴趣点的变化吧。最早的兴趣点是刑诉法中公民权利和国家权力冲突最激烈的领域。但是,在北大做完博士后的兴趣点就不一样了,我又有了新的想法:第一,通过刑诉法这样一个实体法可以研究宪法问题。一个部门法只是一个领域,宪法学是"万法之母",刑诉法在中国转型过程中的观念冲突最强烈,以这个领域为突破口来研究中国宪政是比较好的。第二,我有一个观念,法学就是法理学,研究法理学,如果仅仅局限于狭义的法理,不一定有较大的成果。当今的法理学研究往往不关注部门法,很难找到让各个部门法学者也信服的东西。法理学是法学中的法学,应该为各个部门法提供共通的东西。因此,我觉得应该从刑诉法切入,和法理学的一般理论进行对话,为法理学研究做些贡献。第三,通过研究刑诉法关注中国目前正在发生的司法改革。这两者有很密切的关系,从 2000 年以来,中国的司法体制改革一直在前进,但是很难有大的突破,司法独立、审判与检察的关系、执行权的分配……这些大的体制问题都很难突破。最近五六年以来,刑事司法改革一枝独秀,死刑案件二审开庭、量刑程序等都向着公开化、透明化的方向前进,刑事证据规则和非法证据排除规定也正在进行相当规模的修改。当然,民法也在改,比如物权法,但是体制上的重大变革还是在刑事领域。我认为刑诉领域是中国司法改革最剧烈的领域,还制定不出来一部稳定、确定的成文法典。而一个领域越是变更剧烈,进行研究就越是大有可为。

记:您认为刑诉领域为什么会成为中国司法改革最剧烈的领域呢?

陈:相对来说,民法领域不涉及国家权力,主要涉及保护公民的财产权。刑事领域涉及保护公民的人身权,所以你会发现,一个国家刑事领域改革最艰难的部分就是嫌疑人、被告人权利的保障。只有整个国家的人权状况和法治观念

陈瑞华做学术报告

都达到一定程度的时候才会启动这个改革,全社会的意识还有媒体的关注也是必需的。以河南天价过路费案为例,这个案子触动了中国老百姓最朴素的正义观,让大众无法接受。一个运输司机就因为冒充军车竟躲避了三百多万过路费,这里面涉及两个问题,一个是弱势群体权利保障,一个是过路费收费过高,简直匪夷所思,这就触动了中国社会弱势群体敏感的神经。另一个问题值得我们关注,就是法院处理了法官,连是非都没有搞清楚,有什么权力处罚法官?关键问题是不尊重法律程序。上下级法院应该是独立的,而非领导关系。再看其他案件,无论是许霆案、杨佳案、邓玉娇案、重庆打黑案都涉及刑事诉讼改革的问题。刑事司法是中国变革最艰难的领域,因为涉及嫌疑人、被告人的权利保护,这也是引起民众广泛关注的原因。刑事诉讼法本质上是一个人权法,又是一个动态的宪法,是观察中国宪政最好的窗口,更是观察中国公法命运最好的样本。当然,行政法也在变化,但是远远不如刑诉领域剧烈。刑诉领域的变革是革命性的,虽然不可避免地会遇到障碍,但变革非常激烈。

记:能否请您谈谈刑诉改革中最大的障碍?

陈:一言难尽啊,应该说是司法体制问题。中国的体制如果不改革,刑事诉讼程序作为一套规则体系很难发生根本性的变化。具体说来,司法体制是审判权、检察权、侦查权、司法行政权之间关系的调整,是宪政体制的组成部分。目前我国法院没有司法审查权,检察机关的法律监督权过大,谁来监督监督者呢?公安机关有强大的处分权,特别是剥夺公民自由权利的权力。当然,体制问题并不是唯一的,改革中的困难还来自于其他原因,比如现行的考核机制,上级法院发回重审,就要处罚下级法官;检察机关不起诉的案件,就要处罚侦查人员。这使得每个办案人员都成为和案件有直接利害关系的人,在这种情况下,犯罪嫌疑人、被告人都是工具和手段,很难保障他们的权利。

记：您认为目前中国的法学研究存在哪些不足和需要改进的地方？

陈：中国法学经过三十多年的发展，已经到了反思研究方法的时候了。身处正在剧烈转型的中国社会，法学家们有责任总结中国法治的经验和教训，发现中国问题的深层结构，寻找中国法制建设的基本规律，做出自己的理论贡献。

我认为目前中国的法学研究存在以下几个问题：第一，对多数部门法学者来说，"对策法学"过多，学者们多以推动法典起草为最高目标。我国三十多年来部门法的一个幼稚病是"大会堂现象"，学者们都想让立法机关采纳自己的观点，搞法理学的人有时也忍不住提倡司法改革。中国法学的不成熟在于立法没有走向专门化，立法应该由专门的立法机关来进行。法学学者应该是研究规律、提出理论，而学者提不出理论和根本概念是中国法学幼稚病的根本所在。第二，研究法理学的人过于脱离实践，搞抽象思辨，盛行思辨法学。有的直接以西方法哲学的概念解释中国的现象，这样研究法理学缺乏本土的基础，缺乏部门法的问题意识，造成的后果就是和中国现实脱节。第三，一些实体法学科过早、过多地注重法解释学。比如刑法中受贿罪的构成，解释范围越来越扩大。法解释学又分为两派，即扩大解释和压缩解释，压缩解释是过于狭隘地解释法律条文，故步自封，走向僵化，完全从演绎逻辑出发。对西方的理论过分地强调接受和普适化，这是中国根本的失误。非常遗憾的是，很多问题西方的理论解决不了，比如上访、拆迁。

记：能否请您谈谈您最欣赏的法学研究方法？

陈：我认为，社会科学方法终将是一条将法学与其他社会科学密切联系起来的研究方法。所谓社会科学的研究方法，简单来说就是按照社会科学研究的一般规律研究社会问题的方法。按照这一方法，研究者应当将法律问题视为一种社会问题，不仅要关注"书本中的法律"，更要关注"社会生活中的法律"，也就是法律在社会中的实施状况。无论是立法活动、司法活动还是法律改革，都属于研究者所要研究的"法律现象"。将社会科学方法引入到法学研究中来，意味着研究者要以科学态度展开自己的研究。具体说来，研究者应当区分政治问题与学术问题，区分法学问题与法制问题，将理论问题作为法学研究的逻辑起点；研究者通过观察和思考已经发生过的经验事实，从中发现现有理论无法进行解释的问题；研究者透过对问题的研究，进行概念化处理，提出某一假设或者命题；通过将这些假设和命题放入不同的经验事实中进行检验，对得到论证的部分，确立为理论，并将那些无法得到验证的部分予以否定；研究者提出的理论要么对某一制度、实践、改革问题的深层结构作出了模式化的概括，要么对某一长期存在的问题作出了因果关系上的解释，提炼出了某一具有解释力的理论变量,揭示了某种因果规律;研究者在与本领域最前沿理论的学术对话中,假如推翻了某一既有的理由,或者提出了某一主流理论的例外,就意味着这项理论研究取得了创新性成果,在不同程度上推进了理论的发展。

社会科学方法强调从经验事实中提炼出理论,实现一种从经验到理论的"惊心动魄的跳跃"。这种方法遵守价值中立的学术原则,不对研究对象作出善与恶的价值判断,对于所有问题,甚至包括价值取向问题本身,都只作解释意义上的分析,揭示的是某一事物的模式和某一问题发生的原因。对于法律规范,这种研究方法只关注规范的性质及其实施的社会效果,而不作"应然"层面的判断。对于法律应当如何修改、司法体制应当如何改革、法律制度应当走向何处,社会科学研究者都一概不问。

> 这些名著能够帮助你和未曾谋面的大师进行心灵的对话,模仿大师的研究,揣摩不同的观点。

记:最后,您能否为我们法科学子推荐一些优秀的阅读书目?能否请您给我们年轻学子提几点希望?

陈:每个阶段的阅读面应该有所区别。本科生要广和博,不要过分地专,与其推荐几本书,还不如推荐读书的标准。要通过阅读和听讲座拓宽自己的知识面,尽可能多地阅读政治学、哲学、文学的世界名著,这些名著都具有历久弥新的价值。硕士应该继续强化人文社会科学的素养,进一步涉猎法学名著,这些名著能够帮助你和未曾谋面的大师进行心灵的对话,模仿大师的研究,揣摩不同的观点。博士更多地应该抓住课题,深入研究,在某一个领域里做出新的贡献,多读方法论的著作,更多地探讨新的研究方法,进行前沿性课题的研究。博士论文也应该有新意,在一个点或若干点上有突破。

关于阅读书目,我比较推荐黄仁宇的《万历十五年》,这本书的分析和论证都是超一流的;黄宗智的《经验与理论:中国社会、经济与法律的实践历史研究》强调了从实践到理论的程序;费孝通的《乡土中国》这本书提炼出的概念让我们这个领域的学者汗颜;胡适的《问题与主义》,任何一本胡适的文选都有必要仔细研究,"多研究些问题,少谈些主义"也是我们今天的法学研究中不可缺少的;张五常的《佃农理论》,其导言本身就是方法论的经典文选;《联邦党人文集》《论美国的民主》,都是用社会科学的方法研究问题的经典著作。还有拉德布鲁赫的《法学导论》和林达的《历史深处的忧虑》《美国总统是靠不住的》。

　　作为一个过来人,我们有很多教训,人生是不可复制的,我最大的期望就是年轻人不要再走我们走过的弯路。第一,不要过早地确定自己的专业方向。我本科毕业后一直在研究刑诉,面太窄,我的很多同学博览世界名著,我没有他们的先知先觉。硕士阶段有的同学读了商务印书馆的所有名著,博士阶段再确定专业。博士之前都应该以博为主,读书越多,地基越牢。第二,应该比较早地接触实践,读万卷书,行万里路,如果没有行万里路加以制衡,只会变成书呆子。多远足、多游历,参加公益服务、志愿组织,而且在自己走上研究道路以后也要多游历、多接触人,对中国社会理解得越真切、越全面,所作的研究才能越有分量。第三,一定要解决生存之道。有很多人做研究做得很苦,我不提倡。要学会愉悦地读书,失败者谈何学问? 要把生活搞好,安排好自己的人生。最后,物欲横流、世态炎凉,但是要有自己的人生哲学。要培养作为人的信仰,呼唤内心深处的良知,设置道德底线。唯有如此,人生才不会犯错误,做了法官才不会犯错误。年轻时是可塑性最强的时期,最艰难的时候也要有一种信仰,接触良师益友,阅读一本好书,从世俗的社会中提炼出人生的价值,避免功利主义。有底线的人才不会越雷池,否则连自己的安全感都保不住,怎么实现正义? 千万不要让自己成为罪恶和非正义的源泉。

　　学会慎独。即使孤独,也要坚持底线,永远面临心中的上帝。康德有句名言:"人类最可宝贵的,一是天上灿烂的星空,二是人内心深处的道德律令。"

　　最后,再送给大家我喜欢的几句格言。(1)要分清楚学术和政治。(2)要分清法学和法制。(3)把从理论到实践变成从实践到理论,先归纳后演绎。(4)小处入手,大处着眼。(5)要学会分辨问题。"问题"在方法论上具有三层含义:第一个层面的"问题"(questions)是一种浅层次的"疑问";第二个层面的"问题"(problems)是制度中存在的"缺陷"或者"不足";第三个层面上的"问

陈瑞华行万里路

题"(issues)是理论上难以解释的问题。不善于将一个个制度问题转化为理论问题,这是中国法学不成熟的主要标志。疑难问题(questions)——释疑解惑、找到答案;制度问题(problems)——解决问题、提出对策;理论问题(issues)——解释问题、提出理论。

(李明倩、郭文青)

李兰英
Li Lanying

　　1967年3月生,河北保定人。1989年、1996年、2004年分别毕业于河北师范大学法政学院、四川大学法学院、武汉大学法学院,获得法学学士学位、法学硕士学位、法学博士学位。2008年10月,中国政法大学刑事诉讼法学博士后出站。1999年、2003年分别在北京大学法学院、台湾政治大学、香港城市大学法学院做访问学者。2007年11月入选福建省"新世纪优秀人才支持计划"。现为厦门大学法学院教授、博士生导师,刑法教研室主任。担任中国法学会刑法学会理事、中国法学会诉讼法学会理事。在福建省检察院、厦门中级法院以及多家基层法院任专家咨询委员。

　　出版著作有:《间接故意研究》(专著),武汉大学出版社2006年版;《刑法分则的理论与实务》(合著),科学出版社2006年版;《刑事诉讼法专题研究》(合著),科学出版社2007年版;《刑法分论》(主编),厦门大学出版社2007年版;《法的实证分析》(论文集),中国检察出版社2008年版。在全国核心刊物《法律科学》《现代法学》《法学评论》《政法论坛》等发表学术论文四十余篇。承担国家社科基金项目《风险社会的刑事归责研究》,教育部课题《民刑交叉问题研究》,司法部课题《公害犯罪研究》;主持国际项目《中国基层法院刑事一审辩护机制研究》。

　　我至今还能忆起寒冬里穿着羽绒服在阳台拼命看书的日子;忆起晚上11点熄灯以后秉烛夜读,有两次还把蚊帐点着了,几乎造成失火的后果……

记者(以下简称"记"):您对"文革"有点印象吗?

李兰英(以下简称"李"):"文革"期间我只有几岁,没有太深印象。但从我父母和兄弟姐妹的回忆中,多少了解一些内容。这段历史对我们这代人肯定有重大影响。我父亲是军人,在部队的宣传部担任政委,父亲虽然学历不高,但在部队是有名的才子,诗、书、音乐、字画方面颇有造诣。我从小受父亲影响,在部队文工团里熏陶得爱唱爱跳。应该说,"文革"对我们家的直接冲击并不大,在部队里生活让我觉得很有安全感,而且吃得饱、穿得暖,不像别的孩子吃了很多苦。但是,我大哥和大姐正赶上"上山下乡",因而没有能够上大学。到了 70 年代,我父亲转业到河北保定市文化局工作,那会儿我上小学六年级,看电影不用花钱,所以,我家姊妹几乎把当时能放映的电影都看了好多遍,有的情节片段都能倒背如流。1976 年唐山大地震时,我住在河北保定市,因为离唐山很近,也是重灾区,在地震棚里住了几个月。76 年又逢朱德、毛泽东老一辈领导人相继去世,举国哀悼,我们大家都天天佩戴白花,走在街上也会发现满目缟素,那种悲痛的氛围让我们体会到了什么叫国丧,这样的场景让我们感到震撼。

记:您高考就在河北保定吧?

李:对,我高中在保定三中念的,是省里最好的学校之一。1985 年我参加了高考。从小学、中学,我一直是学校的德智体全面发展的"三好学生",是尖子生,深得老师们的器重,对我高考寄予了厚望。然而,却没料想在高考第一天考我最擅长的语文时,作文发挥失常,居然总分只考了八十多分,相当于"不及格"。后面的几科连连受挫,惨淡的心情迄今隐隐作痛。高考的成绩使我已没有了太好的选择,寄希望于"能上大学就好"。之所以选择了河北师范大学政教系,一方面是在省会石家庄,离家近;另一方面考虑到经济因素,去师范学校不用花费太多。

记:呵呵,看来您是阴差阳错念了法律专业?

李:嗯,我一直都很热爱文学,高中时写过小说,平时的习作常常作为范文贴在墙上,记得《少年文艺》还发表过我的一篇小文章。上大学以后我依然经常写些所谓的诗歌、散文和小说,但不会写什么正规的法学文章。在河北师大政教系虽然学习法律课程,但当时法学的专业知识并没有突出表现,读的更多的是哲学、经济学、马列经典著作等。虽然我对于所学的内容现在没有印象了,但期间培养的方法论还是有潜在影响的。

记:您毕业时对于未来的职业是如何打算的呢?

李:大学期间我在学生会担任文艺部长,在文艺演出、体育比赛中屡屡获奖,可谓兴趣广泛,学习成绩也在全年级中排名前十位。在大多数同学要去做中学老师的情形下,我幸运地被河北电视台编辑部选中,准备从事编导方面的文字工作,而且已经通过面试了。但是,毕业那年,刚好是1989年夏季,就业分配受到了重大影响。根据上级的要求,我们这届(89届)以及90届的毕业生全部到基层锻炼,几乎很少留在城市的。这个时候能够留校已经是最好选择了。鉴于我的大学表现,学校决定让我留校做学生辅导员。能够留在省会城市,留在大学工作,我是非常幸运的。

记:您毕业后本来是留校的,后来缘何又去了四川大学读硕士呢?

李:好像是在1992年5月,我到华东师范大学进修,接触了一些教法律的老师,其中有个进修的老师认为我口才不错,觉得我做辅导员有点可惜,就鼓励我学习法律去当律师。我受到启发,回来后便开始有意识地系统地看些法律的书籍,从这个时候起,我才对法律真正产生了些许的兴趣,于是打算考法学专业的研究生。有一点需要说明的是,毕业后第一年我就成家了,丈夫是驻山西省部队的一名军官,还没有调到河北,公公婆婆都是河北师大的老师。当我把考研的想法告诉家人后,他们都非常支持。说来内疚,那时孩子还不到一岁,我就把孩子交给公公婆婆带了,工作之余全力以赴准备考试。我做事很投入,学习非常刻苦。因为没有信心和把握,也就没有让单位的同事知道我在准备考研。四川大学和河北师大是友好合作单位,每年会招收一些教师去四川大学读在职研究生,对英语要求也相对低些。一年后我考上了川大,真可谓是我人生的重要转折点。在此过程中,我也经受了人们的一些不解和非议。很多老师认为我考上研究生很突然。也有的认为我天性活泼,不适合静下心来研究学问。而我今后的发展则验证了一种现象:一个优秀的老师应当是全面发展的,性格活泼外向并非等于浅薄,这样的老师往往思维具有发散性,讲课也更受学生欢迎。

记:您当时选择的是刑法专业吧?这是出于什么考虑呢?

李:选择刑法专业并非偶然,也是有契机的。那段时间,我的一位远房亲戚正在喊冤上访。缘由是:他的儿子被人用镰刀砍死了。被告是学武术的,被害人的代理律师认为被告是故意杀人,但法院最终认定的是故意伤害致死。被害人家属不服,寒冬腊月披麻戴孝地跪在法院门口。当时,我们无法帮助他们,更不能解释其中的疑问。就是这桩发生在身边的疑难案件,使我对罪名的认定变得关注,激发了探究刑法问题,伸张正义的冲动。所以,毫不犹豫地选择了刑法专业。

记:您在四川大学法学院读研,留下了什么印象?

李:我是1993年入学的,川大的学习氛围非常浓厚。91级、92级年年有人考上北大、人大的博士,成为我们学习的楷模。给我感受很深的是师兄弟姐妹之间特别融洽，我至今记得他们热烈欢迎新生入学的场面，我在欢迎会上还表演了节目，于是大家很快就知道有一个从河北来的女同学挺活泼、挺大方的。不过，我在学校读书期间，压力非常大。其他同学大多是应届生，法学科班出身。相对于他们系统学过法律，具有比较全面的法律知识，我感觉很有差距。他们还比我年轻，英文也好，于是，在川大，我面临着从未有过的自卑和恐慌。曾经在本科阶段辉煌的佼佼者却在川大法学院垫底，真的很难受。好强的性格使我有了卧薪尝胆的思想准备。我至今还能忆起寒冬里穿着羽绒服在阳台拼命看书的日子；忆起晚上 11 点熄灯以后秉烛夜读，有两次还把蚊帐点着了，几乎造成失火的后果，想想都挺后怕的。那时候，比我小的几位川妹子女生都爱靓，衣服天天换。有了自卑心理的我却认为，自己现在什么都不如人，没有资格漂亮。所以，在其他女生的映衬之下显得很不起眼。因为法学基础薄弱，即使自己拼命补课，考试时还是不如其他同学。无论怎么刻苦还是无法达到预期目标，无论怎么付出还是落后别人，心里的压抑是前所未有的。那时，我留给老师和同学的印象就是最刻苦、最朴素的学生了。

记：那您当时实在是在巨大压力下埋头苦读啊，很佩服您的坚韧和忍耐。后来情况是否有好转呢？

李：到了二年级时，我们有一门课程是"刑法分论"。考虑到川大法学院的师资力量在当时来说并不是太强，我们院长赵炳寿教授很有眼光，就送我们去人民大学法学院学习。因为我家在河北省，离北京比较近。我就作为川大法学院的联络人去人民大学找赵秉志老师。赵教授人很随和，为我们学习做了周到的安排。1995 年 3 月，正是沙尘暴肆虐的时节，我们来到了人民大学法学院，有幸聆听人民大学的陈兴良、赵秉志、王作富等教授给我们上"刑法分论"。王作富老师最先给我们上课，他讲得相当细致和深刻，比如在讲危害公共安全罪时，关于"公共""安全"的理解就讲了近一堂课。除我之外，其他几个同学是初次到北京，而且突然坐在教室里近距离地聆听王作富教授的讲课，我们显得很拘谨和胆怯。课间谁也没主动给王老师倒水，和他沟通聊天。估计王老师对我们的印象就是很呆笨，没见过世面。现在想起来，觉得我们当时不懂人情世故，礼节方面做得不到位。其实，我们很珍惜这个学习机会。之后的几届研究生都没享受到这种待遇了。

回去之后，我们便开始准备硕士论文的撰写。因为听了陈兴良教授的课，我对过失犯罪产生兴趣。硕士论文定为《论疏忽大意过失的应当预见》，这是一篇典型的"小题大做"的文章。陈兴良教授时任川大的客座教授，《刑法哲学》也是在那个时间段诞生的。我们幸运地和他有过多次的接触和当面请教的机会。我的硕士论文题目和写作都从陈老师那里得到了很多启发。最后的一个学期,我在论文上投入了非常多的精力,在毕业论文答辩时,获得了年级唯一的优秀硕士论文。我后来摘取了其中的章节分别予以发表。顺便说一下,那时全年级一共才 7 个研究生,答辩过程很严格正规。获得优秀毕业论文很不容易,也一下令大家对我刮目相看。如果说在川大的第一年感觉失落压抑,那么,论文写作以及答辩的最后冲刺成功让我有了扬眉吐气的感觉。这是重拾信心的契机,从那个时候起,我就暗下决心:一定要考上博士。

记:您的这段故事很是振奋人心,除了人大的几位老师之外,川大是否有老师给您印象深刻呢?

李:有。里赞老师讲课很受学生欢迎,听他的课是一种享受,启迪了作为法律人的思想。向朝阳教授、左卫民教授也是比较有特点的老师。尤其是左老师,是当时川大最年轻的教授,意气风发,思维活跃。在课堂上,他引领我们学习刑事诉讼法的新理念。不仅如此,他还把当时在检察院工作的龙宗智教授请到课堂与我们交流。诉讼法课堂的活跃,让大家对诉讼法产生了浓厚的兴趣。

我在川大时,对刑法理论和诉讼法理论的学习是平行进展的,这为我在博士毕业之后选择读诉讼法的博士后起到了重要的作用。因为那时研究生很少,不存在找工作难的问题,研究生的学习时间还是很充裕的,不像现在,学生在二年级时就开始考虑找工作,考公务员。毕业时,赵炳寿院长曾问我是否愿意留在川大任教,由于我是河北师大定向培养的,且家在石家庄,所以,最后还是回到了河北师大。

> 如果说在北大做访学学者是我重拾信心的开端,那么武大的博士生涯是我人生中最充实快乐的记忆。

记:您之前提到打算考博,回到师大后是边工作边备考吗?

李:其实,我毕业那年(1996 年)就考了一次,但准备不足,仓促上阵,因此,落榜一点也不奇怪。回到师大后,学校面临调整与合并,即河北师大与河北师院合并。人事变动、领导更换,环境转移,教师们多少受到影响。我当时的教学压力很大,刑法、刑诉、法制史都要上。安顿了一年之后,内心的读博愿望又再次升腾。为了有时间学习,我申请到校外上函授班、自考班的集中辅导课。这是些偏远的县市,条件比较艰苦,虽然课时双倍计算,但很少有人愿意去。我却主动请缨到藁城、邯郸上课。后来,一位老师告诉我:其他专业的老师去那里上课,不想去第二次。因为除了教学条件简陋外,吃饭、住宿和学生在一起,连电视都没有。他们不理解我为什么每次都去,就向学生打听我在那里是怎样生活的。学生告诉他们:老师上完课后,和学生一起上自习。的确,我看中的是:集中授课可以尽快完成工作量,还可以静下心来复习,我喜欢当学生的感觉。我一直未曾放弃考博的梦想。

可是,1998 年第二次报考人大刑法专业博士生,我再次失利。这对我是一个沉重的打击。因为,第一次报考是拼凑上场,仅供尝试,第二次则是进行了认真精心的准备。更何况学校的人事部门对于考博盯得很紧,周围也有风言风语。可是,我并未气馁,越挫越勇。记得每年学院都有评阅自考卷的任务,辛苦几天就可以挣到一千多元。很多老师都觉得这钱应该挣。可我后来再也没有参加过。有些老师见我既不拼命上课,也不热衷于阅卷挣钱,还不愿意出去办律师业务,就不理解甚至误解,我并没作任何解释,只是在心底默默言语:燕雀安知鸿鹄之志哉?

一晃到了 1999 年。听说陈兴良教授到了北京大学,我和陈老师取得联系后,决定去北京大学法学院做访问学者。这要感谢河北师大的开明和对人才培养的支持。虽然只保留基本工资,但我已经很知足了。我再次离开家,离开 8 岁的女儿,开始了为期一年的北京大学访问学者的生涯。

既然两年都没考上人大,看来是与之无缘了,那么一定要考上北大,追随陈老师。就这样,访问学者期间,我几乎没有离开过北大。北大实在是一个令无数学子向往的学府,似乎里面的每一棵小草都透出精灵之气。我在北大如饥似渴地汲取各个方面的营养,选听许多著名教授、名师的课程。尤其是对北大开设的博士生前沿课很有印象。各个专业方向的代表人物或者才华横溢的新秀轮番登场,引领博士生把握各个学科的前沿问题。贺卫方、陈兴良、陈瑞华的课我都很喜欢听。虽然北京离我家那么近,但我几乎没怎么回过家,因为我不忍心错过任何一堂课。

陈兴良老师就在那个阶段创办了《刑事法评论》《刑事法判决》两本刊物。

他对学生平和善待,引导和鼓励我们多看书思考、多动笔写作,并极力提携我们在他主编的那两份刊物上发表。

如果说我之前发表法学文章是在模仿阶段,在陈老师主编的刊物上发表的论文,则找到了"自由飞翔"的感觉。我比较关注典型的案件,从中挖掘法理的问题,试图用轻松、鲜活的文字表达法学抽象的思想。我的代表作,如《罪与非罪:聚焦刑法临界点》,发表在《刑事法判解》第二期。这是对一起真实的案件进行的理论剖析,涉及因果关系的推定、间接故意的认定、期待可能性的判断等刑法问题,洋洋洒洒一万八千字。陈老师很欣赏这篇论文的写作风格,给予了极大的肯定。至此,我对我的论文风格充满了信心。在一年之内陆续完成了《侵占罪在夹缝中生存》《亦真亦幻当取舍》《原罪的追问》《生命不能承受执法的冷漠》等文章,获得陈老师以及读者的好评。陈老师是个非常稳健、不轻易表扬和批评的学者,当我在电话中听到他轻声评价我写的论文"不错"时,得到的鼓舞难以形容。

为了考上北大的博士,我必须再提高英语水平。当年考北大需要突破英语的词汇量是 GRE 的水平,口语、听力单独计算分数。为此,我除了写论文,就是背单词。说实话,英语一直是我的弱项,可我付出的艰辛连苍天也会感觉到。

我算是较早一批上新东方学习外语的学生了。记得当时上课是在一间厂房里。我报了一个托福班,集中在冬天两个月上课。1999 年的冬天实在是太冷了,还经常下雪。每天晚上七点我会准时来到新东方的课堂上。回想当时的情景:我骑着一辆破旧的自行车去上课,马路上下点雪就立刻结冰。我几次摔在马路上,人车分离,汽车在我身旁呼啸而过,近在咫尺,非常危险。我爬起来继续前行。心中悲怆地祈祷:苍天啊,你看到了我的艰辛付出,我一定要成功!

然而,到了 2000 年第三次考北大博士时,英语还是差了几分。虽然我的专业分数还不错,但陈老师只招两名,如果要破格招收,必定是委培,过程复杂,还要交昂贵的学费。

那时候我已经不想留在河北了。在我看来,河北除了人好,天气、环境我都不喜欢。为了增加考上的几率,我那次还报考了武汉大学法学院。要知道,人大、北大和武大三所学校考博的科目与内容各不相同。因此,三所学校所开的参考书目我必须全都复习和全面准备。这是一种被迫的知识积累,促使我的法学基础功底厚重了很多。报考武大时,我最初想考马克昌老师的博士生,马老师对我印象也不错。但得知报考他的人太多,尤其是有应届生时,我就不敢报了,主要是担心英语拼不过他们。我后来报考了赵廷光教授的博士生,事先也没有提前联系赵老师。但其实报考赵教授的考生也是近二十人,竞争相当激烈。虽然最后的录取也不是一帆风顺,但最终我考入了武汉大学。而以后的学习历程和人生感受,证明了选择武汉大学是我的幸运之缘!武汉大学刑法专业的优秀师资、优良学风以及赵廷光教授在学术上的点拨是我学业有成的重要基础和支持。

记:您三年的考博经历无疑给了您深厚的学术积淀,功底和别人自不可同日而语了。

李:没错。考上武大后,导师开给我们的参考书目我差不多都已经看过了。我可以直接进入科研训练阶段,所以,也是年级中在核心刊物上发表论文最早的。我的乐观、自信、开朗、活泼的性格很有感染力,每年的新年联欢,还客串过主持人,唱歌、跳舞的才艺表演给他们留下了深刻印象,同学们都亲切地称我为"李师姐"。武大法学院的老师们多才多艺,刑法专业的刘明祥教授说话风趣幽默,莫洪宪教授舞姿娴熟优美,李希慧教授的民歌胜过李双江,康均心教授被奉为"情歌王子",林亚刚教授的羽毛球让年轻人望尘莫及。如果说在北大做访问学者是我重拾信心的开端,那么武大的博士生涯是我人生中最充实快乐的记忆。我热爱武汉大学,深深眷恋在那里学习的美好时光。

在武汉大学攻读博士的第二年,即 2002 年 11 月,我被选拔到台湾政治大学参加"海峡两岸博士生论坛"的学术交流活动。我的演讲引起了时任台湾政治大学法学院院长黄立教授的关注,他对我印象很深刻,问我愿不愿意到台湾做三个月的交流生,来台湾学习的经费由中华基金会资助。我当然很乐意,并提出愿意跟随台湾政治大学法学院的许玉秀教授学习。黄立院长表示,帮助我联系许教授,但要"试试看"。后来我才知道,许教授是德国留学回来的刑法学博士,她才貌双全,语言犀利,思维敏锐,其才华横溢无人否认,其个性突出也无法复制。她在台湾学界享有盛名,但也被议论为对学问、对学生都很挑剔的女教授,学生们都很敬畏她。所以,黄院长才说"试试看"。我虽然和她联系的过程中也感受到了她的个性,但最终还是幸运地成为她在大陆接收的第一个也是最后一个博士交流生。因为,我从台湾回来后,她被提名任命为台湾的大法官。在台湾,最优秀的学者是可以被提名为大法官的,这点与大陆不同。

2003 年的 3 月至 8 月是全世界的"非典时期",刚巧我在台湾学习交流,真切感受到了台湾对于"非典"的预防与控制措施。也是因为"非典"的原因,我在台湾的时间被迫延长了三个月。期间,我参加了几场学术会议,与台湾刑法学界的学者有比较多的接触。我聆听过蔡墩铭教授、甘添贵教授、黄荣坚教授、陈子平教授的讲座,这些学者有的现在仍然活跃在海峡两岸的学术交流平台上。许玉秀教授的学识、思维以及教学方法都对我影响很大。她要求学生一周或两周之内读完指定的著作,然后,请一位学生做主题发言,其他同学参与讨论,老师点评。这个方法对学生来说很有压力和激励的效果,我现在带研究生也会运用这种方法。在台湾期间,因为"非典",不可能到处走动,我基本上都在校园内看书、写论文。回到武大后,我的博士论文《间接故意研究》基本上有了雏形,完成起来比较顺利,最后博士论文获得全优通过。

说到论文,我必须要说明一下:间接故意的理论在我们刑法教科书中只是其中一节而已,但在德国刑法学界却被称为"世界级难题",其中的理论争议延续了近百年,丰富的内容令人眼花缭乱。我完成了近三十万字的论文,也算是小题大做了。可是,许老师拿给我一本德国人写的《论间接故意的意欲》的博士论文,大约四十多万字,令我深刻领会到什么叫做研究的深度和精度。人要不断走出去学习和交流,看到差距后才有动力再攀新的高峰。这是我亲身的体会。

记:您的人生总是不断有新的目标,博士毕业后您便开始从事教学和研究工作了吧?

李:是的。毕业后的去向也是一波多折的选择过程。不过,我一直没有到实务部门工作的冲动。一心想去高校,主要是自信我的教学和科研能力。当时曾联系过北师大、复旦、南开、中央党校等,虽都有意向,但考虑各个方面的因素,最终选择了厦门大学。我记得是三月份来厦门大学面试和实地考察的。我一下飞机就感觉到了无比亲切与舒适。厦门芳草萋萋,碧海蓝天,与北方风沙天气呈鲜明对比。负责接待的院领导也是很诚恳亲切。其实,我没有提特别的要求,我只是请求学校解决我爱人的工作问题。我爱人在河北一所军事院校任教员,待遇很好。他理解支持我的事业,愿意转业到适合我发展的地方。我就把安排他的工作,不让他因没有合适的工作而受委屈作为首要考虑的因素。职称问题、工资高低都是暂时的,可以改变的。当学校很快答应可以解决我爱人的工作,到与其专业相近的军事教研室工作时,我就毫不犹豫地签下了到厦门大学工作的协议。

记:在您的简历中记录着您在中国政法大学做刑事诉讼法的博士后,这是否意味着您研究专业的改变?

李:哦,不是研究专业的改变,是研究方向和方法的多元化的转变。我是2005年11月申请到中国政法大学刑事司法学院做诉讼法博士后的,合作导师是卞建林教授。他是一位博学、谦逊、和蔼的学者。我之前有谈过,我在四川大学读研究生期间,受左卫民、龙宗智教授的影响,对刑事诉讼法专业也很感兴趣。此时,申请做博士后已经成为毕业的博士们更高学术层次的追求。我的学

术观点中一直比较赞成"刑事一体化"的研究思路,这一研究思路是北京大学储槐植教授首先在国内倡导的。刑法是实体法,刑事诉讼法是程序法,两者不是孤立运作,研究问题和解决问题需要同时关注实体和程序,这是我做科研的过程中一个重要体会。有的时候,实体解决不了的问题可以通过程序的正义得到解决,相反亦同。在这种强烈的求知愿望推动下,我提出要读诉讼法的博士后。恰逢卞教授到厦门大学法学院讲座访问,我当时作为院长助理,有机会接近卞教授。于是就实现了这一愿望。2008 年 11 月,我顺利出站,出站报告《民刑竞合诉讼机制研究》获得优秀。

刑事诉讼法的博士后研读过程使我的研究思路更为宽阔,科研充满了原动力。从 2006 年到 2008 年,我陆续拿到了司法部、教育部、国家社科基金等纵向课题,对福建省来说都是零的突破。之后,我顺利地评上了教授和通过了博士生导师的遴选。福建省的刑事法专业,相对于其他专业来说专家比较少。我目前是福建省唯一的刑法专业的博士生导师。

> 每一个刑事案例背后都演绎着丰富的人生故事,每一个刑法条文中都蕴涵着丰富的伦理、政治、心理、犯罪学等内容。

记:您对您所从事的专业有什么基本的学术观点呢?

李:我的学术观点均在发表的文章和著作中得到体现。如何认识刑法?如何表达文章的特色?在我个人的网页中有这样的概括:每一个刑事案例背后都演绎着丰富的人生故事,每一个刑法条文中都蕴涵着丰富的伦理、政治、心理、犯罪学等内容。主张:(1)以人文主义的关怀看待刑法问题;(2)提倡刑事一体化思想,赞成以"整体刑法学"的理念研究刑法;(3)写文章宜"小题大做",好的文章不仅"有营养",而且应该"色香味"俱全。

记：在各种法学研究方法中，您最欣赏哪一种呢？

李：说不上最欣赏，只能说我比较擅长的研究方法。我的论文大多数是从实际案例中发现问题，反思问题所在，提出解决思路，注重文章的实务性和理论性。我写文章的另外一个特点是注重实体法和程序法结合的研究范式。我认为实体法没法解决的可以借助程序法的思路，而程序法的困惑也可以借助实体法得到解决。如果真正领会了将刑法研究定位于"刑法之上、刑法之下、刑法之中、刑法之外"，那么，就会感受到刑法的博大精深、刑法的无穷魅力。我从来不觉得写论文无题可写。即使同样的题目，以不同的视角和切入点，也可以写出别样的文章来。关键是思路和方法论的突破与改进。我能成功申报课题，其诀窍也归因于此。

记：您认为法学界的中青年学者现在浮躁吗？现在学术评价机制如何？

李：学界的浮躁已经不是一天两天了，这和学术评价机制有关。坦白说，我觉得目下评价机制以论文数量论高低，不是很好，容易导致滥竽充数、垃圾学术，导致学术研究的脆弱和肤浅。大家只关心多少文章刊登在核心刊物上，没有人关注和阅读其质量如何，而且在很大程度上，人情关系已渗透到学术中，发表的文章未必具有多少学术的含量。我们无法提倡"十年磨一剑"，而是"一年磨十剑"，剑的锋利与坚韧没有在评价机制中体现出来。长久下去自然会导致学界的浮躁。我写文章绝少东拼西凑，也不会把已经发表的内容修改门面后再去发表。我的文章具有一定的文学色彩，文字鲜活，充满生气。或许有人认为，这样的文章似乎显得不够深刻、不够严谨、不够抽象，但它也是一种风格。我的文章风格最初得到肯定和欣赏的是来自陈兴良教授主编刊物的卷首语的评论。真的很感谢陈老师一直给我的鼓励。他曾评价我的文章是"文学与法学的嫁接产物"。

记：您曾提过，希望将来有时间能写出具有浪漫主义色彩的法学作品，是吗？

李：呵呵，直到现在，我仍然觉得自己有文学上的天赋，有文学创作的冲动，有浪漫主义情怀。期待写出法学浪漫作品，首先是受海岩小说的影响。例如，他的《永不瞑目》，情节跌宕起伏，情与法的碰撞与交融令人欷歔嗟叹。现在，我更加佩服何家弘教授的才华，他写的关于法律方面的小说也达到了研究法律的专业水准，非常棒！我也很想尝试这方面的写作，但现在，不仅教学、科研繁重，而且还兼任嘉庚学院法学院院长，行政工作琐碎繁忙，真的不知道哪天能够闲下来实现这个愿望。

记：最后，能否请您给我们年轻学子提几点希望？

李：时下，有人说学习法学前途无量，有的说学习法学找不到工作。在我看来，由于法学办学太过泛滥，导致学法学的滥竽充数者增多。其实，真正综合素质高的尖端法学人才是紧缺的、亟须的。所以，我鼓励有志有识之士学习法律专业。我认为，现在法学教育培养出来的学生素质太单薄，以为背熟法律条文就是法律人才了，这是偏见。法学不是独立的，当你刨根问底的时候，你会发现它和社会科学的任何一个问题都有关联。如政治意识、社会伦理、文学素养等等，甚至和理科也不可分离。比如，量刑问题，就已到了数字化、精确化的程度。因此，法学的学习离不开对其他学科的关注，法学具有专一性，也有普遍吸收营养的必要。有多种学科的知识作为基础，学习法学的潜力可能会更大些。刑法在市场经济的发展过程中将逐渐走向弱化地位，但它永远不会消逝。因为刑法是保障生命、财产安全的最后一道屏障。刑法的理论博大精深，不要看了几本教材、背会了若干条文就止步不前，必须不断追问和探寻。总之，法学充满了魅力，法学让人不断追寻，法学让人不断感悟人生。

（陈　艳）

李建华
Li Jianhua

1967 年 6 月生,回族,河南柘城人。1985 年考入吉林大学法学院,1989 年获得法学学士学位并留校任教至今。1994 年、2000 年分别获得法学硕士学位、法学博士学位。1998 年被破格评聘为副教授,1999 年成为吉林大学重点资助培养的 20 名文科青年骨干教师之一,并获得吉林大学法学院优秀教学一等奖。2001 年被破格评聘为教授,2003 年 12 月被遴选为民商法学博士研究生导师,是法学院当时最年轻的教授和博士生导师。现任吉林大学法学院副院长、民法典研究所所长、《当代法学》杂志社副主编、中国人民大学法学院博士后流动站研究人员。兼任中国法学会民法研究会理事、中国法学会知识产权法研究会理事、中国法学会法学期刊研究会理事、吉林省法学会民法研究会常务副会长、吉林省知识产权研究会副理事长、吉林省人大常委会立法专家咨询组成员、吉林省人民政府立法咨询员、吉林省高级人民法院专家咨询组成员等。2006 年被吉林省委组织部、省人事厅评为"吉林省第一批拔尖创新人才"。

出版的著作主要有:《中国物权法》《民法总论》《知识产权法》等。发表的论文主要有:《论民事权益》《善意取得合同效力的立法解析与逻辑证成》《论我国物权请求权诉讼时效制度的立法选择》《论私法自治与我国民法典》等。

通过二十年的教学,我深有体会,就是法学教学的重中之重在于本科生教学,而不是研究生教学,本科阶段的教学已经使学生的思维和知识结构基本定型了。

记者(以下简称"记"):李老师您当年求学时为什么选择了法学作为自己的专业呢? 当时的哲学、中文等专业是很热门的。

李建华(以下简称"李"):我出生于新疆阿克苏,我的父母从河南支边到新疆。我是1985年参加的高考,那时对专业比较模糊,首先是确定报考吉林大学。报考吉林大学主要有两个原因:第一是因为吉大是第一批招生且排名靠前;第二,吉大在内地名校中在新疆招考的专业比较全。我记得那年吉大在新疆招了18名文科生,专业涉及经济管理、法学、行政管理、历史、哲学、考古、外语等专业。当时吉大这个专业叫经济法,而经济管理又是最热门的,我感觉这个专业既跟经济有关又跟法律有关,就这样报考了这个专业,也顺利录取了。所以,当时走入法律这个方向是抱着一种朦胧的喜欢。我现在对那会儿的朦胧的选择还是感觉比较高兴的。

记:李老师您当年求学时的环境、背景、学习以及生活跟现在比有什么区别?

李:1985年正是国家实行以计划经济向有计划商品经济转轨的时期,同时也面临着法律的很大转轨,这样法学的教学及课程也随之发生了很大的转轨。1986年吉林大学法律系主办了法理研讨会,提出了"权利法学"这一概念,这也反映了吉林大学在法学界的前沿地位,无形中也影响到我们那时的学习。当时吉林大学法律系有三个本科专业:法学、经济法学、国际法学。这三个专业在课程配置上并不一样,法学专业强调的是刑法学和诉讼法学的学习,课程也较多;而经济法学偏重的是民法和经济法。那时崔建远老师刚刚硕士毕业,所以我们很荣幸地在他的指导下学习了一年的民法课程,以至于之后我的民法基础非常扎实,这与崔老师的教学息息相关。经济法的课程是依法授课,包含经济法原理、计划法、金融法、商标法、专利法、商业法等课程,理论体系不强,而且那会对诉讼法的学习也不够。这也是当时的课程设计的不足之处。因此,现在的课程设计相比之下更加成熟了。另外,法学知识的更新特别多。第三个变化是本科生课程的统一性。为了增强学生的适应性,现在吉大本科不再分三个专业,而是合为一个法学专业,整个课程都统一了。

记:您是基于什么原因走上了教学的道路?

李:我原来选法学专业的时候我也没想过会当老师,当时我的成绩在班里是比较好的,而经济法这个专业在我那届是第二年招生,因此学校领导想在本科生中选择比较优秀的学生留校来扩大师资,留校后再通过读研来提高学位。在毕业前半年,我有幸被选为留校的候选人之一,经过学院的考察,最后留校了。再加上1989年后学生进党政机关的难度加大,也让我最终选择了老师这个职业。当时走上教学岗位是存在偶然因素的,但是现在看来这个选择还是非常好的。

记:您作为法学院的副院长,也从事了这么多年的教育事业,觉得法学教育现在面临哪些问题?

李:我个人认为法学教育存在以下几点问题:第一,现今的大学对本科生教育已经有所重视,但仍需加强。通过二十年的教学,我深有体会,就是法学教学的重中之重在于本科生教学,而不是研究生教学,本科阶段的教学已经使学生的思维和知识结构基本定型了。因此,我觉得应该把一流的教授充实在教学的第一线,特别是教育部规定的16门基础课的学习中。第二,现在的本科教学方法、内容不统一,对基础知识教育还不够重视。老师的授课内容主要取决于老师自身的兴趣等因素,没有一个大体统一的方向。但我觉得本科生教学应注重基础知识教育,而不应给学生过多地介绍学术争议。第三,现在的法学教育忽视了对学生法律职业道德、法律思维的培养。第四,在法学教育中如何学习更精深的理论知识与如何提高司法考试率的关系还没得到很好的处理。过多地强调精深的理论知识会影响考试的通过率,但如果过多强调考试的通过率,那各个大学特别是高等院校的优势就体现不出来了。

记:在民法研究中,您主要关注哪些方面?

李:我在研究及教学方面主要侧重于民法总论及知识产权法。在民法总论这方面,我比较关注《中国民法典》的制定,主要包括民法典的体例结构选择、民法典中的基本制度安排及民法典的立法技术。另外,我们应该关注中国是否该制定人格权法。我个人比较赞同制定一部单独的人格权法。我觉得人格权越来越重要,而且如果我们国家制定了比较成功的侵权责任法和人格权法,恐怕会成为我国民法对世界所作的贡献,因为传统的民法都存在时代局限性。关于知识产权法,我认为,第一,我们国家应该继续加强研究在民法典中应否规定知识产权的内容及如何规定;第二,我们国家应该强化知识产权法的教学和研究;第三,我们应该加强知识产权时代的知识产权制度的研究;第四,我们要强化知识产权司法实践的研究。总而言之,在现今的高校中,我们对于知识产权的研究还没有达到它应有的高度,在这方面还有待提高。

记:您怎样看待学者跟成果的关系,即如何看待成果作为一个科研评价指标?

李:我在院里也是管科研这方面的,因此,对于这个问题我也产生过疑问。现在法学一共有21种CSSCI刊物,我国大部分院校无论是在评职称还是评博导都是按照CSSCI的标准来的。如果我们离开一个标准,全凭主观去判断一个人是不合适的。但如果完全按照标准,比如 CSSCI 来判断一个人也是有局限性的。因此,我认为不要把 CSSCI 标准唯一化,也就是说,可以 CSCI 标准为主,同时考虑其他因素来综合评价一个人的学术地位。

记:您认为现今的法制建设发展速度如何,以及还存在哪些问题?

李:中国的法学教育的进步是很大的,但是法制建设速度并没有同步,这里学者的力量是一部分,但主要还是依靠政府的力量推动。

记:作为中青年一代的法学学者,您对于我们这些年轻的法学学子有什么要求或期望?

李:从我自身的经验和教训中,主要提出以下几点要求:第一,要做一个成功的老师必须不断更新自己的知识。第二,一定要掌握两门以上的外语作为工具。第三,要注重理论联系实际。尤其是实用法的老师如果对法学实践了解不够,会存在"纸上谈兵"的问题,不了解中国法律实践中究竟存在哪些问题。最后,要注重学术交流。即注重本学科与其他学科的学术交流以及同一学科不同学校的老师之间的交流,这样才能取长补短,推进学术进步。

（欧　扬、徐　程）

许光耀
Xu Guangyao

1967 年 6 月生,江苏徐州人。1985 年考入武汉大学法学院经济法专业。曾于武汉大学出版社任法学编辑十余年,其间于 1999 年获得武汉大学国际法学博士学位。2002 年调动到中南大学法学院工作,2005 年调入湖南大学法学院至今。曾于英国 Abertay 大学、Bristol 大学从事学术访问。现为南开大学法学院教授、博士生导师。

从 2002 年开始,试图对欧共体及美国反垄断法进行系统了解,并在比较研究方面对我国反垄断法理论体系的建设有所贡献。至 2007 年 6 月底完成关于欧共体竞争法的写作计划,代表性成果为"欧共体竞争法研究丛书",于 2009 年获得湖南省哲学社会科学优秀成果一等奖,包括:《欧共体竞争立法》《欧共体竞争法通论》《欧共体竞争法经典判例研究》,从立法、理论与实务三方面全方位为我国反垄断立法、实施及理论研究提供了一个完整的参照体系。2007 年 7 月起转向美国反托拉斯法的研究,9 月起开始翻译美国著名学者霍温坎普教授的《联邦反托拉斯政策——竞争法律及其实践》一书,并于 2009 年在法律出版社出版。其他著作有:《欧共体竞争法研究》(专著)、《国际私法》(主编)、《民商法英语学习》(主编)等。此外,发表论文三十余篇,主要有:《著作权拒绝许可行为的竞争法调整》《纵向协议的竞争法调整》《行政垄断的反垄断法规制》《"合理原则"及其立法模式比较研究》《〈反垄断法〉中垄断协议诸条款之评析》等。

那个时代学生们的思想很活跃,而且总体说来思考的问题具有一定的严肃性,不庸俗。大家的血液不太安分,不希望自己平庸。很喜欢关注苍生、使命、思想之类宏大一点的问题……

记者(以下简称"记"):您对"文化大革命"有点印象吗?

许光耀(以下简称"许"):有。我在"文革"第二年出生,小学三年级时"文革"结束。我记事起正赶上"文革"后期。我母亲于徐州师范大学毕业后被分配到一所公社中学当老师,父亲在南京大学毕业后留校,所以与我们两地分居,直到我八岁时父母亲均调动到徐州市工作,我们一家才长久团圆。当时调动十分不容易,两地分居的家庭很常见。母亲经常要参加拉练、唱歌,我们姐弟两人无人照料,就跟着一起参加。印象中也有批斗会的场面,群众高喊着"打倒某某某",那个某某某就站在会场中间,有时是站在桌子上,垂头弯腰举着红宝书跟着喊"打倒某某某"。这些记忆至今仍然很鲜活,所以虽然我没有经历过"文革"中真正的苦难,但那些苦难我完全可以想象和体会,能产生切身的感受,不像现在的年轻人可能会有时代的隔膜。不过,武斗的场面我倒没有见过。

记:您是如何看待"文化大革命"的?

许:这已有公论,而且也不是我能全面评价得了的。当然,要杜绝此类情况再次发生,要建设民主、健全法制等等。但不管贴着多么花哨的标签,从根本上说,这场"革命"的起因并不罕见,中国历史上充满了各种各样的权力斗争,幸好现在不再是这样了。最高层的竞争可能更在意权力所意味着的成就感、荣誉感、安全感,不像下层的争夺那样更直接地在意权力所能带来的利益。但有时放弃权力也是一种荣誉,华盛顿就是很好的例子,中国历史上也有许多的故事。各人观念不同,对同一事物有不同的价值判断。我们平民个人的价值观当然不会产生大范围的影响,但会影响到自身道路的选择和自己人生的质量。

这对于目前的学界也可能有参考意义。许多学者在取得一定的成绩之后,转而从事管理工作,而现行的体制也在诱导这一点,这无疑会妨碍其学术达到极致,我觉得十分可惜。一定的职务会带来一定的荣誉,学术上更进一层楼也是很荣誉的。我并不否认学者有服务社会的义务,同时也有全面展示才华的权利,但这种现象太过普遍,我觉得可能需要好好反思一下。学者自身很可能应该更看重学术荣誉,而体制也应该引导、促成这种导向,而不是起干扰作用。

记:您高考时报的专业就是法律吗?

许:对。我当时在江苏省徐州市第一中学读书,那是所很优秀的学校。我同班同学中就有两位分别进入全省高考文科类、外语类前十名,还有两位没发挥好,但也能列进文科前二十位。我也一直很努力,但结果高考考出了我在本班排名历史上的最差纪录,因而十分扫兴。但这一经历增强了我的平常心态,使我比较能够赞赏别人的长处,也耐得住寂寞。我的主要特长是刻苦,而通过刻苦取得成绩不仅需要毅力,也需要时间。

我的第一选择就是武汉大学法学院。当时刘道玉校长刚刚主掌武汉大学,一系列改革把学校推到了风头浪尖,使得学校和校长一样都很有人格魅力。选择法学则是同学们交流的结果。少数同学有明确的志向,但多数人在瞎撞,说金融好、法律好,或者说得带个"国际",或带个"经济"。现在看来大家好像并没有撞错方向。当时武汉大学招生方案上有法律学、经济法、国际法三个专业,我说要是有个国际经济法就好决定了。最后选择经济法专业,入学后才发现自己并不喜欢法律。不过,随着自己的研究能够深入一点,也产生了真正的兴趣,才知道爱好除了可以来自天性,也可以来自于了解。回想起来,武汉大学法学院给我的发展提供了强大的底气和支持,我是歪打正着地作出了正确的选择。

记:您初进武汉大学法律系时觉得学校方方面面的条件如何呢?

许:当时中国的法学教育恢复不久,教育水平显然是不太高的,而且还有明显的意识形态束缚。我所在的经济法专业又是第一年招生,直到我大学毕业也没有哪本书能说得清什么是经济法。这种情况下如果仅仅考察专业学习的情况,可以说我们当年记住的那些知识大都过时了,其中有许多还是错误的。但那个时代学生们的思想很活跃,而且总体说来思考的问题具有一定的严肃性,不庸俗。大家的血液不太安分,不希望自己平庸。很喜欢关注苍生、使命、思想之类宏大一点的问题,对新思潮既有开放的态度,也有批判的勇气并以此为时尚。当然,批判的水平另当别论。当时全国的高校都弥漫着这样的氛围,这种氛围对于人格、情操与能力的培养是有益的,这比具体的知识细节更重要。

当时几乎每天晚上都有若干个地方同时开讲座,其中不乏研究生甚至本科生一试身手,能体会到思潮的交流与碰撞。现在的高校讲座也不少,但往往局限于专业领域,涉及技术性比较强的一些东西,而这类讲座我当年都是不听的。我认为这些讲座是给专业人员听的,就像我现在思考的反垄断法前沿问题并不是本科生需要了解的。大学学习应该是为学生将来担当责任积蓄能力,通过学习过程培养学习兴趣,提升学习能力和精神境界,要引导学生肯读书、肯思考,能读得下书,能进行像样的思考,哪怕他读的并不是本专业的书籍,哪怕他只是知其大概。我不主张把考试成绩作为引导学生的唯一标准,我甚至认为不应当把它作为主要标准,尽管成绩太差确实是不像话的。考试的真正价值在于考察学习态度,记住学科的基础知识。但从考察能力方面来说,所重视的仍然是记忆力,而记忆能力应当在中学就开发好了。背笔记考出来的高分并不必然代表学习热情和读书能力,大学应该更强调引导阅读、思考的主动性和自主性。

记:大学四年中,您印象最深的是哪件事情呢?

许:大学期间我改变比较大。刚入学时性格豁达,广交朋友,当了班长,又当了院学生会主席,呼朋唤友的,忙活着一些事情。但很快就厌倦了这种小孩子过家家似的虚荣。高年级时越来越封闭自己,整天沉浸于唐诗宋词楚辞汉赋之中,吟点诗作点曲,听听交响音乐等等,追求丰富自己的内心。现在想想,哪有大学生还背唐诗的,简直是老土。我记得李商隐我背了 95 首,刘禹锡的诗背了 91 首。现在大多忘得干干净净。所以,我认为很可能人的记忆力从 20 岁就开始下降。我至今仍清楚记得我幼年学说话时的场景,却无法再背诵我 20 岁时好不容易背下来的《离骚》。音乐听得最多的是柴可夫斯基,尤其是《悲怆》,至少听了一百遍,虽然并不怎么懂。简单一点的,比如《梁山伯与祝英台》《1812 年序曲》,我可以全部背下来。当然,不是背曲谱,是哼下来。

这段经历一方面耽误了我的专业学习,另一方面却影响了我的人生方向,我认为其积极效果要大于消极效果,此后我对职务什么的一点都不热衷,而且这种追求散漫的生活方式又使我对自由和尊严有点看重。这就使我人生道路上的诱惑减少了许多,比较容易坚守自己的方向。

记:在您四年大学学习中,您感觉印象最深的是哪位教师呢?

许:有一位桂宇石老师,我与他交往并不多,他的授课方式比较散漫,知识面很广,还发表过侦探小说,话题一转就可以扯开十万八千里。这对新生开阔视野很有帮助,很对我的口味。还有当时的辅导员卞祥平老师,一直是我的良师益友。他很聪明,功底扎实,很有才情,还颇有些旧学功底,骨子里很傲气。他觉得我不如他高雅,这是我花很多时间追求高雅的动力之一,所以,我走的许多弯路其实应该让他负责——开个玩笑,我也并不认为这些算是弯路。

时隔多年，最愧对的是一对夫妻老师。两人课讲得都不错，男老师还是上课最好的老师之一，要求也都挺严格，有时也点点名。有个同学上午被男老师点了名，下午又被女老师点了。我后来当了老师才体会到，对学生要求严格的老师是真爱学生的，年轻人不懂事，会伤害真正对自己好的人。回想起来，感到很愧疚。

记：很多事的确只有在自己经历过以后才会有所感悟。在您的同学中，有没有让您甚为佩服的呢？

许：很佩服的有，但没有对我的人生产生多大影响。后来武汉大学出版社的一个同事对我影响很大。他是学哲学的，我通过他了解了一些哲学的背景知识，并在其刺激下阅读了大量文史书籍，比我看过的法学书要多很多，甚至一度想改行研究历史。他知识渊博，凡谈到我不知道的人与事，我就去查，再讨论时一定要拿出自己的说法。同时，我也佩服他的高度。他当时正在研究悖论问题，而且已经作出了比较成熟的解答。人类的知识可以归类为形式知识与经验知识，但这两类知识的基础部分都出了问题，因而严格说来，人类生存的基础就有疑问了。形式知识的基本问题主要是一些逻辑悖论，比如说谎者悖论（一位岛上的居民说"这个岛上的人都说谎"，那么他的这句话是真是假？）、理发师悖论（一个理发师定下一条规矩："我给且只给那些不给自己理发的人理发"，那么他应该不应该给他本人理发？）等。经验知识的问题出在休谟悖论或称归纳悖论——我们凭什么相信明天太阳依然会升起？凭经验（来自归纳方法），但归纳凭什么对明天也有效呢？我此前没有想到过我身边的人也可以有这样的志向、胸怀与能力，很自然地就进一步设想，我能不能也干点有档次的事？此外，他展示的是真正高雅的生活方式，这不是吟诗作画式的附庸风雅，而是为自己认为有价值的目标持之以恒地努力，并追求真正的价值而不被枝节的利益所羁绊。

这期间我的读书量比较大，由此积累起来的一点底蕴大大增进了我的感悟能力、理解能力、联想能力、思维能力，抬高了我对自己设定的人生目标；另一方

面,这使我对真知产生了诚挚的崇敬,在追求目标时能够做到脚踏实地,而反感形式主义的东西。

> 有人可能会把一本书拆成两本书出版,我可能更愿意把两本书的精华浓缩到一本书里。与其让两本书无声无息,不如让一本书发出一点光彩。体制会给前者以更高的评价,但我相信学界的评价绝对不会辜负后者。

记:您现在所从事的这个专业,其兴趣是从什么时候产生的呢?为什么想到要从事现在这个专业的教学和研究呢?

许:这个选择是被动的。出版社的工作本来很适合我的性格,虽然也挺累,但十分自由;需要的是知识面,而不在于研究能力,又正符合我对自己兴趣发展的预设。于是尽管天天都很忙碌,却没有目标地自由着,即使是 1995 年报考了博士研究生后也没有什么明确的抱负。

但既然考上了博士,就得选一个方向,而且这个方向应该是最前沿的,能够实现重大突破,同时又是社会生活中十分重要的。要感谢我的同学冯果教授给我的建议。反垄断法的重要性一目了然,而那时国内的研究刚刚起步,突破空间广阔。各国反垄断法的主要借鉴对象是美国反托拉斯法与欧共体竞争法,他建议我不妨拿后者试试。我到那时为止对任何一个法学学科都既无深入的了解,也谈不上特别的兴趣,因而也没有什么试不试的。随着了解的增多,兴趣日渐浓厚,现在已经成了我生存的第一需要,如果有哪一天不看书写作,心中就会十分恐慌。

由于当时自身功底和学科整体水平的局限,我的博士论文水平是有限的。转行当了教师后,就决心以欧共体竞争法为依托,对反垄断法理论体系进行系统整理。我于 2003 年初开始,先把欧共体的全部竞争立法译成中文,再对这些一手资料一句句进行解读,整理成一部理论著作;然后对若干经典判例进行细致分析,以求对理论达成更贴切的认识。这一工作历时近五年,形成一个所谓"三部曲",计 170 万字。然后又开始对美国反托拉斯法的研究,主要工作是翻译了一部美国权威著作,也就是霍温坎普教授的《联邦反托拉斯政策——竞争法律及其实践》,130 多万字。这样我对两个最重要的反垄断法体系都有了全面系统的了解,下一步打算按照反垄断法的理论结构,就垄断协议、支配地位滥用行为以及企业集中各写作一本专著,再组成一个"三部曲",从而完成我所理解的理论体系建设。

记：您对所从事的专业有哪些基本的学术观点？

许：对于中国而言，反垄断法是舶来品，肯定要大量借鉴。这些年我主要作引介与比较研究，也有许多自己的思考，主要是想全面理清反垄断法的体系，深入阐明其精神实质，在全面性、系统性、深入程度和具体程度上提升中国反垄断法研究的层次，最终建立起中国反垄断法理论体系，并对立法的完善及其实施产生一些影响。我自己觉得这些年来学术贡献还是有的，填补空白的地方好像也不少，但无法用一两句话来概括。具体的学科有大量具体的问题，学术研究的任务就是为这一个个问题提供解答，不像社会契约论那样可以一言以蔽之。

记：以您自己专业为例，您认为中国与其他国家的差距在哪里呢？

许：反垄断法是市场经济的基本法律保障，又被称为"经济宪法"。中国市场经济建设开始得很晚，其"经济宪法"也要从无到有，差距当然是全方位的。国内许多学科都是这样，这不必讳言。因此，首先要进行国别研究，这是我八年来所做的主要工作；同时在此基础上进行比较研究，考察各国做法的优劣，这也是我八年来同步进行，现在仍需加强的工作；还要对中国国情进行系统分析，对比较研究的结论进行修正，使之符合中国的需要，这是我下一步的工作重心。

当然，并不是说只有我在干这些事。竞争法研究中的竞争也是十分激烈的。这是很好的现象，每个人的进步对其他人都既是一种压力，也是一种动力。我只是希望我起的作用能够比较重要一些。

记：在你们专业中出现过什么大的争论吗？您的观点如何？

许：没有。这个学科还在发展中，各人的研究空间都很大，而且大家相处很友好，不大会弄到大张旗鼓地商榷的地步。另外，也是由于《反垄断法》实施不久，执法实践中没有引发出值得大家争议的重大问题，但在不久的将来应当会有的。希望到那时我有能力参与争论，而且希望我的观点能站得住脚。

记：在各种法学研究方法中，您最欣赏哪一种？

许：我没有系统地回顾过自己都用了什么研究方法。我既注重法律条文的解析，也强调判例分析，研读外国著作时不仅关注其结论，也深入体会其分析过程与方法。反垄断法研究中还需要进行复杂的法律分析与经济学分析。我不太确定这些都属于什么类型的研究方法，也许可以称为比较研究、实证研究、跨学科研究、定性分析、定量分析等等，不管是不是这样的名称，至少这些方法都是需要的。不管什么方法，能抓住老鼠就是好方法。

记：您认为法学界的中青年学者现在浮躁吗？

许：这主要应当归咎于目前的学术评价机制。学术评价本来是可以做到大致准确的，拿出作品翻一翻，就能知道作者的功力和高度，除非是少数超越时代的天才作品——天才好像总是要受点委屈的，我们就把评价责任推给历史好了。但客观评价要有一个基本的前提，就是评价者要具备健全的学术良心，而这一点是目前所不能保证的，因而只能靠数量和级别来评价学术。更重要的是，获得数量与级别的过程又越来越被扭曲，其目的与操作手段也日益五花八门，学术以外的因素常常比学术本身更关键。因此，这种评价机制从总体上说是在破坏学术精神，而不是成就学术；是在破坏学术良心的形成机制，而不是培养它；是在把学术人引导向江湖，而不是书斋。此外，这种考核体制比较注重短期目标，急功近利，违背学术成长的规律，经常会扰乱学者的心态。

整个国家教育理念上也存在这样的问题。回想我们高考时，北大、清华当然是顶尖的学校，但远没有今天这种鹤立鸡群的地位，实际上在有些地区，它们还不是优秀学生的首选。如前所述，我的中学同学们够优秀的了，一点也不缺乏自信，但我们班没有人报考北大、清华。现在它们与其他传统名校已经拉开很大距离，国家的倾斜性支持是造成这种差距的主要原因，其目的是尽快打造出两所能够进入世界排名的大学，这种庸俗化的"数目字管理"对学术的破坏可能大于帮助。这对其他著名大学不公平，而且真正的实力是在竞争中打拼出来的，而这两所学校在经费的投入等方面，没有什么需要与其他学校竞争的，因而其前进的动力和能力不一定能够得到加强。垄断企业缺乏创新动力，摆脱了竞争压力的大学也是如此。

但学界的评价是客观的。我们看完一部著作总会有个评价，这时我们考虑的是作品本身，而不会去套数量指标，说你曹雪芹一生只写过一本书，还没有正式出版，因此不能评教授。发表的级别能够证明基本能力，因而对其数量的要求的确能够对后进者产生督促作用，但这种标准无法衡量高度。可以写上20部小说来证明自己具有写小说的能力，但要评价曹雪芹的贡献，只要看看《红楼梦》就够了，虽然他这唯一的作品还只能见到八十回。

我这些年追求的是学界的评价。这当然要牺牲一些眼前的利益,包括短期的荣誉与经济利益。我花 4500 个小时译一本书,我写 45 篇文章可能不需要这么久。这样选择有所谓责任感上的动机,也有价值与利益的盘算,因为我认为学界的评价比机制对我的评价更有价值,我认为迎合学术的规律比迎合机制更对得起我有限的生命。这些是自己的选择,对得失是有思想准备的。我们一时改变不了体制,又不想改变自己,那就要承受得起牺牲。这也是在考验自己是不是真的高雅。而当你作出真正的贡献以后,完全不必担心自己得不到承认。那是机制以外的承认,那种承认更重要,也更准确。

记:您认为一种良好的学术环境应该是怎么样的一种状态?

许:我没有能力进行全面概括,而且我目前对生活也没有很多要求。我的正常工作是上课,指导学生,看书写作。在家里写累了,关掉电脑去办公室,一路上湘江两岸风景如画;到了办公室打开电脑继续写。我希望这种心境和节奏能够持续,希望学术本身的价值和为此所作的努力能得到尊重,希望学术机构不要过度热衷江湖手法。大家对学术怀有起码的信仰和崇敬,对自己的文字有敬畏之心。

记:您认为现在中青年学者是多发表成果好,还是少发表好?

许:有价值的东西当然是发表得越多越好,但不见得需要为数量而数量。我今年一篇文章都没写,但今年我非常刻苦。我花 4500 个小时译一本书,以每天工作 10 个小时计,就要干 450 天。一年中有多少天是可以自己支配的?我的欧共体竞争法"三部曲"也耗时近 4000 个小时。如果要迎合数量要求,我肯定不该译这本书,因为它比我写三本书还多用了 500 个小时。"三部曲"本来也可以慢慢来,先整理出一篇篇文章发表,再起承转合一下连接成三本书,数量上可以丰收,但这会使我的总体计划迟延很多年,对我本人以及学科的发展都是有害的。

不过,人生活在社会中,需要考虑各方面的志趣与利益。我的职称之类的世俗利益都已经解决了,可以放开手追求自己认为有价值的东西。而年轻人可能还要暂时迎合一下体制的需要,先争取解放自己的条件。何况年轻人一般需要一个成长期,除了天资与基础特别好的人以外,追求高度还需要一个过程,多写作有助于功力的积累。但如果解决了这些后顾之忧之后还一味热衷于数量,就有必要反思一下自己到底在追求什么。总之,数量有助于养成上进的习惯,锤炼基本能力,但不一定能产生高度。有人可能会把一本书拆成两本书出版,我可能更愿意把两本书的精华浓缩到一本书里。与其让两本书无声无息,不如让一本书发出一点光彩。体制会给前者以更高的评价,但我相信学界的评价绝对不会辜负后者。

> 社会是一步步从身份到契约发展而来的,不是一个退化的过程,而是一个进步与解放的过程。我们可以假设一下,如果当时的法国人也持这种法律史观,法国大革命可能就是另外一种样子。

记:您的专业中还有哪些发展空间,或者说还有哪些需要开拓的新的领域?

许:这个专业仍然处于初级阶段,但比十年前具体了很多。起初的研究中空泛的讨论太多,我说这是在冰面上跳舞。要认识水的性质你得凿个洞看看冰下的世界,然后就知道水也可以是液体的;凿了很多洞以后才知道液体才是水的常态,而且水里面还有水草,有游鱼,是生命的发源地。如果说一个学科刚兴起时重在做一些介绍性的工作,那么长期流于表面是不行的。反垄断法上具体问题多得很,解决这些问题是我以及同行们下一步努力的方向。

记:在您所从事的这个专业中,您感觉您的最大贡献在哪里?

许:不敢当。我所做的工作比较系统地展示了反垄断法的法律体系、理论体系及各部分之间的逻辑联系,捕捉到一点本学科的精神与内核,演示一下其法学与经济学分析方法,为建立我国反垄断法理论体系提供了一点基础。这些工作当然不是不需要智力的,但主要难度在于它的长期性和艰苦程度,我不止一次地差点坚持不住,自我激励时颇有一点"我不入地狱谁入地狱"的悲壮情结,因为在进行过程中,我也不知道这些计划究竟能不能完成,什么年月才能完成。现在总算完成了,有没有贡献得由读者来评价。你们这个课题名为"著名法学家访谈录",我觉得我还算不上"法学家",但的确希望能在学科发展史上记载一笔。

记:您能为我们法科学子推荐一些优秀的阅读书目吗?

许:法学学生当然应该看法学著作,各人可以根据自己的专业方向判断需要读什么书,但最重要的是"读"本身。现在的本科教育及研究生教育中最大的问题是学生读书太少甚至不读书。因此,只要实施了读书的行为就应该鼓励,能读进去的书就是好书。当然,武侠与言情小说得除外。

在专业以外,我认为大家都需要培养一些文史知识基础。商务印书馆那一套汉译名著非常不错。学法律的学生整天要谈到罗马法,那得了解一下罗马是怎么一回事,查士丁尼的罗马与迦太基战争时的罗马、恺撒时的罗马区别可大了。许多法律问题要在一定的历史背景中理解。罗马人形成了自然法的理念,这有多方面的成因,有希腊文化对于自然的崇尚,有斯多噶学派的哲学基础,而世界上果真有一个一统天下的罗马帝国,罗马又确实有一套普遍适用的万民法,这给人们的信念提供了现实的支撑,因而人们可以放心地认为,人类产生的最初阶段一定是处于一种自然状态,一定有一套对所有人均同等适用的自然法则,后世的人们扭曲了它,因而要达成理想社会,就应按照自然法则来重组社会。

自然法思想为法律提出了道德要求,要求法律必须是善的,这是很好的。但它的影响并不仅限于法学研究,而是深刻地影响了近代以来许多国家乃至世界历史的进程。法国大革命、俄国革命以及中国革命都受到这一思想的深刻影响,尽管受影响者不一定全都明确意识到了这一点。这些革命以流血而著称,而自然法学思想要对此负有很大责任。革命者认为必须以其所设计的某种社会结构为蓝图来构造社会,而这些蓝图基本上是所谓"自然状态"的各种变体:自然状态下不应当有等级、阶级,不应当有私有制,不应当有宗教,那么就让我们打碎旧世界,在废墟上重新建设新世界。这样将联结社会的原有纽带一一粉碎,最后只能靠暴力来维系,暴力进而发展成恐怖,终于导致人们宁可回归被他们自己所否定过的东西。这种回归当然也不是走回起点,但其取得进步的代价是血流成河,而且毁灭掉的好东西可能不比坏东西少多少。法国人在轻蔑中砍掉了国王的头,最终却拥戴起一位皇帝。俄国所经历过的灾难在规模与深度上有过之而无不及。

相比之下,英美实现社会进步的过程中,血腥程度就要弱得多。我们可以回顾一下梅因的《古代法》,对于法律的形成与起源他有着另外一套解释。他不认为有什么自然状态所应有的规则。这本书从《荷马史诗》考察起:人们最初发生争议时,并没有先天的规则来告诉他们应该怎样来解决。这时由若干长老聚在一起来审理这个案件,按照他们的意见作出判决,这种判决日积月累就成了法律的起源。罗马法上早期是以家户为法律单元,只有家长拥有法律关系主体资格,家子与奴隶地位差不多,哪来的什么自然法则?社会是一步步从身份到契约发展而来的,不是一个退化的过程,而是一个进步与解放的过程。我们可以假设一下,如果当时的法国人也持这种法律史观,法国大革命可能就是另外一种样子。

因此,研究法学的视野应当开阔些,否则对许多问题只能达成纸面上的理解,而广泛的阅读是开阔视野的前提条件。要读希腊历史,罗马历史,中世纪史,英、美、法、俄革命史,以及一战二战史。中国历史当然更不用说,至少应当看看《史记》。也不一定要怀着功利目的去读,这些知识本身就可以丰富人的内心,构成情操的组成部分,也可以对日常生活中各种事务的判断起到指导作用,而且这些书很有意思,对我来说这种阅读也是一种休息和调剂,并不在意它能给我什么启示,而是纯粹在享受阅读的乐趣。

记:最后,能否请您给我们年轻学子提几点希望?

许:年轻人应当追求一点内心的丰富,这能增强对庸俗的抵抗力,同时也要尽快认清自己的发展方向。人生活在社会,肯定不能只关注自己的内心,何况内心状态在很大程度上也取决于社会对你的认可,而这种认可最终需要以自己对社会的贡献来换取。因此,最好能早日走上正轨,而我耽误的时间就太多了一点。

什么时候开始都不算太晚,但必须加倍努力。我耽误了时间又不愿降低对自己的要求,因而这些年很辛苦,但最终取得的一点长进终于使我觉得此生不会虚度了,只是如果早几年开始的话,我的进步会更让自己满意一些。

此外,在摸索方向的时期最容易虚度光阴,整天去玄想意义、价值之类的东西。这时应该赶紧做一些自己绝对不会后悔的事情,比如多读点闲书,比如外语。这并不妨碍思考意义与价值,而且正是为将来实现意义而积累能力。等进入正轨后就没有这么充分的时间和悠闲的心态了。我写作博士论文时完全依靠英文资料,动手第一天用十个小时译了两页纸,从头到尾读一遍,不知所云。我跑到东湖边上坐了一夜,前半夜心情恶劣到极点,后半夜突然开朗起来。大家所受的都是应试式的外语教育,既不读原著也不写文章,如果我能真正具备读书能力,会有多大的优势? 于是我开始精雕细琢地翻译资料,翻来覆去地校对,一个词、一句话我可以花上几十个小时,一定要达成自己满意的效果。半年后终于过关了。其实,我可以换一个不依赖英文的选题,提前半年答辩,但那时我还在"思考"自己的"人生方向和意义",提前毕业对我并无价值,却会使我错过这项重要能力,而这项能力现在是我实现自己"价值"所不可或缺的。故而我最大的收获不是完成论文拿到学位,而是彻底解决了英语读书能力。

还有,无论是硕士生还是博士生,一定要认真对待毕业论文,它不单单是获得学位的工具,更是提升自己能力的最好机会。在写作过程中,很能锻炼一个人的刻苦能力、理解能力、思考能力、逻辑能力和谋篇布局、文字表达的能力,是在全面提升学生的专业知识、整体素质和人格修养。许多学生应付差事,也能拿到学位,但他的能力并没有提升,这种差距他自己可能还感觉不到,但在将来的发展过程中,这种差距一定会体现出它的意义来。毕业论文的写作中如果多用一些外文资料,还可以顺便把外语能力解决掉,收获就更全面了。在写作与翻译过程中会遇到很多困难,但这正是提升自己的契机;解决的问题难度越高,自己的进步就越快。这是我写作博士论文的深切体会,也是我对年轻人所能提供的最可能有点价值的建议。

(陈　艳)

于 莹
Yu Ying

1967 年 8 月生,黑龙江哈尔滨人。1989 年获吉林大学法学学士学位,1992 年获吉林大学法学硕士学位并留在吉林大学法学院任教。1997 年至 1998 年赴加拿大西蒙弗雷泽大学学习。2001 年获吉林大学法学博士学位。2001 年至 2004 年在中国社会科学院法学研究所师从梁慧星教授进行博士后研究工作。2005 年赴日本名古屋大学进行学术交流。2008 年至 2009 年赴美国哥伦比亚大学交流和学习。现任吉林大学法学院党委副书记、商法教研部主任,教授、博导。研究方向为民法总论、公司法、票据法、证券法。

主要著作有:《证券法中的民事责任》,中国法制出版社 2004 年版;《票据法》(面向 21 世纪课程教材系列),高等教育出版社 2004 年版,2008 年再版等。主要论文有:《融通票据的制度构造》,载《法学研究》2008 年第 1 期;《股东知情权法律问题研究》,载《吉林大学社会科学学报》2008 年第 2 期;《证券操纵行为若干法律问题研究》,载《月旦民商法杂志》2008 年第 3 期;《对"群众财产性收入"的一点认识》,载《光明日报》2007 年 12 月 14 日;《论票据质押的效力》,载《人民法院报》2007 年 11 月 8 日等。

"即使在最困难的条件下,也要保持一种气度与尊严。"这是在采访过程中于莹教授对他的师兄姚建宗教授的评价。虽没有姚建宗教授那般生活上的艰苦磨难,但于莹教授的生活也充满了坎坷:成长在一个多数人羡慕不已的幸福家庭,但却也遭遇过家庭生活的不幸打击;有一个无比上进、只拿第一的学生时代,却也在学术道路上迷惘徘徊了很多很多年……一切风风雨雨就这样走了过来。她说她很幸运总能在关键时刻遇到好心人的指点,但或许她的性格才是她走向成功的关键,就如同她对于自己的评价:"我很坚强。"

> 我经常在吃完晚饭后去买一袋钙奶饼干,然后就拿着本小说,躲在我的床上看,熄灯后再到走廊上接着看,饼干吃完了小说也看完了,第二天照常去上课。

记者(以下简称"记"):于老师,您好,我们就从您的大学开始聊吧,您当时为什么会选择吉林大学呢?

于莹(以下简称"于"):我出生在哈尔滨市,我母亲当时是哈尔滨一所著名小学的校长,父亲是在工厂工作,我家是一个市民家庭。据我妈妈回忆,我小时候喜欢看书,只要给我一本书,我就可以在家乖乖呆上一天。在小学、中学阶段,我在哈尔滨市算是表现突出的,比如我一直是哈尔滨市演讲比赛的第一名。在我进入高中阶段后,哈尔滨一直有语文比赛、作文比赛、演讲比赛等文科类的竞赛。在文科类竞赛中,我一直拿第一名,只有我跟别人并列第一,我几乎从来没有拿过第二名。我当时还到处很真诚地去给青年工人做演讲。我高考考了508分,但是在那个时候,高考报志愿是在估分后实际分数公布前,而且我又是个很谨慎的人,所以我当时只估了480分。参照前一年的分数线,我只能报中国政法大学和吉林大学。所以,在第一次填志愿的时候,我报了中国政法大学。当时,我的老师对我很失望,因为他一直指望我能出好成绩,结果我的估分却这么低。所以,他可能有点带情绪地对我说:"你连中国政法大学也上不了,你只能去吉大。"于是,我就改选了吉大,当时我选了两个专业,第一个是法律系,第二个就是新闻系。因为我的成绩比较突出,又曾经获得过很多荣誉,所以当时去哈尔滨招生的法学院老师很快就招收了我。其实,我的普通话受过专门训练,而且我当时可以保送北京广播学院,也就是现在的中国传媒大学,但是我妈妈打击我说,将来电视会取代广播,而你又长得那么丑,想想她的话,所以我就放弃了。

记:听您这么讲,其实您小时候的生活比起同龄的同学来还是很殷实的。

于:可以这么说。我还记得,在我们研究生毕业留校后,学校冬天搞福利分大苹果。当时,我跟姚建宗说:"现在我们可以可劲儿吃苹果了,小时候的国光苹果,我妈妈每天只分给我和弟弟每人一个。"邱本老师和姚老师都大吃一惊,他们说上大学以前都没见过苹果,他们只在图片上看到过苹果。所以,比起他们来说,我的童年还是很幸福的,至少温饱是没有问题。所以,我到吉大后,从来没拿过助学金,但是我每年都拿一等奖学金,而且我也是85级唯一一个全优生。

记:您上大学时在吉大的生活是怎样的呢?

于：我们当时住在 7 舍，一个大寝室一起住了 13 个人。我和徐岱老师是一个宿舍。我们班总共有 15 个女生，其中有两个走读。我们的桌子是那种只带抽屉的大长条，而且还是两个同学共用一个抽屉，我们只能在里面放牙刷、口杯和饭盒。另外，在我们本来就很窄的床上面搁一块书板，用来放书，在书板边上有一个架子，用来放行李箱，人就睡在书板的下面。床底下就再放一个木箱子。当时，我们也不觉得苦，也觉得挺好的。

记：在学习上，您有没有什么特别记忆深刻的课程或者老师？

于：我觉得，张文显老师和李放老师让我受到了真正的学术训练，尤其是张老师。张老师那时候刚从美国回来，他所开的课就是讲他的那本最早由吉林大学出版社出版的《西方法哲学》，听起来有点晦涩。他当时给我们介绍了哈特、边沁等，虽然很多时候我们对他讲的很多内容理解不了，但是他的课丰富了我们的课程内容和知识面。张老师的课是我听得最认真的一门课，虽然我一直是个好学生，一门课无论是否有意义，我都认真地去听。从小到大，我都努力地去做一个好学生，认真听课，认真背书，我对老师的依赖性一直挺大，这也许是我后来学术没有走得很远的原因。在当时，张老师的课给了我很多启示，我也认真地去看了很多书，这个可能就是我最初的学术训练。

记：80 年代是一个思想解放的时代，比如朦胧诗、港台歌曲，尤其是邓丽君的歌等，那您对这些还有什么特别记忆吗？

于：我大学时候对邓丽君的歌不是特别感兴趣，因为我家本来就在城市里，从小就有那种盒式录音机，所以我在比较早的时候就已经接触过邓丽君的歌了。我比较喜欢看琼瑶的小说。我记得，我看的第一本琼瑶小说是《我是一片云》，然后还有《情深深雨濛濛》等。当时，我借着走廊里的灯，一宿就能看完一本。那个时候是少女的时代，我也就容易为诗一般的爱情所感动。我把琼瑶的小说都看了一遍，平时省吃俭用，有时跟同学换着看。现在回想，当时的日子还是很开心的。我经常在吃完晚饭后去买一袋钙奶饼干，然后就拿着本小说，躲在我的床上看，熄灯后再到走廊上接着看，饼干吃完了小说也看完了，第二天照常去上课。

记：您是在 1989 年被保送研究生的吗？

于：对，我当时考了第一名，所以就被保送了。

记：以您当时的成绩、学历、家境，毕业后完全可以找到一份很好的工作，您当时为什么会选择继续上研究生呢？

于：1988 年 9 月学校就开始定保研的事情。我当时能拜到张老师门下，我和我家里人都觉得很幸运，可能是出于在学术上对他的崇拜吧。我和家里人在当时根本都没想过找工作的事情。四年级一开学就公布了成绩,有6个保送名额,我就去找了张老师,跟他说想拜到他的门下,张老师也非常同意,因为我当时法理考了98分。于是,我就顺理成章地读了研究生。

记:那您觉得读研究生的时候跟读本科的时候比有什么不同吗?

于:不一样的地方还是有的。我觉得吉大的老师都是非常负责任的,比如李放老师、张文显老师、郑成良老师等,他们都非常有思想。张老师的知识传承非常系统、严谨;李放老师的学问做得非常扎实。我记得我们读研的时候,法理专业的学生总共只有四个人:我、姚建宗、南京大学法学院院长杨春福、检察官学院的教务处处长郭立新。李永汉老师每次上完课,就让我们去他家,给我们煮面条吃,大家非常开心。学术训练主要是在研二进行,研二一年的时间也过得非常快。

记:你们同学之间有没有什么互相学习、影响的地方?

于:有,至今我都特别佩服姚建宗老师。其实,在那个时候,姚老师的家境特别困难,但是他一直过得特别有风度和尊严。我们班里搞活动,大家要集份子,他从来都没有落下。他一直非常热爱学习,即使在我们下工厂、到农村的那段日子,他也一直在读书,读汉译名著。所以,在我学习松懈的时候,就有同学跟我说:"于莹,你知道你师兄都在干什么吗?他每天都在读书。"我也觉得自己特别幸运,我的学习之所以没有滑下去,是因为总有同学提醒我,总有同学激励我。

记:在1992年研究生毕业后,您就留在了教研室吗?

于:我当时是留在法学所。其实,我在读研期间是不想留校的,因为90年代初商品经济的浪潮第一次兴起,我那时候就觉得当老师太穷,外面的世界很精彩。但是,因为我是保送的学生,在保送的时候就已经签了协议,所以必须留校。我当时还觉得挺委屈的,因为没有保研的同学的工作都分配得非常好,比如去法院、检察院、工商、外贸等,但是现在我觉得当时留校可以说是误打误着了。

> 我觉得我的一生还是很幸运的。先有文显老师帮我打下了比较厚重的法理学基础,再由王牧老师帮我指明了专业方向,后来又跟了梁老师读博士后……我跟梁老师完成课题,他也细细地指导我,让我的知识能有一个系统的提高。

记:留校工作后,与之前在校读书相比,您觉得有什么不同吗?

于:我进入工作后,接着就结婚要小孩了,所以在刚开始那段时间,我投入比较多的精力在家庭上。在相当长的一段时间里,我的学术研究仅仅只是满足于完成任务,缺乏主动性。我浪费掉了三年的时间,一直到1995年,我的孩子长大了点,更重要的是,在这个时候我自己觉得找不到自己以后的学术定位和人生价值,看着周围的人都在陆陆续续考博士,我也就干脆开始复习考博士了。在1995年年底,我恢复了以前读书时的状态。现在想想,我挺后悔之前浪费掉的这段时间,因为人的学习有阶段性,我浪费掉的这三年,我后来想补上,可能就要花费五六年的时间。在我考博士期间,我把孩子放在了他爷爷奶奶家。在我考上博士后,我的体重下来了二十来斤,那个时候考博士还是很公正的,我要把所有的书都看一遍。

记:您考的是刑法博士吗?

于:对,我们那时候只有刑法的博士点。我考完博士后,接着考了WSK(即全国外语水平考试),我们那个时候叫做EPT,我考了个及格的分数,有机会出国,有两个选择:一个是德国,一个是欧美国家,其中德国的那个经费高点。我当时选择了去加拿大,但是他们给的补助特别低,一个月800加币,换算成美元就是600多美元,而且他们只给10个月的补助,但是我要呆满12个月。另外,他们只负担单程机票。虽然跟当时国内的工资比,这算是不错了,但是在那儿租个房子,加上生活开支,日子过得还是很拮据的。我一直挺幸运的,在我去那儿的时候,我们吉大有个何老师在那儿已经扎根了。她让我住他们家的空房子,她不收我房租,我帮她照顾房子。我1997年出去的时候外语水平并不好,我这次从哥大回来,明显觉得自己在几个方面进步了:第一,十年前出去的访问学者,没有一个人会选专业课,大家都听一些公共基础课,比如妇女社会研究、加拿大文化等课程。因为平时的阅读材料仅限于这些,专业课听不懂。而这次出去,我选了专业课,也能听得懂,而且还可以跟同学、老师讨论。第二,我1997年出国的时候,除了导师请我们吃饭,我基本上是不出门的,因为经济比较拮据。但是,这次出国,我们会经常性地聚聚,这也说明中国的经济实力变强了。第三,我们现在出去不仅仅是去学习,我们还可以跟他们相关的学者交流了。最后还有比较小的一点,就是我们这次出去,大家都去旅游了。在十年前的寒暑假期间,大家都呆在学校里,因为回家的机票太贵,也没有什么钱出去旅游。但是,现在我们有的人就回家了,有的人选择出去旅游。

记:您的博士生导师是哪位老师呢?

于:是王牧老师。

记:看您的简历,在读博期间出国了,当时您的大部分时间是不是都在外国呢?

于:我是 1996 年 9 月份入学,第一年上公共课,1997 年 11 月份我就出国了,然后 1998 年回国。我觉得王老师非常好,他当时跟我说:"你是民商法专业的,你要确定你自己的方向,然后跟这个论文结合起来。"因为我当时是在我们这儿的民商法教研室,所以我就把自己的方向确定为证券法。我现在觉得挺惭愧,因为我自己的刑法功底实在是太弱。我当时写的是证券操纵,主要写的是证券法的内容,而不是刑法的内容。在国外的时候,我就收集了一些资料,回来后才开始撰写。

记:现在的您是民商法方向的教授、专家,那您是在什么时候开始对民商专业感兴趣的呢?

于:我觉得,我自己最大的一个问题是我自己从来不会自觉地去选择。我开始搞票据法,后来搞证券法都不是我自己的选择。我开始讲票据法课是一个意外,因为正巧当时没有教票据法的老师,我就被分派到去上这门课,因为要上课,所以我就对这门课投入了比较多的精力。我是一个有荣誉感的人,特别在乎学生对我的评价,自然而然地我对票据法的研究就投入了比较多的时间。我为什么会接触证券法呢?因为我在商法教研室,保险法、公司法、破产法都已经有人进行研究了,就剩下证券法没人做,而且这又是商法一个重要的学科,总要有人来做,于是我就接手了。我现在倒是能主动地规划一点,以前我很少主动地规划我自己的人生、学术。现在回想起来,能走到这一步多数都是工作的安排,很少有我主动的选择。

记:您从国外回来后,一晃也过了十多年,这期间您好像又读了一个博士后?

于:我是到社科院法学所跟梁慧星老师读的,这出于两个原因:一方面,我当时生活上发生了点变故,想换个环境进行一些调整;另一个更重要的原因是我觉得我的民商法功底还比较弱,想出去再加强一下。我觉得我的一生还是很幸运的。先有文显老师帮我打下了比较厚重的法理学基础,再由王牧老师帮我指明了专业方向,后来又跟了梁老师读博士后。我在那段时间就老老实实地待在北京,踏踏实实地工作。我跟梁老师完成课题,他也细细地指导我,让我的知识能有一个系统的提高。

我总结一下我这么些年,大概有这几个关键点:第一,就是在关键的时候,我总是能遇到好的人,我特别感谢我的这几位老师,让我的学术路走得更扎实。第二,我是一个很守规矩的人,虽然这种性格在某种程度上会束缚我学术的发展。第三,我很坚强,无论生活给我怎样的境况,我都能挺过来。

记:您是在什么时候回到吉大的呢?

于:在"非典"那一年,也就是2003年。其实,我在读完博士后的时候有过往外走的想法。但是,当时文显老师给我分析说:"你是一个特别单纯的人,在这个环境下呆久了,大家都很了解你,知道你的一言一行,可能在这个环境下会更有利于自己的发展。到一个陌生的环境,让别人了解你也需要一段时间和过程。"他还有一句话给我的印象特别深刻,他说:"虽然你在生活上遇到一些困难,但是你不能让你的事业也遇到困难,否则你会特别焦躁。"然后,一直到我评上教授、博士生导师后,我才觉得我有了主动性,给学生一些指导,包括学术上的和人生道路上的。另外,我在出去读博士后的时候,我们这儿一位徐老师给我做过担保。如果我要是走了,那么他就要负连带责任,我不愿意给别人添麻烦。于是,我就留了下来。

记:那最近几年,您在吉大法学院都做了哪些事情呢?

于:毕业后,我前几年的重心都在家庭上,所以我是从1998年开始反思。那时候,我从国外回来,我的师兄都已经评上教授了,而我还是讲师。于是,我觉得我有必要重新开始发奋,我规定自己每天要读70页书。那个时候,我搬到宿舍里住,从王泽鉴的"天龙八部"开始看。我那时每天只做三件事情:跑步、上食堂吃饭、看书。所以,如果说我在学术上真的有所作为,那么这些都是从1998年起到2006年我努力的成果。虽然这段时间的生活很单调,但是我也乐在其中。我在1999年评上教授,接着出国去日本做访问学者呆了几个月。

2005年的时候,我当上了院里的党总支副书记,这个职务对我来说是全然陌生的。我为这个工作付出了很多,在1600多名学生中总会产生各种需要解决的问题,有个别学生自己的问题,也有我们的学生受到外在的伤害,需要学校出面解决的问题。在2006、2007、2008年这段时间,我都觉得自己为这个工作喘不上气,这当然也会影响我的学术成果。在2008年,我又出国了,而且我觉得这次出国对我后来的研究有一个积累作用。在这次去哥大法学院的半年后,我好像突然开窍了。我每天都坐在他们图书馆看书,有一天我不知不觉地读了四十几页的书,而且还都做了笔记,从那天起一直到我离开哥大,我基本上保持每天 30 页到 40 页的阅读量。我总结一下我这么些年,大概有这几个关键点:第一,就是在关键的时候,我总是能遇到好的人,我特别感谢我的这几位老师,让我的学术路走得更扎实。第二,我是一个很守规矩的人,虽然这种性格在某种程度上会束缚我学术的发展。第三,我很坚强,无论生活给我怎样的境况,我都能挺过来。

记:在近期,您在学术上还有怎样的打算呢?

于:虽然近期我会把我的重心放在我儿子身上,因为他面临着高考,这是他人生的一个重要阶段,但我也不会放下我自己作为一名学者的任务。我跟我儿子说:"我会做好你的后勤保障和心理调适工作,同时我自己也要做几件事:第一,我要写两到三篇有影响的文章;第二,我计划认认真真地读一些书;第三,我要把体重减到之前的重量。到你考完高考,我也要把这些事情完成。"我不是一个有宏伟目标的人,但是我是一个有计划的人。用我一个好朋友的话讲,我有点"择善固之"。我不是一个有爆发力的人,但是对于有利于我的事情,我能够坚持下来。很多人愿意尝试新鲜的事情,但是只要我知道对我不好的事情,我绝对不会去碰。

我在美国做访问学者的时候,我的室友是一位经济学学者,她跟我说:"访问学者多轻松啊,怎么天天把你累成这样?"每天出门,除了中午回来睡一下,我都在图书馆呆到晚上 12 点。我就跟她说:"我知道自己的学术是在一个什么地位,我希望别人觉得我还配'博导'这个称谓。"跟我们前面的人比,我们是幸运的,但是跟我们后面的人比,我们有差距,我们的外语不如他们。我希望我后面的学者、学生们提到我的时候,只要还觉得"虽然于莹的学术做得不怎么样,但是她还是在踏踏实实地做学问,她还是努力的",我就觉得很欣慰了。

(许钗玲、方　堃)

刘仁山
Liu Renshan

　　1967 年 8 月生,湖北潜江人。1989 年毕业于中南政法学院,获法学学士学位;1994 年毕业于中南政法学院,获法学硕士学位;1997 年毕业于武汉大学,获法学博士学位。2000—2001 年,受“中加学者交流项目”(CCSEP)资助,以高级访问学者身份在加拿大约克大学奥斯古德大厦法学院(Osgoode Hall Law School of York University)做访问研究。现任中南财经政法大学教务部部长,教授、博士生导师。兼任中国国际私法学会副会长、《中国国际私法与比较法年刊》主编、中国国际法学会理事等。

　　主要从事国际私法、国际公法方面的教学与研究,先后为本科生和研究生讲授“国际私法”“国际法”“中国区际冲突法”“产品责任法”等课程。出版专著《加拿大国际私法研究》、司法部和教育部统编教材《国际私法》(主编)、《国际私法学》(参编)、《国际私法新论》(参编)、《国际民商事程序法通论》(主编)等。在《中国法学》《法律科学》《法制与社会发展》《法学评论》《法商研究》《瑞士国际私法年刊》等刊物上发表论文及译文五十余篇。参加《中国大百科全书·法学》的修订工作,参与国家哲学社会科学“八五”重点课题“‘一国两制’下的区际法律冲突及其解决”,主持司法部重点课题“中国加入 WTO 后的若干法律问题”和湖北省教育厅课题“国际民商事管辖权立法问题研究”。

> 我认为现在法科毕业生表象上是供大于求,实质上是供求脱节,因为当前法学教育培养出来的法学院毕业生不是就业市场所需要的法律人才。

记者(以下简称"记"):刘老师,非常感谢您能接受我们的采访。据我们了解,您是国际私法领域的大家,成果丰硕,能给我们介绍一下您的主要学术成果吗?

刘仁山(以下简称"刘"):在 2000 年之前,我主要关注涉外合同以及区际合同的相关内容,也发表了一些文章,比如在《法商研究》1995 年第 5 期上发表了《"最密切联系原则"与"特征性给付原则"的立法研究》,在《武汉大学学报》1996 年第 4 期上发表了《"意思自治"原则在国际商事合同法律适用中的适用限制》以及在 1997 年第 3 期上发表了《香港合同法与全国性合同法的冲突及其解决》,在《法学杂志》2000 年第 1 期上发表了《涉外合同法律适用条款实施建议》等。这些文章可能现在看来不太成熟,但却为我后来的研究做了铺垫。2000 年之前,我的另一大关注点是加拿大国际私法,我在 1996 年的时候就开始做研究,后来成为我的博士论文选题,博士论文初稿大概在 1997 年左右就完成了,后经过修改,在 2001 年的时候由法律出版社出版。在书出版的同时,我还在《法学研究》和《中国法学》上发表了两篇相关论文。

记:听了您的介绍,我们对涉外、区际合同非常感兴趣,能详细介绍一下您的主要观点吗?

刘:好的,那我就一篇一篇介绍吧。在《"最密切联系原则"与"特征性给付原则"的立法研究》这篇文章中,我首先对这两大原则做了追溯,对世界各国对这两大原则的采纳情况做了归纳。在此基础上,我提出了我国立法在这方面的不足之处,针对这些不足之处,提出了几点立法建议。在《"意思自治"原则在国际商事合同法律适用中的适用限制》中,我认为:"意思自治"原则已经成为国际商事合同法律适用的首要原则,各国对合同当事人选择法律的方式、选择法律的时间和选择的法律等均有不同程度的限制;我国宜有限度地承认涉外合同的当事人默示选择法律的方式,不宜禁止当事人在合同订立后争议发生前这段时间选择适用法律,也不宜禁止当事人在合同订立后协议变更原选择适用的法律,而对合同当事人选择的法律所涉及的问题则应作出相应的限制性规定。在《香港合同法与全国性合同法的冲突及其解决》中,我提出香港合同法与全国性合同法的歧异主要表现在合同的订立、合同的形式、合同当事人的能力和无效合同的因素四个方面,这种歧异必然导致区际合同法律适用的冲突。对这一领域法律冲突的解决同其他领域区际法律冲突的解决一样,应分阶段进行,在每一阶段都应采取适宜的解决办法。在《涉外合同法律适用条款实施建议》一文中,我认为新合同法中关于涉及合同适用的规定比较原则,为利于涉外合同的适用,应在相关立法、司法解释上"做文章"。

记:多谢刘老师的介绍。我们了解到您 2000 年去了加拿大做访问研究,这次访学是不是与您的研究主题有关呢?

刘:对的,我去加拿大,有很大一部分原因是和研究主题有关的。我 1996 年在读韩德培教授的博士,当时就确定了我的博士论文选题,即加拿大国际私法。说到博士论文,让我不由想起已经云游的韩德培先生,韩先生就我的论文选题、搜集资料、文章结构,数次面对面给予我指导,现在回忆起来,恍如昨日。韩先生在我最焦虑和惶恐的时候,总是在精神上给我自信。如果没有先生的鼓励、关心和帮助,我将难成此文。现在先生虽然不在了,但他的渊博和高尚风范将永远激励着我。

记:非常抱歉,我们的问题让您睹物思故人了。

刘:没关系,我们继续谈。加拿大虽然是一个年轻的联邦制国家,相对于其他普通法系国家而言,其国际私法的历史较为短暂,在其发展过程中也深受普通法系国家尤其是英美两国的影响,但它却很快形成了自己比较完备的体系,且具有显著特色,成为英美国际私法的重要组成部分。无论是在解决国际民商事法律冲突方面,还是在解决区际民商事法律冲突方面,加拿大的许多成功做法都值得我们借鉴。这可以说是我选择这个课题进行研究的原因之一吧。

记:刘老师,您在这本《加拿大国际私法研究》中主要表达了哪些主要观点,或者说主要有什么贡献呢?

刘:其实,我也就是做了一些介绍性的工作,谈不上什么贡献。这本书一共四编:导论、管辖权、法律选择、外国法院判决与仲裁裁决的承认和执行。在第一编第一章中,我概述了加拿大的国际私法,包括加拿大国际私法相关概念、加拿大国际私法与宪法的关系、加拿大国际私法的理论与方法以及加拿大国际私法的研究现状。其中,加拿大的国际私法渊源有国际公法、国内立法、普通法与学术著作四大类;加拿大法院或律师在确定涉外民事案件所应适用的法律时,通常受到管辖权选择规则、政府利益及政策、优先选择原则、法院地法优先、影响法律选择的因素或政策、就近原则等方法的影响。在第一编的第二章我介绍了加拿大国际私法中的住所和居所问题。在第二编中,我首先概述了管辖权,包括管辖权的概念和种类、管辖权的豁免等;接下来,我介绍了加拿大国际私法中的对人诉讼,包括对人诉讼管辖的一般原则和推定管辖的有关问题;紧接着,我特别介绍了加拿大海事诉讼中的对物诉讼与对人诉讼管辖问题;在接下来的第六章中,我针对加拿大国际私法的管辖权限制问题做了专门讨论,包括挑选法院问题、中止诉讼及强制性禁止诉讼与不方便法院问题、一事两诉问题和外国管辖条款问题等。在第三编"法律选择"中,我首先介绍了加拿大法院面对法律选择时通常考虑的一些最主要问题:反致、程序问题、外国法的证明、先决问题、时际因素和外国法的拒绝适用;然后,我专门对加拿大家庭法领域内的法律冲突问题进行了专门研究,主要涉及结婚,婚姻诉讼,监护、探视及监护资格,扶养义务,婚生、准生、收养及生父的确认,以及智力障碍等方面的内容;在接下来的一章中,我对加拿大国际私法中有关财产的法律冲突问题做了专门介绍,包括不动产、动产、政府对私有财产的占有、婚姻财产、遗产管理、继承、信托等各个方面的内容;在第十章中,我着重介绍了加拿大国际私法中破产与外国公司的有关情况;在第十一章中,我主要论述了加拿大国际私法中的债法,包括合同、流通票据、外国货币义务以及侵权四个领域的问题。最后的第四编是加拿大国际私法中关于外国法院判决与国际商事仲裁裁决的承认和执行问题的内容。

加拿大国际私法内容非常丰富,我的这本书只是简要的介绍,但即使是我接触到的很少一部分内容,都让我受益匪浅。加拿大国际私法虽源于英美等国,但其发展并未囿于英美传统国际私法,无论在理论研究还是在实践上,对英美国家及其他国家的国际私法,加拿大都采取了有鉴别吸收的态度,并都力求有所发展。这种态度值得我们学习。

记:谢谢刘老师详尽的介绍和评论,这让我们受益良多,如果我们这些年轻学子想从事加拿大国际私法的相关研究,面对这样一个庞大的研究对象,可以从哪些方面入手呢?

刘:加拿大国际私法的相关研究,目前国内并不多,我非常希望有更多人从事这方面的研究,这样对我国国际私法体系的建设将起到很大的推动作用。这个研究对象确实非常庞大,让人不易把握,我认为可以关注加拿大国际私法的最新发展,然后从这些发展中寻找研究的切入点。我在《中国法学》上发表的那篇《加拿大国际私法的晚近发展及其对我国的启示》一文可以作为参考。在那篇文章中,我主要介绍了加拿大国际私法在管辖权、法律适用、判决的承认和执行三个方面的发展。其中,在管辖权方面的发展主要表现为:"不方便法院原则"已经成为加拿大法院解决国际民商事案件管辖权冲突的首要原则,而该原则的适用,是以"就近规则"为基础的。在法律适用方面的发展主要表现为:其一是原来的侵权行为法律适用规则即法院地法规则,已由行为地法规则所代替,同时在解决省际冲突案件方面,该规则的适用有若干例外;其二是时效问题不再被当做程序问题而是实质问题对待。在判决的承认和执行方面的发展主要表现为：第一，通过"法官造法"所形成的"充分信任与信用"规则已成为加拿大各省相互承认和执行判决所遵循的一条基本规则；第二，在解决判决的承认与执行问题时，一些基本的法律规则及其价值理念越来越多地为加拿大最高法院所援引和考虑，这些规则主要有法律的确定性和一致性、秩序与公平、国内案件和国际案件中的礼让等。以加拿大国际私法的晚近发展为背景，我强烈呼吁我国应尽快制定一部国际私法典，因为我国的国际私法虽已形成初步的框架体系，但至少存在以下严重的缺憾和不足：第一，法条零散分布，有的甚至相互矛盾，缺乏应有的逻辑性和严密性；第二，许多重要的国际私法问题仍处于立法的"真空"状态；第三，现行立法的实施过于依赖司法解释。基于这些分析，最后我提出：在完善我国国际私法的过程中，我们首先应当考虑的是如何移植外国先进的国际私法制度，而不是是否有必要移植外国法律的问题。当然，对这里"移植"的含义我倾向于将其界定为"借鉴和吸收"，即我们应从把握国际民商事关系发展的基本走势出发，大胆引进他国在国际私法方面的先进制度和成功经验。同时，应充分考虑中国的国情，在借鉴和吸收外国国际私法制度的情况下，注意对引进的东西进行适当改造，真正做到为我所用。

记：我们代表有志于从事加拿大国际私法研究的年轻学子感谢刘老师指出了一条明路，相信他们将会从中受益匪浅的。接下来，您能给我们谈谈您最近几年的研究方向吗？

刘：最近几年我关注的问题主要还是延续了以前的学术旨趣，包括法律选择问题、区际民商事判决的承认与执行问题以及国外国际私法的相关研究，不一样的地方可能是研究视角和方法有所改变，研究深度有所加深吧。比如2007年在《法商研究》上发表的那篇《法律选择中的人权保障问题——基于两大法系司法实践的比较研究》就是关注法律选择中的人权保障问题，而且采用了比较法的方法。在2010年第5期《中国法学》上发表的文章中，我结合对英国和加拿大两国的相关理论和实践的考察，专门研究了国际民商事判决承认和执行中的司法礼让原则。再比如在《武汉大学学报》上发表的文章中，我对大陆与台湾地区民商事判决的相互承认与执行问题进行了研究和思考；在《暨南学报》上发表的文章中，我开始关注韩国和朝鲜的国际私法立法问题；在《华中科技大学学报（社会科学版）》上发表的文章中，我探讨了省际刑事司法冲突问题。除了这些问题外，我最近还比较关注法学教育的一些问题。

记：法学教育的问题我们置身其中，也感同身受，您能给我们详细介绍一下吗？

刘：好的。法学教育的问题最近很多人在讨论，这个问题这么受欢迎，说明我们现在法学教育中的问题确实不少。最近我在《法律科学》上发表的《全球化背景下法律人才的培养问题》就是针对这个问题做的思考。在这篇文章中，我结合全球化背景对当下法律人才的培养作了研究。全球化使社会关系发生了深刻变革，对立法、司法都产生了深刻的影响。面对这样一个新局面，尤其是在加入WTO之后，我国法学教育形势严峻。在国外教育机构的竞争压力和综合国力提升的需求下，法学教育面临两个亟待解决的问题。第一就是法律人才的培养模式问题。近年来，我们在吸收和借鉴他国法律人才培养模式的优点以及改革传统的"四三三"人才培养模式（即四年大学本科、三年硕士研究生、三年博士研究生）的过程中，也做了些有益的尝试，如设立法律硕士点等新的培养模式，但这些模式仍处于起步和探索阶段。我国法律人才的培养究竟应该走职业化的道路还是专业化的道路，还值得深入研究和思考。但无论如何，我们既要慎重考虑我国法律人才培养的本土资源，充分认识自身国情，也不能故步自封，盲目排斥全球化背景下法律人才培养模式改革的大趋势。第二个问题是法律人才的培养目标。我国目前对法律人才应该具备的知识结构、能力和职业道德都没有明确的要求。这直接导致了我国六百三十多所法律院校都处于同样的困境并一直采用简单重复的方式培养法律人才。由此，如何选择适应我国国情的法律人才培养路径，已经成为法学教育改革中不能回避的问题。

在全球化背景下，我认为法学教育应具有前瞻眼光和全球视野，要能够为我国参与国际游戏规则的制定培养法律人才。因此，全球化背景下的法学教育应具有新思路。首先，应加快由法科毕业生向法律人才转变的进程。这条对策针对的是目前法学教育就业难的问题。我认为现在法科毕业生表象上是供大于求，实质上是供求脱节，因为当前法学教育培养出来的法学院毕业生不是就业市场所需要的"法律人才"，新毕业的法科学生还只是法律人才的毛坯，从法科毕业生成长为法律人才需要一个较长周期的动态的过程。学校培养环节只是其中一部分，更多的应该是在实践中增长才干，接受在职培训和继续教育，不断提高处理法律事务的能力，逐步成长为一个法律人才。为此，我们应从以下三个方面着手，加快实现由法科毕业生转向法律人才的进程：一是正确定位培养目标，明确人才培养层次，即高级专门法律人才、复合型法律人才和普及型法律人才三个层次；二是打造多样化的特色方案，紧密契合社会需求，各高校应结合自身特长与优势实施差异化的特色法学教育，极力避免同质竞争；三是加强学校与用人单位的合作，切实提高学生的实践能力，可以通过探索设立学校理事会等方式，邀请用人单位专家代表参与，使单位需求能够反映到学校，从而调整法学学科专业的设置,契合市场的需求。

其次,全球化背景下的法律人才培养应着重加强培养创新型法律人才。全球化时代的创新法律人才应具备这样几个特征:一是永不熄灭的创新欲望和创新需求;二是点石成金的创新能力;三是丰富的法学知识;四是厚实的人文底蕴和科学素养;五是坚强的个性和意志品质;六是崇高的职业道德;七是良好的合作精神;八是强烈的法律意识和法制观念;九是终身学习的理念。为培养这样高素质的创新人才,中国的法学教育首先应该改革和革新教育思想、教育观念,切实推进素质教育和创新教育,确立全新的教育观,即创新教育观。其次,最重要的是要营造适合创新型人才成长的环境,包括自由包容的学术环境、以人为本的文化环境、多元融合的知识环境和开放式的实践环境。此外,营造创新人才成长的环境同样也必须走法律人才培养的国际化道路。这里的国际化不是西化,不是简单地同国际接轨,而是在本土目标中的国际化。其实现途径包括:其一是人才培养环境的国际化,即根据本校优势专业,吸引外国留学生,增强学生构成的国际化,建立不同文化背景学生之间的交流体系;选拔优秀法律专业学生到国外留学深造,或通过国与国、校与校之间的协议,建立健全交换生制度,增强学生的国际流动性。此外,还可以增加国际性课程、全英文教学课程的比例,帮助学生掌握国际性知识,强化国内学生的外语水平。其二是师资队伍的国际化。没有国际化的师资队伍,就没有一流的法律人才培养。应当有意识地引进具备国外留学、学术工作经验的教师,提高师资队伍的国际化程度;应当积极选派国内教师到外国的大学和科研机构学习、进修,提高国内教师专业知识、思维和视野的国际化。其三是学术交流的国际化。应当鼓励和支持教师参加国际学术会议、接受国外邀请做访问学者、在国际著名学术期刊发表论文、在国际权威学术出版社出版著作;积极主动邀请国外权威、著名学者来国内法律院校开设讲座、做访问学者,参与国际合作科研项目。其四是管理的国际化。我国高等院校的管理工作要朝着有利于国际化法律人才培养的方向努力,学校管理层应与国外学校强化互访,以促成学生的国际流动,达到优化师资队伍结构、加强学术交流和办学合作的目标。另外,我主编的《法学教育反思录》已经由北京大学出版社出版,上面是一些优秀学者对当今法学教育的反思和探讨,建议你们去读一读。

记:好的,我们回去一定拜读。最后,再次感谢刘老师在百忙之中抽出时间接受我们的采访,还耐心地解答疑惑,令我们收获很多。

(江小夏)

朱义坤

Zhu Yikun

1967年8月生,四川仪陇人。早年毕业于四川外语学院英语专业,获得英语学士学位;后在西南政法学院攻读民商法专业,获得法学硕士学位;参加工作后,在暨南大学攻读产业经济学专业,获得经济学博士学位。现任暨南大学法学院院长,教授、博士生导师。主要社会兼职:中国法学会经济法研究会理事、中国法学会商法研究会理事、英国行政管理协会资深会员(FinstAM)、广东省人大常委会立法顾问、广东省人民检察院专家委员会咨询专家、广州仲裁委员会仲裁员、执业律师。

著有《公司控制权配置论》《公司治理论》《商法学:原理、图解、实例》《商法学通论》、*Concise Chinese Law*(《中国法概论》,"十一五"国家级规划教材)、*China's Civil Law*(《中国民法》)、*China's Commercial Law*(《中国商法》)、*China's Procedural Law*(《中国程序法》)等11部中英文著作,译著有《公司法》,发表学术论文100多篇;主持国家自然科学基金、省部级科研项目13项,主持"英美商法"国家级双语示范课程和广东省省级精品课程两门。曾荣获司法部法学教材与科研成果奖法学教材类优秀作品奖(2006)、广东省哲学社会科学优秀成果一等奖(2008—2009)、广东省高等教育教学成果奖一等奖(2010)、广东省政协优秀提案奖(2010)。

> 出于维权的目的,我大二开始就不断地到西南政法学院去听课,借阅法律书籍去阅读。本科毕业之后,就直接考取了西南政法学院的硕士研究生,就这样误打误撞地走进了法学的殿堂。

记者(以下简称"记"):朱老师,您好,您首先能否介绍下您的学习经历?

朱义坤（以下简称"朱"）：我本科是学习外语的，毕业于四川外语学院。后来由于家庭的权益受到了侵犯，出于维权的考虑，使我开始关注并涉及一些法律知识。四川外语学院紧邻着西南政法学院，使我学习法律有着相对便利的条件。出于维权的目的，我大二开始就不断地到西南政法学院去听课，借阅法律书籍去阅读。本科毕业之后，就直接考取了西南政法学院的硕士研究生，就这样误打误撞地走进了法学的殿堂。我那时候学习的民法，四位导师只招了六名研究生，不同于现在，一位导师可能带好几名研究生。

记：您硕士研究生毕业之后，为何会选择到暨南大学从事法学教学与研究工作？

朱：我那个时候并没有打算当老师。当时的老师待遇也不是很好，20 世纪 80 年代末 90 年代初流传着一句话："造原子弹的不如卖茶叶蛋的"。我毕业之后首先到了政府机关，1990 年到 1992 年在重庆市经济开发区管委会工作。那个时候流行"孔雀东南飞"，我本科学了英语，硕士学了法律，在那个时候也都是热门专业，包括现在也是，觉得自己有"东南飞"的条件。而后一个非常偶然的机会，得知暨南大学缺少一个教法律英语的老师，我正巧学习了英语也学习了法律，觉得自己比较适合这个职位。1992 年 12 月，我就来到了暨南大学。那个时候，教师的待遇并不好，尤其在广东这个地方，有对比就显得比较突出。在从事教学的过程中，我慢慢地爱上了这个职业，成了自己终生的事业。后来我在暨南大学工作期间，又考取了暨南大学的经济学博士，研究产业经济学方向，希望能够跨学科地研究法律问题。

记：在大学阶段，有哪件事情对您影响比较深刻呢？

朱：就是我刚刚提到的由于家庭的权益受到了侵犯，出于维权的考虑而学习法律的那件事情。当时，家里的房产被别人侵占，家人被别人打伤，促使我决定学习法律来维护家庭的权益，保护家人安全。

记：冒昧地问一下，您家庭的这件事情最后解决了吗？

朱：经过法律的自学，我后来帮助家里通过诉讼解决了这场纠纷，维护了家庭的权益。当然，过程也是十分曲折的，前后经过了三四年的时间。

> 　　挂职的经历也给我带来了很大的收获,通过具体实务部门的工作,使我思考问题、研究问题能够更加做到理论与实践的结合。过去教书和研究工作中比较偏向理论化,含有一定的空想成分。挂职后,更加务实一点,针对一个具体的法律问题,从基层法官、基层检察官的角度思考得比较多一点。

　　记:在您丰富的学习经历中,对您而言,有哪位老师或同学对您影响比较深刻呢?

　　朱:暨南大学的云冠平教授对我的影响很深刻,他是我的博士生导师。在引领我做人、做学问方面有很大的影响,他针对我的学习背景,帮助我寻找适合我发展的理论研究方向,指引我在法学和经济学之间走出一条特殊的道路。

　　记:您是基于什么样的契机而坚定了自己从事法学教育和研究这个事业呢?

　　朱:一方面,由于高校的环境比较适合我的性格,相对政府机构更加宽松自由,有很多时间可供自己支配,可供自己去从事自己的兴趣爱好。另一方面,教书育人也有巨大的成就感,一年又一年看着你培养的学生走出校门,走向社会,在社会各个岗位上发光发热,能够成就一番事业,是很自豪的事。

　　2006年到2007年期间,我在东莞市人民检察院挂职副检察长一段时间,也有机会当公务员,从事行政工作。但经过一段时间挂职体验和自己在高校生活的对比,我发现高校还是更适合我的性格,我也更喜欢在高校从事教学研究的生活方式。同时,挂职的经历也给我带来了很大的收获,通过具体实务部门的工作,使我思考问题、研究问题能够更加做到理论与实践的结合。过去教书和研究工作中比较偏向理论化,含有一定的空想成分。挂职后,更加务实一点,针对一个具体的法律问题,从基层法官、基层检察官的角度思考得比较多一点。

　　记:您能否以暨南大学为例谈谈您对法学教育的看法?

　　朱:法学是一门实践性很强的社会学科。例如,从盗窃罪来说,如果按照"法典主义"的观点,一部详尽完善的刑法典就能达到规范违法犯罪行为的社会效果的话,许霆案也就不会产生如此大的社会影响力了。实践中是"千案千变",每个具体案件都不相同。基于法学学科实践性很强的特点,我们暨南大学法学院比较注重实践教学,积极培养学生的司法实践能力。我们法学院在本科、法学硕士、法律硕士三个阶段都十分强调对学生实践能力的培养。我们针对实践教育的理念采取了一些方式。例如,聘用了四十多名司法实务部门业务骨干作为我们的兼职老师,给本科生直接授课,给硕士生开设讲座;组织本科生、硕士生在寒暑假到司法实务部门去调研、实践。

记:我们当今法学教育存在这样的一个问题,由于司考考试资格放宽至在校应届生,四年的本科生教育已经被压缩至两年半或三年,而在这两年半或三年中,大量的实践活动会不会影响学生对理论知识的学习呢?

朱:第一,我还是比较支持司法考试资格放宽至在校应届生的举措。就业市场对社会科学人才的甄别很困难,大量的法学本科毕业生就业难,不是因为社会没有需要,而是因为无法很好地甄别区分人才,使得用人单位一方面人才紧缺,另一方面又不敢放心使用法学本科毕业生。司法考试为法学人才的甄别提供了一种标准,有利于激励学生的学习,也有利于推动法学毕业生的就业。第二,个别学生或学校可能存在"唯司法考试论"的情况,这也是事物的"两面性",不能以此以偏概全。一个法学院不关注司法考试肯定是不行的,把司法考试作为唯一的教学指标和方向也是不对的,在两者之间怎样把握一个度,还需要进一步在教学过程中进行摸索。第三,实践活动与学生对理论知识的学习是不矛盾的。法学教育本身就是一个螺旋上升的构成,从最初的学徒式教育到学院化教育,再到现在美国法学院倡导的诊所式教育,法学教育的实践与理论是相互依存的关系。实践活动是在正常的教学工作外进行的,它是服务于正常的教学工作的,帮助学生更好地掌握和领会理论知识。第四,学校的教育还应该以理论为主,无论是本科生教育还是法学硕士、法律硕士的教育,理论始终是大学教育的重心所在。当然,实践活动与理论教学之间的协调,还需要各个法学院在教学工作中不断地总结经验,不断地调整。

记:在当今法学界中,您觉得中青年学者是否存在浮躁的情况?

朱:不仅仅是法学,整个社会科学、整个学术界的教学和研究都存在浮躁的情况,自然科学也不能幸免。曾以为自然科学的实证主义很强,要经过大量的实验才能得出结论,不会出现浮躁的状况。但目前大量实验造假的信息被披露,使得自然科学的严谨性大打折扣。总的而言,浮躁状况是当今中国学术界的通病。学术界的浮躁状况是中国转型时期的必然代价,在整个学术界也存在如同经济领域的"唯 GDP 论"的倾向。

> 我认为,"法治本土化"重要性大于"法治全球化"。……一个法律制度最终需要本土化,需要在现实的土壤中扎根。一个法律制度设计得再美好,但如果不适应本土的土壤,只会变味,无法实现预期的法律效果。

记:您如何看待当今"法治本土化"与"法治全球化"的争论?

朱：这是一个很大的问题。在高技术领域、非意识形态领域和非道德伦理领域的法律中，我们法律规范的全球化程度是很高的，我们的海商法、反倾销法等的全球化趋势是很明显的。我国民法在法典化的过程中也大量吸收了西方的法律原则和法律制度，对国内市场与国际市场接轨提供了很大的便利。在意识形态领域和道德伦理领域，法治则不可避免地应本土化，就民商法而言，民法更加本土化，商法更加全球化。

我认为，"法治本土化"重要性大于"法治全球化"。例如，独立董事制度已经可以说是全球化了。最初的独立董事制度来源于英美法系，由于其公司治理中没有监事制度，因而创设了独立董事制度。中国在接受大陆法系公司治理的基础上，又接受了英美法系的独立董事制度。我们的制度设计应该是很好的，可是公司治理过程依然存在大量的问题。一个法律制度最终需要本土化，需要在现实的土壤中扎根。一个法律制度设计得再美好，但如果不适应本土的土壤，只会变味，无法实现预期的法律效果。

记：您认为中国的公司治理结构应怎样发展？中国未来的《公司法》应向什么方向发展？

朱：2005年《公司法》修订之后，就理念上而言有非常大的进步，我国的《公司法》可以说进入了世界的先进行列。它引入了契约自由的观念，减少了国家对公司的干预。但这样一部优秀的公司法要变成现实，不仅仅是法学界、司法界的问题，而是整个中国社会的问题，《公司法》的规则要在公司治理过程中具体地实现，还需要一个过程。司法界是否能够跟上这部公司法，也需要进一步的检验。在我们已经有了一部很不错的公司法的基础上，要把它变成公司治理的现实，还需要一个系统的工程，需要整个社会的共同努力；需要经营者、管理者和职工共同遵守；需要法学家们的大力宣传；需要法院通过运用裁判规则积累经验；需要优秀的法院脱颖而出，引领法院裁判的发展方向，起到示范作用。

记：您觉得中国当今的公司法研究和国外公司法研究是否存在差异？有的话，差异在哪里？

朱：对于公司法这种技术性比较强的学科，我国的公司法研究基本上与国外已经接轨了，这种接轨的实现也是整个法学界大声疾呼并极力推动的结果。我国法学界在整个商法领域的研究并不落后于西方。西方近些年将法律经济学和法律心理学的方法运用到公司法的研究中，而国内的一些中青年学者以及一些老的学者在这方面做得也很优秀。就研究方法而言，相比较于意识形态较强的学科，公司法的研究与西方社会接轨得比较好。

记：您觉得2005年《公司法》制定中比较遗憾的地方在哪里？

朱:我最近发表的一篇论文就是关于 2005 年《公司法》制度设计中的一些缺陷。公司法制度是建立在人理性的前提下,而在具体现实中,人不仅仅是理性的,还是感性的、情绪化的,一些神经经济学的研究也揭示了这一问题。在公司运行过程中,存在所谓的"董董相护",不限于"董事与董事之间",也包括"董事与监事之间"和"董事与其他高级管理人员之间"。"董董相护"存在四种现象:第一,涉及关联交易的问题,在公司交易过程中,利害关系的董事应该回避。但是,在实践操作过程中,为何那么多没有利害关系的董事对有利害关系的董事与公司的交易行为大放绿灯,即使这种交易是危害公司利益和股东利益的行为? 第二,为了控制董事和高级管理人员的薪酬,我国《公司法》在规定董事的薪酬由股东大会决定、高级管理人员的薪酬由董事会决定的前提下,又有一个重大的制度成果,即规定董事和高管的薪酬由独立董事所领导的薪酬委员会审核,审核之后分别交由股东大会和董事会决定。按照"理性人"的前提,由没有利害关系的独立董事参与董事和高管薪酬的制定应该更加的客观、独立,这种制度的设立应该是顺理成章的。然而,董事和高管的薪酬却不断暴涨,所谓"问题薪酬"、"高价薪酬"、"变味薪酬"不断产生。第三,公司收购的情况下,一般是由无利害关系的股东和董事决定公司收购案,这样应该可以在维护公司利益的基础上准确决定收购案是否成立。但实际过程中,这些无利害关系的股东和董事经常毫无理由地忽视公司利益的反收购。第四,公司利益受到侵害的情况下,股东有权提出代表诉讼。但股东代表诉讼有一个前置的程序,需要股东首先向监事会和董事会提出请求,在监事会和董事会不诉的情况下,股东才能代表诉讼。董事会和监事会接到股东请求后,有一个决策的程序,该决策程序必然排除有利害关系的董事或监事。结果,董事会和监事会往往会拒绝股东的请求。这四种现象都说明,公司法律制度设计不能单单考虑人的理性,还应该考虑人的感性,人们总是会不自觉地把自己的亲情、友情的利益放在公司利益之上。当然,这篇论文只是我的一些初步的观察,还需要进一步的调查和研究来证明。

记:您刚刚揭示了一些公司治理过程中"董董相护"的现象,那么,您是否有一些制度性的考量来解决这一问题?

朱:我最近在《法学研究》上发表了一篇论文,其着眼点在董事问责的制度上。在我国公司治理中,在董事问责方面十分薄弱,"小事"没有"问责","大事"根据后果不同而有无"问责"。2005 年《公司法》对于董事问责的标准主要体现在董事的注意义务和忠实义务上,无论是注意义务还是忠实义务均建立在考察董事理性的前提下,衡量一个董事是否理性在于衡量董事是否"自利"和是否"精于计算"。

在这篇论文中,针对"董董相护"问题,我对董事问责标准上提出了一些建议。一是"董董相护"不存在董事"自利"的情况,其行为不违反忠实义务。二是对于董事是否违反注意义务的司法审查标准主要依赖于商事判断规则。由于商业行为的高风险性和不确定性,商事判断规则更大程度上是对于董事和高级管理人员的一种保护,该规则秉承尊重董事和高级管理人员经营判断的规则。司法实践中,只有在董事和高级管理人员达到"极其愚蠢"、"极其疏忽"的程度,法官才会适用违反注意义务的问责机制。因此,用注意义务去问责"董董相护"的问题也不成立。三是针对"董董相护"的问题,我在忠实义务和注意义务之外,提出了诚信义务的问责机制。

记:您刚刚提到,您走向法学道路的原因在于为了家庭的维权,您家庭的维权也经历了三四年的曲折。在中国,当下通过法律维权仍然有很多困难,您觉得中国法律维权的出路在哪里?

朱:由于中国处于社会的转型时期,很多社会矛盾通过法律维权的代价还是很大的。作为法律工作者,我们崇尚法治、信仰法治、宣扬法治,这是我们的社会责任。但对于普通群众而言,法律维权的道路还是很曲折的,代价也大于其他的维权方式,不然不会存在大量的信访事件。

这些年来,中国法治的发展也是十分迅速的,在我读本科的时候是无法想象的。这其中存在着一些曲折,也是转型期中国的必然。

记:您认为转型期的中国造成了法治道路的曲折,那么您能具体谈一下您对此原因的看法吗?

朱:对于这个问题,我还是比较推崇制度经济学的"路径依赖"理论,该理论是由 1993 年的诺贝尔经济学奖获得者道格拉斯·诺斯(Douglass C. North)最早提出来的。我们中国社会自古并非一个法治社会,现在要转轨到法治社会则需要一个过程,这个过程需要一个相当长的时间。近代中国百年的民主法治进程中,我们法典化过程中取得的成就是巨大的,而要真正树立"规则之治"则又是漫长的。中国法治今天所面临的问题是整个社会的问题,普通百姓所期望的是"清官",他不去管你法律怎么说,他有怨的话,他就去找"清官",这是中国几千年来的人文背景。所以,"路径依赖"理论很适合反映中国的法治状况,也是我比较推崇的原因。

记:您在做法学研究的时候,比较推崇哪种方法论?

朱:因为我后来博士阶段学习的是经济学,所以,我在法学研究的过程中,受经济学方法论的影响,更喜欢对法学问题进行量化考量,而对于传统法学研究中价值判断的方面,我并不擅长。在研究的过程中,很少"形而上"的思考,偏重于是"形而下"的思考。例如,神经经济学和行为经济学关于人的大脑工作机制实验的研究思路对于我研究"亲亲相护"问题给予了很多的启发,我对此十分感兴趣。

记:您的本科、硕士和博士学习阶段,先后跨越了三个不同领域的学科,这种多学科的背景对您从事法学专业的学习和研究最大的帮助在哪里?

朱:在英语和法学结合的方面,我用英语写了很多中国法的书籍,把很多中国的法律规定翻译成英文,向国外介绍我国的法律成果,向世界传播中国法的文化。我很早就在国外出版了一本介绍中国合同法的书,这是我和别人不一样的地方。同时,英语对于我阅读外国文献,进行比较研究也有很大的帮助。

在经济学与法学结合的方面,我在法学研究中大量运用经济学的研究方法,算是为法学研究提供了一个独特的视角。我刚刚提到的那篇研究"亲亲相护"的文章,就运用了神经经济学、行为经济学和社会经济学的观点和研究方法。

记:您对像我们这样的法科学生有什么样的建议?

朱:法科学生要有坚实的人文素养和科学素养的基础,要主动地扩大自己在多学科上的知识储备。我们暨南大学法学院在本科生的人才培养方案上有意地让学生增强在经济学、管理学、社会学上的背景,我们为法学本科学生开设了"经济学道路""社会学道路"和"管理学道路",作为其必修课,这些课程有利于法科学生增强其对法现象的理解。

（李秋实、许辰彦）

徐　岱
Xu Dai

1967年10月生，吉林四平人。1989年毕业于吉林大学法学院，获法学学士学位；1992年毕业于吉林大学法学院，获法学硕士学位；2000年毕业于吉林大学，获法学博士学位。1992年在吉林大学社会科学学报编辑部任编辑、副编审，2000年任教于吉林大学法学院。现任吉林大学法学院院长助理、《当代法学》副主编，教授、博导。兼任中国法学会刑法学研究会理事、国际刑法学协会暨中国分会会员、吉林省法学会刑法学研究会副主任。

代表著作有：《刑法解释学基础理论建构》《中国刑法近代化论纲》；代表性论文有：《刑法解释学的独立品格》《刑法关怀与刑法解释》《未成年人犯罪的刑法处遇》《罪刑法定原则与中国刑法近代化》等。

作为吉林大学法学院刑法学的"三朵金花"（李洁教授、张旭教授、徐岱教授）中最年轻的一位，徐岱教授的经历也是颇为丰富：从法律史的硕士到刑法学的博士，从编辑岗位走上讲台，当过访问学者，也从事过司法实务……对事业无限执著，对生活也充满了热爱。作为法学界公认的美女教授，在采访中，她还不忘开玩笑地说："女人，要对自己关爱点。"

> 我们经常一起上自习，到周末也会一起看电影。冬天一起滑冰，夏天一起游泳。我们基本每年都能拿到奖学金，按照得奖学金的比例出资一起吃饭，还喝点啤酒，觉得特自豪。

记者（以下简称"记"）：徐老师，您好！请您先谈谈您的大学生活是怎样的？

徐岱(以下简称"徐"):我是 1985 年从吉林省白城市第一中学考入吉林大学法律系的,1988 年吉大法律系改为法学院。我当时报考的第一志愿是国民经济管理,第二志愿是法律,后来被法律系录取了。那时给我们授课的老师都是一些非常优秀的老一代法学家,如栗劲老师、李放老师等等。我们所学的体系也是非常传统的,从法理学到部门法,记得我们上的第一堂课是"国家概论"。吉林大学法学院一直以来都比较注重基础理论研究,学生的功底也比较夯实。因此,我本科四年的学习为日后从事这个行业打下了坚实的基础。

记:大学期间给您印象比较深的老师有哪些?

徐:当时讲授法理的是张文显老师,他刚从美国留学回来,给我们带来了完全西方的法理内容,让我们眼界一下子开阔了。张老师还在暑期开设选修课程"西方法哲学思潮",让我们对法学产生了兴趣,同时更重要的是让我们明白了法律在社会上所起的作用。讲授刑法的吴兴华老师不仅从事教学和科研,同时也代理实务案件,因此我们感觉刑法课是最生动的。当时他给我们举了个案例让我印象很深,说在农村有一妇女由于外表比较出众,一男性碰面时就愿意多看她几眼,这位妇女觉得自己的权利受到侵害,于是状告到当地的派出所。这在当时被认定为流氓罪,但这么定义大家也觉得不贴切,所以依据这个案件就制定了"老看罪"。他讲授了许多他自己经办的案件,使我们对刑法从原来的陌生认识一下子变得形象、生动了许多。

记:除了老师之外,给您印象比较深的同学有哪些?

徐:1985 年我院招录的学生比较多,共 208 名,6 个班分 3 个专业:法律、国际法、经济法。当时法律专业有 3 个班,国际法有 1 个班,经济法有 2 个班。由于法律专业的课都是一起上的,大家接触比较多。我是法律专业 2 班的,相对于其他班而言,现在我们班同学在高校就职的人数是最多的,因此大家联系都挺密切的。

记:您当年的大学生活是怎样的? 是不是也像许多 20 世纪 80 年代的大学生一样把多数的时间放在图书馆中?

徐:我们班上同学当时大部分时间是在图书馆及教室度过的,自律性比较高。当时条件也不太好,我们寝室住 13 个人,如果想要学习,必须去教室或者图书馆。其中有几位同学跟我性格比较合得来,学习成绩也差不多,所以我们经常一起上自习,到周末也会一起看电影。冬天一起滑冰,夏天一起游泳。我们基本每年都能拿到奖学金,按照得奖学金的比例出资一起吃饭,还喝点啤酒,觉得特自豪。班上还会组织一些活动,也会在寝室组织些小型舞会。当时我曾担任过班级文艺委员,与东北师范大学的思想政治系搞过几次大型的联谊活动。另外,同学之间的感情很好,每个月女生多下来的饭票都会给男生,我们没有人会把多余的饭票拿去兑现的。现在回想起大学时代的点点滴滴还是很有趣的。

> 栗老师作为一个非常儒雅的学者,他对于学术的韧劲及一丝不苟的精神我们现在都比不上,但是有一点我们传承了下来,就是为人处世中的豁达。

记:当时您毕业的时候选择也很多,为什么您会选择读研究生?

徐:从当时的社会背景来说,1989 年政治风波对我们的就业冲击挺大的。临近毕业,我父亲认为当时的事态变化不利于学生,就给我打电话,说我母亲身体不好,让我回家照顾。等一周后我回来时,事情已经全部结束了,对于我来说,当时的事情也就没有太多经历过。不过,当时的风波对于我们 1989 年毕业的学生来说冲击是很大的,之前的师兄师姐毕业去的单位都是国家级别的,但是到我们这届同学都回到了原籍的人事部门。在这之前,我跟几位同学参加了硕士考试,学校也计划在本科生中挑选一些学生担任老师。在硕士成绩出来后我还是决定放弃留校当老师的机会而选择继续研究生学习。研究生期间,第一学期是到长春客车厂进行锻炼,第二学期到农村支教,因此第一年的课程都停下了,对我们的课程学习冲击也挺大的。

记:您在读研期间已经确定刑法作为自己的主要研究方向吗?

徐:还没有。当时我读研的专业是法律思想史,导师是栗劲老师,可以说我从硕士到博士所遇到的导师都是大师。当时我选择这个专业也是因为自信心不足,怕考不上部门法中的热门专业,所以就选了这个冷门专业。不过,我自己庆幸的是,吉林大学法律思想史的师资力量非常强。

记:您觉得研究生生活与本科生生活相比有什么不同之处?

徐:我觉得最大的不同应该是学习的投入比本科多了很多。法律思想史这个专业要求读很多的原始资料,花的精力也比较多。另一个不同就是研究生之间的交往比本科少了很多,自己独立的空间和时间多了。不过,幸运的是,我们和老师的联系多了。当时栗劲老师每年只招一个硕士研究生,有时候几个年级的学生一起在栗老师家的书房上课。在跟老师的接触中我们受益很多,慢慢地学着如何做人、如何处理事情等。

记:能举个让您印象很深的有关栗老师的事情吗?

徐:栗老师去世比较早,这非常遗憾,他很多学术精华的东西我们都没能完全吸收并挖掘出来。栗老师作为一个非常儒雅的学者,他对于学术的韧劲及一丝不苟的精神我们现在都比不上,但是有一点我们传承了下来,就是为人处世中的豁达。我记得当时有一个省部级以上的评奖,无论从各方面成果来说,这个奖项应该是归属于栗老师的,但在多方面原因的影响下他没有拿到。当时他说过这样一句话:很多事情的结果不是每个人所能决定的,但是看到产生这个结果的原因后又是可以接受的。他看待事情的这种豁达、宽容的心态是难得的,以至于现在我的学生在评价我的时候也会用这些词,这都是得益于栗老师。

记:您在 1992 年硕士毕业后就留在了吉林大学吗?

徐:我毕业后留在了吉林大学社科学报。当时院里法史专业已经有了两三位女老师,不打算再留女老师了,而我也不想脱离吉林大学,后经张文显老师介绍进入吉大社科学报做法学编辑,一直到 2000 年博士毕业回到法学院。

记:您读博的原因是什么?

徐:首先,我在社科学报做编辑的那几年对提高自身素质的帮助是很大的,每天接触很多论文,而且对论文从选题到价值要作出判断,也提高了自己的文字功底及逻辑思维能力,这对我后来写博士论文有很大的帮助。但是,学报做长了也有遗憾,那就是对于自己的专业缺少方向性,而且考虑到以后在学校的发展趋势还是需要博士学位,因此我就决定报考博士研究生。当时我的硕士专业是法律思想史,但是很遗憾这个专业在吉大没有博士点,唯一的博士点就是刑法,所以最后就选择了刑法,投到了高格老师的门下。

记:您在博士期间有什么印象深刻的事情?

徐:我是 1996 年开始读在职博士,当时博士期间更多的是靠自学,老师布置一定的书目,过段时间再与老师联系沟通。其实,读博的压力是很大的,一方面要工作,另一方面家庭也需要兼顾,而且博士论文从选题到写作这个过程也是很痛苦的。我记得当时写论文的时候,经常写到凌晨三点多再稍微休息下就去上班。而且那时电脑也没这么普及,晚上在家手写的稿件第二天还要找人打成电子版再调整格式。所以,对于我来说,博士学习还是很辛苦的。

记:您的博士论文《中国刑法近代化论纲》一书影响很大,您当时是如何确定选题的?

徐:我当时是先有了个想法,然后与高老师沟通,他给了我一个很有益的建议,让我一定要充分利用原来的学术积累,如果单纯拿一个刑法问题做,不能发挥自身的学术优势。另外,我感觉如果确定一个古代刑法问题选题,要想超出现有的研究成果是很难。再加上我硕士论文写的是《瞿秋白法律思想研究》,瞿秋白刚好是近现代对中国法律思想影响非常大的一个人物,他当时在法理上及各个部门法上介绍了很多西方的观点,近代的资料我收集得比较全,所以就选择了这样的题目。

> 我们私下里有句玩笑:在学校,女性搞学问,不知道是女性糟蹋了学问还是学问糟蹋了女性。你看现在很多男老师对学术是很投入的,几乎把所有精力都投入进来了,他对家庭的付出可能小一些,但是女性都必须兼顾。同时,你还要与男性教师站在一个起跑线上,你的付出肯定要更大些。

记:您在 2000 年博士毕业后回到了法学院,您觉得在社科学报工作和在学院工作有什么区别?

徐:我是 9 月份把人事关系转回到法学院的,但那时一直没脱离社科学报,我一直做兼职到 2003 年他们聘任了新的法学编辑为止。从我的角度来讲,在社科学报的时候可能和文字、老师打交道比较多,跟学生没什么接触。在学校这样的氛围中,我一直就觉得自己还是个学生。2000 年,我取得硕士生导师资格。一开始指导的是在职的硕士,我记得其中有两位比我年龄还要大一些,所以跟他们接触的时候没有什么障碍,后来带全日制的学生,年龄相差也不是很大,基本都是同龄人,所以,当时从学报到老师的转型对于我来说没什么大障碍,只是工作压力大了很多。原来在社科学报主要是处理稿件及每年编写书目,工作量是有限的。进入学院后,最明显的就是科研、教学上的一些指标。当然,有了压力,生活也变得更充实了。特别是我的学生有了较大的进步,或者他们走出校门对我还抱有一种怀念和感激,就是我最大的财富了。

记:您平时跟学生在一起是怎样引导他们的?

徐:今年硕士毕业聚会的时候,学生说了句真心话,说我们平时在老师您面前真是很害怕。我说不应该是这样啊,从我的角度看你们很放松啊。前几年指导的学生因为跟我年龄差距不是很大,师生之间很快就能融合在一起。随着年龄差距越来越大,从他们的心理来讲,可能更多的是出于对你的一种尊重。从我的角度,原来我把我的学生当做自己的朋友,现在随着年龄的增大就把他们当成自己的孩子,在生活上我是很随和的,但是在科研上我对他们的要求还是很严格的。

记:来之前我也看了一些网上关于您的介绍,这其中除了说到您关爱学生外,还说您是个非常热爱生活的人。这与社会上对于教授这个职业的传统看法似乎不太一样,那么您是怎么去保持对生活的热爱呢?

徐:不管是教授还是别的人,不管从事什么行业,小品里不是都说了嘛,"女人,要对自己关爱点"。记得2005年我接受了一次采访,他们认为吉林大学的教授、博导就应该满头白发,结果记者看到我之后很惊讶地说,您是徐岱老师吗?因为2005年我刚做博士生导师,所以他们认为与想象的差距太大了。其实从我的角度来看,我们私下里有句玩笑:在学校,女性搞学问,不知道是女性糟蹋了学问还是学问糟蹋了女性。你看现在很多男老师对学术是很投入的,几乎把所有精力都投入进来了,他对家庭的付出可能小一些,但是女性都必须兼顾。同时,女性还要跟男性教师站在一个起跑线上,你的付出肯定要更大些。另外,我一直认为中国社会是个男人社会,我在地级市的检察院挂职期间所接触的事情以及处理的案件,让我更强烈地感受到如果你想做的跟男性达到同样的标准,你的付出是很大的。所以,我们说做学问,不管是谁糟蹋了谁,工作上要努力很多,生活上也是需要调剂的。我的一些朋友对此也不太理解,他们觉得你在高校,又不用坐班,自由的时候这么多,那么你应该是很清闲的。但是,在中国,重点大学的压力要大得多,所以各方面的压力都需要你自己去调节。我从小学到大学都喜欢运动,从高中就开始打篮球,后来我也喜欢游泳、练瑜伽,我觉得,工作有压力的时候需要选择一种适合的放松方式,并把它坚持下去。

记:除了这十年的经历、两年挂职的经历外,您还有没有出国的经历?

徐:去国外还没有,但是我去香港大学做过访问学者,做了关于内地与香港反腐败的法律知识比较研究。当时香港有个法律交流性机构,资助我们到访问学校(香港大学)研修。香港大学有个公法研究所,就是把宪法、刑法、诉讼法都放在一起。我们当时接触最多的还是律政司、廉政公署,最后结题也主要是借助于两个部门的案件汇总,另外结合了香港大学图书馆里的一些典型判例。所以,在2005年和2006年,我的研究方向主要在反腐败方面,后来在这基础上升到对立法的完善上,直到现在仍在关注此课题。

记:徐老师,回头再看您的经历,从法律史研究生到刑法学博士生,从编辑到老师,还当过访问学者,在检察院里挂过职,您经历了这么多的角色转换,您对于自己的定位是怎样的?

徐:我现在的主要研究方向是中国刑法学,它也是一个很大的三级学科,所以我现在具体的研究方向是其中的刑法解释学。经历了这么多角色的转换,对于我来说都是一种财富。做法律思想史的研究你必须确信一点,凡是能做法史研究的硕士生、博士生,可以做其他的任何一个基础学科、部门学科的研究,这个功底是其他人所不具备的。出去挂职后回来,我就跟院里说一定要成立法律诊所,因为法学就是一个应用之学,如果学生学到的知识不能运用于实践,那么这个教学是失败的。因此,在教学中我们要引入新的观点,让学生能灵活运用于实践才是好的教学。我一直注重对刑法解释学的研究,从我接触刑法学特别是将刑法解释学作为工作的对象和目标来研究之后,我就感觉如果把解释学系统梳理研究之后就可以把刑法学很多基础的东西联系起来,也会对相关问题的研究起到推动的作用,特别是在具体办理案件的时候。我在挂职的时候主管批捕,批捕是整个案件的第一关口,必须要把住。很多案件在审理过程中为什么没有按照正常程序去解决,现在法律规定可能还有些问题,大家在理解上会有偏差,这就需要刑法解释学进行梳理。中国的法治建设是一个目标,但是实施起来还是个很艰难的过程。

记:您在外挂职两年的经历是不是促进了您进一步去研究刑法解释学?

徐:应该说促进是非常大的,原来我们都是静态看问题,但是现在会带着问题去想刑法解释学到底应该怎么样去操作才更合乎这个案件的客观处理。另外,有了挂职锻炼的经历,我处理过的个案就可以在教学中很鲜活地展示出来,我不需要再拷贝一个人家使用过的或者编一个抽象的教学案例了。

记:您近期有什么打算或者有什么目标?

徐:我一直想从解释学的角度构建中国刑法解释学。中国刑法解释学这个问题是大家一直关注的,但要不要把它作为一个独立的学科提炼出来是有争论的。我在2009年第3期《法学研究》上发了一篇关于刑法解释学的文章,我认为在我们对它研究的成熟基础之上有条件把它独立出来。另外,把它独立出来最大的好处是它可以对刑法基础理论研究起到桥梁的作用。之前我出了一本有关刑法解释学的书,日后我还想再细化些,把解释学里面的东西逐级逐级地阐释出来,将本体以外的及本体相关的再罗列出来。当然,这个目标很大,要想实现还需要付出更多的努力。

(孙晓霞)

强世功
Jiang Shigong

1967 年 11 月生,陕西榆林人。1990 年中国人民大学法律系本科毕业,1996 年北京大学法学院硕士毕业,1999 年北京大学法学院博士毕业。美国哥伦比亚大学法学院访问学者(2001—2002);借调中央人民政府驻香港特别行政区联络办公室工作(2004—2007)。现为北京大学法学院教授。

专著主要有:《调解、法制与现代性:中国调解制度研究》(编),中国法制出版社 2001 年版;《法制与治理:国家转型的法律》,中国政法大学出版社 2003 年版;《法律人的城邦》,上海三联书店 2003 年版;《法律的现代型剧场:哈特富勒论战研究》,中国政法大学出版社 2006 年版;《超越法学的视界》,北京大学出版社 2006 年版;《立法者的法理学》,三联书店 2007 年版;《中国香港》,香港牛津大学出版社 2008 年版;《惩罚与法治》,法律出版社 2009 年版。译著主要有:〔美〕考文:《美国宪法的高级法背景》,三联书店 1997 年版;〔美〕亨金等编:《美国宪法的域外影响》(合译),三联书店 1996 年版;〔日〕千叶正士:《法律多元》(合译),中国政法大学出版社 1997 年版。

> 那时,我觉得进的是人大,而不是进了法律系。当时整个国家的法律制度、法律职业和法律学科在社会上和校园中没什么影响,和现在的情形完全不同。法律究竟是干什么的,也不清楚,只知道有法官和律师。

记者(以下简称"记"):强老师,您好！您是我们这批采访的中青年法学家里比较年轻的一位。首先想问您考大学时报考法律系的想法和感觉。

强世功(以下简称"强"):我 1986 年毕业于陕西横山县中学。当时,陕北是全国有名的贫困地区。明代的李自成就出自横山县,后来又出了高岗。当时填高考志愿,没有什么可以参考的。首选的不是专业,而是城市。我那个高中,往届考得最好的都在西安,比如西北大学、陕师大和西北政法就是最好的了。我自己唯有一个想法,就是不想上陕西的学校,但是去那儿,也不清楚。你们也知道,高考填志愿就像一场冒险,如果第一志愿太高不能录取,可能就要落入第二批学校。比我高一届的有位师兄叫柳蔚,我和他不熟悉,但至今记得他的名字。他本可以稳稳当当考上西北大学,但他估计高了点,第一志愿报了中国人民大学,结果未能录取,连西北大学也没有上成,最后去了西安一个二类学校。这对我们来说无疑是一个教训。但也因此我知道有中国人民大学这个学校。我是全校差不多最后一个填志愿的,一直很犹豫,北大不敢报,报西安的学校不甘心,于是就报了中国人民大学。其实,对人民大学我也一无所知,只是由于柳蔚的教训,我记住了这个学校。至于报什么专业,也没有想法。其实,当时人大最强的是经济类专业,工业经济、农业经济、计划系、统计系等都有,我对这些专业毫无了解,经济学这个概念在当时非常陌生。于是,我就报了法律专业,纯粹是偶然。

高考报志愿的这种创造性和偶然性,给我留下了深刻的印象。所谓人生,就是这样大大小小的冒险构成的,而这种开放性和创造性给人的自由留下了空间。其实,一个人并不能真正把握自己的自由,因为这个自由背后可能是虚无,可能是一种我们说不清楚的力量所左右,这就是人们所谓的命运。我从小并不是学习最好的学生。可从小学到初中,我看着周围那些学习最好的学生由于种种偶然的因素而中断学业,而我自己也由于种种偶然跌跌撞撞走过来。因此,我常常想,在这种人生的偶然背后,究竟是怎样的一种必然呢?这样一种思考有助于我们建立一种真正的平等观,即他人的生活本来也可能是你的生活。他的幸福和痛苦,也是你的幸福和痛苦,因为原本就没有一个"你"。

记:进人大法律系以后,您的第一感觉是什么?

强:那时,我觉得进的是人大,而不是进了法律系。当时整个国家的法律制度、法律职业和法律学科在社会上和校园中没什么影响,和现在的情形完全不同。法律究竟是干什么的,也不清楚,只知道有法官和律师。

当时,人民大学被看做是"第二党校",因为它的传统是陕北公学校,马克思主义和计划经济是其思想和学术基础,这在 80 年代显然无法适应新的时代要求,而这恰恰与北大形成明显对照。虽然人大距离北大不过几千米,但思想意识完全不同。我的同屋许宏中来自云南,他有一个高中同学曾曦在北大法律系。他常常到北大去玩,北大的风潮就是出国留学,到处是托福班。可我们人大的同学都不知道出国为何物,也没有出国的意识。我的理解是,在北大,你觉得西方世界就在你眼前,可在当时的人大,你觉得西方世界离你很遥远。这种心理差距无疑影响着一个人的眼界和未来发展方向。由于受到了北大的感染,许宏中回到宿舍就多了一本托福单词书,每天开始背单词。我们大家就送了他一个外号"许托"。当然,"许托"和我们大多数同学一样,并没有参加托福考试。

今天,虽然人们越来越强调专业,而我仍然认为,对于本科生而言,第一重要的是学校,学校的传统和风格往往奠定了一个人的人生品格和精神气质。

记:您在本科时期印象最深刻的老师是谁?

强:80 年代的氛围比较活跃,大家热衷于讨论文化的话题,再加上当时法律类的书也很少,一没法条,二没理论,上课一点意思都没有。因此,我从大二开始就基本不去听课了,一般就去图书馆看书,看的自然也不是法律书。后来赵晓力叙述南大的生活,把学生分成"课堂派"和"图书馆派",我们都属于后一类。因此,就学术而言,当时人大法律系里对我影响大的老师倒真的没有。后来,我认识了梁治平老师,也是读了非法律刊物《读书》之后才知道我们系有这样一位老师。不过,在大一上课阶段,还是有几个老师给我的印象很深。比如给我们讲"中国革命史"的是一位党史系的老太太,为了防止学生逃课,从第一堂开始,她就把我们的座位按照学号固定下来,"一个萝卜一个坑",你就没法逃课了。她上课就是念讲义,让我们拼命记笔记。由于她念得很快,一节课下来手都写酸了。不过,从此之后,听课做笔记的功夫练出来了。再比如给我们上"刑法总论"的黄京平老师。他的板书写得很详细,很标准。他很严肃,下课后,一支接一支抽烟,我们基本上不敢问问题。他考试的办法很绝,把课程内容分为三十多道题,采取抽签的方式口试。有一个同学平时学习很好,可抽了一道偏僻的题,结果考试没有及格。

记:那么您那时看了哪些书呢?

强:那时大家看的书基本上一样,西方哲学之类的东西居多。影响比较大的当然是《走向未来》丛书,出一本我看一本,也不管和专业有没有联系。还有《读书》杂志以及甘阳和刘小枫在三联书店主编的丛书,还有李泽厚的三本"史论"及其批评者刘晓波的著作等。因为受到梁治平的影响,法律类书籍,主要是看了一些法律史的书。我的本科论文就是围绕达维德的《当代法律主要体系》展开,讨论比较法与文化的问题,后来全文发表在《法律科学》。

记:那您读的这些书,是自己自发地产生兴趣,还是受到社会潮流的影响?

强：这两个因素本身是相互联系的。大学时代是求知欲最强烈的时候，因为你渴望自由阅读，发挥自己的想象，而那个时代知识界讨论的问题自然吸引你阅读。但是，没有人指导你读书，你只能自己探索，当然也要付出很大的代价。我在图书馆里读书的过程中，慢慢发现一些和我一样爱读书的同学，就彼此交流经验。

有一次，我遇到哲学系的研究生学生，让他给我推荐一点哲学的书，他说康德的书是一定要读的。于是，我就找来康德的书，从"第一批判"读起。那时，我几乎不去上课了，每天早上都在图书馆，一个上午只能读三两页，还不知道他说什么，读不懂就一个字一个字抄下来。这样读了很长时间，一无所获。所以，后来我看到有老师给学生推荐的书单，把商务的"汉译名著"统统写上去，就知道这在蒙人。要么自己本来就没有读，列出来只是显示学问和品位；要么根本不知道如何引导学生读书。直到我后来参加读书小组，并自己组织读书小组，才模糊知道如何引导不同背景的学生阅读经典。

既然经典读不懂，就采取新的方法读书。如果喜欢一个作者，就会把他的书都找来看。比如，我差不多看完弗洛伊德和弗洛姆全部中文著作，直到读厌了。这样的乱读，无疑是一种很大的消耗。既没有系统的知识，也不懂思想家的问题意识。因此，直到博士时代，我才开始慢慢学会读书。也是由于我自己的经验，我觉得一个合格的老师就应当学会如何指导学生读书。

记：您就学于80年代，那是一个我们现在的大学生十分向往的时代。您那时有哪些记忆深刻的事情？

强：80年代的文化思考对我们产生了很大的冲击。我们经常在食堂门口看到有人站在桌子上朗诵自己的诗歌，一打听，才知是一个外地的无业人员。还有人在食堂门口挂出了布单，上面写了很多的数学运算，说是挑战陈景润，一问，是一个外地小学数学老师。"礼失而求诸野。"大学刚刚复兴之后，中国知识的储备其实在民间。直到今天，我们在互联网上依然能看到许多有思想深度的民间学者。

在这样的文化思想氛围中，自然产生了骚动不安，游行就成了家常便饭。比如1986年我刚入学那一年，大冬天刚刚下过雪，北京大学游行队伍就过来了，在人大门口喊了半天，只有少数人去了，大多数围观看看热闹。我跟着同班的一位同学一直走到白石桥，冻得实在不行了就回去了。从此，宿舍"卧谈"的话题就是"酱缸文化"、马克思主义、民主等。现在想来，我们其实什么都不懂，不懂思想、不懂社会、不懂人生，只是争论一些空洞的概念，消耗无尽的热情。

其实，年轻学生需要老师的引导。但是，班主任的苦口婆心没有用，大家需要的不是父爱或母爱,而是精神的导师。可知识界给我们的依然是这种贫乏的、启蒙式的空洞概念和口号。所以,当我后来读到施特劳斯时,就明白他为什么将启蒙理性主义看做是虚无主义的根源。应该说,80年代的理性主义背后就是精神无所着落的虚无主义,这种虚无主义一直持续到90年代,变成了一股强劲的后现代思潮。

记:在当时的游行中,您是一个积极的参与者吗?

强:在那个时代,所有大学生基本都是参与者。

记:您现在回顾那时的文化思潮,是怎样评价的呢?

强:年轻人总要有血气。看过姜文的《阳光灿烂的日子》吗? 就是讲青春固有的血气,有一点无知,有一份残酷,但却是一种生命最自然的伸展方式。不同于对80年代以来对"文革"的理性主义反思和批判,姜文对"文革"时代展现出人性中血气的高贵充满了怀念,这颇有一点尼采的味道。可惜中国的文化评论没有从哲学意义上讨论姜文的这部电影。

有人说,一个人年轻时如果不是马克思主义者,要么缺乏思想,要么缺乏道德。一个年轻人不能对社会的不公平无动于衷,不能对社会的丑陋熟视无睹,不能缺乏反抗精神和献身精神。学生就是学生,就像在阿兰·布鲁姆的眼中,是一群充满血气、精力旺盛、思维单纯、天真幼稚、对未来充满玫瑰色幻想的"野蛮动物"。

问题恰恰在于教师如何去教育和驯化这群"野蛮动物",使得他们具有教养,具有理性,更理解政治和现实,思维更加细密和复杂,头脑更加冷静和富有韧性。然而,80年代的问题恰恰在于知识界的教师群体本身没有经过思维的驯化,也处于"野蛮动物"阶段,一个40岁的知识分子的思想和一个20岁大学生的思想没有什么区别,于是大学中缺乏制约和平衡这种"动物本能"的群体。这其实反映了当时知识界在学术和政治上的不成熟。通过这个时代,应当反思一下学术与政治的关系,学者不应当直接卷入政治斗争中,变成政治中的党派分子。这其实也是我后来特别推崇韦伯的《学术与政治》一书的原因。

如果从学术或者知识的角度看,80年代中国知识界无论对西方还是对中国的研究和理解都非常肤浅,知识的匮乏是缺乏理智的重要原因,以至于知识界为一种激情或情绪所左右。后来读到柏拉图《理想国》中关于心灵构成中理智与激情的讨论,也就特别能理解"无知者无畏",反过来说,"无畏者许多是无知者"。因此,《理想国》应当成为每个大学生的必读书,这也许是驯化野蛮激情的有效工具。当然,这种状况也和特定的历史背景有关,80年代的精神状况是对文化革命的本能反弹,其实是以另一种方式延续了文化革命的精神,更远地说,这其实继承了源于"五四运动"对儒家文化的革命态度。"五四"一代由于对中国局面的彻底失望导致了激烈的文化反弹,80年代也是对革命失望引发了新一轮文化情绪反弹。

到90年代,这个情况发生了根本性的转变。其中一个重要的标志就是汪晖、陈平原等推出《学人》刊物提出的区分"思想"与"学术",学术问题和知识问题被带进来。后来,邓正来推出《中国社会科学季刊》,强调学术化、知识化、专业化和本土化。这个时候,市场经济的发展以及由此到来的社会科学的兴起,有助于我们用社会科学的知识传统来驯化野性的思维。因此,80年代和90年代在学科和精神气质上完全不同。

记:那时,知识界的情绪好像和大学生差不多。有的思想也不成熟,有的被迫害了几十年,突然有一种反抗的情绪。

强:我们现在回过头会怀念80年代,有的人也会怀念70年代,认为那是一个感情最纯真、最具有奉献精神的时代。其实,90年代比80年代更为丰满、厚重、成熟和多样化。比较之下,80年代显得太单薄了。

记:80年代有您所说的不成熟的一面,但是也有实践的热情。进入90年代以后,这种热情似乎被逐渐消解了。

强:这首先要理解知识和大学的功能。在欧洲历史上,后罗马帝国时代出现了一个权力多元中心的格局,大学和教会一样,是一个独立于政府的权力中心,也就是培根所称的"知识就是权力"。大学的自由精神由此而来。但是,民族国家兴起之后,大学越来越被整合到现代国家的治理过程中,社会科学由此而兴起。这样,大学就在人文思想的社会批判与社会科学服务于社会治理之间徘徊。

在中国历史上,无论春秋战国的百家争鸣,还是"五四运动"以来的近代思想繁荣,都是在政治权力严重削弱、政治秩序需要重建的时代才出现的。在这个意义上,百家争鸣对知识界可能是好事,但就政治和社会而言,可能不见得是好事情。罗马帝国时代没有产生多少学术和思想,可欧洲百姓享受了千年和平。

在知识与权力的这种变动关系中,我们看到80年代差不多是一个知识挑战权力的时代,是一种直接的外部挑战。但在90年代之后,知识与权力之间存在一种互动关系,一方面是相互抵制,另一方面又相互利用。比如经济学与市场改革、社会学与社会治理、法律与司法改革和法律职业等等。这样一个图景当然简单化了一些。但是,这涉及国家治理转型的核心问题,即国家与社会的关系。

在 80 年代,由于全能主义国家对社会的全面控制,使得"社会"被乌托邦化了,有时市场、社会被推上神坛,成为批评国家和政府的基础。90 年代提出"国家与社会范式"总结并持续了这种批判。但是,90 年代国家经历了全面的治理转型,社会与国家关系不是一个对立关系,而是一个合作关系。比如,什么是"市场"? 市场就是不受节制的经济权力,而今天的政府已经和这种经济权力有着千丝万缕的联系。什么是"社会"? 社会就是强者的支配,诸如家族势力、宗教势力和黑社会等等,中国推动基层民主二十多年,最后连一直信奉民主的人士也产生了怀疑。

1999 年我博士毕业时,写了《惩罚与法治》的论文,放了十年之后,我基本没有修改就直接出版了,反而更有时代的针对性。经过司法改革的十年之后,我们更能看出法治的本来面目:一种隐蔽、迂回的现代治理术。

在这种背景下,如果说 80 年代的批判矛头指向国家和政府,那么,90 年代以后,批判矛头应该指向社会、市场等等。这种分歧构成了 90 年代之后"自由左派"与"自由右派"论战的根源:"自由左派"希望用国家这种每个公民公平参与的抽象权力来遏制和平衡来自市场和社会的强制;而"自由右派"则希望把市场和社会的强制力量上升为国家力量,或者用国家力量来保护市场和社会的强制。

其实,早在 80 年代的文化批判中,就有一个内在的分歧。一种是表面上的政治意识形态批评,主张走资本主义道路,而另一种是视野更大的针对现代性本身的批评,刘小枫《诗化哲学》就代表了这样的趋向。后一种批判其实在 90 年代之后才具有现实的针对性。然而,90 年代反而丧失了这种批判精神。如果从这个意义上讲,90 年代虽然在知识上比 80 年代丰富,但在精神上可能比 80 年代贫瘠。当知识在驯化"野性的动物"时,要当心的是不小心阉割了动物的野性本能。同样,80 年代试图用启蒙时代的自由主义思想来否定马克思主义,而 90 年代之后,马克思主义的生命力才真正展现出来。

记:您所谓的马克思主义的批判,似乎更类似于西方的马克思主义。而我们一直所谓的马克思主义,更近似于列宁主义、斯大林主义。

强:也不能说得这么绝对。列宁主义、斯大林主义本身也是西方主导的全球政治下的产物。为什么马克思主义到了列宁主义有一个转换? 因为在应对帝国主义的时候,列宁做了一些根本性的转换。现在有种说法认为,列宁斯大林主义就不叫马克思主义了,西方马克思主义才是属于马克思主义。这样的争论在恩格斯和伯恩斯坦、列宁和考茨基之间就展开了。实际上,这两种马克思主义可以分别称为欧洲马克思主义和亚洲马克思主义,更直接地说,是帝国主义或殖民主义下的马克思主义与反帝反殖民的马克思主义。

> 我也经常问我自己,能不能超越自己。在思考问题的深度和广度上,能不能超过自己。

记:您大学时其他印象比较深的其他事情还有吗?

强:除了游行,就是崔健的摇滚乐,代表了整个 80 年代的一种风貌。还有就是大量的讲座。基本就是这三部分。那时没有市场的概念。大概 1988 年底才出现了市场。有的同学做起小生意,在楼道里摆起小摊。班上有一个来自上海的同学,不读书了,去做生意。我记得很清楚,他对我们说:你们学法律干什么?毕业了不就当个小法官、小律师吗?有什么意思?他在宿舍门上钉了个某某公司的牌子,进进出出似乎在倒卖货物。这对于我们从农村来的同学,似乎不可思议。当然,我们也卷入了市场经济的大潮中,我自己就曾经卖过高考复习题之类的东西。

记:那么您考研是什么想法?

强:我 1990 年毕业那一年是不能报考研究生的。我就回陕西老家,工作了三年。那时,规定必须工作两年后才能考研。1992 年我考了人大法律系,未能被录取。第二年干脆就考了北大法理专业。

记:您当时考上法理学专业,在北大这个氛围中,有什么新的感受?

强:我 1993 年入校,真正思想发生转变是在 1994 年。之前我的思考依然是 80 年代的惯性,关心法律文化、西方法哲学、自然法等问题。1994 年以后接触到经济学和社会学,进入到了"法律文化研究中心",受社会学影响比较大。我后来硕士博士论文做的都是法律社会学方面的课题。

在本科时候,最有精力、最想读书甚至享受禁欲主义的苦行来安心读书,但很遗憾,我没有遇到能指导我思考和读书的精神导师,自己摸索了半天还是不知所以。这让我想起《神曲》的开始:就在我们人生旅程的中途,我在一座昏暗的森林之中醒悟过来,因为我在里面迷失了正确的道路。……踏进人生迷误的森林去的青年不能走正确的路,除非有一个已经走过这条路的长辈指点给他看。

研究生的时候,非常幸运地遇到一批好的老师,彼此也比较平等。比如苏力、梁治平、贺卫方、邓正来、季卫东、夏勇、高鸿钧、张志铭等等。尤其是我参加了"法律文化研究中心",形成一个小的学术共同体。大的氛围是,90 年代引进了经济学、社会学和人类学。经济学差不多就是林毅夫、樊纲、张维迎等年轻学者带进来的。还有一个就是社会学、人类学领域，比如王铭铭、孙立平等人，跨学科的交流对我影响非常大。

更幸运的是，博士阶段一开始就和赵晓力、郑戈以及外系的李猛、应星、吴增定、渠敬东、张旭等一批朋友组成了读书小组，赵晓力称之为"无形学院"，这其实是一个地地道道的"友爱共同体"。朋友之间的激励和对话是相当重要的。我其实特别注意我们同一代人的思考。比如李猛在 1998 年写的《论抽象社会》一文，我精读了数遍。每次教"法律社会学"课程，都将其作为学生的阅读文献。直到近些年给研究生上"法律社会学"，重读这篇论文时，我才觉得似乎真正理解了李猛这篇文章的真正意图。理解一个朋友的思考，我差不多用了 10 年的时间，你们也就能明白为什么赵晓力说"李猛是我们一代人的老师"。

记：您当时读研的时候，就已经立志从事教学研究吗？

强：那时不一定想得如此明确，但基本上是按照这个方向走。吴增定有句话，大体是说，如果真的需要养家而不做学问，他就不做学问了。我觉得这才是真正的学问。如苏格拉底所言，哲学是一个生活方式。做一个能养家的好丈夫或好父亲，也是在践行一种哲学思想。后来的哲学家们把哲学变成了书斋学问，其实背离了哲学之道，古人讲"知行合一"，批评不识大体的"陋儒"，很有道理。

记：您从那时到现在，在法理学界内有哪些基本的观点？

强：对这个问题，梁治平老师有一句话很重要。我进入"法律文化研究中心"之前，已经在《中国法学》上发表了文章。研究生一年级就在法学界最高期刊上发表文章，一定很开心了。但梁治平老师对我说了一句话：你读的东西，一定要比你的目标更高。换句话说，如果以《中国法学》为目标，肯定水平比上面的文章更差。所以，我参加"法律文化研究中心"以后，基本不再看当时的法学期刊，因为我的问题可能不是当时这些刊物所能容纳的。

当时邓正来办的《中国社会科学季刊》《中国书评》，还有其他一些刊物，成为我们阅读和写作的标杆。当然，今天的刊物已经和以前很不同了。知识精英已经从体制外进入了体制之中，连邓正来也到了复旦。因此，对于本科或研究生教育，最重要的是培养起思想和学术的眼界、品味和鉴赏力，要明白什么是真正重要的、真正好的，哪怕"虽不能至，心向往之"。因此，在读书时代培养的阅读品味虽然不能说决定了将来的水平，但至少影响了未来发展的趋向。

我在博士阶段很少在法学刊物上发表文章，只在《比较法研究》上发过。当时认为，超越传统法学模式最好的刊物就是《比较法研究》，这是我唯一认真阅读的法学刊物，在上面发表文章，也是为了感谢和纪念。我当时文章主要发表在公共刊物上,希望自己能把视野放到公共知识界,而不局限于法学领域。

记:您认为,国内的法理学和国外研究的差距体现在哪里?

强:很难做一个总体的判断。应该说,法理学界,中国和西方面对的问题不一样。欧洲情况我不熟悉,我比较熟悉的是美国的。美国法理学分为两部分。一部分是帝国核心地带的法理学,就是美国本土的法理学,主要围绕着最高法院。所以,我经常说,如果不了解美国宪法,就不了解德沃金在说什么。说到底,美国法理学界讨论的问题一方面是围绕着最高法院保守派和自由派对于宪法的解释而展开;另一方面,也围绕着司法的职业主义或形式主义与回应社会的法律现实主义或法律社会学思想之间的"钟摆"运动。美国法理学的第二部分就是帝国边陲地带的法理学,就是美国在第三世界搞的法律现代化理论,包括法律与发展理论、法律移植理论、法律多元理论等等。

我们中国的法理学从 80 年代以来,大体上是从美国的帝国边陲的法理学问题研究开始的,比如法律现代化问题、法律移植问题、法律文化问题、法律多元和法律发展问题。所以,如果中国法理学与西方接轨的话,在这个领域是接轨的,这也证明了中国其实处于美国这个全球帝国(现代性帝国)的边陲地带。所以,我那时对美国的 *Law and Society Review* 上所讨论的问题一点都不陌生。我甚至认为,苏力讨论的法律多元和本土资源问题,比美国学者 Merry 等人的讨论要更深入,因为苏力是一个思想者,而后者大多数是美国法学院中的普通教授。

在博士毕业后,我的研究有一个转向,就是对美国宪法问题进行研究。其实,也就是从帝国边陲问题转向了帝国的核心问题。我 2001 年在美国访问的时候,和美国的法律社会学或人类学的学者有些交往,参加完 2002 年温哥华的北美法律与社会协会年会之后,差不多就向这个领域告别了。我又从美国宪法慢慢转向中国宪法问题,宪法司法问题和香港问题为我对中国宪法的思考提供了动力。有了这样一个大致的轮廓,就可以看出,我们无法笼统比较国内法理学和国际法理学问题。

记:在法理学领域中出现过什么大的争论没有?您自己的意见是怎样的?

强:法理学里面有不少争论,但我自己一般不大参与。

记:比如前些年邓正来写的《中国法学向何处去》引起了很大争议,您觉得他的批评是否中肯?

强:关于这本书已经组织了很多书评和讨论,甚至好像出版了书评讨论集,在学界这也算是体现法学繁荣的一件盛事。我对这本书的评价很高,这是中国学者最认真对待本土学者的一本书。中国学者里面水平比较高的,都会把目光放到西方。法理学界除了介绍美国学者,就是欧洲学者,比如关于哈贝马斯和德沃金就已经出版了大量的论文和著作。可是,我们至今缺乏对梁治平、苏力、夏勇、季卫东等人法理学思想的研究。这其实是很可惜的一件事情。好像他们做的研究只是对西方知识的消化,而没有放在中国问题的脉络中加以理解,由此在中国的学术脉络上缺乏积累,无法形成自己的传统。

对于邓正来这本书,不管你是赞同他还是批评他,至少他认真地处理了像苏力、梁治平、张文显等学者所提出的法学界最基本范式。他至少是认真对待了自己的同行。就这一点而言,中国学者做的并不多。美国的硕士博士论文,很多都在大谈他们的德沃金,为什么我们的博士论文不能写写我们的法理学家的学术研究?

最近,我见到齐海滨教授,他手中有一套油印的北大法律系 80 年代法律社会学研究通讯的油印资料。我觉得太珍贵了,希望他捐给北大法学院。如果有学者注意到这些资料,写一下法律社会学在中国的起源,这是绝好的博士论文题材。我当年在读博士时,就注意到最早的法律社会学著作,山西人民出版社出版,连北大图书馆都没有收藏。其中的论文体现了沈宗灵先生等一代学者对中国法理学摆脱苏联教科书模式,向法律社会学发展的总体思考。那时,齐海滨和季卫东是年轻学生一代中最优秀的领军人物。

记:您在研究生期间与不同学科的老师都有过交往,那么您研究所采用的方法主要是怎样的呢?

强:我觉得,并不存在单纯的法学研究方法,也不能用一个方法研究所有的研究。首先要明确,研究的问题是什么,有了问题才能想方法解决。只有方法和问题结合在一起,方法才有意义。

记:您现在是中青年学者的代表性人物,那您认为现在的中青年学者处于一个怎样的学术地位?

强:首先,学术本身是不断超越的。如果后面的学者总觉得前面的学者难以超越,那么关注的视野就会越来越窄,不是研究整体性问题,而变得领域越来越窄,就调解研究调解,就法制史研究法制史,而不考虑为什么要研究这个学科,这些问题与一些根本性问题存在怎样的关联。我讲的不仅仅是我们超越前代,后代超越我们,也是一样的。

其次,自己能不能超越自己。这一点非常重要。无论对于已经成名的学者,还是目前正在努力的学者,都是一样的。有的人起点很高,但是过了二十年,发现他讲的还是当年的东西。有的人可以成为你一辈子的导师,你可以跟着他,你在想,他也在不断想,总是在不断地推进。我也经常问我自己,能不能超越自己。在思考问题的深度和广度上,能不能超过自己。不过,现在我们看到的现状是有不少人从成名的那一刻起,学术就差不多要停止了。

> 讨论学术,立场和观点有分歧,这很正常。但关键在于这些立场不同的人们,是否在真正认真研究同一个问题。

记:您认为现在学术规范执行的情况怎么样?

强:我认为执行得不错。至少对于形式上的基本规范,还是执行得可以的。所谓学术规范,就是一代人对规则的认可。学术规范同学者有关,没有学者就没有学术规范。有遵守规则的学者在,学术规范就自然执行好了。

记:那您认为,中青年学者是多发表成果好还是少发表成果好?

强:这个不能一概而论。有的人不爱发表,有的人喜欢发表,我觉得这都没什么问题,关键在于发表的论文本身要好。

记:您身处法理学界,法理学在哪些领域还能获得突破?

强:虽然我自己身在法理学界,但我自己很难界定什么是法理学。如果一定要做一个界定,那么就等于认定这个范围就是法理学,范围以外的就不能涉足了。

我自己研究的领域也有一些变化。我硕士博士阶段主要研究法律社会学,但是博士以后我就基本不研究法律社会学,转向到宪法学、政治哲学上的问题。在思考问题的过程中,我发现之前法律社会学的东西没法满足,因此不得不转向思考一些政治哲学、宪政学的问题。当然,也不是说从法理领域转到了宪法领域。目前宪法学界讨论的问题与我自己关心和讨论的问题并不一样。

至于法理学中新领域的开拓,其实根本没有什么领域是新领域。我给中国法理学画一个简单的研究地图,一共包括三块。第一块是最主流的关于意识形态的讨论,比如当年的"法制"与"法治"问题、"市场经济是不是法制经济"问题等等,不管是科学发展观还是和谐社会,只要中央提出一个新的政策,马上会有大量法理学论文生产出来。这一块由来已久,而且是很重要的一块。

除此之外,目前的格局基本上两分天下:一是苏力等人持续推动的法律经济学和法律社会学研究,目前这个领域的人最多,最有活力。二是邓正来等人推动的美国法哲学研究以及郑永流和舒国滢等推动的德国法哲学研究。这两种研究都面临着自己的问题。

就前一种研究而言,变成了缺乏思想动力的常规研究。比如调解研究,目前的研究除了文献和案例材料有所改变以外,在问题意识上和我十年前做调解没有什么变化,甚至还不如那个时候。在这个领域,我曾经提出了一个法律社会学研究中的"双向运动",即法理学者在深入部门法,而部门法在深入法理学领域,比如目前法律社会学研究中比较优秀的学者往往是诉讼法、刑法和行政法领域的学者,而苏力和凌斌也不断介入对部门法中具体案件的讨论。但是,除了这些常规研究之外,如何思考中国的重大问题,比如说"中国崛起"问题,最近北大法学院组织了"和平崛起与中国法理学问题"的学术研讨会,你会发现对这个问题的讨论,我们的法律社会学基本上无能为力,这就意味着法理学必须超越法律社会学的思考。这意味着要进入到法哲学领域。

就第二个领域而言,对美国法哲学的理解,要理解美国宪法、美国政治,同样对德国法哲学的理解,除了要理解德国哲学传统和注释法学传统,还必须理解欧洲政治。这其实对法理学研究者提出了更高的要求。但更大的问题是,上述两个领域如何结合起来? 对中国法律社会学研究中发掘出的问题,如何上升到法哲学的高度来思考? 比如,如何在法哲学的意义上总结中国过去的司法改革以及目前的新发展? 这无疑是未来需要思考的。

从目前的状况看,学者们不大关注第二个领域,更倾向于关注中国问题,或者法律社会学。这似乎说明一个问题,我们法理学界可能变得越来越保守了。有的人会说,像 80 年代那样关注西方,谈西方太多了,应关注中国本土的东西。但事实上,我们对中国问题的理解仍然需要借助对整个世界的理解。比较之下,我们对西方的那一套,其实理解得很浅薄,反而越到今天,对西方的理解越简单化了,以至于很容易对中国的理解也越来越简单化。

记:您理想的学术环境、学术氛围应该是怎样一种状态?

强:很简单,就看两个搞学问的人坐在一起聊什么。这是一个标准,可以去衡量每一个院校的学术环境。如果两个人坐在一起不讨论学问,而完全陷入诸如房子、课题、学界逸事等等,可能就有问题了。如果在校园中两个人肆无忌惮地争论一个学术问题,而周围的老师和学生又不觉得奇怪,那这当然理想了。就这一点而言,北大确实是最好的环境了。可惜,这样的环境受到社会大气候的影响,尤其法学院之间竞相用房子、票子、位子"挖"人,使得学者越来越变得和明星一样了。这样,社会标准慢慢取代了学院自身的标准,使得"优秀学者"与"知名学者"之间出现了分裂,甚至用"知名学者"的标准来取代"优秀学者"。因此,什么时候大学、学院与社会之间竖立起一种知识上的相对隔离,就像司法应当与社会形成一定的隔离一样,那么我们的学术才能真正有所起色,就像我们的司法公正才能真正有所根基。

记:您是不是把自己定位为公共知识分子?

强："公共知识分子"这个提法本身很有问题。实际情况是,这是知识分子为了强化自己的特权而自封的。我希望自己是一个研究学问的学者,甚至是热爱读书的"读书分子"。

当然,这并不是说大家不对公共问题发言,而仅仅局限在专业领域。而是说我们对公共问题的讨论不再是简单的立场表态,而是看到更深的问题。在这个地方,尤其是要将大学的讲堂与公共领域区分开来。大学讲堂不是表达自己立场的地方,而是探讨学问、传播知识、引发思考、培育灵魂的地方。韦伯说过"以学术为业",其中对此讲得非常清楚。由此,大学教师才具有神圣的地位,才能成为大学真正的主人。但是,从"五四运动"以来,我们过分强调大学的社会功能,尤其是思想传播和社会批判功能,使得"知识分子"变成了一个流行的时尚概念。而在今天大学过分卷入市场和社会的过程中,"知识分子"尤其是"媒体知识分子"的兴起使得这个概念快要变成浅薄、媚俗和虚荣的代名词了。

记:您的同事中,有喜欢对公共事件发表观点的贺卫方老师,有上书全国人大法工委的巩献田老师,我觉得北大法学院的各位老师彼此的观点非常分歧非常大,甚至可以说尖锐对立。

强:这恰恰是北大的自由所在。北大的老师都是很认真地坚持自己的观点,并没有作秀的成分在里面。讨论学术,立场和观点有分歧,这很正常。但关键在于这些立场不同的人们,是否在真正认真研究同一个问题。

记:您能评价一下中国法学研究的现状吗?

强:法学我不敢讲,尤其是部门法。就法理而言,应该说是情况不妙,我对自己也不满意,许多真正的问题没有进行严肃的思考。就目前而言,能超过苏力、梁治平这一代的人还没有,四十岁的还没有超过五十岁的。相反,我发现部门法年轻人水平非常高。这恐怕是越来越多有才华的学生都去学部门法了。

记:最后的问题,是有关我们这些年轻学子的。能向我们法科学生推荐一些书目吗?

强:我前面说了,推荐书目是要很负责任的。我可以把无法挑剔的经典书目开列一大堆,不能说我有什么错,但这样推荐毫无意义。这也是我的读书经验告诉我的。推荐书就如同医生看病,必须对症下药,否则就是多运动、多吃蔬菜之类的保健训导,谁都会。因此,推荐书一定是在课堂中,在具体的教学环境中,针对不同的学生和不同问题,去推荐阅读。北京读书的好处就在于有不同的读书小组,认真阅读经典,讨论问题。

记:那您从自身经验出发,对现在的学生提出一点建议和期望。

强:做老师的也是一路从学生走过来的。如果能够总结一点经验的话,对学生有两个建议。第一，一定要把读书和做人联系在一起。我自己在80年代时只顾读书，其他一切都不管；在90年代受到后现代思潮的影响比较大，人生中多有一份虚无感和荒诞感。直到前些年，才开始真正严肃认真地思考人生问题。这个问题才是根本的问题，读书不过是做人的一种方式而已。第二，要把思考和研究区别开来。做研究往往是职业所需要，但是思考不应当受到职业的限制。所以，一个坐机关、做文案的人，完全可以去阅读和思考一些自己感兴趣的，也可能是真正重要的事情。因此，不要把读书看做是为了做学问，读书应当是为了有助于思考人生。即使对于做学问而言，读书也不同于研究。为了研究，可能要读大量的资料，但是读柏拉图的书，读孔子的书，不一定就是为了写关于柏拉图和孔子的论文。现在学生们都太功利，不太理解人生与职业的关系、读书与人生的关系、思考与研究的关系。

记：我们现在这些学生，本科愁就业，研究生愁是否考博，即使有意从事学术，生存压力也比较大，觉得从事学术不太现实。

强：社会大环境如此。这一点，我们比你们的环境要好。但是，撇开社会大环境，其实做学术、做律师、做法官等等，不过是职业的方便、生活的便利选择而言，无论是哪一行，关键要做得好。你会发现，凡是能够做得好的，都有一个共同的品质，那就是心无杂念、镇定自若。目标定了什么都不在乎，把一切都放在一边，把所有精力都放在目标上。

现在的学生，欲望太多，想要的太多，但又往往没有明确的人生目标，四年本科什么都想干，又不知道真正想要什么，结果搞得整天惶惶不可终日。想读书，又怕找不到工作，想搞社会活动，又发现耽误了读书，到最后只能等待命运的安排，该去哪里就去哪里。其实，既然自己决定不了命运，何不干脆踏踏实实读几年书再说呢？

目前，大学生最大的问题是不读书，不想问题，热衷于社团活动，内心里空空荡荡。这也是我们这个时代的特征，多少人忙忙碌碌，内心里却空空荡荡，内心的恐惧随着财富和年龄的增加而增加。其实，大学的真正意义在于帮助年轻人思考一些人生的根本问题：我们生活在怎样的时代和环境之中？我们为什么要这么活着？怎样的生活才是有意义的？我们究竟如何才能有所贡献？为什么要作出这些贡献？究竟什么是幸福？死亡对于每一个人意味着什么？究竟应当如何面对死亡？……

之所以说这些问题是人生的根本问题，是因为人不能依靠本能生活，而必须依靠思想，这是人与动物的区别所在，也是一个受教育的和没有受教育的区别所在。其实，大学生毕业之后，由于工作、家庭等等世俗事务的迫切要求，反而被社会裹挟着走,顾不了思考这些根本问题。但恰恰在这时候,人们才真正面临这样的问题:工作、失业、疾病、官司、死亡等等,人生的种种痛苦接踵而来,大学最美丽的时光已经不再。而面对这些问题,往往要依赖在大学时代的思考提供解决的思路,奠定生活的基本品质。因此,大学时候思考这些根本问题似乎对于毕业找工作没有帮助,但恰恰是晴天备伞,会受益终生。因此,大学对一个人的帮助不仅是找一份职业,而是帮助他对人生基本问题进行思考,奠定一个人最基本的伦理品质。

就拿我们法律职业来说,大家都谈到目前法律职业伦理的匮乏,但是,如果一个人不去思考人生的根本问题,不能理解生命的意义,对人生没有基本的信仰或信念,职业伦理培养最终也是一句空话。法律职业需要职业伦理的支撑,职业伦理需要人生信念或信仰的支撑,而人生信念或信仰需要大学教育来帮助探索和确立。但是,如果大学教育要奠定人生的信仰和信念,就需要把一个人的思考和生命融入延绵不绝的历史长河中,这恰恰是大学通识教育或者经典阅读的意义所在。而我们今天的法学教育已经越来越职业化,越来越单薄,与大学的名称越来越不相匹配。

（卢　然、董　能）

李友根
Li Yougen

　　1967 年 11 月生，浙江温岭人。1983 年考入南京大学法律系本科，1987 年毕业并进入南京大学法律系攻读法学硕士学位，师从李乾亨教授、丁邦开教授，1990 年 3 月毕业后留校任教至今。其间，1999 年 9 月至 2002 年 6 月在中国人民大学法学院在职攻读经济法学博士学位，师从刘文华教授，2002 年 7 月获法学博士学位。现为南京大学法学院院长、教授。研究方向为经济法、知识产权法。

　　著作包括：《企业法教程》，南京大学出版社 1994 年版；《人力资本出资问题研究》，中国人民大学出版社 2004 年版；《中国经济法》（参编），南京大学出版社 1995 年版。

　　经济法学界三十多年来付出很大努力，创立了经济法这门学科，也推动了中国经济法制建设。但是，我认为我们经济法学，尤其是经济法总论研究存在问题，那就是过于强调纯理论的推演；又由于经济法本身的特殊性，未能较好地利用传统法学的研究方法，提炼出与传统法学相衔接的法学范式。

记者（以下简称"记"）：李老师好，您能谈谈您求学的经历吗？

李友根（以下简称"李"）：我的经历和同龄的老师差不多。我生于浙江农村，1983 年 9 月我考上南京大学法律系，班上有五十多名学生。1987 年保送本校研究生，在南大学习了七年时间。1990 年 3 月提前毕业，此后一直担任教职。1983 年我入学时，法学教育和研究还处于起步和初创阶段。教材是由司法部统一编写的，图书馆内的参考书不是特别多。比如学习民法时，看的主要是苏联编写的材料和其他一些参考资料。可以说，当时中国的法学研究和教育水平尚不是特别发达。同现在的学生相比,我在课堂上学到的法学知识不是非常多,也不是非常扎实,主要靠自己在课余学习,特别是阅读法律以外的书籍。

我入学后,印象最深的是,我借阅了孟德斯鸠的《论法的精神》,认真地阅读并做笔记。但是,由于阅历、知识积累十分有限,对很多内容并没有真正理解和把握。但也可以从侧面看出自己当时强烈的求知欲。

1985年南大老校长匡亚明曾提议国家支持部分重点大学。这个提议被采纳后,相关的名单中却没有出现南京大学。学生们感觉深受打击,群情激奋,反映了大家对南大强烈的感情以及希望学校能在全国占有一席之地的愿望。1986年左右,全国高校理论热情很强,我们看了很多哲学的书,进行大量思想、学术的探讨。我认为当时的学术氛围还是十分浓烈的。

记:您目前研究领域的兴趣是那时萌发的吗?

李:不是的。本科毕业后我被保送到经济法专业读研。我的导师李乾亨让我做的是税法方面的研究,因此,我的硕士论文做的是国际税法的问题。研究生毕业后,根据法律系教学任务的安排,我担任企业法的教学工作,因此没有把财税法的研究继续下去。后来知识产权法的课也由我来上,因此知识产权法也进入了我的教学、研究领域。在经济法硕士点和博士点的建设过程中,我逐渐地又转向经济法的理论教学和研究。1999年在人民大学读博期间,我的博士论文写的是人力资本的组织问题。这篇文章综合了经济法总论、企业公司法和知识产权法的内容。近年来我研究的主要方法是案例研究。经济法学界三十多年来付出很大努力,创立了经济法这门学科,也推动了中国经济法制建设。但是,我认为我们经济法学,尤其是经济法总论研究存在问题,那就是过于强调纯理论的推演;又由于经济法本身的特殊性,未能较好地利用传统法学的研究方法,提炼出与传统法学相衔接的法学范式。而我运用案例研究这一传统方法,试图从实务中提炼出经济法的现象、范畴和理论。在很多同事的推动下,南大法学院正在把基于案例的研究作为重要的方法和方向。法学院也成立了"中国法律案例研究中心",强调对司法案例的收集、整理和研究,面向中国司法实务,总结提炼中国的法学理论和可能的创新。

记:请您谈谈您主要的学术成果。

李:我个人认为我的主要成果有这么几项:在经济法的研究中,正如我所提到的,从实务中总结经济法的范围、理论。比如,对经济法主体的研究。我通过收集最高人民法院案例的公报,总结出经济法的主体中的经营者的理解是区别于民法和商法的;从消费者案例中又提炼出消费者的知情权是一种特殊的、基于消费者身份所特有的权利。以这两点为例,我试图从经济法主体、权利、义务、责任、行为这些最基本的范畴出发,基于司法案例的研究,总结出一些特有概念,进而对完善经济法理论体系作出一些工作。此外,我注重案例研究方法的探索。在国外,案例研究是十分基本、十分主流的方法。而在我国,这一点强调得不够。我自己无论是做商标案件的研究、不正当竞争法案件的研究还是消费者保护法案件的研究,都提炼出、摸索出一套类型化、整体性案例研究的方法。这套方法对法学界的同行或许会产生有益的启发。立法、司法实务界有很多经验做法,或许与西方不同,但是很值得研究、总结并进行理论化。这一点,我认为法学界应当有充分的认识并朝这个方向进行研究。

记:您认为当前国内学术界与您读书的时候相比,有些什么变化?

李:我认为,每个时代都有每个时代的特点,很难进行简单的比较。80年代中前期,随着"文革"禁锢的解除,人们对过去进行了反思,对于新的思想、新的文化充满了好奇,因此,那时的学术热情带有很大的启蒙色彩,那时哲学、文学、美学都非常兴旺。而我们这个时代,更强调专业分工,每个领域的学者都有自己本领域需要关注的问题。学者需要分析大量的资料,参与频繁的研讨,因此很难出现全民族、各领域普遍关注的共同问题。法治在发展,观念在发展,人们的知识积累也在发展。因此,人们关注的焦点也更为深化、细化。当然,随着网络和公共媒体的发达,信息的传播更为广泛,更容易形成全民关注的"热点"。但这样的一种关注,并不如当年那样的对理论的关注。

记:您是否认为当前全民的这种关注,是否也渗透着浮躁情绪?这种情绪是否也影响到学界?

李:公众对于热点事件的关注,固然有浮躁情绪,但也是我们这个时代"公民社会"需求的必然。而理论界对于这些问题的关注,也不一定就是浮躁。理论界有责任对社会热点进行关注、回应和研究。理论界的浮躁或许源于我们的评价体制。身处大学,我们日益感受到当前这种学术的评估体系对自由研究、对甘坐冷板凳的学风确实有不良影响。人们急于出成果,因此很多东西是应景性的,是泡沫。然而,生存在体制中的人们又很难抗拒它。因此,学者一定要处理好两者的关系。如果一味迎合需求,多年后回头一看,会发现所谓的繁荣的学术只是一堆泡沫而已。但是,如果不去与体制要求相衔接,高校教师又很难顺利发展,进而很难做出更大贡献。因此,如何在保证质量的情况下,对学界、对社会做出更大的贡献,我想这是每个学者都需要认真思考的问题。

记:您认为,对青年学者而言,面对体制和研究自由的矛盾,如何理想地处理好彼此的关系?最简单地说,青年学者是多发文章好还是少发文章好?

李:一个简单的、圆滑的回答就是:数量和质量并重。但是,这并不容易做到。在学术界,确实存在着一批学者,如何勤华教授、陈兴良教授、张明楷教授,成果很多,质量也非常高,但这不是每个人都可以做到的。简单地说,在高校任教,没有一定的成果,职称和发展前景都会受到影响。但是,各个法学院也逐渐意识到,光有数量是远远不够的。学术的发展总是在大浪淘沙中前进。人们并不一定就能保证自己的精品都能推到学界,或者推到学界的都是精品。或许自己认为的精品,在他人看来是垃圾;他人认为的精品,我们自己或许也会认为是垃圾。因此,我们需要认真地、负责地、真诚地研究,只要这些研究是真诚的、认真的,确实是发现了问题并提出了解决问题的方案,多多少少都会对社会有贡献,并在若干年后接受社会客观的评判。因此,我们不一定要把质量和数量完全对立起来。反过来说,文章的发表还取决于编辑。编辑如果能本着认真负责的态度,对学术氛围的净化也能起到一定的作用。

记:您觉得,经济法学未来的发展方向在哪里?

李:在我个人看来,经济法,特别是经济法的理论,应当从中国的经济建设现实和司法实务出发,围绕着回应中国经济发展的现实,用经济法的调整方法总结、思考。因此,我认为我目前使用的案例研究方法,即使在未来不成为主流,也应当成为重要的方法。对此,我是很有信心的。当然,随着法学的发展,还会出现新的进路、新的切入点。伴随着这样多角度、多层面的研究,必将推动中国经济法的发展。中国的经济发展,对于世界来说是一个奇迹。我们曾经过多地着眼于批判,以西方的经验和理论来分析和认识中国的问题。我们应当认识和重视自己的实践,从中进行明白的总结和提炼。因此,我认为,中国经济法学未来的发展,将基于案例和实务的基础之上。

记:根据李老师您的观察,我们中国的研究,与国外相比,特色在哪里,差距又在哪里?

李:国外所讲的经济法主要就是竞争法和反垄断法。以美国为例,他们的反垄断法十分发达,因为他们有发达的反垄断法实务以及繁多的流派。相对于国外,中国承袭大陆法系的研究方法,强调理论的总结。法学界多年来努力构建经济法的理论体系,对经济法主体、权利、义务、责任、诉讼等研究,在国外进行的不是很多。因此,有人说,经济法是中国特有的法学体系,中国具有"知识产权",确实很有道理。我们学习国外的地方也有很多。比如,我们应该更多关注经济实践和经济实务,从实务中发掘提升理论。当然,中国经济法学界也应该有足够的自信。我们的经济建设、经济改革是中国所特有的。因此,对中国问题进行总结必然能够提炼出相关的法学理论。

问题有两方面:第一,部门法的研究过多地围绕现有的法条,缺乏理论的总结和提升。第二,总论部分研究又缺乏与具体的部门规则和生动的经济实践的结合,导致了热衷于各种理论创新,满足于孤芳自赏,缺乏对现实的回应和理论解释力。大量现实中出现的问题,理论界缺乏足够的关注,导致理论研究在实务中被边缘化了。因为理论没有解释力,实务不能从理论研究成果中得到滋养和支撑。我觉得这是最主要的问题。

记:对于有志研习经济法的青年学生,您有哪些建议?

李:我对学生们反复强调,要关注现实、关注司法实务、关注案例。只有关注,才能发现问题,运用自己的知识储备和研究方法总结问题、解决问题,进而得到理论提升。所以,我现在对学生讲课,基本是以案例贯穿的。当然,不仅仅是判例性的案例,还包括现实生活中发生的各种事例。有时候报纸上报道的一种现象,同样可以促使我们发现问题。

记:有人说,现在社会整体的心态比较浮躁。在这种大环境下,您认为学生应该如何自处?如何调节好学习与社会压力的关系?

李:我们的学生,特别是本科生,应当认识到,人生是由很多阶段组成的。每个阶段都有每个阶段的任务,每个阶段都有一定的目标。要达到这样的目标,必须具备一定的能力和储备。而大学教育阶段,就应该是储备的过程。在我看来,比如本科阶段,应该遍阅各领域的文献,接受知识、理论的熏陶,打下扎实的基础;研究生阶段,围绕自己所选的专业,广泛阅读,深入思考专业领域的问题,这样就将有安身立命的"绝活"。我们现在的社会是高度专业分工的社会,如果没有自己的"独门秘技",就很难适应社会对各类人才的需求。有的时候过于浮躁是因为自己没有自己的目标,因此容易被社会时髦所裹挟。社会上热什么,就去关注什么。但是,实际上每个人的目标不一样,规划不一样,因此关注的热点应该也是不一样的。

记:李老师,最后想请您推荐一些书籍,对学生提出一些寄语。

李:寄语谈不上。我认为法科学生对经济学、社会学、政治学等学科都应该有广泛的涉猎。当然,法学是本业。社会科学,尤其是法学,很多时候都是需要社会阅历和理论储备的。按我个人的经验,当人们了解了一些经济学的理论和方法之后,用它来分析法律问题的时候,确实让人受益无穷,等于又打开了一扇窗户。本科阶段不应过于狭隘,只关注法学问题,那样只会越学越窄。相反,应当听听其他领域的专家、大师的课。这样,日后不论是搞理论也好,搞实务也好,甚至从事非法律的工作,这都是有帮助的。我对学生们想说的是:对自己负责,有明确的目标、规划,扎扎实实地努力每一天。有句话叫"风物长宜放眼量",当人们在人生的一定阶段回头看的时候,会发现当年取得的某些成就其实是微不足道的。对人生的规划,应当立足在整个人生的高度,而不是仅仅停留于眼前。

(卢　然)

吕来明
Lu Laiming

1967 年 12 月生,内蒙古武川人。现任北京工商大学法学院副院长、教授。

　　主要研究领域为商法理论、票据法、物权法。出版有《地产法新论》《商事法律责任》《票据法基本制度评判》《票据法前沿问题案例研究》等九部著作。在《中国法学》《法学研究》《现代法学》《法制日报》等刊物上发表学术论文五十多篇。参加省部级以上课题研究多项。其中,《从归属到利用》一文被评选为《法学研究》百期优秀论文,《地产法新论》一书获得国家"五个一工程"(图书类作品)奖。

> 　　分立不分立是一个立法技术问题,前提是如何认识民法和商法的关系。在大陆法系国家,不管是采取分立制还是合一制,它的民法和商法的关系都是普通法和特别法的关系。所以,现在回过头看,讨论分立还是合一的意义不是特别大。

　　记者(以下简称"记"):吕老师,您对"文化大革命"有印象吗? 您的家庭在那个时期有没有受到过影响呢?

　　吕来明(以下简称"吕"):"文革"那一段时间我还小,所以没有多少印象。我的家庭没有受到过影响。

　　记:吕老师您是什么时候参加高考的呢?

　　吕:1985 年。

　　记:您当时为什么会选择法律专业? 您做选择的时候,有没有受到别人的影响呢?

　　吕:当时报考不像现在有"智囊团"做参考,那时候专业是我自己选的。当时报考也谈不上有成熟的思考,只是感觉学法律还不错。那时候法律职业就限于公、检、法部门,法律服务行业是没有的。我当时觉得公、检、法部门比较有权威性,就业前途也不错,所以就报了这个专业。至于什么特殊的兴趣是谈不上的。

记:1985 年,您来到中国政法大学读本科,当时法律专业的状况怎样？都有哪些老师给你们开课呢？

吕:当时我们大概分了五个专业:法律系就是法律专业,经济法系又分为经济法专业和国际经济法专业,还有政治系,它分为思想政治教育和政治学两个专业。我是属于法律系。当时给我们上课的老师很多,民法有江平老师、杨振山老师、费安玲老师,刑法有田文昌老师,民诉有陈桂明老师,刑诉有李宝岳老师和刘金友老师,经济法有徐杰老师,法制史有沈国锋老师,外语有黄道秀老师等。当时教过我们的老师现在有很多都退休了。

记:吕老师,在您的大学生活中,有没有什么事情让您觉得印象深刻的呢？

吕:我从小在农村长大,连省会城市都没去过,来到北京觉得一切很新鲜。上大学后班上同学搞联欢活动、舞会等,这些事情对我来说都很新奇,所以我对刚开学发生的事情印象都很深刻。我毕业是在 1989 年,考取了中国政法大学的研究生。我们那一届入学第一年都没有在学校上课,而是到法院去实习锻炼。1990 年回到学校,和下一届的同学一起上课,第二年就毕业了,所以还是比较紧张的。

记:吕老师,您当时是在哪个法院实习的？当中有没有发生过什么特别的事情？

吕:我当时是在北京市顺义区(以前叫顺义县)法院实习的。一开始做一些书记员的事情,后来就跟审判员一起讨论一些案件。这段经历严格说起来只是从事实践活动,能够增加一些社会阅历。

记:您硕士期间有没有哪位老师对您产生过较大的影响？

吕:我的论文指导老师是史越教授,硕士期间对我影响比较大的应该是杨振山老师。我们大部分的日常工作都是杨老师在管理,所以虽然每个学生另外各有一位导师,但是基本上和杨老师的联系是最多的。杨老师的思想确实很有深度,做学问也很认真,而且比较开明。

我研究生期间在《法学研究》上发表过一篇文章《从归属到利用》。这篇文章后来被评为《法学研究》百期优秀论文,一百期杂志几千篇,评选出二十多篇优秀论文。从目前看到的文献看,所有权制度"从归属到利用"的提法,在国内是我最早进行归纳的,但现在已经是共识了。这篇文章的写作就是源于杨老师民法课上的一次讨论。当时我在课堂发言,杨老师说我的观点很有思想,鼓励我把它整理成一篇文章。

此外,有影响的就是江平老师。江老师应该说是我们这一代人的精神导师了。我同江老师的直接联系不多,但是他的人格魅力、他的学识和才华在迄今为止我认识的老师中是没有人可以超越的。

记:您上研究生时读的是民法专业,现在您研究的主要是商法,您的兴趣是如何转变的呢?

吕:其实,我上大学的时候刑法学得很好。在班里讨论案例的时候,我说的结果基本上跟老师说的是一样的。我在刑法方面的判断很准确。但是,考研究生的时候报考了民法专业。我当时确实没有太多的考虑,主要是考虑到将来的适应面更广泛一点。上了研究生之后,我的兴趣就自然而然地转到民法上来了。

毕业以后开始从事商法的教学工作,研究的兴趣也就再次转到了商法上来。因为兴趣不能完全依靠你个人任意的想法,它还要同你的工作、学业等联系起来。我现在的兴趣主要集中在两个方面:一个是商法的理论,一个是票据法。其中,我对票据法的兴趣应该说是最大的。因为它同物权法有共通之处,即它们都不只是制度,而具有很好的逻辑性。我自己比较喜欢在这些方面进行研究和思考。

记:您在研究生期间有没有受过商法的特别训练呢?

吕:当时没有系统地学过商法。商法这个词严格说起来是1992年以后才慢慢出现的。我读研究生的时候所有的专业课程都是民法,只有一门叫做"外国商法"的课程还是以选修课的形式开设的。我喜欢面广一点,所以当时选修了这门课,但也只是学个大概。还有一门公司法,也是选修的。所以,开始从事教学工作后,商法的内容还得重新学习。

记:您研究生毕业之后就来到北京工商大学任教了吗?

吕:对,我的经历比较简单。

记:那您为什么会选择从事教学研究工作呢?

吕:我觉得企业的工作可能不太适合我。这是一方面的原因。另一方面,我研究生期间还是喜欢写点东西,不知道算不算做学问,反正教师这个行业还是挺适合我的。

记:当时的北京商学院法律系是由徐学鹿老师负责的,那他对您有没有一些影响呢?

吕:徐老师对我的影响主要是督促我好好把商法教好吧,还有就是让我们尽量多地参加一些学术会议,多听听大家的意见,多学点东西。具体而言,我们合作过一篇文章,名字叫做《民商分立是我国市场经济立法模式的最佳选择》。

这篇文章发表在 1993 年《现代法学》的第 3 期上。

记：您是主张我们的立法采取民商分立的模式对吗？

吕：分立不分立是一个立法技术问题，前提是如何认识民法和商法的关系。在大陆法系国家，不管是采取分立制还是合一制，它的民法和商法的关系都是普通法和特别法的关系。所以，现在回过头看，讨论分立还是合一的意义不是特别大。无论是分立还是合一，都只是立法的形式而已，不同的形式可以通过技术措施来解决。就算采取合一的模式，商法领域的一些现实问题还是要通过单行法或者别的规范进行规定的。根本的问题在于商法自身的制度体系的建立。这才是最基础性的问题。当时我们说分立好就是没有讨论它们的关系问题。

记：您刚开始从事商法的教学时有什么特别的体会吗？

吕：商法的课其实不是太好讲，一个是总则部分比较空洞、抽象，讲好很难；另一个是商法的部门法中，除了公司法之外，专业技术性都很强，刚刚上大学一二年级的本科生很难理解。其他的部门法，比如说婚姻法、刑法，老师不用介绍学生也了解背景的情况。但是，商法的内容离他们的生活很远，规范也比较复杂，所以在讲的时候，我就得尽可能地联系实际，联系当下的热点事件，多举例子。

记：吕老师，就您多年来从事商法研究的经验看，我国商法同外国相比水平如何呢？

吕：我们现在的商法最大的问题就是同商业实践的距离太远。虽然我们的法律在不断地修改，法律研究也在不断地深入，但是法学研究的主要方面仍然以理论研究为主，这当然是必要的，但是针对现代社会出现的许多新型的商业模式、商业实践对应的法律研究很少。

我们现在的商法学教材实际上就是分为六大块：公司、证券、保险、破产、票据、海商。这一模式其实是受到我国台湾地区的影响。而台湾地区又同日本差不多，都是大陆法系的模式。但是，现在大陆法系国家商法学早已超出了这个范围，而我们却没有突破。现在电子商务、网络交易模式、经销代理制度、银行信用卡交易等等，已经成为现代商业活动中很普遍很重要的部分了，而我们现在的商法教学和商法研究对这一块却涉足得很少。就现代商法具体制度的研究而言，我认为我们应该更多地向英美法系，尤其是向美国学习。因为那里的商业活动最为活跃，商人的创造更加丰富。商法同民法的主要区别就在于商法是商人造法。我们现在的立法、研究就是缺少商人这块主体。也就是说，商人在立法过程中没有参与进来。法学家立法也好，法官立法也好，它有它的好处，但是它也有它的局限性,那就是它对商业模式的变革和发展不够敏感。我们跟别的国家的差距恐怕主要也是在这一方面。至于研究方法,现在到国外留学的学者也很多,基本上都学到了,所以这方面问题不大。

记:那您今后的研究方向是否同您谈到的这些不足的方面有关呢?

吕:我接下来准备就商法的具体制度构建做一些努力,而不谈抽象的东西。目前商法学界达成了一个共识,就是要制定一部《商事通则》。商法学几届年会都在讨论这个问题。但是,如何制定,它的实质性内容怎样还没有定论。这就不能按照我们现在商法教材上的东西来写了,教材上的商法总则太空,不能写成法条。我要做的就是进行这样的具体制度的构建。比如说我准备谈一谈商事权利问题,它包括哪些内容、体系如何、每种权利的构成要件是什么、保护范围怎样等等。或者研究什么是商行为,它作为一个普遍的可以统率所有商业行为的概念应该有哪些内涵,有了它我们就不用再举例说什么是票据行为,什么是海商行为了。这是我接下来要做的。

记:商业具体行为的差异性挺大的,您怎么去把握它们的共性呢?

吕:这是一个误区。很多人都认为商业中各个行业都是独立的,我们不可能从各个部门法中去挖掘商行为的规则。我认为商事行为规则特定的适用性应该到合同法领域去寻找,从商事合同的角度去思考。实际上任何的商事活动都是通过合同来进行的,而只有那些取得经营资格的人或者组织能够实施的合同才是商事合同,这是商事合同与民事合同的区别。商事合同应该确立一些它特有的规章制度,这些制度是从国内外的商事惯例中归纳出来的,只要是商事合同都适用的制度。

现在最高人民法院也开始正式提出了商事审判的概念。现在它主要集中在金融破产这一块商事审判工作,今后对于商事领域的司法理念和司法指导原则可能会在总体上进行完善,有利于推动商事通则的制定。

记:将来的《商事通则》除了您刚才谈到的总则的内容之外,是否还包括一些具体的内容呢?

吕:具体的部分可能就规定那些别的制度中没有涉及的问题。《商事通则》不讲究严谨的体系,它只要补充此前没有规定的内容就行了。比如说规定代理制度,就可以把经销商的代理制度写进去。现在关于代理制度的规定很少,《合同法》中只有几个条文,《民法通则》的规定也很简单。但是,在现实生活中,代理制度是非常常见的。比如,你到电子城里面买台电脑,卖给你的人实际上只是一个经销商或者代理商。又比如,你从一个店里买的手机卡,它实际上是通过若干个环节的商业链条或经销链条建立起来的。这里面涉及一些特定的交易安排,是普通的代理制度所无法涵盖的。在这些商业合同中,不仅有代理的内容,还有许多其他的规定,它是一个整合的产物。总体而言,《商事通则》应该制定为一个对我们国家真正有建设性的东西,在它的具体制度中应该写入一些以往制度没有的或者不够明确的东西。我认为,《商事通则》制定的意义就在于真正能够解决实际问题。

记:刚才谈到的关于民商分立的问题可能就是一个比较大的争议了吧,那在您研究的领域内还有没有出现过别的争议,而您在其中的观点又是怎样的呢?

吕:民法和商法的关系以及立法模式问题是民法和商法最大的争议。物权、债权、侵权行为、公司、票据等等都是不同的领域,不会产生大的争议。其实,争议在我看来意义并不大,还不如把这些精力用到具体制度的研究上来。比如就现实生活中的某种权利、某种商业模式进行研究,创造出一个具体的制度,这样慢慢地就能够形成一个框架体系。这样的研究在我看来才更有意义。争议的问题已经浪费了太多的精力,我以后不会再写这些争议方面的问题了。我要写一些具体的制度,比如说就商法总则的研究,我是闭门造车也好,有根有据也好,实实在在地创造一个制度,哪怕供人批判也好。

记:您在研究过程中比较偏好于采用什么研究方法呢?

吕:研究方法中我比较喜欢实证研究的方法。但是,这个难度很大,我现在还不能够完全做到。目前我还是采取比较研究和归纳演绎的传统研究方法。实证研究方法是我一直追求的目标。我一直都有一个想法,就是真正地去调查、整理一些东西。比如我想对我国现在的某些行业惯例进行调查,将这些惯例整理出来,看看它的内容有哪些,它同现行的法律规定有什么关系。但是,这个想法工程浩大,实现起来需要很长的时间。

记:吕老师,能不能请您谈一谈我们现在学术研究的氛围问题,您认为现在的中青年学者浮躁吗?

吕:这个情况肯定有,但不一定所有的人都浮躁。现在是信息社会,信息量特别大,要完全像以前那样在象牙塔里潜心做学问很难,人毕竟生活在现实社会中,肯定得面对社会的经济压力。现在年轻教师压力确实很大,我可以理解。但是,不是所有人都浮躁。

关于学术氛围,我认为还存在另一个问题,那就是学术的创造性不够,重复的研究太多了。我们可以去翻看杂志,现在的很多文章不说内容,就是题目同十几年前的文章相同的都有。这恐怕就是我们和国外研究一个很大的差别了。

记:那您认为怎样才能构造一个好的学术氛围呢?

吕：我认为这不是学术界一个领域能够解决的问题。现在和以前不一样，以前大家工作单位都很固定，收入也都差不多。但是，现代人面对的社会压力太大了，特别是刚刚毕业走上工作岗位的人，要在大城市里生活真的很困难。如果要让每一个人都坐下来好好做学问，那他是要付出代价的，这种代价也不是所有人都愿意承受的。如果要求大部分的人都这样，那就太苛刻。所以，这个问题学术界本身是很难解决的。

至于刚才说到的创造性的问题，倒可能是学术界本身的事情了。不过，现在教师的晋升、职位的评定总是要有一个标准的，如果不以数量为标准而以质量为标准具体又当如何操作，这又是一个问题。而这个问题也是一个很难解决的问题。如果说理想状态的话，当然是不能追求多而要追求好了。不过，具体怎么操作还需要很多人进行探讨。

记：国外有没有相应的机制是我们可以加以借鉴的呢？

吕：我们的整个体制不一样，可能是不好照搬的，但是评价标准倒是可以借鉴一些的。但是，很多东西我们借鉴过来之后也会产生新的问题。比如说核心期刊就是源于国外的东西，引进之后却逐渐具有垄断性，使得其他期刊的生存空间越来越小了。再者，在某些情形下，作者和期刊之间的关系也变得复杂起来。

我们现在老师的压力很大，一方面要担任教学工作，一方面又有科研任务，此外还有行政事务等等。老师哪有那么大的能耐啊。一个人的创造性不可能很多，创作巅峰很快就过去了。所以，一个人只要有几项学术创造就已经很了不起了。法学是一门社会科学，它的研究价值急需找到一个标准。一篇文章或许是在一份很不起眼的刊物上发表的，但是它能够起作用，那就很好。我们要寻找这样一个标准。

记：吕老师，您能不能给我们年轻的学生推荐一些优秀的书目呢？

吕：这个很难，因为不同的专业、不同的兴趣，每个人对于书的看法是不相同的。我只能说我自己比较喜欢读什么书。我比较喜欢的有两本杂志，一是《读书》，一是《财经》。《读书》的学术性和思想性比较强；《财经》的实时性比较强，和我研究的商法领域联系得比较紧密。

记：那在您的一生中，有没有读到过一些著作对您有很大启发的呢？

吕：全面的启发也谈不上，因为人生有不同的阶段。我印象比较深的是梅因的《古代法》。梅因的结论很好，从身份到契约，揭示了社会进步的规律。这本很多年前的著作到现在都还适用非常了不起。这本书对我的影响不只在于它的结论本身，也影响到我今后考虑问题的角度。还有一本书现在可能不太有人看了,就是恩格斯的《家庭私有制和国家的起源》。这是当年我上大学的时候老师让看的。这本书写得也很到位,它对史实的运用和分析都很好,研究问题的时候作为一部学术著作来看也是很好的。电影的话,我印象比较深刻的就是《红高粱》。

记:吕老师,您能不能再给现在的年轻学生提几点希望?

吕:也谈不上希望吧,我谈谈我的一些体会。第一,从学业上讲,我觉得脑子要勤于思考;第二,作为一个法学的学生,想问题要合理平衡,不要偏激,不要只从某一个角度去考虑问题;第三,一定要坚持,很多人很有天赋,但是坚持不了,最终可能不会有成就。就我自身而言,我自己觉得我思考和平衡都够了,但是坚持得不够,兴趣比较容易转移。这样有一个好处就是涉及面会广一点,但是缺点就是很难有更深的挖掘。所以,我觉得坚持很重要,坚持了成功的可能性才会大,否则只是勤于思考的话最多能够做到小有成就,或者有独到的见解,但是不会有太大的成功。

记:您的意思是指要对研究领域有一个全面的认识吗?

吕:如果是要配合以后的实际工作,那么涉及面就一定要广。但是,如果今后要从事研究工作的话,花一两年的时间做一个面上的了解,然后专注于一两个领域是比较好的。我现在对于商法的研究就主要专注于票据法和商法总则两个方面。其他方面我也有所了解,相关的学术活动我也参加,但是研究就谈不上了。

记:吕老师,您刚才讲的平衡是指什么呢?

吕:就是看问题的角度、研究问题的角度。比如说,对消费者权益保护法进行研究,我们都从消费者保护的角度出发,那么得出的结论可能就不那么客观了,也不一定有合理性。考虑问题应当综合地看。法律实际上是一种平衡的产物,是利益冲突妥协的产物。大部分的情况都是这样的,而不是一方压倒另一方。所以,我们研究问题要考虑多方面的因素。再比如研究物权法,你在考虑问题的时候总是从自己的专业出发,从自己擅长的领域出发,这样就容易走上一个不正确的道路。前段时间关于保证保险的争论就是这样引发的。实际上根本原因在于民法学者同商法学者看问题的角度不同。我的意思是,看待问题的角度要多样化,要平衡,这样得出的结论才会相对客观一些。司法实践中法官也要考虑这个问题。在制度的设计上更是应当注意,因为不同的人具有不同的利益。

(肖崇俊、马维佳)

杨春福
Yang Chunfu

　　1967 年 12 月生，江苏兴化人。现为南京大学法学院副院长兼法理学教研室主任，教授、博士生导师。1989 年毕业于扬州大学（原扬州师范学院），获法学学士学位；1992 年毕业于吉林大学，获法学硕士学位。1992 年 7 月至今，在南京大学法律系、法学院工作。1995 年 9 月至 1998 年 7 月，在南京大学哲学系学习，获哲学博士学位。2001 年 9 月至 2002 年 8 月，在韩国汉城国立大学法学院做访问学者并做法哲学博士后研究。2004 年入选教育部首届"新世纪优秀人才支持计划"。

　　主要论文有：《法理学范畴体系初探》，载《当代法学》1992 年第 4 期；《市场经济呼唤立法》，载《中国法学》1996 年第 1 期；《法治模式论》，载《法商研究》1997 年第 1 期；《论法律效力》，载《法律科学》1997 年第 1 期；《利益主体的多元化与公法观念之强化》，载《法学》1997 年第 3 期；《律师赔偿责任之认定》，载《法学杂志》1997 年第 3 期；《保障公民权利——中国法治化进程的价值取向》，载《中国法学》2002 年第 6 期；《韩国律师的义务及惩戒》，载《法学杂志》2003 年第 1 期；《韩国法治化进程中人权的法律保护及其启示》，载《法制与社会发展》2003 年第 6 期；《劳动权性质论》，载《南京社会科学》2004 年第 3 期。

　　看一个国家的法治建设，主要就看这个国家的司法状况，而不是看立法状况，立法再完善，得不到良好的实施，就不能说法治有多健全、有多完备。

记者(以下简称"记"):能否请您回忆一下求学的经历？可以从大学时代开始。

杨春福(以下简称"杨"):我是1985年9月进入大学的。高中是在老家的兴化板桥中学读的,高考时填报的是扬州师范学院的政治教育系(扬州大学法学院的前身)。我们这个系很重视法学教育,我记得有位高家佑老师,他一个人就给我们上了好几门法学课,有"法学概论"、"经济法"以及"刑事法"等课程。这位高老师是个老"右派",口才很好,擅长刑事辩护。

大学里的生活给我印象最深的就是我们当时在学校里搞了一些面向全校的法律咨询,摆几张桌子,挂一块布,还搞得像模像样的。

记:大学毕业后,您是应届考研?

杨:是的。1989年大学毕业后,我考取了吉林大学法理学专业的硕士研究生。1989年那年比较特殊,入学以后,教委就要求我们必须和工农相结合。于是我就去了三个月的工厂,去了三个月的农村。吉林大学那一届硕士研究生一共大概也就招了二十几个人,但应届生的人数还不到一半,在职的居多,大多是法检部门的。我们下去以后,和工人、农民同吃同住同劳动,先是到了长春机车厂——那是一家专门生产火车的工厂,我记得那时正是大冬天,地上结着厚厚的冰,我们每天骑着自行车去上班,当时和我同宿舍的姚建宗老师还不会骑车,就只能"吭哧吭哧"地步行。

1992年研究生毕业的时候,我们面临几个选择,一个是到国家机关,一个是到南京大学。我还是比较喜欢做老师,所以就来了南大。1992年7月份来南大法律系报到,一直工作到了现在,算起来也二十来年了。

1994年,我考取了中国社会科学院的博士,但当时院里没有放我走,所以就没去读。我们当时的系主任是范健,他是南大哲学系毕业的,所以他就推荐我去读南大哲学系。因此,第二年我就报了南大哲学系的博士研究生,研究方向是法哲学,博士论文的题目是《权利法理学研究》,对权利问题作了一番系统的研究,主要涉及了权利的历程、马克思权利法哲学的基本理论、权利本体论、权利价值论、权利运行论等方面。这篇论文不仅获得了南京大学的优秀博士论文,而且在省里也获得了哲学社会科学优秀成果的三等奖。1992年我在写硕士毕业论文的时候,题目就是《论人权的法律保护》,所以我一直对权利问题的理论研究关注比较多。

记:请您谈一下您的学术兴趣。

杨:我对权利问题一直很关注。对于权利理论的研究,原来是从宏观上讲的,要构建一个体系。后来慢慢具体到经济社会文化权利领域。这几年我承担了两个国家的社科项目,一个是《法治化进程中人权的司法保障》,另一个是《经济社会文化权利的法理学研究》,对经济社会文化权利作一个法理学层面上的分析,不去研究具体的制度,而去研究制度背后的东西,探讨设立制度的精神、理念和原则。我国是在 2001 年加入《经济、社会及文化权利国际公约》的,虽然至今已有十年时间,但在这方面的研究却仍然是比较滞后的。

我的学术兴趣除了权利问题外,还有司法制度,也陆续写了一些文章,比如 1995 年写过一篇《论司法、司法权、司法制度》。

就我个人的感觉而言,我认为目前的法理学教学存在着一些问题。主要表现为两种倾向,一种倾向是一些教师在讲授的时候过于抽象,这对刚入法学院大门的学生来说是一件很费劲的事情,理解起来比较困难;另一种倾向是讲得太浅,把法理学分成初阶、进阶,只是泛泛地在谈一些概念,却没有能够揭示法理学的精髓。所以,法理学的教学是有一定难度的,要既能上得去,又能下得来,而且要能注意与社会热点问题相结合,这个"度"不是那么容易把握。

法理学的教学,不仅是在传授法律知识,而且要培养法律方法,形成法律思维,树立法律信仰。所以,我一直给学生讲,我们最终的目的在于树立法律信仰。

另外,在人权法学的教学问题上,我发现很多学校都十分重视,比如我们南大早在 2005 年就已经开设了这门课程。在人权法学的科研和教学活动中,我有这样一个感觉,那就是越到高层越讲人权,越到基层越不讲人权。所以,有人就说,在北京开会时讲人权,大家都觉得很平常,但要是到了省市县讲人权,就会让人觉得有些怪异。因此,树立人权观念,普及人权知识,显得尤为重要。2004 年《宪法修正案》明确了国家保护公民的人权,但我国的人权建设却仍然需要进一步的推动,这需要我们大家共同努力。作为我们学者来说,一方面是呼吁,一方面是进行理论研究,使人权理论在说服、教育民众时更有依据。只有思想上认识清楚了,行动上才能坚定。

此外,我还关注我国司法制度的研究。这两年我承担了教育部的一个重大招标课题,主要是关于法治国家和司法权威方面的问题。看一个国家的法治建设,主要就看这个国家的司法状况,而不是看立法状况,立法再完善,得不到良好的实施,就不能说法治有多健全、有多完备。我对这个问题的兴趣是源于社会生活,因为司法作为保护公民权利的最后一道屏障,它的实施状况,对我们的整个社会生活都有着举足轻重的影响。

记:您对于学术前景有些怎样的看法呢?

杨:我们搞法学研究,还是首先要立足中国的现实国情,然后积极吸收国外的先进经验、资源,将这些舶来品本土化,为我所用。另外,法学研究要关注社会现实问题,比如由于中央提出了建设"环境友好型、资源节约型"社会的要求,因此,这几年环境法的地位有了很大提高,这与环境问题跟政治、社会生活有紧密联系有关。所以,我们搞学术研究的,一定要关注那些与国家、社会发展联系紧密的问题。最近一段时间学术界笼罩着一股悲观情绪,一些学者认为近些年我国的法治似乎有所倒退,但我想,通过我们不懈的努力,法治国家的愿景是一定会实现的。

记:请您谈谈对于学术规范的看法。

杨:学术规范,无论是老师还是学生都应当严格地执行,这是研究学问的一个基本态度。尤其我们是学法律的,对于规则,更应格外重视。引用他人的成果,必须注明出处,这是一个最基本的要求。

记:您对法学院学生有哪些寄语?

杨:作为法学院的学生,首要的是要有信心。这个信心包括两方面,一个方面是对我国的法治建设要有信心,走向法治这是一个大的趋势,任何人都改变不了的;另一个方面是对将来的就业要有信心,从功利的角度来说,法治国家势必需要大量的法律人才,所以法律人在不久的将来一定是有用武之地的。就我们南大法学院来说,整体的就业形势还是比较好的,没有受到大环境的太大影响。我们的学生,在择业的时候,眼界要开阔一些,不要只局限于大城市的公检法机关,其他企事业单位以及中小城市,有着广阔的天地。正如温总理所言,"信心比黄金更重要",所以,我希望我们的学生,对未来要充满信心。

（王海军）

康均心

Kang Junxin

1968年生，湖北仙桃人。1990年、1993年和1996年分别于武汉大学获得法学学士学位、法学硕士学位、法学博士学位。2002年任武汉市江汉区人民法院副院长、审委会委员；美国南伊利诺伊大学访问学者。现任武汉大学法学院副院长、教授、博士生导师。主要社会兼职包括：武汉大学人文社科重点研究基地刑事法研究中心副主任、湖北省法学会刑法研究会会长、中国犯罪学研究会常务理事、中国青少年犯罪研究会常务理事、中国犯罪学研究会犯罪社会学专业委员会秘书长、中国犯罪学研究会未成年人法制教育专业委员会副主任委员、荆洲市副市长等。

著作主要有：《渎职罪讲义通稿》《生命刑法原理》《法院改革研究》《理想与现实——中国死刑制度报告》等。学术论文主要包括：《未成年人故意伤害致人死亡能否适用缓刑》《虚假破产罪若干问题研究——以刑法与破产法的协调为视角》《论犯罪学研究成果的转化——兼论犯罪学的良性发展机制》《马克昌刑法学思想研究》《全球化进程与我国社区犯罪防控体系研究》《群体性事件：一个犯罪学应该关注的前沿问题》《罪过责任之思考——兼评严格责任之冲突》《恢复性司法的价值取向探析》《和谐语境下的刑事错案研究》《论我国少年司法制度的不足与完善》《我国未成年人犯罪刑罚执行制度研究——兼论社区矫正制度》等。

村里很多人上了大学，他们具有很强的示范作用和榜样作用，老师跟我们说要脱离这里，就必须努力学习考大学，唯一的出路就是上大学。

记者（以下简称"记"）：对于"文革"您有印象吗？"文革"对您产生什么影响了吗？

康均心（以下简称"康"）：我上小学前后的那一段时间，实际上是"文革"逐步走向结束的时期。对于"文革"，印象比较深的倒是有几点：一是陪着游街，我的父亲曾经受到过不公正的待遇，陪他一起被游过街。二是公社大食堂，每到吃饭的时候，父母就到食堂里去把饭打回来，只有饭，没有菜，家里再弄点咸菜一起吃，从来没有吃饱过。不过，大食堂很快就垮了，在我的印象中，这个时间很短暂。三是看样板戏，喊口号。那时候在小学放学之后，被要求在村里喊口号，主要是喊毛主席语录，比如最高指示之类的。四是经常被要求参加生产劳动，比如捡拾稻谷、麦子、棉花，还有插秧等。

记：对于您上学读书有没有影响？

康：那倒没有太大的影响。我的小学是在生产大队的小学里读的，中学是在乡（后改为镇）里的初中读的，高中是在县（后改为市）里读的。现在回头再来看，小学的教育对我影响是很大的，至今记忆深刻。我就读的小学是由生产大队设立的，就性质来讲，应属于集体所有制。她的名字叫康王乡南堤生产大队（后改为三伏潭镇南堤村），小学的名字就叫南堤小学。小学坐落在一座以前的教堂里，环境幽雅，周边是农田，校园围墙是由许多高大的乔木树和低矮的灌木围成的，校门口是很大一片由许多水塘连成的水面，每到夏天，塘里总是长满了荷叶，开满了白色、粉色的荷花。教堂以前的名字叫宝善堂，据说是英国人开办的，有一定的历史。所以，我的小学又叫宝善堂小学。由教堂改建的小学，虽几经变化，物是人非，但是具有很浓厚的学习传统和氛围，注重对人文的培养。上小学的时候，由于家境贫寒，条件很艰苦，家里离学校有十多华里的路程，每天很早起床，走路去上学。乡村里的路都是田埂小路，很不好走，尤其是碰到下雨下雪天就更难走了，那时连雨靴都没有。我的印象中买雨靴是要凭计划票的，即使有计划票，也不一定买得起，所以很艰苦。我和我的小学伙伴们在下雨天甚至下雪天光脚上学是经常的事，因为舍不得穿鞋子，怕把鞋子弄坏了。那时母亲亲手缝一双布鞋需要花很多精力和时间，弥足珍贵。

记：您读高中的时候应该全国恢复高考了，听到自己的师兄师姐都参加高考读大学了，有什么感想呢？

康：我的那个村庄（现在改为组）虽然很小，只有二十来户人家，但恢复高考以后却有很多人上了大学，他们具有很强的示范作用和榜样作用，老师跟我们说要脱离这里，就必须努力学习考大学，唯一的出路就是上大学。大家当时也没考虑清楚是不是一定要离开这里（农村），只是觉得有这样一个好的机会，也有人通过这样的方式去读大学了,那就努力学习吧。当时对上大学比较模糊,只知道有人要去读大学了,全村人都为他(她)高兴,接到录取通知书的时候,村里像过节一样,摆喜宴,唱花鼓戏(地方戏种,流传于湖北荆州地区的沔阳、天门、潜江等地)。也许是出于再给村里添点喜庆吧,大家都很努力学习。那时候全村人的高兴劲对我们也是一种鼓励,当时和我同年龄段的很多人都上了大学。但1995年以后读大学的就很少了,到以后基本上就没什么人愿意去读大学了,现在村里的很多年轻人都选择在外打工,或者经商办企业,能坚持读书的已经不多了,这可能和现在整个社会环境有关系。事实上,我们这些通过高考走出农村的人,对家乡的建设和发展所起的作用是非常有限的,每次我回家乡,并没有感觉到家乡有什么大的变化,依旧贫穷、落后,感觉不到家乡父老生活的尊严。曾经力图想为他们做点什么,但由于个体能力所限而作用甚微。每当想起上大学时,村里人那为你付出努力而高兴的坦荡,饱含憧憬和期望的执著,就觉得这不仅是一个游子的悲哀,更是一种社会的悲哀。

记:能跟我们讲讲您高考复习的过程吗?

康:我当时所在的一个班考上大学的很多,大概有百分之八十吧,除了老师和家长的督促,就是学校的学习环境好,学习气氛浓厚,大家学习的自觉性很高,学习的目的很明确。每天基本上是早上五点起床,晚上十二点休息。学校食堂七点开饭,八点上课,每天早上五点到七点,同学们都很自觉,不需要督促,都起来上早自习,在教室里看书,学校对此也很支持。学校食堂的伙食就是稀饭和咸菜,有些跟我一样家庭条件不好的,就从家里带上咸菜管上一个星期。零花钱一个月就一两块,主要买点牙膏和生活用品。当时,有个同学因为家里条件非常艰苦,营养跟不上,高考预考前身体彻底垮掉了,只好辍学,最后没能参加高考。这段时间不长的经历对我的影响很大,生活条件的艰辛使我们更加明确了自己学习的目的和方向,那就是必须上大学。现在的小孩的学习条件与我们二十五六年前相比,发生了很大的变化,特别是在城市里,变化可以说是天翻地覆。那时的教学设施非常缺乏,很简陋。但有一批老师让我终身难忘,他们既是严师,又是朋友,虽然他们当中的很多人曾被打成"右派",但他们那种淡定的生活态度、渊博的学识、执著的事业追求令人钦佩,深深影响着每一个学子。我的高中班主任又是我的历史老师,特别严肃又可敬的一老者,广东人,毕业于武汉大学历史系,"文革"中被打成"右派",留在湖北被分配到县城当中学老师,一辈子就扎根在一个小县城里。我的数学老师和地理老师是华中师范大学毕业的高材生,语文老师和外语老师皆是湖北大学的优秀毕业生,他们都是非常优秀的老师。他们不仅教给我们知识,还教我们怎么为人做事。我选择武汉大学也是受我这些老师的影响,特别是班主任,由于他是武汉大学毕业的,经常给我们讲他在大学里的所感所想,包括武汉大学悠久的历史、深厚的底蕴、古朴的建筑、优美的环境、良好的师资、丰富的图书、自由的氛围等。在 20 世纪 80 年代中期,由刘道玉校长领导的武汉大学是全国进行教育改革的试验地,其推行的很多改革措施在全国产生了很大反响,很多当时的改革举措到今天已经变成了一种常规化的教育制度。当时武大改革的举措和成果在报刊媒体上特别是《中国青年报》基本上每天都有报道。由于这些因素的影响,高考填志愿的时候就选择了武汉大学。

记:您能考入武汉大学,肯定高考的分数不低,那是什么原因让您选择了法律呢?

康:在恢复高考以后,我的家乡湖北仙桃(以前称沔阳)通过高考上大学读法律的人不少,现在从事法律工作的人很多,有在高校从事法学教育工作的,比如中国人民大学的王利明教授、清华大学的张明楷教授、北京师范大学的李希慧教授等,还有在实务部门从事司法、行政等工作的。总之,从事法律的人很多,有影响的法学人物也多,不胜枚举。有人戏称湖北仙桃不仅是"体操之乡",而且还是"法学教授之乡"。但我那时候在填报自愿时,对法律专业并没有很清晰的了解和认识,与经济、管理、新闻等专业相比,法律在当时也不是很热门的专业,当时可能是一种当下即得的冲动心理或一种从众心理,更有可能是家乡地域文化基因的作用。我有时候也在思考,为什么我的家乡会有这么多人愿意去读法律专业呢? 答案可能有很多种,但我觉得地域传统文化因素的影响不能忽视。

> 他们都通过自己的行动给我们深深的感染,学生和老师的关系很融洽,真正达到了亦师亦友的境界。

记:最后您进入了武汉大学的法律系学习,刚进大学的时候是什么感觉?

康:能够上大学是人生中一件令人激动的事情,尤其是在中国,事实上到今天也是如此,从恢复高考到现在并没有多大的改变。记得在美国做访问学者时,曾经有位美国的校长跟我说过这样一段话:人的一生中有几个重要时刻意义非同凡响:第一是出生时的第一声啼哭,告诉世界,我已来了;第二是迈进小学大门的第一步,告诉世界,我开始学习了;第三是参加大学的开学典礼,告诉世界,我要承担社会责任了;第四是大学毕业,告诉世界,我已获得服务社会的资格和能力了;第五是结婚生子,告诉世界,我在切实履行人类的义务;第六是葬礼,告诉世界,我走了。由此可见,上大学在国外不仅是人生的重要时刻,而且是意义非同凡响的一件事。所以,等到报到那天,凌晨四点多钟我就起床了,不仅仅是因为激动,更重要的是交通不便,路途遥远(现在有高速公路了,从家乡到学校只要不到两个小时的车程)。当站在简易的国道边候车,等啊等,终于等到了一辆过路的客车可以搭乘的时候,尽管没位可坐,但悬着的心总算可以放一下了。经过五六个小时的长途跋涉,汽车停在了武汉的汉口新华路汽车站,那是我第一次到武汉,一下车就看到了武汉大学新生迎接点,在所有迎新的大学中,武大最显眼,几辆解放牌卡车并排停在那,上面挂着武汉大学的横幅,一眼就能看到,心情那个激动啊,用现在的话说,找到组织了。当时从车站到学校都是用解放牌的卡车拉过去的,到了武大梅园的小操场(当时是泥巴地,不像现在铺了地砖),师兄师姐就用三轮车连人带行李把我们带到了桂园的寝室。当时虽是八人一间的高低床,但比咱们以前中学条件好多了,所以没有任何不适的地方,对学校条件比较满意。

武汉大学校园确实很美,但我觉得她的美不仅仅在于她的建筑、她的花草等,更重要的是在于她的规划,她把一片乱坟岗规划得井井有条,功能明晰,错落有致,恐怕今天也没有几个城市或地方能做到,你看看我们现在的很多城市规划,让人云里雾里,分不清东南西北,甚至可以用乱七八糟来形容。武汉大学以花草和树木为标志,将校园分为桂园、樱园、梅园、枫园四大区。桂园一共有八个宿舍,法学院的学生当时被分在桂园六舍,同一舍中住了三个系,有法学院、历史系、中文系,法学院住在一楼和二楼。

大家知道,20 世纪 80 年代是个充满激情和激荡的时代,传统与现代、保守与自由、落后与前卫等交集在一起。在大学校园里,尤其是在武汉大学这样一所视学术自由为生命的百年老校里,开各种先河的学术讲座、创时代新风的学术论坛等层出不穷,令我们这些刚入校的学子感受到了扑面而来的自由学术空气,开放、清新、甘醇。也许当时的我们还不具备辨别和判断的能力,但至少我们可以听到很多不同的声音,甚至是和他们进行面对面针锋相对的交流,当时的这种淡定的心态和包容的办学精神,越到现在越觉得珍贵。

有时候,现实总是以它的不经意展示着它的残酷,一个视学术自由为生命的大学转瞬间就拉开了反资产阶级自由化运动的序幕。作为序曲,那就是所有入学的新生进行为期近三个月的军训,我正好见证了历史走过的过程。那一年是国家首次在全国直属重点高校范围内进行军训试点,在整个南方只有两个试点高校,一个是武汉大学,一个是中山大学。入学的第二周就做思想动员及各种准备工作,四天之后就到了湖南的耒阳,开始了为期近三个月的军训。那里是一个充满神秘红土壤的丘陵地区。军训虽然艰苦,剃着光头,顶着烈日,扛着步枪,晒黑了脸庞,磨破了手肘,划破了脚底,但军训也给予了我们很多,有很多收获是不可能用现在的经验去体会和重新获得的。军训期间我们经常组织活动,进行体育交流,组织文艺会演,和官兵们打成一片。在生活中,有很多值得回忆的情趣往事,比如刚去的时候,女同学都很秀气,吃东西细嚼慢咽的,后来发现这样下去,每天只有饿肚子了,马上收起淑女形象,抓起馒头什么的就直接咬上了。为了生活方便和保持卫生,所有男同学一律剃了光头,女同学把头发都剪得短短的,由此而获得了"光头连"的称号。两个半月之后回到学校大家都变得黑黝黝胖乎乎的,在校园里,如果碰到又胖又黑的同学肯定就是新生了。

那时的法学院寄寓在一座很小的偏楼里办公,办公室主要是给教学行政、辅导人员使用。院长也好,教授也罢,基本上没有办公室,如果会见客人,或者有人来访,最常去的地方就是到小楼旁边的花坛边上的水泥围栏上坐坐。如果回到过去,像今天你们来采访我,也只能在外面花坛边上聊一下,那已经是很高的待遇了。

记:您能回忆下当时本科时读书的情形吗? 能跟我们讲讲求学的经历、那个时代的大学生吗?

康:那个时代的大学生有着强烈的社会责任感和时代使命感,充满了对过去、现在、未来的思考,探讨人生的价值、真谛是什么。虽然激情但很平和,虽然憧憬但很踏实,深深地烙上了那个时代的印记,没有现在这么从上到下的浮躁、急功近利。我很清楚地记得一些事情,讲出来让你们感受感受。

那时候正是改革开放的初期,国家对外来新生事物的引进还是有所限制的,大学校园文化主要是受港台文化的影响,唱的歌主要是港台歌曲,从开始台湾的刘文正的歌到齐秦的歌再到后来的张学友的歌等。穿着打扮也受港台的影响,从喇叭裤到紧身运动裤到紧身牛仔裤,从大鬓角到卷发,很是流行。印象最深的是,进校之后不久,就送到外地进行军训,我们坐闷罐火车过去,因为当时中越边境上还在小打小闹的,我们又穿着军装,老百姓误以为我们是上前线的。我们是吃完晚饭上车的,上了火车大家都很高兴,于是一起唱歌,唱的是那时候最流行的歌,像刘文正的《迟到》啊,还有张蔷翻唱的歌曲啊什么的,结果满车厢的都跟着唱了起来,街上的老百姓也跟着唱了起来,很多老百姓边看我们唱边说,这不像是当兵的,像是大学生。你看看,对大学生唱什么歌都熟悉,那个时候的大学生的身份特征非常明显,一眼就能辨别出来,现在你在大街上恐怕分不出谁是大学生了吧。

我觉得那个时候的学习氛围比现在浓厚,学生学习的积极性、主动性很强,必修课、选修课、指定选修课、任意选修课、实习等安排得井井有条,而且很少有挂科的,不像现在有些学生临到要毕业了,才知道必修课、选修课还有很多没修完,毕业所要求的学分不够,毕不了业。那时候的社团活动开展得也很丰富多彩,但很多都是与学术有关的主题。即使是娱乐活动,也仅仅是在食堂里办个舞会,跳个交谊舞什么的。各种体育活动也开展得丰富多彩。但凡有学术讲座的教室,基本上都是人满为患。不像现在很多学术讲座的教室里,稀稀拉拉坐着几个人。现在的学生,学校花人力物力开讲座,请他去听,结果他还不去。人文素质的提高是个长期综合培养和积累的过程,一方面我们在慨叹人文底蕴的缺失,另一方面我们的学生不愿去接受培养和积累,寄希望于快餐文化来提高人文素质,这是不可能完成的任务,现在确实有些学风日下的味道。

记:那时候上课可能和现在不同,可以跟我们说说上课的情形吗?

康:应该来说是有区别的,那时的老师和学生的关系很平等,走得很近。不仅是辅导员,连任课老师也经常到学生宿舍跟学生谈论问题,谈论的内容包括人生观、价值观、世界观和就业问题,专业学习方面谈的也很多。到了吃饭的时间,经常是老师和学生一起去食堂买了回到宿舍大家一起吃,边吃边谈。学生会还经常主动地把老师请到学生宿舍,密切学生与老师的关系,建立起良好的师生沟通渠道。不像现在有些老师,必须有学校的强制性行政安排,才会象征性地去学生宿舍走一走。我们现在有些学生会的成员每天精于计算、钩心斗角,混淆自己的角色,陷入导师的人际关系中,挑拨是非,丧失做人的基本道德要求,更谈不上为学了,这是中国教育的悲哀。

我觉得我是很幸运的,我的很多老师都是学校恢复重建法学专业受邀请回到武汉大学来的,为了重建法学,他们当中的很多人都放弃了自己原来比较好的工作,重新回来做教育工作的。这一点对我的影响非常深。

讲授刑法的喻伟教授,原来在一地区中级法院工作,虽已位至法院领导,但在接到邀请之后,秉承对武汉大学的一份执著情感,义无反顾地放弃原来的工作,重新回到武大从事法学教育事业,一家人蜗居在十来平米的房间里无怨无悔。喻老师上课的时候给我印象很深的是,穿着很旧但很整洁的衣服,讲课充满激情,用大量案例讲授,由浅入深,理论与实践相结合,加深了我们对法学的了解,让我们觉得法学离生活很贴近。

讲授刑事诉讼法的杨连峰老师,在来到武大之前当时已经是湖南一地区法院的副院长,但他毅然放弃原来的职位,走上简朴的讲台,一身正气,直到退休仍然是一位副教授,却从无怨言。那时他一个人住在一个狭小的单人间里,每次讲完课之后,他的后面总是跟着一群到他家蹭饭的学生,回到家里,他都乐呵呵地亲自做饭给学生吃。

讲授公司法的王峻岩老师也给我留下了很深的印象。他是一位风度翩翩的学者,极富感染力地把一门枯燥的公司法讲解得生动、活泼。

讲授国际法的梁西教授,知识渊博,为人谦和,兢兢业业,爱生如子,堪称师德楷模。

还有很多好老师,我就不一一介绍了。我的这些老师们,真正做到了身正为范,德高为师。他们都通过自己的行动给我们深深的感染,我觉得这个专业是选对了。当时招生规模不大,学生和老师的关系很融洽,真正达到了亦师亦友的境界。

现在的师生关系已发生变化了,很少见到像前面所说的那种水乳交融的状态了。当然,那时候老师们因为没有房子住,都和学生们住在一起,客观上有利于增进相互之间的了解,形成良好和谐融洽的氛围。

虽然以前教学设施很简陋,但老师们严谨认真,一丝不苟。讲授法制史的王应暄教授学富五车,其时已是高龄,却为人低调,课讲得条理清楚,板书认真,为我们一笔一画用钢板刻教材,字写得非常漂亮,我们很尊敬他。如果当时有现在这么好的条件,他可能发挥的作用会更大。我们现在大学的教学设施条件确实改善了很多,但现在有的老师却在课堂上用这些先进的教学设施给学生放个电影什么的应付了事,对比王老师,不汗颜吗?学生们交昂贵的学费坐在这里看电影,还不如去电影院看,至少在电影院里不仅价格便宜,而且音响效果好。

记:在这些老师中,您能给我们讲讲有哪位老师对您产生过很深的影响吗?

康:当时讲授刑法的马克昌老师虽然贵为法学院的院长、教授、博导,但仍然亲临教学第一线。我记得有一次下大雨,他步行来上课,上身穿着灰白的衬衣,虽然旧,但很整洁,下身穿着蓝灰色的长裤,脚穿雨鞋,裤腿还是卷起来的,拎着一个黑色的已经很旧的皮包,虽然打着一把伞,但身上还是被雨水打湿了。他不折不扣地讲完两节课,下课后还和学生在走廊里边走边聊天,全然不顾淋湿的衣服。那时候的马老师已近六十,他既要教学,又要科研,还要主持行政工作,事务繁杂,很是辛苦。我记得当时首届全国最高人民法院和最高人民检察院的培训班都放在武大,马老师还亲自为这个培训班授课,一丝不苟,亲力亲为,敬业乐群,令我们非常感动。先生的一言一行是我学习的楷模,也是鞭策我前进的动力。

记:您刚刚回忆了对您影响很大的老师,有没有什么同学让您记忆深刻或是您比较佩服的?

康：由于受 1989 年政治风波的影响,我同学当中的很多人后来并没有从事法律工作,虽然一部分人没有在司法部门工作,但这并不影响他们成为一个成功者。现在工作在司法实务部门的,有的已成为最高司法机关的领导,活跃在司法实务第一线,成为公认的司法实务专家。在党政系统工作的,有的已经成为地级市的市长、副书记。下海经商的,有的已成为成功的商人,甚至是商界某一领域的翘楚。在教学科研部门工作的,有的已成为某一学科的带头人了。大家都已年过四十,正值壮年,是大展宏图的时候了。

> 我们承包了湖北电台的一个法治节目中法律信箱的回复信件的工作,一封信虽然只有一分钱,但我们感觉能够学以致用,通过运用法律可以自食其力,很有成就感。

记：在读大学期间,除了学习,您平时有什么课余活动吗？

康：平时的课余活动还是很丰富的,举办讲座,开展体育运动、组织跳舞。那时候每个周末,学生会或班级都会组织在食堂里跳交谊舞,说是跳舞,实际上是学习跳舞。当时只有极少数的同学会跳舞,大部分是女同学教男同学,教会基本步法后,女同学就要男同学自己练习,练会了,就邀请女同学去跳。为了鼓励大家学跳舞,学会跳舞,班级还督促同学在舞会散场后回寝室抱着凳子练习。当时很多活动都是由法学院承办,法学院渐成领头羊,所以,法学院备受其他专业学生的羡慕。这更加深了我们对自己专业的认同。

印象最深的是勤工俭学。因为当时国家推行助学贷款,取消了奖学金,为了赚点生活补贴,更主要是为锻炼自己,我们承包了湖北电台的一个法治节目中法律信箱的回复信件的工作,一封信虽然只有一分钱,但最后总能有几块钱的收入。特别是我们感觉能够学以致用,通过运用法律可以自食其力,很有成就感。现在回过头来看,那时候虽然都赶上了试点,感觉是试验品,如军训试点、学分制试点、助学贷款试点、研究生考试的试点(研究生考试要先经过学校推荐,再通过学校选拔考试后才能参加全国统考)等等,这些都试验到了我们身上,但现在想想还是很幸运的,有机会经历改革的过程,不是所有人都有这样运气的。

记：这么多活动,有一些令您印象很深的讲座吗？

康：我在前面曾经说过,80 年代是个充满激情和激荡的时代,是传统与现代、保守与自由、落后与前卫等交集在一起的一个多元化的时代。所以,学校的学术讲座很多元化,经历了一个从 1986 年到 1990 年的变化。其中有个阶段性,那就是在 1989 年 5 月份之前,各种讲座很多,好像北岛也来讲过一次。还有很多大师级的讲座,讲的多是有关政治体制改革的问题、全球化先进的科学成果及面临的新问题、关于艾滋病的问题、关于西方哲学的问题、关于文学批判的问题、关于诗歌审美的问题、关于新闻自由的问题、关于产研学的问题等,相反关于法律问题却讲的很少。

我印象比较深的,是关于中西美学比较的系列讲座,由著名的美学大师刘纲纪先生主讲。刘先生与李泽厚先生同为中国美学界的领军人物,刘先生在讲座中涉及的劳动产生美、距离产生美、模糊产生美等,我至今还有印象。另外,还有方汉奇先生关于新闻的系列讲座。这些都反映出一种综合性院校的自由的学术氛围,感觉到人文底蕴的深厚。法学是个综合学科,包括很多其他学科方面的东西,比如政治、哲学方面的,多听些这样的讲座对于学习法学是很有帮助的。

记:我们了解到本科毕业之后,您没有选择工作而是继续读书了,是基于什么考虑呢?

康:1989 年之后,就业出现了危机,特别是法学和政治学专业就业受到很大限制。当时是计划分配的,学院掌管分配的老师掌握着学生的命运,虽然在分配的过程中出现了一些腐败现象,但大多数学生还是没有选择余地的,只能听任其摆布,基本上是回原籍工作。也有同学想自己出去找工作,但结果都不理想。这一届的毕业生大部分就回到原籍了,有很多毕业生的工作很糟糕。当时北师大有一个学心理学的毕业生,被分配回原籍所在地的砖瓦厂烧砖去了,我们都知道北师大的心理学是很强的,但是让一个学心理学的人去做和他专业毫无关系的工作,实在是让人无法释怀。在当时那种情况下,很多学校早已停课放学了,很多工作也停下来了,能否同意毕业生考研,一直没有明确的答复,到了快要毕业离校的时候才说可以考研,但首先要进行审查,通过审查后再参加学校的法学综合考试,综合考试考完之后,加上平时成绩,再根据成绩决定是否可以参加全国考试。我们当时不考政治,考了十几门专业课,也没有确定的专业方向,考完了还是不知所措。

> 马老师在逆境中坚持下来,做自己感兴趣的事,体现出了强大的意志力。他对法学的情结,一份执著的真感情,深深地感染了我。

记:当时又是怎么选择了刑法方向呢?

康:我当时选择刑法是因为以马克昌老师为核心的刑法学科团队的影响,

在日常的刑法学科的学习交往中有很多感受。马老师从河南考到武大,毕业后留校又被打成"右派",被下放到乡下烧饭喂猪。后来又回到学校,在图书馆工作,潜心研究图书信息管理方面的工作,马老师在逆境中坚持下来,做自己感兴趣的事,体现出了强大的意志力。他对法学的情结,一份执著的真感情,深深地感染了我。1979年恢复法学教育的时候,他已经五十多岁了,本可以不干这些事情,但基于自身对法学的情感,他想把法学教育延续下来,为中国法学事业做

在港讲学

点贡献,便立即投入工作。武大刑法学科团队在当时的刑法学界的影响力也是令人瞩目的。武大刑法学科的王应暄老师、喻伟老师、刘银昌老师、廖采俊老师、赵廷光老师、莫洪宪老师等,他们在课堂上把简单的刑法条文变成博大精深的理论,他们平时的言传身教,对我选择刑法有很大的影响。刑法有独特的地方,和其他部门法的不同之处在于,在研究人的问题上,一方面怎么样让人获得自由,另一方面又如何去限制人的自由;一方面怎样保护人们所获得的财产,另一方面又如何去限制和剥夺他的财产。怎么样在这其中找到一个平衡,可能是其他部门法所不具备的,这种平衡的选择,确实具有极大的诱惑力,所以我就选择了刑法。

记:马老师是您博士研究生的导师吗?

康:武大的刑法学博士点是国内第一批刑法学博士点,当时只有马老师一个博士生导师。我当时报考的是马老师的,录取入学之后马老师带了我一段时间,正好第二学期时喻老师的也批下来了,这样我就由喻老师来带。所以,我非常幸运,我有幸得到两个博士生导师的指导。

记:两位老师在学术上给了您什么样的指导,带给您什么样的影响?

康:马老师教我怎么样去做学问的方法,喻老师教我怎样把学到的东西和实践结合起来,怎么样去解决实务问题。我到现在都认为,作为一个法学院的学生要解决几个基本问题,第一就是方法论的问题,这不是简单地把书本的知识吃透,而是在掌握基本知识的情况下,通过一定的方法融会贯通,将我们学到的东西用以解决实践问题,再反过来把实践问题抽象归纳总结成理论问题。第

二,一个法学院的学生如果不关注实践、贴近实践,那么他学的东西就没法体现其生命力,体现不出法的实践理性。第三,在研究方法的运用上,我觉得问卷调查方法、归纳方法、访谈方法都是很好的方法,应该提高到很高的地位来把握。我现在研究的国家课题就是运用了这些方法。我的课题是"中国金融安全的刑事法律保护问题",这个问题单纯在刑法书本中是找不到的,而生活实践中处处皆是,刑法中是有一些,但是单靠刑法是解决不了的,必须通过其他法律和法律以外的其他方面来解决。还有我承担的国家的另外一个课题,即"体育竞技冲突的刑事解决机制问题",它更不是能通过一个部门法来解决的问题,它具有强烈的学科交叉性。我们经常讲大陆法和英美法、程序法和实体法的交叉和融合,实际上部门法之间的交叉融合问题,以及法学与法学以外的其他学科之间的交叉和融合问题,是一种非常普遍的现象,都值得法学研究者去关注。所以,我的研究视角,既要立足于刑法,又要超越刑法,既要立足于理论,又要超越理论,这是我从两位导师那里获得的最大受益和教诲。

> 我们到底要建设什么样的法治社会? 是完全西方化的,完全东方化的,还是中国特色的法治社会? 我们要走适合于中国社会的法治道路。

记:说到刑法和其他部门法的问题,在现在的中国立法中,刑法属于比较完善的部门法,您怎样看待我国的刑法发展现状,和发达国家的差距又在哪里?

康:大家都有这样的共识,相比其他部门法和法学二级学科,我们国家的刑法立法和刑法学科的发展的确很完善。我想主要有几个原因:第一,就是历史的原因,中国传统法律一直是民刑不分,而且以刑为主,导致一直很关注刑事立法。从早期的《吕刑》开始,到完备的成文刑法典唐律,历经宋律、元刑统、明律,到晚清的《大清刑律草案》,到1935年《中华民国刑法》,到1979年的《刑法》,最后到1997年修订后的《刑法》,传承久远,至臻完善。第二,就是从中国共产党领导的政权看,从江西苏区到贵州遵义,到延安根据地,最后到北平,不管哪个时期,都一直注重刑事立法。尤其是到了延安以后,特别注重借鉴苏联的刑事法律制度。基于这样的原因,中国共产党取得政权以后,刑法作为安邦定国的首要考虑,其理所当然地成为法制建设中至关重要的法律。第三,新中国成立以后,一批学界的前辈非常重视刑法,他们翻译引进、著书立说、口传身教,奔走呼号,极大地推动了理论研究的发展。在这种状况的影响下,党和国家提出制定相关的法律,随即形成两个条例,即《惩治反革命条例》和《惩治贪污条例》，在此基础上就开始做研究和起草刑法的工作。国家也很重视刑法立法，从最早提出起草，到最后草案成形，前后33稿，经过长时间的反复讨论修改，非常细致，使得刑法立法很完备。这离不开学界的前辈们的辛勤的工作，不像其他的部门法，立法时间非常短暂。第四，一直以来，在法律意识的培养上面，重刑轻民。当然，这种观点现在有所改变，刑法的功能也不再是纯粹的打击和惩治，还有保障和保护的问题。党的十一届三中全会以后，我们一直着手把刑法的功能调整过来，是保障、是保护、是规制、是惩治、是预防，刑法要为经济社会的发展服务。在此之前，人们总是认为刑法的功能就是惩罚就是打击，这样把刑法的地位无限制地拔高了。改革开放之后的很长一段时间里面，很多人不知道宪法，却很了解刑法，刑法变成了小宪法，这也导致了刑网的繁密。我想，应该是这几个原因导致了刑法发展的完善。

说到差别，要从几个方面来看，我刚刚说到的刑法完善的原因中，其中有个很重要的原因就是历史的传承。到了晚清，沈家本在负责进行清末法律改革的时候，特别是在制定《大清刑律草案》时，是请了位日本的法学博士来主刀的。大家都知道，日本在二战前是模仿德国，二战之后是学美国。正因为有这样一个历史原因，所以，我认为，我国现行《刑法》虽然在政治制度、经济制度、文化制度上体现了很多我们的特色，但不能割断历史，它和历史的传承性不容忽视，尤其是和晚清后的立法。实际上，只要我们把晚清后的有关立法条文拿出来比照一下，研究一下，就会发现，有些具体条文的设计，一开始就已经和国际接轨，差距不是很大，我说的主要是指与大陆法系的关系，当然和英美法系还是有区别的。

另一个要说的差距就是我们修法太频繁。我们现行的《刑法》从1979年颁布到现在修改是非常频繁的，1982年、1983年以后改得更频繁，除了反革命罪名没怎么改过以外，分则的其他罪名基本上都已经改到了，有的不知道改了多少遍了，像走私、偷税、贪污、受贿等等修改得很多。是什么原因导致了这样的状况？为什么西方的法律那么稳定？我觉得这个问题要归结于我们的社会发展太快。改革开放以后，我们社会的生产力和生产关系发生了巨大的变化，推动了包括法律在内的上层建筑的变化，我们用改革开放的三十年走完了美国用两百多年、欧洲用更长的时间走过的路，我们的制度要不断地适应社会发展的状态，修改频繁不是我们的思想出了问题，也不是其他领域的原因，而是社会生产力和生产关系的巨大变化导致的。值得注意的是，在《刑法》的修改过程中出现了两种倾向，一方面是慢慢和西方吻合，顺应西方发展的潮流，达到基本接轨；另一方面是完全抛弃西方，寻求纯粹的中国特色的东西。1997年以后已经有了八个修正案。在一个法治社会里,频繁地修法是不正常的,现在的状况实属无奈之举。我个人认为,现在立法的指导思想是在寻找一条中国特色的刑事立法之路。一方面,如果仅按西方的那条路走下去,会不会有问题呢?我想,从法治现代化的角度来讲,也不会有什么大的问题,别人走了几百年,走得好好的,并没有出什么大问题。但是,这样会越来越西方化,会完全脱离中国的实际,这在中国现行的政治体制框架下是行不通的。另一方面,如果一味强调走中国特色的道路,完全不考虑西方的状况,这也是行不通的。因为人类社会很多普适性的东西,你必须要规定在制度里面,用法律把它固定下来,这不是你一个人、一个国家的问题,是全人类的事情,是你必须要做的事情。在世界经济一体化的背景下,法律的趋同化是必然的趋势,现在世界上没有哪个国家敢宣称我离开了世界经济圈可以独立存在下去,如果故步自封,回到小国寡民状态,只能是自取灭亡。所以,走极端是危险的。现在就是要将上述两个方面结合起来,把结合起来的东西固定下来,就是中国特色的法治之路。现在从刑法修正案看,实际上是两者的结合。我们到底要建设什么样的法治社会?完全西方化的,完全东方化的,还是中国特色的法治社会?我们要走适合于中国社会的法治道路。我们的刑法和西方还是有差距的,特别是和英美法系的差别很大。现在有种现象值得引起我们重视,那就是我们在立法上强调走大陆法系的路,但司法实践中又一味走英美法系的路。这尤其值得刑法理论界反思。

> 法学家应当关注社会,运用专业知识对社会的发展作出调适,引导社会向正确的道路发展,不是像记者一样去报道,去博眼球,获得点击率。

记:确实刑法已经成为现代社会不可或缺非常重要的法律,2009 年发生了很多社会热点事件,作为一位刑法研究专家,您认为在这其中应当发挥什么样的作用?

康:2009 年确实发生了很多事情,很多还和我有关系。比如发生在湖北巴东的邓玉娇案件、湖北石首事件等。邓玉娇案件审结以后,网上很多人质疑我,还质疑马克昌老师、卢建平老师、齐文远老师、梅传强老师等,给我们扣了一个大帽子,管我们叫御用法学家。我在想,法律本身就是追求公平正义的,作为一个法学家,根本不存在御用问题、被谁御用的问题,非要说我被御用了,那就是被法律御用了,被公平正义御用了。法学家应当关注社会,推动社会发展,法律是对社会不断进行修正的调整器,法学家应该掌控好这个调整器。

现在有些由社会热点事件引发的问题值得法学界重视：第一，网络舆情强制出位取代法律的问题。在一个倡导法治的社会里，社会上一旦出现了某件事件，就必然会和法律产生关系，这本来是很正常的事情，但这个时候往往就会出现网络舆论代替法律，媒体审判代替法院审判的畸形现象。还有一点，就是我们的党委和政府好像特别害怕网络，甚至到了"谈网色变"的境地，动不动就采取封、堵、关、停等手段，这在某种程度上进一步激发了网络舆论的发泄心理和不满情绪。在这个时候，作为一个法学家，更应该保持清醒的头脑和敏锐的观察力，用中立的视角去进行审慎的评判。特别要明确，网民不等于人民，舆情不等于民情，事件不等于案件，评判不等于审判。

第二，作为一个法学家，对一个社会事件，从法律角度去判断时，一定要坚持实事求是，坚持客观真实性。法学家不是新闻记者，一有事情就凑上去报道，而是应该在全面了解事情的真相之后，再依据自己的专业知识作出评判。现在很多法学家变成了新闻记者，一旦有风吹草动就跑过去了，甚至比记者跑得还快，去博眼球，我觉得这个很糟糕。

第三，一个案件的司法裁判结果可能会与社会对这个事件的预期结果产生悬殊和差距，这是再正常不过的事情。媒体和其他的声音都只是代表一方面的声音，如果我们用司法裁判以外的一方面的声音来代替法院的裁判，这本身就是违背法治精神的，本身就是对法律的践踏，是以所谓的正义之名亵渎正义。作为一个法学家，应该是在听取各种不同声音的基础上，再结合法院的裁判，作出独立判断。一个法学家在法院没有审判前去评判某件案件，所有意见都不是结论性的，都只是推测、分析，不具有终局意义。就邓玉娇案件而言，以我的专业角度来说，处理结果不太理想，我觉得法院最终的判决结果在量刑问题上，虽然没有违法，但不符合量刑均衡的要求，判缓刑可以，判免除就过头了。我们倡导要追求人际关系的和谐、社会的和谐，是一种心灵的和睦相处，是对生命的敬畏，不能一出现纠纷动辄拿刀捅死他人，这不是我们社会所要追求的。如果司法不作出正确的导向，人们会以此作为标杆，容易产生负面效应。南京彭宇案，法院判决见义勇为者承担赔偿责任，其负面效应早已经在社会上扩散开来了，现在没有人轻易敢去搀扶一个倒地的老者，否则，自己就变成了加害人。这是在给我们司法敲警钟。我觉得法学家应当关注社会，运用专业知识对社会的发展作出调适，引导社会向正确的道路发展，不是像记者一样去报道，去博眼球，获得点击率。

记：现在学界出现了很多浮躁的现象，有很多老师也在说现在的学生学风不太正，太浮躁，急功近利，您怎么看这个问题呢？应该如何改善现状？

康：这不是学生的问题，不是学校的问题，也不是教育的问题，这是一个社会问题。现在整个社会都处于一种急功近利的浮躁之中。不知道为什么？现在社会上的人都希望在短时间内发展到极致，这是对人和社会的摧残，就像竞技体育一样，不是为了促进人的身体健康，而是为了挑战人的生理极限，最终使人变成残废。社会的这种浮躁之风影响到校园里面，也是很正常的。现在社会上有一种风气，动不动就指责教育，指责大学，指责教师，希望高校成为一块不食人间烟火的净土。试想一想，一个脱离了社会的教育会是一个怎么样的教育？一个脱离社会的大学会培养出

什么样的学生？一个脱离社会的教师会是一位合格的教师吗？大学不能脱离实际，尤其是法学教育，更不能脱离实际。浮躁的根源还在于社会。现在的浮躁之气，可能与我们无法预知未来、害怕失去有关系，新中国成立以来我们从没有碰到过这么好的发展时机，大家都不愿失去这个机会，都拼命要抓住这个机会，所以形成了人们的急功近利而变得浮躁不安。在大学里，这种浮躁之风很严重。从党务到行政，从教学到科研，从老师到学生，都存在这个问题。就像我前面提到的有些学生，其功利主义至上的思想可以说体现得淋漓尽致，哪怕是蝇头小利，也会使出浑身解数，甚至丧失人格。当然，像这样的学生毕竟是少数，但问题是这些少数的"害群之马"一旦通过不为人齿的手段成了学生干部、学生标兵等，他确实会影响一大片。我们法学界现在最怕的就是那些没有道德的人才，如果这些人去从事司法实务，那将是一场灾难。我觉得，作为学生来讲，人生的路还很长，每一个阶段都有自己应该做好的分内的事情，评价成功的标准也不是唯一的，应该保持淡定的生活态度，走好人生的每一步。

> 理论部门放下架子走到实务部门去看看，实务部门把自己碰到的问题，即使是很小的问题，提出来让理论部门进行解释和解答，促进良性的互动，构建对话平台，促进理论对实践的指导，实践对理论的推动，把理论成果转换成决策用于指导实践。

记:除了学术方面的建树,您还曾经是位法官,能否给我们讲讲您作为一名法官的感受和经历,和做学问有什么不同的地方?

康:法院工作的经历令我感触很多。第一,要把书本知识变成活生生的理论,必须走出课堂。印在书本上的叫知识,不叫理论,理论是鲜活的,只有赋予知识活力的时候,那知识就变成了理论。我们在课堂上教的很多的书本知识到了实践中变得苍白无力,看不出一点活力,当然它就不能称其为理论(即使要称为理论,那也是过时的理论)。我们有些书本知识都是别人弃之不用的几百年前的东西了,而我们却当成宝贝捡回来,而且大书特书,这是研究动机存在问题。我们要考虑的是,为什么别人要抛弃?原来是因为不能解决现实问题了。既然如此,那么,它一样在我们这里也不能解决现实问题。所以,法学教育应该贴近现实,法律的根本是为了解决社会冲突,不是为了使谁受到惩罚,剥夺谁的财产,法律的生命在于其实践理性,法律虽不是解决冲突的最好的方法,但它是最后的方法。如果我们教学生的东西,到了实践部门不能解决社会冲突,那么我们教的知识是没有价值的。我跟我的很多学生说,不要沉溺于自我陶醉式的死记硬背,书背得多,背得熟了就变成很好的法官和检察官?法官是实践经验的产物。

康均心

第二,现行的法学教育不太注重实践教学,要注重法学教育的建设。我记得在华东政法大学首届法学名家论坛上,我做过一个发言:除了批评,我们还应该做些什么?我提出不要老是批评法学教育,法学教育没有好不好的问题,只有合不合适的问题,什么是合适呢?那就是合适解决社会冲突。所以,应该多去想想怎么建设它,帮它改进。但是,在现行的法学教育中,仍然存在着一种倾向:根本不听实践部门的意见。我刚去法院工作的时候虽离现在已经有近十年了,但当时有个很强的感受,就是在法律共同体里面,占据和拥有话语权的是学界,而且学界总是认为实务都是小儿科的问题,不值得去关注,对实务部门不屑一顾,根本听不进实务部门的意见,但很多小儿科的实践问题学界又解决不了,所以就导致了实务部门对法学研究领域存在极大的反感和潜在的抵抗心理。而我从讲台到审判台,可以很好地架起一个沟通的桥梁,促进学界与实务界进行对话和沟通,形成交流平台。理论部门放下架子走到实务部门去看看,实务部门把自己碰到的问题,即使是很小的问题,提出来让理论部门进行解释和解答,促进良性互动,构建对话平台,促进理论对实践的指导,实践对理论的推动,把理论成果转换成决策用于指导实践。在法院工作期间,我特别注重对每项工作进行调查研究,把对工作的思考记录下来,最后形成了《法院改革研究》一书,很多同行包括香港和台湾地区的碰到我,都认为该书写得非常贴近实践,是一本改革教科书。

第三,在法院的工作,可以说是双向互动的,它可以把研究成果变成决策力,又通过决策充实和推动实践,改变了理论不屑于实践的自高自大,闭门造车的局面。法学是个人学,就是研究人的问题,解决人的内心冲动与自我控制的平衡点问题。人都有欲望,欲望是推动社会发展的基本力量,而法律是对欲望的控制,我发现刑法在这个问题上体现的尤为明显。在课堂上,我会提出很多让大家思考的问题,上节课提出的问题,下节课就进行讨论了。所以,学生很喜欢上我的课,有时候教室走道里也坐满了人,我是院里最受欢迎的老师之一。前段时间我收到一张贺卡,是我的一个在法院工作的学生寄给我的,她跟我说现在感觉到了注重实践的重要性了,当时在课堂上没觉得,一旦走出学校,进入实务部门工作感觉特别明显。

记:我们谈了您的学术和实务两个方面的经历,目前为止,在您的专业领域有您认为自己最为满意的部分吗?

康:我想现在还没有到总结的时候,应该继续努力奋斗。一路走来,感触很多。我最幸福的时候就是站在讲台上的时候,可以全身心地和学生没有任何障碍地交流专业。

记:能不能谈谈您下一步的研究的兴趣点、未来的发展计划和空间?

康:刑法作为对规范的研究,不能脱离规范,但沉湎于规范,又会故步自封。现在的刑法理论研究成果已经很多,要取得更大进步,必须从两个方面着手:第一是跳出刑法看刑法。现在对刑法的评价还是满足于小学科、小同行的评价,如果放在大的学科视野里评价,有可能评价会出乎所料。我们应该走出刑法、跳出刑法看刑法,形成新的思路。现在很多国家课题,不是靠纯粹的刑法学科能解决得了的,需要借助于其他交叉学科的力量,既要依靠刑法又要高于刑法地看问题。

第二是现在刑法规范在设计上越来越精细化,这到底是不是我们应该走的路,很值得研究。我们把刑期设计得异常精确,完全量化的目的是什么?我们是要把法律变成机械,还是要把法官变成机器?今后刑法应该怎么走?这是在刑法中研究刑法应该考虑的问题。

记:最后请您给我们这些年轻的法科学子提点寄语或希望吧?

康:以后你们是社会法治现代化的中坚力量。第一,要认真学习专业知识,注重书本知识和社会实践的结合,夯实基础。第二,要学会了解、善于处理人际关系。法学是解决社会冲突的科学,冲突皆因人际关系而产生,法学就是研究如何与人、与社会打交道的。如果一个法科学者没有正确地学会了解、处理人际关系的原则和方法,那么,他依照法律处理社会冲突的时候,也只会是机械照搬。第三,每做一件事,都要记得自己是一个法律人,学会从法的角度去思考问题,真正把自己培养成一个有法律意识、规范意识,具有独立人格、社会责任感,能做出真正贡献的人。总之,法科学子应该是专业基础扎实,具有良好的处理社会和人际关系的健康的理性人。

(罗　健)

周光权
Zhou Guangquan

1968 年 1 月生,重庆人。1992 年毕业于四川大学法律系,1999 年毕业于中国人民大学法学院,获法学博士学位。现为清华大学法学院副院长,教授、博士生导师,兼任中国法学会刑法学研究会副秘书长、北京师范大学刑事法律科学研究院兼职研究员、山东大学刑事司法与刑事政策研究中心客座研究员。主要研究领域为中国刑法学、刑法思想体系等。

主要科研成果:《刑法学的现代展开》(与陈兴良教授合著,中国人民大学出版社 2006 年版)、《刑法学的向度》(中国政法大学出版社 2004 年版)、《法治视野中的刑法客观主义》(清华大学出版社 2002 年版)、《刑法诸问题的新表述》(中国法制出版社 2001 年版)、《注意义务研究》(中国政法大学出版社 1998 年版)等个人专著五部;参编刑法学著作十余部;在《中国社会科学》《中国法学》《法学研究》等国内外刊物上发表论文八十余篇。2002 年获第七届北京市哲学社会科学优秀成果二等奖;2003 年获第三届"胡绳青年学术奖";2004 年获清华大学"学术新人奖";2005 年获第一届中国青年法律学术奖(法鼎奖)银奖;2006 年获清华大学第九届研究生良师益友评选活动"优秀导师"称号、司法部优秀法学科研成果二等奖。

一种理想的研究状态首先是形成精密的刑法思维,刑法学者们站在一个基本的立场上进行对话。其次,要结合中国司法的实际状况,将理论和实务进行良性的互动,相互理解、相互沟通。最后,刑法学研究要摆脱意识形态的束缚。

记者(以下简称"记"):请问您对"文革"是否还有印象?

周光权(以下简称"周"):我出生在 1968 年,到我懂事的时候,"文革"已经结束了。不过,让我印象深刻的是毛主席去世的时候,全国人民都穿着藏青色的衣服,戴着黑纱,大家都很痛苦,我的小学老师还一直痛哭流涕,《人民日报》上刊登毛主席追悼会的情形。

记:那您在高考的时候填报的是法律专业吗?

周:那时的法律专业远不像现在这么热门,当时我的第一专业是新闻,第二专业是图书情报。我的本科在四川大学就读,四川大学很早就设立了图书情报专业,因为是新兴的专业的缘故,所以比法律热门。第三专业才是法律,有趣的是我最后是被第三志愿录取的。

记:那您何时对法律专业产生兴趣的?

周:进大学学习之后我就对法律产生了浓厚的兴趣,尤其是在上了法理学的课程之后就感觉这个专业很有意思。

记:您对大学的印象是怎样的?

周:我在 1988 年入学。以前大学的条件和现今相比可谓是"天壤之别"。那时老师不可能有自己的办公室,法律系的行政领导的办公室也是在很偏远的地方,条件很差,现在全国的法学院条件都非常好。

记:那时四川大学法学有哪些老师?

周:四川大学当时法学的整体师资力量并不是很强,但是四川大学的刑法专业很强。后来我考研选择刑法专业是与在大学期间受到了良好的刑法教育密不可分的。当时我们那儿有位非常有名的伍柳村教授,他受过民国时期法学的系统教育,同时对日本的刑法有很深刻的了解,所以他的许多刑法观点非常新颖,对我们学生的影响非常大。当时四川大学刑法学的师资力量能够在全国高校中排前五名。伍老师讲课的水平非常高,理论条理清晰,人品也很好。毕业后我还一直和伍老师保持联系。

记:大学期间哪些同学给您留下了深刻的印象?

周:80 年代同学之间的关系可以说是亲密无间。现在的孩子们都把网络作为自己课余生活消磨时光的方式,虽然也能在网络上和同学、朋友交流,但是他们同学之间的亲密程度绝对不可能达到我们那时的程度。二十多年前社会经济并不发达,学生和外界接触的机会不多,自然同学之间相互接触的时间就很多,大家之间的关系就如同兄妹、兄弟一样。我感觉那时和许多同学都保持着很好的关系,现在见面的机会也很多。

记:那您是在何时决定从事学术研究工作的?

周:大学毕业之后我在四川省司法厅工作过几年,也做过一段时间的兼职律师,和司法实务部门的人交流非常多。在工作过程中我发觉我的工作仅靠大学期间积累的知识是远远不够的,而且法学研究本身对社会的影响非常大,二十年前法学研究的基础又非常薄弱,因而逐渐对学问产生了兴趣,希望能够走学术的道路。

记:周老师,能否请您讲讲您的基本学术观点?

周:首先,我主张必须建立中国的刑法学派,现今许多问题的争论缺乏共同的平台,导致对许多问题的探讨完全是学者自说自话,每个人站在自己的立场上解释问题,缺乏基本的立足点。很多学者在讨论不同问题时呈现出不同的倾向,甚至发生前后相冲突的情况。所以,刑法学研究必须有基本的研究平台。学派的对立在国外有二百多年的历史,最早从古典学派到实证学派到主观、客观主义直至现今的行为价值论和结果价值论的对立。刑法学者必须在对立的观点内选出一种自己赞成的观点,这就能够确保学者的立场观点前后连贯,并且讨论本身也能和社会发展合拍,我的这一观点也得到了张明楷教授的认可。我在 2002 年出版了一本书《法治视野中的刑法客观主义》,专门提到中国应当结合刑法史的发展形成自身学派的价值取向,得出中国刑法要逐步地形成学派的结论。这个问题其实也是法学界的共性问题,不仅刑法界有形成自身的学派的必要,其他学界也应当这样。中国的法学研究要想对世界有所贡献,就必须形成自身的理论体系。我认为刑法"客观主义"是我学术的一个标签。

其次,目前刑法界一直在争论刑法构成要件的改造问题。我认为中国的犯罪构成要件必须改革,但是并不一定要照搬德国、日本的样式,而是应当改成犯罪的客观要件、犯罪的主观要件以及犯罪的排除要件。客观要件必须放在最前面,这也是和我的刑法"客观主义"相一致的。

最后,中国刑法学的发展必须坚持行为无价值论,这一观点与我先前提到的刑法"客观主义"是不矛盾的。刑法"客观主义"在当今的大陆法系国家又分为两派,即行为无价值论和结果无价值论。这两派的差异在于对犯罪的评价是以成因为标准还是以结果为标准。我认为行为对犯罪的评价起到了关键的作用。在现代刑法理论中,存在(二元的)行为无价值论和结果无价值论的学派对立。在行为无价值论的基本理论框架内思考违法性评价基准问题,不仅在理论上能够自洽,而且充分吸收了法益侵害原理的合理之处,紧扣当前中国社会的现实,因为具有合理性。在当代以及未来相当长的历史时期内,中国刑法学应当以(二元的)行为无价值论而非结果无价值论为核心来建构,从而实现刑罚积极的一般预防功能,维护规范的有效性,促进公众对刑法规范的认同,实现刑法的价值。

记:周老师,您认为中国刑法的研究水平是否和国外存在差距?如果存在,具体表现在什么地方？

周：中国刑法学在未来要有比较好的前途，面临着很多现实的困难。如果不克服这些困难，我们就无法期许刑法学研究水平的整体提高。

（1）缺乏学科自信，基本理论框架未定型

中国刑法学规范发展的时间太短，其显得幼稚就毫不足奇。其实，任何一个学科都必须至少规范地发展100年以上，才能说自己有了一个比较好的基础，有了进一步发展的本钱。

中国刑法学的规范化研究，从20世纪80年代初算起，到现在为止，时间不长，远远谈不上成熟，如果以人的成长期作类比，属于婴、幼儿阶段。最近二十年来，刑法学上似乎总是有一些热点问题轮番登场，大致包括犯罪构成、改革开放与刑法打击的关系、刑法修改、法人犯罪、死刑等。但是，学术上的热点升温快，退热更快，在某一热点尚未完全冷却之时，马上就被新的热点所取代。这种刑法学热点的研究可能会给学术的表面繁荣增添一些佐证，但并没有为刑法学发展带来真正的营养。未来刑法学的发展不需要这种所谓的热点研究，而需要学者们花大气力对一些基础性问题进行系统的、反复的论争，寻找对话的平台，而不是自创话语系统，自说自话。

（2）缺乏实务和理论之间的相互理解

一个学科，必须和实务沟通，而不是相互抵触，相互防范。理论认为实务部门不理解自己，实务上认为理论是空想，这样的互不信任对于法学发展肯定不利。在当前的刑法学研究中，的确存在理论和实务脱节的现象，理论界有必要对此进行反思。所以，沟通的渠道和沟通的理论都需要进一步建立。

（3）缺乏自省能力和包容心态

一个学科，必须有足够的自省能力和包容心态。对中国刑法学现状的反思，应当成为我们这个时代刑法学研究的基本特征。刑法学中没有唯一正确的理论，更不能扛着苏联刑法学的虎皮作大旗，"挟天子以令诸侯"的时代在刑法学研究领域不应当再存在。刑法学的自省，一方面是对苏联刑法学消极影响的清除，对它所体现出来的刑法问题"意识形态化"倾向的清算；另一方面，是对过去20年来所进行的不符合学术规范的所谓刑法学研究加以反思。自省能力和包容心态是一个事物的两面，在自省的同时，要对明显不同的刑法学观点的合理性分别进行考察，能够容纳不同意见的存在。

（4）缺乏问题意识和难题意识

一个学科的健康发展，依靠学者们在问题意识的指引下，找准和围绕核心问题进行讨论，而非回避难题。在难题意识的指导下进行必要的创新，以提出新的范畴和新的命题,刑法学科的发展才会有希望。刑法学者的问题意识,对于学科发展至关重要。但是,目前的刑法学研究者明显缺乏问题意识,许多学者并没有能力去讨论与当下的生活世界相关的刑法问题,至于难题意识就更是无从谈起。问题意识、难题意识的缺乏,导致中国刑法学永远无法找到理想的法律发展图景,

上述四个方面的缺乏,归结起来就是刑法学研究中"想象力"的缺乏。一个学科的研究者如果具有充分的想象力,就绝对不会缺乏足够的学科自信,就一定会具有自省能力和包容心态,学者自然就具有难题意识,理论与实务的沟通就不会变得特别困难。想象力的缺乏,使得我们对德日刑法学中所反复讨论的很多问题毫无感觉,有的学者自然会提出这样的借口:中国与德日社会状况不同,所以,有的问题在德日需要讨论,在中国却不是问题,所以没有必要讨论那些问题。这当然是一个很好的搪塞理由。但是否存在更深层次的问题?我们的学者因为缺乏想象力,从而缺乏创新能力,刑法学难以像德国那样严密地展开,所以我们总是习惯于回避很多关键问题,从而无法建立新的研究范式。

我国刑法的研究水平和国外的差距还是很大的。我们的犯罪构成理论和共同犯罪理论与国外的差距表现得尤为明显。比如共同犯罪中的核心人物是谁问题,在我国可能会被认为是主犯和从犯的区别,但是这一划分标准只是为了解决量刑问题,对犯人的量刑轻重和他是否在犯罪中扮演核心角色没有任何关系。

对于共犯从属性和独立性这样的问题,我国刑法学理论上存在折中说,即所谓的"共犯二重性说"。其实,刑法客观主义赞成共犯从属性说,它基于犯罪共同说的立场,认为正犯的行为依构成要件理论是符合基本构成要件的实行行为的,但是对于犯罪的发生只有间接、轻微关系的狭义共犯(教唆犯、帮助犯)的行为,本身并不能成为独立的犯罪,共犯没有实施正犯意义上的实行行为,其犯罪性隶属于正犯,无正犯即无可罚的共犯。共犯的未遂也仅存在于正犯已着手实行犯罪而未得逞的情形,并无独立的未遂存在。刑法主观主义则出于行为共同说的考虑,主张共犯独立性说,认为行为者的危险性一旦通过一定的行为流露出来,即可认定其有实行行为。所以,教唆、帮助行为原本就是行为人自己犯意的遂行表现,教唆、帮助犯等共犯本身就有实行行为,这些实行行为就是独立的犯罪行为,由此决定了共犯本身具有独立的犯罪性,其责任是共犯固有的责任,是一种独立存在,与正犯成立与否无关。由此自然存在独立的未遂情形,而不取决于正犯是否着手实行犯罪,即使没有正犯的行为,也可以对狭义共犯依照未遂的规定给予处罚。

由此可见,共犯从属性、独立性问题分属于不同学派,完全不可能折中,即便理论上硬性提出"共犯二重性说",将从属性和独立性捏合在一起,这样的折中说也完全不能用来处理案件。因为根据共犯从属性说,正犯未着手实行,共犯就无罪;根据共犯独立性说,正犯未着手实行,共犯也有罪。而根据所谓的二重性说,对于正犯未着手时究竟如何处理共犯,实在是得不出结论。例如,B准备入户抢劫C的财物,邀请A为其望风,A答应。但是,B翻墙入室以后,在着手实施暴力行为以前,突生悔意,不再抢劫,从另一侧门悄悄离去。A在C家墙外苦苦等候了两个小时。如果承认共犯从属性,对于帮助犯A就应当宣告无罪;如果赞成共犯独立性说,A就构成抢劫罪。根据共犯二重性说,如何处理本案?难道得出A既有罪又无罪的结论?这样的折中说,对于司法实务不可能提供任何帮助,还是越少越好。我国对许多问题的研究还未起步,所以,今后我国学者可以将犯罪构成理论和共同犯罪的理论问题作为研究的突破口。

记:在刑法领域是否存在过重大的争议?

周:刑法客观主义和主观主义的论争涉及犯罪论和刑罚论的方方面面,但其中最为重要的问题是以下三个:(1)罪犯形象。客观主义心目中的犯罪人,是有自由意志、有理性的抽象一般人;主观主义眼中的犯罪人,则是具体的、由素质和环境决定而宿命地存在的人。(2)犯罪行为。客观主义认为犯罪行为作为现实存在具有决定性的意义;主观主义则认为犯罪行为只是罪犯个人危险性的征表,不具有独立意义。(3)惩罚思路。客观主义认为惩罚应当与犯罪的害恶相对应(报应、一般预防),同时期望通过刑罚的适用来防止社会一般人走上犯罪不归路(一般预防);主观主义则认为适用刑罚应当促进对犯罪人的改善、再社会化(目的刑论、教育刑论、特殊预防)。对这些问题的反复论争,使刑法学的发展赢得了机会。我国刑法学缺乏这种学派对立,对很多问题的讨论就没有平台,刑法学者们都自己讲自己的道理,研究很难深入。

有的人认为,刑法客观主义和主观主义的对立,肇始于19世纪,到20世纪20年代以后这种论争就结束了,特别是随着李斯特及其论敌相继去世,论争的火焰完全归于消灭。所以,我们现在也就没有必要再搞什么学派对立和论争。其实,这是一种误解。虽然学派论争在20世纪逐渐平息,出现了将刑法客观主义的规范学思考方法和主观主义的实证研究一并加以考虑的可能性,但是,不可否认,两派基于对自由意识是否存在的不同看法而展开的论争所产生的各种影响一直延续到今天。

记:在众多的研究方法中,您最推崇哪一种?

周:刑法因为其具有特殊姓,所以我认为实证分析法和比较研究的方法都很重要。

记:您认为现今法学界的中青年学者是否存在浮躁的现象?

周:实事求是地讲,还是比较浮躁的。当今的社会功利涛涛,和以前把学问视为很神圣的领域的年代的确存在差别。但是,目前每个学科都有许多中青年学者都能够潜下心来研究学问。

记:那您认为理想的学术环境应该是怎样的?

周:自由的精神和独立的思想可能是一种学术界理想的境界,但是对现在的刑法学研究来讲需要关注国外学者过去和现在是如何思考问题的。我们并不一定要完全照搬国外的理论,因为各国社会现实和历史发展阶段不同,但是这些学者思考刑法问题、解释刑法问题的方法、思路是值得我们学习的。我想,一种理想的研究状态首先是形成精密的刑法思维,刑法学者们站在一个基本的立场上进行对话。其次,要结合中国司法的实际状况,将理论和实务进行良性的互动,相互理解、相互沟通。最后,刑法学研究要摆脱意识形态的束缚。

记:最后请周老师给我们法科学子提一些学习的建议和希望吧。

周:随着中国社会的发展,法律的重要性越来越凸显,法科学子的天地会非常广泛。所以,青年学子要多了解中国社会,很认真地看一些著作,很认真地学一些知识,在这个基础上迎接挑战。

(吴　鑫、陈　艳)

周少华
Zhou Shaohua

1968 年生,宁夏灵武市人。1992
年毕业于西北政法大学(原西北政法
学院),获法学学士学位并留校工作;2008 年毕业于北京师范大学刑
事法律科学研究院,获法学博士学位。现任东南大学法学院教授、
博士生导师,教育部"新世纪优秀人才"。曾任西北政法大学刑事法
律科学研究中心教授、硕士生导师,《法律科学》(西北政法大学学
报)杂志副主编、编审。主要从事刑法学专业研究和教学工作,主讲
"刑法总论"、"刑事政策学"、"刑事法前沿讲座"等课程。

先后主持完成国家社科基金项目和司法部部级科研项目各一
项,出版个人专著《刑法理性与规范技术——刑法功能的发生机理》
等,发表法学学术论文 40 余篇,其中在《法学研究》发表论文 6 篇。
论文和著作获省部级科研成果奖共 6 项,其中包括陕西省第七届优
秀社科成果二等奖、陕西省高校人文社会科学研究优秀成果一等
奖、首届"钱端升法学研究成果奖"三等奖、第二届全国优秀法学教
材及科研成果二等奖和第三届全国法学教材及科研成果三等奖等。
2006 年被评为全国高校社科学报优秀编辑。

> 实证研究是社会学领域普遍采用的一种研究方法,其具体方法要
> 经过严格的训练才能掌握。怎样选点、抽样、设计调查问卷等等都是很
> 讲究的,并不是做一些调查就是实证研究。如果没有真正掌握实证研
> 究的具体方法,其最后产生的研究成果可能会存在严重的问题。

记者(以下简称"记"):周老师,您好。您能否首先跟我们介绍一下您的求
学经历?

周少华(以下简称"周"):好的。像我这个年龄,基本上都是高中毕业直接

上的大学,之前没有参加过工作。1988 年我从宁夏考到了西安的西北政法学院,当时西北政法属于司法部直属的五所政法院校之一。当时对于文科考生来讲,比较好的专业主要有两个,一个是财经类专业,另一个就是法律专业。所以,当时能够考到西北政法学院,自己还是比较满意的。

实际上填报专业的时候,学校招生目录上是没有我后来所读的行政法专业的。我记得自己当时填报的是经济法专业,就在读大学之前的那个暑假,西北政法学院突然决定取消之前由哲学专业和政治经济学专业构成的理论系,设立了行政法系。可以说,西北政法是全国率先设立本科的行政法专业的学校,后来又成立了行政法学院,可能现在还没有其他的学校有专门的行政法学院。因此,1988 年,我们就成了第一批的行政法本科生。那时候国家颁布的高校专业目录中也是没有行政法专业的,当年我们行政法系的公章上面一直都是"行政管理(行政法系)"。学校说很快就会名正言顺地变成行政法系,但一直到我们毕业公章都没有变。

由于是刚刚成立的专业,所以相关课程都要重新设置。我们所开设的核心课程像"行政法原理""国家赔偿法""公务员制度""行政法史"的教材基本上没有公开出版,都是老师利用假期临时编写油印的。

记:您入学之初对于行政法是否有所了解呢?

周:在入学前作为高中生,肯定对法学不是很了解,报考志愿时我也只是觉得经济法专业听起来不错。对行政法也确实没有什么概念,在入学之后我才得知自己被调到了这个专业。当时系里组织了一次活动,专门向学生介绍行政法学是怎样的一门学科。当时行政法系的副主任、课程的主讲老师是现在国家行政学院的杨小军教授,他告诉我们行政法是约束政府行为的,可以称为"小宪法",国家要实行依法治国,行政法一定会成为一个非常重要的领域。当时听了介绍之后确实是很受振奋,大家都热血沸腾,觉得自己既学到了法律这一热门学科,又非常幸运能够成为中国第一批行政法专业的学生。

记:您在求学过程中有没有印象比较深刻的老师?

周:说实话,我读书的时候对自己所学的专业兴趣不是很大,那时候大部分学生都对文学感兴趣,我就是其中的一员。所以,我印象比较深刻的老师跟专业学习关系都不太大。之前提到的杨小军老师是一位,因为他给我们上课比较多。那时他很年轻,不到 30 岁就成了行政法系的副主任。虽然我对行政法的兴趣不大,但是二十多年过去了,对其所讲授的行政法内容还是有所印象。

记忆比较深刻的另一位老师是教刑法的段立文教授。最初是对他的外表留下了深刻的印象,因为当时段老师刚刚 50 岁就已经满头银发了。大家都开玩笑地说他长得很像刘少奇,非常儒雅。在刚进入大学时,我心目中想象的教授就应该是那个样子。毕业之后我得以留校,先是在西北政法学院的校办工作了两年,之后就到了学报编辑部。当时段立文教授是学报的主编,我有幸和他一个办公桌,并一起工作了5年。在编辑部里,我和段老师负责刑事法方面的稿件,包括刑事法学、犯罪学以及刑事诉讼法等学科。段老师只要一有时间就会读书和写文章,非常认真。刚进入编辑部时,由于是本科毕业,我感觉自己的知识积累还是不够的。尤其是在段老师的影响下,我对刑法慢慢有了兴趣,看了很多刑法方面的书籍。实际上,段老师在刑法学理论研究中的功底是相当深厚的,只不过他一直待在编辑部,在学界没有引起太大的关注。我认为,在段老师同时期的刑法学者中,其理论水平都是很高的。在同其一起工作的时候,我也经常向段老师请教一些问题,慢慢地我就进入了刑法这一领域了。因此,我对刑法的兴趣是通过工作慢慢培养起来的。

我刚刚进入编辑部的时候,因为工作需要尝试着自己写点论文,慢慢地也就养成了习惯。1998年时,我的第一篇论文发表后就被人大复印资料转载了。当时被人大复印资料转载也是不太容易,一下子给了我极大的信心。紧接着我又写了一篇,结果被《法学研究》刊登,当时段老师开玩笑说我是一步登天。正是那篇文章鼓励我走上了法学理论研究的道路。文章的题目叫《立法的缺陷与解释的尴尬》。后来回想,那篇文章可能是在刑法学领域最早关注法律解释学的文章。当然,现在看来那篇文章也不是很成熟,但是在此之前学界对法律解释的关注的确不多。

记:那是什么促使您从事法学教学工作呢?

周:在编辑部时,我基本上都是自己做些研究。每年都会发表一到两篇论文,虽然数量不多,但是我一直在坚持,论文也基本上发表在比较好的刊物上。自1999年后,2002、03、04、05、08年在《法学研究》上我又分别发表了5篇文章。可以说,在西北政法学院的教师中算是研究比较突出的。本来西北政法的编辑基本上都是全职编辑,但由于我有了些成果,也希望在刑法学科内做点事情,所以,2005年我就开始带刑法学研究生,也从事少量的教学活动。到2010年3月,我想换一个环境做研究,就来到了东南大学。

记:我注意到现在很多的知名法学家都在各种法学期刊中担任过编辑的职务,是否可以说编辑的经历对您的研究有很大影响?

周:是的。可以说编辑这一工作对我的法学研究起到了直接的影响,否则我可能根本不会想到自己会走上这条路。作为某一学科的编辑,如果自己不进行该学科的研究是很难适应这一工作的。其他学校的期刊基本上都是教授兼做编辑,而西北政法学院学报几乎全都是专职编辑。专职编辑是每一个人分管某一学科,对自己分管的领域就要有所研究。事实上,即使不专门做研究写论文,但是长期从事编辑工作,对眼界的开阔以及知识的积累也是很有帮助。我自己在工作中慢慢受到熏陶,加上编辑部几位老师的指点,才会逐渐有些成果。

当时编辑部有几位老师对我影响很大。首先就是之前提过的段立文主编,还有在他之后的刘作祥主编和担任过副主编的赵世义老师。赵世义老师对宪法学理论的研究很深,后来去了浙江大学,可惜因为身体原因去世了。另外,还有何百胜老师,他是在学报编辑部工作最长的老师,在法史、法理学方面均有所建树。在这个小环境中,大家平时交流最多的就是法学界的研究现状、动态等等,不知不觉中就会对法学研究非常关注并产生兴趣。一些不太发表论文的编辑事实上阅读量是相当大的,编辑部各位老师的藏书量在西北政法都是排名靠前的,至少都有几千册。像之前提到的何百胜老师做了二十多年的编辑,藏书量在西北政法更是数一数二。所以,工作性质和工作环境对我产生的影响是巨大的。

记:周老师能否总结一下自己的学术观点?

周:说实话,对于行政法的研究基本上我已经远离了,现在主要关注刑法学。之前我承担的教学工作比较少,所教授的课程也主要是研究生课程,比如刑事法前沿讲座等等。所以,我一直没有对刑法学理论进行系统的研究,基本上是按照自己的兴趣来做。因此,我的观点一般比较零散,并没有形成一定的体系。但总体上我主要谈两点认识:首先,刑法学从根本上是一门应用型学科,其核心应当是关注刑法规范的适用性问题。刑法理论首先是为刑事司法实践提供可操作的工具性知识,这并不否认对其进行司法层面上的思考。作为一门应用型的学科,实践性的技术调节是非常重要的,应该成为刑法理论研究的重要内容。第二,刑法理论研究虽然注重与实践的关联,但也有必要澄清一点,法学研究应当关注实践,但并不意味着把法学理论变成司法实践的附庸。有些学者强调理论必须服务于实践,但我认为不能把这个主张庸俗化。

2006 年我在华政学报上发表了一篇文章叫《书斋里的法学家》。那篇文章谈到了目前法学研究的状况是关起门来做研究,在书斋里制造学术成果,所以这些成果跟实践脱节得比较厉害。但是,虽然强调理论来源于实践,但我们的思考一定要高于实践,否则中国的法学理论就不可能进步。

记:老师能否介绍一下您的研究方法?

周:我本人运用思辨性的研究方法比较多,但近两年法学界对实证研究比较推崇。我在给学生讲法学论文写作的时候提到过这样的观点:法律现象是一种社会现象,实证研究作为一种研究方法的确有其长处,也许可能更真实地观察这种法律现象。但实证研究是社会学领域普遍采用的一种研究方法,其具体方法要经过严格的训练才能掌握。怎样选点、抽样、设计调查问卷等等都是很讲究的,并不是做一些调查就是实证研究。如果没有真正掌握实证研究的具体方法,其最后产生的研究成果可能会存在严重的问题。思辨性研究得出的结论是否有说服力,论证的过程是否充分严谨,了解该领域的人一般都能做一个理性的判断。但实证研究方法如果运用不当的话,除非一步步再进行一遍,否则结论中的问题非常隐蔽,往往就发现不了。

我认为研究方法对于学术研究来讲的确很重要,但更重要的是要看所要研究的问题适合于哪种研究方法。不存在某种研究方法一定是最好的,多元的方法在研究当中都可以采用,当然最后还要看个人对研究方法能不能掌握。

记:周老师在刑法理论中比较关注的领域有哪些?

周:我之前虽然做刑法研究,但是比较关注刑法哲学。我曾经开玩笑地说过,我是在研究法学理论,只不过拿刑法说事。以前编辑的工作比较自由,不需要考虑自己的学科属性。后来由于从事刑法教学工作,因此关注点又回到了刑法的主体理论。我前几年做了一个司法部的项目,出了一部专著——《刑法理性与规范技术》。很多研究刑法的学者可能不会认为这是本刑法学科的书,我自己也觉得这本书里面确实存在着一些问题。我最初是想研究在刑法里面如何通过制度技术来达到最好的效果,因此我又加了一个副标题——"刑法功能的发生机理"。做完这本书后,我自己也觉得不太满意,没有达到自己最初的设想。

2006年,我又申请了一个国家社科基金的项目——"变构社会中刑法的适应性问题研究",现在(2011年7月)正在结项,我基本上还算比较满意。这个项目基本上也是理论层面的思考,其要解决的问题是:刑法这样一个很强调确定性的领域应如何应对复杂变化的社会生活问题。这实际上也是所有法律领域都要思考的问题。与其他法律领域相比,刑法尤其特殊,"罪刑法定"作为刑法最基本的原则,特别强调刑法的确定性。近两年刑法学界一个很重要的争论就是形式刑法观与实质刑法观,实际上涉及的也是我之前讲到的问题。

记:那周老师认为中国在刑法领域与国外发达国家相比是否存在着差距呢?

周:中国的刑法理论由西方引进,以前受苏联影响,现在许多年轻学者更倾向于德国和日本的理论。但总体上教科书的体例还是比较传统的。前两年关于犯罪论体系也产生过一些争论。我个人认为犯罪构成理论就是犯罪的评级标准、规格问题,只要能够解决问题指导实践,采用哪一种构成理论不是最核心的问题。

关于与国外的差距,拿中日两国的刑法典比较,中国刑法还要更先进。问题在于我们的实践与国外的差距。在日本,很多刑法典遗留下的问题法官可以处理,可以通过司法技术解决。所以,日本的法律解释技术非常发达,其可以对法典的漏洞和缺陷加以弥补。这样可以避免由于立法缺陷而导致不好的结果,同时也可以避免频繁地修改刑法典,维护法律的稳定性。但是,我国的司法解释权高度集中在"两高"手中,导致下级法院对"两高"的司法解释相当依赖,在遇到疑难案件时要经过层层汇报请示。没有承认下级法院的司法解释权,这可能也是导致我国法律解释技术很不发达的一个原因。在司法实践中,我们总是感觉到法律不够用,出现了一些法律无法处理但又无法回避的问题,修改立法的呼声随之越来越强烈。1997 年《刑法》自颁布实施以来已经修改了九次,平均十几个月就修订一次,包括八个修正案和一个人大的决定,涉及修改的条文有八十多条,占到了刑法全部条文的1/5。一般来讲,刑事实体法与刑事程序法不一样,应尽量保持稳定,不应频繁修改。我国却恰恰相反,《刑事诉讼法》的修改提了好几年,但一直没有进行修改,而刑法的修改却一直很频繁。

记:这是否和社会转型有关?

周:当然有关,但这不是重点。日本的社会发展变化也很快,且日本的刑法典在二战之前就已经实施,后来经过了二战、金融危机以及政局的动荡,其刑法典一直都比较稳定。我国之所以如此,更重要的原因在于司法观念,在我国并没有树立起法律的权威。

记:作为一位资深编辑,您是如何看待学术规范问题的?

周:学术规范问题真的很重要。虽然现在大家写文章都知道引文注释,但是学术规范不仅仅是注释的问题。由于现在网络的发达,文章的转引非常多。我在编辑工作中发现过这样的现象,作者的转引可能根本没有全面准确地把握原文献的真实意思,从而导致了一种错误的引用、片面的引用,这种现象现在是相当普遍的。一种观点是要放在原作者整篇文章当中才能准确地把握,要放在特定的语境之中才能正确地理解。

另外,现在不必要的引用也是非常普遍。比如很多文章注释非常多,但有些对支持自己的观点并没有太大的帮助。刚刚进入学术研究的学者比较容易出现这种情况,很多人误以为注释越多显得资料越充分,自己的文章就越有深度。我觉得在无法全面把握原文献的原貌时,采用间接引用即概括引用可能更好一些。实际上,学术规范说到底是一个知识如何合理传承的问题。一方面,做研究必须要在整个学术传统中进行;另一方面,对以往的学术成果要有尊重的态度。

记:请问老师是否觉得现在学界存在着浮躁或急功近利的现象?

周:我觉得这个问题还是比较严重的,可以说现在的学风是很浮躁的。虽然还有一批人在认真地做学问,但总体上整个学术环境不是很理想。我认为现在基本上进入了一个学术商业化的时代,学术研究基本上跟经济利益挂钩,在高校这种现象尤为严重。即使不是直接跟经济挂钩,但也是跟高校评职称、事业单位聘任制以及教授的评级等方面息息相关。当然,这种现象也是和目前的学术评价机制有关系。这种评价机制肯定会造成急功近利的现象,导致学术垃圾成堆。真正认真思考做研究的学者可能得不到好处,甚至可能会被现行制度所淘汰。另外,现今的文章的发表也不一定是绝对的公平,这实际上也是对学术的一种摧残。

当然,没有评价机制也不行,有了评价机制又会产生很多的问题。这的确是一个很难解决的矛盾。我认为最理想的状况是让学者自由地研究,不要用数量来衡量学者的水平和学术贡献。现在的这种局面是很难扭转的,因为学校也承受着评价机制的压力,自然就会把压力转移到老师身上。因此,这是一个体制性的弊端,学者个人是无能为力的。

记:最后请周老师为我们青年学子提一些建议或期望。

周:虽然现在有法不依的现象仍然非常普遍,但是作为法律人,我们还是要有坚定的法律信仰,这是一个法律人最基本的内在品格。

(罗　健)

庞 正
Pang Zheng

1968 年 2 月生,黑龙江哈尔滨人。
1990 年毕业于南京师范大学政教系。
后在南京师范大学任教,并在职攻读法学理论专业硕士研究生,师从公丕祥教授,于 1997 年取得法学硕士学位。后在吉林大学法学理论专业攻读博士研究生,师从张文显教授,获法学博士学位。现任南京师范大学法学院副院长,教授、博士生导师。

主要研究方向为法理学和法律社会学,尤其着重在马恩法律思想研究、权利理论研究、中国法制现代化(新中国成立以来)历史研究等方面进行了有益的探索,取得了相关的科研成果。合作撰写《当代中国的法律革命》《现代理论法学原理》等著作六部,合作编写教材五部,在国家级和省级刊物上发表学术论文二十余篇,代表性论文有《论权利分配》《论权利冲突》《论法律调整的内在局限性及其与道德调整的协调发展》等。

> 对于本科生来说,可能一堂好课、一门好课乃至一学期的好课给他的影响都没有老师在不经意间对他所作出的指导或者鼓励来得大。

记者(以下简称"记"):请老师先谈谈您的成长经历。

庞正(以下简称"庞"):我的祖籍是哈尔滨,出生在徐州,成长在浙江,呆了十二年,初二之后又到了江苏连云港,生活了四年,之后大学到了南京。我的祖籍、出生地、成长地和户籍所在地都不一样,因此别人问我是哪儿人,我很难回答这个问题。

记:从您刚刚的回答我们也能感受到您比较开朗,这是不是可能和您小时候在各地生活的经历有关呢?

庞:小时候这种各地居住的状况对性格的影响可能还谈不上,但是不停地变换生活环境,尤其是小时候接触不一样的文化环境、生活环境,的确对个人的眼界有很大的影响。

记:请问老师您的求学经历是怎样的呢?

庞:小时候,我偶然地写了一篇作文,在全国获了奖,这激发了我对文学的兴趣。初二的时候我去了连云港,学习并不是很出色,但还是考上了当地最好的高中——新海中学。由于对文学的兴趣,我选择了文科,之后幸运地考上了南京师范大学。虽然被调剂到了政教系思想政治教育专业,但是我非常感激我本科所学的专业,因为它对我现在的专业——法学理论的研究的帮助非常大。本科时的思想政治专业,我们学习的内容基本涵盖社会科学的全部内容,比如历史学、社会学、心理学、伦理学、教育学,很多很多。尽管每门科学学习都不是很深,但是对每门科学都有所了解,这就为以后在社会科学的任何一个领域深入研究提供了广阔的视野,为我以后的法学理论的研究打下了良好的基础。

记:本科的专业给您的法学理论研究打下了良好的基础,那请您谈谈大学本科学习生活中有什么样的人或者事对您有深刻的影响。

庞:我现在也成了一名大学老师,所以我想谈谈我对当时本科老师总体的感受。我能深切地感受到现在的大学老师和以前的有很大不同,当时我们读书的时候,老师的年龄都比较大,有很多的老教师,他们和学生的沟通是很多的。而现在呢,我作为大部分中青年教师的代表,我认为这个方面就做得很不好。给本科生上课,上课铃响了才进教室上课,下课铃响了就夹着书走了。其实,对于本科生来说,可能一堂好课、一门好课乃至一学期的好课给他的影响都没有老师在不经意间对他所作出的指导或者鼓励来得大。现在像我们这个年龄段的老师,这样的做法就非常少,甚至我们对于研究生的接触、教育都没有达到应该有的关心。我以前的老师真的就像是长辈一样,很平和。虽然可能在学术水平上面他们没有现在的老师高,但是在教书育人方面他们对我有很深的影响,而且现在的学生的确需要老师这种适当的引导。我现在就在不断地暗示自己多多关注学生,多多鼓励学生。

记:那么您从事法学研究与教育是不是也受到这样的鼓励呢?

庞:遗憾的是,并没有。但我又是很幸运的,本科毕业之后,我就留校做了辅导员,从事团委、学生工作4年。1994年,以公丕祥老师为法学理论专业学位带头人的法学理论专业被批了下来,开始招收第一届研究生,3个人,我很幸运地成为其中一员。在读了研究生不久,法律系领导就问我愿不愿意转到教学的岗位上去,我当时是太愿意了,所以说我真的是很幸运。现在说起来,我可以说是南师大法律系"年轻的老人"。

我把公丕祥老师的教育方式称为"拔苗助长"式的教育方式。比如布置下次上课的讨论书目,有次他要求我们把马克思的《资本论》三卷在两周内读完,我当时真是要疯了,拼命地看书。他的这种教学方式就好比是把苹果放在你够不到的高度,让你去跳、去够,虽然够不到也不可能够到,但就是在这跳的过程当中,我们的水平获得了提高。公丕祥老师真的是让我在研究生学习阶段扎实地读了很多书,现在看来他的这种教学方式可以说是一种教育艺术。

记:那么您现在是不是就是以这样的方式来教育您的学生呢?

庞:并不是这样。我不太喜欢要求别人,我认为读书是自己的事情。另外,我读书比较慢,很羡慕读书很快的人,但是我读书一定是精读,成本很高,但是收益也很大。我不会以己度人,自己不能在短时内读很多书,因此也不会要求我的学生读那么多的书。

记:您走向法学研究这条路的原因是什么呢?是因为自己的兴趣还是什么其他的机缘?

庞:有两个因素:第一,我不想继续再做思想教育工作,我想改变我自己的职业道路,我想教学,成为真正站在讲台上的老师。考研能够让我实现我的理想。第二,我母亲的影响。她是50年代吉林大学法律系的毕业生,但却没能在自己的专业上,不论是研究机会还是实务机会上有好的发展,很为自己事业的生涯感到遗憾,所以她希望我能够考研,希望我能够在这个专业上有深入的发展。

记:您后来去了吉林大学读博士,那么请您谈谈您在吉大读博士的经历。

庞:我去吉大读博士很晚,是在2003年,师从张文显老师,我给我自己的定位是我就是去读书的,所以我老老实实地在吉大呆了一年,认认真真地读了一年。

吉大的学习氛围很浓。那边经常请国内外的著名学者做讲座,那边的学生很热情地去听,比如晚上的讲座,他们中午就去占位置。我也和他们一样,中午去占位置。去的人也是非常多,连暖气片上都站着人,有一次刘星老师来做讲座,因为人太多太挤,直接把暖气给挤坏了。

> 法治应当是自下而上的社会治国家,而不是自上而下的国家治社会。法治应当是治国家的,最最根本的就是制约公权力的。中国法治的出路在哪里?就是需要社会。没有社会,根本谈不了法治。那么社会在哪?当我们每个原子化的、散沙般的私权主体凝聚成团体的时候,社会就存在了。

记:您读博士的时候选择了什么样的研究领域呢?为什么选择这样的研究领域呢?

庞:我博士论文的选题是在读博士之前就想好了的。我认为要带着问题去读书,所以在读博的时候我的方向就非常的明确。我的博士论文选题是《社会组织(NGO)的法治功能研究》,这是公民社会的问题。这个选题和我的一个经历有关。

2002年下半年,我在英国的谢菲尔德大学做三个月的访问学者。在那里遇到了据说是英格兰历史上第一次消防队员大罢工。我们觉得很奇怪。当时英国的媒体请了专家、市民来讨论这件事情,对社会公众作了一个支持和反对的调查,调查的结果是一半人支持,一半人反对。

我的感受是他们的工会力量真的很强大,感觉工会主席比英国首相要神气多了。他们的罢工是间断性的,完全听从工会主席的指挥,但是并不是我们想象中的剧烈冲突,事实上他们是很轻松的。这样的政治斗争在我看来实际上是一种理性的、非暴力的民间与国家的能量的互释、利益的表达和信息的沟通。他们为什么罢工?原因很简单,就是因为消防队员认为作为高危行业,他们的工资太少了,仅仅达到了英国的平均收入水平。他们的要求并不是涨工资,而是要求他们涨工资的议案能够被拿到议会当中去讨论。这是完全理性的程序目的,而不是实质上的目的。

在英国碰到的这些事情,让我感受到了社会的力量,通过两个事物展现在我眼前,一个是社会组织(NGO),一个是媒体。我深刻感受到了号称法治国家的共同体一定要有社会的力量。

我们要建设和谐社会,问题是现在我们有社会吗?所有的公民都是原子化的散沙般的个体。但是,有个事情让我感受到了中国社会的力量——汶川大地震。很多的社会组织冒了出来,每一个散沙般的个体集合了起来。但是,遗憾的是,这是由于灾难性的事件发生,当事件过去了,我们又看不到了。有这样事件的时候才有社会,没有事件的时候,没有社会。在日常生活中,没有社会是常态的。

90 年代，在中国有一场关于市民社会的大讨论，但是很快就过去了。当时的学者就提出，要建设法治国家，一定不是政府唱的独角戏，一定是社会要有它的位置。正如黑龙江大学马长山教授所说的："法治在中国的第一线就变成了治下不治上、治外不治内、治民不治国。"用我的话说就是法治应当是自下而上的社会治国家，而不是自上而下的国家治社会。法治应当是治国家的，最最根本的就是制约公权力的。

中国法治的出路在哪里？就是需要社会。没有社会，根本谈不了法治。那么社会在哪？当我们每个原子化的、散沙般的私权主体凝聚成团体的时候，社会就存在了。但事实上是，我们这些私权主体在强大的国家公权力面前力量是太渺小了。

对于我国的法治建设，非政府组织的地位是至关重要的，甚至是决定性的。我们国家这些年也开始强调社会组织的建设和管理，激发社会活力，稳定社会秩序，挖掘社会潜力。

记：现在 NGO 的生存状态很艰难，发展不是很乐观，您对此有什么样的看法呢？

庞：对于这个问题，我其实是没有资格回答的。因为我更多的是理论层面的研究、应然规范的研究，是一个美好图景的展示。实践方面是比较少的，也是我以后所需要研究的。

我们现在的社会组织（NGO），不但要在民政部门登记，还要有主管部门。但是，政府却不想做这个主管部门，有许多以社会公益或者社会互利为宗旨的民间组织找不到主管部门，不能去民政部门登记而只能去工商部门登记，这样一来就是要交税的。国家把非营利性的组织当成营利性的组织来管理，极大制约了它的发展。我只能在制度上作一个描述，但是我相信，这样的困难会很快得到解决。

记：我国一直都是大政府小社会，那么您认为我国公民社会或者说市民社会怎么才能形成？

庞：正如哈耶克所说，这不是刻意谋划的。市民社会一定是在社会演进中自主萌发的。只要中国走市场经济的道路，它就必然会产生。但是，我所说的市场经济，是真正的市场经济，不是人为建构起来的市场经济，不是国家领导人通过剪彩剪出来的，不是国家通过征税征出来的。真正的市场经济一定是在每个最小的个人、企业在相互的经济交往过程中形成的。现在中国的经济是很脆弱的，细小的环节稍微出现问题，就会产生很大的问题。为什么？因为它是刻意建构起来的。

关于这个问题,三四年前我问过一个日本学者:"中国有没有可能形成市民社会?"他说:"这个是历史必然的! 在市场经济中,除了个人的私利之外,一定有一些共同的利益需求,于是他们就会为了这共同的利益需求而联合起来。"

关于此,我有一个想法就是,市场经济时代孕育出前市场经济时代所无可比拟的众多的社会公共利益需要。当有公共利益需求的时候,寻求解决,政府有些事做不了的,最后只能是社会自己想办法解决。例如,温州的商会发达,这样的社会组织已经体现出社会自我的秩序化能力。

> 法理学不是拿来用的,在这个意义上,我很反对理论联系实际的讲法。越高深的理论是离实践越远的,越能直接运用到实践中去的理论越是小理论、准理论、亚理论甚至是伪理论。用一个比较恰当的比喻,法理学就像是一盏远远的航标灯,它在远处,让我知道正确的航线是什么,而不是一盏马灯拎在手上,照亮我们脚下的路。

记:老师您本科是学政教的,硕士也有很大一部分是研究马克思主义法学理论。最近听说全国的本科院校法理学教学要统一成马克思主义法理学的教材。以您这么多年对于马克思主义法理学的了解以及您多年关于法理学的研究的经验,能不能对此做些评价呢?

庞:我个人在法学理论的阅读面上,马恩的经典确实是占有相当大的比重的,因此对于我所理解的马克思主义法哲学思想,我是很赞同的。

其实,任何一个学术流派都有其合理性、科学性。我们总要站在一个立场上,当我们反对一个立场的时候,我们就已经有了一个立场。这种以马克思主义法学为主线,同时也介绍到了西方主要的法律思想的文明成果的立场是无可非议的,更何况这是学者在众多的法学流派里面更加认同马克思主义法学理论。正如一个学者或者大学教师选择某一个学术流派作为主要立场去介绍一门学科一样。

但是,如果作为一个官方机构,选择某个流派或者立场,那么这是否意味着在排挤其他的学术流派? 这个就涉及学术自由的问题了。在我看来,官方体制没有权力为国家的受教育者选择教材。作为学者,作为教材的主编,他当然有权,这是他的学术自由。

记:从您这么多年研究的经验、经历看,您有没有碰到一些学术研究不自由的情况? 有没有某些研究受到一些阻碍? 或者由于某种原因而避开某个问题的研究呢?

庞:有,肯定有,但是不多。其实,学术研究越丰富,对于您提出的问题越是有能力去消解。什么话可以说,什么话不可以说,我是有能力去选择的,对于一些话用什么样的方式去说,也是有选择的。我觉得越学术化的方式越安全。现在我们国家,在纯学术的氛围上讲,应该还是比较宽松的。

讲到这些,我想谈谈我对于法理学科的大体会。我给学生上第一节课的时候,一定是强调法理学究竟应该是干什么的,给他们一个全新的对于法理学的认识。法理学是干什么的呢?除了分析实证主义法学为我们贡献出来的法律方法以外,法理学不是拿来用的,在这个意义上,我很反对理论联系实际的讲法。越高深的理论是离实践越远的,越能直接运用到实践中去的理论越是小理论、准理论、亚理论甚至是伪理论。用一个比较恰当的比喻,法理学就像是一盏远远的航标灯,它在远处,让我知道正确的航线是什么,而不是一盏马灯拎在手上,照亮我们脚下的路。

因此,关于学术自由的问题,在中国纯粹是研究应然层面上的东西,是有这个良好环境的。学者的作用就在于开发出对于人类文明来讲,什么是好的,什么是美的,什么是文明的。

记:现在官方说我国的社会主义法律体系已经完成,但是关于新闻出版的法律还是没有。尽管这样,这样的框架形成之后有没有可能会成为我们法治发展的桎梏?

庞:我们理论法学的研究的确是需要这样的批判思维。我认为官方这样宣布仅仅是作为我国法治发展的一个成果的展示,并没有说不可变更、不可突破的意思,体系总归是不断完善的。

实践中也的确存在这样的问题,就是说我国现在这种类似于大陆法系的体系模式永远是人不停地在给自己套枷锁,然后再打破这个枷锁,相对于英美法系的那种不断试错的渐进理性主义来说,成本是不是更低,其实是一个大大的问号。普遍认为,我们人类运用自己的理性给自己一个预见,就可以少走弯路,减少不断试错所带来的代价。但问题是,万一理性错了呢?建构的框架错了呢?这个代价岂不是更加的大吗?

> 公权力的本质就是义务,只不过是一种积极的义务,法律规定必须为,不能不为,不能滥为的义务。……公共利益来源于千万人,但是又不能被还原,因为它不取决于数量而是因为不特定。

记:在做法学理论的研究、写文章以及思考问题的方式上,您惯用的是哪种法学方法论呢?

庞:对于法学方法论,我没有什么研究。但是,对于每一个读书人,都有一个下意识的范式、方法。我的研究思考的范式可能和我的兴趣点、阅读面和思考的问题息息相关。我的阅读、兴趣点本身就已经构成了某个范式。

在前期,我主要阅读、学习马恩的法律思想,所以马恩的关于法和法律的一对概念就成了我主要的思考问题的范式。马克思的法权关系、应有权利与法定权利和法律规定、实在法就形成了我自然而然的思维习惯。后来受张文显老师的影响,注重权利法学、权利和义务的思维方式,但是我更加细化为权利与权利的分析方式。法学问题可以归结为权利与义务的问题。但是,细分,在私法领域是权利与义务的关系,在公法领域是权利与权力的关系。为什么会变了呢?因为公权力的本质就是义务,只不过是一种积极的义务,法律规定必须为,不能不为,不能滥为的义务。只有把公权力确定为义务本质,才能解决所有的法治问题、宪政问题。所以,我非常反对把法律规范分成三种:授权性规范、义务性规范和职权性规范,职权就是义务,只不过是积极义务。

后来涉及 NGO,市民社会和政治国家就又构成了我的分析范式。在研究过程中,我突然发现权利与义务这个分析范式是有瑕疵的——社会公共利益被忽视,甚至被掩盖了。公共利益来源于千万人,但是又不能被还原,因为它不取决于数量而是因为不特定。

如果说西方的法治在传统上主要解决的是公权力与私权利的话,那么今天主要解决的是私权利和社会公共利益的问题。当下中国很不幸,这两个问题一起面对,任务很重。社会公共利益这个词有两个指向,一个是它的抽象意义,只能停留在宪法上,停留在国家政策的宏大趋势上。还有一个指向是事实层面的社会公共利益。我们在现实的法治实践中不能用抽象的、宏大趋势的社会公共利益来替代社会层面的社会公共利益。这样才不至于形成在实践中经常遭遇的用社会公共利益的宏大趋势来打压个体权利。事实层面上的社会公共利益究竟是什么,是需要去确证的。谁来确证?不是政府,是社会,通过商谈。怎么商谈?靠社会组织。

记:您如何看待法律的本土化、中国特色的法律?

庞:法律的本土化问题不是一个假命题,但是不应该成为法哲学层面讨论的主题。我认为本土化问题应该是一个部门法的创建和展开实践过程中去解决的问题,而法学理论就是应该给他人提供一个理想图景。一个民族的法律必然是本土化的,即使是借鉴先进,当遇到与本国现实不适应的时候,还是要改的。所以,本土化与其说是一个建构式的,还不如说是对于必然规律性的描述。

它是不需要论证的,因为这是不证自明的。因此,法律的本土化不应该是法理学去纠结的问题,而是法律的实践部门去关注的问题。

记:感谢您给我们分享了您的法学思想,您作为一名法学教师,对我们这些有志于法学研究的法科学子有什么样的建议呢?

庞:读书要树立问题意识。读学位就是做一篇论文,这并不是一种功利的表达方式,毕业论文是三年学习的载体。有一个现象就是看书时觉得津津有味,启发很大,但是合上书本之后就会发现什么都不知道。写作是最好的读书方式。为了写一篇论文去读书,去找很多相关的书和没有目的的读书差别是相当大的。带着自己的写作目的去读书,那么读书的内化程度或者说批判性的意识特别强。可能有人会问这样读书岂不是太窄了吗?是不是应该去广泛地掌握学科的全面知识呢?我想说的是:第一,那种面上的宽泛的掌握应该是在此之前解决的问题;第二,没有哪个人能在法学理论方面是通才,一定是在某个或某几个问题上特别深刻,特别有见识;第三,对某一个问题有深刻的认识,对其他的问题能够触类旁通,能够对其他问题有带动性作用,因为社会科学都是相通的。

简单的几句话:在阅读中不断地暗示自己发现问题;带着问题去阅读;写作是最好的阅读方式。

(李秋实、聂　潍)

杨　松
Yang Song

1968 年 2 月生,辽宁沈阳人。

1989 年毕业于辽宁大学法律系,获法学学士学位。同年免试保送辽宁大学攻读硕士研究生,1992 年获硕士学位。1995 年考取武汉大学法学院国际经济法专业,1998 年毕业并获得博士学位。1998 年破格晋升为副教授,2000 年破格晋升教授。现任辽宁大学法学院院长、教授、博士生导师、法律硕士教育中心主任、经济法律研究中心主任。兼任中国法学会经济法学研究会常务理事、中国国际经济法学会理事、辽宁省法学会副会长、国际法学研究会副会长、辽宁省国际经济法研究会副秘书长、辽宁省政府 WTO 咨询服务中心专家咨询员、辽宁大学校学术委员会委员。

曾于 2002 年 1 月至 2003 年 2 月在美国长滩加州州立大学做高级访问教授,主讲"中美比较司法制度"。主持完成多项国家及省部级科研项目,如国家社科基金项目"国际法与国际货币新秩序研究"、司法部重点项目"我国加入 WTO 后经济法制建设研究"、教育部九五社科规划项目"外商投资特许权的法律问题研究"、辽宁省社科基金规划项目"WTO 与我国金融法制的发展"等。在《当代刑事司法杂志》(*Journal of Contemporary Criminal Justice*)、《法学研究》《中国法学》《法学评论》《法律科学》《现代法学》《社会科学辑刊》等刊物上发表中英文论文三十余篇,被转摘近十篇。在法律出版社、北京大学出版社、武汉大学出版社等出版学术专著和教材十余部,如《国际货币基金协定研究》《国际法与国际货币新秩序研究》均获奖。曾荣获国家教育部首届"高等院校优秀青年教师奖"、司法部优秀教材与优秀科研成果二等奖等;获得第五届"全国十大杰出青年法学家"称号。

> 小时候我们家住在当年日本侵占东北后留下的房子里，一个很简陋的房子，还要拿出一半的空间来放书。老一辈知识分子把自己的青春甚至一生都奉献给了他们热爱的事业，一点怨言也没有。

记者（以下简称"记"）：杨老师，您好！我们就从您小时候开始上学的经历谈起吧，我想童年对一个人各方面的素养和品质的塑造都有相当深远的影响。

杨松（以下简称"杨"）：我父母都是沈阳人，我从小在沈阳长大，中学是在辽宁省实验中学读的，那个时候这是全沈阳市乃至全辽宁省最好的中学。我父母在航空部的一个飞机研究所从事技术工作。他们原来是在部队的，20世纪70年代初他们属于军工研究所，是保密单位，因此我们不住在沈阳市内，而是在沈阳市郊军管基地里居住。我母亲所在的科室主要从事计算工作，同事中有几个是吉林大学数学系、北航数学系、清华数学系等专业毕业分配到这里来工作的。他们业余时间就出一些类似今天的奥数题给我们这些孩子做，或者想办法找一些智力开发题训练我们。我记得当时我就很崇拜高斯。我上小学的时候买不到课外书，我父母去北京或上海出差，回来就给我买《三毛流浪记》《格林童话》《小马过河》这类的书。在70年代初中期，我还有课外书可读，应该是很幸运的。

我还没上小学的时候，他们统一地脱了军装，但是仍然属于保密单位。我们住在家属区里，科研区里面的飞机都要罩上，我妈妈如果要领我去他们单位，还要登记，看到的飞机还是罩上的。我就是在这样一个环境中长大的。我父母工作非常敬业，周日也在工作，我的印象中他们总是在不停地工作，画图纸，经常把我锁在家里，给我买了一堆小人书，让我自己在家看，所以我从小就喜欢读书。我都是提前上的幼儿园、小学，因为没有人照看我。我17岁上大学，1989年我21岁时本科就毕业了，要比我的同班同学小两到三岁。

我小时候非常活跃，除了上学就是玩，我在我父母工作的601所附属塔湾小学读书，课余时间学校就组织我们搞文艺演出、画画之类的素质教育活动。我们学校有一个文艺队，唱歌、跳舞，我是文艺队里最活跃的队员之一。我们下部队、下工厂给人演出去，也不怎么上课，在当时看来是很出风头的。记得我上五年级时，我们学校所在的皇姑区选五个沈阳市市级三好学生，我被评上了。记得当时我们学校的大队辅导员带着我参加颁奖会，市领导们给我们颁奖，我的老师还在大会上做了如何培养学生的主旨发言，这一切对我的触动很大。从小我就属于一个被大家关注的孩子。

记：在您的童年阶段，正值"文革"期间，请问您对"文革"有点印象吗？

杨：我对"文革"有点印象。70 年代初我在上小学，仍然在"文革"的状态中，我的印象就是大家都在干革命、读《毛选》，背《毛主席语录》。我在小学每天也要读一段《毛主席语录》，其实根本理解不了内涵，在学校正规的课本不怎么读，每天忙于出去表演节目，就是这么一个印象。

等到我上小学五年级的时候，突然听说恢复高考了，而且中学还有重点中学，我就去报考了当时沈阳市最好的中学——辽宁省实验中学。我的语文考得不错，这得益于我小学的语文老师，她是福建人，很有文采，曾经给我们出过一题，让我们每个毕业的孩子给班主任写一封感谢信，而实验中学入学考试的作文就是给毕业班班主任写一封信，我就想起来当时老师给我批作文的时候还给我补充了点词，什么"婀娜""参天大树""栋梁之才"啊，那时候能用上这种词多不容易啊。我就一个作文答得特别好，其他成绩一般，结果还是考上了实验中学。我们 601 所家属大院当年只有 5 个孩子考上了实验中学。601 所的家长们给上重点中学的孩子包了一辆专车每天接送上下学，鼓励其他孩子考重点中学。当时我特自豪。

辽宁省实验中学一直给我们一种精英教育，告诉我们你就是最优秀的学生，你是肩负着使命的。我一直在这样一个环境中成长起来。实验中学在强调课程学习的同时，始终把素质教育放在重要位置，这是实验中学一贯的风格。我可是个活跃分子，做大队长、文艺部部长，整天唱歌、跳舞。我小时候长得比现在漂亮，有点像秀兰·邓波儿，我头发有点黄，加上一点自然卷，什么场合都不害怕，敢于表现，学校里老师同学们都非常喜欢我。

有一次实验中学搞全校大合唱，我们班没有人指挥唱歌，老师问我行不行，我想指挥不就是打个拍子嘛，就去指挥了。会演之后大家都知道，初一四班出了一个小指挥。我在实验中学一下子出名了。上高中的时候我没好好学习，成绩不行，在班级里虽然排在前面，但不是很拔尖。考大学的话，国内的名校肯定不行，而考一个相对好的学校是没有问题的。

在辽大四年，我不用怎么费力读书就一直是成绩最好的，学生会的工作我也积极参加，我那时候也很活跃，是文艺部副部长、演讲协会会长、《法声报》主编。我后来留在大学从教这段经历并不是我人生最辉煌、最引以为豪的，我小时候才是比较辉煌的，上大学以后就逐渐暗淡下来了。2009 年省实验中学 60 年校庆，我受邀回到母校，看到校友都很优秀，请回来的院士就有好几个。我拜访了当年教过我的老师，回到当年学习过的教室，感觉世事变迁、瞬息万变、恍如昨日。但当年的豪情和理想却始终扎根在我的心里，直到今天。

辽宁省实验中学培养我所具有的那种责任感、事业心，根深蒂固地在我脑子里,这和我后来在辽宁大学的工作有很大的关系。我有很多机会可以离开辽宁大学,但是我都没有这么做,因为在我的内心深处始终觉得,任何一个学校都没有辽宁大学这么需要我。我留在这里的确失去了一些个人的东西。在我的事业发展中总是能看到各种各样的机会,但是我冷静下来,就觉得我不能离开辽大。

我觉得一个人的成长在每个阶段都很重要,我现在回想起来觉得我真的得益于我小时候所受到的教育,我耳濡目染,受到父母的影响。我小的时候特别爱看《人到中年》这部电影,看过好几遍,因为演的就是我的父母及周围的叔叔阿姨们。他们忘我地工作、无私奉献的精神对我影响很深。小时候我们家住在当年日本侵占东北后留下的房子里,一个很简陋的房子,还要拿出一半的空间来放书。老一辈知识分子把自己的青春甚至一生都奉献给了他们热爱的事业,一点怨言也没有。我在这样的环境里长大,所以我现在的生活也很简单,我们家除了书和必要的生活用品,别的什么也没有。我女儿也是在这样的环境中长大的,她现在去任何地方,背包里都要放一本书,她说万一有时间还可以拿出来翻翻。做老师最重要的是教学生做人,而不仅仅是教他们知识,我希望成为那种能够影响学生的人,只要学生接触到我,我就能给他们带来重要影响,而不仅仅是给他们上过课的老师。在一个大学里面真的要有那种有思想的老师、有人格魅力的老师甚至有传奇色彩的老师,否则这个学校就没有灵气、没有活力了。对我来说最幸福的事情,是我喜欢做的事情和我用来谋生的工作是统一的,在每天的工作中我快乐着、幸福着,有成就感,我看着我的学生就很满足。

> 我觉得自己特别幸运,因为我遇到的几个导师都是品德高尚、学术精深,都有大家风范。

记:您当时报考的专业就是法律吗?

杨:就是法律。我在实验中学的文艺比赛、辩论赛中发现自己比较擅长演讲,作文相对好一点,讲话比较有条理,我觉得自己适合学那种说理性的专业,比如当个记者。我高考的时候法律专业的人才比较缺乏,我就报考了法学。我第一志愿报考的是武汉大学,第二批录取的院校我报的是辽宁大学,武大没有考上,我就来了辽宁大学。我当时对法律没有什么印象,就觉得那些香港电视剧里法官带着卷卷的假发,拿个槌子在那里一敲很威严。我是1985年入学的,辽宁大学法律系是1980年成立的,我入学那一年系里刚有第一届毕业生。在"文革"前辽宁大学是没有法学专业的,和很多"文革"之后恢复招生的重点大学法律系相比,辽宁大学和它们几乎同时起步。我记得当时辽大法律系招聘的老师有毕业于日本东京大学、名古屋大学、台湾东吴大学、北京大学、北京政法学院、吉林大学的。

记:您进当时辽大法律系,感觉如何呢?

杨:说实话,刚开始我感觉不好。倒不是因为辽大不好,而是我在实验中学读了六年,我的同学都去了北大、清华、复旦、浙大、厦大、武大等名校,或者出国。我在实验中学读高中都是住校,但是到了辽大第一年没有住校,每天骑着自行车去上大学,有一种被赶回家的感觉。实验中学是辽宁省最好的中学,我们当时搞过东北三省三校夏令营,辽宁省的实验中学、黑龙江省的哈师大附中、吉林省的东北师大附中,都是每个省最好的学校,我们每个学校出 10—20 个学生参加这个夏令营,当时我们初一年级一共选了三个人,其中有我。我在实验中学也算是好学生,我却考到了第二批录取的学校,确实心有不甘。当时辽大法律系刚刚建系,其他老牌院系占据了辽大的文科楼,我们法律系在学生宿舍的十一舍一楼办公,非常艰苦。辽大第一届法律系学生有五十个左右,老师辅导他们考研究生,其中有近二十个考上了名校。老师们当时非常敬业,晚上回家吃完饭还回来给学生补课。所以,我们这里也培养出了些人才,比如烟台大学校长房绍坤、中国社会科学院法学研究所现在的党委书记陈苏等,他们都是辽大第一届毕业生。

在辽大的四年给我留下了非常美好的回忆,我觉得自己就是辽大人。四年的本科会给一个人定型,对一个人成长的作用是难以取代的。

记:在您四年大学学习中,您感觉印象最深的是哪位老师?

杨:有几位老师我印象非常深,第一位对我影响大的老师是前任院长刘笃才老师,他当时教了我两门课——"中国法制史"和"中国法律思想史"。他做老师不会哗众取宠,他就像一颗朴素的大树,你乍一看觉得树枝粗糙干枯,但是走近了却发现绿叶很美,接着又发现绿叶丛中还结着丰美的果实,让你越品味越觉得有味道。现在我看当年他教的两门课的笔记,仍然给我很大启发。刘老师让我最敬佩的是他的磊落和对学问的执著追求,做学问一丝不苟,心无旁骛,退休之后还做学术,没有任何功利性。

对我影响最大的老师是我的硕士研究生导师孙文良教授。我在硕士阶段读的是中国法制史专业,当时是法律系与历史系联合培养,我非常幸运跟着孙老师学习三年,为我打下了非常好的学术功底。孙老师是北京师范大学白寿彝的弟子,不但是辽宁大学史上少有的优秀专家,而且在国内中国古代史学界,特别是明清史学界是公认的著名专家。先生已经去世了。他总共带过七个研究生，一年带一个。当时我享受的是博士的待遇，他就给我一个人上课，一共上过四门课，一个学期一门。他给我一个人讲课也是认真备课。我的学术功底就是在那个时候打下的。他告诉我写文章如何才叫力透纸背，要把文章写到这个程度才能拿出去给别人看。他做学问非常勤奋，连过春节都不休息。无论做人和做学问，先生都是至今对我仍有重要影响的人。

我最敬佩的老师还有一位是我读博士期间的导师——武汉大学的刘丰名教授，他当时已经近八十岁了，很少出门，整天在家里不辞辛苦地做学问。虽足不出户，但对天下事没有不知道的。我读博士的时候每个月都去向他汇报学习情况，我张嘴说了几句话，他马上就能判断出我什么书看了、什么书没看、看到什么程度、还存在什么问题。我们在外面查资料、研究、交流，到先生那里就觉得他始终在跟踪学术最前沿的东西。先生话不多，但是几句话点出的都是关键问题。先生头脑清醒、思维敏捷，虽已近八十，但仍然心系国家的法治建设，笔耕不辍，2010年对他的《国际金融法》一书还亲自做了第四次修订。2008年在上海参加"全国法学名家讲坛"时，他提出了建设上海法治特区的构想，受到学术界和媒体、实务界广泛关注，多家报纸刊登了先生的发言。每次我去府上拜访，先生总是迫不及待地与我探讨学术，指点我的研究，每次都让我茅塞顿开、获益匪浅。

我觉得自己特别幸运，因为我遇到的几个导师都是品德高尚、学术精深，都有大家风范。我们在武汉大学给刘丰名老师做八十诞辰纪念时，时任武汉大学副校长的黄进老师就曾说武汉大学法学院有四老——韩德培先生、梁西先生、马克昌先生，还有就是刘丰名先生。先生对我进行学术选题指导的时候曾告诉我不要去做那些大家都争抢的热门，不妨去做一个冷门的题目，但它是一个基础理论，如果做好了会对这个学科的基础理论有所创新，他说我能坐得住，我适合做这个。他看出了每个学生的特点，所以会根据特点来指导我们。在先生的指导下，我的博士论文所涉及的国际金融法领域日益显现出在国际法中的重要性，我也研究出了一些成果，引起了一定的关注，自己非常获益。

记：在同学中，您印象深刻的是哪位同学？

杨：我们班级的班长。他是个男生，比我们大好几岁，我们都叫他老班长，他叫杨军。我为什么说敬重他呢？因为他为全班同学操心，他家在沈阳，每天骑自行车上下学，一会儿到男生宿舍看看，一会儿到女生宿舍看看，把家里的东西带给我们吃，我们有什么事情都找他帮忙。我记得有一次我大三生病住院了，他在沈阳中院实习，还常常到医院来看望我。他现在召集我们聚会，我们就马上会过去。

记：大学四年中，您印象最深的是哪件事情？

杨：这太多了，我印象深的事情有两种，一种是锻炼了我，一种是给我很深的感触，从而改变了我。在大学一年级的时候，辽大为了在新生中选拔干部，搞了一个演讲比赛，我去参加了，获得很大的成功，大家都认识我了，知道我擅长演讲。后来组织了一个演讲团，到监狱去给服刑人员演讲，做一些感化工作。我就写了一个稿子，没好好写，跑到那里见到他们就很紧张，站在台上说不出话来，坐在下面的老师看我这么紧张，就把稿子给我送到台上，我照着稿子念了一通就下去了。我后来觉得学法律的人有这种心态是不对的，我应该学会去面对这些人。

还有一件我比较难忘的事是大三的下半年我开始准备考研究生，我打算考吉林大学，但不知道吉大是怎么样的，我就背个小包买了张火车票跑去吉大看看。直接到吉大法学院的办公室，我说我要见经济法的老师，他们说是哪位经济法的老师，我说你们这里都有谁啊，给我看看名单。我看到"苏惠翔"的名字，就说我要见苏老师。他们问我到底想干什么，我说我专程从辽宁大学赶来，我要考他的研究生。办公室的老师还真的给我联系了，我就见到了苏老师。我说我之所以要考他的研究生，是因为我在辽宁大学每年都是第一名，我想到吉林大学来读研究生。在吉大呆了两天，对我的触动很大。后来辽宁大学希望我留校，跟孙文良老师读中国法制史研究生，我觉得自己适合做老师，做老师很自由，而且有发展空间，我可以把我的思想传播给学生，让他们去做我没做成的事，这很有成就感，因此我就留下了。

我1989年上了研究生之后，研一没有读书，那年全国的研究生都要去农村锻炼一年，我就到农村去劳动了。我是党员，但得重新写入党申请书，重新学习了一番，这件事给我的印象也挺深的。

> 在我们国家，更需要大力提倡实证的、基层的、带有社会调研的法学研究。我们空对空的太多了，每年出来这么多文章，真正解决问题的有多少呢？为什么现在实践和理论是"两张皮"？做实践的人不知道理论的发展，做理论的人不知道实践中需要什么。甚至有的学术研究所研究的是伪问题，而且还有人趋之若鹜地去做。

记：您现在所从事的这个专业，其兴趣是从什么时候产生的？

杨：在我读硕士的时候。我硕士读的是法制史。我开始对西方法律思想史中关于国家和国家在经济领域中存在的法律问题发生兴趣，兴趣是一方面，还要看基础,看能做什么。我当时之所以不去学刑法、刑诉、宪法等,是因为这些学科很成熟,北京的那些专家都很有地位了,我不大容易做得好。

我觉得做学问有两点,第一,要有爱好;第二,要有天分。在做学问上,我天资不够,我是一个很单纯、很简单、很透明的人,所以我做事情也很简单,我只能在同一时间做一件事。我决定做学问了,就一心好好做学问。结婚之后我和先生商量说我想去读博士,要到武汉大学学习,每个学期在完成辽大的工作之后,我就要待在武大,静心看书。看到我如此钟情读书,向往深造,我先生就同意了。我三年读博收获非常大,我读博之前是助教,读博那年评上讲师,我并不耽误在辽大的工作,我在辽大集中一个月把课上完,然后回武大去读书。1998 年我破格评上副教授,那年我博士毕业。接着,我对博士论文的题目进行跟踪研究,相继出了几篇质量较好的文章,在《法学研究》《中国法学》发了两篇文章,同时还拿了国家社科基金。辽大看到我的成果后很震惊,又给我破格评上了教授。2000 年教育部评选优秀青年教师奖,辽宁大学有三个名额,全国共报近千人,从中选出一百人,这些候选人来自各个学科。那一年法学学科被选上的只有五个人,我就是其中一个,另外四个是北京大学的张守文、武汉大学的肖永平、四川大学的左卫民、山东大学的谢晖。那四位都是来自教育部 985 高校,只有我是普通高校。应该说,这是对我几年来勤奋学习的肯定。

记:您对您所从事的专业有什么基本的学术观点?

杨:我学的是经济法,这些学科的理论都是从西方法律思想中梳理出来的,我开始专攻这个领域是我武大的导师指定的。你可能觉得这些是技术性的问题,但是其实并不如此。比如货币法,它是经济法的基础。我偏重国家对经济领域的管理,如对银行的监管。我的整个研究偏重公法,我写的东西都是公法方面的。

我有一篇文章发表在《海阔天高——中国经济法(学)的过去、现在和未来》中,文章的题目是《全球化背景下中国货币金融法的发展》,我在其中探讨了金融调控法律、外汇管理的法律制度、投融资法律制度等方面的问题,集中体现了我对这一领域的基本学术观点。

金融法的基本权力之一是货币权,它是金融调控的权力表现。货币权是国家经济权力的一种,属于公共权力,其范畴体现为货币调控权和货币主权。美元国际化实质是美国货币权的全球化。它是国家货币调控权的扩张和对其他国家货币权的侵略,反映了国际金融领域各国货币权不平等的事实。金融危机的遏制必须从规制国家货币权入手。如何规制?规定各国货币的国际合作义务;跨国货币的金融垄断规制;规定各国货币的法律责任;建立类似 WTO 争端解决机制的国际金融争端解决机制。

在金融调控法律制度的构建方面,应当注意三点:第一,基于金融调控客体与内容的宏观性和总量性特点,其法律构建应更侧重于程序立法的完善和形式救济途径的有效性;第二,基于金融调控关系中权利义务的不对等性,法律制度的设计应充分考虑权利一方的制约机制和义务主体司法救济途径的多样化,运用法律手段平衡两者法律地位的差异;第三,基于目前金融领域法规协调性差的问题,我们同样要注意立法的一致性、协调性。

在外汇管理方面,我认为必须从以下方面调整思路:一是转变长期以来形成的外汇进来越多越好的观念,加强对外汇注入的监测与管理;二是转变外汇流出越少越好的观点,逐步建立正常的、合理的、可调控的流出机制;三是进一步树立市场机制观念,用符合市场经济运行规律的方法和手段实现外汇管理目的。

我发表在《辽宁法治研究》2008 年第 4 期上的《美国金融危机引发的法律思考》反映了我对美国金融海啸背后的金融法制与政策的重大缺陷的担忧和思考,在该文中,我总结了危机背后的原因:首先,美国的金融调控政策不能与快速发展的金融市场交易制度同步,导致完全市场化的金融交易没有有效的金融政策指导,自由恣意发展超出了美国经济的承载和控制能力;其次,1999 年《金融服务现代化法》出台后,美国建立了一套允许银行、证券公司、保险公司以及其他金融服务提供者之间可以联合经营、审慎监管的金融体系,形成了沿用至今的"双层多头监管机制",但对混业经营功能监管不彻底,监管机构交叉重叠,监管冲突和疏漏也时有发生,导致新的金融业务和产品出现后,金融监管滞后,形成金融系统风险;最后,现行国际金融秩序存在的问题加速了次贷危机的产生和蔓延,各国的国际经济法责任没有一致的归责标准和救济机制,形成以金融实力强弱论权利义务的态势。国际金融领域尚不能视为具有效力的秩序,发达国家占据国际金融市场的规则主导权和制定权,发展中国家身处劣势而力争金融发展权,因此,美国的金融危机影响到其他国家金融的稳定和安全,美元在国际结算和国际储备中具有绝对优势,这既加速了美国在全球范围的财富积累,同时也输出了美国金融市场的风险,形成财富掠夺和风险转嫁。这是国际金融秩序不公正的重要标志,现行国际货币体系缺乏多元货币的制约和互补。

记:以您自己的专业为例,你认为中国与其他国家的差距在哪里?

杨:我觉得可以从两个层面上谈,一个是我这个领域中的法学实践的差距,一个是法学研究方面的差距。就前者而言,我觉得说差距是不准确的,因为法律是有类型的,有不同的模式,不能说这种模式一定比那种模式优越或落后。

只能说在这个阶段这个国家只适合于这种模式,不同模式的并存在世界各大法系和法律制度中存在很正常。以我所研究的国际经济法为例,现在美国在这方面的保护是比较完善的,但是金融危机也暴露了他们存在的很多问题。什么样的制度真的是好的制度?我觉得,符合自己国家发展阶段的制度就是好的制度。

但是,就法学研究而言,肯定是有差距的,这个不能否认。我觉得最主要的问题是我们的研究基础不行,研究方法落后,整个法学研究没有成果可以作为国家核心竞争力的组成部分,我们法学的学者都应该注意到这个问题。

记:在您的专业中,出现过什么大的争论吗?您的观点是什么?

杨:最大的争论就是国际经济法到底是不是一门独立的学科,国际私法、国际公法、国际经济法这三门是不是应该合并起来,成为一个二级学科,和民法、经济法这些并列。

另外,在研究的范畴方面,你会发现国际经济法和国际私法的研究范畴总是会出现交叉,一个问题到底是属于国际私法还是国际经济法也引起过一段争论,现在年轻人以问题为出发点进行研究,不会考虑这些问题,但老先生喜欢争论这些问题。

记:在各种法学研究方法中,您最欣赏哪一种?

杨:我认为任何一种方法都不能取代其他方法,每种方法都有它的价值。我在美国的法学院和那里的师生交流后发现他们的方法有好的地方,但也有不足之处。那种一个个案例分析的做法非常重视每个案例所涉及的客观事实,但是对问题的演绎和逻辑我们要占优势。没有哪个方法更好,都是为了解决问题而发生作用的。但是,在我们国家,更需要大力提倡实证的、基层的、带有社会调研的法学研究。我们空对空的太多了,每年出来这么多文章,真正解决问题的有多少呢?为什么现在实践和理论是"两张皮"?做实践的人不知道理论的发展,做理论的人不知道实践中需要什么。甚至有的学术研究所研究的是伪问题,而且还有人趋之若鹜地去做。

记:你认为法学界的中青年学者现在浮躁吗?

杨:不能一概而论,有好的,但是不多。中青年学者的浮躁反映的是社会问题,成为学者是一个大浪淘沙的过程,有的人可能坐不住了,被其他事情诱惑,就离开了学术圈。有的人可能最后发现自己还是适合做学问,又回来了。

记:您认为现在中青年学者是多发表文章好,还是少发表好呢?

杨:这里有研究机构对学者引导的问题,对学者进行长期的培养还是要短期内就要出成果的问题。中国为什么出不了大师?如果没有营养,怎么会出成果?很多人急于表现自己的想法,环境又催促你出成果,很多评价指标以成果来评价你,如果你不出成果,就感觉自己被淘汰了。这样不给年轻人沉下心积累的时间,是不可取的。我认为一个学者的成长有外因和内因,我们辽大法学院一定会给学者提供平台,满足这个外因的要求,如果老师想出国读学位,我们会无偿地送出去,学校保留所有的待遇。你要去参加学术会议,只要有研究成果,无论好坏,我们都支持你去。

记:在您所从事的这个专业中,您感觉自己最大的贡献在哪里?

杨:最大的贡献是培养了一些学生,写了一篇博士论文。

记:杨老师,在您的专业中,有哪些发展空间,有哪些需要开拓的新领域?

杨:金融法、国际金融法、经济法、国际经济法。现在为什么感到国际经济法这个学科不成熟,就是因为没有扎实的基础理论,没有自己的范畴、自己的体系。这里面有个很重要的原因是我们国家整个市场经济的发展还没有给这个学科提供非常厚的实践土壤。

金融和法的关系也是很值得研究的,现在没有人在这方面做出东西。你要掌握法理,要掌握国家政治制度,要懂宪法学,掌握国家的行政法,知道政府职权应该怎么划分。在金融方面,要懂产业政策,经济学的知识要有,市场、垄断、竞争的问题要懂。现在经济学研究比法学强,他们有经济学帝国主义,具有扩张性。它和法学的结合是空白,现在国家需要这方面的研究。经济发展中暴露出的问题,法学界却提不出解决的良方,因为法律人不懂经济。但是,对经济的管理是以法律为基础的,所以通晓这两个领域的人才是不可或缺的。

记:您认为一种良好的学术环境应该是怎么样的一种状态?

杨:适合自己学术能力成长的环境就是良好的学术环境,我希望得到没有压力的宽松的环境,只有这样才能写出东西来。但是,现在我达不到,很多事情逼着你出成果。我现在是要为辽宁大学着想,为法学院着想,我想申请到博士一级学科。辽大法学院到我这个阶段不能停止发展,其他学校都在跨越式地发展,我们如果还是常态往前走,我们就落后了,这个落后对我个人没有任何影响,但是会影响到辽大法学院的每一位老师和每一位学生的发展。

记:杨老师,您可以简要评价一下我国目前的法学研究状况吗?

杨:我认为我国法学研究状况越来越好了,我们起点很低,我们国家对法治的需求起点也很低,法学的发展需要整个社会的发展作为土壤,它和社会发展的程度是紧密结合的。中国法学的研究状况和国家的经济、政治、文化的发展状况联系在一起,是同步的。这几年法学的进步也是一个奇迹,我们的成果让其他学者刮目相看,我们毕竟只发展了三十年。当然,其中也存在一些问题,这些问题是整个哲学、社会科学界的问题。整个哲学和社会科学的基础理论发展得越好,其他方面才会发展得越好,对整个社会的影响和国际影响才会越来越大,但是我们国家却恰恰忽视了这方面的研究。对那些应时的问题进行研究是我们国家很重视的,国家需要舍得投入去养一批人做基础学科的研究。你看那个发现黑洞的科学家霍金,颠覆了我们的时空观。你说我们国家搞的这些项目能培养出这样的大家吗?一个大家出来是需要土壤支撑的。但是,我们也不能抱怨,这是一个国家发展到一定阶段的必然产物。哲学、社会科学是一种意识形态,是上层建筑,一定是经济基础决定的,到现在这个经济发展阶段就决定了我们迫切需要重视基础理论研究。

记:您能为我们法科学子推荐一些优秀的阅读书目吗?

杨:我们对法科学子提供的是一对一的指导、个性化的指导,不是千篇一律的,根据不同人的知识结构会给他们开不同的书单。但是,我觉得一个法科学子如果仅仅看法律的书,今后不会有大的前途。因此,应该以法律书为主,适当扩展别的知识,哲学、经济学、社会学、政治学、人类学都是需要的。

记:最后,能否给我们法科学子提几点希望?

杨:现在你们遇到了好时候,也是最有压力的时代,既有机遇又有挑战。不管你们做研究还是做其他工作,都要养成一个读书的习惯、思考的习惯、锻炼身体的习惯,你们会获益终身。

(马　贺、陈佳吉)

易继明
Yi Jiming

1968 年 2 月生,湖北公安人。2002 年,获北京大学法学博士学位。2002 年至 2006 年,任中国社会科学院法学研究所博士后研究人员、教授(研究员)。2005 年至 2006 年,赴美国哥伦比亚大学法学院研修。2006 年至 2010 年,任华中科技大学法学院院长,教授、博导。2011 年起,任教于北京大学法学院。

主要著作有:《私法精神与制度选择》《合同法理论》《侵权法的统一:因果关系》《哲学与侵权行为法》《英格兰法与文艺复兴》《技术理性、社会发展与自由》《科技法学》等十余部。在《法学研究》《中国法学》《中外法学》等期刊上发表学术论文六十余篇。主持并主编"科技法学论丛"系列丛书、"法译馆·讲演集"系列丛书、"私法与比较法文库"系列丛书。

> 那时,我觉得学法律是件很好的事情,像美国,很多总统啊什么的,都是学法律出身的。从小我就是一个"孩子王",按照孩子的心性,对于"当总统",还是很感兴趣的。在大人的眼里,我应该是一手拿着糖果,一手挥舞着要当总统,这样就选择了法律。

记者(以下简称"记"):易老师,您好!感谢您能够抽出时间接受我们的采访。对"文革",您有什么印象吗?

易继明(以下简称"易"):我出生在"文革",出生在农村,我小名(乳名)就叫"革命",要说印象,有一些,但不深。很小的时候,听说湖北闹"兵变"。后来才知道,那是当时的武汉军区司令员陈再道对"文革"不满,在毛泽东下榻东湖宾馆时,与同住在东湖宾馆的"中央文革工作领导小组"副组长王力发生冲突,引起了误会。这样看来,湖北在"文革"期间,应该是斗争很凶的地方。那个时候,有些大人吓唬不听话的小孩,都说"不要哭了,陈大麻子来了"。那个"陈大麻子",就是指陈再道。其实,陈再道司令员根本不是什么"麻子脸",就是那么一个说法。不过,我小时候胆大,没有什么怕的,只是觉得好玩而已。还有一点印象,就是标语吧。每家的墙上,在醒目的地方,往往都刷上一些标语,什么"永远不要忘记阶级斗争""抓革命、促生产""四个现代化"等之类的东西。不像现在,在别人家墙上刷广告,那是个商业行为,是要付费的。小时候,我们都爱看连环画。那个时候,喜欢读书的不多,能够读的书也不多,有本《西游记》什么的,就很高兴了。小时候在农村捏泥巴、爬树啊,什么都干,很愉快,不像现在的孩子,满满一书包,很累。我现在觉得,城里的孩子其实是很不快乐的,公园里的那些设施,还不如我们那时候爬树什么的,很自然,又有"原创性"。

记:1977 年恢复高考时,您可能读初中了,可能您周围的兄长或是年长的朋友都参加高考了,对于这个您有没有印象?

易:那时我还在读小学。对于高考,有点印象的。1977 年恢复高考,真正入学的时候,就是 1978 年 3 月份了。我在家里排行老六,有两位兄长曾参加过高考。那时,对于农村的孩子来说,读大学是"跳农门"的唯一途径。从 78、79 年开始,有一批农村的孩子走出了农村。在家里、在学校,父母和老师都在说,要好好考试,这关系到今后是"穿草鞋"还是"穿皮鞋"的问题。按照我现在的观察,恢复高考后的前三四届这批人有些社会阅历,能洞悉社会,在性格和意志力方面,他们中的大部分很坚毅,有韧性,经过了社会的历练,有着锲而不舍的精神。据说,北大 79 级的季卫东,去北大读书,整天泡图书馆,埋头学习,他学习日语,也是硬啃下来的。这种奋斗精神,要搁在现在,很多年轻人都是做不到的。这种在社会中历练出的坚强意志力,对他们后期的发展乃至思维及行事方式,都有一些影响。当然,他们对社会问题的观察与洞悉,有好的地方,也有不好的地方。好的地方是,他们更贴近中国的实际,更务实,浪漫主义色彩比较少。但是,不好的地方也在于此,与后面一拨年轻人相比,他们缺少了一些浪漫或理想的成分,不再"阳光"了,甚至可以说他们中的许多人潜移默化地受到了新权威主义思潮的影响,更容易成为进步力量的反面。同时,这批人主观性很强,一旦有了自己的主观看法或者成见,则又很难改变,很可能自己受到伤害,又会去伤害别人。这或多或少也印证了历史发展的自然逻辑吧。

记:能不能给我们讲讲您当时参加高考的经历,选择法律专业的原因?

易:我的两个哥哥都是学的理科,他们都建议我学文科。当时,坊间流传的一句话:"学好数理化,走遍天下都不怕!"我们高中那会儿,一年级就开始文理分科。中考后,先是被分到理科班,后来,自己又申请调到了文科班。那时,我觉得学法律是件很好的事情,像美国,很多总统啊什么的,都是学法律出身的。从小我就是一个"孩子王",按照孩子的心性,对于"当总统",还是很感兴趣的。在大人的眼里,我应该是一手拿着糖果,一手挥舞着要当总统,这样就选择了法律。

我的童年时光很愉快。父母很开明,也不怎么管我们,不会逼着我们学习。当然,父母总是希望孩子们学习好,只是说不会逼我们干这干那罢了。我是个贪玩的孩子,基本上是玩玩打打地过来的。直到高中三年级,都说高考重要,才开始考虑怎么学习的问题。那时,我的数学比较好,高考数学考了满分。同时,自己又喜欢看闲书,什么《三国演义》《西游记》啊,那些小说都爱看,正经八百的语文课本倒是不怎么去学。现在知道了,开卷有益,其实这个世界上是没有什么"闲书"的。所以,语文成绩也差不到哪里去,甚至要比一般背诵课本的要好很多。历史课,我觉得是比较好学的课程。我是怎么学的呢?自己先归纳,比如说古代史啊近代史啊,自己在老师讲课基础上梳理了一个线索,然后再讲一遍,录制下来。我家里有个小的录音机,那时候流行邓丽君的歌,就是用那个录音机播放的。我自己用磁带录下历史课的内容之后,自己再放磁带听,回到家里,边吃饭,或者休息什么的,就边听自己的录音。觉得很好玩,又是自己归纳的,印象也很深。政治课这个东西,其实是不需要怎么去学的。马克思主义唯物论、辩证法、科学社会主义原理等,就是几个基本的观念而已。中国革命史、时事政治等,只要多关注新闻,了解我们党的发展及解释社会问题的方法,就大致知道怎么回答了。地理课程,就是多看看地图;同时,找个地形或者区划图,自己规划规划。比如,这条河的上流,不适宜建化工厂;这个区域主要刮什么风,上风口不适宜建钢厂、垃圾焚烧厂等;那个地貌有溶洞,不能建大型建筑等。这些也是很有趣的事情。外语嘛,不能靠突击,但高中考的也不难。我外语一直不是很好,得高分也是不容易的,但考的是基础,应试也不会太差。1986年那年高考,我考得不算好。当年高考,我们从乡镇出发,到县城去参加考试。到了县城,我们住在一家招待所,很兴奋,也没有把考试当回事。当晚,跟一位高中辍学到县城工厂当工人的同学一起看录像去了。半夜回到招待所,急得老师团团转。那次高考,语文考得不太好,作文题写偏了,想换张试卷再写,监考老师说没有答题试卷了,就交了卷。

交卷出来,发现我交卷几乎是提前了近一个小时。我那位已经参加工作但平时见面较少的同胞大哥不知怎么回事,还站在教室外面等我。这下我才真正感觉到,这次考试真的很重要。我大哥问我,怎么出来这么早,别人都还没有出来。我说,我做完了,就交卷出来了。后来,老师告诫我,今后做完了,还要认真检查;即使没有什么要检查的了,也不能先出来,要等到打铃才交卷,不要影响别人。我现在当然明白,自己交卷交早了,也给其他同学造成一定的心理压力。但那时的我,总觉得自己早点交卷完事,看着别人还在卖力做题,也是件得意的事情。我这个先交卷的毛病,是在数学考试中养成的。高中三年级,老师开始搞"题海战术",经常考试,我印象中几乎每星期都会有两三次,但题目我大部分都会,做题又没有什么意思,让人很烦,所以我不愿参加这种"题海战术"类型的考试。数学老师对我特别开恩,让我自己选择性地做一些题,一看就会的,就不做了。这样下来,我自然要节省很多时间,一般也会提前交卷。

记:是不是语文拖了您后退,就报了中南财经政法大学?

易:应该说有点。中南财经政法大学当时叫做"中南政法学院"。语文没有考好,但总分还是比较高,超过了重点线。我第一志愿报的是北大,分数线也达到了,但不是很高,北大落选也是正常的。原来想,要是考不上北大,就复读,再考一次。那时,高中生复读现象很普遍,我小时候贪玩,属于"觉醒"较晚的,想来复读之后,再考个北大不能拒绝的高分,应该是没有什么问题的。但是,家里人跟我说,我们农村的孩子,首先要解决的是"穿草鞋"还是"穿皮鞋"的问题。这样,没有办法了,就自己躲到厨房里,将门反锁,找了一瓶酒,大约还剩7两,想把自己喝醉算了。见我这样子,家里人谁都不敢惹我,只有从窗子外往里瞧瞧。没想到,酒是喝完了,但人却没醉。没办法,还得厚着脸出去。拉开门,见父母、姊妹等在外面,有的贴着门,有的黏着窗,我说一句:"你们偷听什么!"他们个个立马表示,没有偷听。不过,见我精神还算正常,也就偷着乐了。

后来就去了中南政法学院。当然,中南政法也是很不错的,学校位于湖北这样的高分区,生源很好。1986年,中南政法的南湖校区才正式招收过一级(85级)学生,整个校园还是一个大工地。通向校园的那条政院路,刚修建起来,一下雨,满是泥泞。据说,时任司法部部长的邹瑜考察新址时,是撑着船划过南湖才到的。入学时,学校派了校车接站,有位新生刚到学校,一看到这般情形,就回家复读去了。现在回想起来,那个时候中国社会科学重建,学术是一片沙漠,学校建设也有点这种味道。1977年高考恢复,招法学的,也就只有北大、中南和吉大,中南算是最早恢复法学招生的一批。在当时,它的教学条件和师资也算是可以的了。据说,当时中南政法从中南财经中分立出来,广东提出了很优厚的条件,希望中南政法学院落户广州,但最后因为很多教师不愿意拖家带口地搬迁,还是留在了湖北武汉。改革开放初期,武汉的条件也相当好,所谓"京津沪汉"嘛,至少也是一个老四的角色。当然,现在似乎有点儿"中部塌陷"了。

> 座上清谈,总是很容易的,如果再捡拾几件不合理的现象批判一通,也是很容易的。但是,真正地了解国情之后,找出一条切实的解决问题的途径,则要难得多。

记:能够谈谈您那时的大学生活吗?

易:应该说,我们的大学生活充满了理想主义色彩。那时我们读书还有一点生活补助,分配工作虽然有好有坏,但总的说来,都会有份工作在等着你。有了这两个保障,年轻人的天真烂漫就充分体现出来了。另外,改革初期,一直是改革的主旋律驱动着社会,总有一些计划体制的束缚在被突破,人们感觉一天一个样,社会欣欣向荣,一派生机。西方思潮如什么萨特、尼采、弗洛姆、弗洛伊德等,一下子涌入中国,让我们目不暇接。从个人发展角度说,那个时代的我们,跟现在"富二代"的生存方式与生活理念完全不一样,提倡个人奋斗。我本人就从"汉正街"买袜子、衬衫等,再到校园摆地摊,到学生宿舍推销过。总的来说,1978 年以后,前三批大学生如 77 级、78 级、79 级是先锋,从 1985 年以后,80年代后期的一批大学生很好地吸收了思想的养分。

20 世纪 80 年代是充满理想主义的年代。现在我们一说起理想,似乎是幼稚的代名词,事实上,理想孕育着思想,也很深刻。就我个人的看法,我们今天的学术与知识的增长及存量,已经远远超越了 80 年代,但作为一种社会思想或思潮,我们则很难说已经超越了。甚至说,我们今天有一种理想失落的味道在里面。今天的人们,生活得非常现实、非常具体,现实或具体得像是一个事实化的生活体,缺乏了对于生活价值的关怀,更缺少对于社会及历史的深刻思索。因为在中国历史上的任何一个时代,无论黑暗或是昌明,总会有一些人,以各自的方式,始终作为一个社会的良心存在着,倔强地看护或者守望着我们这个民族的灵魂。但今天呢? 我们好像被平面化了、线性化了,我们已经听不到时代的任何呐喊声了。

记:声音小一点吧,也是有的吧,法学界像贺卫方老师。

易:不仅仅是声音的微弱吧。我们通过体制制造了一个"掩耳盗铃"的故事。在体制之内和在体制之外,我们形成了两套不同的话语体系,金钱、权势包括领导者的个人魅力及权力,都已经没有能力消弭这种体制内外的差异。我想,很多人都跟我一样,我们会反躬自问:我们为什么不能生活得真实一些呢? 1989 年前后,整个社会风尚不一样。1989 年之后,学生们被要求"好好读书"。其后各种体育、娱乐、"小资生活"等,透过体制的灌输,契合了年轻人的喜好,很快风靡校园。总之,"世俗化"成为后 80 年代的大学生生活走向。客观上讲,这种世俗化倾向,可以将大学生从"天之骄子"的圣坛上拉下,为整个市民生活形塑一种生活的自然理性精神。1989 年之后的大学教育中也产生了一大批优秀人才,他们知识面广,学术能力很强,也很有才干。但是,缺乏的就是一种历史使命感,一种对于社会思想的冲击,一种英雄时代的社会感染力。我曾经在某一个场合说过,20 世纪 80 年代的大学生和 90 年代的大学生有很大区别,80 年代是理想主义的,90 年代是现实主义的,甚至是世俗的。

记:回忆起来,我感觉 80 年代那个时候言论和学术环境都相对宽松。

易:当然,总的说来社会还是在进步,社会统治的方式也在进步。我在中南政法读本科的时候,在学生中我算是比较活跃的。我们 1990 年那一年的毕业生分配是最糟糕的。1989 年那一年的分配方案,事实上大部分在上一年的年底或者是 1989 年年初就定下来了,而且研究生招考和录取工作也正常进行。1990 年本科毕业时,很多专业包括法学不让报考研究生,只是个别学生因为政治表现好,可以被推荐。同时,那年毕业的都要下基层。

现在看来,下基层是件好事情,让待在教室、图书馆和校园的学生们了解一下中国的基层,感受一些基层的实际情况。座上清谈,总是很容易的;如果再捡拾几件不合理的现象批判一通,也是很容易的。但是,真正地了解国情之后,找出一条切实的解决问题的途径,则要难得多。现在在你们毕业生中,组织部门有一种选调生考试,录取的人先下基层锻炼,这种方法很好。我跟我的学生们讲,这种方式,无论对于你们今后从事学术研究还是社会实务,都是很有帮助的。这种经历,让你们理解社会更加深刻,处置事情更加得当,也能够改造自己的人生观、世界观。

我后来就是去了基层检察院工作。经过四五年之后,觉得自己要充实、想有更大的进步,就报考了北大法学院的研究生。在基层工作的时候,我也曾经考虑过去下海经商,但发现自己对于金钱缺乏冲动。1994 年我到北京,发现原来本科同宿舍的老同学李扬(现任深圳大学法学院教授)在北大念硕士。另外,我也受到他的几位同学如郑戈(现任职港大法学院)、强世功(现任职北大法学院)、赵晓力(现任职清华法学院)、金勇军(现任职清华经济管理学院)等影响,觉得再读个书挺好的,就报考了次年的研究生。

> 技术进步或者社会发展改变了我们的认知空间,我们不要以传统思维来看待现代社会中存在的这种张力。否则,就会简单地归为对抗抑或归顺。现代社会价值多元,诉求多元,不再是一个单向度的社会。应该说,有这样的社会结构,社会将更加稳定。

记：像您这代人，我最初了解的是我中学的班主任。他本来是分到一个党委宣传部，但最后被安排到一个中学当初中老师。通过他，我才第一次知道了那个时代。您认为现在可能更宽松点？

易：在比较中，总是存在历史的纵的比较和现实的横的比较两种方式。你们年轻人更容易接受的是一种现实的横向的比较。但是，分析问题要客观，要历史地看。我们可以不满足，而且始终要有一种不满足的心态。不过，社会发展、历史演进总是一步一步地行进的，拔苗助长，在很多的时候会适得其反。

易教授在做学术讲座

现在大家讨论的网络控制问题等，其实只是问题的一方面，另一方面所显现出的问题，可能被忽视掉了。随着网络的兴起，我们的言论事实上是自由多了。有时候，我们可以将这种进步看成是一种技术的力量，是技术进步引发的社会进步。就我个人的观察，这几年的社会控制，确实要紧一些，也要严一些。这里，我不想讨论为什么会"紧"或"严"，或者是为什么使人感到"紧"或"严"，我只想说明一点：社会发展本来就不可能总是线性向上的路线，它往往是一条曲折的波浪线。但是，这一切，都没有改变社会发展与进步的总体趋势。

记：是的，贺卫方老师上次去华东政法大学，被限制在本专业内和我们交流了一下。

易：他们在我们这边，都是做的公开的学术讲座。我们说服学校的领导，称政府宣传部门关注他们这些人的言论，是政府部门的一项资讯工作。这些学者本身不是在大街上对不特定人进行政治演说，而是在教室里面，针对的是特定的人群即学生，进行的是一种学术演讲。我想，我们学院目前能够有一个比较自由的学术空气，与我们能够兼容并包，接纳各种社会思想或者思潮有一定的关系。学术研究嘛，本身不是政治宣教，相对要自由一些。你们感觉"严"一些，有时候是因为在体制及其惯性之下，生活在体制面上的人对于自己的"乌纱帽"太"敏感"了，也就使得一些本来很正常的事情变得"敏感"起来了。

其实,我们本可以相对理性地看待一些问题。比如在网络虚拟的社会里,人们有了相对广泛的言论自由,或者至少可以说言论自由的空间大了许多。东西方社会一样,这是一种技术进步的结果。但是,网络的非理性成分较多,这一点大家也都会认同。因为网络参与者的年龄结构呈年轻化,年轻人有激情,但理性相对缺乏;而且相对于纸质媒体,网络语言中的发泄成分要大得多。对于这一问题,我们到底应该怎么看?适当的管制肯定是需要的。如果网络语言中充斥着宣泄、颓废、低俗、色情、暴力、谎言、欺诈等,那么网络公共平台就很难真正地建立起来。但是,管制要适度,而且对于所谓的"网络事件"要有一种平常心。坦率地说,在我任华中科技大学法学院院长期间,曾经有老师在学校教务处组织的本科教学测评中学生打分排名倒数第一。有好事者说,要整出一个网络事件,公开讨论这种学生给老师测评的机制。包括领导在内的一些人都很担心这种讨论会不会对学院发展有负面的影响。我说,如果有人愿意,这是一件很好的事情。就我所了解的学校中,如耶鲁、哥大、北大、中央党校等,都有这种学生(学员)对教师的测评机制。我们在测评之后,只是对排在前面的教师有少许的象征性奖励;对于排名靠后的,只是给教师本人参酌而已。学生也应该有一个表达的途径,教师参酌一下学生们的意见,本来是一个教育者与受教育者的沟通机制。如果有人愿意将这种事情拿到网络上讨论一下,那又有什么不可以的呢?后来又有一名我指导的研究生中期考核没有通过。作为导师,我建议终止其下一阶段的学习,退学算了。学生威胁说,如果我不收回导师的意见,要通过网络制造一个什么"录音门"事件。他说他对我们考核小组的评议进行了什么秘密录音。校领导、研究生院领导很担心,说如果这个学生制造一个网络事件出来,是否会影响学校的形象?是否会影响稳定?我的回答是,没有关系,所有的材料、所有的评议,都可以公开,可以借助网络这个平台,好好地讨论一下。同时,通过这种讨论,可以将我们学院,包括我这个导师本人的教育理念传递出去,这也是一件好事情。尽管网络有非理性的成分,但如果我们进行理性参与,那也无妨。很多非理性的网络事件,只是因为没有在第一时间给网民们提供真相,缺乏了理性的参与。如果有了理性的参与,真理会越辩越明的。我想,对此,我们政府只要以一种平常心去面对就行了。又有人曾经说,既然你认为你有道理,为什么不在网上去表达相应的言论呢?我说,如果我主动这样去做,就不对了。因为,那名老师和这名学生都有自己的隐私,在这些事件没有被转化为公共事件之前,保留涉及他们的某些资料不被不适当地公开,是作为行政长官或者老师的本分。如果此事转化为了公共事件,他们的隐私权就应该克减了,我再公开一些材料,就是应当的,而且是必须的。当然,关键的问题是,我们应该从维护教风与学风,从爱护老师和同学的角度出发,这才是主要的。

这个话题,看来有些扯远了。其实不然,恰好是说明了一个问题:技术进步或者社会发展,改变了我们的认知空间,我们不要以传统思维来看待现代社会中存在的这种张力。否则,就会简单地归为对抗抑或归顺。现代社会价值多元,诉求多元,不再是一个单向度的社会。应该说,有这样的社会结构,社会将更加稳定。

> 私法自治,意味着每个人有自己的决定权,只要不与公权力产生冲突,法律设计上只需认同它就可以了。但这些老百姓生活中的规则、观念,需要我们学者去提炼,去成就我们中国人自己的生活原理。

记:通过我国法治的发展,您也提到市民社会在被动地逐渐形成,权利在萌发。其实,"钉子户"的出现,也是权利萌发的一种体现。提到您个人,您当时是受到什么样的影响而选择民法?

易:有些所谓的"钉子户"问题,是一种媒体的误读。比如,《物权法》颁布之后,重庆的"最牛钉子户"似乎就找到了"法宝"。难道说《物权法》颁布之前,我们法律就不保护私有财产?我报考研究生的时候,选择的是民法学专业中的知识产权法方向。我自己对宪政、社会思潮之类的东西比较感兴趣。但我觉得,民法是一个社会发展的真正的基础,它有一种润物无声的味道。一个社会,一旦有了民法的思想,形成了民法的意思自治理念、平等的交往规则、家庭的扶持与博爱,以及损害的赔偿、补偿或社会救助等,社会就真正地和谐起来了,人民也就有了世代相依的发展基础。不过,民法的概念体系、规则体系太庞杂,物权、合同、侵权、婚姻家庭、继承等等,似乎每个领域都可以让一个学者研究一辈子。这就造成了一个局面——很多学者很难从民法中走出来。而如果某位学者能够研习民法,并从民法中走出来,那么,其肯定会成为一位法学大师。

记:您的东西比较宏观,有一些思想层面和大的制度方面的讨论。

易:我读研之前,有了很多的实践经历,但后来的研究,理论倾向却很浓。再后来,我希望以实证为基础,研究或观察一些社会问题。总之,我本人是希望能够做出一些比较厚实的、有深度的东西,不想停留在感想、随笔层次。这倒不是否定感想、随笔之类东西的价值。一方面,因为人还年轻,有时间和精力,可以做一些有深度的研究;另一方面,自己尚需要对于社会进一步地研究与观察,之后,才会举重若轻,能够写些感想或随笔。当然,从个人好恶来说,我倾向于厚实的东西。这两三年因为行政工作耽搁了一些学术研究和写作,但我想,对于观察社会来说,这可能也是件好事情。

记:您在北大的求学经历给您带来了什么样的影响呢?

在美国哥伦比亚大学

易:主要是思想上的,包括确定要做学问的这种职业规划。我刚去北大读硕士的时候有种失落感。80年代的时候,我们讨论的都是"中国的命运向何处去""中国的改革开放要如何走"之类的问题,对社会有着一种天然的责任感和抱负。90年代,我回到校园,发现学生们讨论的是怎样打工、如何挣钱,有点太现实,有些世俗的东西。这一点跟我过去的整个大学时代完全不一样,就不想读书了。当时想做生意,经商算了,后来还尝试了一下。但是,对于赚钱这件事,我始终找不到感觉。最后,还是回到了书本,回到了书斋,回到了做学问的路子上。有了这些经历,再加上写东西找到了一点感觉,自己便觉得应该从事学术研究。基本方向确定后,硕士毕业时,就报考了博士。我爱看书,看的书比较多一些,博士期间也发表了一些论文,得到了别人的一点认同,就更有动力了。总的来说,北大对我人生的影响比较大,包括一些思想或者观念的形成。北大的确是一个思想比较活跃的地方。

记:跟我们谈谈您欣赏的研究方法吧。

易:我比较欣赏的研究方法是实证分析方法。刚开始,我们可能觉得某某学者从德国回来,对德国法比较了解,有知识、有水平。等过了一段时间,我们发现,很多学者,从德国回来,就说德国好,要建立德国式的立法体系;从法国回来,就说法国好,要学习法国。但是,这种简单的对比分析中,中国自身的问题又在哪里?这一问题,我们总是缺位的。我们生活在中国,生活在当下,但我们的学术研究如何走进中国人自己的现实场景,同时再提炼出中国人自己的智慧,这倒成了一个问题。中国现在的法学界没有精力去做这些具体的工作,反而是很多国外的学者,如同我们一直进行合作研究的美国哥大的李本(Benjamin Liebman)教授等,他们很关注中国的现实问题,这样下去,问题很严重。就像我们的民间工艺和文化一样,只有等到国外学者在这里去发掘了、提炼了,我们才会意识到,我们自己反而丢失了。如果真的到了那个时候,到了那种状态出现,我想,中国整个法学界都应该为此蒙羞。目前,中国的法学刊物也是那样,编辑们学院派的居多,从本本出发,从概念出发,也影响了学者们的研究。因为实证调查和分析费时、费钱、耗精力,结果又获得不了编辑的认同;相反,在书斋里折腾几下,就成一篇文章发表了。这种现象将学者们的研究引向了书房里的"低成本制作"。二十多年前,中国法学重建时期,译介乃至"抄袭"国外或境外还有一定的意义。但这么多年过去了,如果我们还在持续这种研究,就很难产生中国人自己的法学。民法这种东西,跟宪法之类的还不一样,它是产生于社会生活中的交往规则,是一种生活中的自然理性;私法自治,意味着每个人有自己的决定权,只要不与公权力产生冲突,法律设计上只需认同它就可以了。但这些老百姓生活中的规则、观念,需要我们学者去提炼,去成就我们中国人自己的生活原理。

我国学者人为地划分出一种学科分类体系,还在各种学科之间建立某种壁垒,好像这是自家的一亩三分地,别人不能动。但是,实践中的社会问题却不是按照我们人为划分的界线产生的。很多问题是一个总体性的或者关联性的问题,应该从一个总体上去把握、去研究。比如,机动车肇事,涉及民法上的侵权、商法上的保险、社会法上的社会保障、行政法上的管制、刑法上的犯罪与刑罚等。如果片面地研究,没有宏观的、总体上的视野,就很难将问题研究透彻与深入。为什么我们轰轰烈烈的民法典编纂活动会搞成这样?我们可以去批评官方的立法体制有问题。但是,从根本上讲,我们学者没有"走出民法",甚至连"走遍民法"的都没有。学者们没有走通,立法者缺乏立法科学思维,总的法治环境或社会需求尚未成就,这就是问题的根本。

> 而人的后半辈子呢,我认为路会越走越宽的。不仅是知识上的通性、久历世事后的练达,会让你能够适应更多的工作,而且心理层面也是如此:从一个窄的部分向更开阔的地方行进,感觉上路会越来越宽广。甚至是有了一定的物质保障,不再顾忌名利,那也就无所为而又无所不为了。

记:易老师,我们知道您做过实务,后来又选择了做学问,还担任法学院院长。请问,您对您的未来还有什么样的规划?

易:是啊,我的经历也算是比较丰富的了。本科实习的时候,我在武昌法院担任过法官的助理,现在也在担任仲裁员,审理过一些仲裁案件。本科毕业后,担任过五年的检察官,反贪、起诉等都做过。博士生阶段代理过几个案件,也担任过辩护人,从事的是律师工作。应该说,是在法律职业群体中"混"过的。从我自己的感受和别人的评价来看,也都还不差。后来也有一些经商或者从事行政的际缘,但我最终还是选择了做学问。另外,我还担任湖北省政协委员,是参政议政性质的,不是行政。同时,我从来没有将学校的行政职务看成是真正的行政工作。对于我来说,作为一名教师还是最主要的,也是我自己的乐趣所在。

我认为,人的一生,前半辈子,路是越走越窄。从小父母对于你或者你自己对自己的规划,似乎是很多事情都可以做,都想做,也都能够做。但是,随着年龄的增长,你总是要不停地面临着一些选择。选择读大学,选择读这个专业而不是那个专业,选择毕业后的职业等等一切,都是一个一个的选择在等着你,让你别无选择。同时,一旦选择了这个,就不能再选那个了。结果,逐渐地,你会越来越意识到,自己只能从事这个行当,而不能再去做其他的事情了;否则,成本很大,收益也很低。年轻的时候,总想着出人头地,想尽快在某个行当里面混出点名堂来,就会更加顾忌这种成本与收益。这样,路也就越来越窄了。而人的后半辈子呢,我认为路会越走越宽的。不仅是知识上的通性、久历世事后的练达,会让你能够适应更多的工作,而且心理层面也是如此:从一个窄的部分向更开阔的地方行进,感觉上路会越来越宽广。甚至是有了一定的物质保障,不再顾忌名利,那也就无所为而又无所不为了。

我现在正是处于"上半辈子"和"下半辈子"这一当口。路已经是很窄的啦,但宽广的大道尚无迹可寻。我想,我也就安分于自己的一点学问吧。从我自己的感受看,做学问可能是最符合我自己的心性的。包括我这个法学院院长身份,我觉得我尽了力,做了自己该做的。想来,也应该是慢慢地淡出来的时候了。在中国社会,如果你是一个比较负责任的人,那干行政这一行还是比较难的。如果你没有资源,那么从事高校的行政工作就更难了。华中科技大学工科和医科很强大,特别是工科的机械学院是早年华中工学院和华中理工大学时期的王牌,学校校长一般也是由机械学院出来的人担任的。在某个场合,我曾经说过一句俏皮话:在华中科技大学当院长难,当不是机械学院的院长更难,当不是机械学院的文科院系的院长则是难上加难。说这句话,是在一个院系负责人开会的场合,大家觉得学校职能部门官僚化现象严重,又实行中央集权式的管理,院系基本上没有什么自主权。这个时候,某个理工院系的院长也在抱怨,我就说了这句"安慰"他的话。

跟我交往比较近的人都知道,北大读书时,我个人的藏书量是同学中最多的。在北京时,家居两层半小屋,其中有一层约七八十平米是我自己的书房,墙壁都是用书架装饰的。现在在武汉,学校给我居住的三室一厅的住房,除留下一间卧室之外,其余的,包括客厅,都布置成书房了。我在自家书房里呆着,流连忘返,只要有人送饭,可以一星期不出家门。有时候,母亲到我这里小住,见我这样子,总是很担心。其实,她哪里知道,流连忘返之间,如陶渊明所述,"采菊东篱下,悠然见南山"。我自有我自己的幸福哦!

记:最后,请您对我们这些年轻学子提几点希望吧。

易:这个话题说起来很宽泛啊。我觉得,年轻人首要的还是要有理想。先前说到,时下这个年代提理想,似乎是件很幼稚的事情。毕竟,这是一个现实主义的年代,提理想,别人可能认为你不现实。一个人,要是变得现实,很容易,日子也会很好过。要是不现实,不屈服地去做某件事情,虽然很艰难,但心理上会很满足。坚持下去,最终会获得人们的认同。年轻人就要对现实有一种不满足,有一种追求,培养一种情操,将自己的心灵上升到一个更高的境界。当然,学法律的,要对社会有一种观察力,并从法律视角进行分析。如果你们能够把你们的这种观察或分析带到社会,无形中就传递了一个法律人的思维,表达了一个法律人的看法。这将是一种更贴近生活的法制宣传呀!

(王　旋、聂　潍)

冯 果
Feng Guo

1968年3月生,河南镇平人。1985考入中山大学人类学系,1989进入武汉大学法学院攻读经济法专业硕士学位,1992年研究生毕业留校任教,1995—1999年在职攻读法学博士学位。现任武汉大学法学院副院长、经济法研究所所长,教授、博士生导师。兼任中国法学会经济法研究会学术委员会副主任、中国法学会商法学研究会常务理事、湖北省经济法研究会副会长、湖北省商法研究会副会长,厦门大学经济法研究中心、西南政法大学经济法研究中心兼职研究员,华中科技大学法学院兼职教授,武汉仲裁委员会、深圳仲裁委员会仲裁员。

代表性著作有《现代公司资本制度比较研究》《公司法要论》《企业公司法》等;先后在《中国法学》《法学研究》《法学评论》《现代法学》《法律科学》《法商研究》等刊物发表《论公司资本三原则理论的时代局限》《转轨中的经济法》等六十余篇学术论文;主持和承担"网上证券交易监管法律问题""一人公司立法问题研究""企业并购租税法律问题研究"等国家及省部级以上课题,其中多项成果获得省部级以上奖励;先后参与《公司法》《证券法》《企业国有资产法》等立法及修订论证工作。2005年入选教育部第二届"新世纪优秀人才支持计划"。

> 人生就是一个不断选择的过程,法学已经完全融入了我的生命之中,与其结下了不解之缘。

记者(以下简称"记"):您对"文化大革命"有印象吗?那会儿您应该还在上小学吧,有没有对您学业或家庭造成什么冲击呢?

冯果（以下简称"冯"）：我 1974 年才步入校门，当时仅六七岁，一个孩童，只知道疯玩，啥也不懂。不过，自己的少年时代还是赶上了"文革"的尾巴，小县城墙上到处可见"反击右倾翻案风""打倒资产阶级当权派"之类的标语，毛泽东主席去世时举国悲伤及粉碎"四人帮"时各种欢庆场面至今记忆犹新。"文革"对我父亲的影响很大，他的历史经历比较复杂。我小的时候，他一直在外地教书，一周甚至几周回来一次，和他交流的机会并不多。在我的印象中，父亲沉默寡语但非常严厉且比较固执。可能政治运动经历多了，他在做人做事方面谨小慎微。应该说，"文革"在他们身上打上了很深的烙印。

记：那场浩劫的确改变了很多人的命运，想必您父亲带给您的影响也是很大的吧？

冯：是的。由于他在"文革"中曾被打成"右派"，被管制一年，所以在我高考报志愿时，死活不让学政治和法律，而是亲自帮我选择了远离政治和现实的专业——考古专业。但当我一节课见到我们老师抱着一块冰冷的、在我家乡随处可见的一块"大鹅卵石"说这是原始人曾用过的工具时，我的心顿时凉透了半截，说实在的，年轻的我对"死"的和沉睡的东西并没多大兴趣，最近的梦想是想投入火热的社会改革生活当中去，于是就时不时地去蹭一些其他方面的课程。

记：虽然您后来选择了走法学的道路，但对考古学仍然有些感情吧？

冯：对，毕竟它也有其特殊的魅力。至今我对考古学还有一种特殊的情结，时不时地会到文物书店转转，尤其是关注人类学的近况。毕业二十周年我回母校参加同学聚会时感慨良多。见到了我的班主任老师及不少任课教师，虽然有的已进入耄耋之年，但大都精神矍铄。看到他们倍感亲切，因为他们给予了我无私的教诲。自然我们也少不了聊起后来的专业选择问题，其中有遗憾，但更多的是理解。我特别感念自己的大学时光。

记：就您对人类学的认识而言，您觉得进化论可靠吗？

冯：人类学是探索人类起源的学科，这一问题比较复杂，也有很多学说，不同经历及知识背景的人可能会有着不同的理解。但从大量的研究材料看，进化论是可信的。当然，科学和信仰是两码事，我们需要尊重科学，同时也应该尊重他人的信仰。凡在国外待过的人都知道，西方不少人可能并不认为上帝真的存在，但其宁愿相信上帝是存在的，因为上帝的存在对他们来讲就是一种精神上的寄托，信仰成为他们生活的一个组成部分。我觉得，我们讲科学，但不能用科学来压制他人的信仰。

记：您在中山大学念考古专业时，有没有亲身参与过考古现场的挖掘工作？

冯：有。实习是我们学习的一个重要环节，我们去广州番禺镇的西樵山寻

本科毕业留影

找过新时期时代遗址,参加过在陕西省为期三个月的田野发掘。在西安小雁塔附件发掘了汉代的墓葬,后来又到临潼康家进行为期两周多的唐代墓葬群的发掘。在结束实习返校的途中,我们从西安到郑州再到武汉、长沙,一路跋涉,参观了不少文物古迹,收获很多,对中国的文化有了进一步的了解。不过,这段实习经历也进一步改变了我的人生轨迹。至于原因,现在细想主要有三点:一是当时中国的考古手段和水平比较落后,学科发展也谈不上很成熟,也就是说,研究方法对学生专业兴趣的影响是很大的。原以为考古学是一门高技术含量的学科,但事实上在当时的条件下,基本上用手和眼来进行判断,少有先进的技术手段。坦率地讲,当地的盗墓贼甚至部分农民在文物方面的经验可能就比一些专业人士多,洛阳铲实际上就是盗墓贼发明的,我们发现墓地依靠的主要是这样的工具,这与自己原来的想象形成了很大的反差。二是学科理论贫瘠。通过实习,我的感受是,考古工作的任务就是发掘和清理,缺乏理论上的分析,以发现什么为己任,揭示什么似乎是历史学家的事,我认为所谓的考古就是一个高级技工,这也是自己失去专业兴趣的一个很重要的原因。当然,今天看来,这种看法可能有点偏颇。三是受当时西方探险作品的影响,我原以为考古就像是在浩瀚的沙漠里探寻楼兰遗址似的,充满神秘、浪漫和传奇色彩,但后来通过实习发现我们所进行的考古实际上多为抢救性地被动发掘,似乎并无多大的神秘感。当然,最主要的是这个专业离现实生活太远。实习之后,我就决定改换专业,攻读法学专业的研究生,尤其是当时轰轰烈烈的经济改革和经济法制建设,使我决定选择经济法学作为自己未来的专业。

　　记:倘若再给您机会选择一次,您还是会无悔地选择法学吗?

　　冯:现在很难评判当时的抉择是否正确,因为在今天来看,我当时对考古学和人类学的理解都有很大的局限性,但我对选择法学从未后悔过。其实,人生就是一个不断选择的过程。法学已经完全融入了我的生命之中,与其结下了不解之缘。

记:您考研时,家人完全不知情?

冯:1989 年,我在没有告知家人的情况下报考了武汉大学法学院的研究生,没料到竟然如愿以偿地被武汉大学法学院录取。父亲和姐姐知道后很生气,但木已成舟,他们也没办法。

> 每个人都恨不得要施展自己的抱负,怀着一腔热情,渴望报效国家,充满了浓重的理想主义色彩。

记:您当时缘何会选择考武汉大学呢?

冯:在中山大学求学时,我就已经知道武汉大学是中国教育改革的前沿阵地,刘道玉担任校长时,有很多改革举措,学术氛围很好,所以社会上反响很大,被称为高等教育领域的特区,我想,如果换个学校就一定去武大。进了武大以后,发现那里果然人文底蕴很深,有一批学术界的泰斗和大师,学校学术氛围浓厚,学术气氛活跃。自己非常庆幸能来武汉大学学习,在武大求学的几年奠定了自己以后的人生道路。

记:您在求学阶段有什么特别难忘的事吗?

冯:我从 1985 年进大学到 1989 年本科毕业,当时正处在各种思潮激烈交锋的时期,大家对社会尤其是对政治特别关注,改革诉求非常强烈,同学之间的争论也很激烈。当然,这也和我们那时候的就业压力不大有关,轻松的氛围能让大家思考更多自身以外的事。每个人都恨不得要施展自己的抱负,怀着一腔热情,渴望报效国家,充满了浓重的理想主义色彩。1989 年后,中央提出要让年轻学生了解社会,到社会基层中去锻炼,所以我读研究生的第一年就被派送到武汉鼓风机厂。起初感到很委屈,但那一年确实改变了我对一些问题的认识和看法,对中国的国情有了初步了解。我们和工人师傅一起劳动,一起聊天。在此过程中,工人们的朴实作风、善良品格都给我留下了很深刻的印象。师傅们经常请我们去他们家做客,天冷的时候,还给我们打毛衣、织围巾。那种工人阶级的情怀令我深深感动。由于学法律的缘故,我还有幸参加了企业法规的讨论,并且代表鼓风机厂去广西清理债款。虽然当时的经济条件很差,七八个人挤在拥挤、破旧的筒子楼,物资又很匮乏,甚至经常吃不饱,但是苦中有乐,精神上还是很愉悦的。

记:您感觉印象最深的是哪位老师呢?

冯:应该说很多吧。原来考古学专业有一位曾骐先生。他工作认真,非常严谨,对同学也很关爱。尤其是他对专业的热爱和敬业奉献的精神给我留下了很深的印象。后来在武大,漆多俊老师作为我的导师,对我生活和学业关心很多,我参与的第一个课题是关于社会主义经济组织法律问题的研究,我撰写了公司组织这一部分,漆老师是我公司法方向的引路人。另外一位导师是罗明达教授,他是我硕士论文的指导老师,也是企业法方面的专家,他经常带我们到企业里进行调研,教我们如何将书本上的理论与现实结合,可惜他过早去世了。我国著名的国际经济法专家余劲松教授是我的博士生指导老师,他的治学和为人对我影响尤其大。这些先生们的思想、为人,对法律的信仰和追求,都给人高山仰止的感觉,是我一生宝贵的精神财富。

记:那个年代的师生关系实在让我们心向往之,如今似乎少了很多温情和融洽。

冯:师生家庭般的温情是西方人所羡慕的,这也是中国文化的一个缩影。当然,由于社会的变革,师生关系也发生了微妙的变化,甚至出现了一些问题。由于现在老师教学科研任务越来越重、社会活动越来越多,加之大学扩招,师生间的交流比以前少了很多,也困难了很多。不过,也不能一概而论。譬如,在我们武汉大学,可能因为学校处于内陆城市的缘故吧,不少老师还是和学生结下了深厚的情谊,处得非常融洽,一般我们都时不时地约同学们坐一坐,家人也参加,大家完全像一家人一样,我很喜欢这样一种融洽的氛围。坦率讲,师生关系是互动和双向的,我也发现现在我们有的同学学习热情不高,与老师联系的主动性不够。我们在读书的时候,尤其是在读研期间,几乎每周都要往老师家里跑,去主动讨教。作为老师,大都希望与学生有更多的交流。这个需要大家积极创造条件。

> 我们在课本上学的记名股票、无记名股票的背书转让及股票质押等规则,看似很有道理,但很多已经完全脱离现实了。现实生活在急剧地发生变化,但我们的理论却往往静止在一个时代,这不能不说是一种遗憾。

记:您1992年研究生毕业后就留校任教了?

冯:对。工作后,发现自己知识储备严重不足,工作三年后,也就是1995年开始在职攻读博士学位,师从余劲松教授,专门研究国际投资及跨国公司法等问题,1999年获取博士学位。在1997—2000年这一段时间,我还曾兼任珞珈律师事务所(当时是法学院办的律师事务所)办公室主任,参加过华润集团收购武汉东啤及新加坡锡玛太控股公司收购清江公司隔河岩水电站(因种种原因后者最终流产)等项目的谈判及有关文件的起草。

记:您觉得做学问和做实务有什么不同吗?

冯:有很大的不同。我在律所大概有三四年,我感到两者在思考问题的方式以及为人处世方面都很不同。律师是法律服务工作者,既然从事法律服务,就必须考虑当事人的需求和感受,必须考虑具体的办案策略,尤其是有些律师为了生存,还不得不牺牲原则,丧失独立人格。而做学问,就比较自由,人格也相对独立,故而我喜好做老师甚于做律师。当然,环境在不断改善,我们应该一起努力去营造一个独立存在的有尊严、有人格、有追求的法律职业群体,真正弘扬出职业精神。在法治比较发达的国家或地区,律师是法科学生的首选,而我们不是,这个状况值得我们关注和深思。法学是一个应用性学科,接触实务也可使我们的研究更有针对性,对教学和研究都很有帮助。当然,由于人的精力有限,必须分清主次。

开拓实习基地

记:您刚才提到曾经参与过一些对国企的收购项目,能否谈谈对国企处境和命运的感受呢?

冯:国企走到今天,经历了不少变革。早期国有经济创造了辉煌的业绩,但这种辉煌是不正常的、体制带来的——没有任何人同他竞争;后来的困境也是体制造就的——国有企业一统天下、政企不分带来的必然是低效率。随着建立市场经济体制目标的提出,建立现代企业制度是改革的中心环节,国企也走入了改革的调整期,通过企业股份制改造以及资产重组等逐步实现了国有经济布局的战略性调整,其思路和方向应该说是正确的,但由于缺乏规范,在国有企业改制的过程中也出现了诸如国有资产流失等不少问题。目前,国有企业主要集中于关键行业和领域,经济效益也普遍提高,但并非所有的问题都解决了。我们必须看到,现在不少国有企业的高效益并非是来自科学的管理,而是基于垄断地位和特殊身份获取的,与民营经济并没完全站在同一起跑线上。目前我们关于国有资产出资人的制度、有效的内部监控等都还有待落实。现代市场经济需要国家的干预和调节,需要有国家的投资,包括经营性投资,以弥补民间投资的不足,因此国有企业肯定会继续存在下去,但政府不能成为一种经济利益的主体,更不能与民争利。从理论上讲,国有经济应该集中于民间无力投资或不愿投资的领域,国有企业应以提供公共产品为目的,当然也包括关系国计民生的基础性产业和对社会经济起引领作用的创新产业。但我认为,即便是这些领域,也要尽可能地引入市场机制,允许民间资本的进入。此外,国有经济并不一定采取纯粹的国有、国营模式,可以兼采参股、持股等方式,以放大国有资本的效用。特别是公共事务领域,也并非国有、国营就是最佳模式,必须给民营经济平等竞争的机会。只要能给社会带来福祉,谁来经营都是可以的。公共产品的提供需要的是价格、服务等方面的管制,确保服务质量和产品品质,而不是资本准入的管制。

记:您对所从事的专业,有什么基本的学术观点呢?

冯:我主要是从事经济法和商法研究的。早期阶段以企业法为主,后来拓展到证券法及金融法领域,对农村经济组织也有一定的涉猎,同时对经济法基础理论也有一些思考。由于中国是一个管制文化传统比较浓厚的国家,私权容易遭到侵犯,因此,我的基本学术观点是,政府对经济生活的干预必须被限定在一定的限度之内,必须分清公、私之间的基本界限,给私权留下足够的空间。经济法不是管理法而是确认和尊重私权、控制公权之法。经济法应该关注人权和人性的发展,尤其是关注社会弱势群体的权益,在中国不能形成强权经济。国家立法应该为人性尊严、社会正义及人类的共同发展提供基本的制度保障。

记:在您的专业中,出现过什么大的争论吗?您的观点如何?

冯:出现过不少。比如经济法的性质问题,经济法与民商法的关系问题等。对此,我的观点是,在现代法律体系中,经济法和民商法都有存在价值和必要,二者无论在理念还是在功能上都有很大的不同。民商法尊重意思自治,注重对现有习惯、规则和社会秩序的确认,反映的是对市场的尊重,是市场经济的基本法,而经济法是为了解决市场缺陷和失灵问题,对市场资源配置不合理的一种矫正(事实上,私人领域的自治也多存在于一种理论假设之中,现实生活中倚强凌弱的现象并不少见,如垄断问题、欺行霸市问题、贫富不公问题、环境问题等,都不是市场自身能够解决的),是运用公权对不合理的资源配置进行的再配置,是对不公平的社会的一种纠正,其着力打造的应该是一个更加公平、和谐和有序的经济秩序。既然绝对的市场经济是不存在的,经济法就应该有存在的必要,而且中国社会转型过程中所出现的很多问题,需要我们有一个更加公平正义的制度。当然,政府干预不能是为了强化自己的权力,更不能是随意干预,必须尊重市场规则和民商法秩序,必须规范政府经济行为。《物权法》颁布了,但诸多拆迁事件中血的教训也表明,没有经济法对公权的约束,民商法所提倡的很多理念和制度都会形同虚设。我越来越感受到经济法对民商法的重要性。总之,二者是互为依赖和支持的,而不是对立的。这些争论涉及很多具体的领域。如公司法中的国家管制和意思自治问题、金融管制与创新问题等等。我曾撰写过《变革时代的公司立法》等论文,主张公司法改革的主要目标在于恢复其应有的私法属性,其关键在于政府角色的转变,实现公司法由国有企业改革法向市场自治法方向转变,在内幕交易等证券欺诈的处理上应注重私权救济等。此外,对于严格的资本管制,我也发表过《论公司资本三原则理论的时代局限》等论文,针对学者们的"资本三原则"过于绝对化的阐述提出过质疑,我认为公司的信用并非资本,而是"净资产"或"公司的潜在的盈利能力","资本三原则"立足的物质资本时代已经过去,其逻辑起点与假定前提都已发生变化,靠"资本三原则"建立的债权人保护链已经事实上断裂,公司法对债权人的保护绝不能停留在对"资本三原则"的盲目信任上,交易安全制度的构建应该作出重心上的调整,由对静态的对公司注册资本的简单控制走向对动态的公司财务的监控和不正当利益输送等公司行为的规制上。

记:您关于公司资本制度应该进行调整的观点,使不少人认为对包括"资本三原则"在内的许多所谓恒定不变的公司法原则进行检讨的时代已经到来。

冯:以前上课讲的好像都是天经地义的,是真理,当我提出质疑时,有不少人还不能完全接受,说是人家搞了那么多年,你把它推翻了干吗、会不会乱套。我觉得做学问要有敢于质疑的精神,千万不能盲从迷信。事实证明,过于严格的资本制度的确抑制社会投资。

记:在各种法学研究方法中,您最欣赏哪一种呢?

冯:像我们现在的法学研究,必然要走一个综合方法之路。首先,对注释法学规则的掌握是必须具备的素养,它区别于其他学科的研究方法。有些学者在经济法学的研究中,过分倾向运用其他学科方法,渐渐迷失了自己。在注释法学的基础上,要适当引入人文研究方法,挖掘法律背后的精神。我们知道,法律的制定在根本上是为了利益平衡,但令人尴尬的是,很多法律是制定了,但在实践中无法实施，结果被束之高阁。有句话说，纸上的立法抵不上潜规则。我们要探究这个社会到底怎么回事，通过价值分析和评判，思考善法恶法、法的目的等问题，注入一些人文情怀。随着法律规则的技术性越来越强，还必须要有社会学的调查方法。所以，很难说一定用哪种方法，根据研究对象来决定采用哪些方法更合适些。

记：您的专业中还有哪些发展空间，或者说还有哪些需要开拓的新的领域？

冯：太多了。单就资本市场而言，就存在多层次市场的建立、市场主体的重塑、交易所的改制以及券商、保荐人的独立性等等问题，现在很多传统的理论和规则都很难反映社会现实的变革，远远落在了现实的背后。像证券的载体、性质、善意取得、登记结算管理、间接持有背景下财产权等都是值得深究的。我们知道，高新技术手段对整个资本市场的冲击和影响亦是越来越大。譬如，我们在课本上学的记名股票、无记名股票的背书转让及股票质押等规则，看似很有道理，但很多已经完全脱离现实了。现实生活在急剧地发生变化，但我们的理论却往往静止在一个时代，这不能不说是一种遗憾。另外，金融产品的创新，已经突破了物权和债权的简单划分，这些对公司治理结构究竟会带来什么影响，现行的治理规则能否适应现实的变化，公司资本制度调整后债权等特殊形态的出资应该如何规制等，都没有解决。金融领域内也有大量的问题值得我们去研究。我觉得，对一个学者而言，可谓任重道远。

> 最近发现糊涂的东西越来越多，深感要做好一名老师和学者确实不是一件容易的事，现在的想法是尽可能尽到自己的职责，对得起自己的学生和良知。

记：您认为法学界的中青年学者现在浮躁吗？

冯：浮躁多少有一些吧，但也不能一概而论，每个学科总有一部分人很有学术追求，也特别出色。当然，和从前的老一辈比，多少有些望尘莫及。浮躁情绪很多是因评价机制和大环境造成的。以前可以让你二十年写一本书，但现在就很难了，一年给你考核一次，像生产队帮记工分，这样是很难产生精品的。整个社会一旦急功近利，从主管部门开始就浮躁，过分重视数量，经常是填不完的表，申报不完的课题，那老师怎么能静得下心来搞学问呢？每天就疲于应付那些指标了。

记：您认为一种良好的学术环境应该是怎么样的一种状态？

冯：让那些不懂教育的人在那里官僚式地管理，肯定不行。他们的管理思路有问题,似乎总是处于不信任的状态,觉得老师会偷懒。事实上,80%以上的老师都很有上进心和责任心,有自己的良知,有被别人认可的渴望。如果不努力,水平不行,研究不出东西,被学生和同行瞧不起,做老师还有什么意思?老师是受过高等教育的文化人,有自身的想法和追求,谁也不会拿名誉去开玩笑,他会尽力把能做的事情做好。现在的一些数字化管理逼得老师很难受,违背其自身想做的事,严苛高压的环境容易形成恶性循环。想想民国时期为什么能出那么多的大家?武大以前有老先生戴着礼帽,挂着拐杖,跑一圈来讲课的,现在看来要称之为另类了。为什么一定要扮演同一角色呢?为什么搬出那么多条条框框的规矩呢?站着讲课就一定意味着对学生尊重?用PPT就一定效果好?我倒是觉得PPT容易打破思维的连贯性,把人的激情搞没了。总之,授课方式应该多元化,学术观点也应该多元化。有一次去北京开会,有人告诉我要搞四个"一千"工程,其中之一就是发行一千本富有中国特色、中国气派、在世界有影响力的教材。我们现在的高校有多少学科?大的学科,我们武大就有一百多个,下面的专业不止一千个,即便是一千个,那就是一个专业一本教材了。清一色的教材,那是多么可怕的事!

记:在您所从事的这个专业中,您感觉您的最大贡献在哪里?

冯:我基本上说经历平平,波澜不惊。在校为本科生和研究生主讲公司法、证券法、商法及经济法,先后写过一些文章,也出版过一些书,但至今发现满意的不多,有时甚至有误人子弟之感,特别是最近发现糊涂的东西越来越多,深感要做好一名老师和学者确实不是一件容易的事,现在的想法是尽可能尽到自己的职责,对得起自己的学生和良知。

记:您能为我们法科学子推荐一些优秀的阅读书目吗?

冯:因人而异吧,我自己觉得比较受用的是哲学、社会学方面的书,可以说奠定了我的基础思维方式。

记:最后,能否请您给我们年轻学子提几点希望?

冯:对待生活、学业和事业,都要一步一步走,一点点积累,脚踏实地,付出总会有所回报。千万不要好高骛远,想着投机,就算一时成功,也不可能永远成功。希望大家的路都能越走越宽,越走越广。

(陈　艳)

龚向和
Gong Xianghe

1968 年 4 月生,湖南隆回人。1998 年毕业于西北政法大学,获法学硕士学位;2002 年毕业于武汉大学,获法学博士学位;2004 年中国社会科学院法学研究所博士后流动站出站,获法学博士后证书。2005 年 8 月至 2006 年 6 月受教育部公派去瑞典隆德大学罗尔·瓦伦堡人权法与人道主义法研究所做访问学者。自 1998 年 7 月起先后于湖南师范大学法学院、湖南大学法学院从事法理学、宪法学与人权法学教学与研究工作。现任东南大学法学院副院长、宪政与人权法研究所所长、《东南法学》副主编,博士生导师。兼任中国法学会宪法学研究会理事、中国法学会法理学研究会理事、南京市人大常委会立法咨询专家、江苏圣典律师事务所律师、湖南省律师协会行政诉讼指导委员会副主任、湖南省劳动争议仲裁委员会仲裁员。

已出版个人专著《作为人权的社会权——社会权法律问题研究》《受教育权论》,合著《人权法若干理论问题》等四部,主编、参编教材十部,公开发表学术论文五十余篇。主持承担国家社科基金项目《社会权的可诉性及其程度研究》、司法部重点项目《人权法的理论和实践》、司法部一般项目《中国农民宪法权利平等保护研究——以农民人权为视角》、湖南省社科基金项目《经济、社会和文化权利的司法保护:全球与比较的视角》、国际合作项目《经济、社会和文化权利国际公约研究》等省部级以上科研项目六项。2008 年入选江苏省"六大人才高峰"培养对象。

> 齐玉苓案可以说是我国宪法司法化的第一案。我们认为它不应该作为宪法案件,因为教育法有清楚的规定。但是,后来作出了上升到宪法层面的司法解释,可能是我们的法院或者司法机关有意地推动,为了引起大家对受教育权的关注。

记者(以下简称"记"): 请老师谈谈您的成长经历。

龚向和(以下简称"龚"): 我出生在湖南邵阳的小山村里,有很多兄弟姐妹,父母都是农民,对子女上学不重视。但是,我在学校的成绩一直非常好。1984年初中毕业,到邵阳师范上中专。毕业之后被分配到当地的小山村做小学老师,但是一直以来我都想上高中,考大学。不过,1989年上大学没有钱,于是就没有考,而是去上了大专,1992年毕业。当时知道可以考研之后,于是就决定考法学的研究生,1993年考了一次没有考上。1994年下海经商了一年,但还是觉得要继续读书,于是就复习考研考上了西北政法大学,跟着刘作祥老师读法理学专业。

记: 在您硕士、博士以及博士后的读书阶段,您的老师对您有什么样的深刻影响呢?

龚: 在读书的这些阶段,我感觉我自己是非常的幸运。我的这些老师不只是本身学问做得很好,我能够从他们身上学到很多东西,而且他们对我也是非常关心。

我在西北政法读书的时候,我的导师是刘作祥老师。当时我对于法律完全是个门外汉,是刘老师把我带进了法律的大门,他对我的影响非常大。他首先是要求我多看书。他教导我说:"像法学这样文科类的学科,没有什么诀窍,就是一定要多读书。"概括来说就是:多读、多看、多想。

再一个就是写。刘作祥老师当时是《法律科学》的主编,他以主编的眼光来看我写的东西,对我要求特别严格,哪怕是标点符号的错误都替我纠正过来,他那种认真严谨的态度对我以后写硕士论文、个人论文以及搞学术研究都有很大的影响。

在西北政法,还有很多优秀的法理学老师对我的法学入门教育帮助非常大。

记: 在硕士教育阶段有这么多的名师对您进行指导,您是不是在那个时候就产生了对法学尤其是法理学的浓厚兴趣,立志以后一生都要从事这方面的研究呢?

龚: 我刚刚从乡下考到城里读硕士的时候,就是想要改变自己的命运,还没有想到把法学作为自己人生的事业。当时身边的人都认为学法学的,以后是要当官的,所以受他们的影响,并没有想到一辈子做法学研究。由于以前没有机会读书,现在有这样的条件和机会了,当时的想法很单纯,就是学了法学,就要把法学学好,至于以后干什么,还没有特别明确的想法。直到毕业的时候,才想到自己以后究竟干什么的问题。在这种职业选择的问题上,我觉得要根据个人自身的条件来看。如果是当官的话,经验是很重要的。我们当时毕业的时候已经 30 岁了,没有一点行政的经验,对公检法、政府也不熟悉,这就是我没有把从政当做我首选的原因。

我个人经历一直都是在学校,无论小学、中学还是大学,所以对学校很熟悉。在学校当老师也肯定能胜任。再一个就是我把我的导师们当做我的榜样,觉得像他们一样好好做学问也很不错。所以,毕业之后就想着去高校。

在我回到长沙之后,觉得长沙虽然有很多的学校可以选,但是一定要选所对我个人事业发展最好的学校,于是我就选择了湖南师范大学。也是在那个时候我才真正把法学研究和教育作为我终生的事业。

记:您硕士读的是法理学,后来读的是宪法,是由于什么原因让您选择了人权、社会权作为您的研究方向呢?

龚:考硕士的时候并不懂哪个专业比较好,只是随便考了一个专业,去读了法理学。我硕士毕业之后到湖南师范大学任教。那里的肖北庚老师当时跟着武汉大学的李龙老师读法理学博士。他推荐我考武汉大学的博士,可以说是我法学道路上的第二个引路人吧。他帮我介绍了武汉大学的周叶中老师,周叶中老师跟我也是老乡,对我也非常关照。由于当时武汉大学没有法理学的博士点,我又希望博士能够和我的硕士专业不要离得太远,总的来说宪法学和法理学在理论上还是很相近的,于是在 1999 年我就报考了武汉大学的宪法学专业。

我不是一开始就研究社会权的,我的博士论文是关于受教育权的,属于社会权的范围,所以我对社会权的一般理论比较熟悉。博士毕业后,我来到湖南师范大学人权研究中心,受到了李步云老师的影响。他建议我将研究的领域扩大到社会权,包括生存权、工作权、受教育权等等。尽管当时社会权还是一个很新的概念,大部分人都不了解社会权到底是什么,但是我还是坚持研究了下去,现在社会权已经得到了至少是宪法学界的普遍认同。

记:您根据您多年的人权、社会权方面的研究,能否就我国的人权、社会权的状况作出评价呢?

龚:2001 年批准《经济、社会和文化权利国际公约》以来,我国对社会经济、文化的保护的变化是非常大的。这十年来取得了很多成果,最明显的如社会保障制度覆盖了城市和乡村；劳动权方面，国家也通过了很多的立法来促进就业；教育也同样如此。因此，我国在这些方面的进步还是很大的。

记：在齐玉苓案件之后，不断有媒体报道受教育权受到侵犯的事件，请您以专业研究受教育权的角度谈谈对这些事件的看法。

龚：齐玉苓案发生在 2001 年，当时我正在做博士论文，我也一直在关注。起初这个案件还是比较顺利的，特别是最高人民法院发布的批复让我们宪法学界为之欢呼鼓舞，可以说这个案件是我国宪法司法化的第一案，影响很大。但是，后来最高人民法院又不再适用这个批复，让我们宪法学界很疑惑、遗憾。这个案子本身而言具有争议性，我们认为它不应该作为宪法案件，因为教育法有清楚的规定。但是，后来作出了上升到宪法层面的司法解释，可能是我们的法院或者司法机关有意地推动，为了引起大家对受教育权的关注。

记：您对我们国家高考的地区差异性有什么看法？宪法学界对此做了哪些努力呢？

龚：1977 年恢复高考制度后，刚开始时是没有多少人批评的，但是近十年来，批评的声音越来越大。在计划经济年代，各个大学的招生都是按照计划来进行的，每个省份都有不同的指标，在计划经济时代有其合理性。但是，1992 年实行市场经济以后，教育的管理体制尤其是招生体制仍然是维持原来的计划体制，这是不合理的。当然，不公平在当时都是显而易见的。但是，后来教育主管部门根据不同地区的情况改变了策略，放权给地方，自主选择教材、自主命题。这样各地区就难以比较，就把受教育权的不平等掩盖了起来。无论是以前还是现在的教育都是不公平的，而且是制度性、体制性的不平等。

学界对这个方面的推动做了很多努力。在受教育权还有就业方面，宪法学界还有法理学界都作了很多的研究，比如反歧视的专门研究。但是，效果不是很明显。这是有其原因的：这涉及很多的利益相关方；当前我们的教育体制和管理体制有问题；教育资源的分配不公平等等。所以，要想真正做到教育公平，还要有很多的路程。

> 姑且不谈宪法司法化本身的争议性，学界普遍认为将宪法的具体条款应用于司法裁判之中是可以的。……整体上说，我国的法律体系已经基本完成，社会各个领域都有法律可依，所以法官裁决的时候并不会直接依据宪法来裁决，而是依据法律法规。

记：之前您谈到宪法司法化的问题，那么中国是否应该宪法司法化，应该如何司法化呢？

龚：前些年宪法司法化非常热，也提了很多宪法司法化的方案，近几年这个热潮有所消退。不直接谈论宪法司法化，而是去研究某一权利的保护怎么具体落实到法律上。姑且不谈宪法司法化本身的争议性，学界普遍认为将宪法的具体条款应用于司法裁判之中是可以的。

整体上说，我国的法律体系已经基本完成，社会各个领域都有法律可依，所以法官裁决的时候并不会直接依据宪法来裁决，而是依据法律法规。现在比较回避宪法司法化，大家都比较务实了，去研究解决具体的问题。

记：在人权和社会权领域，我们也已经有了相关的立法，但规定却是比较原则，没有相应的实施细则，您认为这样的立法能起到它对人权、社会权应有的保护吗？

龚：对于人权、社会权的保护，如果没有这方面法律的话，肯定是更糟糕。然而，只有这些立法，也没有实用性。所以，依据宪法制定相关的法律、行政法规、部门规章是非常必要的。现在中国的法治进程才三十多年，目前的任务是将法律的框架建构好，不可能将细枝末节面面俱到。尽管有些立法规定比较原则，操作性不强，但仍然有重大的意义。

记：作为制定法国家，法国、德国也依据其宪法进行具体案件的审理，包括受理公民个人的宪法性的案件，您认为中国有必要这样学习，学得来吗？

龚：大陆法系和英美法系有明显区别，英美法系，法官造法；大陆法系，严格依法。但是，现在二者之间的相互交流也越来越强，相互学习、吸收。欧洲大陆法治的发展从严格依照法律，也开始慢慢承认判例的作用。中国法治的发展也会像这样一个过程，慢慢重视起判例的作用的。

> 以美国为首的西方国家总是以他们的人权状况来批判我国，既有客观真实，但是也有人权观念的差别，比如美国不认为经济、社会权利是人权，所以至今也没有批准《经济、社会和文化权利国际公约》。

记：我国的人权状况一直受到西方国家的指责，我们公民也感觉到我国的人权状况在某些方面不是很好，从您长期研究人权的经验看，我国到底处于什么样的人权状况呢？

龚：这是一个非常尖锐的问题，对于这个问题讨论得很多。1991年国务院新闻办发布了第一份中国人权白皮书，二十多年来，我国人权的状况发生了翻天覆地的变化。以前我们是批判人权的，但是自从白皮书之后，我们将人权作为中国人民长期以来追求的伟大理想,这是观念上的重大突破。现在每个人都可以说人权,可以用人权来保护自己。制度方面,我国建立了中国特色社会主义法律体系,显示对权利的保护;现实生活上,教育、医疗、就业保障方面也有进步。短短二十多年的时间,我国人权发展的速度是相当快的。以美国为首的西方国家总是以他们的人权状况来批判我国,既有客观真实,但是也有人权观念的差别,比如美国不认为经济、社会权利是人权,所以至今也没有批准《经济、社会和文化权利国际公约》。现实来看,我国人权的进步是建立在新中国成立六十多年的时间上的,尤其是改革开放的三十多年,而美国的人权发展已经历了两百多年。另外,我国人口众多,需要解决这么多人的吃饭问题,这也是一个重要的因素。

记:"文化大革命"使中国的人权状况变得很糟糕,您也是那个时代过来的人。改革开放以来,今天我们所取得的人权方面的成就是不是那时就应该享有的呢?

龚:你所说的人权其实是一种抽象的人权,我们所说的人权是具体的。正如马克思所说,权利不会超越一定的社会经济发展。在一个物质非常匮乏的年代,保障人权基本是不可能的。人权的发展是现实的、具体的、历史的,不是抽象的,是具有差异性的,人权及其享受的程度和不同阶段的社会经济发展水平是相一致的。

记:目前社会贫富差距呈扩大趋势,在这样的状况下,如何看待平等权与社会权的关系呢?

龚:1919年德国《魏玛宪法》第一次在宪法上规定了公民的经济生活。契约变得不完全自由,工人的权利不能被剥夺,这一做法实际上是为了保护弱者,拉平与社会富裕阶层的距离。其目标是指向平等的,也就是说,社会权的价值目标是指向平等的。中国也是如此。但是,在社会的转型时期,有一部分人先富起来了,他们利用资源优势变得越来越富,使得贫富差距扩大。如果国家能够加大对教育、医疗和住房方面的投入,那么贫富差距一定能够缩小。在这些方面政府还有很多的事情要去做。

记:您曾在瑞典做过访问学者,请您谈谈当时访问的经历并比较一下国内学术研究的状况吧。

龚:我是在瑞典隆德大学罗尔·瓦伦堡人权法与人道主义法研究所做访问。这是世界著名的人权研究所,对外交流非常频繁;那边的资料,尤其是人权方面的资料都是最新的,也很全面;学者也都是世界级的学者,经常去不同的国家访问。对我感触比较深的是他们的学者能够迅速地将自己的研究成果交流出去,为全世界人所知。而我们则比较封闭,相对来说没有很多对外交流的渠道。

记:请您谈谈您对学术评价机制的看法。

龚:目前的学术评价,无论是学界的评价还是学校的评价,都偏向于一种数量化的评价。比如发表论文、获奖项目都偏重数量,这样就忽视了学术成果的质量。这对学术研究的发展是很不利的。例如,学校每年考核,规定必须要发表几篇文章,还要发表不同领域的,这不利于老师针对某一方面作深入的研究。因为一项深入的研究要拿出精品,肯定是要耗费大量的时间的。

记:在这样的学术评价机制下,您对那些志在从事学术研究的青年学子们有什么样的建议呢?

龚:从事学术研究和实务方向肯定是不一样的。如果确定了学术研究的方向,那么就一定要坚持到底,不要轻易更改。开始要多看书、多思考、多动笔,打牢基础。然后确定自己的研究方向,细致地看研究方向方面的书。

记:您指导学生写论文的时候,建议怎样的写作方法和什么样的调查研究方法呢?

龚:对于人权研究,首先研究的视角一定要宽广,研究国际层面人权的保护状况;其次要借鉴先进的研究经验,不得不说目前西方的人权研究还是比较发达的;最后研究中国,我们在制度层面还是不错的,立法还是比较完备的,但是要关注中国的现实生活,关注民生。

（李秋实、聂　潍）

邓世豹

Deng Shibao

1968 年 6 月生,河南信阳人。广东商学院法学院院长、教授,法学博士,硕士研究生导师,美国富布莱特基金访问学者,广东省教学名师,广东省"千百十工程"省级培养对象。自 1994 年武汉大学毕业分配至广东商学院任教以来,先后担任教研室主任、法学院副院长、广东省人文社会科学重点研究基地广东商学院法治与经济发展研究所所长等职。一直从事宪法学与行政法学教学和研究,先后主持各级各类研究项目 20 余项,其中省部级以上项目 6 项,政府部门委托重大课题 5 项,发表论文 50 余篇,出版著作 2 部,获得省部级以上科研奖励 2 项。2006 年被中宣部、司法部授予"四五"普法全国先进个人,参与起草《广东省食品安全条例》等多部地方性法规。现为广东省人大常委会立法顾问、广州市人大常委会立法顾问、广东省社工委咨询专家、广东省检察院专家咨询委员会委员、广州市人民政府决策咨询专家等,同时担任广东省青年社会科学工作者协会副会长、中国宪法学研究会理事、广东省法学会宪法学研究会常务理事兼秘书长。

> 我们应该善于理解现状,在发现现状的种种不足后,努力地投入进去尝试改变,并始终保持一个法律人的正义感在其中,而不是徒然抱怨这不好那不便,这是我和我的一些朋友们的不同。通过理解、建设性地参与,慢慢地融入体制内尝试改变,哪怕是细微的、点滴的。我们很多同行在这方面都做得相当不错,也为推动民主法治建设和社会进步做一些具体的事。

记者(以下简称"记"):您 1968 年出生在河南省,您对"文革"后期的大环境还有印象吗?

邓世豹(以下简称"邓"):我印象最深的是 1976 年,那是毛泽东去世的那一年,那时我 8 岁,家在河南农村,感觉周围气氛有些凝重,记得那时候广播里反复悼念着"伟大领袖毛泽东同志"怎样怎样。年纪还小,不明白发生了重大事件,只是感觉到大人们的表情都有些不寻常,这是我儿时印象中最深刻的事。除此之外,"文革"留下的印象不多,依稀还有一两幅画面,一是村的人一起学习背诵"老三篇",其中一篇是毛泽东纪念张思德的文章吧,不分老少,大家一起学习,很是好玩,我背得比较快,还受到大人夸奖;一是在一个月光明朗的夜晚,老师带着我们一帮小学生,背着铁锹在村头翻地,热闹、好玩。

记:您是如何走上讲台的?

邓:我们 60 年代后期出生的这一代基本上生活平稳,没有什么坎坷的经历。国家恢复高考之后,国家开始重视教育了,中小学的师资队伍和大学老师都奇缺。国家为了弥补中小学的师资匮乏,出台了相关政策。把很多优秀初中毕业生送去师范类学校进行短期培训,然后回中小学教书,培养一批社会急需的中小学老师。由于家庭贫困,急于吃上皇粮,减轻家庭负担,放弃读高中的机会,我也成了其中的一员,十七八岁的时候,1986 年就站上了中小学讲台。

记:您当时教什么学科呢?

邓:我当时教中学生政治和英语。但是,我周围很多同事并不打算终身当中学老师,都有深造的打算,在朋友的引导下,我也决定考研,加入考研队伍。在我们中师毕业参加考研那一批同事中,选择法学专业的人最多,也有选择经济学和其他学科的。因为法学是一门经验学科,当时我们已工作了几年,而且正处于人生理解力和记忆力最好的年龄,再加上几年来的磨砺,对社会环境的看法日趋成熟,所以,我们那一批人中有很多选择报考法学专业的硕士研究生,现在或者在高校从事教学研究,或者在检察院、法院从事法律实务工作。

记:您能谈谈当初报考研究生的经历吗?

邓:我 1989 年在朋友带动下参加研究生考试,当时报考中国人民大学民法专业,以西南政法大学的教科书为复习资料,包括宪法学、法学基础理论、刑事诉讼法、民事诉讼法、民法学等等,还有孙国华教授主编的法理学教材和佟柔教授主编的民法学教材。

第一次考研结果,我差了录取分数线几分,回想起来,当时一是因为之前从没系统学过法学专业知识,专业基础不牢固,备考时间紧迫,复习三个月,很仓促;二是没有经过高中和大学教育,没有受过系统的强化的训练,不知道如何解答论述题,其中一道论我国宪法、法律关于土地所有权制度规定及其发展的论述题,就不知道如何作答。虽然第一次考研没有成功,但是了解了考试的过程,有了亲身经历之后,我确信自己肯定能够考上研究生,这条路走定了。

经过第一次考研尝试后,考虑到河南信阳离武汉很近,以后往来方便,第二年就选择报考武汉大学。这次我的成绩超过录取线 37 分,但结果依然没有被录取。当时考研的最后一天也就是 1990 年 4 月 16 日开始夏令时日,时间提前了一个小时,我在旅社睡过了时间,等最后赶到考场已经迟到近半个小时了,差点被监考老师拒在门外。当时规定单科成绩不能少于 45 分,所以虽然我总分超过了录取分数线,但是因为"民事诉讼法"的单科成绩没有达到要求,就落榜了。我不甘心这样的结果,就抱着一线希望去了武汉大学,向那里的老师说明了情况,寻求通融。当时的武汉大学法学院院长是马骏驹老师,他向我询问了一些情况后,就劝我先回家等候消息,但当时通讯不便,我的家乡离武汉又隔得远,加上我还有教书工作,所以后来事情就不了了之了。

1990 年我 22 岁,正是大学生刚毕业的年纪,但已经工作了 4 年,心态渐老,一度犹豫是否还要参加考试,但最后还是下定了决心不想留下遗憾。于是第三年我还是选择考武汉大学民商法专业,结果虽然超过了录取线,但是那年报考武汉大学民商法专业的学生很多,招生名额有限,由于种种原因我没有被选上,于是我申请调剂,最后收到通知,复试法理学专业。但复试那天我到考场后却被通知复试宪法学,最终我被宪法学专业录取。在校期间,我的导师桂宇石教授对我很关心很爱护,亦师亦友。我曾问过我的导师,当初我报考民法专业,后来被通知复试法理学,为什么最后转到宪法学专业?他说你应该感谢马骏驹老师。正是因为我当初在武汉大学给他留下了不错的印象,使他最后决定录取我。

记:您硕士毕业后又如何继续选择深造的呢?

邓:三年研究生的生活,对我个人而言主要是打基础,接受系统的法学训练,补充阅读量。对我来说,通过考试固然不易,但进而投入学术研究则更显艰难,因为学术思考、提炼观点等等必须建立在广博的知识储备之上,所以我觉得整个研究生生涯对我而言,时间过得非常快,三年转眼就过去了,感觉还是刚刚入门。临近毕业的时候,我想继续深造,就向何华辉老师请教,询问他的意见。何老师问了我一些家庭情况,当他得知我已成家但没有收入时,就希望我先工作两年,不赞成我马上读博士。他认为我当前的首要目标应该是赚钱贴补家用,不能让妻子一人承担生活的压力,承担家庭责任比继续深造更加重要。所以,尽管我最后参加了博士生考试,分数也很不错,但是没有被录取,于是毕业后我就先工作。1993 年当时海南正逢经济萧条,但也新设了不少上市公司,需要法律专业型的人才,我就想去当地的华侨投资公司做法务,准备工作几年,解决经济问题后再考虑读书的事。由于家属调动问题,最后选择了刚刚开设法学专业的广东商学院法律系。

工作之余,一直想着读博,那时候的学生读博的心态和现在不同,现在社会上读博士的心态可能有多种,比如有的官员需要以学者的身份和形象包装自己,而不管其实质是不是学者的料,只求有个博士帽。这样的例子多了,就挤压了很多真正想做学问的年轻老师的空间。因为学校的教育资源有限,博士的位子被一些人占据,而本应该在学术研究方面很有潜力很有作为的年轻人就被排挤了。当然,基于现在高校行政化的环境,可能政府官员读博的同时也有机会引进更多的科研项目,这是另一回事。但我当时之所以执意考博的原因无他,只是因为想着书还没读完呢,也没想过依靠读博改变自己的生活。何况我也答应老师工作两年后就回去读博,所以,1996年我再次回武汉大学考博士,这次何老师答应了。但是,报考的时候,何华辉老师仙逝,所以我拜在了张学仁老师的门下。

记:您能谈谈您博士期间的研究方向吗?

邓:读博期间,依法治国,建设社会主义法治国家载入党的文献中,宪法在依法治国中的地位与作用如何是我关注的一个问题,还因为当时国务院关于深圳经济特区的授权立法在中国法学界引起了很大的争议,我关注了有关税务方面的立法,以及行政机关执行税法的原则等等。由于到目前为止我国的税法也只有三部是由全国人大制定的,其余都是由国务院制定,包括授权深圳经济特区的立法规定,所以这在法理上很值得玩味。我当时认为关于授权深圳经济特区的立法,在不违背宪法和法律原则的情况下可以自行制定,而规定和原则是不同的,不违背规定的意思是自行立法可以突破,这其中便涉及法律的位阶问题:深圳市制定的法律如果和广东省制定的法律相互冲突如何处理?所以,我的博士论文就研究授权立法问题,从宪政的角度来研究授权立法,或者说以授权立法制度研究为切入点,研究宪政内涵。宪法不像民商法、刑法等部门法学科,宪法研究的意识形态很强,并不是纯学术、纯理论的方面,有时还关乎立场。

记:您对当前的学界研究现状有怎样的看法呢?

邓:现在学术研究有这样一些观点,有人认为学术就是批判,质疑一切。从事学术研究的过程中具有批判思维的确很难能可贵,但法学研究和法律实务有所不同,后者主要实践、贯彻法律,法律就是法律;而法学研究的价值是对现有的法律制度进行评判、推动和完善。作为法学研究者,不仅需要批判精神,也需要对现有的法律进行注释性研究。学术是批判的,学者却不能完全拒绝现实生活。我们应该积极地让自己善于理解现实生活,然后再发现不足,尽可能地不把自己和现实环境相对立,否则即使我们发现了不足,即使很迫切地想改变这个现状,往往却被现实否定了。我们应该善于理解现状,在发现现状的种种不足后,努力地投入进去尝试改变,并始终保持一个法律人的正义感在其中,而不是徒然抱怨这不好那不便。通过理解、建设性地参与,尝试改变不够合理的现状,我们很多同行在这方面都做得相当不错,也为推动民主法治建设和社会进步做一些具体的事。

记:您认为一个良好的学术环境和学术评价机制是怎样的呢?

邓:我觉得一个良好的学术环境,能让我们每一个做学问、从事研究的学者都有话可说,有话能说。学术评价机制固然需要,但也不能因为指标的要求而妨碍老师的学术创作自由。不能硬性规定老师一年要求发表几篇论文,发表在哪些刊物上。单位考核是需要客观标准,也需要进行分类的,但是,一个潜心学术的学者就不要太在乎这一评价,秉承自己的学术理念,有想法、看法,写成文章通过刊物公开,与大家进行交流,不要在乎是什么刊物,只要它是严肃的。除了期刊是学术交流的一个平台外,专题门户网站也是一个很好的交流平台。学术上是不能急功近利的,也不是能够谋生的。学术评价应是社会的、同行的。

记:总体而言,您是如何看待三十年来中国法学发展的?

邓:我觉得三十年来中国法学整体是沿着良好的趋势发展的。从 1978 年到现在,我们的法治状况已不可同日而语,权利意识也逐渐深入人心。改革开放早期,有一篇论文让我印象深刻,那是张光博、张文显教授在《红旗》杂志发表的一篇关于权利和义务关系的文章,重构了我国的法学理论体系。我国的法学理论基础从阶级斗争说转变到后来的权利义务说的过程,被证明是一种进步。由于法学理论构建的完善,才会支撑我们后辈学人在此基础上进一步思考法律问题。伴随法学教育的发展,法学研究人才辈出,研究方法多样,研究成果也越来越精致,20 世纪 80 年代的"法学幼稚"观点没人再提了。

记:您主要从事宪法学和行政法学的教学和研究,能谈谈您对这一学术领域的贡献吗?

邓:贡献谈不上。主要还是教书的,教书之余,也始终思考一些宪法问题,比如我国人民代表大会制是不是一种宪政体制,如何理解全国人大是最高国家权力机关,宪法虽然不能进入诉讼程序,但宪法是否影响我们的社会生活,如何影响我们的生活,人们又是如何理解宪法、评价宪法的。我天生驽钝,又很偷懒,思考至今还是零碎的,也没有整出一个看法来。思考的同时,我也参与地方法治实践,参与《广东食品安全条例》等多部地方性法规的起草、地方性规章的立法后评估工作以及地方政府决策咨询工作等。

记：您曾赴美国做过富布莱特基金的访问学者，请问您对这段经历有何感触？

邓：2000年到美国天普（TEMPLE）大学做过短期访问学者，主要内容是围绕美国宪法产生、发展中重要事件发生的地点和宪法人物生活场所进行参观访学。时间不长，感触颇多，美国宪法融入美国人的血液里，由衷地为宪法骄傲、自豪，谈及宪法事件、人物都津津乐道，美国人珍惜宪法发展中的重大事件、重要人物、重要场所，记载每一个宪法案件。宪法学研究资料丰富，也易于寻找。

记：这段赴美访学经历对您的教学和学术研究有何影响？

邓：时间太短，走马观花，多大影响也谈不上。但是，宪法学教育在法学教育中的地位、宪法教材编写方式以及宪法研究方式，一直印象深刻。宪法学人关注文本中宪法的同时，更应该关注日常生活中的宪法；反思宪法，也更应该尊重宪法。

记：您对当前学习法律的年轻学子有些什么期望呢？

邓：法律是生活的一部分，是一种生活方式。法律学习和研究必须紧密结合社会现实，关注生活、理解生活才能更好地学习法律、研究法律。从社会生活理解法律，从生活中发现法律问题，运用法律理论解决生活中的问题。从事宪法学研究学习的，更应该注意这一点。

（严佳斌、陈　艳）

龙卫球

Long Weiqiu

1968 年 9 月生，江西吉水人。1989 年毕业于江西大学，获法学学士学位。1989 年至 1991 年，曾在江西省基层政府部门工作。1991 年考入中国政法大学，1993 年获得法学硕士学位，1998 年获得法学博士学位。1998 年 7 月至 1999 年 9 月，作为美国富布莱特学者，赴美国研修。2002 年 12 月至 2003 年 8 月、2003 年 12 月至 2004 年 11 月再赴美国研修。现任北京航空航天大学法学院院长、教授、博士生导师。兼任中国法学会民法学研究会常务理事、法学教育研究会理事、《中国法学教育状况》编委。

撰写和出版了《民法总论》《民法基础与超越》《法学的日常思维》《从撤退开始》等多部著作，其中《民法总论》（第二版）获中国首届法律图书奖。发表了《超越现代国际法的盲点：寻求一种历史型解决——兽首拍卖事案评论》《中国民商经济法治 30 年：市场经济与规则嬗变》《法治进程中的中国民法：纪念〈民法通则〉施行 20 周年》《物权立法的合宪性问题》等百余篇论文，其中多篇刊登在《中国法学》《法学研究》《政法论坛》《比较法研究》《中国法律》（香港）、《月旦民商法杂志》（台湾）、St. Mary's Law Journal（美国）等高水平法学期刊上。

> 他们甚至对于自己的权利是模糊的，也许根本就不知道权利的存在，但是他们朦胧之间感受到起码需要讲道理，有时要一点最起码的生活尊严。

记者（以下简称"记"）：龙老师，我们了解到您 1989 年从江西大学法律系毕业后就到了江西省基层人民政府工作了两年。这段基层的工作经历对您的一生有什么特别的意义呢?

龙卫球(以下简称"龙"):1989年7月,我从江西大学法律系本科毕业。那一年,还属于分配时代,恰好由于特殊原因,大学毕业生按规定不允许直接进入国家机关。我返回原籍,通过教育局和县委组织部的安排,来到了某镇政府工作,主要做司法助理。其间我还担任过宣传干事,也做过土地管理、乡镇企业管理方面的工作。现在回想起来,这段基层工作的经历对我而言是很有意义的。

首先,面对中国最基层的生活实态,我的思维方式有了很大的改变。我在大学里学习的知识几乎都是形而上的,自己也是理想主义的。如果我当时留在大城市里工作,那么面对的应该也是一些比较宏观的工作,它的要求也应该是比较现代性的工作思维。但是,来到基层,一下子面对乡村最真实的微观的生活状态,思想上一下子沉下来了。农村的法律需求同城市完全不一样,这里的人们大多数还挣扎在温饱线上,他们的诉求大多是琐碎的。他们甚至对于自己的权利是模糊的,也许根本就不知道权利的存在,但是他们朦胧之间感受到起码需要讲道理,有时要一点最起码的生活尊严。比如,在一个土地权属争议的案件中,基层政府在1983年的全国土地登记工作中简单将一座面积不小的山丘造册在了甲村名下,但是,这块山丘在这之前的很长历史里都是属于乙村的,乙村的村民祖祖辈辈都在使用这块土地,放牧啊,造坟啊,现在政府决定征收建厂,因此发生了补偿归属争议。这种情况下几乎没有人在乎法律上的权属名义问题。在农村,宅基地纠纷、邻里纠纷往往都是以这种十分生活化形态的方式表现出来。面对这样的争议,你如果仅从形式法权的角度去处理会很容易,但是结果往往收效甚微,接下来的冲突会没完没了。处理这样的问题,更多的还是要从当事人双方的实际利益关系出发,听取双方的意见,吸取其中的合理因素,通过调解以达到双方满意的结果。通过这样的经历,我那种简单主义的法律思维很快就现实化了,自己也就很快地成熟了起来。

其次,在精神层面上,这段经历也让我有了不同的人生体悟。当时的大学毕业生有很好的工作前景。前些届的毕业生去了大城市,去了很好的专业对口单位。但是,我却来到了乡村基层。一开始自己还有些不甘心,但是后来慢慢就发现人在哪里都可以有所作为。最重要的是你认识到你被人所需要,你学到的知识还有价值,你自己也在服务中获得成长的回报,获得心灵的慰藉。在一些细小的事情当中,你也可以找到实现价值的乐趣。当时我在办公室里写下"事案有大小,公理无差别"十个大字,作为我的座右铭。这是我切实的感触。这段经历对我后来的人生态度也有影响,特别是培养出了一种下得去、输得起的精神。人生中很多东西不能在乎得太多，已经下过基层了，大不了再回到基层去嘛，基层也挺好嘛。因此，这段经历既让我对基层工作有了更加准确的把握，也让我的精神得到了很好的磨砺。

最后，这段经历还让我养成了细心的好习惯。对于大城市的人来说，几百块、几千块钱或许也不算什么，但是对于基层的普通老百姓而言，几块钱都是很重要的。中国大多数的就是这样的老百姓。每一件案件，不分大小，都关乎老百姓的切身利益，处理不好就会对人心造成困扰。每件事情的处理既关乎利益，也关乎民心。因此，我面对每一件事情都会认真、仔细地去处理，因为我知道这些事情背后都涉及人的切身利益和心理感受。

记：1991 年，您以优异成绩考取了中国政法大学民商法专业硕士研究生，离开了工作两年的基层。您作出这样的决定是为了要实现您本科以来从事法律职业的理想吗？

龙：大概是这样。我高考之前的志向并不是从事法律工作。我从小喜欢读书，立志要做一个大知识分子。高中毕业时我想当报刊主编，我觉得大知识分子应该干这种事业，不仅可以自己写文章，而且可以组织好的文章，发挥一种社会教育和思想阵地的作用。于是我第一志愿报考了武汉大学的新闻系。当年竞争惨烈，我的高考成绩是全班文科第二，但也没能被武大录取，最终来到了列为一本招生的江西大学法律系。上了大学之后，慢慢地对法律产生了兴趣，觉得大法官或者大律师也不错，同样可以大有作为，而且富于雄辩，睿智公正。到后来，意识到法治是中国更迫切更重要的一项现实事业，因此有了使命感。在基层工作两年，虽然自己各个方面都受到了锻炼，但是依然向往着进一步实现服务法律的志向，于是选择了考研究生。

选择北京的理由很简单，因为北京是法学的重镇，现在也依然是这样。在学习时代，人还是应该往高处走。所以，能够到北京学习法律对我而言是一件很有意义的事情。至于选择民商法，主要是基层实践对我的启发。在两年的基层工作中，我面对的主要都是民商事的调解案件，认识到这些问题的理论意义，所以希望对此进行更深入的研究。

记：来到法大之后，您的体会如何呢？当时法大的老师们对您都有怎样的影响呢？

龙：我的指导老师是江平先生。他为人为学都非常正直和开明，重视思想和精神方面的熏陶，重视知识服务社会和现实，教导我们要多读书，多多地向不同的老师学习。当时我也是专业小组长，所以跟导师组的老师都有比较多的接触。当时的导师组老师有江平老师、张佩霖老师、杨振山老师、巫昌祯老师、张俊浩老师等等,其中张佩霖老师和杨振山老师已经过世了。

这些老师对我都有很深的影响,都是我的恩师。首先,他们都是敬业重道的好老师,对学生都毫无保留。一个人到了他们这个年纪,有这么多的知识,经历了这么多的事情,仍然保有一颗赤诚之心非常难得,非常了不起。其次,这些老师都非常有才华,有涵养。江平老师就不用说了。张佩霖老师研究问题之细致让人叹为观止,他上课的时候口才之好,课堂气氛之生动,是我一生难忘的。当时很多学生为了旁听他的讲演,能像壁虎一样贴在窗户外面上课。巫昌祯老师的风度让人感叹,成为法大女教师的风景。杨振山老师是一个宽和的长者,待人非常热心,积极地帮助别人,他很喜欢同学生交流,常常谈着谈着就把别的事情都忘了。杨老师的可贵之处还在于他能够听取学生的意见,并且包容学生。这些老师对我的帮助和影响都是终生的。

记:您在研究生期间跟谢怀栻老师也有交往,能不能谈谈他的情况呢?

龙:谢老师当时在中国社会科学院法学研究所工作,其实并不是我们政法大学的老师,但属于导师组的外部成员。我有幸认识谢老是因为担任秘书工作的缘故。当时我是导师组秘书,经常受杨老师之托去谢老家里送材料或者做其他的信使工作。他老人家很健谈,而我也喜欢跟老师探讨一些学术或者其他方面的问题,就这样熟悉起来了。谢老真可谓是一个民法通家,属于问不倒的类型,我们这一代民法学生在内心里都很敬重他。虽然他早年在西北流放的岁月非常艰苦,但是他晚年应该说还是比较欣慰的。对一个人最重要的,是在别人心里的那份敬重。如果我们这些后辈学人,将来能够像谢老那样,也真实得到几个学生的敬重,那就很值得了。

记:在您的求学过程中,有没有印象比较深的同学或者学长呢? 他们当中有没有您比较佩服的人?

龙:说到敬佩的人,那实在太多了。研究生阶段我来到北京就抱定了寻师觅友的打算。当时有很多年轻学者都很不错,才华横溢,是我的学习楷模。比如贺卫方教授、季卫东教授、方流芳教授、梁治平教授等等,他们对我影响很大。你要知道,在一个大家庭里,哥哥才是弟弟们的真正榜样,而不是父辈。所以,面对他们这样的年轻学者,自己更能够受到激励。他们对我的实际帮助也不小。比如,贺卫方教授经常组织读书会,邀请我参加,使我受益良多。同门师兄也给我许多帮助和鼓励,比如赵旭东、孔祥俊、施天涛等等。

记:研究生毕业之后,您为什么会选择教师这个职业呢? 正如您在《从撤退开始》这本书中讲到的,您"几乎是非计划地加入了法大教师群体中"。当时是怎样的机缘让您走上了法学教学和研究的道路呢?

龙：我爱读书，喜欢研究和思考问题，所以在大家眼中我很适合教书。但是，在研究生期间，我并没有打算要做老师。毕业时，我的导师们觉得我适合教师职业，劝我留校。而我自己也比较喜欢学校轻松自如的生活方式，喜欢自己安排自己的时间，不用每天按时考勤，所以最后也就决定留在学校。

记：今天我们回过头来看，您的选择很正确。您在民法研究方面的成就是大家有目共睹的，而您的教学工作也非常成功。您获得过北京市优秀教师称号、中国政法大学"杰出青年教师"称号、中国政法大学教学名师奖、中国政法大学优秀教学奖，并两度评为中国政法大学"最受学生欢迎的青年教师"。请问您的教学秘诀是什么呢？

龙：其实，我表现平平，多谢谬奖。我在中国政法大学能够被评为"最受欢迎的老师"，我想可能是因为大家觉得我做事还算比较敬业、比较认真和勤勉吧。我觉得既然做老师，就应该认真上好课，做好研究，多对学生提供一些实实在在的帮助，所以，这也是大家对我的鼓励吧。

记：龙老师，您曾经数度旅美访学，美国给您留下的是怎样的印象呢？这些经历对您有怎样的触动呢？

龙：留学是件好事情，它可以开阔眼界，增加阅历，也可以通过课堂学习，体会到很多学习、研究上更规范的知识和方法。没去美国之前对美国有一种想象，去了之后却又似乎是"不识庐山真面目"了。这就是交流的价值，可以除魅，也可以求知。美国人同我们的基本生活需求是相同的，差别可能更多地在于达成这些需求的社会机制方面。美国很发达，这是肯定的，但是这并不是某一种文明程度的差别，中国和美国互有优势，又有相互学习的空间。在美国，人与人之间相处更有距离，彼此更注重对人的尊重，做事更强调规则性，服务也注重人性化。从学习研究的角度讲，美国的教育确实比较成熟，各项设施的完备，让人感觉身处其中就是种享受。

> 我们现在采取的基本上是教育部单管的方式，尽管按照《高等教育法》高校有一定的自主权，但是一方面这种自主权使用还不够自觉，另一方面不少高校还不习惯行业自律。这样一个单管化的模式不利于我国法学教育的发展。

记：龙老师，您在 2001 年就发表了《美国实用法律教育的基础》一文，而您又是《中国法学教育状况》的编委，您对于法学教育肯定非常了解。请问您认为我国今天的法学教育还存在什么问题？

龙：由于长期置身于中国教育界，所以自认为对于中国的法学教育还算比较了解，也做过一些研究。我从本科到硕士到博士一直都受着中国的法学教育，特别是一次次考试过来，也参加过律师考试，所以对中国的法学教育过程也有切实的体会。对于美国的法学教育我也熟悉。我在做富布莱特访问学者时，有心想了解美国法学教育的实际过程，就认真学习了一年，参加了七八门主要课程的全程学习，包括考试，我的收获很多，印象也非常深刻。

中国的法学教育三十年来取得了很大的成就，但是问题也有不少。我认为，中国的法学教育存在两个不足。一是实用性不够，专业化程度不高。整个法学教育缺少专业化深度。以现在的司法考试为例，仅仅是针对个别的或者局部的法条分析进行的，都是些简单的法条分解题，而不是真正高水平的实务面向的综合题目。相反，我国台湾地区的司法考试注重综合能力的考察，题目不多，但是能够反映出实际的综合的分析能力。德国的司法考试各科往往也就出一道题目。在这种考试引导下，我们的法学教育基本上还是在简单的法条教学时代。我国的法学教育在综合专业素养和职业能力培养方面很不够。二是学术性不够，基础教育薄弱。本科教育也具有学术性，只有有了一定的知识素养才谈得上职业化。我们本科教育的学术化水平是不够的。法学教育应该分为基础教育和专业培养两个部分。基础教育阶段即学术培养阶段，法律职业人首先应该是知识人、学术人。我们的本科生在基础教育上比较空洞、机械，教科书缺少学术涵养，材料不完整，知识不深入，基本没有方法规范。我们的研究生和博士生教育这些年在数量上有很大突破，不否认其中有一批优秀的学生，但总体上的不足也很明显。这可以从硕士论文、博士论文的水平上反映出来。硕士、博士论文按理都应该达到学术增量的要求，但是我们的博士论文符合这一要求的又有多少呢？不少都只是知识的重复，甚至假大空、残缺不全也不是没有，让人看了之后觉得根本靠不住。

此外，我国法学教育在管理上也是有改进余地的。我们现在采取的基本上是教育部单管的方式，尽管按照《高等教育法》高校有一定的自主权，但是一方面这种自主权使用还不够自觉，另一方面不少高校还不习惯行业自律。这样一个单管化的模式不利于我国法学教育的发展。在发达国家，教育部只是一个政策的制定者，它的管理是政策层面的，实际方面更多强调的是行业的自律。我们对于法学核心课程的设定，现在主要是教育部一刀切，甚至是几十年如一日，对法学教育的评估等也都表现出行政化、单管化的特点。美国的法学教育主要就是由律师协会和法学院协会会同自律的。我国法学院协会还没有建立，律师协会也无权管理法学教育。正因为没有行业的自律，缺少行业的标准，所以我们目前才会出现法学院失范、法律专业乱招生的现象。许多学校不顾师资力量的实际状况，也不顾学生的利益，一味地扩大招生，一届本科生可以招三四百人，法律硕士项目逐渐与学院创收挂钩。我国对于法学教师的准入，也没有职业考试或者类似的条件要求，曾经一度出现没有学位也可以随便任教的情况。而在德国，任教必须通过教授资格论文，而且还有淘汰机制。

记：龙老师，您刚才讲到司法考试的问题，如果由您来出题的话，您会怎样设置考试的题目呢？

龙：司法考试是国家选拔法律人才的重要考试，涉及教育导向的问题，不可小视。如果我来出题的话，我会更注重知识和实务的综合面向，题目会更复杂一点。比如民法题目，至少要有一道大案例题，在这个案例中，盘根错节地夹杂着数层甚至十几层复杂的法律关系，将法律的主要知识点都融入进去，考生必须一层一层地分析清楚，必须具备很强的综合分析能力才能够通过，我觉得这样的题目才真正符合法律人的要求。我建议将司法考试由司法部会同最高人民法院、全国律师协会和民间意义的法学院协会联合组织，这样才具有组织的科学性。

记：龙老师，刚才您讲了我国法学教育的很多问题，那我们又如何去解决它们呢？作为北京航空航天大学法学院院长，您的理念在教学和管理当中是如何贯彻的呢？

龙：问题确实很多，但是解决问题还是要靠我们自己。首先是体制改革应当继续深化，这是大前提。北航也是教育部管理的学校，属于国家教育体系的一部分，我们得按照教育部的要求进行教学。第二，我们应该呼吁司法考试的合理化。第三，作为北航法学院的组织者，我考虑的是在尽量科学地理解上级主管的精神的基础上，从学生的切身利益出发，从国家人才培养的合理目标角度出发，努力在自己的小环境里面倡导、推行一种理想的法律教育，从人才培养模式到具体的课程设置、教师配置、培养过程和各种教育资源的建设和投入等等，尽可能做到完善、科学。我们既要符合现实的需要，又必须有一定的理想性。

北航法学院是中国六百多所法学院中的一家，因此我们还要考虑法学院的共同发展和共同繁荣。我们希望的是大家一起实现共同的发展和繁荣，而不是各自画地为牢。要实现这个目标是有条件的。第一，要实现法学院之间的沟通。我们希望同大家一起来探讨和实践好的法学教育体系。在同步、同轨发展的同时，也要注意保持自己的特点，保证法学教育的多元性。第二，我们北航法学院是一个新兴的法学院，因此我们更希望同那些已经取得成功的法学院加强沟通。比如中国政法大学、华东政法大学、北京大学法学院、中国人民大学法学院等等。我们希望与这些法学院保持互动,获得提升自己的压力和动力。我希望我们的领头羊们能够把我们带到一个更健康的大草场,让我们都能吃好的草,生产更优质的牛奶。昨天,在我们研究生毕业典礼上,我说了这样一句话:"离开了中国法治这盘大棋,个人的得失都算不了什么。"我想法学院也是一样,离开了中国法学教育健康发展这盘大棋,单个法学院的得失真的也不算什么。现在我们面临很多诱惑,有许多特殊的资源,有的法学院致力于简单地争夺或者保持这些资源。但是,我认为,这样做不一定是好事,我们还要看到法学教育长远的要求。

记:那北航在学生的培养上有没有什么特别之处呢?

龙:北航在学生的培养上注重三点。一是标准化。没有规矩不成方圆,我们要将国内国外法学院中成熟的、好的经验吸收过来,进行消化,建立一套标规贯彻于目标之中,做到人才培养的合格。二是逐步提升。我们要通过法学院的学科建设、人才培养体系的深化,对我们的法学教育在整体上进行提升,在培养水平上逐渐跻身国内著名法学院之列。三是提炼特色。我们要在一个好的基础上提炼我们自身的特色。比如在航空航天法律与管理领域、信息与法律领域做到国内最好的教育平台、政策咨询平台。这样我们的法学院才会更加生动,贡献才能更为凸显。其中,标准化很重要。无论情况如何变化,我们的法学院都要做到符合法学教育体系各方面的合理要求。师资、学科、学院体系、学生的素质、培养目标、课程设置、培养过程等等因素都要考虑进去。

记:龙老师,您刚才提到北航的特色教育,那是不是意味着北航的学生毕业去向都很特别呢?

龙:有一部分是这样的。我们大多数同学是按照国家法学人才目标加以培养的,是国家法律人才的主力军。我说我们要突出特色,但不是所有的学生都搞特色,还要结合学生的兴趣爱好,只有部分有特长的同学才往特殊人才领域培养。航空航天法律管理的就业缺口很大,特殊技术开发、特殊产品生产、特殊企业机制、特殊设备购买的处理,国家航空航天、信息产业管理部门,航空航天、信息类大企业,以及特种律师事务所等等都需要懂航空航天法、信息法、工业产权法的人才。而我们培养的学生还远远不够。我们学生的就业形势很好,主要是综合素质高,因为我们招生人数少,老师学生基本上是一对一的。每届几十个学生我都能叫出名字来,这样的师生比让我们的学生都能获得充分的锻炼。

记:谢谢龙老师跟我们谈了很多关于法学教育的内容,接下来我们的话题是关于您的学术研究。龙老师,您的专著《民法总论》在 2001 年出版后几个月内就宣布售罄,2002 年马上就出了第二版。这在法学界甚至在学术界都是很罕见的。您的著作同别的民法理论著作有什么大的不同?

龙:谢谢读者们的厚爱。我其实也没有作出什么特别成就,可能只是大家觉得我在这本书的写作上费了不少心血,读起来还是有些收益吧。我个人关于著书立说的见解是,不应盲目追求数量,而应该呕心沥血追求质量。

记:那您的观点跟别的书会有很大的不同吗?您跟江平老师在民法领域有没有基本观点的差异呢?

龙:我个人更注重材料和知识的系统的基础的整理,在此基础上再做学术思考和建设工作。我的这本书主要在这方面有些优点。但缺点也不少,就是离博大精深还有很大距离。我的知识和思想在很多方面是向前人和同行学来的,包括向老师学来的。江老师是我尊敬的导师,对我影响颇多,至今有很多问题我还是喜欢请教他。在基本思想和观念方面,我是很倾向江老师的,至于具体的一些知识和方法方面,当然与老师有所不同,有时甚至是老师没做,学生做了就是差异。当然,我还不敢奢望"青出于蓝而胜于蓝",江老师的学术思想以及人生境界是我永远超越不了的。

记:那龙老师您在民法领域的基本学术观点是什么呢?

龙:在民法领域,要说在基本的理论和制度方面提出许多独特的观点是不现实的,只能说你在某些方面可以有一些较为深入的把握或者心得。民法的几乎所有领域都留下了杰出民法学者的思想痕迹。历史上伟大的法学家很大一部分都是民法学家。所以,对于我们今天这些晚辈民法学者来说,首先是一个谦虚的面向多元的学习问题,能够读懂前辈大家的思想,体会他们的知识,形成一份沉甸甸的理解就很不容易了。像著名的民法学家王泽鉴先生,他学问做得那么好,可是却仍然很谦虚地说自己做的不过是判例、学说与比较法研究而已。当然,我们也有面对当下的建设使命,要做一些向前的学术和制度建设工作,但对待这份工作应该小心谨慎。

我个人来说,研究兴趣较广,就民法方面而言,近二十年主要是两个特点。第一,比较注重尽可能全面的学习积累。我个人以为研究应该建立在牢固的学习基础上。因此,多年来一直保持了不断学习的习惯,对民法的学习,我力求多多益善,尽可能收集书籍和材料,认真地阅读、消化,以做到对民法有一个相对宏观和全面的把握,进而做到体系化和细化。所以,一些熟悉我的同行朋友在研究某些领域的时候往往愿意事先与我做些探讨,我的一些提示可能有启发作用。第二,喜欢思考一些比较基础的或者前沿的问题,常常涉及问题探源。比如,我的博士前阶段做的是法律行为的基础理论研究,后阶段做的是民事主体的基础理论研究。遇到重大立法时,我喜欢围绕相关的某些基础理论问题进行研究,以期对于立法可以在一个更深入的层面起到观念和知识的铺垫作用。近一个时期我在做债法理论的研究,特别是民商结合下的统一债法问题的研究。目前,大家对我的认可多表现在对我在民法方面的基础、前沿和体系化方面所做出的一些努力。

记:龙老师,据我们了解,您关于民事主体的拟制性和实在性这个问题的看法好像已经发生了改变。是不是因为年龄增长让您的认识发生了改变呢?

龙:观点是有修正,但并不是完全地扭转过来,只是自己不断地修补原来的一些可能极端的东西。随着年龄和学术涵养的增加,尽力克服极端化,慢慢地客观起来。以前年轻气盛,为了突出树是直的就将它的枝丫全部砍掉,但现在逐渐成熟,既认识到树基本上是直的,但也留意它有弯弯曲曲的地方。学问不是不可以确定不变的。很多时候做研究的人都认为自己的观点是绝对正确的。现在我体会,其实真理和谬误并不是只有一步之差。我认为是这样的,更确切是我认为可能是这样。

记:这样的表现是不是也跟年轻有关呢?现在很多年轻学者往往会故意提出一些跟前人不同的观点,成果也很多,这是否就是一种浮躁的表现呢?

龙:与年龄肯定有关系,但恐怕主要还是学术感悟问题。不过,我不以为标新立异就不好。学问有时要标新立异,可以更好启发别人的思考。真正好的学者在年轻的时候都应该有一股标新立异的勇气。是不是浮躁,那要看他的观点是不是建立在认真、踏实的研究基础上。我们需要严肃的标新立异,这种标新立异是要有一定的研究基础的。

记:现在的年轻学者为了评职称,往往都会尽量多发文章,但这些文章中的观点可能是不成熟的。您对于年轻学者的这一做法是怎么看的呢?这样一个评职称的制度是否也有问题呢?

龙:文章到一定程度还是应该发表。很多研究一开始是不成熟的,但仍然有价值,拿出来对于读者有启发作用。年轻学者为了评职称而多发文章的心态我能够理解,没有发表成果你就无法评上教授。这样的一套靠数量来获得职称的制度对于那些懒于动笔的学者是有激励作用的,但是它的负面影响也是很明显。做研究、写文章是有规律的,那些越没有人做过的题目,越难的题目,需要花的时间就越长。因此,为了尽快评上教授、副教授,很多学者就做一些短、平、快的文章,或者一篇文章拆成好几篇文章来发表,大家都这么做,就形成了恶性循环。在这个问题上责任是多方面的,我们的刊物界也有自律的责任。我们的刊物怎么能够发表这样的文章呢?刊物怎么能够收版面费就给发表文章呢？如果我们的刊物都按照美国法学院的法律评论、法学期刊的标准来发表文章，那我们就能够把住期刊这道关。

记：龙老师，从您的观点看，我国民法的研究现状如何呢？我们在哪些领域还是比较薄弱的，还需要以后的学者往那些方面去努力呢？

龙：我们目前民法研究应该说取得了巨大成绩，这是有目共睹的。当然，我们仍然还有很大的提升空间。第一，我认为，我们的研究主体，包括民法学者，包括学生，都要注重自身民法基本素养的提升。全面掌握基础知识，首先成为一个通家，然后再致力于特定问题的研究。民商法的各个部分，包括知识产权法都要去"啃"，去消化。多坐点冷板凳，坐个七八年、十几年，先成为一个通家。第二，我们要从之前单纯的立法研究服务导向转向立法和司法研究一体化的思路。中国现在法学还是处在一个立法法学的时代。我国民法领域的一大半已经有了法律，同时在进行法律的系统化。此时，我们的理论研究应该开始转向立法和司法一体化的研究。第三，要重点注重突破一些专题问题。这些专题同我们中国的实际法律生活紧密相连。这些研究对于我们的立法和司法中的实际难点问题势必起到及时的理论引导作用。比如，中国现在农村的地产、城市的地产有相当的特殊性。我们应该结合实际，针对问题，形成目标，做出透彻研究，从实践形态中提升出理论形态来，而不是做一些不切实际的理论研究。中国有别人所没有的农村土地承包经营权、宅基地使用权、城市土地建设使用权，但是对于这些专题目前还没有出过一本像样的理论专著，这是非常可惜的。在这些方面我们应该加大研究投入，应该催生高质量的著作。

（肖崇俊、马维佳）

刘俊海
Liu Junhai

1969 年生，河北泊头人。1989 年毕业于河北大学法律系，获法学学士学位；1992 年毕业于中国政法大学研究生院，获经济法硕士学位；1995 年毕业于中国社科院研究生院，获民商法博士学位。1995 年入中国社会科学院法学所从事商法经济法研究工作。2006 年 9 月，调入中国人民大学法学院任教。现为中国人民大学法学院教授、博士生导师，中国人民大学商法研究所所长、中国人民大学法律顾问。

1996 年 11 月至 1997 年 11 月，赴挪威奥斯陆大学从事博士后研究，研究课题为公司的社会责任。1998 年 9 月，受欧盟资助赴荷兰阿姆斯特丹大学法学院从事访问研究，研究课题为欧盟公司法。2000 年 1 月至 2001 年 5 月，受美中学术交流委员会资助，赴美国密西根大学和堪萨斯大学做访问学者，研究课题为美国公司法。

主要著作有：《股份有限公司股东权的保护》（专著）、《公司的社会责任》（专著）、《欧盟公司法指令全译》（译著）、《新公司法的制度创新：立法争点与解释难点》（专著）、《公司法剖析：比较与功能的视角》（译著）、《现代公司法》（专著）等。主要论文有：《中国加入世贸组织后公司法的修改前瞻》《金融危机的法律防范》《我国公司法移植独立董事制度的思考》等。

> 如果选择留在美国，永远是依靠别人帮自己，因为美国的法律制度已经十分完善了。而回到祖国的怀抱，报效自己的国家和人民，意味着可以用自己的专业知识帮助别人，为我国的法学研究和法治建设增砖添瓦。

记者（以下简称"记"）：首先想请您谈一下您当年高考的经历，您在 1985 年高考时为什么会选择法学这门专业？

刘俊海(以下简称"刘"):这个问题非常好。在 1985 年之前,虽然当时我还很小,但也经历了"文革"末期。那一时期由于缺乏法治,对人的人格和尊严的摧残、对人的权利和自由的禁锢,以及对社会应有的安定秩序的破坏,我还是记忆犹新的。我的父亲在"文革"时也曾受过迫害。通过对"文革"时期缺乏法治的历史思考,对 20 世纪 70 年代末党和国家"拨乱反正",大批清理冤假错案的历史见证,我觉得公民权益受到侵害并不是个案,这一系列悲剧事件都是由于缺乏法治的传统文化和制度设计所造成的。因此,我当时就想,如果将来学了法律,不论是当一名教师、法官或是律师,都能为维护老百姓的尊严、自由、生命和财产贡献一点微薄的力量。其实,当时最热门的大学专业并不是法律,而是文史哲专业,其次经济、管理等方面的学科也逐渐升温。虽然当时人们已经开始意识到法律的重要性,但法律并不是非常热门。不过,基于刚才所说的原因,我还是毅然选择了法学作为自己的专业。

记:您能否谈谈您进入大学之后以及作为访问学者到国外学习研究的那段经历?

刘:1985 年秋天我进入河北大学法律系学习后就开始如饥似渴地看书学习。但当时我的兴趣点并不局限在法律领域。除了看法律的书籍,我还大量关注经济学研究动态。20 世纪 80 年代中期,我国的经济学界可以说是思想璀璨、百家争鸣。1987 年,我在《经济与法律》杂志上发了一篇《建议尽快制定私人企业法》。到了 1988 年,我对企业并购产生了兴趣。当时有所谓的保定模式与武汉模式。1988 年暑假,我就到保定的市委研究室和企业去调研,写了一篇《论企业兼并立法的几个基本问题》,发表在辽宁《经济与法》1988 年第 10 期上。1989 年我在河北大学毕业,当时河北省政府办公厅到学校来看学生档案,发现我在大学期间发了几篇文章,就选中了我。但是,当时我还想一鼓作气继续"充电",不小心竟然以第一名的成绩考上了中国政法大学的经济法专业硕士研究生。

我 1992 年硕士毕业时,学校推荐我去国务院法制局(国务院法制办的前身)工交司工作。有关领导对我进行了面试,也愿意接受我去工作。但后来我还是考到中国社科院师从王家福教授和王保树教授攻读博士学位去了。我当时之所以报考社科院,主要是因为那里的博士生宿舍是一人一间,看书学习到深夜也不影响别人,当然自己也不受别人影响。当时我攻读的博士生专业是民商法,之所以选择民商法,是因为当时我感觉到市场经济的核心制度在于资本制度。所以,我从 1992 年入学之初就选择了股份公司股东权的保护作为博士论文的题目。

我 1995 年博士生毕业时,商务部(当时叫外经贸部)到中国社科院研究生院挑人,学校推荐我去。但当时中国社科院法学所的老领导以及王家福教授、王保树教授都苦口婆心劝我留在法学所,从事商法研究工作。我于是选择留在了社科院。其实,三百六十行,没有一行是低人一等的,关键是看哪个职业更适合自己。王家福教授、王保树教授跟我都说起过这样一个道理:法科毕业生选择从政或者其他,在退休后可能会有很大的心理落差;而作为法学家要终生看书、终生学习,即使到了退休年龄也还是要不断讲课和培养学生。当时我倾向于选择一个没有退休的职业:法学家。我觉得我最终选择法学家这一职业是很幸运的。

我在社科院工作后,除了继续研究股东权的保护之外,开始关注公司的社会责任课题。因为我觉得公司法的使命既要体现为鼓励投资、保护投资者,也体现为增进股东之外的利益相关者的福祉。1996 年 11 月至 1997 年 11 月,法学所派我到挪威奥斯陆大学从事博士后研究。挪威的社会民主十分发达,从我们的角度看,他们的制度(包括公司制度和社会保障制度)中有很强的社会主义元素。我的研究合作导师是挪威人权研究所所长艾德教授。他当时担任联合国人权委员会防止歧视与保护少数者委员会主席。我在那里的一年学习和研究收获很大。我回来之后就写了一本书,叫做《公司的社会责任》,于 1999 年在法律出版社出版。

1998 年 9 月,受欧盟资助,我赴荷兰阿姆斯特丹大学法学院从事访问研究,研究课题为欧盟公司法。之后,我把当时的欧盟公司法指令都译成了中文。2000 年,译著《欧盟公司法指令全译》由法律出版社出版。

去欧洲学术访问归来后,我总觉得没有到美国去学习研究公司法是个遗憾。1998 年我又申请了一个美中学术交流委员会资助的研究项目。2000 年 1 月至 2001 年 5 月,受美中学术交流委员会资助,我赴美国密西根大学和堪萨斯大学做访问学者,研究课题为美国公司法。其间,2000 年 1 月到 5 月在堪萨斯大学法学院从事访问研究,2000 年 5 月我又应邀转到密歇根大学商学院做了一年法律研究,在这期间发表了两篇英语学术论文。一篇是 *Corporate Governance in China:Then and Now*,发表在《哥伦比亚商法评论》2002 年第 1 卷上;另一篇是 *Chinese Business and the Internet:The Infrastructure for Trust*,曾在美国商法学会 2001 年年会上荣获最佳国际商法论文奖拉尔夫·邦奇奖,后来发表在《范德堡大学跨国法律杂志》上。

当时也有朋友劝我读个 LLM 或者 JSD 留在美国工作。但是,我有一个人生信条:帮助别人比被别人帮助更快乐。如果选择留在美国,永远是依靠别人帮自己,因为美国的法律制度已经十分完善了。而回到祖国的怀抱,报效自己的国家和人民,意味着可以用自己的专业知识帮助别人,为我国的法学研究和法治建设增砖添瓦。我认为,一个人应该将个人的成就感与社会的责任感结合在一起。记得我还在两个纸条上分别写上"回国"和"再在美国读个学位",让孩子抓阄。结果,孩子抓到了"回国"这张纸条。于是,我当即毅然决定回国,下午就购买了七天后回国的机票。

> 培育学生比写书更重要,因为学生是有生命的作品。他们可以去传播你的思想,传播你的人生观、价值观。一本书,如果没人买,那别人就看不到。但是,一个法律人可以通过在工作和生活中扮演一定的弘法与护法角色,积极向家庭、单位和社会表达他对当今社会法治建设的信仰和看法,这样的影响力比一本书要大得多。

记:接下来想请您谈一下您回国之后的工作经历。

刘:由于法学所领导的信任和同事们的支持,我 1999 年就担任了中国社会科学院法学所商法经济法研究室的副主任。30 岁就担任这样的职务在别人看来可能更多的是羡慕,而对我来说则是更大的责任。因为,如果自己的学术水平与这一职务不相称的话,那也不可能得到大家的支持。一个学者最为重要的并不是他的级别,而应该是他的学术能力与贡献。2002 年 7 月,我开始担任法学所所长助理兼所务办公室主任,但主要精力还是放在学术研究上。后来我觉得社会法对我们构建和谐社会非常重要,遂在所领导的大力支持下于 2004 年底开始带领同事们一起筹备建立国内第一个社会法研究室,并于 2005 年召开了第一届中国社会法论坛。

2006 年 4 月,中国人民大学副校长王利明教授(时任法学院院长)邀请我加盟人民大学法学院,当时我考虑许久。因为即使是现在,我对社科院依然非常留恋。在那里你可以成为一个非常懒惰的人,也可以成为一个非常勤奋的人。研究员在那里没有大量的教学任务,只带少量研究生。导师可以将研究生带到研究室传道授业,既可以聊学术,也可以谈人生。我现在在人民大学讲课都是大课教学,底下坐着那么多学生,这种大规模的教学风格在社科院是不多的。社科院的工作环境非常惬意,是很令人神往的地方。社科院为我国法学教育事业和法学研究事业输送了很多人才,堪称法学界的"黄埔军校"。现在,我看到人民大学的学生去社科院学习或工作时,我都很为他们感到高兴。当然,大学有大学的好处,大学既有培育人才的教育职能,也有创新知识的科研职能。我认为,培养人才也是一种创作活动。我一直对我的学生讲:"你们是我最大的作品。"培育学生比写书更重要,因为学生是有生命的作品。他们可以去传播你的思想,传播你的人生观、价值观。一本书,如果没人买,那别人就看不到。但是,一个法律人可以通过在工作和生活中扮演一定的弘法与护法角色,积极向家庭、单位和社会表达他对当今社会法治建设的信仰和看法,这样的影响力比一本书要大得多。正是考虑到这些因素,我最终接受了王教授的邀请,于2006年9月"转会"到了人民大学法学院。

记:在您大学及之后的学习中,哪些老师或同学给您留下了深刻印象,对您的帮助最大?

刘:我觉得在我读大学时的老师都非常不错。1985年那时全国高校刚刚恢复法学院系不久。河北大学法律系是1981年开始正式招生的。给我们授课的许多老师是从全国各地的政法机关抽调来的。虽然他们的法学研究活动在"文革"期间受到了很大冲击,但他们的确能够条理清晰、循循善诱地将基本的法学原理,特别是部门法的基本制度以大学生能够理解的方式传授给我们。我觉得这是受益终生的,而且老师们都特别敬业、纯朴、充满爱心。

在大学期间,全国人大法工委的何山教授对我影响也很大,就是他当时鼓励我去考研究生。我与何山教授是因为都给《光明日报》投稿、共同商榷有关法律体系构成的过程中认识的。1988年,何山教授在《光明日报》发表文章,认为我国社会主义法律体系由刑法、刑事诉讼法、民法、民事诉讼法、行政法、行政诉讼法六个法律部门组成,我则认为,经济法是一个独立的法律部门。

后来我在中国政法大学读硕士的时候,江平老师对我的影响特别大,尤其是他的罗马法教学。江老师能把本来枯燥的罗马法讲得让我们如痴如醉,我记得当时的罗马法课程是安排在下午,江平老师的讲课从不会让你觉得困倦。我今天还记得江老师讲的一句罗马法谚语:"吾友之友,非吾友也。"这将合伙制度的本质与精髓一语中的。这句话非常精彩,我朋友的朋友不是我的朋友。大众的普通观点是:我朋友的朋友也是我的朋友,但是法律语言与思维中的合伙制度不是这样的,因为合伙人之间对合伙债务承担连带责任。还有什么话语比这句话更加深邃呢?我后来参与《合伙企业法》修改工作的时候,也一直记着这句话。江老师品德高尚是大家共知的。我1992年报考中国社会科学院博士生时,江老师为我写了推荐信。我1995年通过博士学位论文答辩时,江老师也是答辩委员会的校外答辩委员。在研究生阶段,江老师的学术、为人和宽广的胸怀都给我留下了深刻的印象。江老师对我的影响是非常大的。此外,中国政法大学的徐杰教授、杨振山教授、黄勤南教授、严振声教授等老师对我也有很多教益。

在 1992 年至 1995 年的博士生阶段,我师从王家福教授和王保树教授。两位教授对我的谆谆教诲和关心爱护,我将没齿难忘。梁慧星教授作为博士生三人指导小组成员之一,对我也有很多学术点拨。我 1992 年报考中国社会科学院研究生院时,王家福教授是招生目录中的博士生导师。到了第二年即 1993年,王保树教授和梁慧星教授都被国务院学术委员会批准为博士生导师了。王家福老师学识渊博,贯通民商法、经济法、人权法和法理学;王保树老师侧重研究商法经济法;梁慧星老师则侧重研究民法。因此,我很幸运,从这三位老师那里学到了民法、商法与公司法的专业知识。

当时王家福老师和王保树老师对我的教诲之一是,读书期间不要去做律师业务,不要去挣钱。因此,我就踏踏实实写论文,后来我的博士学位论文确实为我后来的学术发展奠定了初步基础,像我后来评副研究员的时候就是靠这本专著。另外,王家福老师反复对我讲,学者要服务于社会,要为实践部门服务,要为立法机关和司法机关服务,为我们的法治建设服务。不能关起门来在自己的书屋里"闭门造车",这样的文章没有生命力,也没有人看。所以,后来我写的东西都是有针对性的。研究成果没有针对性,学术效果和社会效果都要打折扣。对于大家都知道的问题再做人云亦云的讨论是对学术资源的浪费。事实上,我们面前还有大量的实际问题需要研究与解决。一个人的精力是有限的,在特定时间内要完成特定的学术目标,必须学会舍弃。

王保树教授作为改革开放以后公司法学的重要拓荒者,对我的博士论文写作和学术研究方法都给予了点石成金的指导。也正是由于王保树教授把我领进了公司法的研究殿堂,我才决定矢志不渝地把公司法研究进行到底。梁慧星老师对我影响比较大的是他的法律解释方法和论文写作方法。现在我参加各类论文答辩时,一拿到论文就能看出它的质量好坏。这主要得益于梁慧星老师传授的写作方法。现在一些学生的毕业论文题目大而不当,其失败的主要原因就在于没有学会论文写作方法。此外,郑成思教授和崔勤之教授也都给予了许多无私的指导和帮助。

饮水思源,师恩难忘。我的老师们对我的品德和学术教育将使我终身受益。老师的教诲是我受用一辈子的,是没有保质期的。但是,这么多年以来,包括我在学术道路上刚刚起步的那一段时间,我一直特别刻意避免借助老师们的金字招牌抬高自己。我认为,当老师已经功成名就、著作等身,而学生还处于起步阶段的时候,有出息的学生应该首先拿出自己的道德修养和学术业绩来证明自己作为某位老师的学生的正当性与正统性,而不是简单地贴标签或"搭便车"。天下为师者但凡看到学生能为国家和社会有所贡献时,都会由衷高兴。

> 青年学子就是我们法学界学术生命的延伸。每个人的生命都是有限的,就像我们每个人的自然生命是由我们自己的子女来延长一样,我们的学术生命就是靠我们的青年学子在延长。我们看到了法学事业的无限,看到了法学界未来的希望,因此我们永远不会感到压抑与沮丧。

记:最后想请问您,对我们青年学子的学习发展有哪些建议?

刘:我们都是法学界共同体的成员,但法学界的未来最终还在于我们的青年学子。你们就是法学界的未来和希望。闻道有先后。作为已经成长起来的学者,包括中年学者和老一辈学者都要满怀热情地爱护"小荷才露尖尖角"的青年学者,包括在读的本科学生,都要像爱护孩子一样爱护他们。因为这些青年学子就是我们法学界学术生命的延伸。每个人的生命都是有限的,就像我们每个人的自然生命是由我们自己的子女来延长一样,我们的学术生命就是靠我们的青年学子在延长。我们看到了法学事业的无限,看到了法学界未来的希望,因此我们永远不会感到压抑与沮丧。

首先,希望我们的青年学子能够诚心正意。在纷纭复杂的全球竞争面前,在社会利益冲突面前,在价值观多元化的诱惑面前,青年朋友们一定要从容淡定,时刻保持自己清醒的头脑。我们的内心世界要真正做到诚心正意,就必须对自己的父母、老师和社会永存感激之心。偏离了诚心正意的轨道,要么在事业上一事无成,要么做成的事业仅仅是昙花一现。有些人即使生前获得了一些功名,但在身后也会遭到历史和后人的否定。如果能诚心正意地去为学、做事,尽管成就并不惊天动地,但成就的学术效果和社会效果是正面的,历史也会永远记住。

其次,我希望青年学子们明德立志,加强道德修养。青年朋友们固然要确立自己的事业发展志向,但要把"德"字放在前头。德才兼备者有之,才而胜德者、德而胜才者都有。我个人比较注重德。当然,德才兼备更好。如果德才不可同时具备,德更为重要。因为,才可以通过后天的自己努力及师长的提携来弥补,但唯有道德瑕疵无法替代,即使弥补起来也比较困难。在德的问题上,学术道德建设又是至关重要的。青年朋友们要有家庭责任感。一个人缺乏家庭责任感,也不可能有社会责任感。品德修养要持之以恒,要做到二十四小时全天候覆盖。有些孩子很聪明,于是乎喜欢在事业上、学术上使些小计谋、耍些小聪明。其实,时间长了,都会露馅。所以,我认为无论是在学术上,还是在实践中,德永远是第一位的。有了德,人生的道路就会比较宽广,个人就会比较幸福,就会具有团队精神,就会为国家与社会做好事,就会觉得活着的每一天都很充实很快乐。道德修养的关键就在于摆正个人利益与他人利益、社会利益的关系。能够用自己的良知、理性来约束自己恣意妄为的欲望，这就是对一个人德的考验。关于立志，一个人一定要确定自己的目标，争做有志向、有目标、有追求的人。

再次，是要广闻博览。这里的广闻博览我认为是广义的，不仅包括多听课、多听讲座，而且包括认真倾听各种社情民意。我们法学家更要善于"采风"，随时把握民族和时代的脉搏。社会上流行的幽默短信在一定程度上反映了社会在一个特定时期的社会思潮。中医讲究望闻问切。法学家更要通过广闻博览把握社会的脉搏，知道自己的坐标在哪里。如果做不到这点，那么写出来的文章很可能就没有价值。我觉得定位很重要。因为，法学研究成果是一种公共服务，法学家只有知道社会需求在哪里，才能提供好的知识产品。博览不仅仅是看书，更要看法治全貌，看整个世界，看整个历史发展的大方向。既要看静态的书，也要看动态的书。古人说读万卷书，行万里路。因此，积极参加各种调研、实习、挂职与座谈等活动都是开阔视野、融入社会、拥抱社会、了解社会、改变社会的重要方式。

最后，要务实笃行。青年朋友们要以务实的心态来践行自己的承诺。一个人如果承诺很多，但如果不去践行，这样的承诺就没有任何价值。绳锯木断，水滴石穿。只要青年朋友们务实笃行，你的理想就一定能够实现。

所以，为国家、为民族、为社会服务并不是虚幻的东西，而是有着实实在在的内容。法学研究直接影响着核心价值观的内容和演变方向，直接影响着资源配置和利益分配，可以影响每一个公民、每一个企业、每一个公权力机关。当你为社会付出辛劳和汗水的时候，不要过多计较个人的职称、待遇或知名度等名利问题。只要有利于民族、有利于国家、有利于社会的法学研究成果，最终都会受到国家和社会的肯定。舍弃了国家利益和社会利益，仅为追名逐利而奔波的人会活得很累，也会逐渐丧失自己的人格和尊严。所以，我希望我们的青年学者能够记住"诚心正意、明德立志、广闻博览、务实笃行"这十六个字。这对个人事业的成长和法学研究事业的大繁荣大发展都是有利的。

（顾寅跃、陶业峰）

冯卫国
Feng Weiguo

1969 年 9 月生,山西阳泉人。1988 年至 1995 年就读于西北政法学院,先后获法学学士、法学硕士学位。1995 年至 2004 年曾任教于中央司法警官学院。1999 年考入北京大学法学院,师从著名刑法学家储槐植教授,2002 年获法学博士学位。现为西北政法大学刑事法学院教授,吉林大学法学院博士生导师。

主持国家社科规划项目"兵团调犯与易地改造问题研究"等多项课题。出版专著三部,合著十余部,发表学术论文六十余篇。代表作有:《行刑社会化研究——开放社会中的刑罚趋向》(北京大学出版社 2003 年版)。论文、论著曾获北京大学中流与喜马拉雅基金会研究奖助金、中国法学会优秀刑法论文二等奖、中国法学会监狱法研究会优秀论文二等奖、陕西省哲学社会科学优秀成果二等奖等。

> 每年中国至少上千万的人,投入这么大的精力、财力去学习应试英语,是极大的资源浪费,甚至可以说是一个病态的社会现象。

记者(以下简称"记"):您当时高考报的是不是法学专业?

冯卫国(以下简称"冯"):我是 1988 年参加高考的,被西北政法学院的劳动改造法专业录取。我们是新中国这个专业的第一批本科生。入学前实际上对这个专业不是很了解,只是看到招生简章介绍这个专业要学习擒拿格斗、射击、摩托驾驶之类的课程,觉得挺新鲜、挺神气的。入学以后,才了解到学这个专业将来很可能被分配到监狱、劳教所工作,而这些单位大都地方偏远、条件艰苦,待遇也不高。系里不少同学开始闹情绪,我也一度情绪很低沉,经常逃课,甚至有过退学的想法。后来决定考研,开始下工夫读书,多半是为了毕业时有个好点的去处,避免进入监狱劳教系统。但是,后来在考上刑法专业研究生后,我逐渐对监狱问题产生了兴趣,原来学到的一些监狱学的知识,对自己研习刑法大有裨益。研究生毕业后,我主动选择了到中央司法警官学院任教(当时还叫中央劳改劳教管理干部学院),这所学校被称为"监狱劳教系统的最高学府",我成了一名教书的"监狱干警"。后来读博士时,学位论文也是和监狱有关的。可以说,同监狱结下了不解之缘。

记:请您谈一下大学期间对您影响最大的书。

冯:我大学期间看文学的书比较多,尤其是小说,其中路遥的《平凡的世界》给我印象很深,这部小说描写来自底层的农村青年的奋斗历程与爱情故事,很感人。还有80年代张贤亮的书,他的小说里涉及很多人性深处的问题,揭示了特殊年代里人性被摧残、被扭曲的命运,反映出对人性的解放的强烈关注。此外还有何博传的《山坳上的中国》,剖析了当时中国面临的一些深层次问题,很有深度,语言也很尖锐。

记:你博士阶段的导师是我国著名的刑法学家储槐植先生,您能谈一下储老先生对您的影响吗?

冯:储老师对我的影响非常大,对我后来治学的方向、写作的文风,还有为人处世的态度都有影响。他学问博大精深,思想敏锐,敢于标新立异,为人却一直谦和低调,朴实无华。有一件事我印象很深刻,有一些老百姓慕名写信向他咨询法律问题,他都亲自回信,尽一名法律人的义务。后来他年龄大了,身体不太好,有几次是委托我回信的。从这件小事可以看出储老师的为人。他在年逾六十之际提出了"刑事一体化"思想,这涉及了刑法研究方法论的整体变革,在学界产生了极大的反响。"刑事一体化"思想主要有两层内涵:一是在学术研究的层面,倡导对犯罪问题的研究要综合运用犯罪学、刑法学、刑诉法学、监狱学等诸学科的知识,要加强各刑事学科之间的交融与互动;二是在法律运作的层面,强调刑事立法、刑事司法与刑事执行各个环节要加强沟通与衔接,以促使刑事法的顺畅运行。我现在的学习与研究,基本上是沿着"刑事一体化"的路子在走的。

记:请您谈一下当年考入北大博士的经历,并为有志考博的研究生提一些建议。

冯:可以说中国的读书人都很向往北大,我上中学时也有一个"燕园之梦"。高考报志愿的时候没有敢填,后来分数出来实际上够北大的线了,当时非常遗憾。考硕士的时候又有考北大民法专业的想法,准备了大半年后,又觉得没把握,改报了本校的刑法专业。我1998年到中警院教书三年后,又有了圆北大梦的想法。当时孩子还不到两岁,一边带孩子一边复习,确实比较艰苦。实际上系统的复习时间并不长,也就三四个月时间,好在上学时打下的底子还可以,毕业后也一直在教刑法、看刑法,另外一直也没有完全放弃英语学习,当时我学英语主要是看一些英文的报刊,如上海办的《21世纪英文报》,为了练听力,买了一个带短波的小收音机,经常听 VOA、BBC 的一些节目。我觉得考博首先要注重平时的积累,把基础打好,复习要讲方法、有条理,注重效率。我复习专业课的时候,采取的是专题式的复习方法。北大刑法专业考的范围比较广,中国刑法、外国刑法、犯罪学、监狱学都涉及了。对每一科目,我首先梳理其中有哪些基本的问题,并估计每一问题的重要程度及出题的概率,认为越重要、越容易考的内容,看得就更细、更深一些。围绕每一个专题,我会找不同的书或文章,列出有代表性的观点,还琢磨每个专题可能会出一些什么样的问题,万一碰到这些题目怎么应对,再根据这些思路去找资料,把要点整理出来。有的同学在备考过程中,没有一个计划和条理,一直在盲目看书,这样不能合理分配时间和精力,效果自然不好。还有,各个学校的题目风格不同,必须了解所报考学校主要教授治学的方向和风格,这些对出题和阅卷或多或少有影响,比如北大刑法考题涉及面广,这与储老师和后来的兴良老师提倡"刑事一体化"思想有关;另外,注重理论深度,关注司法前沿问题,例如,前几年考题中,就涉及对新兴的社区矫正制度的评析、对许霆案的思考等。

记:您刚才提到了考博过程中对英语的准备,目前我国从高考、考研、考博甚至到以后的职称考试,在英语是非母语的情况下,所占比例都非常之大,您对此有什么看法?

冯:我觉得这是一个怪现状。我想到了一幅漫画,有一个老中医在诊所门口挂了一副告示,写道:"因参加英语职称考试,本店暂停营业。"当然,在目前全球一体化的背景下,英语在许多方面确实很重要,但是全国这么多人,没有必要所有人都要学英语,很多人在本职工作中实际上用不到英语。现在各行各业,不管是干什么的、学什么的,都在一窝蜂地学英语。我认为应该根据具体专业来确定是否有必要学英语、考英语。比如在法学里,学国际法的应该掌握英语,学中法史的就不一定要精通英语。现在英语在研究生入学考试里,实际上起的是一个淘汰的作用,也是对导师裁量权的一种限制。但导师一般更看重的是专业水平,而不是作为公共课的英语。可是完全由导师决定,研究生院等管理部门又会认为导师权力过大,会担心考试的公平性。问题是这么多考生都在英语上花费这么大的精力,还不如多读几本专业方面的书。

在这个问题上,我认为还有一个经济利益驱动的问题,有这么多英语考试,考生都要买相关的书,上辅导班,这就形成了一个利益链条。特别是现在的研究生考试,这么多辅导班,养活了或者富裕了不少人。我认为需要对这个机制进行改革,现在各类升学考试和职称评定,英语都是作为一个强制性的标准,这带来了很大的副作用。有的人从事的专业和工作需要英语,他就会从内心想学英语。现在很多人都是被考试逼着学英语,这种以应试为导向的学习,背离了英语作为交流工具的功能,效果可想而知。每年中国至少上千万的人,投入这么大的精力、财力去学习应试英语,是极大的资源浪费,甚至可以说是一个病态的社会现象。储老师的英语是解放前在教会学校学的,功底打得很好,当时的教学方法能真正提高英语的交流水平。另外,他还是改革开放后,较早去美国做访问学者的,写了一本《美国刑法》,是研究美国刑法的权威著作。解放前,似乎没有政府主导的强制性的英语考试,但是当时学英语是真正能学有所用。我看现在的英语考试制度已经到了非改不可的程度,很多人提出了这个问题,但进展不大,主要障碍就是考试制度背后的巨大利益链条。

与导师储槐植和师母合影

记:您近年来的研究方向是"刑事一体化",其中一个重要方面是社区矫正,您能具体谈一下社区矫正的作用吗?

冯:"刑事一体化"是一种研究思路,我这些年在刑事执行方面投入的精力多一些,也算是中国较早关注社区矫正的学人吧。刑事执行可以分为两大块:一部分是监禁刑的执行,也就是监狱行刑;另一部分是非监禁刑的执行,主要是指社区矫正。社区矫正主要适用于一些轻微的罪犯,如一些初犯、偶犯、过失犯,不必关起来,通过判缓刑、管制等开放性的刑种,放在社会上,利用社会资源进行改造;还有一些虽然罪比较重,但在监狱里服刑相当时间后,证明表现较好的罪犯,也可以通过假释等途径提前放出来,进入社区接受监管。2003 年开始全国搞社区矫正的试点,首批确定了东部的六个省市,到了 2006 年,追加了十二个省市,现在则在全国推行了。

社区矫正这个制度具有人性化和经济性的特点,这同现代法律的发展趋势是吻合的,因而是有生命力的一种行刑制度。传统的行刑模式主要是监禁,通过把犯人与社会隔离进行改造。但是,在高度封闭的场所,副作用很大,例如,罪犯相互学习犯罪经验技巧,导致交叉感染的问题;罪犯被囚禁而影响对子女抚养、对老人赡养的问题;巨额的经费投入的问题等。最大的问题是,长期的监禁会恶化罪犯的人格,影响他日后回归社会。现代监狱追求改造的目标,希望把犯人教育成为守法公民,最后都回归社会。但监狱行刑本身存在一个难解的悖论,就是罪犯监禁的时间越长,越不能重新适应社会。我举个大家都熟悉的人为例,佘祥林,这位著名的冤狱受害者,因为被错判,在监狱里度过了十一年,他出狱后感叹:"适应这个社会,比适应监狱还难。"我的博士学位论文就是围绕这个问题展开的。我利用在警官学院任教的便利条件,去过一些监狱进行考察,对这个问题感触很深。在北大写作时,我看了美国电影《肖申克的救赎》,感觉很震撼。其中的一个老犯人,在被关了将近五十年以后终于获得假释,但出来后发现社会的巨变使他根本不能适应,结果几天就因绝望而上吊了。所以说,监狱不是改造罪犯的好地方,现在世界刑法的发展趋势,是由监狱行刑转到社区矫正。当然,监狱不可能消失,对那些危害很大、危险很大的罪犯,还是要关起来,这样才能有效地保护社会。但是,对于不是必须关押的罪犯,尽可能要放在社区进行改造,这样,对罪犯本人、对社会的长治久安都是有好处的。我们的社区矫正搞了几年,应该说成效还是不错的,但也存在不少问题。最主要是合法性的问题,由于立法没有跟上,现在好多做法同刑法、刑诉法等是有抵触的。另外,还存在农民或农民工与城市居民在犯罪后适用社区矫正的机会不均等的问题。还有,我们的社区普遍发育还不够成熟,志愿者等社区力量的参与度不够,更缺乏专业的社会工作者介入,这都影响到社区矫正的发展水平。

记:目前青年学者要晋升教授、导师,所发论文的数量及刊物的等级是重要标准,您认为这个做法对青年学者治学起到了什么作用?

冯:说实话,谈到这个问题,我感到汗颜。有时候,我也是为了写文章而写文章,为了完成考核的任务,为了赶某个会议,为了帮忙而参加别人的课题,这样写出来的一些东西,学术含量和对社会的价值究竟几何,我自己也怀疑,但有时候又心不由己。我觉得自己没有资格评论这个问题,但是你提出来,我也鼓足勇气说点看法,不吐不快。

我认为你说的问题是我们学术界一个很大的问题,是一种很不好的风气。现在看重发文章的数量和刊物的等级,甚至人为划定了一些核心期刊,这带来了很多的问题。一个是助长了学术界急功近利的浮躁风气。教师的基本职责是教书育人，但这个工作很难量化考核，普遍不够重视。而发文章这个指标容易操作，于是发文章的数量和刊物的所谓级别就成了教师和研究生考核最主要的指标。这并不能完全代表真正的学术质量，却造成了大家不重视教学的局面，很多人对讲课只是应付，因为课讲得再好，考核时还是不如多发文章。我认为，作为大学老师，不需要都写文章、搞研究，这应该因人而异，根据个人的志趣与特长而定。有的老师教书教得很好，写文章可能一般，但是迫于目前这样的评价体制而被"科研"了，这是一种资源浪费，也影响了教学质量。一些老师晚上写文章到两三点，早上八点再去上课，肯定上不好课。现在这么多高校、研究所的老师，还有批量生产的博士、硕士，都要去发文章，而学术杂志数量有限，这必然造成学术腐败。现在有些杂志是明码标价，成了创收的手段；而找关系发文章的事情很普遍，甚至有的行贿编辑。这怎么能保证文章的质量？也有一些很认真的作者，写出来很不错的文章，包括一些研究生写的文章，但因为没有名气和关系，也拿不出钱来，就发不出来。这些现象严重损害了学术的尊严。

由于现在很多文章都是为了功利目的而写的，不是出于学术的兴趣和热情，这样就带来了大量的低水平的重复。更为严重的是学术剽窃问题。在网上，有不少论文大同小异，甚至有直接把作者名字进行替换的。硕士、博士的学位论文也有抄袭的，本科生就更不用说了。电脑与网络的发展，使得抄袭的条件越来越便利，成本越来越低廉。我曾经教过的一位本科生，交上来的毕业论文，写得头头是道，看到文章末尾，赫然写着"作者系某某政法大学教授"，原来只是替换了作者的名字，忘了删去原作者的单位了。我认为，统一要求本科生写毕业论文，实在没有必要。最近西南财经大学的改革我觉得很好，他们不再把论文作为本科生毕业的条件，而是改写调研报告，或者是案例分析和读书笔记，这样就很难抄袭了，如果是一个抽象的命题，那势必会抄。

根治学术腐败问题，除了构建学术规范、加大惩治力度，最关键的是要改变目前这种畸形的学术评价体制。当然，我们也不能把责任全推给体制或坐等体制的改变，还是尽可能自律吧。

> 我认为作为法科的老师，最重要的是传授法律的精神和法律人的思维方法。……对所有的法科老师来说，都应当时时刻刻注意培养学生对于法律的信仰，否则我们培养的只是学过法律的人，而不可能是真正的法律人。

记：我们在西法大的评师网上看到学生对您的评价很高，您讲一下教学中的经验,还有和 80 后、90 后学生接触过程中的心得体会吧。

冯:说起这个我首先感到很惭愧,我在研究生上投入的精力会大一些,但在本科生的教学上付出的还不够。一方面是由于其他的工作太忙,另一方面是因为学校南北两个校区相距较远,除了上课,和本科生交流的时间不够。我是 60 年代末出生的人,同 80 后、90 后的新一代大学生确实有一些思维上、心理上的距离,比如他们唱的一些歌、说的一些词,我不是很明白,确实需要同他们多交流、多沟通。我想,一个老师讲课要受到学生欢迎,首先要和学生建立良性的互动关系,不能老是居高临下地讲,这就需要尊重学生、了解学生。老师应该把学生当做自己的服务对象与合作伙伴。老师讲课还要有激情,否则,即使知识再渊博,学生也可能听不进去。另外,优秀的老师应该有自己的风格和个性。

具体到法律课程的教学,我认为作为法科的老师,最重要的是传授法律的精神和法律人的思维方法。这几年随着课程的改革,不少课的课时都压缩了。例如,刑法那么多的罪名和条文,如果逐条讲述,时间肯定不够。所以,让学生能够融会贯通,培养认识问题、分析问题、解决问题的方法与能力,才是最重要的。另外,对所有的法科老师来说,都应当时时刻刻注意培养学生对于法律的信仰,否则我们培养的只是学过法律的人,而不可能是真正的法律人。

教学中还必须注意对象的不同,做到因人施教。例如,对本科生和研究生,对于在职法律硕士和一般的法科研究生,在教学的方式与风格上就应该有所区别。对本科生来说,主要是帮助他们了解法律的基本规定与法学的基本原理,在他们面前,不能动不动就批判法律,即使法律确实有缺陷。因为本科生处在法律的启蒙阶段,过多批判可能会影响到他们对法律的兴趣乃至信仰。正如张明楷教授引用的那句西方谚语:"法律不是嘲讽的对象"。但对研究生教学来说,这句话也许并不完全适用。研究生已经具备了一定的法律素养,对他们来讲,应着重培养问题意识和独立思考的精神,涉及立法上的一些缺陷及其完善是自然的。

记:您刚才谈到了社区矫正,您能再谈一下人性化改造和现在的一个热点问题刑事和解吗?

冯:人性化改造的提法,在前几年的监狱理论与实务中一度很流行。后来好像被官方叫停了。我觉得这个提法本身没有错,人性化任何时候都是应该提倡的,人类社会进步的最大标志就是越来越人性化。刑事执行的人性化也是历史发展的趋势。前面讲过,社区矫正就是一种人性化的执行方式。即使最严厉的死刑,虽然我们不能马上废除,但在执行方式上已经有所改进,正逐步用注射取代枪决。人性化改造在监狱执行中更是有特别的意义,一方面是要保障罪犯的各种权利,最大程度地促进罪犯的再社会化,为此要增加罪犯与社会联系的机会,比如监狱搞的"三亲工程"——亲情电话、亲情短信、亲属餐厅。还有的监狱实行过允许犯人与配偶同居的举措。另一方面,在改造的模式上,应改变传统的刻板说教、硬性灌输的方式,引进心理辅导、心理矫治、个案矫正等科学的改造模式。总的来说,我们的监狱从物质条件到改造模式都越来越人性化了。但是,人性化改造在现实中不能走得太远,要考虑中国的国情,监狱毕竟是执行刑罚的场所,如果监狱的物质条件以及一些管理措施过于超前,是不利于犯人改造的。例如,西方有些国家的监狱是星级宾馆的条件,管理也十分宽松,但犯人出狱后的再犯率很高。因为过于优裕、宽松的环境降低了罪犯对惩罚的感受度,不利于罪犯的反省。同时要考虑公众的心理承受能力,过犹不及,太过了会引起社会的反感,带来负面作用。官方叫停人性化改造的提法,可能同实践中一些做法太过头有关系吧。所以,人性化改造一定要有限度,尤其不能背离法律的规定。例如,以前某监狱实行周末监禁,让短刑犯周末在监狱服刑,平时在外边工作和学习,但法律并没有这样的规定,虽然很人性化,但违法是不可取的。

刑事和解这些年在整个刑事法学界都是一个被广泛关注的热门话题,很多地方也在搞试点。这个改革措施在一定程度上体现了刑事司法发展的趋向,即陈瑞华教授讲的,刑事和解标志着中国刑事司法由对抗式司法走向合作式司法。或者用储老师的话讲,这体现了刑事法的契约化趋向。传统意义上,刑事法律作为公法,刑事责任的追究基本是国家垄断的,协商和对话的空间是很小的。但随着时代的发展,出现了公法私法化或者说刑法民法化的趋向,民事法领域的意思自治、平等协商的理念,在一定范围内向刑事法渗透。辩诉交易、刑事和解就是这样的体现。

在传统的刑事司法模式下,被害人的权利被忽略了,但是作为犯罪行为后果的直接承担者,被害人应该在刑事司法过程中有发言权,刑事和解体现了对被害人的尊重,也是司法民主化的体现。被害人和被告人协商解决刑事纠纷,客观上对被告人也是有利的,有可能得到被害人的谅解而被从宽处理。对国家来说,有利于减轻司法的成本,提高刑事诉讼的效率,增进社会的和谐。当然,任何制度都不是完美无缺的。刑事和解最大的问题是,可能导致个案的不公正,因为取得被害人的谅解,在很多情况下取决于被告人的经济实力,这对有钱人更有利。但从总体上看,这个制度还是利大于弊,值得推行,关键是要通过制度的完善,尽可能兴利除弊。比如,在赔偿问题上,应该建立相关的配套制度,如果被告人自己赔不起,可以通过国家和社会设立的基金来补偿被害人,而且赔偿不一定是金钱的形式,也可以通过劳动来进行赔偿。

记:您在刑法研究过程中,从人性的角度看很多问题,这和您在大学期间的阅读习惯是不是有一些关系?

冯:确实有一定关系,我觉得法律人多看一些经典的文学作品是很好的,有助于培养自己的人文情怀。法律是用来调整社会关系的,社会关系归根结底是人和人之间的关系,所以,法律必须关注人、理解人、尊重人,这样才能合理调节利益的纷争,化解社会的矛盾。我的朋友河北大学的刘国利教授写过一篇文章,题目是《人文主义法学引论》。他说,不管是立法还是司法,都要尊重人的利益和需要,宽容人的弱点,鼓励人的优点,防范人的恶性。我很赞成他的观点。我在博士论文的结语中引用了歌德的一句话:"不管是惩罚人,还是关爱人,必定把人当人看。"我认为,法律,包括刑事法,终极的目标不是压制人,而是为了让人过得更好,如一位伟人说的:"为了最大多数人的最大幸福"。即使对少数人的利益,我们也要尊重和保护,甚至要有所倾斜。刑事法,包括实体上的刑罚和程序上的强制措施,都表现为对人的权利的剥夺或限制,但这种剥夺或限制都应在不得已的情况下才启用,对犯罪人未被法律剥夺的权利,我们还是要保障其行使。

> 中国的法学要在世界占据一席之地,要有自己的真知灼见,甚至能影响其他国家,必须关注自己的传统与现实。

记:您认为,我们在刑事法学领域与国外的差距在哪里,还有我们应该借鉴哪些方面的经验?

冯:人文社科领域的研究水平很难与国外简单比较,依我的学识,也很难作判断。但有一点,我想,看我们的研究成果是否有价值,关键看是否对解决中国的实际问题有帮助。中国现在法学界每年论文的产出可谓是"汗牛充栋",但真正有创建、能解决实际问题的似乎还不够多。现在一些成果不是在引导刑事政策的制定,引导立法的完善与司法的进步,而是论证既定决策的合理性。比如,在 2003 年社区矫正的决策出台前,国内这方面的文章凤毛麟角,但中央的文件一出,文章铺天盖地,直到现在,一些文章还在写社区矫正的价值、可行性、必要性。这样的讨论意义已经不大了,关键是发现和思考制度运作中的问题。法学研究的较高境界,应当是影响社会,引导民众的思想,引导决策的科学化,学者不能一味地迎合民意,追捧政策。所以,研究者既要立足现实,关注现实,又应当与现实保持适当的距离。否则,难以保持独立的视角,也就很难有真正的创见。在我国,还面临比较严重的学术行政化问题,学术环境有待进一步改善。

在研讨会上

　　中国的法学要在世界占据一席之地,要有自己的真知灼见,甚至能影响其他国家,必须关注自己的传统与现实。有人说越是民族的,就越是世界的,这在法学研究上也是一样的。例如,通过和解解决纠纷的机制,中国自古就很发达,但在理论挖掘与提炼上很不够,相关理论还主要靠从国外引进,这值得我们深思。我们这几年很多关于刑事和解的论文,都提到这个制度起源于 20 世纪 70 年代加拿大的安大略省,实际上 20 世纪 40 年代的陕甘宁边区就制定了《民刑事案件调解条例》,即使它不成熟、不系统,起码有这样的雏形,我们不应遗忘。

　　如果从研究方法看,我觉得同国外的主要差距是我们的实证研究很不够。这里的原因也是多方面的,与浮躁的风气和僵化的评价机制都有关系。实证研究需要大量的精力、财力的投入,而且出成果相对比较慢,使得大家不愿作费力不讨好的实证研究。还有一个原因,就是现在的司法环境,我们法学界和司法实务部门的对接和沟通平台不健全,现在很多司法部门是很封闭的,不透明,不公开。比如研究死刑的学者,大都搞不清中国一年死刑判决的数量。有的学者想到监狱里调研,很多时候监狱部门并不欢迎,即使去了,也很难深入接触犯人。反观国外,他们的犯罪学很发达,就是特别注重实证研究,这反过来促进了其他刑事学科的发展,也对刑事政策与刑事立法的调整提供了支持。如美国学者马丁森提出的矫正无效论,被称为"马丁森炸弹",对美国 20 世纪 70 年代末刑事政策的转型影响深远,他的研究是建立在过去十年对大量罪犯及出狱人的跟踪调查基础上的。解放前,著名犯罪学家严景耀先生为了研究中国的犯罪问题,和狱方沟通之后,装成犯人坐了一段时间牢房,为他的研究收集了大量的有价值的资料。这种深入的实证研究,我们目前还难以做到。当然,现在也有不少学者注意到了这个问题,而且身体力行开始作实证研究,这为刑事法学的研究注入了源头活水,意义深远。

记:您提到现在学界注重借鉴国外,而往往忽视挖掘本国的传统,您认为造成这个现象的原因是什么?

冯:这与我们对传统文化不够重视、不够珍惜有很大关系。造成这个现象,有很多历史的原因,如"五四运动"时提出"打倒孔家店",新中国成立之初搞"除四旧",都是在排挤传统文化。这些运动使国人的观念产生了一些误区,认为中国的传统文化中好的东西不多,所以什么都要学西方。近代以来,我们先从器物,再到技术,最后到理念、制度,都从西方引进,包括法治的理念和许多具体制度,都是从西方进口的。的确,中国本土文化中没有诞生现代意义上的法治文明,但我们的本土文化中也有一些与现代法治相容的因素,比如,中国古代的"明德慎刑"的思想、"宽严相济"的思想、"情理法相融"的思想,还有亲属容隐制度,重视调解的传统等。即使杀人偿命这样的看似报应色彩很浓的观念,对我们限制死刑也有积极意义,因为我们现行刑法对大量的非暴力犯罪规定了死刑,即便从杀人偿命的观念看,这也是不可取的。我们应该深入发掘传统文化中的一些积极因素,将其融入现代法治的构建中。

记:您未来可能还会关注哪些领域呢?

冯:除了监狱学、刑法学之外,我近年对刑诉法学也有一些接触。不过,自己也有一些误区,什么都想涉猎一下,结果都不精深。现在想来,"刑事一体化"不是要抹杀学科的特性,读书可以广博,视野一定要开阔,但研究还是应有专攻。如何处理好博与专的关系,拥有自己的一片学术领地,是我正在思考的问题。对我来说,还是对刑事执行这块兴趣大一些,也有一些资源和基础。另外,总体看,这块是中国刑事法领域非常重要又比较薄弱的地方。我们传统的刑事法研究,似乎还是以行为为中心的,对人的关注不够。我们在定罪量刑的研究上炉火纯青,但很少有人关注监狱,重视罪犯处遇的问题。我认为,不关注监狱与罪犯,刑法的发展一定会受限制。刑法归根结底是一门研究人的学问,不能脱离了具体的人去研究抽象的行为。所以,我会继续关注刑事执行的问题。另外,我对死刑和劳教问题也比较关注,我觉得这是制约中国刑事法治发展最大的两个问题,学界应当尽快推动这两个制度的变革。还有一个问题,我觉得也很重要,就是犯罪构成要件的设定,如何与刑事证明标准对接的问题。我们现在一些罪名的罪状设计,缺乏对刑事证明方面的考虑,这影响了立法的合理性,也制约了适用的效果。如重大环境污染事故罪,现在的立法模式为结果犯,这实际上增大了证明的责任和诉讼的成本,导致这类犯罪在实践中很难认定,有罪判决寥寥无几。受贿罪中的"为他人谋取利益"这一要件,也存在这样的问题。因此,罪状的设计适当考虑诉讼与证明的问题十分必要,这也是体现"刑事一体化"思路有待开发的研究领域。

> 要有宽容精神,即使面对反对你的人,也要尊重他说话的权利。要敢于为权利而斗争,遇到社会上的不平现象,勇于发出自己的声音。

记:最后,请您为我们这些青年法律学子提一些建议吧。

冯:对于年轻的法律人,应该培养自己的规则意识,形成对法律的信仰,这个说起来简单,做起来并不容易。"依法治国"提出这么多年了,但进展如此艰难,甚至多有反复,原因很多,但与我们这个社会缺乏规则意识和法律信仰有很大关系。比如,我们遇到很多事情,本能的反应都是找人、拉关系,升学、找工作、打官司,都是如此,连我们很多法律人也不例外。我的一位同事有一次给研究生上课,发现来的人有些少,要同学们签到,结果签名的人数大大超出实际到场的人数,从这件小事可以看出我们的规则意识如何贫乏。现在很多社会乱象,包括学术领域的剽窃、经济领域的诈骗、政治领域的腐败,都和人们缺之信仰有关。以前中国人还是有信仰的,哪怕迷信也算信仰,信鬼神的人做坏事的概率相对会小一些,善恶报应的朴素观念也能约束人的行为。现在科技发达了,教育水平提高了,迷信破除了,我们却出现了道德滑坡、信仰危机。我们的社会现在治安不太好,犯罪率比较高,跟这个不无关系。中国人需要重建信仰。法律人起码要有法律信仰,否则,我们的法治绝没有希望。

法律是经世致用的学问,优秀的法律人须有社会的积淀、人生的智慧。所以,法律学子不要只是埋头读书,还是要关注社会,了解社会,参与社会。否则,不可能透彻掌握隐含在法条背后的法的精神。

作为年轻人,法律人还应该有理性精神、开放视野与宽容胸怀。要学会独立思考,问题要辩证、全面地看,摆脱非此即彼的两极化思维。做事要有主见,不要随波逐流。要有宽容精神,即使面对反对你的人,也要尊重他说话的权利。要敢于为权利而斗争,遇到社会上的不平现象,勇于发出自己的声音。同时,要审时度势,在坚持原则的前提下学会必要的妥协。妥协是特定情况下的一种法律智慧。立法从一个视角看,就是妥协的产物,刑事和解、辩诉交易等制度,实际上也是妥协艺术的运用。

现在年轻人各方面压力非常大,尤其是法科学生,面临着司考、公务员考试的压力,以及严峻的就业形势。越是这样的时候,越要保持从容淡定的心。凡事要看得开,拿得起,放得下。我给儿子起名若轻,就是取"举重若轻"之意。我想,只要我们每个法律人执著地努力,总会有属于自己的机会,中国的法治也是有希望的。我之前给一位研究生写毕业赠言,借用了一句房地产商的广告,"品质鉴证实力,视野决定高度",我再加一句"思路决定出路,奋斗成就梦想",以此与各位共勉。

（郭文青、马晶莹）

喻 中
Yu Zhong

1969 年 9 月生，重庆大足人。1987 年考入成都中医学院。1989 年考入西北政法学院。1993 年毕业后，到四川省永川市检察院工作，任书记员、助理检察员。1996 年，调任重庆行政学院法学部教员。其间，分别在西南政法大学、山东大学获得了法学硕士、法学博士学位。2005 年被评为法学教授。2006 年被聘为重庆大学兼职教授。2007 年，调任四川大学教授。2008 年，出任四川省资阳市检察院副检察长（挂职）。现任首都经济贸易大学法学院院长、教授、博导。长期兼任《法制日报》、《检察日报》专栏作者。

已经出版的个人学术作品主要有：《法律文化视野中的权力》（2004）、《为市场立法》（2004）、《权力制约的中国语境》（2007）、《乡土中国的司法图景》（2007）、《论授权规则》（2008）、《自由的孔子与不自由的苏格拉底》（2009）等。在各种报纸杂志上发表法学理论方面的论文、评论、随笔若干。

> 一方面，我关注文化传统；另一方面，我阅读社会现实，我习惯于从文化传统与社会现实的交汇点上去寻找中国法的精神。

记者（以下简称"记"）：能谈谈您对"文革"的记忆与看法吗？

喻中（以下简称"喻"）：它与我擦肩而过。我虽生于 1969 年，但 1976 年才开始上学，那时"文革"刚结束。我算是踩着"文革"的尾巴走进学校的。"文革"给我留下了一个红色的记忆：红旗、小红书、红领巾、红色的标语。此外，我还当过一段时间的红小兵。总之，那是一个红色的世界。

记：这么多年以后，若要您回过头去看待那段历史的话，您会作出什么样的评价呢？

喻:一方面,"文革"是激进主义的产物,是百年中国激进主义的一个段落,是长期以来革命政治、非常政治的一种延伸,同时它也是战争年代对抗性思维模式的一种延伸。另一方面,"文革"体现了传统中国的法家思想从后台直接走上了前台。你可能注意到,在先秦时代,法家思想受到了当政者的广泛推崇,但董仲舒的《春秋繁露》之后,儒家走上了前台,法家退到了幕后,这个格局一直持续了两千年。清末,由于中国被拖进了"新战国"时代,"新法家"也由此而兴起,"寻找富强"的法家思维再次浮出水面,成为时代的最强音。1974年,有一场转瞬即逝的"评法批儒"运动,现在很多人把它当做一场闹剧。其实不然,在这场运动的背后,有一个强有力的法家思想作支撑。法家的思想旨趣构成了"文革"的思想根源。

记:能谈谈您参加高考选择专业、选择法律以及选择西北政法学院时的想法吗?

喻:1987年高中毕业,我考上的学校是成都中医学院,读的是中医专业,学过中医基础理论、中药学、医用化学、方剂学、解剖学、中医诊断学、中国医学史等课程。现在想来,那是一个很绿色、很环保的专业。要是搁在古代,那真是一个很理想的专业。但是,这个专业与当时火热的青春、激情,与80年代的思想氛围显得有些不协调。记得刚进大学校园,我买下的第一本书就是萨特的《存在与虚无》,当时的萨特,就跟现在的周杰伦一样"酷"。即使看不懂,也要翻一翻。就是在这样的冲突中,我主动退出了成都中医学院。1989年,重新考入西北政法学院。

并非刻意要选择法学专业。作为文科考生,要么选择文史哲,要么就是经济、法律。当时我以为,文史哲方面的基本修养可以通过自学来获得。那时候,法学专业的前景看上去似乎要好一些,但这个判断也没有什么依据。当时,经济学也是一个受人追捧的学科,但我对数字不敏感,赚钱赔钱的账算不过来,就胡乱选择了法学,这绝不是一个深思熟虑的结果。因为参加高考,总得选个专业嘛。

记:当时您报考时第一志愿就是西北政法学院吗?

喻:不是,当时我的第一志愿是中国政法大学。但1989年比较特殊,中国政法大学在四川实际投放的招生名额较少,尽管我考了全县文科的最高分,仍没有被录取,掉到第二批录取院校,就是西北政法学院。那时候,觉得西安是个古城,还是很不错的,就去了。当时,地理位置对于法学格局的影响远远不像现在这么大,感觉五个政法学院都差不太多。

记:您能谈谈刚进大学校园,对于学校生活与专业氛围的感受吗?

喻:我进入西北政法学院的时候,政治风波刚刚结束,感觉高年级的同学有一种比较沮丧的情绪。我的专业是行政法,那是一个新兴的学科,一切都还处于创建的过程中。

记:好像西北政法的行政法专业那时候还叫行政管理专业。

喻:毕业证上记载的专业是"行政管理(行政法)专业",课程内容还是法学专业。主要以行政法为中心,包括经济行政法、警察行政法、税务行政法、海关行政法、行政诉讼法等比较具体的课程。

记:能谈谈您大学本科四年中印象最深刻的事情吗?

喻:本科四年很平静,我好静不好动,没有发生什么特别沸腾的事件。不过,二十多年后,有一个场景仍让我印象深刻:有一次上宪法学课,时间是在晚上,讲课的是费京润老师,他的声音非常好,有雕塑感。到后半段的时候,教学楼突然停电了,整个教室里漆黑一片,同学们有一点骚乱。但是,费老师不为所动,依然按照正常的语速、声音讲下去,同学们很快就安静下来了,而且比有灯的时候更安静。这种不见其人、只闻其声的现场授课,极其鲜明地衬托了费老师声音的独特性,以及在时空中的唯一性。那是一种奇妙的体验。在黑暗中,声音也许更有穿透力吧。

记:您当时报考研究生时是什么样的想法呢?

喻:西北政法毕业之后,我去了四川的一个基层检察院,在那里工作了三年,积累了一些司法实践经验。不过,每天按部就班的生活和琐碎的事务让人日久生厌。后来就去报考了西南政法学院的研究生,专业是法理学。尽管出自行政法本科,但我觉得行政法这个专业过于技术化,不太符合自己的旨趣,于是选择了法学领域内与哲学、历史学比较靠近的法理学作为自己的专业。严格说来,法理学是一个边界模糊的"二级学科"。说它是一个"专业",其实并不"专"。

记:您当时报考法理学研究生的时候,就决定了以后要从事相关的教学研究吗?

喻:是的,教书这个职业比较自由,比较有弹性,可以体现个性,更宽敞。在实务部门,你只能按照所在岗位的要求来说话做事,不可能摇摇摆摆。

记:能谈谈您从本科、硕士到博士整个的求学期间对于您影响最大的老师吗?

喻:很多老师都对我有影响,我现在的状态在相当程度上就是老师们塑造的。这里只说一个影响最大的老师吧,他就是我在西北政法的汉语老师陈云辉。就我自己来说,我觉得跟他的心理距离最近。他从西北大学的中国古代文学专业硕士毕业,来到西北政法学院汉语教研室教书。他翻译过一篇日本学者的论文,题为《论李白诗歌中的白色》。还写过一本书《温庭筠诗歌研究》,我看过手稿,抄在方格稿子上,搁在抽屉里,后来是否出版,就不得而知了。他有一篇论文《冷漠与苍凉:张爱玲的小说世界与关注方式》,展示了一种若即若离的美学风格,知人论世,极为锐利。2006 年,我去韩国做短期访学,那时陈老师在韩国的庆尚大学教书,我们约好了在首尔找一家咖啡馆见面谈谈,但因其他方面的原因,那次聚会泡汤了。

记:您出版的著作中往往从法律文化等视角去阐释问题,能谈谈您专业的着力点吗?

喻:2004 年,我在香港的《二十一世纪》杂志上发表过一篇书评,题为《文化与社会中的法律》,这句话可以概括我的学术追求,那就是在深厚的文化传统与丰富的社会现实中寻找法的精神。一方面,我关注文化传统;另一方面,我阅读社会现实,我习惯于从文化传统与社会现实的交汇点上去寻找中国法的精神。所以,在法理学这个二级学科之下,我一直留意法律文化学和法律社会学。

2009 年 12 月,中国人民大学出版社出版了我的一本书,叫《自由的孔子和不自由的苏格拉底》,这本书反映了我在历史文化传统中寻找法的精神的努力。另一本书是中国法制出版社 2007 年出版的《乡土中国的司法图景》,反映了我从社会实践中寻找法的精神的尝试。

> 既然中国文化与西天佛理融合以后的产物是禅宗,那么,中国文化与西方法理融合以后的产物又是什么呢?该如何去想象这个尚未诞生的宁馨儿的仪容?

记:在法律文化学和法律社会学这两方面,您觉得还有哪些开拓的空间?

喻:有一个值得开拓的主题,是寻找中国法律文化与西方法律文化融合交汇之后的结果,我一直希望以中国现实社会作为平台,去寻找这个结果。

打个比方,汉朝的时候,中国从印度引入了佛教,经过了四百年的化合,西天佛理与中国文化共同孕育出一个新生事物——禅宗。禅宗是西天佛理与中国的儒道文化结合以后的产物。如果把中国的儒道文化看做丈夫,把西天传来的佛理看做嫁到中国来的妻子,那么,禅宗就是这一对夫妻生下的儿子。它有西天的血统,但却是中国文化的嫡子。

没有想到的是,一千多年以后,同样的情境再次重现:在西天佛理之后,西方法理在 19 世纪末期传入中国。从严复、梁启超算起,西方法理传入中国已有一百多年了。尽管一百多年的时间也不算短,但是,在中国文化与西方法理之间,仍未达到水乳交融的程度。两者之间更像油与水的关系:中国文化像沉在下面的水,西方法理像浮在上面的油,一阵风吹来,这层油在水面上轻快地晃荡,看起来五光十色,但就是不能沉到水里去。水依然是水,油依然是油。这就是西方法理在中国的处境。所以,我觉得在法律文化学与法律社会学的研究中,最重要的就是去寻找两者的融合,就是去回答这个问题:既然中国文化与西天佛理融合以后的产物是禅宗,那么,中国文化与西方法理融合以后的产物又是什么呢?该如何去想象这个尚未诞生的宁馨儿的仪容?

记:从比较法的视野看,您认为就本专业来说,中外的研究差距体现在什么地方呢?

喻:不同国家的法理学各有其风格,这是很自然的。譬如美国的法理学,主要是一些从事法律实务的人在阐述。波斯纳是法官,庞德也做过法官,霍姆斯、卡多佐都是法官,卢埃林是律师。因此,他们的法理学具有强烈的现实主义色彩,侧重于关注法律的事实、现实的利害。德国的法理学主要由一些坐而论道的哲学家在阐述,因而偏重于法哲学。英美重经验,欧陆重思辨。不过,无论是英美还是欧陆,他们的法理学都有一种开阔的视野。

中国目前的法学理论过度强调专业化,法学论文越写越精致,小巧玲珑。这让我想起清末的蛐蛐罐:方寸之间,尽显大千世界,看上去很美,但只能当做房间的摆设,不能充当建筑厅堂的砖瓦。相比之下,在风格上,我更偏爱汉代的朴拙。这也许是一个值得反省的倾向。我的一点私见是,法理学的一个功能,就是要打通法学与其他人文社会科学之间的界限。"天下一致而百虑,同归而殊途。"

记:您能从自己的立场出发,对于现今中国法学的整体水准、研究氛围与状况作一个整体性的评价吗?

喻:这个不好说。要作出有依据的评价,恐怕需要一些数据作支撑,甚至需要建立一个专门的评估中心。一个直观的印象是,还处于初级阶段。

> 一个健全的社会,既需要辩护者的声音,也需要批评者的声音。辩护是为了秩序,为了社会生活的连续性,不至于一路狂奔,停不下来,跌下悬崖。批评是为了杀毒,祛除社会与政治中的病菌。

记:有不少人认为当下的学界浮躁之风日盛,您对这种评论如何看待?

喻:纯粹的学术始终是少数人的事情,事实上也没有必要成为多数人的事情。钱钟书有句话,大意是说,真正的学问乃两三个素心人在荒郊野树之间商量培养之事,都市里的显学必为俗学。这是一种酷评,要求稍稍高了一点。同时,法学和钱钟书关心的文史又不太一样。法学是一个跟社会现实紧密结合的学科,我觉得法学应当介入社会现实,但是介入的方式、立场必须有所注意。记得多年以前,有位法学家做了一场关于"如何防范群体性事件"(大意)的演讲,我在现场当听众。听完之后,我提了一个问题:"请问您的立场是什么?是官方的立场,是民众的立场,还是法学学者的立场?"遗憾的是,这位法学家回避了我的提问。不过,一个法学学者确有必要时常反省自己的立场。

一个健全的社会,既需要辩护者的声音,也需要批评者的声音。辩护是为了秩序,为了社会生活的连续性,不至于一路狂奔,停不下来,跌下悬崖。批评是为了杀毒,祛除社会与政治中的病菌。在法学理论中,奥斯丁、霍布斯是前者,马克思、昂格尔是后者。两种类型的法学理论都很重要。

记:一些人认为中国法学直到今日也尚未摆脱"幼稚"之名,诚然,法学的确是在一个发展演进的过程中,您觉得在这个过程中,最大的困境亦或是症结在何处呢?

喻:你提的这个问题很重要,但它太大了,不好一言以蔽之。我的《自由的孔子与不自由的苏格拉底》一书,主要就是为了回答这个问题的。我的一个核心观点是,最大的困境就是寻找中国法学的坐标。在这本书中,我主要讲了三个问题:中国法学的时空坐标、中国法学的主体坐标、中国法学的文化参照。不过,这个问题不多说了,在这种场合下,说多了有点像"插播广告"。

记:提到法学界的状况的话,可能不免要提到学术评价机制的问题,不少人攻击目前的学术评价机制,认为这种机制的结果就是制造大量学术垃圾,以致需要把大量精力耗费在如何鉴别学术成果的质量上,您对学术评价体制能谈谈自己的看法吗?

喻:现在的学术评价体制确实已经发生了某种程度的异化。它强烈地鼓励学者成为政府的幕僚,鼓励应景性的表态,不鼓励甚至排斥"十年磨一剑"。按照现行的体制来评价一个学者,第一个指标,也是最重要的指标,就是看他手上有没有重点项目,尤其是重大招标项目。如果获得了重大招标项目,似乎就成了有重大影响的重要学者,他所在的大学就会在多个醒目的位置打出醒目的横幅:"热烈祝贺某某教授获得国家重大招标项目",予以隆重褒扬。

第二个指标,就是看你有没有获奖,这样那样的政府奖。我自己也曾获得过一个省级政府的三等奖,但是,那个获了奖的作品,恰恰是我羞于提到的。如果让我列出自己的作品,我从来不会列出那件作品。但它是我唯一获了政府奖的作品,这真是一个欧·亨利式的幽默。我有时想,我们的学者总是在争取这样那样的政府奖,但是,萨特甚至连诺贝尔奖都要拒绝,这种特立独行的精神,在我们的学术环境里,真可谓广陵散绝。

第三个指标是文章。文章也分等级。我经常在《法制日报》《检察日报》《二十一世纪》等报刊上发表一些学术思想评论,但由于这些报刊不是 CSSCI 期刊,也不是核心期刊,这些文章在正式的评价体系中分值为零,没有任何意义。我曾经写过一篇短文《粗糙的思想与精致的表达》,批评这样一种现象:有些文章做得很精致,但并没有创造性的思想,目的就是露个脸,就像《病梅馆记》里面的"病梅",园丁把它修饰得很精致,就是为了展示一下,但说来说去,它毕竟只是一株"病梅"。

现行学术评价机制的实质是权力对于学术的强力支配。尽管情况就是这样,但不必过于忧虑,也不必过于偏激。因为权力对学术的干预是一种常态,只是程度、方式不同罢了。如何面对这种干预与支配,学者们还是可以作出选择的。反过来说,目前的这种学术评价机制,在相当程度上也是"一方愿打,一方愿挨"的结果。虽然有时候我们会为"愿挨"的一方感到惋惜,但是,要求人人都是"割席"的"管宁",怎么可能呢?"华歆"在任何时代、任何社会都代表了绝大多数。

记:那么您能谈谈对于现行的学术规范体系的看法吗?

喻:在这个技术宰制、数字化管理的时代,学术规范有它的必然性,也不乏积极意义。但不宜过多地强调一些外在的、形式上的东西。譬如,为了让一篇论文看起来像篇论文,一般要有十多个注释,要有二十多个参考文献,甚至参考文献越多越好。引用一句《老子》或《论语》,非得注明出自哪个版本、哪个出版社、出版社在哪座城市、哪年出版的、在第几页,这就没有必要了。

学术规范的核心应当体现为一种学术精神。譬如,必须恪守起码的学术道德,要有真正的学术价值。一篇学术论文、一部学术著作,关键在于是否提出了有冲击力的思想,形式当然也要讲究,否则会影响传播与交流,但不必在一些细枝末节上过度纠缠。《庄子》《孟子》都没有注释,康德、黑格尔的著作注释也很少。柏拉图的对话录就跟小说一样。在法学刊物中,就我有限的经验来说,《政法论坛》《比较法研究》向作者授予了较大的空间,我的一些试验性文体,譬如《自由的孔子与不自由的苏格拉底》《韩非天下第一》《寻隐者说:一个法律人的手记》等等,都是在这两家刊物上发表的。其中,《自由的孔子与不自由的苏格拉底》一文后来还被选入了广东教育出版社出版的高中语文辅导读物《光芒闪耀的大地》。

记:您刚才提到大学时代您的文学老师对您的影响,能谈谈在二十余载的学习研究道路上,文学对于您的影响吗?

喻:20 世纪 80 年代的中学生、大学生差不多都是文学青年。那是时代风气使然,就跟现在的学生喜欢泡网吧一样。当时的娱乐活动就是看看文学作品。有几个作家的作品我曾反反复复地看过,譬如川端康成、帕斯捷尔纳克。特别是川端康成的《雪国·千鹤·古都》,我几乎不间断地读了二十多年,闲下来的时候就读上几页。在中国的文学作品中,我偏爱《古诗十九首》。

几年前,王人博教授拟编一本《书香的回忆》,屈尊给我寄来了约稿函,我应约写下的文章是《走近川端康成的三级阶梯》。这篇文章的最后,我是这样写的:"走笔至此,我蓦然发现,自己走近川端康成的这三级阶梯,恰好象征着人生的三个阶段:青年时代,宛若真挚而清澈的诗篇;中年时代,仿佛写实的叙事散文;老年返璞归真,抱朴见素,恰似哲学与宗教。"

对文学作品的阅读,提升了我的文字表达能力,也让我偏好用文学笔法写法学文章,因为这种文体比较灵活,也容易让人接受。当前,《法学家茶座》《法制日报》的"思想部落"版、《检察日报》的"灯下漫笔"与"法学家圆桌"栏目、《二十一世纪》的书评栏目、《人民政协报》的"学术家园"栏目,还有《社会科学报》《读书》《书屋》《光明日报》"学术版"等,都接受过我的法学随笔。

另外,即使写篇幅稍长一点的文章,我也试图让文字灵动、轻松、活泼一些,俗话说"文史哲不分家",所以我总是将文学、历史、哲学尽量糅合起来,用大文科的背景去解释法律的过去、现在与未来。

记:的确,阅读您的文章,尽管是发表在法学期刊上,但是明显能感受到您文风与分析角度的新颖性。您能谈谈在您的研究思路上,是基于什么样的原因或者机遇,打开了这种多学科、多层面的分析路径吗?

喻:原因是多方面的。第一,由于机缘的关系,我在检察机关"两进两出":早年在基层检察院当书记员、助理检察员,近年又在一家地市级检察院挂职作副检察长。这样的阅历,让我有机会在法学理论与法律实践之间反复跳跃。第二,我读过中医学专业,又读过法学专业,使我对医学与法学都有基本的理解。在西方的大学传统中,除了神学,医学与法学堪称最古老的两个学科。我很幸运,在这两个学科中均浸染过。第三,我在重庆行政学院工作了十多年,日常工作就是给区县长班、厅局长班、处长班、人大常委会主任班、政协主席班、军队转业干部班授课,现在又任教于四川大学,这让我对官方思维与学者思维都比较熟悉,对官场的逻辑与学界的逻辑都比较了解。第四,置身于法学研究行业,但始终留意于文史哲方面的基本走向,我参加哲学沙龙的次数远远多于法学方面的会议。在重庆的哲学沙龙里,灵魂人物是我的朋友王贵明教授。每隔一两个月,他就张罗一次哲学聚会。每次聚会一般有十多人,半天时间。其中一人主讲,其他人批判,最后主讲人再回应。主讲人的讲稿事先已发到每个人的电子邮箱里,后来,这些讲稿都发表在比较重要的刊物上,譬如,西南政法大学的崔平教授关于"生活提问与逻辑提问"的报告,就发表在《北京师范大学学报》上;王贵明教授的报告,则刊于《哲学研究》。崔平教授、四川外语学院的程志敏教授、西南大学的孙道进教授等等,都是在沙龙里认识的。那些沙龙,那些不具功利色彩的"天问",那些没有结论的空谈与诘难,已经构成了我学术生涯中最美好的记忆。

也许是以上诸方面的原因,让我有可能多学科、多层面、多维度地理解法律与法学。譬如,从"人"的角度看法律,就不同于从"国"或"家"的角度看法律;从社会底层的角度看法律,就不同于从政治高层的角度看法律。我的《城里法官的乡下父亲:司法过程的幕后参与者》一文,就体现了社会底层的视角。

记:最后一个问题,可以谈谈您在培养自己的学生的过程中,在培养方法和指导的阅读路径上的思路与方法吗?我们作为访谈者,同时也是法科学生,也希望能够从您的思路中汲取经验与智慧。

喻:很惭愧,在这个问题上,我没有什么发言权。不过,我经常告诉自己的学生,所谓法律,绝不仅限于国家主席以"主席令"的形式颁布的那些文件。法律的形态是多样的,因而阅读与思考应当有更加宽广的视野。不宜孤立地看待法律,要把法律放到历史传统、社会生活的整体背景中来理解。要通过广泛的学习,养成圆融而成熟的法学心智。

(卢　然、秦贝贝)

董玉庭
Dong Yuting

1969 年 10 月生,内蒙古通辽人。2000 年 7 月毕业于吉林大学法学院,获刑法学博士学位。2001 年破格晋升为副教授,2004 年破格晋升为教授,现任黑龙江大学法学院教授、博士生导师,黑龙江大学研究生学院院长,中国社会科学院法学研究所博士后。近年来在《法学研究》《中国法学》等专业期刊发表法学专业论文五十余篇,出版个人专著一部。

> 我说的法学研究状态,指的是这样一个含义,就是硕士的时候是学,学别人在说什么,作为一个积累的过程,这不算是一种研究。到博士的时候,实际上就开始批判了,在学的过程当中总觉得有点问题。有问题的时候,就得说"为什么",这个问题出现在哪里,这样的一种学习就有些研究性了。

记者(以下简称"记"):首先能谈谈当初为什么选择到吉林大学法学院学习吗?

董玉庭(以下简称"董"):上中学的时候我不是一个爱学习的学生,高考只考上了一个专科学校——海拉尔师专,现在升本科后叫呼伦贝尔学院。当时考的是物理系,毕业后在广播电视大学教工程物理学。后来电大上了一个计算机课程,学校派我去学计算机,因为我哥哥在吉林大学法学院,就选了吉大计算机系。在进修的一年中,常有机会和我哥的同学聊天,在聊的过程当中我发现自己对计算机并不是很有兴趣,后来回到单位,就决定了考研究生。当时吉林大学法学院用的教材是东北的系列教材,按本科的计划所有都要学。我就全部拿来,一边上课教计算机,一边开始自学整个法学的课程,用了大约一年半的时间,我当时大概 25 岁,考到了吉林大学法学院的法理学专业,考上研究生之后才是真正进入到了一个正规的法学训练过程。

记:读研的那三年有没有印象比较深刻的事情呢?

董:读研印象深的事情,应该是律师考试。和现在的情况差不多,我们当时一届是28个同学,入学之后大家都在准备律师考试。可能当时的律师考试不像现在司法考试这么难,我们很多人也就学了一到两个月的时间,都通过了。我现在在给研究生、博士讲这些的时候,仍然感觉到记忆很深刻,可能你们也有这样的感受,就是法学的学习也好研究也好,在于交流。有时候你想的你看的有堵塞的地方,但在和别人交谈的过程中,别人一句不经意的话,就会把你堵塞的地方弄得很通顺。我们准备考试的过程中,平时上自习、吃饭特别是晚上要休息之前,大家每个屋这么来回走串,开始两个人争论问题,后来几个人争论,这对思维的启发是极大的。说实话,读硕士当时并没有想要走法学研究这样一个道路,就是觉得对法学有兴趣。我主要的兴趣集中在法理学,但并不是抱着研究的目的去学,就是完全是一种兴趣式的学习。

记:既然您当时对法理学很有兴趣,那后来为什么没有继续下去,而是选择读刑法学的博士呢?

董:我是学法理学的,当时为什么考刑法呢?你们问到了一个很有意思的问题,实际上到现在为止,我看的书就是刑法学和法理学两种。当时和现在都对法理学很感兴趣,但我觉得法理学和我将来要做什么联系不到一起。法理学对人的思维是种训练,但是你要说把它作为一个职业,那么除了搞研究以外,法理学和具体问题联系得都比较远。作为一个纯粹的学术研究,法理学和法制史都是非常重要的,但是要解决当下的某个问题,用法理学的话,怎么解决也是个理论上的东西,不会进入到具体实践的层面。所以,那会我想学一个"部门法",那时还没有把自己定位为一个老师,想做律师、检察官,想进入实务部门。考吉大说实话是一个惰性的选择,当时就和吉大的老师很熟,考哪都一样,不如就考吉大,后来就选了刑法方向。

记:那您是在什么时候决定成为一名老师的呢?是博士在读期间吗?

董:对,我在读博士时,应该说进入到了一个法学研究的状态,那时看书和硕士时看书的状态就不一样了。我说的法学研究状态,指的是这样一个含义,就是硕士的时候是学,学别人在说什么,作为一个积累的过程,这不算是一种研究。到博士的时候,实际上就开始批判了,在学的过程当中总觉得有点问题。有问题的时候,就得说"为什么",这个问题出现在哪里,这样的一种学习就有些研究性了。这个时候,我在自己的职业规划上有两个相对明确的想法:第一,那时读博士的不是很多,就觉得读了博士不去做老师浪费了。读硕士去做公务员和读博士做公务员不会有任何不同,而在高校,硕士做老师和博士做老师肯定是有差别的,所以从职业上讲应该做老师比较划算。第二,那时候对科研的兴趣比较浓了,开始试图搞研究写文章了。硕士的时候虽然每天也在看书,但不是那种批判式的学习,是写不出东西来的,当时虽然是很费劲才能发表,但也是一种极大的鼓励。毕业时,深圳市检察院来找过我,当时条件已经给得很好,但在自己内心价值倾向当中仍然是高校。

记:我们通过一些其他渠道了解到,您的哥哥对您的影响很大,能跟我们谈谈吗?

董:我从小不是一个爱学习的孩子,上了硕士之后,自己认为自己有兴趣了,觉得看书、学习就不是累的事情了。从我上高中到上大学,到考研,我哥对我的影响挺大的。我想可能是两点:第一,他在不断试图让我找到读书的乐趣,不断引导我发现读书的意义何在。当然,这也是个漫长的过程,不是他说有兴趣我就有兴趣了,他始终在把我往那个方向引导。第二,他帮助我确立了自信。实际上一个学习不好的人,最重要的就是缺乏自信,因为不知道自己能干什么,但是一旦被引上了正确的路,他就知道自己想要什么了。哥哥不断把学习和建立自信结合在一起,从这个角度来讲他的影响是很巨大的。在专业上的学习对我影响最大的应该是吉大的老师,特别是郑老师、尚老师。我们那时经常去老师家吃饭,一顿饭吃两个小时可能就说了两个小时,一个人的思想思维肯定是在言语中表现出来的。我记得当时郑老师给我讲过一门课"法学方法论",在这门课的学习当中,他讲了很多启发式的东西,我总能听到一些在别的课上一辈子听不到的东西。这些东西将来可能确定了一个道理,让我知道了一个道理,在工作当中始终会发现它们的影响力,这也是后来我始终想带给学生的。在吉大还有很多其他的老师,他可能只跟你吃过一顿饭,但这一顿饭中的一句话就让你受益匪浅。

> 这就和人登山一样,你在山底下看,那登山多累啊,那风景能好到哪?但是,你登上了山顶就能看到山底下无论如何也看不到的风景。到那个地方后发现整个人的思维方式都发生转变,在那个领域中,甚至说话的语言都和我们不一样。

记:能简要谈谈您这些年主要的研究领域和成果吗?好像很多都是实践的热点问题啊。

董:我是2002年底到法院挂职,一直到现在。在法院干了两三年,到检察院干了两三年,现在又到了市检察院。挂职期间,我关注的问题如果从刑法理论大块上分类,主要是在犯罪论。实践当中很少用到的纯理论的东西是有,但是我想让我印象最深的是实践当中产生的问题。举个例子,我 2004 年在《中国法学》那篇关于诉讼诈骗的文章,就来源于道里法院的一个案件。道里公安局侦破过一个典型的用诉讼的方式骗别人钱财的案件,怎么解决这个问题当时争议特别大。2003 年这个案子发生的时候,这个企业已经改制了,就当没改制那样到社保局去骗,以每个人的名义骗,最后骗了社保一千多万。你不定罪不行,但定什么罪?当时我就是在这样一个背景下开始写这样一个问题。到现在为止,这样的问题仍属于热点问题,还没有很好地解决。这个诉讼诈骗问题是个最典型的实践中来的问题,实践当中没有发生诉讼诈骗的话,根本连"诉讼诈骗"这个词都没有。有了这个事件才创造了这些东西,有一些纯理论的东西毕竟是理论研究,确实不是在实践当中发现的。在看书的时候就觉得刑法里面缺这样一种东西,没有这种东西的话,很多事情解决不了,那是一个纯粹的理论研究。我想,到现在为止学术最重要的兴奋点都和实践有关。

记:董老师您在法院和检察院挂职的同时还担任了学校的行政工作,有些老师会觉得这样消耗精力,进而会影响科研,那么您对这个问题怎么看?

董:应该说有点影响,至少是在时间上是有影响的。从时间上看,不可能不耽误。但在法院和检察院基层院还好一点,比如基层院对我的坐班没有明确的规定,主要是开会讨论案件,在某种意义上更像是一个法律顾问、咨询顾问。但是,到市检察院之后,我有四项具体分工:批复、预防、警务和技术。这是每天要正常去的,不去的话字签不了,文件发不了,运转不起来。但是,尽管这样,我现在仍然认为是值得的。也有人说你这些年写论文很快很多,法院那边挤占了你一半的时间,为什么还有这么多东西?如果你全职在法学院什么都不干的话,是不是有更多东西?我说恰恰相反。时间的问题其实不是阻碍科研最重要的因素,我觉得阻碍科研最重要的是没有生命力,没有想法,而不是没有时间。因为这个时间是可以挤的,如果你有想法,而且已经很成熟了,就是时间上来不及,晚上、寒暑假也都可以啊。我觉得在学术界最悲哀的事情是时间有的是,可是想法没了。我觉得在法院、检察院工作的经历可以帮助论文的产生。这就和人登山一样,你在山底下看,那登山多累啊,那风景能好到哪?但是,你登上了山顶就能看到山底下无论如何也看不到的风景。到那个地方后发现整个人的思维方式都发生转变,在那个领域中,甚至说话的语言都和我们不一样。

至于学校的管理岗位,我也想过这个问题。冲突肯定有,多少年我们都在议论学校的管理问题,比如校长是不是应该让个学者来做,做了是不是影响学者的成就。比如吉大的前任校长伍卓群老师,他在我们国家是非常顶尖的,他们数学界认为如果不当吉大的院长,他肯定能当院士,但是当了校长之后,就没能当上院士。不过,伍老师本人未必这么看。我想,就我们中国的大学来说,有一些和科研教学直接相关的管理岗位,不可能让一个纯粹的行政人员去做。比如研究生学院的院长,如果不懂教学,不懂研究生的培养,甚至不懂科研,你没法做。但是,这些工作你说没有影响是不对的。有影响,怎么样把影响降到最低,这可能是我需要考虑的问题。至少不要冲淡了本色,毕竟是搞科学研究和法学教育的。

> 如果要做一个总结的话,我给自己将来的定位是:做有用的学问,就是研究刑法一定要研究那些有用途的,别最后写了一堆东西发现实践当中根本不行,或者是在判决当中能够用及的东西,或者是即使不能直接用,对法官、检察官是有启发的,能拿这东西来用。

记:您既然已经到了这个岗位上,那么您近期有什么打算? 一方面科研领域您有什么想法,另一方面您作为一个研究生学院的管理者,您怎么样去管理? 黑龙江大学现在研究生的规模也很大,有没有一个规划呢?

董:从研究生学院角度来说,黑大的研究生发展是整个学校发展里面的最重点。现在我们黑大的战略格局是:缩小本科生的招生,预计到 2015 年,我们要把本科生的录取量从 2.5 万人压缩到 2 万以下,把我们的全日制研究生提高到 5000 人以上,这样就和教育部的要求差不多。我们现在每年研究生的人数在不断增长。随着规模的扩大,我现在考虑的问题有两个方面:一个是培养质量。研究生现在培养质量下降已经是不争的事情了。我想要把研究生的培养质量提高,特别要把住学位论文这一关。我们现在不断地出台一些政策,比如说从过去的准备答辩变成现在的继续答辩,就是不允许准备了;全员进行反剽窃审查,所有的论文不论理科、文科、工科,都要进行反剽窃审查;还有施行全校的末位重审制度,论文答辩之后每一个答辩组最后一名要经过一个特殊程序才能上学术委员会。你在规模扩大的同时,如果不在这方面加强,肯定会影响质量。另外一个重点是师资建设的问题。我们全国好像有这么个认识,似乎科研好的一定是个好导师,其实是未必的。导师把科研做得很好,但未必能把他的一些方法,包括他的一些理论的东西告诉学生。因此实际上导师是需要去培训的。

记:那么回到您个人呢?

董:我个人的话,我还是把自己定义为法学工作者。我一直有个主张,就是要在刑事司法学提这样一个概念,它既不是刑法也不是诉讼法,实际上就是在刑事活动过程中研究刑法。我一直给自己订这样一个目标,所以我一直是把关注的实践问题作为我的科研课题。这个思路我会一直坚持下去,因为坚持的过程当中我自己获得了很多。我觉得最重要的是把理论问题和实践问题结合在一起。我在法律出版社出的《疑罪论》,完全就是以司法为立场的一个研究。这个可能和一些纯理论的研究,特别是法理学不一样。我觉得研究刑法不能过于偏激,但研究法理则可以。我觉得法理学的人你只要有道理、成体系,就可以完全地把它说出来,因为这个不直接作用于社会,不承担社会的责任。但如果是研究实践问题,别人可能会拿着你的这个东西判案,判了后可能会引起特别大的反响。我觉得作为一个刑法工作者,一定要把司法摆在最前面。说白了,就是把社会摆在最前面。一个刑法人不能漫天飞似地说自己很偏激,完全不顾司法当中、现实当中有没有这个现实可能性搞自己的研究。我现在就是在倡导刑事司法学,在司法当中研究刑法,在这个领域当中我觉得应该慎重或谨慎。如果要做一个总结的话,我给自己将来的定位是:做有用的学问,就是研究刑法一定要研究那些有用途的,别最后写了一堆东西发现实践当中根本不行,或者是在判决当中能够用及的东西,或者是即使不能直接用,对法官、检察官是有启发的,能拿这东西来用。我相信如果刑法学远离了刑事司法的实际的话,那刑法学可能就死了。如果写了东西法官也不看,实践中也没用,这有什么用?用经济的角度看,假如我们一个学者写出的东西都是一个商品,这个商品要卖出去,谁来买?你有没有市场?我想如果刑法学不关注当下中国的情况,你就没有市场,就没有人买你的东西,你这个东西没人引、没人看,最后可能只为评职称。

> 我这些年的经历,对年轻的毕业生算是一点启发,那就是不一定要到人才特别多的地方,因为才能得不到施展慢慢就会被压制住了,有个机会可能就得放出更多的东西。

记:刑法学界的"四要件"和"三阶层"之争,您认同哪一个观点?

董:我认同改良的。从理论的原版性看,我肯定是赞同"三阶层",但赞成了它之后,我们也未必要抛弃另外的。我觉得要惩罚犯罪,保护社会秩序,人类的智慧差不多,英国、美国、德国、法国、日本、中国没有太大差异,因为我们现在讯息太发达了,不可能我们这里有超前的这么多年了,别人不知道。我曾经在一个文章里提到,要给一个行为定罪,比如说需要十个因素,现在目前为止绝对不可能在法国是这十个,在美国是那十个,这两个十个一点关系都没有。他们之间这十个可能都差不多,或者说他们有九个是一样的,七八个是一样的。不同的犯罪构成之间是完全可以互相借鉴的,关键就是看你这个理论的商品能不能在实践当中推销出去。这两者之间,我个人理解差别不是特别大。实际上"三阶层"理论把违法和责任分开,是最大的贡献,我们的理论问题在于责任和违法不分。对于那些特别罕见的疑难性案件,"三阶层"的说服能力、理论能力更强,不像我们这个有点弱。但我们的好处在于比较适合常规的案件,我们常规的案件如果用"三阶层"理论分析就显得特别繁琐。所以,我们这个商品还没有到大家不买的程度。第一,"四要件"理论我们用惯了;第二,对于解决99%的案件,两个理论都可以解决,得出的结论大部分是一致的。只有在那些极其特殊的情况下,用"四要件"理论可能缺乏这个功能或者说功能不强,用那个理论功能就比较强。我想这仍然和我的理论主张是有关系的。既然是在倡导刑事司法这样一个研究,既然考虑到刑事司法这样一个立场,除非我们"四要件"理论什么问题都解决不了了,或者大部分问题解决不了,不扔不行。但现在的问题是我们的理论还能良好使用,是不是必须去引用一个新的?我们现在在全国上百万的检察官都是"四要件"培养出来的,要用"三阶层",让他们用三个月的时间把这个新理论学明白,在中国不太现实,所以说在这个问题上没必要太折腾。学问必须是有利于实践,推动实践的,如果这个学问成本过于昂贵,实践的意义又不是特别大,那么这样的学问就让它自己发展去。如果过个五年发现这套"三阶层"理论大部分人能明白了,也能在实际中运用了,那么它就不战而胜了,用不着去推行它,甚至是动用行政的力量。

记:不管是作为一个法学工作者还是一个高校管理者,您无疑都是成功的,这其中有没有什么经验是值得我们年轻一辈学习的呢?

董:我这些年的经历,对年轻的毕业生算是一点启发,那就是不一定要到人才特别多的地方,因为才能得不到施展慢慢就会被压制住了,有个机会可能就得放出更多的东西。我来到黑大法学院的时候,学校正在搞"博士化工程",那时候全黑龙江大学还不到60个博士,学校的战略是3到5年让黑龙江大学的博士教师达到200名以上。学校很重视这件事,一方面自己培养,一方面大量引进博士毕业生。这些年,不管是科研还是教学,学校都给了我很多的帮助,这对我个人的成长来讲很重要。很多人可能在自己的发展过程当中总是定位自己经过多少多少努力,但是我觉得环境的因素也不能忽视,这两者是个怎么样的比例呢?我感觉环境可能更重要,人和人从智力上、从能力上没有太大差别,为什么有的人能成功,有的人不行?环境起了很大的作用。黑大这个环境对我们当时的年轻老师来讲确实起到了不断加速的作用,包括科研的立项和奖励,无论你有什么科研需求,学校、院里都会主动地帮你解决困难,这个很重要。实际上高校就是一个培养人才的地方,如果不给年轻老师一个发展机会的话,将来这个高校是没有机会的,而作为年轻老师来讲,有学校的帮助就可能获得自己努力很久都没有的机会。

（秦贝贝、方　堃）

单文华
Shan Wenhua

1970 年 2 月生,湖南株洲人。西安交通大学法学院院长、腾飞学者特聘教授、博士生导师;牛津布鲁克斯大学国际法教授;教育部长江学者讲座教授;英国剑桥大学圣三一学院法学博士;欧盟对华框架条约咨询专家、英国政府国家安全战略咨询专家与经济与社会研究基金委员会(ESRC)项目评审专家、享受国务院政府特殊津贴专家、中国欧洲法研究会副会长;牛津哈特出版社"中国与国际经济法系列专著"和北京大学出版社《海外法学学子文库》主编;上海昊理文律师事务所高级顾问(中国执业律师)。曾任剑桥大学中国学生学者联谊会主席、全英中国法学会(UKCLA)首任理事长、剑桥大学劳特派特国际法中心客座研究员。

主要著作有:《欧盟对华投资的法律框架:解构与建构》、《欧盟商法》(合译)、《国际贸易法学》(主编)等。主要论文有:《外资国民待遇及其实施条件》、《中国国际经济法学的创立与发展》(合作)、《电子贸易的法律问题》《中国有关国际惯例的立法评析》《国际贸易惯例基本理论问题研究》《世界贸易组织协定中的国际投资规范评析》《我国外资国民待遇制度的发展与完善》《市场经济与外商投资企业的国民待遇研究》等。

> 在中山大学的时光,可以说是一个"成人"和"城市化"的过程。

记者(以下简称"记"):单老师您好!首先请问您,在考入中山大学之前,您是否参加过工作?

单文华(以下简称"单"):没有工作过。我是 1987 年参加的高考,我的经历一直是从校门到校门,比较单纯。

记:您当时报考的就是法学类吗?

单:不是,我报的第一志愿并不是法学专业。我们那一代人都有一个"文学梦",因此,我们法学界似乎较普遍地存在着一个"文学转法学"现象,我第一志愿报的是汉语言文学专业,第二志愿才是法学。在高考成绩公布后,我去了广州,和我哥哥商量,认为可能还是法学尤其是经济法专业可能更有发展前途,于是我便写信要求改专业志愿。我觉得我哥哥给我的建议还是非常正确的,弃文从法是我无悔的选择。现在看来,法学对于世道人生的关注可能要更加深入一些。

记:您能回忆一下初入大学前后的感受吗?

单:我是从农村考上中山大学的。我就读的高中并不是一所特别好的中学,在我之前,文科考生还没有人考上过本科。我可以算是一个比较大的突破,不仅考上了本科,上了重点,而且还是我所在的株洲地区的文科状元。由于是农村孩子,我进大学以后,有相当长的一段时间——大约有一两年时间,是在完成从一个农村少年到城市青年的转变,在不断学习城市青年所使用的语言和为人处世的方式,这个过程看来是非常重要的。比如说我的城市同学们很早就对舰船、兵器这类似乎不着边际的知识产生了浓厚的兴趣,而我之前对这些几乎毫无概念,而且也不觉得这些知识和个人的学习、生活有什么关系。因此,在中山大学的时光,可以说是一个"成人"和"城市化"的过程。

具体到对学校的感觉,我首先感觉中山大学校园非常漂亮。我刚来西安交大的时候,别人对我介绍说这里的校园很美,我没说什么,但时间一长,我就对他们说,西安交大在西安确实是最美丽的之一,不过我见过更美的校园(笑)。我待过中大,待过厦大,也待过剑桥,那些都是很美的学校。中大地方大,绿化面积比重特别高。当然,当时我们的居住条件现在看来并不现代。来到广州以后,我一直都在睁大着眼睛好奇地看着这所学校以及这座城市。任课老师教书育人,认真敬业,也有些老师在实务方面做得多一些,但并不让人反感。比如我们的刑法老师,他是有名的大律师,实务做得很多,案例也多,列举起来如数家珍,大家听得都很认真,有时听到紧要关头,甚至连大气也不敢出。还有教法理的吴世宦老师,他对我们说,法是有社会性的。当时一般只讲法的阶级性,讲社会性是有风险的。所以,吴老师这种开放的思想和敢于质疑的精神,对我们影响很大。吴老师还研究过很多前沿项目。比如,他是全国最早研究法治系统工程的学者之一。已经去世的钱学森就主张过系统工程理论。吴老看到钱老这个理论后,曾和钱老商讨如何把系统工程应用到法学中。其他老师,如教民法的王江川老师,他是西南政法的毕业生,当时并不是特别有名的教授,毕业时间也不长,但讲课讲得非常扎实,我受益很多。再如刘恒老师,现在是中大法学院研究生院的常务副院长。他教我们行政法,教得也非常好。总的来说,在改革开放前沿的广州,老师们的师德是十分值得钦佩的。

作为一所综合性大学,中大有个很大的优点,就是选课具有很大的自由空间,比如我们可以选修摄影、中国文化概论等课程。我记得上中国文化概论的教室非常大,足以容纳两百多人,李宗桂老师给我们讲传统知识分子的人格架构和价值体系,讲得非常精彩。还有写作课,我们学得也很认真。最近我参加了一个会议,有位省检察院的同志提出,我们的学生亟待加强写作能力,因为即使是中文系的学生,到检察院工作的头两年也根本没法用。大多数学生只会写应试的作文,而不会写应用的公文。当年开设的写作课,对我写作能力的提高有很大的帮助。除了学校里正规的上课,还有当时不少著名人物来学校做讲座,像侯德健、温元凯等等。这些人物的观点,正确与否暂且不论,至少能够开阔我们的视野,他们坚持己见的精神,对我们也很有启发。

另外,广州这个城市也给我留下了很深刻的印象。我去过很多地方,在厦门和英国待过很久,现在又到了西安。没有一座城市像广州那样,没有夜晚(笑)。广州的夜生活恐怕到了零点才刚刚开始,到处都有吃的和玩的地方,可以说是 Full of Life,到处都是生活。但是,这种夜生活并不干扰他人的生活,要睡觉的人照样可以睡觉。这就是一种大城市的包容性。这种都市生活让我感觉很舒服。

记:在您的大学同学当中,有哪些同学让您印象深刻?

单:挺多的。我的同学来自天南海北,广东人一小半,外地人一大半,各有特点。有一个北京的同学,凡事都非常大胆主动,让我们感受到首都人民的气魄。他是中国政法大学一位教授的孩子,业务上也非常有底气,很自信,社会活动方面也很活跃。有位同学是我们班年纪最大的,1965 年生的,和我一个宿舍,显得比较老成,讲话却很好玩,比如他说的"三两太多,四两太少"至今是同学们中间的名言。有位同学特立独行,在哪儿都能睡着。有一次坐公交车去法院旁听,他站着睡着了,还睡过站了。还有的同学,读书的时候做起了小生意,赚了点小钱,也是有意义的锻炼。其他还有一些有趣的同学,我就不一一说了。

> 可以说,是陈安老师真正把我带入了国际经济法的核心地带,为此我对他一直十分感念。

记:您现在从事国际经济法研究,研究兴趣是何时产生的?

单：我在中大读书的时候就有兴趣了。从精神角度而言，对我影响最大的可能要算端木正老师了。我没上过他的课，只听过他的讲座。经常看到他从法律系旁边一条小道上走向系里。他人很高大，挂着拐杖或者让人搀扶着走来，感觉就像一尊宝塔巍巍而来，特别能给人高山仰止的感觉。这是精神方面的影响。学术上对我影响较大的是黎学玲教授。他讲授涉外经济法，还是我本科论文的指导老师，讲课辅导时带着一口浓重的湖南口音。我至今记得他在讲对外国投资者保护的国民待遇标准时，说要给予外商"同等的保护"，他的发音有点像是"统统的保护"。我学术兴趣的萌芽，恐怕就是始于这"统统的保护"（笑），因为国民待遇是我在国际经济法方面认真研究的第一个课题。我的第一篇比较像样的文章也是关于国民待遇的，于1994年发表于《中国法学》。后来又在《法学研究》和《中国社会科学》上各发表了一篇相关文章。我这三篇文章发表得比较早，后来有学者研究国民待遇问题时，往往会对它们有所参考。

我写毕业论文的时候，法学教育恢复不久，还没有讲"依法治国"，而讲"依法治厂"。所以，我写的毕业论文是《厂长/经理的法律意识初探》。黎老师主张实证研究，所以为了写好毕业论文，我特地到佛山的一些企业进行问卷调研。毕竟，纸上得来终觉浅。后来在剑桥的时候，剑桥的导师也建议做问卷、做访谈，走的也是实证研究的路子。黎老师对我的论文抓得比较紧，我论文后来得了优，因此我在学术上获得了一点小小的信心，接着便"斗胆"考研了。不过，那时我懵懵懂懂，在考试报名截至前一天才知道消息。我马上打电话联系我哥哥，我哥鼓励我去考。那年是1991年，由于本校不招经济法专业的硕士研究生，我就只好考虑报考外校。因为我对广州怀着强烈的感情，所以我就决定报考同在广州的暨南大学。

记：考上暨南后，研究生的学习生活大体上是怎么样的呢？

单：很愉快。我的老师特别好，主要是张增强教授和王河教授。张老师课讲得好，人也特别宽厚，学风严谨，写字一丝不苟，特别工整。不仅教会我怎么严谨地做学问，做人方面也给了我很大的启发。王河老师非常善于在业务上开拓，不管是律师业务还是学术业务。学术上，他在包括《法学研究》《中国法学》在内的很多刊物上都发过文章，这在当时南方的学校里是很少见的。我们特别想请教他怎么写文章怎么发表，他说没什么诀窍，要靠自己摸索，我至今深以为然。

我在读研究生的时候发表过几篇文章。因为我发表的几篇论文，使我在同学中显得比较突出。三年的研究生，我只用了两年时间就念完了，还拿过省里的"南粤优秀研究生二等奖"，当时算是最高奖项了。我在读研期间，社会工作参加过一些,在研究生会也工作过,还担任过研究生报的主编。相比之下,我觉得暨南大学的研究生生活比较活跃,中大的生活就似乎显得有些刻板了。另外,暨南的老师、同学都有比较强烈的接触社会的愿望。比如老师会把上课的机会介绍给学生。我就在好几个地方兼过课,有一次去增城讲授法律,全程还是用粤语讲的。我感觉比后来在英国用英语讲课还难(笑)。因为粤语我日常会话使用得比较多,专业术语的讲法就不太熟悉了。不过,讲了好几个小时,效果似乎还不错。总的来说,我在暨南的生活是很愉快的。

1999 年王铁崖先生的来信

记:您能回忆一下当年考博的情形吗?

单:我在暨南大学读书的时候,认识了一位会计系的师兄,他读了两年书后就到厦大读了博士。我问导师自己能不能也效仿一下师兄,读两年就到厦大读博。因为我当时的课程已经都学完了,成绩也还不错,于是导师便同意了,而且给我写了很好的推荐信。在暨南的时候,我读的虽然是经济法,但挂靠的学科是企业管理。

打定主意考博以后,我决定报考厦门大学陈安教授的博士,但是我却错过了报考的时间。正当我急得不知如何是好的时候,有一位工作人员告诉我说不妨前去厦门拜访一下陈先生。于是那年"五一"我坐轮船到了厦门。不过,陈老师并没有让我去他家拜访,而只是和我通了个一两个小时的电话,相当于是一次电话 interview。后来我才知道陈老师素以严格出名,有的副省长、副市长级别的人物报考陈老师的博士,只要陈老师一听说对方有"通路子"的行为,马上就不让报考,一点通融的余地都没有。同时,他为人很是循规蹈矩,他希望考他博士的人是正正规规法学专业三年硕士出身,而我恐怕是"三突破"了他的标准,硕士挂的是企业管理,不是法学;又只读了两年,而不是三年;然后报考的时间又延迟了。所以,陈老师对我的报考可以说是满腹狐疑,问得很是仔细,包括我以前读硕士期间学过些什么课、老师是谁,以及写过什么文章等等。我记得打电话的时候我正在感冒,打完电话,只觉得后背出了一身的大汗,感冒似乎也好了(大笑)。

陈老师治学极其严谨,他恐怕是我接触过的最严谨的学者之一了。他常说:"板凳宁坐十年冷,文章不写半句空。"他的身教和言教对我而言都同样重要。这样一位活生生的大家在我面前,并最直观地让我接触他活生生的大作从粗坯到成品的过程,让我强烈感到,我和老先生的差距是巨大的,老先生就像一座高标,虽然高,但我至少还能够看得见,心向往之,于是在读博期间"斗胆"在《中国法学》《法学研究》发表了两篇文章,这同老先生的鼓舞是分不开的。在陈先生的带领下,我们博士生也养成了非常严谨的学风。老先生可以说是用"铁腕手段"打造了一支学术团队。国际经济法这个学科那时人才稀缺、博士点很少,老先生每年招的人很有限。先生精心栽培,许多都送出国去学习,多数回来了,也有的就没有回来。老先生对送出去不回来的学生比较生气,认为那些人可以说是"反面教材"。有的人说老先生要求博士生留校是"近亲繁殖",而陈老师对我们说,他这不是"近亲繁殖",如果不这么做,他就要"断子绝孙"。我现在做院长,也很有感触。陈老师不只是个人写写文章,独善其身,而是要带领一支团队,在国际法学科上拼出一条血路。韩德培先生以前就对我说过,他很早就认为,陈安老师是一个"帅才"。可以说,是陈安老师真正把我带入了国际经济法的核心地带,为此我对他一直十分感念。

> 剑桥就是这样一种环境,她能够养得起学者的骄傲、对学术至高无上的钟情。这样一个氛围,我认为就是理想的学术氛围。

记:您觉得在您自己的领域内,有哪些主要的学术成果?

单:这么多年来,我写过不少文章,每篇文章里都有自己的观点。比如我在厦大的博士论文写的是国际贸易惯例,对国际贸易惯例的性质、功能与用途作了一些有开拓性的探讨。韩德培老师是我博士论文的评阅人和答辩委员会主席,他对我论文的评语是:"这是一篇比较优秀的博士学位论文。"这个评价让我有点受宠若惊。再比如说电子商务法,我可以说是最早比较系统研究电子商务法的学者。周汉民老师在国内回顾国际经济法的成果时,还特别提到我这方面的研究,给了比较高的评价。我主编的《国际贸易法学》这本书,两卷本84万字,可能是当时国内同类专著中规模最大的一本。这本书属于陈先生主持的国际贸易经济法学系列专著第二套,是这个系列里最重要的一本书之一。编这套书的时候我刚博士毕业,还是讲师。能够让我主编,这又体现了陈先生的一个优点:有魄力,敢于起用年轻人。

在国外的研究成果,首先是我的博士论文,是关于中国与欧盟投资关系中法律关系的论述,后来由牛津哈特出版社出版,是这方面的第一本专著。近年来中国和欧盟在谈判伙伴关系协定,这是双方最重要的一份条约,将奠定双边关系的法律基石。欧盟方面聘我为高级顾问,专门研究起草该条约中的投资部分。其中涉及的问题比较多,比如牵涉到欧盟对外投资签约的能力问题。一段时间以来,欧盟并没有签约的能力,双边投资协定都是以成员国的名义签的。我觉得无论从经济角度还是理性角度而言,让欧盟具有签约的权能无疑是更好的。这一点现在在《里斯本条约》里也实现了,可以说是直接源于我的建议。我觉得这一点是很有意义的。近几年来,我主要在钻研中国对外投资条约。我写的 *Chinese Investment Treaties:Policies and Practice* 这本书是牛津大学出版社出版的。应该说,非英语国家的学者在牛津出书是很少的,中国人就更少了。写这本书光论证过程就花了两年,由七名专家对书的 Proposal 进行论证,每个人都有修改意见,总体上是肯定的,但还是改了好多回。从国别角度写双边投资协定,我这本书可能是第一次尝试。此外,我还比较关注国际法特别是国际经济法中的一些结构性问题,如经济全球化背景下的国家主权界定问题。2007 年我就此主办了一个国际研讨会,请来了世界顶级的国际经济法和国际公法学者来探讨这个问题。会议很成功,论文后来还结集出版了。目前,我在主持国际比较法科学院(IACL)的一个全球性研究项目,有 IACL 指定的二十多个国家的专家参与,目的是要对世界上主要国家和地区的外国投资条约和法律作一个系统化的比较研究。各国的国别研究报告和我的总报告,都会在四年一度的国际比较法大会上宣读,并最后由牛津哈特出版社出版。

剑桥博士毕业照

　　记:放眼当下学术环境的建设,您认为在年轻学者当中,是否存在着一种浮躁的情绪?

单：当然是存在的，因为大环境如此。我们的评价机制还在完善过程当中，现在这种量化的考核指标应当是造成这种浮躁的一个重要原因。评职称的压力，使得大家有时不得不去做一些不那么符合规范的事情。而剑桥的学术环境就非常让人羡慕。在剑桥，写文章和出版的压力也是存在的，毕竟要想往上晋升，不发文章，光靠讲课，是不可能的。但是，剑桥并没有特别具体的量化指标。我在剑桥读书的时候，在英国各个学校的排名中剑桥法学院一直是第一，所以它根本不看重排名。有时候碰到一些国内的同学，他们会觉得自己学校排名上升很值得骄傲，但是我一听，心想，这是啥思维，还想着排名？然而，这对于大部分学校而言，排名的压力仍然是一个残酷的现实。当然，我认为这一切迟早会趋于有序和理性。我对前景还是比较乐观的。考核理性会逐步形成，学术理性终将回归，会好起来的。

记：您理想中的学术环境又是怎样的呢？

单：我理想的学术环境，应该是学者不用考虑学术以外的东西，不用想自己所处的地位、身份，也没有太多物质的制约，只想着在自己领域里的问题、自己感兴趣的课题，希望自己能够作出贡献。哪怕自己感兴趣的是最生僻的部分，但是只要自己作出贡献，就会获得满足，而他人也不会用异样的眼光看待，反而会十分尊重。我举个例子，剑桥圣三一学院就是我的学院，有一位 Reader（现在是 Professor 了）。Reader 这个职称是英国特有的，相当于"研究教授"。很多别的地方请他做教授，他都不肯。他说，自己在圣三一学院工作得很好，即使是做讲师，也感觉很好。他主要从事国际法的纯理论思考，在基础理论领域作艰深的研究。很少有人做这一块，但是大家都对他特别尊敬。在我的学院导师著名国际法学家伊莱休·劳特派特教授八十寿辰的时候，请他讲话。他说，比起那些做实务的律师，我也许很穷，也许衣衫褴褛，没有太大的物质上的享受。但是，那些抢足风头的实务律师，就像一个个提线木偶，而背后提着线的，正是我们这样的人，他们围着我们在打转转。说到这里，台下"哗哗哗"一片掌声。剑桥就是这样一种环境，她能够养得起学者的骄傲、对学术至高无上的钟情。这样一个氛围，我认为就是理想的学术氛围。

> 这些小树枝，可以说是堂吉诃德，可以说是螳臂挡车，它们苦苦支撑的是一种不灭不休的精神。

记：非常感谢单老师！最后两个问题是关于法科学子的。首先请您推荐一些参考书目。

单:从国际法角度而言,《奥本海国际法》应该是最伟大的著作了,不用加"之一"。它对于任何一个问题的论述都是极尽周详严谨。以前曾有老师问我,国际法学研究方法的课应该怎么上?我回答,很简单,让学生把《奥本海国际法》第一章从头到尾认真读上五遍,每读一遍都要写出心得体会,就会知道学问该怎么做了。这本书是经过千锤百炼的,而且浸透了国际法的精神。对本科生比较适用的教材中,我认为 Shaw 的 *International Law*、伊恩·布朗宁的 *Principles of Public International Law* 都是很不错的。国际经济法里面,约翰·杰克逊的《国际经济关系中的法律问题》被认为是该领域中《圣经》级别的著作,值得认真研读。

记:单老师,最后想请您给我们这些法科学子提一些寄语和希望。

单:我觉得社会关怀很重要,也就是要有济世情怀。因为法律就是一门经世致用的学问。我们这个时代是能够出法学家的,也需要法学家和法律实务家。但是,如果法律学子从一开始就没有理想主义的精神,陷入现实的泥潭,或者说被现实的乱象迷惑,不仅个人不会有大的前途,而且我们的法治也不会有前途。现在司法界存在一些问题,这些问题并不是完全依靠道德或是修养号召就能解决的。在现在的社会环境之下,需要每一个有胆识的人都来分担一点,法治的大厦才会有落成的希望。我在厦大的时候,曾在与学校比邻的南普陀寺里见到这样一个情景:有一块很大的危石,危石下面有人放了很多小小的树枝撑着。这些小树枝,可以说是堂吉诃德,可以说是螳臂挡车,它们苦苦支撑的是一种不灭不休的精神。倘若我们每个人都作出一些小小的努力,或许我们的法治就能更快地前进。作为一名教师,我想我的一项工作就是要把这种精神传达给我的学生,甚至我所接触的每一个人。

(董　能、龚　坚)

徐　昕

Xu Xin

1970 年 7 月生，江西丰城人。1992 年毕业于江西师范大学，获教育学学士学位；1995年毕业于西南政法大学，获法学硕士学位；2003 年毕业于清华大学，获法学博士学位。现任北京理工大学法学院教授、博导，司法高等研究所主任。曾任西南政法大学、海南大学教授。《司法》杂志、《声音法治周刊》主编，主持"司法文丛"。著有《诗性正义》《迈向社会和谐的纠纷解决》《英国民事诉讼与民事司法改革》等。

> 年轻时的选择大多是偶然的……当时并不知道诉讼法是一个有趣的学科，也不知道竟会终生以此为业。

记者（以下简称"记"）：徐老师，您当时为什么会选择西南政法大学，又或者说您当时考大学为什么选择法律方向呢？

徐昕（以下简称"徐"）：我是 1988 年考的大学，当时法律是很热门的专业；也有家庭的原因，我家乡在江西，小时候家里比较困难，还受人欺负，家人希望我能通过学习法律进入政法系统出人头地。当时，西南政法大学是全国唯一的重点政法大学，我报考了，成绩也很高，但录取时不知出了什么问题，最终进入江西师范大学。不过，当时也立志要考研并且要考回西政。

记：您在江西师大的时候读的是什么专业呢？

徐：政教系，现在称为政法学院。现在看来，当时学政教专业对后来的法律研究很有益处。因为政教系的课程涉及非常广泛的知识领域，如哲学、马列原著、政治学、社会学、经济学、法学、教育学、心理学等。这种知识积累对我现今在学术方面强调法律与人文、社会科学交叉研究的影响是比较大的。

记：您读了四年政教系可以说坚定了您考回西政的想法，作为一个外校学生去考研,比本校的难度更大,付出的努力会更多一些。当时您是怎么准备考研的呢?

徐:我准备了两年左右,买了相关教材,非常努力和细致地看书,同时阅读了当时图书馆所能找到的所有法学著作及法学期刊,其中人大复印资料和西政学报《现代法学》尤其读得仔细。《现代法学》上刚好刊发了一篇谭兵教授有关民诉法修改的文章,对考试帮助非常大,好像有两道大题出自该篇文章。还有一个情况是,我 1992 年考研,前一年《民事诉讼法》刚颁布,当时找不到新教材,只能利用旧教材加上背法条。虽然如此,最后还是很顺利地考上了。

记:您当时为什么会选择诉讼法专业?

徐:年轻时的选择大多是偶然的。也许只是觉得民法、刑法等专业比较热门,而诉讼法专业相对容易考上吧。当时并不知道诉讼法是一个有趣的学科,也不知道竟会终生以此为业。

记:您读研的时候感觉怎样?

徐:最有印象的感觉是当时没什么感觉,或者说懵懵懂懂,一知半解,远未踏入法学研究的门槛。那时的法学著作非常少,不过,我读书向来很杂,所以研究生三年也没闲着,看了很多哲学、社会学、政治学、经济学、文学等方面的作品。我的导师常怡教授基本上采取放任型的指导方式,当时写毕业论文、搞研究没有方向,基本靠自己摸索。但现在想来,常怡老师以自己的文章和言行影响学生的指导模式还是非常有价值的,尤其适合有潜质的学生。

记:当时除了上课,您的课余时间是怎么安排的?

徐:我的生活很有规律,教室、图书馆、宿舍、运动场,四点一线,经常到西政、川外和旁边的铁路散步,偶尔到重发厂看看电影。

记:您当时还有哪些印象比较深刻的同学?

徐:西政 92 届研究生八十多人,都非常有特点,对他们的印象也比较深刻。现在许多同学都发展得很好,政界、商界、学界精英频出,堪称西政"七八现象"之后的"九二现象"。以学界为例,我们这批同学大概有二十余位教授,赵明、莫于川、吴越、鲁篱等已是知名学者,我的同门李龙教授口才极好,一直深受学生尤其是女生欢迎。

记:您毕业时学校好像很鼓励你们留校,您当时的打算怎样?有没有想过要留校?

徐:那时留校应该问题不大,但我还是希望先解决经济问题。到毕业时,我似乎找到一点做研究的感觉了,发了几篇文章,毕业论文《区际司法协助研究》选题前沿,写得还行,后来还遭人剽窃。但当时我还没有读博士、做学问、进高校的考虑,也许朦胧地想过先工作一段时间再回高校。

但发现自己的兴趣并不容易,一个人通常要到三十岁左右才能对未来形成确定的思路。1995年毕业后,我到广东东莞的银行工作,慢慢发现自己不喜欢也许也不适合从事实务工作,就这样逐渐发现了自己对学术的兴趣。在银行工作五年,主要时间是看书写文章,《当事人基本权利保障和未来的民事诉讼》《英国民事诉讼规则》的翻译就是在这一阶段完成的。

> 在清华的最后一年还经历了"非典"。当时我们一家三口都在北京,住在北大燕东园……那时街上人很少,我们经常到附近的圆明园散步……"非典"之年,天空蔚蓝,阳光明媚,气候宜人,回想起来大概是北京最美的一个春天。

记:您选择读清华的博士是基于什么想法?

徐:在西政读研时上过张卫平老师的课,印象深刻。他思想前沿,思维敏捷,口才极好,富有人格魅力。后来,我与张老师有了一些交往,他对我也很欣赏,所以他调到清华后,我顺其自然跟着他到清华念博士。

记:您能谈谈清华印象吗?

徐:印象深刻的事情非常多,清华图书资源丰富,学习研究氛围浓厚,知名学者众多,学术讲座频繁,印象尤其深刻的是清华的那间办公室——明理楼512,我几乎天天待在办公室,赶博士论文的时候晚上也在那睡过。这是清华和张卫平老师送给我的一份珍贵的礼物。张老师对我的影响非常大,特别是他看问题的视角和方法,开阔、大气。北大陈端华教授甚至说我说话的语气和风格都很像张老师。好学校,好学院,好老师,然后才有好学生。

记:您的毕业论文《论私力救济》已成为一部影响巨大的法学著作,您为什么选择私力救济这样的题目?

徐:情有独钟。这一主题既有理论价值,也有实践意义,当时选择它便相信这项研究今后可以达到一个相当的高度。所以,即使当时张卫平、王亚新老师不太支持这个选题,我还是坚持了下来。事实证明这一选择是正确的。

记:当时您凭什么判断这个选题很有前景?

徐:基于调查的案例、初步的研究,加上学术敏感,完全可以得出这个判断。私力救济长期以来被视为一种落后和不文明的现象,但实践中依然盛行,是人们面对冲突的典型反应。私力救济是为人忽略却十分重要的领域。学术研究就是关注学界所忽视但又具有重大理论和现实意义的问题。

记:您是不是三年时间都在研究私力救济的问题?

徐:第一年主要从事传统的诉讼法学研究,尤其关注比较法,主要成果是《英国民事诉讼与民事司法改革》。这些传统的诉讼法理论及比较法知识为我后来的综合性跨学科研究奠定了基础。第二年完全转向私力救济,对前一年调查的民间收债案例进行分析,主要强调"问题中心"的法学研究范式,利用了社会学、经济学等跨学科方法。但私力救济的研究前后共持续了五年,直到2005年才出版《论私力救济》一书。

记:您能不能比较一下在清华和在西政求学的不同?

徐:两所大学各有特点。清华坐落在北京,信息通畅,容易把握学术前沿;西政地处西南,信息相对闭塞,尤其是我求学的那个年代,所以只好埋头读书,而这样恰恰实现了封闭的正效应。在西政求学时,我年龄不大,尚未发现学术研究的乐趣,对未来缺乏明确的思考和规划;而在清华,已经找到了研究的感觉,人生规划基本成形,对未来的道路也有了较为明确的预测,方向性更强,尤其是确定未来的研究领域之后,开始进入了学术高峰期。我的学术事业是从清华起步的,研究方法的转型也始于清华。期间,我获得第八届清华研究生"航天海鹰"杯学术新秀称号,是法学院的第一位"学术新秀",记得在全校文科中还排名第一。

在清华期间认识了很多人,对自己的成长很有帮助,也有许多有趣的经历,共同战斗过的师兄弟们也都发展得很好。清华园很漂亮,食堂非常不错,游泳馆是一流的,即使下雪也坚持每周游三次,平时也喜欢跑步。我还喜欢听音乐会,经常到北大百年纪念堂听音乐会看话剧看电影,一般只要十块钱,而同样的演出在北京音乐厅可能要几百元,所以我经常游走于北大和清华之间,以及两者之间的万圣书园,就这样度过了三年充实的学习时光。

在清华的最后一年还经历了"非典"。当时我们一家三口都在北京,住在北大燕东园,环境很好,古树参天,也有运动设施,不太闷。那时街上人很少,我们经常到附近的圆明园散步,并没有什么恐慌。临近答辩时要回到学校,按照规定被隔离了十几天,还写过隔离日记。"非典"之年,天空蔚蓝,阳光明媚,气候宜人,回想起来大概是北京最美的一个春天。初夏依然像春天一样。

> 学术竞争其实主要是与自己竞争,只要不断超越自我,就可能在学术上取得更大的成就。我希望,每个人都安心自己的研究,一辈子拿出几篇有分量的研究。拥有宽阔的胸怀,是一个学者的基本素养。

记：清华的确给您留下了许多美好的回忆,2003 年毕业后是什么原因使您到了海南?

徐：当时本来有机会到北大做博士后,但我这个人很有些"诗性正义",因偶然的机会看到海南的大海、沙滩、阳光,便奋不顾身地"下海"了。当然,"下海"还因为海南大学几位师长的热情邀请,以及海大诉讼法学科看起来比较有发展前景。当时希望可以一直待在海南做学问,后来因为一些原因离开了。虽然如此,我对海南仍然很有感情,几乎每年冬天都会在海南待一个月。

记：在海南大学的那几年,您主要作出了哪些贡献?

徐：岂敢轻言贡献。我在海大的时间不长,没有做太多事情,主要是发起了一些论坛,研究生课程有所改革,通过定期组织读书会等方式改变了传统的研究生指导工作,当时这些在海大产生了一些影响。当然,个人研究处于学术高峰期,两年发表了十多篇比较重要的文章。《论私力救济》一书在海南修改完成,在书中我描述了时任海大校长的谭世贵教授暂借的东坡湖畔那间研究室及窗外的风景。

记：那么 2005 年您为什么又回到了西政?

徐：当时有很多选择,回到西政主要是缘于母校情节。当时,龙宗智担任西政的校长,他的为人为学是学界广泛认可的。龙宗智很欣赏我,因为他的邀请,我顺其自然就回到了西政。

记：您回到西政时,常怡教授等一批老师都已经退下来了?

徐：还没有,但很快就退休了。这一点我觉得非常遗憾,也在很多场合多次呼吁过返聘老教授。西政有一批学问通达、德高望重的老先生,如金平、李昌麒、常怡、徐静村、王连昌、赵长青,以及前些年去世的王锡山、林向荣、王洪俊等等。他们的声誉卓著,视野广阔,教学研究经验丰富,资源人脉广泛,相比中青年一代胸怀更宽广,他们更愿意扶植年轻人成长,即使不像中政大等学校那样聘为终身教授,至少可以返聘其指导博士研究生。他们是学校非常宝贵的财富,没有发挥作用是很大的损失。

记：您怎么看待学术竞争?

徐：目前的学术环境非常糟,学术竞争也在相当程度上表现为不端竞争,行政化、占资源、立山头、图虚名、拉关系、整项目、东拼西凑、弄虚作假,诸如此类的学术腐败已经败坏了学人的声誉。除体制问题外,学者自身应当改变关于竞争的观念。就主观而言,我从来不认为与他人有什么竞争,我有一个与众不同的观点,学术竞争其实主要是与自己竞争,只要不断超越自我,就可能在学术上取得更大的成就。我希望,每个人都安心自己的研究,一辈子拿出几篇有分量的研究。拥有宽阔的胸怀,是一个学者的基本素养。

记:从2005年到西政五年以来,您主要作了哪些贡献?

徐:还是不要轻言贡献。我乐意教书育人,培养了一些学生,他们大都发展得很好,其中有些很有学术潜力。至于个人研究,我稍稍有所放松,每年只写一二篇分量较重的文章。最主要的工作是在传统诉讼法学基础上积极从事纠纷解决与司法制度的研究,尤其是在面对中国现实问题的研究方面取得了一定的成果,形成了以实证研究和跨学科方法运用为特色的研究风格,在推动诉讼法学与社会科学的融合方面作出了较大的努力。2005年建立司法研究中心,发起司法学术沙龙至今达一百八十余次;2006年创办《司法》杂志,启动"司法文丛";2007年在诉讼法学中开设司法制度方向,并共同成功申报了诉讼法学国家重点学科;2008年发起和负责我国第一个独立的司法制度二级学科。

记:为什么创立司法制度学科?

徐:司法,定分止争之权威,权利救济之终极,规则生长之源泉,秩序维系之后盾,社会运作之保障,法律与社会互动之中介,法律帝国之宫殿,公平正义之象征。司法是对法律制度的现实检验,展示了法从规范向事实、从静态向动态、从书本向行动的转化,体现了法的实现及其社会效果,可谓法治的核心环节之一。从世界范围看,数个世纪以来,司法制度一直是法学研究的重要领域。各国高校普遍设立了司法制度的学科、课程或培训项目,特别是司法导向的英美法国家。德国也有人提出创建与立法学并列的"司法学"。国内许多高校成立了司法研究机构,在诉讼法学、法理学下设司法制度或司法学方向,但司法制度还涉及法律史、刑法、民商法、国际法等几乎所有法学学科,以及历史、经济、社会、政治、哲学等人文社科甚至自然科学领域,是一门以司法制度为研究对象的交叉学科。随着法学研究的司法转向、法学教育的实践转向,特别是几年后司法改革很可能回归法治建设和法学研究的中心,司法制度学科将展现宽广的前景。

记:您作为司法制度的学科负责人,对该学科未来的发展有何考虑?

徐:我们目前建立了一些学术平台,如司法制度学科的博士点和硕士点,每年一辑的《司法》杂志,粗具规模的"司法文丛",每周一次的司法学术沙龙,每年一两次的司法学术研讨会,探索多年的司法改革行动项目,每年一度的司法改革年度报告,每年若干项司法改革专项报告等等。我的目标比较高,期望通过进一步的努力,面向全国,放眼世界,凝聚国内外力量,整合研究资源,扩大研究视野,拓展研究领域,创新研究方法,坚持以实证研究和跨学科方法运用为特色的研究风格,推动司法的跨学科研究尤其是司法社会学派的形成,强调围绕中国问题进行经验研究,推进司法改革行动项目,培养优秀的研究团队,做一流的司法研究,努力成为中国司法研究的中心、国内外司法研究的交流基地以及中国司法改革的思想库。

记:徐老师,您在这一代中青年法学家中属于佼佼者了,您能不能评价一下当下中青年学者在法学研究中存在哪些问题?

徐:问题明显,只说一句,踏实做学问的人太少了。这既有制度方面的原因,尤其是大学和科研体制的严重行政化,科研评价体系的不规范;也有学者学术道德弱化的原因。当下的学术环境,对年轻学者的成长不利,我个人深有体会。但正是这种环境,迫使年青一代的学者必须扎实做学问,因为只有付出加倍的努力,发表确实有分量的研究,才可能杀出重围。我大概介于中年与青年学者之间的夹层,我以为,比我更年青一代、经过规范学术训练的学者将是中国法学界提升学术水准的希望之所在。

记:作为一个年轻的学者,未来几年您仍然会处于学术高峰期,对于未来,您有怎样的规划?

徐:我很有些随心所欲,就像我所标榜的诗性正义那样。所以,研究领域跨越性比较强,如"影像中的司法""文学中的司法""司法的实证研究""司法的知识社会学""司法的历史之维"。当然,所有的研究都围绕着司法主题。我不愿意写太多文章,电脑中有许多很好的灵感甚至初稿都懒得完成。

关于未来规划,除主编《司法》杂志、主持"司法文丛"、发起司法改革行动项目、发布司法改革研究报告等学术组织工作外,列入规划的个人学术专著包括:《法律与暴力》,实际上是私力救济研究的扩展;《社会科学视野中的民事诉讼》;《诗性正义》;《程序与主义:民事诉讼的法理分析》。《程序与主义》是试图回到传统的诉讼法学研究领域。目前,我似乎给人一种只做跨学科而抛弃"主业"的印象,这是一种误解。我从来都认为传统的法解释学是最重要的,只是由于兴趣和突破点选择在司法的跨学科研究上,所以这些年才暂时搁下了传统的诉讼法学研究。我记得多年前发表《程序自由主义及其局限》时,就明确了这本书的基本框架,主要是从程序法中各种主义的角度来研究诉讼法学的基本原理。

记:您是基于什么考虑担任法律博客的主编的?

徐:正义网法律博客(www. fyfz. cn)是互联网上第一个以法治类内容为主的博客网站,注册人数超过 8 万,其中知名学者 100 多人,点击量每日超过 200 万 PV。几年来,注册人数、博文数量、点击量在法律博客类网站中始终名列榜首,目前在互联网实验室中国博客类网站排名前 20。接受任命前,我犹豫再三,之所以愿意无偿承担此项工作,完全是出于对法律博客的热爱,以及为朋友分担压力。我是最早扎根于此的博主之一,法律博客已成为我生活的一部分,我愿意通过努力,网聚众多博友的力量,使法律博客成为一个有影响的法律传播媒体,成为许许多多法律人的精神家园。

(罗　健)

徐涤宇

Xu Diyu

1970 年 7 月生,湖南新邵人。1988 年考入中南政法学院国际经济法专业,1992 年获法学学士学位,同时留校任教;1994 年考入中南政法学院民商法专业硕士研究生,师从徐国栋教授,1997 年获法学硕士学位;2001 年考入中国社会科学院民商法专业博士研究生,师从梁慧星教授,2004 年获法学博士学位。1994 年,在中南政法学院参加《中华人民共和国合同法》(专家草拟稿)的起草工作;1997 年 5 月—1998 年 5 月,在哥伦比亚开放大学做访问学者;1998 年 9 月—1999 年 7 月,在阿根廷国立萨尔塔大学、萨尔塔法官学院和莫龙大学做访问学者。现任中南财经政法大学法学院常务副院长,教授。主要社会兼职有:阿根廷罗马法教授协会荣誉会员、湖北省青年联合会第十一届委员会常务委员、民盟湖北省经济工作委员会委员、湖北省法学会民法研究会理事、教育部百所人文社科研究基地"知识产权研究中心"兼职研究员、武汉仲裁委员会仲裁员。

主要论文有:《论国家在国际经济关系中的特殊主体地位》《论身份的占有》《民法典的形式理性和中国市民法理念的培植》《债权让与制度中利益衡量和逻辑贯彻》《合同概念的历史变迁及其解释》《私法自治的变迁与民法中"人"的深化》《合同效力正当性的解释模式及其重建》《物权行为无因性理论之目的论解释》等。主要出版的著作有:《专业银行商业化经营法律保障机制》《市场·秩序·法律——市场经济下若干热点法律问题研究》《竞争法通论》《智利共和国民法典》《原因理论研究》《最新阿根廷共和国民法典》等。其中,《原因理论研究》获湖南省哲学社会科学优秀成果二等奖。

> 从纯粹学者来说,做学术就必须心无旁骛,两耳不闻窗外事,专心研究,要真正写一篇文章,思路必须不能断。写文章要写就认真写,严谨论证,否则就不要写。

记者(以下简称"记"):在读大学之前,您已经工作了吗?

徐涤宇(以下简称"徐"):没有,上完中学就直接考的大学。

记:您对"文化大革命"有点印象吗?

徐:没有具体印象,因为出生的比较晚。但是,也不是没有感受,都是间接的接触,所以没有太深的印象,我们懂事的时候已经打倒"四人帮"了。

我小时候在农村长大,很喜欢那种集体主义,没有利益之争的环境。我现在虽然在研究民法,还是在为权利而斗争,但这是建立在东西方的文化的差异之上,就像米兰·昆德拉的观点,共产主义、社会主义都是被各个国家、地区同化的了。我小时候感觉的集体主义、社会主义,更多的是中国传统文化的内容在里面,一方面我们从反帝反封建的口号中解放出来;另一方面,中国很多的传统文化已经渗透了,不可能祛除了。我们小时候一起出工、玩耍,都很和睦,人情之间很朴素。

记:您小时候是在县里面上学吗?

徐:我爷爷奶奶在农村,父母在县城,父亲是一个英语老师,小时候是在农村长大,我小学、初中都是在县城,读书也是在县城,寒暑假经常回到农村。所以,小时候在农村感受到了改革开放、农村的变化,人与人直接的和睦相处都被利益慢慢地替代,这些变化都体会到了。我有个叔叔就是乡绅,威望和社会地位非常高,属于德高望重的人,他出面解决纠纷很容易。

记:现在没有乡绅,在某种意义上是一种平等吧。

徐:我倒不这样看,我觉得社会需要管理,看是以一种什么样的方式处理问题。法治必须要分清谁对谁错。日本的滋贺秀三都关注过这些,西方法治也就是这样。美国学者黄宗智在书里面写的调解,其中的观点我很赞同。

记:您是在哪里参加高考的呢?

徐:就在我们县城邵阳参加的高考。

记:您当时报考的专业就是法律吗?

徐:当时报考的就是法律。这其中有个有趣的事情,是有点故事的。本来我当时可以保送到湖南师范大学外语系,因为在中学我的外语非常好,初高中的外语成绩都很好,其他就不是那么好了,尤其物理都没有及格过,后来学了文科,所以是打算保送我去学英语专业的。但是,我觉得外语只是一个工具而已,学其他专业一样可以学好外语,所以就不想学外语专业,当时就拒绝了。对于法律,我当时还是有一种崇敬的心理,但是这种崇敬一定程度上是很模糊的,可以说是在一种朦胧权威主义意识、官文化之下,觉得当时法官都很威严,当官从政的观念很强,这是中国人从小就接受的根深蒂固的思想,绝对没有现在法律人对法的理解。所以,其实在没有什么很深刻的认识下,就报了中南政法学院法律系。

记:您对当时的法律系感觉好不好呢?

徐:中南政法学院1982年决定恢复重建,1984年从中南财经大学调法律系过去,1985年正式开始招生,我是1988届。当时条件很不好,是恢复重建时期,教室不多,只有三个地方有教室,包括南教、北教,还有一个平教,加上一个图书馆、一个足球场,就这些基础设施。其实,我们进去时还好,比以往那几届要好多了。毕竟当时没有什么对比,所以与当时报考时想的没有什么反差。当时有一个认识,考上大学以后就可以"吃皇粮"了,至于学什么内容,我也没有太多的感触。

记:您在上大学之前有没有离开过邵阳?

徐:我们县离邵阳市很近,虽然没有去过几次,但是出过县。我考上大学是第一次出邵阳市,第一次到长沙,第一次到武汉,那个时候很新鲜,都是在车上站着去的,也很有劲的,包括逃票。

记:您在上学期间有什么印象深刻的事情,可否谈一下?

徐:有一个事情给我印象很深,意义也非常大。当时中南政法学院有两个专业——法律系和经济法系,我被分到经济法系的国际经济法专业,是第一届。当时是国际法热,能到这个班觉得很优秀,所以我分到这里后感觉很不错,劲头很足。但是,当时学习的计划经济的色彩非常浓,学习的内容中也是存在这样的情况,包括我们学的合同法内容,都是计划合同和非计划合同的区别,观念还是比较保守的,学习内容的意识形态色彩和政治色彩比较浓厚。其实,当时民法的知识已经开始进入了过渡阶段,但是我们学习的还是具有计划经济色彩的知识。那个时候要与国际接轨,但是真正的与国际接轨是从国际法开始的,所以我们当时的民法知识都是从国际经济法中学到的,在国际贸易法、国际商法中学到了"要约""承诺"。从国际经济法中学习到了民法的内容为我以后学习民法打下了基础。进入大四后,因为学校前面三年没有对我们专业开设专门课程,我们就强烈要求开。最后学校就开了一些专业课程,如欧共体法、国际税法等,都是外教来教授的,感觉都很好。当时这是一种渴求知识的表现。

我们生活比较单调。我们那个时候学法律,觉得无论你知道不知道真正的法治是什么、民主是什么,先要给自己定位,认为自己是在为法治、民主斗争,总是说我们是学法律的要维护法治和民主。有一件事情就发生在大三时。那个时候班委会是学校任命的,我们觉得很不正常,班委会的成员也都飞扬跋扈。我们就想为什么他们总是做班干部,都是他们评奖。我就带头"造反",要进行民主改选。虽然不知道民主怎么搞,也不知道法治真正的意义是什么,但还是这样模模糊糊地去做了。当时就搞了一次签名运动,全班同学联名抗议。后来校方从管理角度打压我们,而我们也顶撞得比较厉害,也为这个事情开了好多次班会,还在班会上宣传民主法治什么的。最后班委会在我们"运动"下以投票方式改选了,当时这是一种法治民主萌芽状态的表现。其实,当时是不懂什么的,都是年轻人的一些玩笑和乐趣,现在想起来都觉得很荒唐,毕竟同学之间的感情是最重要的。现在同学聚会时说起这些事情,都觉得这些事情很荒诞和滑稽。但是,从现在学校角度看,有一些这样的事情也好,但是要把同学之间的感情放在第一位。

记:在您四年大学学习中,您感觉印象最深的是哪几位教师呢?

徐:在本科老师对我们较深的影响并不是学术性的影响,可能更多的是外在的一些"鼓惑"。有个万建华老师,是教金融法和银行法的,每次上课都是西装革履的,我们都很迷他,给我们很好的感觉,讲的内容也很时髦;还有一个陈刚老师,很有气质,讲的是国际法领域的知识,内容是国际承包实务,有实务经验的老师对我们一般很有吸引力;还有一个叫苏敏的老师,是在国外学习过,后来去做了律师。我们是一种感性的认识,就在口才、举止、穿着上崇拜。当时中南政法号称有"四大才子",都是法理学的老师,我们在本科时都是很崇拜的。现在很多本科生比较容易受到西方法哲学的影响,但是我们当时是很懵懂的,没有那么深刻,都是一些表面上的认识。不过,法理学确实当时在中南政法是显学,对中南政法的影响是很深的。

记:那您后来读研究生和博士时有哪几位老师给您印象较深?您最佩服的是哪位老师呢?

徐:徐国栋老师和梁慧星老师。当时徐老师是读了博士之后才来了我们中南政法学院工作的。大学毕业后我就留校了。当时是教金融法,但是对民法的兴趣很浓厚,从留校到考研究生之前都没有怎么上课,写的文章也是金融法方向的,还写了一些国际法和民法的文章,当时没有固定下来。1994 年见到徐老师之前,我在学校里面是比较散漫的,没有什么定性。留校第一年是不允许考研究生的,所以第二年去考了。1994 年考研究生我考了第一名,面试时有覃有土老师和徐国栋老师,这是第一次正式和徐老师打交道。徐老师对我很满意。

1994年正在起草《中华人民共和国合同法》(草案),一共有十二个单位共同承担,中南政法学院分配了两部分,是合同权利义务的转让和知识产权合同部分,吴汉东校长(当时是系主任兼院长助理)带头做知识产权合同部分。徐老师就问有没有兴趣参加起草合同法的活动,我觉得这很好,感觉对我很重用,马上就答应了。所以就开始弄这个东西,我开始翻译《荷兰合同法》英文版文献中有关债权让与部分的东西,我的英语很好,所以翻译得也很好,徐老师也很赞赏。然后让我进入合同法起草专家组,我也很卖力,工作就是包括翻译一些东西,整理一些法律条文,这个时候我就开始关注民法的东西,立法理由书都是我写的,徐老师对我评价也很高,说我天赋很高。当年徐老师要去意大利,他就和学校导师组说,出国后带其他人就不好带了,就带徐涤宇一个人吧,带其他人也不方便,所以我就是他的大弟子。虽然徐老师很欣赏我,但是对我也很严苛,经常批评我。他带我的几年基本上在意大利,所以我们都是通过书信来交流,他就说我写信没有风采,干巴巴的。不过,他走到哪里,都是到处宣传我。徐老师很提携我,也是他把我送到国外的,我很感谢他。我之所以后来考梁慧星老师的博士,都是徐老师的关系,当时徐老师说要考博士只能考 一个人的,那就是梁慧星老师。可以说,徐老师在我民法功力的积蓄上,对我帮助非常大。

1996年我认识了梁慧星老师,当时我要准备去哥伦比亚、阿根廷。梁老师对我帮助最大的是宏观布局能力的提升。他对会小语种的人特别感兴趣,所以我就很占便宜了,后来我考梁老师的博士时,外语就是考的西班牙语。他是一个很严谨的人,主要是鼓励我们去学习,很多时候不愿意从其他方面去提携我们。当时梁老师是《法学研究》的主编,我们投稿《法学研究》都不通过他的,很避讳这个东西。梁老师是一个真正的学者,很纯粹。

记:您翻译过两部民法典,这给您什么感受?

徐:翻译了两部民法典,对我的帮助是很大的。其实,这样翻译,锻炼是很充分的,一是要了解基本知识,忠实原文,同时还有中国语言语境、既有的术语及其背后的含义、怎么构建起来的,都要非常重视,一些字词都要去斟酌和考虑,尤其是民国时期的术语都已经约定俗成了,不能随便用,这是一个民法体系的问题。如果不把整个民法知识都系统地学一遍,要翻译民法典是不可能的。所以,我个人认为翻译一部民法典对我学习民法知识的帮助是非常大的。尤其是翻译《阿根廷民法典》的时候,它下面有注释,而且注释比法条要多一倍,注释中包括其制度的来源、历史发展,都写得很清楚,所以我一定要学罗马法的知识,必须要看私法史的书。通过翻译学习,会有一种深刻的认识。我们在翻译一些术语的时候是不统一的,罗马法文献和现代民法的翻译是不一样的,如"要务合同",在罗马法文献中翻译成"实务合同",梅因的《古代法》翻译成"一项真正的合同",其实词源就是一个,很多人以为这两个合同不同,但是在词源角度完全是一脉相承的。如果没有私法史的知识,是无法弄清楚这些术语不同的原因的。其实,翻译尤其是翻译民法典是非常难的,不是一般的工作,必须要求非常认真和谨慎,要花费很多的精力,而且需要查找许多资料。

记:以前上课时听您说过中国学民法懂西班牙语的只有"三个半人",您可以谈一下吗?

徐:这个很有意思。这个和桑德罗•斯其巴尼有很大关系。他当时在意大利罗马法传播小组地位很高,意大利对国际文化传播也很重视,但是有一个基本布局,就是分工研究,"势力范围"分得很清楚,中国是他首先开拓的,谁都不能插手;其次,拉丁美洲也是他主要研究的一块,他的地位也非常高,还有一个刊物。

记者与徐涤宇老师合影

我读硕士时,徐老师在意大利,他和斯其巴尼关系非常好,当时斯其巴尼就有一个想法,要徐老师派几个人去拉丁美洲学习,当时派了几个人,我就去了哥伦比亚,还有高富平老师去了墨西哥。我就到北京语言学院去学了一年西班牙语,高老师当时不是很想去墨西哥,因为他在读博士,主要想读好博士。这三个半人是怎么回事呢?"三个"中,一个是我,一个是高富平,还有一个是现任中南财经政法大学国际交流处的肖处长。我在哥伦比亚一年,主要任务就是翻译《智利民法典》,在阿根廷十个月翻译了《阿根廷民法典》,所以我学西班牙语很不错,我发表的西班牙语论文也很好,语法也很规范,那边的教授就评价我的文章比西班牙人的语法都规范。"半个"就是徐国栋老师,他认为他自己只算半个,很有意思。但是,我觉得他应当算一个,从他的民法素养和研究过程看,他应当是一个。

记:您在拉美学习过,对拉美法律文化有什么感受?

徐:拉美法律文化确实有其独特的一面,尤其是处理与土著民之间的关系很微妙,在 18、19 世纪的《智利民法典》中就突出了这个问题。当时有一个大讨论,法学意义上的民族主义和当地文化的结合,表现为习惯法的法源地位是否被承认;在 17、18 世纪国家主义盛行的时候,以法律来体现文化的很多争论,强调的是一个普适的自然法观念还是萨维尼的历史主义方法。历史主义法学强调体现民族精神,而自然法更多强调普适,不承认习惯法。17、18 世纪国家主义盛行,是很强调国别的。中世纪有一个共同法时代,18 世纪之后就走向国别主义,各国民法典开始流行,虽然打着共同法的旗号,但是各个国家开始关注自己国家的民事立法。从这些角度看,拉美国家被殖民的法律文化侵入,这些殖民文化带有西班牙法文化的色彩。19 世纪,一般国家都不承认习惯法的地位,那么土著的法规、文化就没有办法协调,《智利民法典》在这个方面就有很大贡献,承认习惯法的地位,对当地的土著文化有很好的保护作用,也被纳入到体系中来,突出了地方特色。

> 有了行政职务,接触了实务工作,对以前关注的教育学论证模式、脱离道德因素、社会背景论证法律的实际效果的问题,就觉得理论和实际之间不那么简单了。

记:您之后担任了许多行政职务,您怎么看待它和做学问之间的关系?

徐:我开始来湖南大学没有要求行政职务,但我是民盟的,那边就推选我为民盟中央委员,紧接着人大换届,就当选了省人大常委,这样我就有了很多事情,也就越来越忙了,每逢单月都要开会,还要出去调研。2008 年 1 月当选常委,12 月又担任湖南大学法学院副院长,搞科研工作。担任了行政职务之后,很多杂务就多了起来,觉得自己时间少了。从纯粹学者来说,做学术就必须心无旁骛,两耳不闻窗外事,专心研究。要真正写一篇文章,如果有其他事情,思路就会断掉,思路一断,再继续写东西就不方便了。所以,我很多文章就成了"烂尾楼"。我觉得写文章,要么不写,要写就要论述充分。我虽然比较随便,但是写文章是很严谨的。

然而,有了行政职务也有好处。我当了省人大常委以后,确实关注了中国法治现实层面的东西及深层次的问题。我以前关注法教育学的东西。阿列克西说过三种论证模式:道德层面的价值论证模式、社会学论证模式、教育学论证模式。教育学模式是真正法律人的论证模式,在这个框架下法律人的法言法语最大的效果就是保证法的安定性,不要从适应社会的角度去策略性解读法律,从实在法角度来解释法是什么样的。我们强调平等,立法的平等和司法的平等,司法平等更为重要,就是相同案件相同处理,不能策略性解读,要坚持法治精神就必须这样。还有就是加强法官的自我监督,有一套自我检验的方法,通过这一套规则检验行为的正确性。

我接触到实际情况之后,觉得很多东西不是这么回事。以前我们基于法教育学来论证法律如何运用,脱离实际进行论证,脱离当下的社会背景进行论证。我们经常说"法治",但是法官策略性解读法律的情况是很多的,这是没有办法的事情。举一个例子,不良资产的"债权包",银行可以以10%或者更低的价格卖出去。从民法的角度来说很简单,按照债权让与的无因性,只要程序合法,没有缔约上的瑕疵,合同协议就已经成立了。如果到了法院,可能很多几千万的债权包只是几十万就买来了,很多都是这样,可以赚很多钱。这样的社会问题很严重,法院面临这个问题也很头疼,按照债权让与很正常,但如果严格执行,又会产生很大问题。作为民法学者,按照民法理论来论证,一切都可以很正常地解决,但是真正遇到这些实际实务,又感觉到了困惑。

记:您现在所从事的这个专业,其兴趣是从什么时候产生的呢?

徐:我上了研究生以后,和徐国栋老师一起搞合同法草案,经过一段时间的学习和翻译,形成草稿,后来梁老师表扬了我们这个草稿,说富有新意,最后立法基本上都采用了。徐老师也说我有资质,这对我有很大影响,我也开始产生了兴趣,爱上了学术。

记:您的专业中还有哪些发展空间,或者说还有哪些需要开拓的新的领域?

徐:有些迷茫。我可能会去梳理一下法律术语,考察这些术语是怎么来的,在历史进程中是怎么发展的,现在术语和古代文献中有什么区别。

记:最后,能否请您给我们年轻学子提几点希望?

徐:要分别对待,法学教育应当是一种精英式的教育。真正的法学教育应当集中化,包括北京、上海、武汉等,一个圈子的气氛决定了学生的风格。要把握好现在的机会,就我而言,如果不是从中南政法认识徐老师,我也不会有今天这样的成就。

(王海军)

刘艳红
Liu Yanhong

1970 年 10 月生,湖北武汉人。1992 年、1997 年先后毕业于中南财经政法大学(时为中南政法学院),分别获得法学学士和硕士学位;2001 年毕业于北京大学法学院,获得法学博士学位。2002 年至 2004 年,于武汉大学法学院博士后流动站从事研究工作;2002 年赴德国萨尔大学(Universität des Saarlandes)法学院学习。曾任教于中南财经政法大学法学院、武汉大学法学院。现任东南大学法学院教授、博士生导师,中国法学会刑法学会理事,东南大学校学术委员会委员,江苏省"333 高层次人才培养工程"首批中青年科技带头人,教育部"新世纪优秀人才支持计划"入选者(2009)。2010 年 12 月,入选东南大学校特聘教授。

曾主持承担国家社会科学基金项目(2007)、司法部国家法治与法学理论研究项目立项课题(2008)、最高人民检察院检察理论研究课题(2007)等各类科研项目十余项。荣获江苏省第十一届"哲学社会科学优秀成果"三等奖(2011)、国家司法部第二届全国法学教材与科研成果奖一等奖(2006)、首届"钱端升法学优秀成果"三等奖(2006)等各类奖励十多项。发表学术论文近九十篇,其中,在德国 *Zeitschrift Strafvollzug und Straffälligenhilfe*(《刑罚与犯罪矫治杂志》)发表学术论文一篇,在 CSSCI 期刊发表学术论文七十八篇。所发表论文中,被《新华文摘》《中国社会科学文摘》《高等学校文科学报文摘》(CUPA)、人大报刊复印资料《刑事法学》等全文转载的有四十余篇。此外,出版了学术专著六部,主编教材两部。

> 中南政法学院培养学生重视的是记忆,是形而下的东西,是操作务实,因为在这里更多的学生都走向了实务层面;而北大培养学生重视的是思想,是形而上的东西,推崇学术理论研究,因为这里是思想家的摇篮。

记者(以下简称"记"):您 1992 年毕业于中南财经政法大学,当时怎么想到选择法学作为自己的学习专业呢?

刘艳红(以下简称"刘"):读大学的时候,我们这个学校还叫中南政法学院,我的高考成绩刚好够了这所学校的录取分数线。对专业的选择其实是一种偶然,高中时我对法学或其他专业都没有特别的感觉,唯一可以肯定的是,我会读文科。

记:本科毕业之后直接留在中南财经政法大学进行硕士阶段的学习吗?

刘:我是本科毕业之后就留校的。以前的培养模式与现在虽然有所不同,但都是"择优而用"。现在是选拔优秀的博士留校,或者从外面引进博士。那个时候博士少,主要留本校优秀的本科和硕士两个层次的学生。我们那一届法律系本科生里面选拔了六个人,在我的本科刑法教师——齐文远教授以及法律系领导们的帮助下,我很荣幸地成为这六个人中的一员。就这样我留在了母校的法律系刑法教研室,成了一名刑法专业的教师。所以,我是先做老师再做学生(硕士、博士)。留校之前,本科毕业时我其实也考了硕士,考的是中国人民大学的国际法专业,但那个时候不像现在,资讯高度不发达,既没有各种培训班,也没有历届考试试题可以参看,更无其他信息可资参考,完全是一种非常封闭的状态,所以尽管我各科都考得不错,比如英语、政治都过了且高于国家线,专业课也过了学校线,但是最后总分依然差两分,与人大法学院失之交臂。

记:本科和硕士阶段都在中南财经政法大学,您如何看待当时的学习环境?

刘:当时的环境很单纯。从做老师的角度来说,我当老师那时才 22 岁,看到下面的学生十八九岁,特别害怕和紧张,于是花很多的精力备课,全身心投入教学。俗话说:"台上一分钟,台下十年功",我不是博士毕业后才投身教学的,而是一读完本科就走上讲台,需要很快将自己有限的知识转化给台下的学生,所以,这个过程对我而言压力不小。而我又是年轻老师,便借着刑法教科书,包括一些案例,在课堂上给学生们讲授,效果不错,大家常选我的课,让我很受鼓舞。

1995 年,在中南政法任教三年之后,我考取了本校的硕士研究生。当然,我考的就是自己的本行:刑法学,师从的导师也是当时我们教研室的张明楷教授。

张老师对学生的要求比较严格,我特别紧张,做他的学生往往有很大的压力。那时学生不多,我们硕士生一共才五个,每位导师带的学生很少。当时的氛围很单纯,没有人要求发文章,也没有人谈功利性的职称。你跟张老师交流他会问你"最近看什么书啊""这个问题有没有想过啊",我们一般躲着不敢交流,因为他一问,我们经常会冷场。然而,这种情况激发起了我的求知欲,我对于这么多问题不知道觉得很惭愧。张老师有时候会说,你们是在高校里做老师的,要多看点书,学术上应当有一个更高的标准,不像从事实务的,实务主要是经验性的操作,熟练了再看看书,问题不太大。所以,我跟着张老师慢慢体会到什么叫做"学术",感觉学术要批判,要自己去思考。当时的氛围,做学术的不多,没有人以学术为荣,也没有人以学术为耻,很淡定的社会环境。而张老师属于特例,无论在什么时候,他永远带着书,不浪费一分钟时间。年轻的学生感触特别大,促使我们也想去探寻学术的魅力。

1992 年 4 月于中南政法学院大学毕业时

记:您硕士毕业之后如何继续您的学术之路呢?

刘:1997 年的时候我已经给本科生上过五年课了,那时我发了第一篇论文在 CSSCI 期刊上(《法商研究》),是关于货币犯罪问题的。写的时候有很多问题想不通,于是请教张老师,经过交流自己想了很多,也看了很多境外的书。第一次投稿特顺利,被采用了;文章登出后不久又被人大《刑事法学》转载,那个时候《刑事法学》两个月才出一期,转载的难度特别大。第一次出手就有这样的收获,我很高兴。文字转变成铅字给我带来莫大的喜悦,我对学问慢慢地有了感觉。当时 1997 年《刑法》修订,对于硕士毕业论文,在张老师的指导下,我结合新《刑法》写罪名确定,写完之后也是张老师给我反复修改,后投稿给《法学研究》并被采用了。在当时的中南政法学院里,在所有曾有论文被《法学研究》采用的作者中,我是最年轻的。我得到了很大的鼓舞,发现了对学问的兴趣,对写文章也愈来愈热爱。1998 年 7 月我硕士毕业,毕业前半年我已经决定报考北大的博士了。北大博士入学考试科目中外语是出了名的难考,但我的外语还不错;专业课方面,我已经教了六年的本科,而且在后面的两年我还教授了外国刑法。北大的博士考试课程是中国刑法、外国刑法和犯罪学,其中两门我教过,我发现教过的课程几乎就不用花很长的时间去复习了。可以说,进入北大读博士,我才真正拉开了学术之门。

记:能请您谈谈在北大读博士期间的体会吗?

刘:我在北大师从的导师是张文教授。张文教授当时是北大法学院的书记。我去的时候他已经做了很多年的书记了,在学界的影响和在老师们中的口碑非常好。但是,作为老一辈的学者,张文老师的特点很明显,他的知识框架结构相对来讲是他们那个年代的,和我们这个年代有些差别。张老师治学非常严谨,常常为一个问题一丝不苟地和同学们进行反复的、深入的探讨,而且张老师对犯罪人常常抱着同情的理解。这些对我的影响都非常大。当时,陈兴良教授离开了中国人民大学,回到了北大。自此以后,北大刑法专业的主要学术活动基本上都是以陈老师为核心来推动的,而杨春洗、储槐植和我的导师张文等老一辈的学者则在背后起支撑作用。跟着陈兴良老师我获得了完全不同于在中南政法时研习刑法的感受,或者说,受到了完全不同的思维训练。中南政法学院培养学生重视的是记忆,是形而下的东西,是操作务实,因为在这里更多的学生都走向了实务层面;而北大培养学生重视的是思想,是形而上的东西,推崇学术理论研究,因为这里是思想家的摇篮。虽然北大学生不一定都是思想家,但它的培养模式无形之中是这样的。那里的学者也是以出思想而见长。就像储槐植教授当时提出的"刑事一体化""严而不厉,厉而不严"等观点,在学界都是非常新的,即便在 21 世纪的今天,储老师的观点仍然没有过时。北大的创新、出思想等特点,由此也可见一斑。当时陈兴良老师以"刑法哲学"这一命题而风靡刑法学界,大家都觉得大开眼界:原来一个区区的部门法也有"哲学"问题。在北大学习期间,我感觉到陈老师就形而上的东西谈论得多一些,偶尔对形而下的东西他也会批判。像有的老师谈的是解释刑法,怎么运用它,这是比较细枝末节的一个角度,而陈老师是从比较宏观的层面在整体上驾驭一个刑法问题,比较强调怎么创新一个新的 idea,而不仅仅是自圆其说。北大的形而上和中南的形而下这两种思维对我的学习产生了激烈冲撞,我感到我以前的知识结构和思考问题的模式都受到了冲击。所以,我在北大期间,尽量读以前没有读过的书,比如说所有哲学类的、社会学类的、心理学类的。我觉得我自己的一个优点是会默默观察这些老师们的优点,吸收他们的长处。

除了思想碰撞让我在学术上把形而上和形而下结合之外,还有一个收获是北大的学术自由,它到现在为止都深深地影响着我。我到任何学校都发现,一般来说,学生写论文是不敢僭越老师的观点,甚至冒天下之大不韪去批判老师。但在当时,我们北大的学生没有这个感觉。只要写得好,我们都不会说:"你怎么去批判老师?"我当时写博士论文写很多文章,很多观点和张文老师、陈兴良老师等不一样,但老师们都同样悉心指导,不会因为观点不同而不高兴。那种宽容度在我读书的历程上是最高的。这种学术自由给予了学生很大的创作空间。

2001 年 12 月 16 日,北京大学法学院博士学位论文
答辩时与各位老师同学合影

还有一点,北大的讲座特别多,可以经常听到顶级大师们的思想碰撞,我觉得对启发自己的思维,开拓自己的眼界特别有好处。所以,在北大的那几年,是我进入学术期成为一名学者的开端。

记:张文老师、陈兴良老师、储槐植老师三位老师在教学风格上形成了迥然不同的思想,在北大的这种学术自由中他们怎样面对彼此的思想?

刘:张文老师一直希望我研究犯罪人格,对马克思主义的刑法学观也特别感兴趣。在我做博士论文时,张老师提出让我做马克思主义刑法研究,我当时心里比较抵触,一个原因是我对马克思的著作拜读的比较少,另一个是在北大那种氛围的影响下,大家以研究西方现代的思想为荣。我会跟陈老师、储老师商量,也听他们的意见,他们的意见就是"张老师的意见你可以听,但是我相信张老师不是一定要学生怎么做,那是一个建议"。后来根据我自己的兴趣,我还是选了一个具体的刑法问题。选了以后和张文老师沟通,张老师说没问题,特别宽容。因为跟随张文老师一起研究了一段时间的犯罪人格,使我对犯罪人有了更多了解,对规范刑法学之外的东西有了更多的关注,视野得以扩展。

至于陈兴良老师，我感受到，一方面他对自己的学术思想非常坚定，不会因为某个学术观点不同就动摇。陈老师有一个很大的优点，他会在学生的不同观点中进一步思考，得出更多的想法，或者把其他不同观点加以推升，让学生在他的反批判、反驳的观点里再次感受到知识的提升，从而又对某个问题进行研究。我就感到了一种螺旋似的良性循环，这是真正从陈老师那里学习到的。陈老师把他的学术思想反映在了他的文章当中。另一方面，陈兴良老师自己的思维非常活跃，让人感觉陈老师的思维似乎永远都处于"火山期"，没有停歇的时候，没有未思考过的问题，这让我们博士生和陈老师交流时往往压力非常大。但是，陈老师为人特别谦和，总是一副儒雅的谦谦君子派，没有一点大师的架子，这一点，所有的学生都深有感触，也因此大家总是乐于向陈老师请教学术问题。

储老师深受中国哲学中庸之道的影响，总在我们剑走偏锋的时候提醒我们要折中一点，不能太偏激了。储老师更像一位真正的智者和温和的长者，总是在大家有点极端的时候用四两绵力化解了千斤。这些老师风格完全不同，令学生们都很受启发。

在北大三年半，我感到北大的学者真正以学术为业，没有人谈论说发了多少文章感到荣幸，得了多少课题感到荣幸，一见面最大的话题就是学术本身，你对这个问题怎么看，我对这个问题怎么想。和陈兴良老师见面刚开始我们很有压力，他总是会问"最近研究什么啦"和对某个问题的看法，在我的印象里，几乎从不闲话家常，对学术比较疏远一点的学生往往就会冷场，没有话说。张文老师、储老师一见面也常常是问"最近看什么书啦"等。这种氛围也促使学生赶紧看书、写东西、思考，见了面也赶紧向老师们提问。

> 一个真正有主见的学者，既能批判性地看待量化标准，又能理解、接受量化标准的实质合理内核，并且在自己的能力范围内做到一定量的发表，和自己能力相当的发表。

记：可以谈谈您离开北大之后的去向吗？

刘：北大博士毕业之后我回到了母校中南政法，学校非常重视我。当时的校长是吴汉东教授，法学院院长是齐文远教授。吴校长和齐老师给我创造了很多机会，比如推荐我申报霍英东青年教师基金、创造机会并派我出国留学、推荐我申报教授等等，可以说是将一切机会都毫不吝惜地堆给我。这些机会让我不但在学术上前行，而且让我一步步解决了经济上的窘困。至今想起，内心常常充满感念。2002年从德国回来后我申报教授，如果按照现在的 CLSCI 的水平，

1999 年、2000 年、2001 年、2002 年,我都是每年发表五六篇的论文,但当时没有这类统计;而且我的很多文章都是发表在一些有影响的权威杂志上。但是,由于那次职称评审是中南政法学院和中南财经大学合校后的第一次职称评审,由于两校评委的不均等、名额的不均等诸多合校导致的问题,最终我没有被评上教授。

2002 年底,我申请做了马克昌先生的博士后,进入武汉大学博士后流动站,开始了为期两年的博士后学习。2003 年马先生启动了人才引进的手续,把我引进到武汉大学,同时一举给我评定了教授、博士生导师的资格,时年我还不满 33 岁,用老师们的话说是全国最年轻的刑法教授和博士生导师,这个记录现在也很难有人打破。每每想起此事,我都充满感念。如果不是马克昌先生的赏识,没有刘明祥老师、李希慧老师等的帮助,我就不可能有今天的小小成绩。至于恩师马先生,更是非三言两语可以道尽感激之情,若不是马老师的一手栽培,我断断不可能取得今天的成就。

2004 年 3 月 13 日,在武汉大学法学院工作期间,
于武汉大学校行政办公楼前

记:武大的教学环境和中南财经政法大学的教学环境对比,您有否感到迥异的不同?

刘:有些不同。中南强调能工巧匠似的思维,这点特别明显。武大是综合性的院校,没有这种强烈的工匠思维,但也没有北大那种强烈的思想式的特征,在二者之间是一种折中,两者都有一点,但是都不明显。但我始终认为,也许是这个特点,武大的刑法学者存在着他的优势,即比较通融,缺点就是既不可能像北大那样出深邃的刑法思想家,也不可能像中南那样培养出把刑法的运用发展到极致的刑法解释学大家,所以它的弱点也是它的优点,它的优点也是它的弱点。但武大整体的刑法氛围很好,刑法学术活动很多,尤其和日本的,后来慢慢有德国的,学术交流很多。学生有一个普遍的优点,几乎 80% 的博士都会日语,因为武大法学院资料室的日文刑法资料超多,马老师这边有定期资料赠送给他,加之资料室也有订阅,基本上和日本那边的资料无缝对接,特别全、特别新。

记:后来您如何来到东南大学?

刘:2006 年东南大学成立法学院引进周佑勇老师,我是"随军家属"。武大有一个很好的平台,当时我来这里是不情愿的。在法学的第一世界里,比如北大、武大、中南等,大家聊天都是彼此感兴趣的话题,令人觉得大家都是一路人,生活也因此很愉快。而东南这边法律系人比较少,学术氛围也不浓厚,刚来的时候很不适应,心理落差比较大。这里的学生好多也是其他专业调剂过来的,愿意钻研学问的学生很少,稍微优秀一点的学生都去选择民商经济法等专业,因为他们认为这对择业有帮助。整个氛围让人感觉很功利、很短视,而完全没有第一世界法学院的学生那种追求学术的氛围。不过,好在南京毕竟是六朝古都,人们的整体素质还是很高的,城市的人居环境也还不错,东大的校风也很正,法学院的老师们跟我和周老师一样很年轻,素质也很整齐,因此,来到这边之后,发现这边环境比较简单、单纯,人也就慢慢适应了这种氛围。

记:教学环境的变化对您的学术方面有无影响?

刘:有影响。刚来的时候,我感觉我被放逐在学术的沙漠了,后来慢慢调整过来。之前读本科、硕士、博士、博士后,周围有很多老师和同学、同行,不但总是跟着老师学,而且可交流的同学、学生都很多。到了这边后既没有老师指导我,能交流的对象由于种种原因也几乎没有。这才真正体会到学术其实就是一个寂寞的事业。现在我不但调整过来了,而且还很喜欢这种"三宅一生"的学习和生活模式;甘于寂寞,甘坐冷板凳,充分利用这里自由的、安静的、无人干扰的环境,享受自己的学术生活。在书房里思考,通过参加学术会议和大家交流,平时有所选择地看一些专著或者文章,这个信息时代交流无所不在,交流是不成问题的。从另外一个方面来说,这里比较清静,老师学生都比较少,课也比较少,所以我有很多时间做学术研究,真正体会到了什么叫"任何事情都是好坏相依的"。至今我记得中国人民大学的冯军教授的一段话:在德国,很多有名气的教授都是先在偏远的小地方、在一些没有名气的大学里面做出来的。关键在于把学术做出来,做好。令我特别高兴的是,自来到了东南大学之后,我觉得我的学术相较于我的博士阶段来说有了较大突破。所以,我觉得寂寞和地理环境的偏远绝对是件好事,因为学术需要寂寞。另外,我还有一个观点是,太多的学术交流是浪费学术生命和学术精力。所以,我反对过多的学术会议。

记:周老师在学术领域对您有什么帮助或影响吗?

刘:有影响。周老师在本科阶段就发表了两篇文章,而且还是 CSSCI 的,用现在老师的话说就是展露了学术天分。他的特点是没事就写文章,他属于天生就是吃学者这碗饭的人。他写完文章就会给我看,而我总是喜欢挑刺,大部分时候他会觉得我批的不对,两个人争得面红耳赤;争不过他时,我自然就会去翻看些书,慢慢地他就鼓励我多写文章。以前我的文章,第一读者就是他。我发表的第一篇文章,就是他改了无数遍后我才敢投出去的。在整个硕士阶段,他就是我的家庭老师,总是不厌其烦地告诉我文章应该怎么写。到了博士阶段,我慢慢知道了学术是怎么回事,有关如何做学问的交流自然也就少了些,但是,在事关学术本身的问题上的交流却变得多了起来。在大学时,周老师在我们班上学习是整个年级(当时我们那个年级有十个班)中最好的,那时他就准备当老师,志向明确,对自己的兴趣和天赋发现得比较早。如果命运不是让我遇到他,我很可能就不会走上学术这条道,因为我从来不知道我适合做学术。等我读了博士之后,我才发现我很爱学术;等我读完了博士之后,我自己才发现我其实很适合学术。记得香港音乐词人林夕先生说过,每天二十四小时里面,平均工作占八小时,睡眠据说又需要八小时,剩下来人生就只有 1/3 的时间过生活;如果你的工作就是你的志愿、兴趣,那你就多了八小时的生活,那是何等奢侈的境界。而我正是这样的幸运儿,享受着这种"奢侈的境界":工作之事就是自己喜欢之事、兴趣所在之事。所以,在我这里,工作就是生活,生活就是工作,它们从来都是一体的,而不是对立的。

记:您如何看待刑法学界青年学者群体的学术氛围以及他们对这一领域的贡献?

刘:我感觉刑法学和民法学是发展最快、更新速度特别快的两门学科。刑法学的特点是知识结构和体系很强大,任何一个新进入的学者都会受到这种挑战,如果要在这个领域里做,他就一定要想他的研究跟以往别人的成果有什么不同,如果和以前的完全合拍,那就没有空间发挥他自己;如果要做出不同的东西,要付出比前辈的学者更多的精力。在当今刑法学界,所有研习刑法优秀的学者都是留学德日的,或者自学过德语日语的,外语好是他们的共性,他们引进国外一些理论的比较多,在话语体系、关键词方面,青年学者起到了很大的贡献,他们推动着老一代的学者在自己领域的更新。正是在青年学者甚至博士生们的推动之下,很多前辈老师更新自己的知识面,并且知道国外最新的东西是什么,然后及时调整跟进自己的研究步伐,这一点在刑法学界很明显。另外,没有出国而同样在学术领域有所收获的学者也有,但往往他们的思辨性特别强、悟性很高。2010 年的中国法学创新网统计显示,刑法学作者的人数仅次于民法学,竞争相当激烈。刑法学界的新人辈出现象非常明显,有好多 80 后已经披挂上阵了,有一种所向披靡的气度。

以我所教过的学生为例,在硕士阶段你做他的导师,你和他接触,他会跟你说他想还是不想做学术,这时候老师们就会建议,你如果想朝着这条道路走,最好以后读博士,在读博期间去德国去日本。这样的学生在我们刑法圈里很多,他们往往在这个阶段就出国了。等他们学成回国,博士毕业,往往知识结构比较合理,外语也很棒。现在这样一批学生慢慢都充实到武大、人大、北大、清华,这样的学生以后绝对会成为主流。刑法学界的学子想进入主流圈,在现在的阶段早就没有以前本科毕业留校教书、边教边读、以学促教、以教促学这样的好事了。但是,另一个方面,他们的机会更多,可以在很年轻的时候就去国外,基本上是"学成"才能"归来",才能任教。

记:您认为现在的学术氛围和评价体系是否适合这些青年教师的发展?

刘:不适合。第一,我国的课题制度就会压死人。每个学校都很重视课题申报。对于有才华的人来说,写课题论证以及中标可能都不是问题,问题是课题所要求的机械的进度、所规定的经费发票报销制度。要自己提供发票报销,而且有比例结构,比如图书、打印是多少,出差是多少。如果一个有名气的教授同时做几个课题,根本就不可能有那么多发票以资报销,而且经常往来报销疲于奔命。国外课题比如福特基金、境外课题比如霍英东基金等,往往直接将课题经费提供给你,不需要提供任何发票。频繁地填表是为了申报课题、频繁地考核以应付课题考察、频繁地报销以获得那一点点可怜的课题经费,这完全是在浪费一个学者的学术生命。

第二,考核制度不合理。目前在法学界的考核标准是量化的,"唯量是瞻"成为最大的问题,很多优秀的学者都对量化考核标准批判过。我在做武大的教授之前国家还没开始量化考核制度,到武大做教授之后量化标准考核开始在高校施行。我的经历也证明了没有量化标准我也做成了我。量化制度当然不对,因为它违背了学术的生产规律。但另一方面,我同时也主张学者要有一定量的发表,就像演员要有一定量的作品。一个优秀的学者,量化的标准对他不会起作用,但他绝对会有量的表现。没有考核标准,有学问的学者也一定会有发表。一个真正有主见的学者,既能批判性地看待量化标准,又能理解、接受量化标准的实质合理内核,并且在自己的能力范围内做到一定量的发表,和自己能力相当的发表。

记:您对法学院的学子有何寄语和期望?

刘:其实,我自己仍是一个在学术之路上成长的青年学者,因此让我对法学院的学子们寄语,有些令我惴惴不安。我始终认为学术是一个有传承的事业,真正只有精英才可以做。热爱它,有天赋才可以,我希望每个学生能早点发现自己的热爱。若确定自己爱学术的话,不要愧对上帝所给的学术基因,确定好自己的方向,走学术之路。因为不是每个人都可以做学术的,每个人都有自己的特长和天赋,而学术的天赋要求比较高。我不主张愿意勤奋治学但无治学天分的人进入学术领域。若你发现自己有学术天赋,请珍惜它,并将它发挥到极致。学术的神圣性在任何地方、任何时代都不会动摇,有这个基因并且热爱的学生应当承担一定的学术使命。

（黄　晶、严佳斌）

周佑勇
Zhou Youyong

1970 年 10 月生,湖北大悟人。1992 年毕业于中南政法学院,获法学学士学位;1997 年、2002 年先后毕业于武汉大学法学院,分获法学硕士和法学博士学位。1997—2006 年,任教于武汉大学法学院。现任东南大学法学院院长,教授、博导,校特聘教授,中国法学会行政法学研究会常务理事。兼任国家行政学院行政法研究中心兼职教授、中国人民大学宪政与行政法治研究中心学术委员、北京大学软法研究中心特聘客座研究员等。

自 2001 年以来,已出版《行政法原论》《行政不作为判解》《行政法基本原则研究》《行政裁量治理研究:一种功能主义的立场》等著作和教材共二十余部。在《中国社会科学》《新华文摘》《法学研究》《中国法学》等刊物上发表论文百余篇。有关教学与科研成果获教育部霍英东教育基金会第九届高校青年教师奖(教学类)、首届"钱端升法学成果奖"、中国法学会优秀论文奖等各类奖励十余项;2004 年入选国家教育部首批"新世纪优秀人才支持计划";2011 年 1 月 25 日,获第六届"全国十大杰出青年法学家"称号。

记者(以下简称"记"):周老师您好,首先我们想请您对早年的求学经历作一个简单回顾,可以从您的中学时代回忆起。

周佑勇(以下简称"周"):我是 1985 年上的高中,1988 年上的大学。

记:您当时是在老家参加的高考吗?

周:对,在我的老家湖北省大悟县,那是一个革命老区,也是贫困地区。1985 年我考入大悟县第一高级中学,这是全县最好的一所中学,当时我们学校的升学率是比较高的,校园环境、学习氛围都很不错。因为我出生在农村,所以我学习很勤奋、很刻苦,也是希望以后可以走出来。

记:您当时报考的是中南政法学院?

周:对。当时的我对于法律似乎有着一种朴素的感情。

记:是第一志愿吗?

周:对,我记得我的几个志愿填的都是中南政法学院(笑)。后来就被中南政法录取了,但其实当年的高考我考得并不理想。当时我在班上的成绩一直都在前几名,可是在高考的时候我因为一些失误,所以发挥得不是很好,平时和我成绩相当的几个同学都考上人大了。

记:读高中期间,您是寄宿在学校?

周:对,学校在县城,离家很远,所以我就住在学校,每年也只有寒暑假才能回家一次。

记:在大学时代,有没有哪些事情令您印象深刻或是对您影响较大呢?

周:我现在能想起来的,对我当时影响比较大的,有这么几件事情。我们是1988年入学的,到了第二年,国内有两件大事:一件是政治风波,一件是《行政诉讼法》颁布,这应当算是我国民主与法治建设进程中的两件大事吧。政治风波既有一些负面的效果,同时也有一些正面的推进作用。我并没有太过积极地参与其中,那段时间我几乎都待在图书馆里,偌大的图书馆里,经常就只有我一个人。我认为,想要解决一些问题,还是需要在制度方面、在体制方面进行一些改革。我当时写了一篇文章,是我泡在图书馆期间对如何改进我国体制方面的一些思考。这篇题为《关于加强人民代表大会对一府两院的监督》的文章后来没有公开发表,而是发在了我们学校办的一个内刊上。我国从1978年开始实行改革开放,到80年代末,不可否认地出现了一些问题,比如一些社会问题,还有官僚作风问题,这都需要我们去总结、归纳,以及进一步创新。对于这些问题,我认为应当从理论层面作一些探讨、找寻一些途径。

《行政诉讼法》的颁布,是我们国家民主与法治建设进程中的一件大事,具有里程碑式的意义。它的颁布与实施,不仅是在我国确立了一个"民告官"的制度,更重要的是它是民主制度的重要一环,在观念上、制度上都极大地推进了我国民主法治的进程。尤其是它所确立的一系列原则,比如"证据确凿原则",要求行政机关执法要有依据,必须以事实为根据,这就把依法行政最核心的要求提了出来,这在当时对行政机关的触动是非常大的。在1989年之前,我国也曾制定了行政法方面的法律、法规以及一些规章、制度,但是都很不健全。《行政诉讼法》提出了"依法行政"的要求,这就大大地促进了我国的行政立法活动。这部法律颁布之后,全国自上而下、自下而上开了很多的研讨会,对它的贯彻和实施起了积极的作用。我当时作为一名法学院的学生,对这方面的热点问题比较感兴趣。因为我对我国的民主法治建设一直都十分关注,但却始终处于一种"朦胧"状态,这部《行政诉讼法》的颁布,对我可以说是起到了启蒙的作用,使我对相关的理论问题有了新的思考和认识。

当时各种思想交汇,可谓"百家争鸣",但对于什么是民主、什么是法治,却没有几个人能说得清、道得明。后来会选择行政法为主要的研究方向,我想和1989 年发生的这两件大事是有密切关联的。此后我就一直关注我国行政法研究的动态,记得我的本科毕业论文题目就是《人民法院对行政活动的司法监督》,论文指导老师是方世荣教授。在方老师的悉心指导下,论文完成得还算不错,后来发表在《法学评论》上。

记:正是由于您对行政法的浓厚兴趣,所以您后来考上了武汉大学读行政法专业的硕士研究生?

周:对。当时武大的行政法专业主要有叶必丰教授等一批在行政法领域卓有建树的学者,所以我决定考去那里。

记:您是应届考研?

周:说起来,这其中还有一段曲折的经历。本科毕业的时候,我报考的是应松年老师的研究生,但由于高考时发挥失常,所以我当时属于定向生,毕业之后必须得回到原户口所在地去,回到当地去工作,别无选择。因此,本科毕业之后,我既没有留在武汉工作,也没有去读研。我后来才知道,当时在所有报考应老师的考生中,我的成绩是第一名,行政法考了九十多分。当时我还特地跑去北京找了应老师,但那是国家政策,谁也不能违反。于是我就回到了孝感,在孝感学院工作,在那里教了两年的书。后来就又考,当时我正在和刘老师谈恋爱,我们就互相督促、共同进步。她最初报的是人大,但也未能如愿,所以就留在中南政法学院任教。1994 年,我们俩一起考上了武汉大学的硕士研究生。

记:在学生时代,您有哪些要好的同学?

周:在本科阶段,和我交流比较多的同学有这么几个。一个是和我住上下铺的,他叫陈江,毕业之后分配去了国家安全局。他当时是我们班的支部书记,家庭条件比较好,和我交往很多,不仅在思想上和我有很多交流,在生活上也对我有很大的帮助。另外一个是石佑启,当年他是留校的(即中南政法学院),现在是广东外语外贸大学的副校长。石佑启和我在大悟县一中是同班同学,后来我们又一起考去了中南政法学院,不过他在行政法专门化班。因为我对行政法很有兴趣,所以就和他经常在一块儿学习、交流,我们俩还曾在学校成立了一个"行政法协会",组织了一系列与研习行政法相关的活动。

还有其他一些同学,大家彼此之间感情也很好。因为在大学时期,大家都是处在一个由幼稚逐渐走向成熟的过程之中,大家一起进步、一起成长,所以感情都很好。

记:回顾这么多年的治学历程,您能否简单归纳一下您的基本学术观点?

周:比较有代表性的学术观点大概有以下几点:

首先是我的硕士毕业论文,题目是《论行政不作为》。论文是1994年完成的,此后的数年间,我一直没有停止对行政不作为的探索。2000年,我的第一本专著《行政不作为判解》出版,该书的研究成果,可以说是建立在这篇硕士论文的基础之上的。在当时,国内学者对行政不作为问题研究得很少,我首次系统并且深入地对行政不作为进行了研究,不能说有多少新的观点,但至少是作了精细化的研究。这本书也是国内第一本研究行政不作为相关问题的专著,其中就不作为的种类、不作为的构成要件、不作为的义务、不作为的可诉性以及不作为的法律规制等问题一一作了梳理。之所以会采用"判解"这种形式,是因为当时武汉大学出版了一套"行政行为判解丛书",我就试图运用"判例解释"这种研究方法——也可以说这是一种实证研究的方法,就是用理论对判例进行解释。这种"三位一体"的研究方法,就是将理论、案例和制度三者结合起来进行研究,这样有助于检验我们的理论是否还存在不足、制度是否还有待完善,最终推动理论的研究。这样一种研究方法,当时在国内是首创的。

其次是我在博士研究阶段的研究方向,我选择的是对行政法理论中行政法基本原则的研究。行政法和其他的部门法不一样,它没有一部统一的法典,要把那么多行政法规范统一起来,并保证行政法规范的统一实施,就需要有一个法的基本精神和基本原理将之贯穿起来。行政法的基本原则,不仅用来指导行政法的理论,更重要的是它会直接运用于实践,运用于行政法的立法、执法活动。尽管行政法的基本原则对于行政法研究的意义如此重大,但在当时,对这个问题的研究成果几乎可以说是千篇一律,无非就是在强调"合法""合理"两大原则,但对于行政法自身特有的原则究竟是什么,大家争论很大。1999年我在博士论文开题的时候就选了这个题目,打算仔细地思考一下这个问题。后来在博士论文的基础上我又作了大量的修改,2005年出版了《行政法基本原则研究》一书。从1999年到2005年,我用了五年多的时间来集中研究这个问题,这本书当时也是国内第一本研究行政法基本原则问题的学术专著。对于该书的研究成果,我想大概是我所有专著中最让自己满意的吧,我在书里提出了三大原则,即"行政法定""行政均衡"和"行政正当",每一个原则之下又有一些具体的原则和规则,构成了一个原则体系。同时,我还提出了原则的开放性、可适用性的观点。这些观点,不仅对于行政法理论体系的完善,而且对行政法原则的司法适用都具有一定的学术价值。正因为如此,这些成果受到了学界的重视。比如前些年的田永诉北京科技大学案等,法院在审理的时候发现无法条可援引,最后就采用了行政法的基本原则来判案。

再次是对于裁量权的研究。之所以要对裁量权问题进行研究,是因为我觉得裁量权以及如何规范行政始终是现代行政制度中一个永恒的话题,也是我国在进一步推进依法行政过程中的一个重点和难点。对于这样一个重大的问题,学界的研究却是十分薄弱的,在行政学或者行政法学的教科书中,几乎都找不到裁量权的相关内容。仅有的一些文章,大多没有跳出"三段论"的窠臼——裁量有必要、裁量不能滥用以及如何去控制裁量。通过研究,我发现其实裁量就是行政法原则在司法实践中的深化和展开。在 2004 年我完成了对行政法原则的研究之后,就开始将视角转向原则和司法实践的结合,当时我申报了一个司法部的课题,围绕裁量权展开了研究。对这个问题的研究,我前后花了将近五年的时间。到 2008 年底,我出版了《裁量权》一书,对裁量权作了一个初步的探索,我想这本书的价值就在于提出了一套全新的理论体系。传统上,我们一直强调的是对裁量权的控制,包括立法控制、行政控制、司法控制和社会控制等等,这种规范主义的控制模式过分强调对外力的依赖,而忽视了裁量权自身所特有的能动性和它内在的运行规律。我另外提出了一套"功能主义建构"的理论,从功能主义的立场出发,强调裁量权内在的积极性发挥,提出了对裁量治理的模式和理论框架,包括规则机制的裁量基准、裁量实体上的利益均衡、程序上的利益沟通以及司法审查。在这本书中,我对这四个方面进行了初步的探索,后来我对这些问题也进行了更深入的研究。

记:对于您所从事的专业,您认为国内的研究与国外有差距吗?

周:中国的行政法制主要靠理论推进和制度推进。理论上,经过 20 世纪 80 年代以后近三十年以来已经取得了重大的突破。20 世纪 90 年代到本世纪初,我们对行政法基本观念的探讨使我们的行政法学已经搭成基本的理论框架。制度上说,从 1989 年《行政诉讼法》的颁布到后来《国家赔偿法》《行政处罚法》《行政复议法》《行政许可法》的颁布,以及《行政强制法》的出台,极大地推动了我国行政法制的发展。从这两个方面看,我们的行政法制都取得了很大的进步,但我们国家的起步与西方国家相比晚了一百多年,要在短期内赶上他们,还是很困难的,所以差距必然是存在的,这在理论研究、制度建设、法律实施方面都能体现出来。我们这么多年的努力基本上是在学习和移植西方,目前已经到了瓶颈阶段,今后的发展应该有所突破。能不能继续套用西方的标准,这是值得我们反思的。我最近一直在关注行政法制的中国问题,中国的问题是什么,中国的特色是什么,我想对此作一些实证研究。

记:所以,您的研究方法主要就是实证研究吗?

周:实证研究有多种方法。要真正找出中国的问题,必须进行实证调查。但是,历史的研究、文本的分析也都是必要和有价值的。针对不同的问题必须选取不同的研究方法。

记:行政法学界有过观点上的大讨论吗?

周:行政法学界的大讨论主要就是 1994 年围绕"平衡论"在全国展开了关于行政法理论基础的大争论、大讨论。当时观点纷纭,有主张控权论,有主张公共权力论、公共论、公共利益本位论、服务论、政府法治论等等,争论铺天盖地。这场讨论其实已经超越了行政法理论界,扩展至整个法学界,很多法理学界的学者也参与进来,我认为这种讨论起到了思想启蒙的作用,对理论和实务都产生了巨大的影响。

记:您对目前的学术环境有什么看法?

周:以我自身的经历看,我认为我们的法学学术研究环境在逐步放开,目前的环境基本还是开明的,尽管有一些领域的问题如宪政、人权还是十分敏感。任何一个国家的学术研究还是为国家政治、经济的发展服务的,学术要自由,也不能完全脱离国家的大背景。我们的法学研究有自身的任务。我主张从具体制度的研究入手来逐步推进整个法制的发展,而不是体制不改就无所作为。

记:您对目前的学术规范有什么看法?

周:这些年我们对学术规范还是很重视。中国的学术研究起步较晚,以前没有人重视这个问题。总体上说,现在学术规范的教育不够。我认为从本科开始就应该进行学术规范的教育并且建立起相关的制度。当然,这个问题不可能一蹴而就,学术规范问题的存在有其历史原因。但我相信,从教育入手,逐步改进,这种不规范的情况会渐渐好转。

记:您对法学学生有什么推荐的值得阅读的书籍吗?

周:以前我们读书的时候,书很少,现在的书是铺天盖地的。所以,我认为读书时是应该有所选择的。读书分精读和泛读。从一个学者的角度来说,只要是有文字记载的东西,都是可以进行阅读的。当然,一个人的精力很有限,所以对于名著、经典应当进行精读。这种名著、经典也不一定限于法学领域,包括一些社科、文学领域的书也是值得涉猎的。就我个人来说,一些西方法学名著对我的影响很大,比如《论法的精神》《政府论》《社会契约论》等等。现在的西方法学名著也太多了,任何一本书都代表了一种观点,我认为只要把其中一本研究透了都能够受益很久。要了解一本书的内容必须去阅读很多相关的书籍,所以,在自己的兴趣范围之内精读、读懂一两本书就很不错了。

记:您对法学学生有什么要求和寄语吗?

周:我认为学生应该对中国的法治充满信心。我们既然选择了法律这个专业,选择做一个法律人,我们就应当致力于中国法治事业的发展。有一个法治理想,对我们每一个法律人是至关重要的。无论从事何种法律职业、何种法律研究,我们都能贡献自己的一份力量。另外,我们既然选择了法律,就应当精通法律。无论在工作中、研究中都应当展现自己深厚的法学功底。青年学子无论是在读书或者工作,都应该努力去阅读,掌握一套研究法律问题的方法。现在知识更新很快,因此,最重要的是掌握一种方法,学会一种发现问题的能力。只有这样才能学会创新,才能不断地提升自己。还有一点,作为一个法律人,人品是至关重要的。法律人是公平正义的象征,如果在社会上不讲诚信、不负责任,将产生更大的负面影响。因此,我们一定要有公平正义的观念、强烈的责任感和诚信意识。

记:您和刘艳红老师既是同事又是人生伴侣,这对你们的事业有什么特别的帮助吗?

周:我和刘老师是本科同学,一起考研,虽然考研都失利了,但却收获了一份爱情。我们结婚后相互支持,拥有共同的兴趣爱好,在思想交流方面总是能相互启发。我们在家里的言谈通常就是一场学术研讨会。我们基于共同的理想和追求,对对方的工作都能够相互体谅、相互理解,这是难能可贵的。

(罗 健)

梁上上
Liang Shangshang

1971 年 1 月生，浙江新昌人。1994 年 7 月毕业于杭州大学法律系，进入中国社会科学院研究生院法学系。1997 年 7 月获法学硕士学位后，到浙江大学法学院任教。2001 年 9 月考入清华大学法学院，2004 年 7 月获民商法学博士学位。2008 年 9 月—2010 年 6 月，在美国哥伦比亚大学做学术访问。2010 年 7 月任浙江大学光华法学院副院长，教授、博士生导师。兼任中国法学会理事、中国商法学研究会常务理事、浙江省法制研究所副所长。

2008 年入选教育部"新世纪优秀人才支持计划"；2010 年入选"浙江省 151 人才（第一层次）"。曾获清华大学学术新秀、浙江省优秀中青年法学专家等称号。

代表性成果：(1) 论文：《论商誉和商誉权》《股份公司发起人责任研究》《论行业协会的反竞争行为》《利益的层次结构与利益衡量的展开》《物权法定主义：在自由与强制之间》《抵押物转让中的利益衡量与制度设计》《股东表决权：公司所有与公司控制的连接点》《利益衡量的界碑》。(2) 著作：《论股东表决权——以公司控制权争夺为中心展开》。

记得在杭大法律系学习期间，我的成绩还是很不错的，排名总是在班级的前几名，每年都能获得奖学金，还获得了竺可桢奖学金，这是杭州大学的最高荣誉（目前浙江大学最高奖学金也是竺可桢奖学金），该奖是载入校史的。

记者（以下简称"记"）：梁教授，能谈谈您的高中生活与高考吗？

梁上上（以下简称"梁"）：我 1987 年 9 月—1990 年 7 月就读于浙江省新昌

中学,1990 年参加高考。在我读高中期间,正处于浙江省高等教育招生体制的改革时期。当时改革成"3 + X"的大综合模式,"3"是指语文、数学和英语三个科目,"X"是从政治、历史、地理、物理、化学和生物中选一个科目学习,当时我选的是政治,因为这一模式对应的是法律、财经、金融等专业。但是,这一模式后来又被教育部否定了,于是又回到了原来的文理分科的模式,即文科综合与理科综合的模式。在新昌中学学习期间,我的成绩一直都是文科第一名。但是,高考时发挥失常,成绩很不理想,考入了杭州大学法律系。报考时主要选的是金融、法律和财经方向,我一直对这些比较有兴趣。所以,从报考专业的角度讲,我是满意的。

记:那您对大学生活的感觉是怎样的呢?

梁:感觉还好,只是一开始有些不适应,因为高考发挥失常的缘故,心情一度跌入了谷底。在杭大学习生活后,慢慢地也习惯和接受了杭大法律系,感觉还不错。也可以说,度过了四年美好的大学时光,还遇到了我的妻子,她是我的大学同班同学。

记:您后来去中国社会科学院读研了,在读研之前,您有什么想法呢?

梁:也没有什么想法。我觉得生活是偶然的,而不是设想出来的。记得在杭大法律系学习期间,我的成绩还是很不错的,排名总是在班级的前几名,每年都能获得奖学金,还获得了竺可桢奖学金,这是杭州大学的最高荣誉(目前浙江大学最高奖学金也是竺可桢奖学金),该奖是载入校史的。当时全校也只有四个人获得了这个奖项,很不容易。

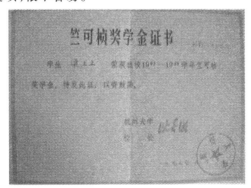

1993 年 9 月获得杭州大学竺可桢奖学金

虽然成绩不错,但一开始我也没有考虑过读研,甚至有些抵触心理,觉得毕业后工作就可以了。但是,当时班里正好有个同学想读研,让我与他一起考研。当时的班主任老师也劝我考研,于是我就改变了主意。后来在准备考试时,刚好杭州大学法律系有一个免试名额,学校就把这个名额给了我。这是因为我在大学三年级的时候,曾在《法学研究》上发表过一篇论文。我相信,在《法学研究》上发表的这篇论文对我的考研、对我以后的生活道路产生了重要影响。

记:您在本科期间有印象比较深刻的老师吗?

梁:印象比较深刻的老师主要有三个,分别是胡建森老师、马绍春老师和孙笑侠老师。大学的第一门课程是由孙笑侠老师讲授的"法理学"。我们是孙老师第二批学生,属于比较早的那批。印象当中,孙老师人很随和,又特别儒雅、潇洒,上课条理非常清晰,也很生动。记得那时的期中考试出了一道 20 分题,题目是"封建制社会法律的特征",而我当时不知道怎么回事,把题目看成了"奴隶制社会法律的特征",结果自然是答非所问,期中考试没有取得好成绩。幸好,期中成绩只占总成绩的 20 分。期末考试是占 70 分,而他就给了我 69 分,是班里最高分。他后来跟我说,我当时期末考试答得非常好,两个论述题的回答就像两篇很好的小论文,可以拿去发表,这对我鼓励很大。慢慢地,平时和孙老师的沟通和接触比较多,私下关系也很好。

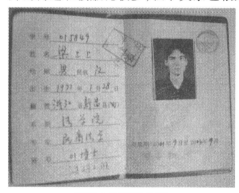

清华大学研究生证

美国哥伦比亚大学访问学者证

胡老师给我们上"行政法"课程。他上课很有特点,鼓励学生参与课堂活动,鼓励学生思考和回答问题。我当时也是很活跃的,经常举手回答问题。胡老师的点评非常到位,每次都能得到启发。我也很欣赏他的人格,很硬朗、果断,办事能力非常强。他当时已经有很大的成就,在学界很有名气,让我们羡慕不已。

马绍春教授是专业老师,给我们上"知识产权法"课程,是当时杭州大学为数不多的资深教授。我们学生也特别喜欢他,因为即使是很深奥的道理,由他娓娓道来,都会变得很清晰、很简单,非常吸引人。他给我的帮助很大,对我的学术培养方面也有很多启发。我的第一篇论文《论商誉和商誉权》就是请马老师指导的,他给了我很多宝贵的意见,也得到了他很大的鼓励,他甚至曾帮我找过资料。这篇论文后来在《法学研究》杂志上发表。后来,在马老师的鼓励下,我又写了篇《论作品完整权》的文章发表在当时的核心刊物《著作权》杂志上。时任《著作权》杂志的编辑常青以为我是老师,还专门写信给我,让我推荐一些知识产权方面的论文。其实,不仅仅是学术上的培养,马老师还在我成长过程中,包括在浙江大学任教期间都给了我很大的帮助。

> 在社科院的学习也是很愉快的,同学之间的感情特别好,在那里我收获了很多友谊。当时社科院研究生院在全国只招了 27 个学生,包括中文、新闻、历史和法学等各个专业,法学专业只有 7 名学生,住宿是混在一块的。

记:那您对法学领域产生兴趣是在什么时候呢?

梁:应该是从大二、大三的时候。其实,我对法律一直比较感兴趣,所以高考填志愿时都是金融、财经和法律这类专业。当时杭州大学法律系有两个专业,一个是法学,一个是经济法学,最后我被录取到经济法学,当时也蛮开心的。

记:您从中国社会科学院毕业之后,就回浙江大学任教,开始了民商法领域的教学和研究?

梁:嗯,是的。从专业角度上讲,我在商法领域主要是公司法方向,而在民法领域主要是在物权法方面,同时对民商法基础理论也一直比较感兴趣。主要是公司法方向,一方面是自己感兴趣,另一方面是受我导师王保树教授的影响,他的主要研究方向是经济法和商法,商法也主要集中在公司法。我对经济法并没有涉及,所以选择了公司法作为研究方向。很感谢王保树教授,因为在中国社会科学院研究生院求学期间,他对我影响和帮助都非常大。考研时,虽然我拿到了杭州大学免试的指标,但社科院没有免试生的计划。后来王保树老师刚好应浙江省工商局邀请来杭州讲课,马绍春老师把我推荐给了王老师,王老师很喜欢我,他回到北京后立即帮我联系了社科院研究生院,做了很多工作,最后给我免去了英语、政治和法理三门科目的考试,只考了经济法和民法两门课,属于部分免试。据说,这是中国社科院研究生院第一次招收免试生。

记:中国社会科学院是国内哲学社会科学研究的最高学术机构和综合研究中心,名家云集,在那段学习期间有什么最让您印象深刻的事情或老师呢?

梁:给我个人印象最深刻的事情就是生病。可能是由于不适应北方气候,我身体一直不太好。

2009 年 4 月在美国印第安纳大学学术交流（左一）

王保树老师和梁慧星老师给我印象很深刻,对我学术上的帮助也很大。法学系秘书黄淑贤老师对我也特别好,像母亲一样关心我。法学系主任韩延龙老师也非常随和。给我们上课的如张广兴老师、陈华彬老师、陈甦老师、崔勤之老师等,都非常好。在社科院的学习也是很愉快的,同学之间的感情特别好,在那里我收获了很多友谊。当时社科院研究生院在全国只招了 27 个学生,包括中文、新闻、历史和法学等各个专业,法学专业只有 7 名学生,住宿是混在一块的。比如我的室友毕跃光就是学民族学的。那时我与每个同学的关系都很好。

我的作息时间一直是很守规律的,早睡早起,因为我觉得夜猫子是不好的,对人身体特别不好。特别感谢我的室友毕跃光,那时候他是夜猫子,为了照顾我早睡早起的习惯,每天晚上把台灯压得非常低,连咳嗽都很小心,担心打扰我,所以我们两个人的关系特别好。我们两个互相影响。当时,只有我们两个回到原来的学校。我回到浙江大学法学院,他回到云南民族学院,其他同学都留在北京。

说到有趣的事,有一件关于他的有趣事情。社科院研究生院那边蟑螂比较多。有一次半夜里,一只蟑螂钻进了他的耳朵里,因为人耳的耳膜是很薄的也很敏感,蟑螂在里面拼命地乱窜,疼得他实在受不了。但已经是半夜,没有其他办法,无奈之下,他要我取出学校发给我们的杀蟑螂粉末,让我把这些粉喷进他的耳朵里。我一开始不敢,在他的再三要求下,我看着他的痛苦模样,只好遵命。幸好,药到病除,蟑螂在里面挣扎几下也就死了。但是,他的耳朵还是很痛,所以天蒙蒙亮我就陪他打车到酒仙桥医院急诊。在那里,医生用镊子把死蟑螂取了出来。这件事让我印象深刻,至今依然历历在目。所以,大千世界,真是无奇不有。

> 在立法过程中会出现一些利益群体或利益团体,立法其实是平衡不同利益团体诉求的结果,这种结果固定在法律文本当中,所以必须了解立法的意图和目的;而在司法过程中的利益衡量,是有四个层次结构,分别是当事人的具体利益、群体利益、制度利益和社会公共利益。

记:梁教授,能介绍下您的基本学术观点吗?

梁:现在我研究的领域大概是三个部分,分别为公司法、物权法、民商法基础理论。民商法基础理论与法学方法论联系在一起。从整个民商法角度看,我还是比较喜欢用利益衡量的方法来研究,如公司就是利益的结构体,充满了矛盾。从法律角度考虑,如何解决这样的矛盾,这应是公司法的基本任务。在公司法领域,大概有以下几个矛盾:国家强制与公司自治的矛盾、公司的所有人与管理层的矛盾、控制股东与中小股东的矛盾以及公司作为一个整体与债权人的矛盾等。

2010 年 2 月在美国迈阿密海滩

现在的法律没有漏洞是不可能的,法律是充满漏洞的,这已是常识。但问题是出现漏洞后该怎么办,或者怎样更好地去理解法律?所以,我觉得用利益衡量的方法来对这些问题作一些探讨会比较合适。当时我提出了利益的层次结构主张。《利益的层次结构与利益衡量的展开》这篇论文发表在《法学研究》2002 年第 1 期。我认为利益衡量其实包括两个阶段,一个是在立法过程中的利益衡量,另一个是司法审判过程中的利益衡量。在立法过程中会出现一些利益群体或利益团体,立法其实是平衡不同利益团体诉求的结果,这种结果固定在法律文本当中,所以必须了解立法的意图和目的;而在司法过程中的利益衡量,是有四个层次结构,分别是当事人的具体利益、群体利益、制度利益和社会公共利益。

　　"利益衡量"是梁慧星教授从日本介绍引进的,虽然德国、美国也有利益衡量,但中国基本上是继受日本的学说。利益衡量层次结构理论是在批判和反驳日本民法学者加藤一郎的基础上提出来的。加藤一郎认为司法过程中应只考虑当事人利益,他的哲学基础是价值相对主义,但我个人认为这是不妥当的,所以我提出了自己的理论框架。为什么我要提出这样一个理论框架呢? 举个例子,初中学物理的时候,提到"小小竹排江中流",这是《闪闪的红星》里边的片段,潘冬子坐着竹排在江中。请问他是静止的,还是运动的? 其实,这需要参照物才能判断。这个参照物是两岸青山,还是竹排? 如果以竹排为参照物,他就是静止的;如果参照物以两岸青山为准,那么他是运动的。同理,对于同一个法律问题的理解,也需要找到它的参照物,这个参照物就是制度框架。因此,我认为法律问题一定要放进制度里面去理解,而加藤一郎的弱点就是没有找到一个制度作为参照物。在利益层次结构里面,我就特别注重制度利益的衡量。但是,现在法学界对利益衡量原则有滥用的趋势。所以,我在 2006 年《政法论坛》上发表了一篇题为《利益衡量的界碑》的文章,也就是说利益衡量是有边界的,需要注意在圈定范围内使用。这些是我觉得比较有原创性的学术观点。

2010 年 8 月访问台湾政治大学法学院(右三)

　　在物权法方面,主要在物权法定主义和抵押物流转方面研究。物权法定主义是物权法的一个基本原则。但我觉得它过于僵硬,不符合现代社会发展的需要,因此,我提出将物权分为基础性物权和功能性物权的理论,基础性物权需要适用物权法定,而功能性物权则不需要。功能性物权是可以创设的,但也需要一定的条件,比如需要以公示形式,这样才能符合社会的需要。其实,抵押权究竟是用物权法规制合适还是以合同法规制更合适,这是存在争议的。通过这些争议可以发现,我们原来的物权法定主义存在一些不适应社会发展的问题,如果你把抵押权仅仅作为物权的一种,也将会遇到很多问题。社会的发展是非常快的,就抵押权而言就超越了传统上的抵押权,而且超越很大,也很复杂。我写了一篇关于抵押物流转的论文,也是发表在《法学研究》杂志。当时我就指出传统的物权主要集中在物权的归属上,特别是所有权的问题,但现代社会仅仅讲归属问题是不够的,因为物是稀少的,是需要充分利用的,我们应该把物权法的重心从归属问题转到利用问题上。但是,当初《物权法》(草案)中没有重视这一点,这个是不太好的事情。后来,《物权法》出台后就提了物权的利用问题,这是一个好的事情。物权归属是物权法的一个基础,但其要更好地发展恐怕应该是在利用方面下工夫。另外,怎样把物的功能和价值发挥出来的问题,也应该是物权法的核心问题。

在公司法领域,我主要涉及公司治理和股东表决权,这也是我的博士论文选题。股东有限责任是基石,股东表决权是公司第二个特征,因此研究也是很重要的,很有意义。我觉得公司就像一个"黑匣子",股东表决权的研究就像一把钥匙,依靠它可以理清公司法上的许多复杂关系,可以解构公司复杂的构造。

记:在您的专业领域,您认为中外之间的研究有哪些不同点呢?

梁:我觉得不同的国家有不同的特色,因为研究的问题不一样。就如一些美国权威的学者能研究美国法律的问题,但不一定能研究中国法律的问题,所以在某些方面是有差距的,但更多的可能是不同点多一些。因为法律在一些方面本土性比较强。我个人认为,现在法律移植输入阶段已经基本完成了,中国的学者需要有一些使命感和责任感,在这个基础上创造出自己特色的法律理论,我相信中国的学者有能力和智慧创造出适合中国的法律文化、有特色的中国法学理论。

不同点方面,以公司法为例,国内的法律学者研究也很多,但很多却停留在法条层面,只关注是否有法条。同时,国内的很多研究成果都是很成熟的,如控制股东方面,但是立法机关不采纳。假如立法实践中能及时采纳学者的研究成果,那法治建设就能往前推动一大步。在中国立法实践中,可能立法任务比较繁重,立法者很难把理论研究成果转到立法过程中,司法者也很难把研究成果适用到司法审判过程中。我认为,中国一方面要学习和介绍外国的法学理论,另一方面也要总结中国社会所出现的法律问题,研究中国立法和实务审判中出现的法律问题。中国地域面积很大,问题也很复杂,在审判过程中出现了很多有中国特点的案例,这些都是需要我们学者总结归纳的,但在这方面我们做的还是不够。我们还需要把中国的成功经验上升到理论,这应该也是不足的地方。

记:梁教授,您认为在公司法或民商法领域中还有哪些是亟待开拓的新领域呢?

梁:我觉得新的领域还是很多的,如公司法领域的企业集团问题、公司关联企业问题、资本多数决问题;又如民商法领域如何引用一种新的观念来研究法律问题,这些都是值得思考的问题。

每个学者对法律问题的理解不太一样,像民商法领域需要用一种新的思维来解决新领域的进入问题,比如涉及一些高科技、克隆人、胎儿等问题,都是值得研究的问题。在传统社会向现代社会转型过程中可能会出现很多问题,应该怎样面对和解决这些问题,如环境污染问题、大规模侵权问题等,都是应当研究的。

记:在您的法学研究中,最喜欢哪一种研究方法呢?

梁:在我的研究中,还是喜欢用自己的方法,也就是利益衡量的方法来作研究。传统法学研究中主要是从法律关系作为切入口,而我认为应该从制度着手,特别是针对疑难案件,这种方法和利益衡量的方法是一致的。我也喜欢法社会学的方法,因为这种研究方法可以告诉你社会是怎样的一个状态。又如经济分析方法,个人认为在立法的时候运用该方法是很好的,因为它从收益成本等角度来分析制度。但是,经济分析方法更多采用数据,这样的方法运用到司法审判实务中可能会遇到一些障碍。对于各类法学研究方法的态度,我是比较开放的,关键是把问题解决了就可以,但也要认识到每一种方法都是有缺陷的。

> 学者从某种方面来说是需要产出的,为社会作出一些贡献,这需要一定的量,但这个产出不能只求量,因为它与产品又有不同,学术上批量生产也不现实,所以最好的平衡点就是质与量的统一。

记:对于现在学术界中的学术规范和评价体系,您是怎么看待的呢?

梁:基本上是规范的。目前学术界的确出现了一些不规范的现象,不时会冒出一些学术失范的事例,但我觉得总体上还是规范的。当然,作为一个学者最基本的要求是做到规范,这也是必须坚持的底线,否则就没有意义可言了。正如我们民商法有诚实信用原则,作为学者更应该有诚实信用的学术态度和道德态度,学者应该把自己的学术研究真实地展现出来。当然,也需要采取一些措施来制止学术不规范的行为。最根本的措施应是学者自身的道德自律,学者应该珍惜自己的"羽毛",有时也可以采取一些强制性的措施。

学术评价体系当中,学术评价需要避免两种极端,一个是只注重量,另外一个是不出成果。作为一个学者,不出成果是说不过去的,但仅仅追求量也是不行的,有个严重的问题是量的极端化,最好是质与量的统一。学者从某种方面来说是需要产出的,为社会作出一些贡献,这需要一定的量,但这个产出不能只求量,因为它与产品又有不同,学术上批量生产也不现实,所以最好的平衡点就是质与量的统一。

2005 年 10 月与妻子、儿子在一起

记:现在学界的文章和著作不胜枚举,以您的专业角度为例,能否向法学专业的学子们推荐一些阅读书目呢?

梁:其实,这是很难推荐的,对象所在阶段不同,书目也会有所不同,不同的对象阅读的书目也不一样,本科生、研究生和博士生的阅读书目肯定不同。书目一般分为教科书、理论书与实务书,教科书肯定需要阅读。首先,从杂志角度上说,学术理论方面的可以阅读《法学研究》《中国法学》《中外法学》《政法论坛》等,案例方面的可以阅读《法学》,也可以看看《最高人民法院公报》中的案例。案例研习对培养学生的法律思维是非常重要的。其次,从民商法角度来说,必须具备经济方面的素养,所以推荐《财经》《21 世纪经济报道》等之类的杂志。最后,从著作或学者的角度来说,可以阅读一些名家力作,如梁慧星、王保树、王泽鉴、王利明、崔建远等教授的一些著作,肯定受益匪浅。

记:梁教授,您作为青年法学家的代表,在法学的教学和研究上有着资深的经验,能否向我们年轻的法科学子们提一些希望或建议呢?

梁:我觉得主要有四点:第一,不管你是做学问也好,做实务也罢,要做得好,必须理论联系实际,面向社会读书,要带着问题读书与思考。另外,要有比较深厚的理论涵养,也要多研习案例,从案例中受到启发。第二,面对社会的一些问题,还需要独立思考。假如没有独立思考,那就不是自己,所以必须有自己的思考。第三,要有一种包容心,因为有时候别人的观点虽然不同,但很有可能是对的,所以需要虚心接受。有包容才有进步,才能有涵养。第四,视野要开阔,必须学好外语,要有一种国际视野。但是,也不要有盲目的崇洋媚外的心理,需要结合中国的特点作一些思考,这样对我们中国的贡献也许会大一点。

（刘　颖、谢　舟）

黄文艺
Huang Wenyi

1971 年 8 月生,湖南南县人。1993 年获吉林大学法学学士学位;1996 年获吉林大学法学硕士学位;1999 年获中国人民大学法学博士学位。2006 年 6 月至 2007 年 6 月,在美国哥伦比亚大学法学院做访问研究。1996 年起在吉林大学法学院任教。现任吉林省社会科学院(社会科学界联合会)党组成员、副院长,院(会)学术委员,《吉林社科报》主编,吉林大学理论法学研究中心教授、博士生导师。主要研究方向为法律发展、法律职业、法律全球化、立法原理。

主要著作有:《当代中国法律发展研究》《全球结构与法律发展》《比较法:原理与应用》《中国法律发展的法哲学反思》。代表性论文有:《法哲学解说》《比较法:批判与重构》《为形式法治辩护》《信息不充分条件下的立法策略》《全球化时代的国际法治》《新中国高等教育法治化道路研究》《作为法律干预模式的家长主义》等。

1989 级大学生经历了从计划经济到市场经济的重大变革。一项变革是粮票的取消。我们上学的前三年还要用粮票到食堂打饭,到了第四年就取消了粮票。另一项变革是收学费。从 1989 级大学生开始,全国高校开始向学生收学费。当时一年学费是 400 块钱。那时的 400 块钱大约相当于现在的 4000 块钱吧。

记者(以下简称"记"):黄老师,我们看了您的简历,您是在 1989 年读的大学,当时您为什么会选择考吉林大学,选择法学院呢?

黄文艺(以下简称"黄"):我当时报考吉林大学并选择法学院都是出于非常朴素的想法。我父母是地地道道的农民,只有小学的文化程度。他们对我当时选择学校和专业提供不了什么指导。我当年高考的分数较为理想,可以选一所比较好的重点大学。当时主要在武汉大学、吉林大学中进行选择。高中班主任高老师说,这两所大学都是全国名牌大学,你自己拿主意吧。我选择了吉林大学,是因为吉林大学离家更远。我老家在湘北,离武汉较近。所以,选择吉林大学,确实有点要远走高飞的意思。

20世纪80年代的法学分三个专业:法学、经济法和国际法。我选了经济法。作出这种选择,完全是出于一个现在看来很幼稚的想法。我当时觉得,学经济也挺好,学法律也挺好。经济法专业,既有经济,又有法律。基于这种认识,我选报了经济法专业,而且很幸运被录取了。

记:您当时一下子跑了老远,报了一个东北的学校,家里人没有反对吗?

黄:没有。家里人非常尊重我的选择。对于80年代我们那里的农村孩子来说,能考上重点大学是相当不易的。我是我们村子里第一个考上重点大学的孩子。所以,村里人刮目相看,家里人很引以为荣,并不在意距离远近。

记:按理说,您当时只身一人大老远来到东北,刚开始应该会遇到一些问题。

黄:最大的问题还是语言问题。在80年代,我们老家的农村中小学教育都使用湘方言。老师讲方言,学生也讲方言。在上大学之前,我从来就没有讲过普通话。在吉大读书之初,说话的感觉有点像讲外语,每说一句话之前总要在脑子里先过一遍。好在不存在听力问题。直到一年之后,讲普通话的问题才基本上解决了。直到现在,我也觉得我当时的选择是非常对的。南方的学生应该到北方来,至少有助于普通话的提高。

记:当时您入学的时候刚好是1989年,政治风波刚刚过去,您当时有没有觉得学校有不一样的氛围?

黄:1989级大学生经历了从计划经济到市场经济的重大变革。一项变革是粮票的取消。我们上学的前三年还要用粮票到食堂打饭,到了第四年就取消了粮票。另一项变革是收学费。从1989级大学生开始,全国高校开始向学生收学费。当时一年学费是400块钱。那时的400块钱大约相当于现在的4000块钱吧。此外,从我们这一级学生开始,入学后要进行正式的军训。当年北大、清华等学校的学生在石家庄的军校进行了为期一年的军训。吉林大学没有那么严格,我们只进行了两个月军训。

记:人们都说80年代是一个思想解放、文化发展的年代,那您当时到吉林大学以后,对吉林大学或者对您的大学生活有着怎样的一个印象?

黄:在我们入学后,政治风波可能对学校还有一些遗留性的影响。但是,从总体上讲,吉林大学还是一个思想解放、学术自由的地方。这可能也跟地理位置有关系,我们这儿不像上海、北京那样处于中心的位置。中心地方可能受国家政治氛围的影响更明显一些。80 年代张文显教授提出的"权利本位论",在政治风波后曾经受到一些批判和质疑。尽管这样,张文显教授、郑成良教授还在组织进行权利研究,对权利本位论进一步地深化论证。在当时的氛围下,他们还能有这样的学术勇气,继续捍卫他们的思想,确实令人肃然起敬。

记:那当时吉林大学法学院的规模有多大?

黄:那个时候法学院的规模不能跟现在相比。当时的招生规模较小,我们那届本科生一共招了五个班,总共一百四十多人。研究生招生人数更少,当时一届研究生才二三十人。现在我们每年本科生招生规模一般为三百人,研究生招生规模约为四百人。

记:那您对当时吉大的老师有什么特别的印象?或者说,对您有影响的老师都有哪些呢?

黄:当时给我们上课的老师都是知名度很高的教师。给我留下较深印象的老师有好几位。比如说给我们讲民法原理课的龙斯荣教授。龙老师是我非常敬重的湘籍法学家。他讲课时带着湘音味的抑扬顿挫的普通话,让我感到很亲切。他那富有条理而不失生动的讲课,把我们带入到民法学的知识殿堂。又比如给我们讲外国法制史的徐尚清教授。徐老师对古埃及法、古巴比伦法、古罗马法等知识信手拈来,并且以通俗易懂的方式给我们讲授。我当时就对外国法制史很感兴趣,这在某种程度上激发了后来我对比较法的兴趣。还有讲物权法的申振武老师。在 90 年代初,很少有学校给本科生开物权法的课。申振武老师就给我们开了这门课。虽然当时还不能完全理解物权法的那些原理和知识,但觉得耳目一新。

> 对于一个学生来说,从大三学年论文、本科毕业论文、硕士学位论文再到博士学位论文都是由同一个老师指导,这绝对是很少见的师生缘分。

记:除了这几位老师之外,还有哪些老师对您影响深刻?

黄:对我影响最深的老师是张文显教授。我之所以能走上学术之路,是和张老师的指导、鼓励和栽培分不开的。在本科学习阶段,张老师虽然没有给我们开过课,但我听过他的学术讲演。记得在大一的时候,我曾听过张老师关于法学中的语义分析方法的学术讲演,当时就觉得这位老师很有学问。我与张老师的师生之缘是从他指导我的大三学年论文开始的。当时,张老师任法学院院长,行政和学术事务很繁忙。我没有想到我的学年论文会由张老师指导,我更没有想到我以后的本科毕业论文、硕士学位论文、博士学位论文都是由张老师指导。对于一个学生来说,从大三学年论文、本科毕业论文、硕士学位论文再到博士学位论文都是由同一个老师指导,这绝对是很少见的师生缘分。

我上大学的时候,所学的专业是经济法,但后来我的兴趣发生了转变。在80年代,知识界曾经掀起了一股"哲学热",我可能也是受到了这种热潮的感染。我发现,自己的兴趣不在于具体的法律制度、法律规则,而是更想探求这些法律制度、规则背后的思想、精神。从大二开始,我的阅读重点就转向了哲学。在大二、大三的时候,我就蹲在图书馆看黑格尔、康德等哲学家的著作。虽然并不能领略书中的妙处,但仍热情不减。在张老师的指导和引领下,我的学术兴趣就定位于法哲学、法理学。

记:除了权利本位论之外,当时张老师的哪些思想给你印象比较深?

黄:一是他对当代西方法哲学的研究。张老师相当清晰地梳理出了当代西方法哲学的思想脉络和学术流派,使我们这些青年学生很容易欣赏当代西方法哲学中丰富多彩的思想理论。二是他对法学基本范畴的研究。特别是张老师在《法学研究》所发表的那篇论文《论法学的范畴意识、范畴体系与基石范畴》,我曾反复阅读和揣摩,把它作为当时我写论文的范本。

记:那您当时的大学生活是怎样度过的呢?

黄:除了上课之外,我的大学四年基本上是在图书馆中度过的,以至于图书馆的老师对我很熟悉。后来,我留校任教后再去图书馆,他们说,早就觉得我会走上这条路,因为我课外时间基本上都呆在图书馆里面。

记:您是什么时候开始在学术刊物上发表论文的?

黄:我的处女作就是大三的学年论文,题目叫做《论法律制度的三种意义》。前面已经提到,这篇论文是在张老师的指导下写出来的。或许是受张老师所说的语义分析方法的影响,我当时觉得,法律制度这一常用的法律术语在汉语中包含多重意义,有必要进行系统的梳理和分析。张老师很支持我的想法,让我先写一个初稿出来。我在查了不少资料之后写出了论文初稿。张老师看了之后给我提了几条修改意见,并鼓励我好好改一改,争取推荐到刊物上发表。后来,这篇文章就发表在《政治与法律》上。

记:对一个本科生来说,自己会感觉到这是个荣誉。

黄:在本科三年级的时候能够在法学核心期刊上发表论文,对于我来说确实是一种莫大的荣誉。这篇论文的发表,可以说更加鼓舞和坚定了我走学术道路的信心。张老师进一步鼓励我考研究生,我当然非常渴望考他的研究生。张老师也欣然同意了。大四的本科毕业论文也是由张老师指导的,并经由他推荐,在《当代法学》发表了。

记:您当时本科毕业后是不愁找不到工作的。您是来自农村的学生,本科毕业后再去考研有没有经济上的压力?

黄:经济压力是有的。我家主要靠种田为生,经济收入很有限。每年400元钱的学费就是一笔不小的经济负担。我有两个弟弟,他们当时都在上学。家里很难同时负担起三个孩子的教育费用。所以,大学四年是比较艰苦的时期。我从来没有穿过皮鞋,都是穿我妈给我做的布鞋;也很少去买衣服穿,衣服基本上都是自己家做的。但是,经济压力并不能动摇我走学术道路的信念。当时,我根本没考虑就业的问题,只是一心一意地考研究生。

记:那您当时的经济压力是通过什么途径稍微解决的呢?

黄:到了硕士阶段,情况就有明显的好转。我参与了张老师主持的研究课题,获得了一些经费或稿费。例如,在张老师的指导下,我参与翻译了美国法学家贝勒斯的《法律的原则》一书,是这本书的四位译者之一。我记得,这本书的翻译稿费较高。这样一些收入缓解了硕士阶段的经济压力。

记:您觉得您的硕士生活和本科生活有什么区别吗?

黄:本科阶段是自发的学术摸索时期,硕士阶段是接受系统的学术训练时期。吉大法学理论专业非常注重对研究生进行规范而系统的学术训练,培养研究生的各种学术能力。当时给我们留下深刻印象的是张老师的"当代西方法哲学"课。这门课有两个特色:第一,要求每个研究生写两万字的读书报告,阅读文本是博登海默的《法理学:法律哲学与法律方法》。通过这种学术训练,我们不仅懂得了如何写读书报告,也懂得了如何进行有效的阅读。第二,考试的方式是口试。一共有20道题,覆盖的范围较广。每人抽两道题,当场回答。这不仅检测了我们对当代西方法哲学知识的把握程度,也训练了我们快速反应和口头表达的能力。

记:你们那个时候每届研究生很少,那您对当时的师兄、师姐或者师弟、师妹还有什么印象吗?

黄:师兄师姐们都非常优秀,给我树立了很好的榜样。有几位师兄师姐硕士毕业后,考上了北大、人大博士。在榜样的影响下,我也在硕士毕业后接着考了博士。

> 到另外一个学校读博士比在本校读更好,可以感受不同的学术传统、不同的学术氛围、不同的治学风格。

记:在当时的情况下,一个硕士生就足以在学校里当老师,也很快就能成为一个副教授,那您继续读博士又是出于一个怎样的考虑呢?

黄:1996 年硕士毕业时,在吉大法学院领导的动员下,我决定留校任教。但在此之前,我已经决定继续考博士。既然要走学术道路,光读一个硕士还是不够的。我当时决定报考中国人民大学法学理论专业博士研究生。到另外一个学校读博士比在本校读更好,可以感受不同的学术传统、不同的学术氛围、不同的治学风格。另外,吉大当时并没有法学理论专业博士点,张文显教授在人大招博士生。经过努力,我如愿以偿地考上了人大的博士,导师仍是张文显教授。

在人大学习的三年时间,孙国华教授、吕世伦教授、朱景文教授等老师给予我学业上很大的指导和帮助。特别难忘的是,我有幸和孙国华老师合作写了三篇学术论文,分别在《中国法学》《法学家》杂志上发表了。从孙老师身上我学到了很多东西。我切身感受到,老一辈法学家做学问是非常严谨的。由我按照他的思想写出来的文章,他都要一字一句地修改。给我印象最深的是,在 1997 年十五大之后,我们合作写了一篇文章,名字叫《依法治国:治国方略的最佳选择》。我们年轻人喜欢用一些更具煽动性的词语,当时我在文章中用了"划时代转变"一词。孙老师提出说,如果用划时代转变,那就意味着在十五大之前我们一直处在一个人治的时代中,在十五大之后我们就进入了一个法治的时代。这个说法太过武断,不符合实际,于是他建议改成"历史性转变"。从这个小事当中,我就感觉到孙老师做学问的严谨态度。

记:人大的博士生活,您还有什么其他的记忆吗?

黄:人大法学院法理教研室有一个非常好的传统,就是硕士生、博士生可以参加教研室老师的集体活动。当教研室全体老师开会时,硕士生和博士生可以参加。师生们一起交流学术心得,讨论学术问题,不分等级高下。另外,人大法学院给所有博士生开了一门法学研究前沿课,每个博士生导师都讲一次课,使我们可以一睹法学院各位名师的学术风采,了解法学各个领域的最新研究成果。

记:您当时博士论文的写作过程是怎样的?

黄:我当时写的博士论文是《论当代中国法制的变革》,后来由吉林大学出版社出版了。写博士论文是一个痛苦而欢娱的过程。说到痛苦,我写完论文后就进了医院,这是我有生以来第一次住院。同时,写博士论文是一种最严格的学术训练,有很多收获和欢娱。

> 经过几代学人的积累、传承和发展,吉大法学院形成了良好的学术传统。在我看来,这种传统表现为倡导学术自由、追求学术创新、扶持学术新人的氛围,表现为寒窗苦读、厚积薄发、朴实严谨的学风。

记:您曾在美国哥伦比亚大学法学院做过一年访问学者,有什么收获?

黄:收获是多方面的,最主要的收获有两个方面:第一,了解了哥伦比亚大学法学院的运转情况。作为一个法学教育工作者,我很想了解像哥伦比亚大学法学院这类世界著名的法学院是如何管理和运转的,如法学院的行政权力架构、法学院的管理体制、教师的聘任、课程体系的管理、学术活动的组织、对学生的服务、校友工作的开展、法律图书馆的管理等。这些都涉及法学院日常运作的细节性问题。在这一年里,我参加了哥大法学院的很多活动,包括开学典礼和毕业典礼,也和哥大法学院一些教师和学生进行了交流,获得了很多第一手的信息。我感受到,哥大法学院的管理和运作方式确实与国内法学院有很大的不同,比如委员会治院、以学生为本。哥大法学院设有一二十个委员会,每个委员会有不同的职责。例如,师资聘任委员会负责师资的引进和考察。这些委员会都是由教授组成的,每个委员会讨论决定各种事情。法学院的民主管理就是通过这些委员会来实现的。

第二,收集了很多文献资料。一年的时间很短,不可能读太多的书,也不可能做太多的研究。所以,我当时想先多搜集一些研究资料,带回国后再慢慢消化吸收。我花了几千美元买了一百多本英文著作,也下载了很多国内无法找到的数据资料。回国后,这些文献资料确实派上了用场。

记:到现在,一晃已经二十多年了,您在这儿当过学生,也当过老师,那您能否谈谈对吉林大学法学院的一些感受和想法?

黄:吉大法学院是一个出人才的地方,是中国法律人才培养的重要基地。在过去的六十多年里,吉大法学院培养了一大批优秀人才。很多人都成为优秀法官检察官、杰出律师、著名学者、党政领导、商界精英。

吉大法学院也是一个做学问的好地方,是中国法学研究的重镇。经过几代学人的积累、传承和发展,吉大法学院形成了良好的学术传统。在我看来,这种传统表现为倡导学术自由、追求学术创新、扶持学术新人的氛围,表现为寒窗苦读、厚积薄发、朴实严谨的学风。我个人的学术成长非常得益于这种良好的传统、氛围和学风。改革开放三十多年来,很多优秀的学者从吉大法学院走出来,加盟到了国内其他法学院。有人说,如果把从吉大法学院走出来的学者组建成一个法学院,那么这个法学院一定是国内一流的法学院。

不能否认,吉大法学院的发展目前面临着不少困难。最大困难在于如何留住优秀的人才,如何引进优秀的人才。毕竟,优秀的师资队伍是一所法学院的立院之本。

记:黄老师,您作为一名法理学专家,能不能对我国目前的法理学现状做个简述以及对它的未来做个展望呢?

黄:这不是三言两语能说清楚的问题。我曾在《中国法理学30年发展与反思》的论文中较为系统地讨论过这个问题。从总体上说,改革开放新时期是中国法理学发展的黄金时期。法理学学科自主性的确立、知识生产规模的迅速提升、研究领域的不断拓展和深化、回应中国问题的能力的增强、学术研究走向规范化,都是中国法理学研究进步的重要标志。以学术研究的规范化为例,20世纪80年代的文章很少引证学术文献,而现在所写的文章不仅引证的学术文献数量较多,而且引证的文献来源相当多元化。人文学科、社会科学的很多理论都被用做法理学研究的理论资源。和国外的情况相比,法理学在中国是具有相当影响力的。在中国的法学学科体系中,法理学是一门重要的课程,是法科生的必修课。在很多国家,法理学都是选修课。另一个值得注意的现象是,在新闻媒体所说的"法学家从政"的浪潮中,不少法理学家出任政界和司法界的重要职位。这在国外也是不可想象的。

当然,中国法理学所面临的问题也不少。我认为,最突出的问题有两个:第一,对科学知识总量的贡献小。法理学的知识增长在很大程度上是依靠引进其他人文社会科学的概念、理论和方法。法理学对其他学科的知识贡献少,其他学科很少引证法理学的研究成果。第二,对世界法理学的贡献太小。中国的法理学引进国外特别是西方的理论成果比较多,但是对世界法理学的发展没有作出什么实质性的贡献。很少有学者能在国际上有影响的学术期刊上发表学术论文,在国际学术舞台上没有什么话语权。

展望未来,中国法理学要走向世界,取得国际话语权,可能还需要一个相当长的历史过程。我们期待中国法理学界有朝一日能够产生像哈特、德沃金、哈贝马斯那样世界级的思想家。

记:您最近的研究兴趣在哪里呢?

黄:我现在有几个研究领域。第一,从我的博士论文开始,我就一直在持续关注和研究法律发展的问题,现在,中国正处于法律现代化这样一个变革期,法律发展的问题始终是我们要面对的一个重要问题。第二,法律职业发展问题,特别是法律职业之间的关系问题。中国虽然已经形成了各类具体的法律职业，但是各类法律职业之间的关系相当复杂，甚至有时是势不两立的。这有碍法律职业的发展，也有碍法治事业的推进。所以，我非常关注法律职业内部关系的问题，比如法官和检察官的关系、法官和律师的关系、法学家和法律家的关系等等。

（许钗玲、方　堃）

林　维

Lin Wei

　　1971 年 9 月生,浙江舟山人。1993 年、1995 年分别获吉林大学法学学士、法学硕士学位,2006 年获北京大学法学博士学位。1996 年 3 月至中国青年政治学院法律系任教,2001 年被聘为法律系副主任。现为中国青年政治学院党委常委、副院长。

　　主要著作有:《间接正犯研究》《妨害对公司企业管理秩序罪的认定与处理》。主要论文有:《间接实行犯概念和构成的比较研究》《论我国单行刑事立法对没收财产刑的发展》《毒品累犯辨析》《论罪名的层次》《刑法预期成本略论》《侵犯著作权探微》《刑法中致人伤、亡规定研究》《论从旧兼从轻原则的适用——以晚近司法解释为中心》《对台湾法院刑事判决之认可研究》等。

　　现在的学生都有着浮躁的情结,有些学生既不会玩也不会读书,实在是可悲。所以,我希望他们能够认真一点,这个认真的含义不仅仅是认真看书,而是对待任何事情都要抱着认真、负责任的态度去完成。学习法律的人要有法律的素养,如果不重事实,那就没有学习法律的必要,不要总是想着投机取巧。

　　记者(以下简称"记"):在读大学之前您是否有工作的经历?

　　林维(以下简称"林"):我们这代人基本都是应届生,没有任何的工作经历。

　　记:您对"文革"还有印象吗?

　　林:因为我是 1971 年出生的,所以对那段时期的政治运动没有任何直接的感受。后来通过广泛地阅读书籍以及从长辈们的言谈中得知那是一个残酷的年代。人们的正常思维受到禁锢,政治上缺乏民主,没有法制。

记：那您高考时填报的第一志愿是法学吗？

林：不是，是新闻学专业。我在1989年入学，由于一些历史原因，我不大愿意报考北京的一些大学。那时候自己的兴趣并不在法律上，而在文学上。我报考了吉林大学中文系的新闻专业，但由于政治风波的原因该系停招学生。后来吉林大学法律系招生主任在查阅我的资料，参考我的考分之后，将我调剂至法律系。就是在这么一个意外的情况下，我选择了法律这条道路。入学后两年我仍对法律提不起兴趣，我一直和我的学生讲，在大学开始阶段我还一直琢磨着转系或者打算今后报考中文系的研究生。天天自我调整课程表到中文系学生的教室听课，所以我和中文系的学生关系相当不错。当初我是吉林大学"十大诗人"之一，可谓是一名"文学青年"而非"法学青年"。

记：您是在何时开始对法律感兴趣的呢？

林：大学头一两年对法律没有任何的兴趣。当时吉林大学给我们本科的每组学生配备了一名副教授以上级别的新生导师，入学时他们会和学生谈心交流并做一些法律专业上的辅导工作。那时我入学的导师是我们系的系主任，他在开学后第一个星期特意将我们五个学生请到他办公室为我们讲授法律的特点以及学习法律的基础方法，让我印象颇深，感触颇大。

记：那在大学四年期间给您留下深刻印象的老师是哪位？

林：我记得开学第一节课是郑成良老师上的政治学的课程。那时吉林大学特别大，从我的宿舍到"红楼"得根据地图的指示才能到达。"红楼"是因楼是由红砖砌成而得名，但日久天长外墙面红漆剥落，已成了一幢"黄楼"。可我们坚持认为眼前的这幢楼一定不是我们上课所在的"红楼"。几经周折，我们才搞明白是怎么回事，进入教室时自然是迟到了。结果郑老师让我们在教室外站了一节课。这件事情让我印象非常深刻。后来我转向学习刑法，我的刑法教研组的那些老师也给我留下了很深的印象，对我的影响也很大。

记：您是何时对刑法产生兴趣的？

林：当时我的刑法成绩相对其他学科来说比较突出，且当时法学界的刑法理论已经初成体系，所以对刑法产生了浓厚的兴趣。另外，我在学校一直购买一些盗版的台湾学者出版的书籍，书中大都以刑法理论内容为主。

记：您在何时决定从事刑法的教学研究工作？

林：在考研究生的时候。那时考虑到报北大的研究生压力太大，所以还是报考吉林大学的刑法硕士。吉林大学的刑法博士点是全国第一批批准招收学生的博士点，所以在吉林大学属于老牌的专业。我的考研各科成绩排在全系第一，总分第一。当时我们国家的刑法理论水平还非常低，大都是研究一些传统的内容。由于我在大学期间一直阅读台湾的盗版刑法书籍,吸收了一些当时看还非常异样的学术观点,在复试的时候老师问我"中止犯"的问题,我就用并不被理论界知晓的但在台湾通用的"准中止犯"的一套理论搬给了他们。在座的老师们无不惊讶称奇。我后来的导师之所以对我有着良好的印象就是因为我的理论非常新颖,是他们闻所未闻的。我时常以我的切身经历半开玩笑地告诉我的学生,看盗版书还是挺有必要的。

记:在您的学科领域中,您的基本学术观点是什么?

林:我的《刑法解释的权力分析》一书并不主要围绕诸如刑法解释方法、类型等问题,也并不主要讨论某一个具体刑法解释结论的正确性问题,更多的是将刑法解释作为一种行为、过程或者制度的产物,因此,这本书选择了从权力分析的角度,研究探讨特定刑法解释权力的生成、演变以及其中的权力纠葛,包括刑法解释体制外的权力主体如何影响刑法解释,甚至参与刑法解释的制作过程,以及作为刑法解释体制内的各种权力之间的合作、斗争。法律适用的过程实际上就是一个法律解释的过程,解释的必要性实际上也就是解释的重要意义所在。如果仅仅从这一角度而言,解释的重要性是毋庸置疑的。但是,解释的重要性可能仅仅意味着它在应然的意义上具有一定的重要地位,而为实际的司法工作所必须,但是却不意味着解释在实际的司法过程中一定具有自身的规律性,不意味着解释方法、解释规则、解释权力的安排就一定是科学合理的,也更不意味着人们在主观上、价值判断上就自然地认识到了解释的重要性。刑法解释同其他法律一样,从样态上讲是双面的,一方面,从动态上讲,刑法解释是指一定的主体阐明刑法含义的活动或者过程;另一方面,就静态而言,刑法解释则是作为上述活动或者过程的最终结论而表现出来的。在这样的动态和静态结合的过程中,刑法解释的要素可归纳为:(1) 解释对象,也就是刑法解释所需要解决的疑难问题;(2) 解释主体,即试图对刑法规范作出阐明的人或者机关;(3) 解释场景,即解释主体究竟是在一种什么样的背景或者环境下进行解释;(4) 解释方式,即解释者采取什么样的方式回答所面对的刑法疑难问题;(5) 解释结论。刑事法治是我国法治建设总体目标中的一个重要内容,而刑法解释的合理化与正常化是实现刑事法治的关键,也是目前存在问题较多、较为复杂的领域之一,尤其是刑法解释如何同罪刑法定原则相协调,以及刑法解释如何能够在保障人权和法益保护之间建立一种良性、灵活的平衡,都是我们不得不面临的现实问题。我们有时也不得不产生一些困惑,如对于同一刑法规范所出现的不同解释结论,究竟是什么决定了解释者采取这样的结论而不是那样的结论,立法解释究竟是否需要以及立法解释同立法与司法解释究竟是否能够进行明确的区分,最高人民检察院坚持其享有解释权究竟意味着什么,法官在多大程度上具有对具体案件适用法律的解释权力,专家意见书这样的非正式解释真的能够影响我们的司法等等。对于这些问题的回答,都牵涉到解释权力的划分、调配、互动等一系列问题。这种对作为权力现象的刑法解释行为进行研究的过程实际上也是对刑法解释的一种再解释,围绕这些问题所进行的讨论和回答,必然有助于我们对刑法解释的深入认识和理解。在《刑法解释的权力分析》一书中,我试图初步地描绘刑法解释权力体制在中国语境下的现实运行,并且试图通过探索其内在权力的逻辑来客观、真实地观察现实运行,并且试图通过探索其内在权力的逻辑来客观、真实地观察权力运作自身的合理制度,并在此基础上探讨解释体制中所存在的一系列问题,对刑法解释权力体制的建设提出自己的观点,并能够对整个解释体制的分析提供帮助。

记:在众多的学术研究方法中,您最欣赏的是哪一种?

林:之前我比较推崇实证探索的研究方法,现在我觉得中西方法律比较的方法应该多用。

实证探索研究的方法是一种描述性研究,主要指的是通过对原始材料的观察,有目的、有计划地搜集研究对象的材料,从而形成对某一问题客观、科学的认识。调查研究属于经验性方法,是在搜集、获取一手材料的基础上进行研究,它不同于理论研究方法,要以客观材料为基础。它不同于实验研究方法,因为它搜集的是自然状态下,对研究对象不加任何干涉的材料。调查研究以调查报告为研究成果,是教学研究中广泛应用的方法之一。比如,我们可以跟踪观察并定期访谈几个英语学习好的学生,归纳总结他们的学习方法或策略、学习方式或习惯,为其他同学提供参考;也可以就英语学习中带有普遍性特征的问题进行规模比较大一点的调查,设计问卷、确定范围和抽样、进行统计和分析。目前我们法学家对司法制度的运作现状了解太少,基本上待在书房中"闭门造车",不知道社会的需求,提出的一些观点脱离了实际。

要想认识自己,就要把自己同别人进行比较。比较是认识事物的基础,是人类认识、区别和确定事物异同关系的最常用的思维方法。比较研究法现已被广泛运用于法学研究的各个领域。比较研究有助于认识事物的本质和教育的普遍规律,有助于更好地认识本国、本地的教育状况,有助于获得新的发现,有助于教育政策的制定。在法学研究中,比较研究是一种重要的研究方法。我们现今对国外的知识背景了解太少,法学家中能够熟练使用英语的非常少,自然使用外语做研究的少之甚少,这就导致我国许多学者无法准确获悉一手资料。从整体上看,我国现代法学基本上可以称为西方法学的范畴。其基本的理念、基本原则、基本制度,甚至基本概念都是西方的产物。我国是在近代才开始走向法律现代化的,当时的法律主要是参考西方的法律,依据西方的法律精神制定的。改革开放以来,我国开始了大规模的立法活动,这时的法律也带有明显的移植西方法律的痕迹,相应的法学研究也很大程度上是向西方发达国家学习。对于晚生外发型的中国现代化的进程来说,虚心地向西方学习,尽快地掌握西方社会已经证明行之有效的法律知识和法律理论,这是一个很好的选择。

另外,我也提倡部门法的判例解析的方法。中国的判例解释构建之路在两个方面具有开创性或系统性。一方面,中国判例解释构建之路是指在不修改现行立法的情况下,把判例纳入司法解释范畴从而将判例解释作为司法解释的主要形式是在我国实现法律统一适用的合法且切实可行的有效途径,并运用历史的、逻辑的、比较的等多种研究方法,对中国实施判例解释的正当性和可能性进行了全方位、多角度论证,为中国判例制度的构建探究了一条恰到好处的新路。陈兴良教授在他的《判例刑法学》中提到判例刑法研究是刑法理论研究的一种新思路,它无论是对于我国刑法理论研究水平的提升,还是对于司法实践的指导意义,都是应当充分予以肯定的。在从文本刑法学到实践刑法学的转变过程中,判例刑法研究是一座必经的桥梁。从某种意义上说,判例刑法学是在今后相当长的一个时期内,我国刑法学的一个知识增长点。我也在配合陈兴良教授做这方面的研究和推广工作。

记:据我们了解,您的《间接正犯研究》一书中对间接正犯的概念提出了一些自己独到的观点,能否为我们介绍一下?

林:间接实行犯,又称为间接正犯,通常是指利用他人行为实施自己犯罪的情形,即利用他人为工具而实现犯罪构成事实。间接实行犯本身虽不属于共同犯罪的范畴,但两者形影并存,若即若离。无论对其持肯定或者否定的态度者,都不得不对其加以论述。但是,间接正犯理论仍旧是今日理论刑法学上最困难的问题之一,有关的学说迄今在广泛的对立状态中。间接正犯理论同共同犯罪学说中的一些基本争议息息相关,因而德国学者肯特罗维斯感叹共犯论乃是刑法最具争议之内容,同间接正犯的理论的存在也不无关系。作为大陆法系刑法中的一个重要概念,德国和日本刑法学家对此作了深入讨论,如日本的西原春夫、中义胜即对此作了专题论述。实际上,所有法律制度都确认了使用工具之实行犯这一制度。在英美法系国家,按照《美国模范刑法典》的规定,如一行为人导致一无罪或无责之人实施所述之行为,该行为人因该罪而有责。《德国刑法典》则率真地认为实行犯是自己或通过他人而犯罪之人。其他法律制度则在实行犯概念中以暗示的方式确认该原则。当然,这种实行犯类型的原则性框架遗留了大量难题需要加以评价。但我国刑法并无间接实行犯的明文规定,理论上对此缺乏研究,实践中将间接正犯与教唆犯混为一谈的案例屡见不鲜。我的《间接正犯研究》一书就是有机地结合我国刑法理论与实践,对间接实行犯进行系统的探讨,希望对刑法理论的进步、深化有所裨益。

记:您觉得您的研究领域是否还有可以开拓的领域?

林:我个人觉得现在刑法学界并不急需新领域的开发,而是应当巩固原有领域的研究基础,这个才是最根本的问题。我希望我们学者能够将研究的问题更深入化、细致化。就刑法本身而言,它并不是一个开拓性很强的学科。刑法学具有较长的研究历史,但是这个漫长的历史过程中我们刑法学的发展并不是十分理想和显著的。如果把刑法学研究比作挖路的话,我们学者在过去的 10 年内从 100 米挖到了 110 米,现在要做的是怎样在很短的时间内从 110 米挖到 1000 米。

记:您认为我们法科学子应当读哪些书籍?

林:我认为法科学子最好能多读些法理、法哲学的书籍。在教学过程中,我发现不少同学感到法理学这门课比较抽象,难懂,不容易理解和掌握,从而在学习过程中产生了畏难情绪。同时,在同学们中还不同程度地存在着重视部门法学课程而相对轻视法理学课程的倾向。这也许是由于法理学与社会现实距离比较远,对同学们毕业以后找工作关系不大的缘故。这两种情况对法理学的学习产生了不利的影响,长远看势必会影响同学们法学整体素质的提高。

要搞好法理学的学习,关键是在掌握相应知识的前提下,提高自己的思维能力,具体讲是法理学所特有的思维能力。这首先要清楚法理学这门课程本身的属性特征,然后才能采取相应的学习方法。我个人认为法理学主要具有以下三个突出的基本属性:“法”性、“理”性和“学”性,也就是法律性、理论性、学术性。法理学是这三种基本属性的有机结合。这就要求同学们对何谓“法律思维”、何谓“理论思维”、何谓“学术思维”,以及它们的基本特点有一个清醒的认识。

记:最后请林老师给我们青年学子提些建议和希望。

林:现在的学生都有着浮躁的情结,有些学生既不会玩也不会读书,实在是可悲。所以,我希望他们能够认真一点,这个认真的含义不仅仅是认真看书,而是对待任何事情都要抱着认真、负责任的态度去完成。学习法律的人要有法律的素养,如果不重事实,那就没有学习法律的必要,不要总是想着投机取巧。由于法律渗透到了社会生活的各个方面,可以说社会处处有法律,法律理论寓于一点一滴的日常生活之中。学习法理学并不一定要从理论出发,完全可以从自己身边的琐事及平凡人物出发来学习和思考问题。世界上没有纯粹的法律问题,同样也没有纯粹的非法律问题。"世事洞明皆学问,人情练达即文章",俗话不俗,今天对我们仍有借鉴意义。

(吴　鑫、陈　艳)

王志强

Wang Zhiqiang

1971 年 10 月生。1989 至 1996 年，就读于复旦大学法律系，完成本科及硕士研究生阶段的学习；1996 至 1998 年，在北京大学法律系完成博士研究生阶段的学业；2005 至 2006 年，赴耶鲁大学法学院攻读法学硕士（LL. M.）学位，2008 年开始攻读耶鲁大学法学院法律科学博士（J. S. D.）学位。1998 至 2000 年在复旦大学中国历史地理研究所任博士后研究人员，2000 年起在复旦大学法学院任教，2005 年成为哥伦比亚大学法学院爱德华访问学者。现任复旦大学法学院副院长，教授、博导。

出版《法律多元视角下的清代国家法》（2003）、《对抗式刑事审判的起源》（译著，2010）等多部著作，并有《南宋司法裁判中的价值取向》《中国法律史叙事中的"判例"》《论制定法在中国古代司法判决中的适用》《中英先例制度的历史比较》等论文发表于《中国社会科学》（中、英文版）和《法学研究》。另有外语论文 Case Precedent in the Qing China 等在美、日、法等国发表。

因科研及教学成绩突出，曾获得中国法学优秀成果奖（2011）、上海市高等学校优秀青年教师（2009）、上海市优秀中青年法学家（2006）、霍英东基金会高等院校青年教师奖（2004）等荣誉。

> 用一种历史的关怀，对任何一个问题有一种历史的眼光，有对它来龙去脉的体察，同时对影响其发展、变化的关联性制度和社会背景有一种认知和考察，这种历史的视角，我想应该会在未来的一段时间内成为中国法学研究的一种重要方法。

记者（以下简称"记"）：王老师您好！首先，请老师介绍一下您的求学经历吧。

王志强(以下简称"王"):我的经历其实很简单。我是 1971 年出生,在江西长大,在南昌读的小学和中学,1989 年到复旦大学当时的法律系学习。我学法律也是很偶然的原因,因为高考那一年,由于国家的一些原因,招生计划发生了很大的变化,全国的招生名额都缩减了,特别是复旦,在江西只招两个人,而且只招一个专业,就是法学。所以,我就没得选了,只能读这个。

记:所以说王老师您是以那两个名额之一进复旦读的本科了?

王:对的。我在这里学习了四年。当时也考虑工作,因为 90 年代初的时候,整个就业形势非常好,做律师实务的同学现在基本上都是合伙人了,做其他实业的也都非常成功。我当时也有一些工作机会,但是觉得自己还是对做研究有些兴趣,所以就选择继续读研究生了。当时为什么读法史呢?一方面是因为自己有兴趣,另外一方面也是不得不做的选择,就像我的高考一样。因为当时的法律系研究生只有一个专业,就是法制史。当时的法史有两个方向,一个是中国法制史,一个是外国法律制度。外国法律制度呢,我有两个同学直升了,所以没有名额了。当然,我自己的兴趣也确实是在中国法制史方向,所以就继续读了中国法制史的研究生,当时的导师是叶孝信教授。在复旦学习了三年,当时就觉得自己还是比较适合也比较喜欢做这个领域的研究,就想继续学习。当时国内招法律史专业博士的有三所学校——北大、人大和法大。当然,我比较心仪的是北大,当时北大的那个专业还叫法律思想史,后来跟法制史合并了。我 1996 年去报考北大,顺利录取,在 1996 到 1998 年之间就在北大读博士。当时因为各种原因,决定早点毕业。当时教师的待遇比较差,没有一个好的安居条件。我觉得,如果能回到复旦,能有机会继续安心做一段时间研究也蛮好的,所以就申请了复旦历史地理研究所的博士后,合作导师是周振鹤教授。周老师在政治地理和文化地理等相关领域都很有造诣,而且历史地理学也是复旦最强品牌之一。当时我申请了历史学博士后,进行了两年的研究工作,一直到 2000 年出站。接下来,就留在了复旦的法学院。

记:您从本科开始就一直研究法制史,想必在这方面已经有很高的造诣了。

王:我从 1993 年开始学习中国法制史,实际上在这之前自己也有意识地读了一些这方面的典籍,所以算起来到 2000 年也有将近十年时间了。当时我觉得对中国法制史有了一些肤浅的了解,就想是不是可以把自己的视野放宽一点,做一些外国法制史,特别是西欧法制史的学习和研究。我当时要做博士后出站报告,还有其他的教学任务,所以压力还是蛮大的。但我还是想给自己一个挑战,所以就承担了外国法制史的课程,从那时候开始进入西欧法史领域。

虽然课也教了几轮,但总觉得有点隔靴搔痒,不能很好地领会内在的一些东西,所以也一直在找机会,希望能到欧美国家去学习。

第一个机会是在 2000 年 6 月去奥地利萨尔斯堡开会,走马观花地呆了一星期左右,实地感受了西欧的风情。那是自己第一次出国,看到那里环境超好,以为整个欧洲或者西方世界都是这么美好的环境,更加增强了继续去那里学习、生活一段时间的念头。不过,当时我有点盲目,不是很清楚哪个学校在哪个领域有特色或更适合自己,反正只要有出国的机会就去申请。

在 2002 年下半年,我有了一个在英国诺丁汉大学学习的机会,在那里参加了一些课程,也对学校图书馆资料的情况有了一些了解。同时,去了牛津、剑桥等几个著名的高校,拜望了法史方面的著名学者,比如 John H. Baker 教授,他是剑桥大学的唐宁讲座教授,是英国法律史权威学者之一。

记:所以,您也是趁这个机会,与这些教授有了交流。

王:这只是比较肤浅的接触,谈不上什么很深的交流。就是大致地了解了一下他们的资料情况、研究状况,从外围窥视了一下。还有一点,就是做了一些资料的搜集工作,在那里复印、购买了一些英文书籍。回来以后,我更深切地感觉到自己语言方面的局限,觉得自己的英语还不够用,资料也很欠缺,所以就很想有更长的时间去学习。于是,我就申请了其他更有针对性的项目。

在 2005 年上半年,我有了一个去哥伦比亚大学的机会。当时哥大有一个访问学者项目,为期半年,主要是资助中国年轻的法学学者去访学。那里正好有一位做中国法律史的学者,叫 Madeleine Zelin,中文名字叫曾小萍。她对我的研究颇有兴趣。

其实,在去哥大之前,我已经申请了耶鲁大学的硕士项目,在哥大访学期间接到了耶鲁的录取通知。所以,我当时完成哥大的访学项目以后,短期地回国一下,又去耶鲁继续进行硕士阶段的学习了。因为我 2005 年上半年就通过了教授的职称评审,所以当时我的同事,包括学校都有一些不理解,说为什么评了教授还要去读硕士。我也只能开玩笑地说:"继续学习嘛。"其实,我确实也是怀着这样的一个目的去的。在做访问学者期间,当然有联系与合作的教授,但是实际上也没有一个非常明确的课题,完全是作为一个比较边缘的参与者,跟教授实质性的交流不是很深。我还是想在西欧的法律史方面有所长进。这方面的教授,当然如果你前去拜访,他们都很热情,但毕竟自己的起点比较低,谈不上什么交流。另外,从学习层面来讲,一是正好那个学期哥大没有开英国法史的课程;第二,即使旁听课程,但毕竟不是正式学生,待遇不同。访问学者是作为学生对待,但是比正式学生的待遇要差一些。所谓待遇,不是说拿钱的多少,而是教授对你的重视程度。你不拿学分和学位,他也不给你批考卷、改论文,他完全没有这个责任。所以,教授能给你的指导实际上很有限,他们都很忙,不可能对你有过多的投入。我不知道欧洲的状况是不是这样,在美国是这样:如果你作为正式学生,教授通常都很敬业。如果你有问题,即使没有选他的课,但有学术上的问题或需求,他们大都比较热情,会为你提供学业上的指导。如果是课程的教授或自己的导师,那么他们对学生的投入就更大了。

有同学说,他们想出国,问我写出国申请要注意些什么。我就跟他们说,根据我的经历,在出国前应当明确地知道自己要去干什么,要学什么课程,主要的目标教授是谁。比如我的这个项目要求 24 个学分,我有 16 个学分是从两个教授那里拿的。所以,基本上我所有的课都是跟这两位教授上的。

记:王老师,您现在还在攻读耶鲁大学的博士是吧?(现已毕业回国)

王:是的。当时我去了以后,方向很明确,要学习什么也很明确,要跟谁学也很清楚,所以学习比较有针对性,比较顺利,我个人觉得还是很有收获的。硕士阶段结束以后,因为当时复旦的政策,我不能一直游逛在外面。我去耶鲁读硕之前是有协议的,这个项目结束以后必须马上回来;还有,回来以后还要连续教三年,不能长期出国。所以,2006 年我就回来了,但当时我就很明确地跟我们院领导说,三年以后我还要去读博士。当时也考虑过去英国学习,比如剑桥。但他们的网站上说,不鼓励已有博士学位的再申请博士项目。所以,决定还是去耶鲁。在这个过程中,我跟那边的教授也建立起了一定的联系,包括共同参加学术会议、翻译著作等,并利用这种关系继续向他们学习。我正式申请耶鲁的博士项目是在我硕士毕业后的两年,是在 2008 年申请的。录取后,2009 年再次去耶鲁,在那里进行了两年博士阶段的学习,直到 2011 年上半年。

记:噢,所以您是今年上半年才回来的。

王:嗯,但是实际上我还没有完成我的论文,现在做了三分之一多。因为我做的是一个涉及英国、中国、法国三个国家的比较研究。英国的部分基本上已完成,中国的部分我想在中国做更合适,法国的部分看情况吧,如果能够有机会去欧洲完成更好。基本上我的经历到现在为止就是这样一个情况,就是混在各种学校,收集各种学位。

记:王老师,您学习的过程让我们非常佩服。一个人能够坚持这么长时间去主动学习,不断地去充实自己,而且在学习过程中目标非常明确,知道自己要什么,这其实是很不容易的。

王:我也有过短期的在实务部门,包括在法院、律所实习的经历。实际上我是干不了别的,所以只能干这个,而且我也比较喜欢这个。

记:您真的太谦虚了。刚才听您说,您去过西欧、美国,那您在语言方面一定非常厉害。听说您精通四门语言,而且还在日本发表过论文。

王:外语学过一些,但是能用的很少。日本是因为当时有一个合作的项目,跟京都大学的教授做关于中国法律史方面的研究,去中国的档案馆查阅资料,参加他们组织的学术会议。发表的论文是日本学者翻译的,并非自己所写。日文学过一段时间,主要是为了中国法制史的研究,因为日本学者在这方面有很大的成就。日语基本阅读还可以,英语稍微好一些,法语也只是能阅读。

记:听说您还会拉丁语。

王:拉丁语是学过,但还不能阅读。按我拉丁文老师张巍教授的说法,如果没看几个词就要查字典的话,那就不叫会读,我现在就基本上处于这个状态。因为我在耶鲁的导师 James Whitman 教授是做欧洲法的,特别是罗马法,开始时他非常鼓励我做中国和罗马的比较。所以,当时花了一些时间学习拉丁文,想做这方面的研究。但是,后来我觉得自己的兴趣还是在英国,英国和罗马其实较难放在一个平面上作比较,特别是要跟我自己的研究背景、中国法制史进行对比的话,就更加困难,无法找到公共的平台。于是我修正了一下具体的研究计划,把欧洲的代表改为法国了,所以后来才开始学的法语。我现在做的是中国、英国和法国,但是罗马法一直是我的梦想,研究欧洲法的,迟早有一天还是要好好学习罗马法。

记:现在我们很多学生的英语听说能力比较薄弱,那在语言学习方面,王老师能不能给我们一些指导,或者说您对语言学习有什么心得?

王:我其实不是一个成功的例子,所以谈不上什么建议。我的一个最简单的想法是,尽可能地创造机会去实践。如果能在闲逛娱乐性网站时,不仅看一些中文网站,同时也看一些英文的网站,那就是学习的机会了。

另外,如果有比较好的图书馆资源的话,比如说 HeinOnline 之类的数据库,可以去浏览一下国外相关领域的学术前沿的文章。在美国其实有很多资料都存储于网络数据库中,至少可以看到目录。所以,如果你有闲暇的时间,但却看不进其他书的时候就可以去网上逛一下。比如说有个杂志叫 *Law & History Review*,它里面所有的文章都是可以下载的,你就可以看一下它有哪些最新的研究成果,你并不需要看很具体的内容。我觉得可以像这样利用隔三岔五的零碎时间进行外语的学习,会使你的语感有一种提升,至少能保持。

记:就是要利用平时有空暇的时间去持续不间断地多看一些东西。

王:对,不一定要看很专业的。我们现在有个感觉就是,很专业的那些词比较娴熟,但是那些生活方面的、当地人所关心的一些话题的背景却不是很了解,这实际上也很限制你将来对这个社会的了解和跟当地学者的沟通,包括跟当地普通人的沟通。

记:所以说,去国外学习,比如说像您去美国学习和做研究,这其实也是一个比较好的学习语言的途径。

王:对。但是,在那里学语言其实有点浪费,最好还是之前就准备好,因为这样才可以使得效益最大化,毕竟出国还是要有投入的。最好是能在那边更有效率地利用这个机会学习更多的知识,特别是在国内不易获得的东西。我觉得这些东西包括两方面:一方面,你可以看到真实的场景。当然,在国内的电视上也能看到,但那是由别人选出来给你看的,如果你自己去看,感受就会不同。另一方面,你可以接触到很多人。当然,在这里也可以接触到一些留学生,但毕竟层次比较有限,因为只是这个年龄阶段,只是这个文化程度。而在那里你可以接触到各个阶层的人。像在宿舍打扫卫生的人,他很愿意跟你聊。你也可以了解到普通西方人的生活、他们的价值观。其实,有很多有公益心的家庭愿意在节假日的时候招待外国人。这个时候,你就可以去看他们的家庭,可以感受到普通西方人的生活。

记:其实,这种接触和交流也是可以帮助我们了解他们的法律文化。

王:对。这是一个非常重要的过程。像我有朋友在美国买房子了,他就说,这期间他不是通过文本来了解法律,而是通过住在那里几年的生活过程去认识。如业委会如何运作的。这是在非常底层的、非常普通的生活当中的法律和权利实践,你可以感受到他们公共管理社会化的基础。

再从专业学习上说,在那里最大的资源,一是资料,二是教授。图书馆因为现在有电子化,所以更方便。我在那里的网上也下载了很多东西。现在美元汇率也降低了,买书便宜一点,所以我也买了一些英文的书。这些都是在那里比较方便的,或者在这里不太容易获得的资源。在那里真正具有不可替代性的资源是教授,是他们的指导和交流。如果能更多地获得不仅是自己的导师以及课程教授的指导,还包括各种的讲座机会、各种和其他院系交流的机会,那都是非常宝贵的。但这里有个前提就是你要知道自己想要什么。那里每天都有各种校内的讲座信息、讨论会,会供应免费的午餐,甚至晚餐。如果你什么都想要的话,那整天就在各个教室之间晃来晃去,也不一定真的能有很大的长进,因为面太广了。所以,一方面,自己的目标要明确,知道自己想要什么;另一方面,到了那里以后还要知道怎么样能够获得自己想要的东西。

可能我自己的经验体会就是刚刚提到的几个方面,包括跟社会接触,跟校园里最具有不可替代性的那些资源去接触。但是,有些事,比如说读书,当然并不是说读书不重要,但读书实际上是在这里就可以做的,你可以买回来看,也可以把文章下载回来看。当然,你跟教授交流是需要读一些书的,否则也难以有真正有价值的交流。我自己觉得,如果这种学习能有一个来回的过程,就是在那里一段时间然后带一些东西回来在这里继续研究,因为毕竟资金投入要少很多,同时在这里如果还能找到一份工作,获得一些收益,帮助自己继续研究学习,这样会是一个比较理想的方式。

记:这确实是一种可以使效益最大化的学习方式。另外,我们想请教王老师的是,因为您不仅对中国法制史有一定的研究,而且还学习了西欧包括美国的法律文化,在您这样的一个学习和了解之后,您觉得这些信息或者说是知识对我们中国现在的法治建设是否有帮助或者借鉴意义呢?

王:学习西欧的法制史,一方面是满足我个人的好奇心,因为对它比较向往,觉得那是一个很有文化的事情,就像学习中国的传统文化一样,有一种敬仰,有一种尊敬。但另一方面,从社会的角度来说,纳税人供养我们这些学者来做这个工作,实际上是有其社会效用的。当然可能不一定那么功利,那么具体,立刻就能解决现实的问题,但是从总体上说还是要有一种社会关怀。我昨天还在跟朋友通邮件讨论这个问题,就是中国的西欧法律史研究的出路和方向。我参加过美国法律史协会的年会,加我有三个都是做中英法律史比较研究。我们三个人一起做了一场报告。到那里之后,我们发现我们是唯一的一组亚洲面孔。我找了我的老师去主持我们的这场报告,而我朋友也请了他的导师来做评论人,来给我们捧场,帮助我们吸引了一些专门做英国法的研究者来听,但是实际上,是因为中国的影响力日益提升了,他们才会来听。说到我们对英国或者说对欧洲的历史的理解,实际上我们还没有达到同一个交流的平台。

记:就是说我们与西方学者的研究没有到达同一个层次。

王:对。首先,他们关心的问题和我们不一样,这是一方面原因;另一方面的原因是他们占有的资料和他们的积累远远比我们要丰富。同时,语言能力以及文化的理解力,这些都是中国的学者在相当长的时期内相当难突破的。说到这个问题我也想到日本对中国法律史的研究。他们有长期的对中国文化的学习、引进以及理解。所以,也是通过一代一代的积累,几百年以来才能达到现在这个程度,包括他们对相关资料的长期收集。中国要在我们能够看到的这一两代甚至几代人之内达到跟西欧的学者对话、讨论他们所关心的问题或西欧法律史的一般学理问题,我想还是比较困难的。

另外,我觉得从自己的角度来说,学习西欧法律史,除了满足自己的好奇以外,还有就是为了理解中国的传统和法律文化。因为当走出去的时候,跟其他人相比较,你才能感觉到这个是自己跟别人很不相同的地方,才是所谓的特色所在。有很多的著作也提到中西比较,有些可能说得不错,但在精确性和细致性方面,我想还有很大的提升空间。

还有一点,从当下的这种意义上说,如果要对中国的传统更准确地把握,那么在法律以外的社会文化背景上,还有不少需要我们了解的方面。我最近比较关心的问题是所谓国家与社会的互动关系的问题,也就是国家权力的一种模式。美国当然是个特例,而我前段时间着力研究的英国实际上就是美国这种文化的前身。当然,现在英国很不一样了,越来越融入欧盟,也越来越成为一个大西洋两岸之间的中间过渡阶段。而在此之前他们的社会完全是按照一种高度自治化的状态在运作,现在因为他们受到欧盟的影响,使得国家对社会的干预越来越多了。而美国一直到现在为止,还是承袭了英国的这种自由社会的那种传统。他们觉得国家有一种必然的恶性,就是国家是做不好事情的,只能让国家来管理一些公共的事情,很多事情国家一旦介入了就常常做得比较糟糕。

记:您的意思是说,这其中其实是有一个互相影响的过程,正因为国家办的事不够好,所以民众会不信任,而不信任了之后政府也会少了那么一点办事的动力。

王:对,包括加税、救市诸如此类的问题。在这个背景下,中国的法律问题可能有很多跟美国或者其他的西欧社会所不同的背景,因为法律是非常需要国家介入的,但这方面有程度的区别,比如说有没有陪审团,这就是非常大的一个区别。再比如律师主导的对抗制,包括证据的交换是不是充分,这个不是由国家来运作的,而是由市场、由当事人自己来运作的,这当然也是区别。而在这个过程当中所谓的对抗式,实际上是国家站在一个比较超脱的、外在的一个地位、身份来主持这个活动,并不是很深度地参与。但是,在中国,比较传统的方式是国家要控制,要深入地掌握主动权,并且在这个当中扮演非常积极的角色。同时,老百姓也期待国家为他做主,为他解决问题,如果完全让他自己去请律师,去找证据,他会觉得这是政府的失职。那么在这样的背景下,我觉得中国法治的方向是在法律引进的时候考虑到一个文化认同的问题,因为有很多制度都是在这种基础性的设施建设之下运作的。我们经常讲这个国情不同或者说我们的这个文化背景不同,到底是哪里不同? 国家权力与社会的关系问题我想是一个非常重要的方面,我们要充分考虑到社会的认知程度和需求程度,以及现有的框架、条件,在引进制度的时候作合理的选择。我觉得,我国跟欧洲在这个意义上有更多的相似点。但是,老实说我对欧洲的了解还非常少,现在也是在学习过程当中,欧洲的文化包括制度对我们来说到底能够借鉴到什么样的程度,以及跟他们又有怎么样的不同,我想也许在我下一阶段的学习过程当中会有更多的了解吧。

记：王老师，最后我们想了解一下，您对我们这一代的法科学生，当然也包括学习法制史的许多同学，有什么鼓励或者是期许呢？

王：我有时候跟法史的同行交流，他们都觉得对法史有一种危机感。我觉得法史其实在任何的法学教育体系当中都不是或者说也不应该占据非常核心的地位，它就是一个夕阳学科，不是主流学科。我的老师 John Langbein 教授是做英国法史的，他说："English history is dying in this country." 他说已经越来越没有人做这个了。但是，从另外一个角度来说，法史有它的生命力。法史作为学科，它不是主流，但是法史的研究方法，在未来我相信会越来越进入主流的关注和视野当中。用一种历史的关怀，对任何一个问题有一种历史的眼光，有对它来龙去脉的体察，同时对影响其发展、变化的关联性制度和社会背景有一种认知和考察，这种历史的视角，我想应该会在未来的一段时间内，成为中国法学研究的一种重要方法。

记：我们可以以史为鉴。

王：对。现在法学领域强调的是一种微观分析的方法，越来越多的社会学引入，包括一种实证方式的引入，当然非常有价值。但是，更进一步的，就是我刚刚提到的对于这种背景性的、较为宏大的一种文化的关怀，在一个制度背后，甚至包括一个制度本身，它的本源是什么，它为什么会变成这个样子，其实也值得我们关注。我们现在的法史更多的是一种事实的描述，讲它在当时是什么样子，后来又发展成了什么样子。但是，对于历史上建构这种制度的合理性，以及这种合理性在更抽象的法理层面上的意义，比较缺乏关怀，或者说比较缺乏社会科学视野下的、可论证因果关系的阐释。所以，这个方向，我想应该多少会成为法学研究的一个意义所在。

记：同时这也是可以帮助法制史发展的一个条件。

王：对。在对美国法律史的研究当中，我有一个感受就是，法律史这个学科的地位在日益下降，但是它又无所不在。

记：对，它是体现在各个学科当中的。

王：不错，所有的学者，做部门法的，包括做国际法的，都能体会到。研究者们应当关注制度的背景、历史这些问题，即使他做的是一个主流的、非常部门法的问题。所以，我想法律史最重要的使命之一，是更多地提出和回答法学的问题，更具有法学的意识。

记：所以，学习法史可以让我们站在一个更高的层面上去理解各个学科。

王：不一定是更高的层面，不过，以前我们更多地突出它史学的属性，特别是事实描述的属性,而现在越来越包括社会史的属性,就是跟社会的互动关系。但在法律的内部,在技术的层面,它的意义还没有被充分地解释出来,所谓中国传统法律的精神,它的一些智慧,它最核心的那些技术,我们还没有充分地用法学的眼光加以考察。

记:也就是说,研究法科的时候,还可以通过比较的方法,能够更加了解自己国家或者说这个法律史的演变的特色所在,这也是很有借鉴意义的。

王:是。说到法科,我想中国在未来的几年都是法学大发展的时代,所以我们也是生逢其时吧。但法科总体上跟法律史很不一样,它是一个非常实践性的领域。我虽然一直在学校里学习研究,但是我觉得法科学生一定要有参与的、积极入世的视角和心态。要能够把所学的跟社会的实践真正地结合起来,并且通过学习,能够更多地理解,而不仅仅是批评。当然,在社会中做了实务的工作后,会看到很多社会的阴暗面,但怎么样来看待这些现象,一方面怎么样理解它,一方面怎么样改变它,这才是最重要的。我想,法科的同学可能将是未来国家整个政策方向的制定者,我们非常期待在有生之年能够看到中国的整个制度包括法律环境有一个根本性的改善。

记:所以,法科的前景还是美好的。当然,也需要像王老师这样的教授带领我们往前走。谢谢王老师能够接受我们的采访,再次向您表示衷心的感谢!

(张　琪、孙晓霞)

贺小勇

He Xiaoyong

1972年1月生,安徽安庆人。华东政法大学图书馆馆长,中国自由贸易区法律研究院常务副院长,教授、博士生导师。英国华威大学发展法硕士,美国旧金山大学法学院客座教授;中国国际法学会理事;上海市优秀青年教师,上海市曙光学者。在《中国法学》《政法论坛》《现代法学》《法学》等期刊发表学术论文八十余篇。著作有《论金融全球化趋势下金融监管的法律问题》《国际贸易争端解决与中国对策研究》《WTO新议题研究》《WTO与IMF框架下人民币汇率机制的法律问题》等。主持国家哲学社会科学、司法部、教育部、上海市哲学社会科学科研项目多项。

主要从事国际贸易法(WTO)、国际金融法方面的教学与研究工作,为博士研究生、硕士研究生及本科生开设国际贸易法、世界贸易组织法(WTO)、国际经济法等课程。

> 曹老师非常有激情,要求我们读研究生的要有责任感和使命感,绝对不能混日子、混文凭。

记者(以下简称"记"):感谢贺老师接受我们的采访。首先,想请贺老师为我们介绍一下您的求学经历。

贺小勇(以下简称"贺"):我1990年参加高考,当时对选择专业并没有太多的想法,很偶然地报考了当时的华东政法学院。在刚进入大学本科阶段的时候,自己并没有形成很清晰的定位,包括将来做什么领域、如何学习等等。我是法律学院的学生,在校学习阶段对刑法学比较感兴趣,后来报考国际法专业的硕士研究生和实习有关系。我本科阶段曾在一家律师事务所实习,当时带教律师拿了一张信用证让我翻译。当时因为国际经济法课程还没上,信用证也没有见过,信用证是全英文的,华政培养的学生连信用证都看不懂,感觉到很丢面子。受此刺激,我决定报考国际法专业的研究生。其实,就是这样一个很简单的事,促使我努力学习国际法。

记:好的,请问您在求学阶段印象最深刻的老师是哪位?

贺:我印象最深刻也是最为佩服的老师是我的导师曹建明教授。曹老师那时对我们要求很严,平均每两周到我们寝室检查三次,主要检查我们是不是在心无旁骛地做学问。曹老师非常有激情,要求我们读研究生的要有责任感和使命感,绝对不能混日子、混文凭。他要求我们能非常认真地去思考一些问题,特别是能够紧密联系中国的法治建设实际,选一些有理论意义和实践意义的问题去思索,并提出自己的建设性意见和建议。他认为这种探索和思考对于提高研究能力和水平、对于国家法治建设都有积极意义。应当说,曹老师从一个非常宏观和严肃的角度让我认识到做学问的价值。

我至今还清晰地记得曹老师当时为我们讲了做学问的 80% 与 120% 的关系,这对我启发很大。虽然我们同学读书都很努力,但能不能咬牙坚持到最后,这个很关键。比如,老师要求我们完成一篇论文,绝大部分同学都已经完成。但是,其中有一部分同学是花了 120% 的努力去做这件事情,还有一部分同学仅仅花了 80% 的努力。后一部分同学在老师那里也能过关,也能拿到文凭,但其实一文不值,因为你的论文没有一点价值。写完之后连你自己都不想去看它,是糊弄人的东西。可见,努力 120% 的人比别人多付出 40% 的努力,但最后他的成功是 100%,而付出 80% 努力的人最后成功的几率是 0%。因此,最后的相差是 100%。一个是一文都不值,一个是 100% 的收获,你仔细想一想,你究竟愿意选哪一个?我们很多同学在这个问题上没有想明白。可以说,我们同学一篇好的硕士论文、博士论文往往决定了他(她)将来的发展方向,甚至决定了他(她)的一生。

这个例子告诉我们,在读书和做学问的阶段,实际上就是看谁真正能够咬着牙坚持到最后。谁付出的努力多一些,这个人就更容易成功。这就是曹老师在做学问方面给我很深的影响。

记:好的,那么您在求学阶段印象最敬重的同学是哪位?

贺:在研究生阶段,住在我上铺的有一位经济法的同学,叫李高中。他特别爱钻研,研究西方的法哲学理论。那时在我们同学当中,大家互相佩服的一般比较少,而他让我佩服的最主要原因是他能够用法哲学的理论分析现实问题,这是非常不容易的。他能够将理论与实践结合起来,而且能够指导他读书,包括到现在指导他的创业。这是我比较佩服的一位同学,他的学习和研究方法对我也有很大的启发。

记：在您的求学期间，有没有您难忘的经历或者印象深刻的事件？

贺：我从 1990 年开始一直在华政读书求学，其中让我印象比较深刻的事情有这样两件。一件是在我刚读研究生阶段，当时考上了研究生，但是经济条件很差。我在本科阶段虽勤工俭学，但还是欠了学校不少贷款。我曾去校办询问，说我现在考上研究生，欠学校的贷款是否等将来毕业以后还或是减免一些，因为读研究生没有工资。如果不行，我就要先去工作挣钱，把贷款还掉。当时我也没有抱太大希望，因为那时候本科生就业形势不错，读研究生并不是唯一道路。但是，没想到这件事情学校居然同意了，减免掉我所有贷款，让我安心学习。通过这件事情，我感到当时的史焕章院长、学校相关职能部门的工作人员确实已经体现了一种以人为本的理念，这让我内心充满感激、印象深刻，也激励我更加努力地进行学习研究。另外一件是 2001 年出国留学的事情，也给我留下很深的印象。我那时正在读博士，联系到一项去美国留学计划，对我当时的学业来说是很关键的。如果说要论资排辈的话，我大概要排到 2005 或 2006 年。但是，我自己联系留学后，学校也同意让我提前出国留学，这样我就赴美国留学了。虽然从表面上看，去美国留学只是先去后去的问题，但是对我个人的成长却非常关键。我 2001 年去美国，2002 年回国后参加雅思考试，拿到了志奋领奖学金到英国去读书。如果说没有前面去美国的留学，就不可能拿到奖学金去英国读书。从英国回来后我被选派为教授到旧金山大学法学院去讲课，并顺利通过面试，因此有了在国外讲学的经历。这些经历，从根本上说，还是得益于 2001 年提前去美国做访问学者。我想华政无论对青年学生还是青年教师，都是非常重视和关心的。所以，一直以来我对华政都有一种感恩之心、感激之情。

记：好的，那么贺老师从何时开始投入到专业教学研究中的？

贺：前面讲到我报考国际法的研究生确实是因为感到社会的需要，就教学方面来说，1997 年我研究生毕业后留在了院长办公室，同时也兼任一些国际法专业的课程。我还是比较喜欢上课的，我一直认为自己做老师有两个基本的比较优势，一是能讲，二是能写。这样做老师比较容易一些。

记：贺老师主要从事的是国际贸易法、国际金融法方面的研究。那么，在您研究的领域中，有没有遇到比较大的争论？其中，您所持的观点如何？

贺：我研究的国际贸易法、国际金融法确实是中国在融入经济全球化进程中迫切需要了解和研究的重要问题。选择这些领域进行研究还是跟自己的导师有关系。1994 年和 1998 年曹老师分别给中央领导同志做"国际商贸法律制度与关贸总协定"和"金融安全与法制建设"的法制讲座，那时我正好读他的硕士和博士研究生,跟着他也确定了我自己的研究领域。当时,围绕关贸总协定以及后来的 WTO,出现了中国要不要加入的一些争论。当时也有观点认为,加入 WTO 的时机不够成熟,等国家强大后再加入更好些。特别在发生亚洲金融危机之后,这种观点还是很流行的。当时关于这样重大的问题的争论,我在做研究的过程中比较赞同一些学者的观点,那就是中国必须尽早恢复关贸总协定缔约方席位,必须尽早加入 WTO。我赞同这种观点的主要理由是:从研究的角度看,所谓加入 WTO,实际上就是从国际法律层面将中国参与经济全球化的决心制度化。实践证明,中国哪个产业、哪个区域融入经济全球化越早,哪个产业、哪个地区的国际竞争力就越强。

再有一个问题就是中国的人民币汇率问题,这个问题一直从 2002 年争论到现在,经济、金融、法律等各行业都有自己的观点。从法律层面看,我认为涉及如下几个问题:首先要考虑的是中国有没有汇率主权;其次是这个主权在法律上受不受限制;最后是在行使汇率主权或受到限制的情形下考虑人民币汇率对周边以及世界经济的影响。在这三个问题之外,再考虑美国对中国的压力究竟多大,人民币汇率争论是不是会对中美经贸关系产生全局性的影响。经过考察研究,我比较赞同中国的人民币汇率问题从根本上说是中国自己的主权问题,即使要改革也是中国自己考虑要改革,而不是迫于美国的压力。

这些是比较大的宏观问题的争论,如果说到比较细的问题的争论就非常多了。比如 WTO 争端解决机制的法律适用问题,有学者认为 WTO 体系应当纳入到国际法的体系中,不应当是单独的体系,因此争端解决机制不仅仅适用 WTO 中的法,还应当延伸到其他的国际法。对于这样具体的争论,在我们的研究过程中确实遇到很多。

> 我很希望当前的科研激励和导向真正能够将国家与社会的需要、学校评价和个人的研究兴趣爱好结合到一起。国家和学校应当创造一种更加包容、更加充满人文关怀的环境,从鼓励学术出发,激发学者的研究激情。

记:关于您所研究的国际贸易法和国际金融法领域,我国目前的发展状况如何? 还有哪些发展空间?

贺:实事求是地讲,就国际金融法和国际贸易法来说,我们的研究确实与国外有差距。这个差距到底有多大呢? 如果说十多年之前,可能与别人的差距还有十年。但现在中国的很多学者在研究领域与国外学者基本上处在同样的一个前沿。由于信息化的发展,大家对资料的掌握都比较全面。特别在国际贸易法领域,比如我们讲世界贸易组织,据我了解我们国家的一些学者研究得还是非常不错的。之所以还存在差距,一个重要的原因是有时候我们的学者虽然研究得很好,但是缺少世界语境中的话语权或者说是软实力,缺乏在国际的空间和平台展示自己的研究成果的机会。

就国内来说,我们的研究还存在这样一个问题,即我们学者的研究和国家的需要之间还存在差距。比如说,随着中国融入金融全球化进程的加深,随着国际上对中国"责任论"的兴起,中国作为一个大国,如何在世界关注的重大问题上发出自己的且能为他人所理解的声音,提出有特色的理论和规则体系,这需要学者贡献理论研究力量。再比如说,我们对稀有资源的出口限制,这是一项很好的决策,保护了环境和可枯竭资源。但在国家有关限制政策的具体细节上没有很好地发挥学者的作用,不注意限制的方式方法,结果被诉到 WTO 争端解决机构。在国家法律政策的制定方面,可能也存在这样的问题。一方面政府对学者的研究没有很好地吸纳;另一方面,学者也没有很好地根据政府的需要进行研究,变成"你讲你的,我做我的",这就造成了脱节。这个我觉得很可惜,可能两个方面都需要进行努力。政府需要和学者研究之间的相互沟通和合作,还有待进一步完善。

记:说到研究,想请问贺老师在各类研究方法中最欣赏的是哪一种?

贺:在研究方法或视野中,研究什么很重要。比如我自己在做国际法研究时,我要确定自己所研究的领域确实是与中国的改革开放相联系,要关注国家、社会实践中出现的问题。我觉得法学研究学者"铁肩担道义"到底担什么要首先确定。再有一个就是怎么去研究,我觉得实证研究很重要,特别是案例的研究方法。这与我们国际法专业受英美法系影响较大有关系。此外,历史性的研究方法也是我所看重的。自然法中一般存在普遍适用的法律,这是可能的。比如,保护基本人权、最基本的核心价值观。但是,在涉及经济的法律中,就不一定存在所有国家在不同阶段都可以适用的一种法律模式。例如,金融危机中各国都采取了救市政策,美国的做法相当于大规模的国有化,而这恰恰是"华盛顿共识"所批判的。实际上,政府到底在经济立法中的市场导向如何,很难像自然法那样下定论,毕竟各个国家在不同的经济阶段和发展阶段有着不同的考量。所以,从历史角度研究国际经济法,其优点在于可以衡量这样的国际规则是不是真正符合中国现有的发展。比如,我们之前搞金融领域的分业经营,唯美国马首是瞻。后来美国搞混业经营,我们也尝试混业经营。现在美国又要改革,搞分业经营,那么我们应当怎么走?这是一个非常严峻的问题。又比如对知识产权的保护,我国的通常研究模式是:中国的知识产权保护水平如何? 美国和欧盟的知识产权保护水平如何? 两者之间存在怎样的差距? 我们应该如何完善? 我在网上查找的论文基本上都是这样的一种模式。我就经常想,知识产权保护的历史的研究为什么这样少? 知识产权的保护难道像自然法理念那样可以普遍适用? 美国的经济发展阶段与其知识产权强化阶段是否相互吻合? 日本是一开始就强调知识产权保护,还是后来再进行强调? 以史为镜,将历史作为标准,对我们的研究很重要。比如,中国面临的汇率压力与 20 世纪 80 年代日元所面临的压力非常类似,日元升值有前车之鉴,人民币还能不能这样升值? 我觉得以历史作为参考,对我们的研究更有以史为鉴的作用。

记:刚才我们聊了些专业的问题,现在想请贺老师谈谈对学术环境的理解。您认为什么是良好的学术环境? 我国当前的学术规范执行得如何?

贺:应该说一个时代有一个时代的特点。但从哲学上讲,我们做学问,内因是主要的,外因是次要的。很多人认为现在的学术环境很不好,有抄袭、急功近利的现象,你可能花了很大的力气写出来的文章反而得不到发表。有时候我们也会发现很多学术失范的现象,觉得自己辛辛苦苦做学问,从成果上看,反而不如那些抄袭者。但我却有另外一个想法。我觉得越是一个不好的外部环境,一个人如果真静下来努力,他越容易出成果。在 20 世纪八九十年代的时候,大家都在精心做学问,你要想脱颖而出就比较困难。而现在,不少做学问的人同时还兼职,有多重目标,这时如果你潜心做学问,始终如一,从某种意义上说更容易出成果。我是这样看待当前的大环境的,不抱怨,积极乐观,反倒觉得这种大家都认为不好的环境,更有利于年轻人的发展和成长。但前提是我们必须咬紧牙关,潜心研究。至于学术上的抄袭等失范现象,则要具体问题具体分析。因为学术本身是站在别人的肩膀上不断前行的。社会科学需要我们完全创新,这是比较困难的。实际上,我认为创新有几种类型:一种是总结型的,总结出一种规律;另外一种是争论型的,人家提出一种观点,你认为这种观点不对,进而提出自己的观点;除此之外就是创造一种理论学说,这是比较高层次的。除了最后一种创造一种学说外,前面两种总结与他人辩论的写法总要借鉴他人形成的资料。怎么引用他人的资料很重要,特别是我们看国外的论文,会发现往往引注都很丰富。他们往往关注的是如何把所拥有的资料引用出来,而不仅仅是正文中自己的观点。这样的引注有好处:第一,别人知道你写这篇文章时看了多少资料,判断你的这篇文章有没有价值。如果你看的资料很少,可能你这篇文章的观点是不大成熟的,除非你自己完全是独创的。相反,如果你阅读的文献比较多,至少说明你在写作时做了大量的工作,至少花费的时间比较多。从某种意义上说,引用别人文献越多的文章,反映出作者的基本功越扎实。第二,引注遵循了学术的规范。第三,在引用的基础之上,才有可能形成自己比较成熟的观点。所以,我的看法是反对引用不标注的行为,不反对引用的行为。

当代的中青年学者要紧咬牙关,还是很容易成才的。我们学校中也有很多中青年学者发展非常快。他们能够了解自己的发展方向并且坚持下去。而多发文章或者少发文章主要是一个导向性的问题,做学问会受到几个因素的影响:一个就是自己的兴趣志向,另外一个是当前的社会评价体系。我很希望当前的科研激励和导向真正能够将国家与社会的需要、学校评价和个人的研究兴趣爱好结合到一起。国家和学校应当创造一种更加包容、更加充满人文关怀的环境,从鼓励学术出发,激发学者的研究激情。我相信当前很多人对发表论文的指标会感到很头疼。写一篇文章到底解决了什么样的社会问题? 到底总结了什么样的理论? 如果仅仅有文章的数量,而不关注文章质量或者文章的社会效果,这样的学术导向和评价就过于简单了。

记:最后,想请贺老师为我们这些法学学子提一些希望和建议。

贺:我想,做学问要有一种"咬定青山不放松"的执著和韧劲。我一直认为,博士的研究领域其实是越来越窄,博士是在某一个特定领域的专家。因此,我经常说做研究实际上是一个不断做减法的过程,把自己的研究领域不断地消减到一个非常专业的领域,直到别人提及这个领域就可以想到你。因此,在研究领域,只有领域越窄、钻研越深,才更有可能获得成功。

(张正怡、吴　玄)

王 轶

Wang Yi

1972年6月生,河南镇平人。中国人民大学法学院副院长,教育部人文社会科学重点研究基地——中国人民大学民商事法律科学研究中心副主任,教授、博士生导师。兼任中国法学会民法学研究会副秘书长、北京大学财经法研究中心研究员、华南师范大学客座教授、中国国际经济贸易仲裁委员会仲裁员。

主要著作有:《物权变动论》《民法原理与民法学方法》等。主要论文有:《所有权保留制度研究》《论物权变动模式的立法选择》《民法价值判断问题的实体性论证规则》《物权保护制度的立法选择》等。

> 民法学是应用法学,因此对民法问题的分析和解决要走出书斋,步入社会,要注重社会实证分析方法的运用,而不能仅仅局限于书斋里的逻辑思考。

记者(以下简称“记”):首先想请问您当初高考的时候为什么会选择法学专业?

王轶(以下简称“王”):当时读大学时我选择的是经济法专业,选择这一专业与我的主观意愿没有太大的关系,主要是因为我的父母觉得经济法专业挺好的,既有经济又有法律。所以,我曾笑称我选择经济法是“计划经济的产物”。我出生于一个知识分子家庭,父母都是中学高级教师,当时我的父母给我们兄弟三个分别安排了不同的专业方向,哥哥学理工科,弟弟学外语,而我学文科。就这样,我在1989年的夏天接到了郑州大学经济法专业的录取通知书。

记:您当时进入大学开始学习法律后的第一感觉是什么?

王：一开始感觉非常困惑。因为我是 1989 年 9 月份进入大学，当时关于什么是经济法存在着非常大的争议，对于经济法与民法的关系也存在着非常大的争议，而且经济法中的许多概念也存在着很大的争议。当时为我们讲授经济法基础理论的老师在课堂上对我们说，据他不完全的统计，关于什么是经济法的不同观点就有一百四十多种。对于一个刚刚结束高中学习，开始接触本科学习的年轻人，我想除了困惑之外也不会有别的感觉了。所以，当时我曾经给吉林大学的张文显老师写过一封信，在信中就表达了对经济法这门学科的困惑。后来张文显老师给我回了一封信，他在信中说要想把经济法学好，一是要把民法学好，另一个就是要把现代经济学特别是制度经济学的内容学好，再就是要读一些法理学家的作品。这可能也是我后来攻读硕士学位时选择民商法专业的一个很重要的原因。

记：您在从困惑到开始对法学产生兴趣经历了一个怎样的过程？

王：从学习民法总论时，我开始对法学产生了兴趣。学习了民法总论之后，就感觉到民法中的许多规则是情、理、法的统一，民法中的许多内容可以与自己在生活中所体会到的做人和做事的道理很好地衔接起来。在听民法总论课的时候，我能够把总论中的很多知识与自己的体验结合起来，所以就觉得这中间没有隔膜，也感到很亲切。另外，当时民法总论课老师的授课条理很清晰，将包含在民法学中体系化的思考方法在讲课中展现了出来。因此，我当时也意识到这样一门学科的确无愧于博大精深的说法，这也激发了自己去思考问题与探究问题的好奇心。我就是在那个时候开始对法学产生了兴趣。

记：在您读大学及今后的求学过程中，哪些事情或是哪些老师和同学给您留下深刻印象？

王：在大学学习期间，当时担任系主任的肖乾刚老师给我们开设能源法课程，讲了不少他参与能源法立法的见闻和感受，开阔了我们的学术视野。罗晓静老师对我的影响也很大，她课堂上的精彩讲授进一步激发了我对民商法的兴趣。另外，当时在郑州大学法学院任教的姜建初老师作为我的本科学位论文和毕业论文的指导老师给予了我很多支持，为我提供了很多帮助，坚定了我未来向民商法专业发展的决心。姜建初老师经常讲"功夫在诗外"，对法律的思考要常用法律之外的方法来进行，这对我以后的学习和研究也产生了持久的影响。

1993 年，我考入吉林大学法学院，跟随崔建远老师学习民商法学，并且作为崔老师的助手之一参与《合同法》（草案）专家建议稿中"合同的解除与终止"以及"合同的消灭"等部分内容的起草工作，在崔老师的指导下搜集资料、总结相关争议问题，并尝试草拟法律条文和撰写立法理由。在这个过程中自己对民法逐渐有了感觉,也对民法学产生了更加浓厚的兴趣,切身体会到如何对平等主体间冲突的利益关系进行协调,协调时应该考虑什么因素。我现在还时常回忆起这段日子,为自己能够在硕士研究生阶段就参与我国重要民事立法的起草工作而倍感幸运,也很感激崔老师给予的这种难得的机会。

在硕士研究生学习阶段,我在《法学评论》发表了自己的第一篇学术论文《代为清偿制度论纲》,因为在草拟合同法条文过程中,我对代为清偿制度比较感兴趣,从而在查阅有关资料的基础上进行思考并加以整理完成。同时,我也将自己对该问题的思考反映到草拟的《合同法》建议稿上。

1996 年获得硕士学位后,我当时面临着选择,在去最高人民检察院工作和攻读博士学位之间反复考虑,最终还是选择跟随王利明老师在中国人民大学攻读博士学位。博士学习期间,恰逢立法机关着手进行物权法的起草工作,于是我一方面参加王利明老师主持的《物权法》(草案)专家建议稿的起草,另一方面根据王利明老师的建议将物权变动作为自己博士论文的选题。

博士研究生阶段能够参加《物权法》的起草工作,应该说是非常幸运的。王利明老师也一再对我提起:“能够起草一部《物权法》是很多前辈民法学家多年的一个梦想。”

在参与《合同法》和《物权法》的起草工作中,我体会到了法律是“经世济民”的,民法学是应用法学,因此对民法问题的分析和解决要走出书斋,步入社会,要注重社会实证分析方法的运用,而不能仅仅局限于书斋里的逻辑思考。因此,我在之后的学习研究中比较注重实地调研。我现在也对自己的学生说:“一个人确实要读万卷书,行万里路。行万里路就是要多了解一些风土人情,世事百态。这对健全一个人的人格很重要。在课余时间要多读点历史书、多走一些地方、多接触一些人,不要把自己封闭起来。”

因此,整个求学经历对我是受益终身的。我曾经对朋友说过,求学阶段令我最感到幸运的有两件事:一是在应该读书的年龄,还不算太荒废光阴;二是在学习和研究的每一个阶段,都能得到学识、人品俱佳的师长的指点和关爱。特别是老师对我的指导与帮助对我的影响极大,因为他们至今仍然为已经身为人师的自己树立着榜样,提醒自己指导学生时,要始终以自己的言传身教,对学生进行鼓励教育和人格感化。

记:您曾经有过一段到德国做访问学者的经历,能否请您谈一下这段经历?

王:我当时在北大法学院任教,根据北京大学与德国柏林自由大学之间的学术交流协议,就到了柏林自由大学法学院做访问学者。当时在那里给我印象比较深的有好几件事情。

　　第一，由于我们这么多年对德国法律以及德国法学研究成果的介绍，中国的学者对德国法律与德国法学研究成果的熟悉程度远高于德国学者对中国法律和中国法学研究成果的熟悉程度。当时给我印象特别深的是我在那里的合作教授 Leenen 教授。Leenen 教授是拉伦茨教授在慕尼黑大学任教时的助手。当时我在和 Leenen 教授讨论有关中国《民法典》起草有关问题的时候，我带去了一个英文版的《中华人民共和国合同法》，他看到之后觉得非常意外，他没有想到我们中国会有一部无论从立法技术还是从立法精神上都超出其预料的合同法。所以，当时他在征得我的同意后，马上就让他的秘书将该法全文复印。从这个例子能够看出，由于所处的研究阶段不同，我们还处于更多地了解别人的阶段，而别人却不怎么会想到来了解我们的法律与法学研究状况，大家相互之间的了解是有差异的，这是给我印象比较深刻的。

　　第二，当时我在给 Leenen 教授介绍我国《民法典》起草无论是在立法体例还是在法律技术与具体规则的设计方面，都有一些带有中国元素的东西。Leenen 教授非常感兴趣，而且他也基本上认同了这些带有中国元素的立法体例、立法技术与具体的规则设计。Leenen 教授认同了我们的那种不同于德国法的民法智慧。

　　第三，当时我在那里选了两门课，一门是法学方法论，还有一门是债法总论。我的德语能力非常有限，只是在去柏林自由大学之前上了两个月的德语课，所以当时在课堂上有相当部分没有听明白。但是，当时在课堂上给我留下深刻印象的是，他们很少像我们课堂上那样，老师在谈到中国现行法的时候是一种轻视的、嘲笑的态度；在他们的课堂上面很少能够听到他们对德国现行法的批评，也就是说，他们着重是从解释论的角度出发，告诉德国的学生，在你生活的国家实际发挥作用的法律是什么。我个人觉得这对于培育年轻人对于法律的信仰与既有决定的尊重是非常关键的。在我们现在的课堂上，老师总是愿意从立法论的角度出发来讨论问题，因此在课堂上就会充斥着对中国现行法律的批判，这样就会导致对中国现行法律基本尊重的丧失。这也是对一种既定价值判断结论的轻视，这对法治的建构有非常大的负面作用。

　　第四，在 Leenen 教授的课堂上，他很少会讲德国法是怎样规定的，而法国法和瑞士法是怎样规定的，也就是说，他很少作法律的比较分析，而是从解释论角度把本国的规定阐释清楚，将本国学者关于本国法解释论的讨论清晰地描绘出来。而在我们的课堂上面，我个人感觉法律的比较分析占的比重很大，而且有些法律的比较分析可以说是浅薄的法律比较分析，仅仅停留在规则的层面上，而不涉及规则背后的法律环境和社会背景。

第五,Leenen 教授在讲课时,会经常提到德国法院在适用德国法规则处理某些具体问题的时候,法官是怎样理解某一个规则的含义的,然后他会把法官的判决告诉大家。我认为这是非常关键的,因为在社会生活中实际上发挥作用的法律,就是法官用在具体纠纷处理上的法律。法治在某种意义上就是法官之治。因此,在学习法律时要重视案例,因为就是经由法官之手最终让纸面上的法律变成了活的法律。我觉得这样的教学倡导了一种面向司法的民法学,但是我们现在的民法学总体上还是倾向于面向立法的民法学,我们对于中国法官司法智慧的重视是不够的。

第六,我感到德国的老师和同学都非常敬业。无论是老师授课还是学生上课都非常认真。我经常去他们那里的图书馆,图书馆中总是坐满了人。我感到那里的学风非常好。

> 如果我们不尊重一个由法律认可的表决程序和表决规则作出的表现在实定法中的价值判断结论的话,那我觉得这个社会一定是一个分裂的社会,而一个没有最低限度价值共识的社会也将会走到崩溃的边缘。

记:您觉得在您研究的领域,我国与其他国家的差距体现在哪些方面?

王:由于所处的发展阶段不一样,德国等一些国家在一百多年前已经有了一部民法典,而我国还正处在要制定《民法典》的过程之中。所以,大家倾向于为立法机关出谋划策,更多地从立法论的角度讨论问题,我觉得这当然无可非议。但是,毕竟我们进行《民法典》的起草不是白手起家,我们在 1986 年就已经有了《民法通则》,之后我们也颁行了包括《合同法》《物权法》在内的一系列重要的民事法律。所以,我们在从立法论角度出发分析问题的同时,也要注重从解释论角度来研究和分析问题。我们要关注到我国已经有了一系列重要的民事法律的事实,《民法典》的起草不可能抛开《民法通则》《合同法》《物权法》而另起炉灶,重新制定出一部新的法典来。所以我一直很欣赏这样一句话:"法治的建成一定要依赖点滴的积累。"

就我国现在的民法学研究看,我认为与国外的差距还是很明显的。我的硕士生导师崔建远老师曾经提及当前民法学研究的缺陷,那就是自言自语者多,批评回应者少,看似一派兴旺,实则繁而不荣。我的博士生导师王利明老师也曾这样总结:当前法学研究中自我封闭和封闭他人的现象是"饭碗法学"的典型表现,是不合理的。在我个人看来,很长一段时期我国民法学研究呈现出的特点之一是过分侧重制度性研究,而且过分依赖法律的逻辑分析方法。过分侧重制度性研究主要体现在以下四个方面:一是从解释论的角度出发,阐明我国现行民事立法上相关法律规则的含义,力图为法律的适用确定一个相对清晰、妥当的前提,为法官的裁判活动提供可资借鉴的意见;二是从立法论的角度出发,指出我国现行民事立法的欠缺,并提出进一步改进或改变的意见,为立法机关完善民事立法提供参考;三是针对现实生活中存在的实际问题,从民法的角度提出制度性的对策;四是对域外的民法制度进行介绍、分析,提出借鉴与否的理由。在进行上述四种类型制度性研究时,研究者过分依赖法律的逻辑分析方法。

民法学属于应用法学,民法学的研究成果大多应当有助于解决实际问题,并最终落实到民法规则的设计和适用上。在这种意义上,制度性研究无论何时都属于一个国家、一个地区民法学研究的核心内容。就中国而言,制度性研究奠定了中国民法学的知识基础,提供了民法学最基本的知识平台,为中国的民事立法和民事司法提供了必要的知识准备,并通过其对社会生活的实际影响证成了民法学研究的必要性。但是,制度性研究以及过分依赖法律的逻辑分析方法本身存在着难以克服的缺陷,就中国而言,在以往民法学研究的过程中,导致了以下两个典型的缺陷:

第一个典型缺陷就是所谓的"自说自话"。这突出表现为在制度性研究的过程中,研究者前提的确定以及结论的得出过于随心所欲,不但无视学界已有的共识,甚至偏离研究者自己一贯的价值取向和预设的逻辑前提。例如,在讨论相关问题时,研究者要么随意创造概念或者以自己对概念的重新界定作为讨论的起点,出现所谓的"定义偏好"以及"在定义的脊背上建立理论",诱发毫无价值的争议;要么是以自己的价值取向作为前提,仅仅依靠逻辑推演来确证自身价值判断结论的妥当性,或者误将价值判断结论的不同表述方式作为论证价值判断结论正当性的理由,甚至根本不经论证就排斥其他的价值判断结论;要么是错误地认识了讨论对象的问题属性,误将纯粹民法学问题作为民法问题,误将事实判断问题作为价值判断问题,或者误将立法技术问题作为价值判断问题展开讨论。凡此种种,不一而足。这样的研究成果既无法与其他民法学者进行有效的学术交流,也无助于推动民法学研究的进展。

第二个典型缺陷是"自我封闭"。自我封闭主要体现为在进行制度性研究的过程中过分依赖法律的逻辑分析方法,似乎民法学问题只是民法学者自己的问题,民法学者在进行相关制度性问题研究的过程中,缺少与民法学以外的其他法学学科,与法学以外的其他人文学科,与社会科学、自然科学进行良性沟通和交流的渠道,从而有意无意中营造了一个相对封闭的民法学术界。这种自我封闭,既使得民法学以外其他学科的研究方法和研究成果无法成为民法学研究的知识资源,也使得民法学问题成为纯粹的民法学者的问题,其他学科的学者无法切入民法问题的讨论,形成了人为的知识隔绝。这种"自我封闭"同时又容易导致另外一种相反的趋向,那就是一旦其他学科的研究方法或研究成果被介绍、引入到民法学研究中来,民法学学者又缺乏必要的"免疫力",就会导致对其他学科某些研究方法或研究成果的迷信。例如,当法律的经济分析方法被引入民法学研究后,马上就被不少学者奉为法宝,认为它几乎可以回答所有的民法学问题,甚或认为在进行制度性研究的过程中,它具有其他的法学研究方法无可比拟的优越性。这种现象,其实也是"自我封闭"的必然产物。

记:在各种法学研究方法中,您是否比较推崇解释论方法?

王:解释论和立法论并非法学研究方法,而是讨论法学问题的不同视角或态度,某种意义上讲,解释论的讨论要尊重立法者体现在实定法中已有的价值判断结论,而立法论则不受这样的拘束。在一个价值取向多元的社会之中,每个人因为自己受教育背景、社会阅历的差异,可能会对同一个问题有不同的价值判断结论。如果我们不尊重一个由法律认可的表决程序和表决规则作出的表现在实定法中的价值判断结论的话,那我觉得这个社会一定是一个分裂的社会,而一个没有最低限度价值共识的社会也将会走到崩溃的边缘。所以,我个人觉得在《民法典》起草没有完成的背景下,当然要有立法论的讨论,但是同时我们已经有了这么多重要的民事法律,我们必须要更加重视解释论的研究视角。我个人对于立法论并没有偏见,包括我自己讨论一些问题时也是从立法论的角度进行的。但是,在对一个问题进行讨论的时候,必须明确自己到底是从解释论的角度还是从立法论的角度进行讨论,这样别人才能清楚与你的对话和讨论是在怎样的一个层面上进行的,这样的交流才是一种有效的学术交流。

记:您希望自己今后在哪些方面能够有更加深入的研究?

王:我希望能够通过自己的努力实现自己的学术理想,具体就是对自己感兴趣的"物权变动论""民法规范论"和"民法学方法论"进行深入研究,待学术积累到一定阶段时,能静下心来写出一套本专业领域的民法讲义。

记:现在普遍的观点认为现今的青年学子非常浮躁,您对这个问题怎么看?

王:我经常对我自己带的学生讲,硕士研究生和博士研究生阶段是读书最好的阶段。本科的时候,毕竟由于年龄的原因、阅历的原因、知识准备的原因,很多问题想思考得清楚、透彻是不太可能的。但是,到了硕士研究生和博士研究生阶段,无论是知识的准备还是个人的阅历都到了一定的程度,在这个阶段去读一些书,可以事半功倍。之所以说研究生阶段是读书的最好时段,是因为我觉得即使将来工作后是从事教学科研工作,你也会发现你的读书时间是没有保证的,因为总会有各种各样与读书无关的事务占据你的时间。对于正在学校读研究生的年轻人,我最大的忠告就是好好利用这个阶段多读一点书。当然,读书的关键在于读什么样的书。我也一直对我的学生讲,要读高人的书,读有思想的书。所谓高人的书,就是体现着作者天赋和灵感的书。所谓有思想的书,就是体现了写作者的"顿悟"和个性的书,而不是在重复别人的老话。对于这样的书,我建议每一句话都要读懂。至于那些知识型、资料型的书,我建议在你需要用到的时候作为资料来看就行了,不需要花大量的精力去阅读。当然,这是有前提的,必须是已经具备了一定的法学学术功底。

记:最后,请您给我们青年学子提一些希望与建议。

王:今年我们法学院的同学毕业的时候,让我写一个毕业的祝福,我当时就引了曾国藩的一句话:"学求其于世有济,事行乎此心所安。"这句话谈到了为学、为人两个方面。"学求其于世有济",即所学应当力求对国家、社会、民族和他人有所贡献;"事行乎此心所安",即做每件事情,都要问一问自己的良心是否能够承受。

(顾寅跃、陶业峰)

江国华

Jiang Guohua

　　1972 年 10 月生，湖南茶陵人。2003年毕业于武汉大学法学院，留校任教至今。现为武汉大学法学院教授、博士生导师。武汉大学法学实验教学中心兼职教师。美国加州福乐敦大学访问学者。

　　近年来，在国内学术期刊上发表专业论文三十余篇，在国外学术期刊上发表专业论文两篇；已出版《宪法的形而上之学》《宪法的形而下之学——生活中的宪法》《立法：理想与变革》《宪法哲学导论》《宪法与公民教育——公民教育与中国宪政的未来》等个人专著五部；主编（第二作者）"中国立宪评论系列丛书"《从博弈到妥协——晚清预备立宪评论》《从工具选择到价值认同——民国立宪评论》《自下而上的立宪尝试》以及《在曲折中前进——中国社会主义立宪评论》四卷本。系 2009 年度国家社科基金重大项目"中国特色社会主义司法制度研究"首席专家，武汉大学人文社会科学"70后"学者学术团队"建设服务型政府研究"首席专家。主持省部级课题四项，包括"宪法与公民教育——公民教育与中国宪政的未来"（司法部 2004 年一般项目）、"协商民主的理论与实践——协商民主与中国宪政的未来"（教育部 2006 年规划项目）以及"宪法能力研究——宪法能力与中国宪政的未来"（湖北省社科 2009 年重点项目）等。曾获得司法部等省部级奖三项。

　　法学除了有经世致用的一面外，还有对于人及人际世界中一些最基本问题的关注、关怀的一面。可以说，法学也是一个具有极强的人文情结的学科。

记者(以下简称"记"):江老师,您好!请问您是怎么想到要来武汉发展的呢?

江国华(以下简称"江"):人生有很多机遇不是你预先所能设计好的。尽管我现在也跟我的学生说:人生要有规划,要有计划。但是,人生中有很多际遇不是以个人意志为转移的,所以我也主张人应该多一点随遇而安、知足常乐的心态。我到了武大,觉得这个地方是我可以安定下来的。因为环境是取决于人的心态的,在哪儿不重要,重要的是人的心态,是你自己怎么去看待周围的环境,怎么去看待自己。古希腊哲学的第一个命题就是认识你自己。因此,我觉得认识你自己,明白自己想要什么、能做什么很重要。

记:据我们了解,您研究的主要方向是宪法、行政法。

江:我是宪法和行政法教研室的老师,但是从我研究的内容来讲,既涉及宪法与法理的交叉领域,也在宪法史的研究方面有所涉猎。此外,行政法方面的研究主要集中在政府机构组织法以及政府权力互动运行方面,目前的精力主要集中在司法与司法制度的研究上,平时对于法伦理学、法社会学方面的研究也颇有兴趣。我认为学科的划分是相对的,尤其是社科领域的研究,学科间的界分只是为了进行必要的体系划分和定位,使得研究更为精细化、专业化,但社科研究者必常持人文关怀之心,没有对人们"生活世界"的真挚关注,所有的研究最后都是无源之水、无本之木,这种人文关怀和人文修养必须要打破学科间的藩篱,汇通方家,兼取其长。同时,从人文社科研究者的个人兴趣而言,社会科学与自然科学不同,社科学者的秉性中除了"理"之外,更兼有"灵",即要求有"灵性"、有"悟性","灵"是跳跃性的,有时候甚至是非逻辑的,经常会从一个领域跨越到另一个领域。僵死的学科界分,则难免会显得"理性"有余而"灵性"不足。所以,我想我们的研究可以根据自己的兴趣或是现实的需要不断调整。

记:我们了解到您有几本专著是关于宪法哲学方面的,诸如《宪法哲学导论》《宪法的形而上之学》和《宪法的形而下之学——生活中的宪法》,好像您对哲学比较感兴趣是吗?

江:我认为法学除了有经世致用的一面外,还有对于人及人际世界中一些最基本问题的关注、关怀的一面。可以说,法学也是一个具有极强的人文情结的学科。这样一个学科当然是需要有很多人去从事如法的创立、法的适用、法在运行过程中所应该解决的问题等实务方面的研究。但是,从个人兴趣来讲,我更愿意去做一些更基础的、更具有人文色彩的研究,也就是将更多的精力放在解释性问题上,刨根究底关注"为什么""应该是什么"更多些,对"是什么""怎么做"以及"如何改进"着力不及。这一点无论是从近几年我发表的论文还是出版的著作中均可看出。前些年我主要集中在宪法哲学和立法哲学这方面的研究。当这方面的研究到了一个阶段之后,"弹药"准备充足后,我也会适当地考虑转向实证的研究,这种实证研究是以我前期的理论"弹药"准备为前提的,前期的研究可以说为我之后的实证研究提供了理论视角、解释路径以及前进路径。我负责的几个课题,都是有关实务方面的研究。第一个是关于"法学本科教育改革"的研究,这个就是很实在、很有针对性的。第二个是国家哲学社会科学重大招标项目——中国特色社会主义司法制度研究,这也是一个以实证研究为主体的研究课题。这些都会与我之前所专注的人文方向的研究有所不同,但在内里上却是保持着难以割裂的有机联系。

记:江老师,您能把那么多方面的知识结合起来,想必您平时涉猎的书籍肯定很广博吧。

江:以前我是个职业学生,最基本的工作就是读书。现在我成了职业老师,看书的时间可能会少一点。因为我认为老师最重要的工作就是教学——教书育人,这是老师的根本。书当然要看,我每天都会抽时间看,但是现在我的主要工作是教书、备课、带学生,然后才是看书、写文章。

记:我们知道,您曾经作为访问学者到美国加州大学留过学。那您对现在本科生、研究生出国留学、做交换生有什么看法吗?

江:我是在 2007 年去美国访学的。对于学生出国留学,我的主张是,在研究生阶段出去还是可以的,但要看自己的计划和安排。现在的留学和过去已经大为不同了。随着我国的迅速发展,国内的信息通讯也非常发达。我们在美国看到的资料在国内基本上也能接触到。因为信息共享,我们可以在国内任何一个学校、任何一个网站上跟美国的任何一个图书馆链接,查到它们的主要资料,通过信息技术检索到的资料对于我们的学习而言已经足够了。我想,对于学生来讲,留学主要有两大好处:第一是可以开阔视野。因为毕竟是去一个不同的国家,可以体会不同的文化、制度下不同的生活方式、不同的生存环境。我们在那样一个环境中所感受到的东西和在国内感受到的是有极大不同的。第二,可以提高外语水平。众所周知,语言既是一项学习的工具,也是一个人发展的重要凭据。多掌握一门语言就能使自己在和别人竞争的时候多一个筹码。可以说,现在英语已成为知识分子的普通话了。尤其是你们这些 80 后、90 后英语的基础都是非常好的。如果以后有志于从事学术研究,我认为语言将是更为重要的。因此,如果有机会去美国、欧洲这些国家,我想对于学习语言将会有很大帮助。

记:请问您现在主要开设了哪些课程?

江：我这个学期开了"宪法学"及"宪法学专题"，主要是针对本科生和法律硕士,同时也给行政法专业的硕士研究生开了"行政程序法"。另外,我还给留学生开了一门课,叫做"中国法与中国社会"。下个学期会增加两门新的课程,一门是"司法伦理",一门是"司法法"。过去我也讲过"西方法律思想史",还有"宪法案例"。

> 人生有很多际遇,可能在这个阶段你会做这件事,下个阶段会做别的事,但是不管你做什么事情,你的身份如何转变,你的岗位怎样变化,有一点是不能改变的,那就是做一件事就要把它做好。

记：江老师,刚才您提到您还给留学生上课,您能说说给留学生上课和给我们国内的学生上课有什么不同吗？您给本科生开课,又是如何引导他们的学习兴趣呢？

江：首先是讲课时使用的语言不同,其次是讲授方法的不同。因为留学生当中有很多人的母语不是英语,所以我尽可能在课件上多花点工夫。一是在课件上尽可能把讲课的内容展示出来,二是针对留学生的兴趣多用一些比较生动活泼的画面来展示讲课的内容,以期通过这些方法弥补语言交流的不便。另外,给本科生上课是件非常愉快的事情。因为本科生刚进入大学,充满好奇心和求知欲。对于老师来说,跟本科生进行交流、沟通,会得到很多原始的智慧。尽管他们提出的有些问题看上去很简单,但有时候会使你深思良久。比如,什么是宪法？有的老师会认为这个问题很简单,因为书上都有定义。但是,学生问这个问题,恰恰说明我们自己没讲清楚,教材里也没有写清楚什么是宪法。这些问题都会让你去反思,让你去思考。很多表面看起来非专业性的语言、问题,恰恰会引发很多专业化的思考。我文章里提出的很多观点,实际上是在整个授课过程中得到启发而来的,包括我在《宪法哲学导论》中解读"何为宪法"就是由很多学生质朴的思想提炼得出的。因此,我觉得给学生上课其实是非常有趣的,同时你还可以有许多启发。另外,法学学习入门的时候比较枯燥,你们自己也应该有这个感觉,所以就要采取一些比较活泼一点的课堂形式,增加一些案例,增加一些生活中的事件,来解读一些范畴和概念。有了这个压力,老师就需要不断去关注一些新事物、新案例,并且随时把这些新事物融入课堂中来。也许在刚开始关注这些案例的时候没有太在意,但是一旦把它纳入课堂中,在备课过程中或者在课堂中与学生交流的时候,我会对这些案例做一些更多更深入的思考。比如,我在《宪法的形而下之学——生活中的宪法》中所涉及的事

评师网颁发的"2009 法学专业最受欢迎十大教授"证书

件,大都是在课堂中讨论过的。在课堂上讲过之后,学生们提出一些问题,然后我再去反思这些问题,往往会得到一些启发。

记:江老师,您这么喜欢给学生上课,那您有没有在临时有事时找过学生帮您代课呢?

江:没有,因为这是我的一个基本原则。做老师有三个最基本的原则,即不代课、不拖堂、不迟到,这些都是敬业的问题。除了不找人代课之外,我还不轻易去外面讲学,也不轻易去开会。学者要是有自己的思想、观点,想宣传一下,到处讲讲,这无可非议。但是,现在国内学者在这方面投入的精力似乎有点太多了,每到一个地方都要讲一讲。其实,如果有一个重要的发现,或者说你认为你的东西对学生确实有一点启发,那么通过某种途径——一个学期在某个地方做一次讲学,这也不是不可以。但是,我不主张经常到外面去游学,出去游学,自己的学生怎么管,课怎么上,因为课程是要保持连续性的。

现在我每天都要给学生上课,我的思想、我的学术观点,都讲给学生了,一个学生至少可以传播五个人,我那么多学生都可以传遍到中国每个角落里去了,还需要我去每个地方讲学吗?因此,我认为最原始的工具就是靠自己去讲学,最好的方法就是把观点交给学生,让学生去讲去传播。我们平时会议很多,邀请函也很多,但是除了全国性的学术年会必须参加外,其他的会议我基本上不参加。这样才能保证有充分的时间备课,有充分的时间待在学校,至少是在一个学期内待在学校。代课是大学一个最不好的风气。大学教授要教导学生去敬业——以后他的学生必然会走向社会的各个行业、各个岗位——所谓身教胜于言传,自己都不敬业,怎么能教出敬业的学生?不找人代课,这是最基本的要求,而且也不是很高的要求。所以,我一直坚持这一点。

记:江老师,从您的言语中我们能体会到您对教师这份职业强烈的责任感,我们很想知道您当初为什么会选择这份职业?是您在自己求学历程中曾经受到了某位老师的影响,还是您自己从事这个职业后渐渐地产生了这样一种热爱和责任感?

江:实际上,到博士毕业的时候,我还没有决定是否要当老师,但最终选择教师这个岗位,实际上是我的学生的选择。因为我在博士阶段也给本科生、研究生上过课,学生给了我很大的鼓励,让我很有成就感。我们上课比较开放,比较自由,这也是我认为武汉是个好地方的原因。

我刚才说过,人生很多际遇不是你自己所能设计的,也不一定说受某个人的影响,但是有一些最基本的原则是会一直坚守的,比如我们从小就知道无论你做什么,就要把这个事情做好。人生有很多际遇,可能在这个阶段你会做这件事,下个阶段会做别的事,但是不管你做什么事情,你的身份如何转变,你的岗位怎样变化,有一点是不能改变的,那就是做一件事就要把它做好。我觉得雷锋有一样品质是值得大家学习的,即做一颗螺丝钉,干一行爱一行,干一行钻一行。这些很朴素的语言说明了一个很重要的道理:人生说来短但也很漫长,在这个纷繁复杂的世界中我们可能要面对许多事情,但无论身处何时何地都要做好分内的事,都要热爱你所做的事。只要做到这一点,你就在为社会作贡献,其实这也是最基本、最起码的做人底线。柏拉图说一个社会最大的正义是各安其分、各守其责。只要社会中每个人都能安于自己的本分,完成自己的本职工作,守住自己的那份应尽责任,那么这个社会就会很美好。我们人生中有很多的理想、抱负和想法,但是这些理想、抱负和想法都是从你现在这个岗位一步一步做出来的,把自己岗位上的工作做好了,才可能有更多的发展。

我现在做老师,就很珍惜这个岗位,因为老师不单给学生上课,老师是要教书育人的。教书,他是工匠;育人,他就是灵魂的工程师。我们过去经常讲老师是灵魂的工程师、园丁,当然,我也比较反对这个"园丁式教育"。所谓"园丁式教育",就是老师拿一把剪刀,到花园里到处转悠,看这棵树长一个枝丫把它剪掉,看那棵树长一个枝丫把它剪掉,最后院子里的树、花、草长得都和他希望的一样,没什么区别。中国目前的教育总体上还是"园丁式教育"。我认为,老师不应该是这样的,而应该是更多地鼓励学生,应该是更多地去发现学生的长处。现在的老师虽说要跟每一个学生去交流有难度,但是尽心去接触你的每一个学生,尽心去回答学生问的每一个问题,我觉得还是可以做到的。不像过去,老师可以和学生打成一片,经常让学生去家里吃个饭,去学生宿舍看看,这个现在做不到。因为现在老师任务也多、压力也大,但是,上好每堂课,这是可以做到的;回答好学生每一个问题,这是可以做到的;学生给你写信、发邮件,回复学生的每一封邮件,这也是可以做到的。做到了这些,就是一个好老师。以后也许我不当老师,去做公务员或者律师,我也会同样认真负责地对待我的工作。

记:江老师,您在工作之余有什么兴趣爱好吗?

江:对于我来说,工作就是生活。马克思说,劳动是人的第一需要。对我来说,工作就是我的第一需要。生活就是工作,工作就是生活。这也说明现在老师的一个生存状况问题——压力很大。首先是课时的压力很大。就我而言,这个学期有本科两门课,法律硕士一门大课,法学硕士也有一门课,加起来除了星期二之外每天都有课。其次,还有科研压力。要写论文,要发表论文,要写书。还要报课题,争取项目等等。再次,还有一个很大的工作——带研究生。现在各种各样的研究生很多,法学的、新增法硕的、在职法硕的、全日制法硕的。像我这一届带的研究生,法学(硕士研究生)是宪法三个、行政法七个,还有三年制的法律硕士十个、新增法硕六个,加起来将近三十个人。这么多学生怎么去带?我现在设立了一个"学术午餐"。学生觉得很好,还吸引了很多外专业的学生来参加。经过几年的尝试和实践,我们这个活动已经成为一个比较有特色的学术活动,其基本方向就是一个规范性的、时事性的讨论。比如北大五个教授提出的关于拆迁条例的违法拆迁问题,实际上我们在他们提出以前就专门把这个问题作为一个主题讨论过了;还有比如《选举法》的修改、《国家赔偿法》的修改都曾经作为一个主题讨论过。我们一般是设定一个同学作为主题发言人,再由几个秘书把这个发言和讨论记录下来,大家就这个问题提出自己的想法,这样规范性地、有针对性地探讨这些问题,效果挺好。同时,也保持了学生对老师这样一个定期的、正规的交流渠道。你看,这么多事情累积起来,工作不就是生活吗?

> 整个的评价体系都是以发表论文来作为评价标准,所有的老师都会去写论文、申报项目、争取科研经费,谁还有心思去教书?谁还有心思去育人呢?没有人去教书,没有人去育人,那么大学还叫大学吗?

记:通过江老师的叙述,我们确实能够感觉到大学老师现在的工作压力非常大,有些人把这个现象的原因归咎于法学教育的覆盖面扩得太大了,您怎么看呢？

江：这其中有两个问题。第一个，就是像你所说的，太杂、太乱了。第二个，就是法学教育本身的定位有问题。法学本科教育应该是个以人文教育为基础的职业教育。现在全国各个地方、各个学校的法学本科生的录取分数都是很高的，这些学生进入大学以后，基本上接受的都是专业性的训练。但是，我们读孟德斯鸠的《论法的精神》就知道所谓法的精神即人文精神。我在和本科生聊天的时候说，实际上法学学习有三重境界：第一重境界知道法是什么，我们现在的教育只是告诉学生法是什么；第二重境界是知道法为什么会是这样，必须要去寻找法律规范背后的人文精神和决定法为何如此的因素；第三重境界是去探索法应该是什么。现在我们打着通识教育的幌子，把本科教育作为职业教育来对待，搞了十四门核心课程，把学生作为工匠来培养，这么优秀的本科生，全部都是接受职业化的训练。训练出来的结果是他们懂得的法条不少，但是法条背后的精神他们却一概不知。尤其是司法考试从本科生大四就可以考，实际上造成了四年的本科学习最终就是为了一个司法考试，这个导向是一个大问题。

法学这个职业是有其特定含义的，即它必须以人文教育为基础。所以，我主张法学本科教育的教育大纲是应该调整的，实行"1—2—1"的原则。即第一年必须开设人文课，包括哲学、文学、历史、社会学等等作为一个法科学生必须要有的知识储备。接着是两年的专业课，应该把现在的十四门核心课程合并压缩，两年时间把它们上完。最后一年时间实习，这个实习必须要有刚性化的规定。现在学校是"上有政策，下有对策"，敷衍了事，所谓的实习一年，实际上是让学生放任自流，大多数学校没有把这个一年的实习当回事，这个是法学本科教育的最大问题。总而言之，现在的本科教育实际上是很混乱的，有必要去做一些整顿。一个是在专业的设置上，不能是个学校就设个法学院、法学专业；另一个是要对招生规模有所控制。法学教育是需要，但是法律职业既然作为一个职业，它的岗位毕竟是有限的。尽管中国现在还是一个需要法律人才的社会，但是就法律岗位来说，就这个职业的发育程度来说，法律人才资源是过剩的，所以现在法学专业的就业率基本上是稳居倒数第一。

记：老师，您所在的武汉大学也是如此吗？

江：就武汉大学来说，首先，其法学院本科生规模小，招生不多，研究生招生比本科生多得多，是所谓的"研究型大学"。其次，武汉大学的本科生就业有三种流向，一部分是出国，这部分将近 1/3；1/3 的学生考研，通过免推、考试这些途径，至少有 1/3 以上的学生能读研；真正要就业的，不到 1/3。把考研的都算进去，就业形势总体上看起来还不错。实际上，我觉得所谓的"研究型大学"

这个提法也需要反思。大学就是教书育人的,而不是一个研究所,现在很多大学把自己等同于一个研究所。正因为我们把大学搞成了"研究型大学",搞成了研究所,最后把所有的评价体系都改成了研究所的评价体系。对老师来说,就是给你记"工分",什么文章在什么档次的出版物上发表,给你记多少分;申报一个课题成功了,给你多少钱……用诸如此类的方式来评估一个大学、评估一个老师,完全是本末倒置的做法。现在全国都是这样做的,不单是一个学校。这样大学就办成了养鸡场(易中天的说法),教授就是母鸡,学校的主要工作就是逼着教授们多下蛋、下大蛋、下精品蛋,教授的工作就是每天想法子下蛋……这样的话,高等教育还有希望吗? 会垮掉的! 整个的评价体系都是以发表论文来作为评价标准,所有的老师都会去写论文、申报项目、争取科研经费,谁还有心思去教书? 谁还有心思去育人呢? 没有人去教书,没有人去育人,那么大学还叫大学吗? 那就不能叫大学,只能叫研究所了。大学当然要搞研究,但搞研究不是说所有人都去搞,而是由专门的研究机构去搞。每个学校都有研究院、研究所、研究中心,这些机构、这些人是搞研究的,用论文去衡量他们,是可以的。但是,绝大多数——至少是 2/3 的老师应该去从事教书育人这项工作,去培养学生,去把课上好。如果让所有的老师都去搞科研,大学会不像大学,学生会不像学生。大学精神失落了,学术精神也会失落。学术精神失落后,诸如学术浮躁、学术腐败之类的现象都会连带地发生。大学如此,那么我们以后这个社会的希望在哪里? 过去说学者是社会的良心,现在也可以说学校是社会的未来。学生在这种环境中生活、成长,你能指望他将来走向社会后会成为什么? 假如没有一个好的学校环境来培养好的学生,我们的国家、我们的社会、我们的民族,未来又靠谁? 我们的希望又在哪里? 这些问题都是必须去反思的。这不光是一个学校的问题,而是涉及整个社会、整个国家、整个民族的未来的问题。我国的领导人也知道"教育是立国之本""科教兴国",但是现在的做法为什么会背道而驰呢? 这个我认为是要反思的。假如不反思,问题会越来越严重,最后会积重难返。

记:江老师,您是不是认为我们现在学术界的浮躁、腐败其实也是受社会的风气影响呢?

江:对呀,整个评价体制是在"逼良为娼"。

> 宪法是有很多问题,我们这部宪法也有很多缺陷,但是完美无缺的宪法永远不会存在。在这样一种情况下,最基本的精神、最基本的品德就是用好用足现在的宪法。

记:您刚刚也提到人文精神深深影响着法律精神乃至法治精神,请问您是如何看待司法伦理与司法制度之间的关系的呢?

江:司法制度的核心问题是司法权力的配置和规制问题,这些问题的本质就是宪法问题。因此,这些问题必须借用宪法的思维,在宪法的框架内才能够讲得清楚。如司法权应该怎样规制、司法权的价值和功能、对现有司法制度应该怎样评价、司法权和行政权的关系、司法权在运行过程中应该遵循的规则等,都是宪法和法理的问题,不是诉讼法能够解决的。让诉讼法来研究司法权力的配置、司法权力的运行、司法权力的规制、司法运行的评价等等这些宏大问题,就超出了诉讼法这个学科的范围。因此,刑事诉讼只能研究刑事诉讼程序,民事诉讼只能研究民事诉讼程序,行政诉讼只能研究行政诉讼程序,而由宪法学者来研究司法制度的问题。但是,很多人在理解这个问题时会有意无意地回避,包括现在的宪法学、法理学教材基本上很少涉及司法制度的内容或者只是简略地介绍一下。进一步说,提到司法制度当然要涉及司法伦理。之前《人民法院报》约我写了几篇文章,其中一篇就是《论法官伦理》(载《人民法院报》2009 年 3 月 3 日第 5 版),是关于最高人民法院"五条禁令"的。我提出了一个问题:法官是什么? 这个命题大家都很熟,法官是社会正义的象征,是社会正义的最后一道屏障。那么,这一道屏障为什么是社会正义的象征? 因为这样一个职位社会对他的道德期望是更高的,像老师要为人师表一样。法官也是这样的,社会对法官在道德上、伦理上有更高的期待。所以,在研究司法制度、司法规范的时候,不能绕开司法伦理。我在《论法官伦理》中对法官应该遵守的伦理、法官的职业规范的特殊性都作了论述。我认为,法官的道德水平只能是由整个社会的道德水平所决定的,整个社会都腐败了,还要求法官个人清廉是不太可能的。有什么样的社会就有什么样的法官,现在这个社会对法官、对司法是爱之深、恨之切。

但是,作为一个法律职业人,内在地看这个问题,我们就知道,法官背了很多黑锅。原因有二:其一,整个社会在转型,传统的伦理体系基本上已经崩溃,新的伦理体系还没能建构起来,整个社会的是非观念、道德伦理都已经没有像过去那样有一个清晰的界定。法官也是人而不是神,他们生活在这个社会中,不可避免地会受社会中这些因素的影响。因此,在这种情形下,法官伦理应该怎样去建构,是需要我们认真对待的问题。法院仅仅设立一个"五条禁令"是远远不够的。其二,法律一定是约束双方的,是一个围墙,就像钱钟书的《围城》那样,城里的人想出去,城外的人想进来。围墙起的作用就是让城里的人不能随便出去,让城外的人不能随便进来。当然,"五条禁令"之类的伦理建设作为内部规定是有必要的,但是它的效果取决于社会,而不取决于法院内部。因为"五条禁令"约束的是法官,假如社会不把"五条禁令"当回事,那么,这个"五条禁令"仍然是不会产生效果的。法官是社会中的人,如果当事人、律师、相关人员都在法官周围挖了"陷阱",法官举步维艰,"五条禁令"之类的规定也就起不了作用了。因此,司法伦理建设应该是整个法院改革极为重要的内容,这个重要内容当然是应该由宪法学者来完成的。

记:江老师,我国宪法的频繁修改一直是学者争论的一个热点,您对这个问题有什么看法吗?

江:宪法肯定是要变的,不改的宪法那也不叫宪法。因为在我看来宪法是丑陋的,完美无缺的宪法是不存在的。正因为宪法是丑陋的,而且它的丑陋是与生俱来的,所以宪法总是会被人指指点点。同时,宪法总是在不断地被完善的,而且它也是需要被完善的。为什么宪法是丑陋的?从最基本的常识看,宪法一定是各种政治流派、各种政治力量,甚至各种阶级博弈之后所达成的一个妥协。这个妥协对于任何一方来说,都不是完美的,都不是圆满的,而且一定是有缺憾的。在阶级或者政治力量对比相差很大和相差不大的情况下,宪法的格局也是不同的。随着社会的不断变化、不断发展,这种力量的此消彼长是时刻在发生的,一旦发展到一个量的时候,它一定会突破现在已有的框架,宪法也必须随之发生变动,进行修改。对于宪法而言,"破"是永恒的,"立"往往只是暂时的,宪法的平衡无时无刻不在被打破,但宪法特有的包容性,往往又能在"立"和"破"之间保持必要的张力。所以说,不要指望宪法是完美无缺的,完美无缺的宪法是不存在的,宪法永远是丑陋的,它永远是在自己的进化过程之中。这是其一。其二,中国的宪法当然也是丑陋的一部宪法,不能指望它很完美。尤其是在中国这样特定的历史条件之下,"八二宪法"的产生有其历史的必然性。产生之后,社会发生了巨大变化,这些巨大变化从宪政意义上讲,从权力构造上讲,可以概括为两个问题。第一个问题是政治国家向市民社会放权。市民社会由过去那种扁平化的状态逐渐成长、丰满起来,成为一个与政治国家相对应的一个存在,这是改革开放三十年最大的成就之一。社会从无到有,从扁平化到丰满化,与此相对应的政治国家——过去是无所不在、无所不能的这样一个国家、这样一个政府,逐渐把它手里的权力返回到社会。社会获得一些自理、自助、自主的权力,政府过去无所不在、无所不能的状态逐渐收缩,收缩到有限的一个范围之内。所以,从这个意义上说,中国的政府从无限走向有限,是指日可待的事情。从无限走向有限,这个限度是什么,用什么来确定,这个时候就需要法了。第二个问题是中央向地方放权。过去的地方无外乎是中央政府的派出机构,现在的地方虽说是受国务院领导,但是其自主性是非常大的。改革开放三十年,就是地方不断地获得自主性,不断地发挥自主性的三十年。实际上,首先是有地方,然后才有国家,只有各个地方都发展起来,整个国家才能有所发展。中央向地方分权,这个成就也是非常大的。在这样两大分权体系之中,三十年中产生的两大成就在宪法上的体现就是四次修宪。这些修宪虽然没有说怎样向社会分权,怎样向地方分权,但是我们可以看出这个格局就是从经济条款的修改、从指导思想的修改达到分权的目的和效果。比如说社会主义初级阶段理论、市场经济理论、"国营"改"国有"等等这样一些理论。这几次修宪实际上就是通过这样一些方式将过去由国家掌握的一些权力逐渐下放到社会,过去由中央掌握的一些权力逐渐下放到地方。因此,从宪法的演进看,在一个转型时期,宪法修改的频率高一点,我认为是正常的。

此外,我们可能会拿美国宪法来比较。美国宪法二百多年没有太大变化,我们的"八二宪法"制定到现在却变化那么频繁,基本上每五年修改一次。大家要知道:第一是我们社会的变化太快了,第二是我们过去对于经济条款的规定过细了,这是立宪技巧的问题。美国 1787 年《宪法》短短七条,比较宏观,有很多的解释空间。而我国的宪法解释的空间是非常有限的。同时,美国宪法也不是没有变,它也在修改。其宪法本身只有七条,但是修正案却有二十七条,它修正案的内容实际上已经大大超过了宪法原来的内容。尽管整个宪法的体制、体系没有太大的变化,但是它的内容已经发生了很大变化。这是其一。其二,美国还有两个因素确保其联邦宪法修改不太频繁。一则是因为美国各州有州宪,而州宪修改是非常频繁的,有的州一年修改一次,甚至有一年修改两次的。一个社会对宪法的需求,或者说社会的变化首先是从地方开始的,从局部开始的,而不是从全国开始的。通过地方宪法的修改,通过州宪的修改,把问题解决了,就不需要上升到联邦宪法中去了。而我们只有一部宪法,没有省宪,所有的问题最终都汇集到这部宪法中,所以就必须修改这部宪法。二则是因为美国有宪法诉讼。宪法可以直接进入司法程序,通过一系列宪法判例来缓解宪法的适应性危机问题。而我们的宪法还不能进入司法领域,所以它的解释就非常有限。我们现在只能通过立法的途径,在立法过程中将宪法的条款、宪法的原则细化,然后在适用法律的过程中来解释法律。最高人民法院、最高人民检察院的司法解释比较频繁,就是因为在司法过程中,发现有些问题需要解释才作出的解释。作出解释,实际上既是为了法律适用的需要,也是缓解法律本身稳定性和适应性之间危机的一种很重要的手段。假如说我们的宪法可以直接地纳入到司法的过程中,那么司法在适用这些条款的时候,也会作出这样的解释。但是,现在原则上我国的宪法是不进入司法程序的。在这样一种情况下遇到一些问题——社会变化、社会发展、权力机构体系发生变化、经济制度发生变化等等——必须在宪法中有所体现，就只能通过修宪的方式。所以，我们一般说宪法修改是在穷尽宪法解释途径后才考虑的一个问题，因为现在我国宪法解释的机会不太多，没有这个情境，遇到问题最终只能修改宪法。

记：回顾历次宪法修改都是与党的几次代表大会密切相关，您怎么看呢？

江：对，这几次的修改大致和党代会是同步的。这个问题需要比较现实地去看待。作为一个法科的学生，在看待问题的时候，不能简单地喜欢不喜欢、赞成不赞成，而是首先要认识到这是一个事实，这是一个客观存在的状况。就这个问题而言，我们必须在承认这是个客观存在的体制的前提下，才能讨论它的合理性、合法性问题。党代会开完之后考虑修宪，这在中国来说是由体制决定的，只能是由这样一个模式来推动宪法的修改。修宪总是要有一个力量来推动的。在没有其他的力量推动时，由执政党来推动修宪也不失为一个好的模式。由谁来启动、推动宪法的修改，我认为不是一个最重要的问题，重要的问题是宪法怎么改、往哪个方向改。

记：您认为我们的宪法下一步会在哪些方面有变化呢？

江：我们的宪法在经过四次修正之后还存在一系列的问题。第一个问题就是条款之间的衔接性问题。宪法的条款之间存在一些矛盾，前后文之间也存在一些矛盾。这是修改造成的一个问题。第二个问题就是我们的社会还在不断向前发展，并没有完成转型。在这样一种情况下，我认为现在不一定要急着去修改宪法。一则是因为现在该存在的问题依然存在，修改了宪法不一定能马上解决问题；二则是因为社会还没有完全转型成功，匆忙地重新制定一部宪法也不是一个好的办法。我倒是主张"有多少盐油柴米就做多少的饭"。宪法现在只能是这个样子，还是挖掘出现有宪法的资源，把它好好利用起来比较好。现在的问题不是宪法有多么的不好、有多么的难看，而是现在有很多好的东西我们没有很好地利用。

现在很多学者提出，宪法的序言不好，那么多，那么长，那么抽象，指导思想那么多；也有人说我们的国家主席制度不好，要搞总统制，把主席和总理合二为一等等。学者们有这样那样的想法，我不反对，发表自己的意见是他们的自由。但是，作为一个学宪法、教宪法的老师，我认为，学宪法的、学法律的，首先是要守规矩。法学教育是一个守秩序的教育，是一个相对保守的教育，法学教育是要学生去守住现有的规矩，而不是要他们去推翻现有的法律秩序。当然，必须要有人来挑战这个规矩，但是挑战这个规矩的人不应该是我们，我们最主要的职能是守住这个规矩。对宪法而言,我认为我们现在最重要的工作不是怎样设立总统制,不是怎样把序言给撤掉,而是怎样用好现在这部宪法。宪法是有很多问题,我们这部宪法也有很多缺陷,但是完美无缺的宪法永远不会存在。在这样一种情况下,最基本的精神、最基本的品德就是用好用足现在的宪法。美国宪法难道没缺陷吗?有,缺陷很多。但是,美国人也没说要废掉这部宪法,重新制定一部,他们在宪法现有的框架之内寻找完善的机会,用好用足它。宪法原来可能不包含这个意思,在用的过程中可以去扩充它的意思。怎样去完善宪法,怎样去用好宪法,这才是我们应该思考的问题。所以,我的基本观点就是,第一,守住规矩;第二,用好这部宪法。

我之前参加年会时的一篇论文,就是谈中国宪法中的分权与制衡,就是从宪法文本中来分析问题。我始终认为中国的宪法不是如某些人所批评的那般一无是处,有很多东西是我们没有去发掘、发现的,或者说没有使用过的。从来不用,从来不看,从来不学习,怎么会知道宪法是什么样呢?立宪、废宪这些都是大事,不是随便讲两句话、开个会就可以决定的问题。我现在每次给本科生上课,都会用5—8分钟来朗读宪法文本。每一次上课之前,给一段时间,让学生去大声朗读宪法。通过这种途径,让学生对宪法有一个基本的认识,同时让他们对宪法产生一种基本的信仰。这部宪法不一定是最好的,完美无缺的,但它就是我们要学的,要守住的规矩,这点我认为是作为法科学生最重要的一点。

记:守住规矩,才能守住饭碗,谢谢江老师对我们这些学子的忠告。那么,江老师您现在在学术上有什么想尝试的新领域或者新方向吗?

江:从我个人的学术安排来说,接下来的研究有几个方面:第一个是关于形而上学这方面的;第二个是关于宪法史这方面的;第三个是关于现代司法制度、司法法与司法学这方面的。此外,在行政法上我也会投入比较多的精力。

记:江老师,您阅读过的书籍肯定很多,能给我们后辈推荐几本您觉得比较好的书吗?

江:这倒是个难题,我很少向学生推荐书。因为我是主张本科生"开卷有益"的,我不能用我的学科偏好、兴趣偏好来影响学生的偏好,所以我主张本科生看什么书都是有好处的。本科生十八九岁、二十岁,没有必要过早地确定研究方向。只要博览群书,到了需要确定研究方向的时候,自然而然就会确定自己的研究方向。研究生因为有专业分科,我大致会有一个书目给他们,但是这个书目是仅供参考的,不是必须要读的。因为现在信息非常发达,大家接触的信息源是非常多的,书的更新也很快。学生看的书我不一定都看过,而且有很多新书,我可能只知道有,而没有认真阅读过。假如说把没有认真阅读过的书推荐给学生,对学生可能造成误导,这是一个不负责任的做法。所以,我推荐的书最多的还是一些经典的著作,是关于一些基础性知识的,包括亚里士多德的《政治学》、柏拉图的《理想国》等等,这些书每届学生我都会推荐给他们看。现在实际上推荐太多的书不太现实,本科生让他们去看太专业的书很难;硕士生让他们去看太多的书也不容易,他们只有两年时间,太短了;博士生,每个老师都有自己的计划、研究,我们只能宏观上列一些必须看的书目,其他的书由学生自己去选择。

记:在这次采访将要结束时,江老师能不能给我们这些学子提一些希望或者建议呢?

江:你们比我们更有发展空间,要珍惜这个机会。不管在学校还是以后参加工作,一个基本原则就是:做好自己的事,做好分内的事,这是最重要的。

(杨　颖、江小夏)

彭诚信
Peng Chengxin

1973 年 6 月生，山东嘉祥人。1994 年、1998 年、2002 年分别于吉林大学获得法学学士学位、民法学硕士学位、法理学博士学位。2003 在英国牛津大学法律系从事博士后研究。曾先后在伦敦政治经济学院（LSE）做访问学者、日本北海道大学法学研究科任教。1994 年起在吉林大学法学院任教，2004 年任教授，2005 年起任民商法学博士生导师。2007 年起，受聘为宁波大学"甬江学者"特聘教授。现任上海交通大学凯原法学院教授、博导，凯原青年学者。

出版专著、合著、译著、教材五部，在国内外法学专业核心期刊及其他书刊发表论文四十余篇。主要研究专著有：《主体性与私权制度研究——以财产、契约的历史考察为基础》。主要论文有：《善意取得合同效力的立法解析与逻辑证成》《我国物权变动理论的立法选择》《"观念权利"在古代中国的缺失——从文化根源的比较视角论私权的产生基础》等。

> 崔建远老师不仅讲到了建筑物区分所有权中每一种具体权利（专有权、共有权、管理权）的构成要件，而且也解释了每一个具体权利中其实都包含了对权利主体甚至对相邻主体之间的关爱与尊重。这中间体现了深奥的人文精神，当时给我的震撼很大。我忽然意识到这就是我之所以选择法律而要学习的东西，那就是每个法律制度里面都包含着对人的关心。

记者（以下简称"记"）：彭老师，您好，您当时为什么会选择考吉林大学呢？

彭诚信（以下简称"彭"）：选择吉大的原因就是我想学法律，而吉大法学院也的确很有名气。当时的"招生简章"让我知道吉大亦是当时国家教委直属的16 所重点大学之一,曾有吕振羽、唐敖庆、匡亚明等任校长。报考吉大也是出于一种求稳的心态。当时我在班级里的成绩还是挺不错的,班主任也曾建议我选择北大或者复旦报考。报考吉大,主要出于自我感觉很有把握,毕竟家境过于贫寒不允许我复读。

记:那您当时为什么坚定地想学法律呢?

彭:可能是小时候受一些书籍和电影的影响,觉得法官能主持公道,所以我就选择了法律,期望将来能为老百姓做点公道事。当然,若不是在高一辍学多半学期,那么我的选择或许不是法律而是化学。在中学,我最感兴趣的是化学。初中时有位张林祥老师讲课很好,且对我不错,那时我的化学成绩特别好。但是,在 1987 年考上济宁市最好的重点高中之一——嘉祥一中后,由于我父亲身体不好,家境困难及精神压力让我难以安心上学,第一学期开学后不久便辍了学。等第二学期返校后,学习成绩明显受到影响。由于理科成绩不理想,所以不得已就选了文科,高考时便选择了法律。

记:您念大学的时候已经是 90 年代初,您有没有感觉这个时候的大学与前几年您的师兄们入学时候的大学有所不同?

彭:我没跟前面几届毕业的师兄们交流过,就我自己的感受而言,进入大学之初的感觉还是挺失落的。首先,进入大学之前,我感觉大学是很神圣的地方,所以对它的期待也就比较高。但那个时候的吉大,物质条件比较差。尤其住宿条件很差,12 个人一起住,还是住在北区,宿舍的房间光线很暗,住了很长一段时间才习惯下来。其次,大学讲课方式跟高中很不一样,感觉有点不适应。我之所以对法学有兴趣,还要感谢后来成为我硕士生导师、现在清华大学任教的崔建远先生。大三上学期,由于父亲去世返校晚了两周,我才知道崔建远老师接替一位刚调走的老师给我们讲民法课。第一次聆听崔老师的课,其讲授内容是建筑物区分所有权。他不仅讲到了建筑物区分所有权中每一种具体权利(专有权、共有权、管理权)的构成要件,而且也解释了每一个具体权利中其实都包含了对权利主体甚至对相邻主体之间的关爱与尊重。这中间体现了深奥的人文精神,当时给我的震撼很大。我忽然意识到这就是我之所以选择法律而要学习的东西,那就是每个法律制度里面都包含着对人的关心。从此我就非常喜欢民法,逐渐遍读了国内当时基本上能找到的所有与民法相关的书籍。

记:在您的本科阶段,有哪些老师对您的影响比较大?

彭:给我影响最深的是崔建远老师。他讲课特别富有逻辑,也比较严厉,我们学生都很敬畏他。由于每次听了他的课之后,都深受启发,我就开始练习写些小文章。1993 年我的第一篇论文发表在了华东政法学院的《法学》杂志上。这篇文章也是由崔老师帮我修改的。另外，还有马新福老师，在大一的时候他给我们讲授法理学。他讲述的诸多法理的内在精神等内容都令我印象深刻。还有姚建宗老师，其讲授的当代西方法哲学也给我很多启发，尤其是当时他给我诸多读书、学习上的指导，后来成为同事后，更是在学术上经常交流。吴振兴老师讲课案例多且内容丰富，讲话带有东北方言，也很有吸引力。苏惠祥老师的课也很精彩。其中我跟苏老师之间还发生过一个小故事。1993 年，我申请了当时吉大最高奖——吕振羽奖学金，苏老师是这个奖评委中唯一的法学教授，所以现场答辩时基本上是他一个人对我发问，直到把我问倒为止。他对我印象可能也较为深刻。大四下学期给我们讲课时，他每次进教室基本上先问彭诚信来没来，有什么问题就说彭诚信来回答一下。

记：对于学生生活，您有哪些比较深的印象？

彭：印象最深的还是读书生活，大二下学期以后我基本上都是在图书馆度过的。我读了很多专业论著，如博登海默的《法理学》等，当然也有专业之外的书，如朱光潜的《美学文集》、马斯洛的《动机与人格》等等。待在图书馆时间多，也就意味着经常逃课。不过，我逃课不逃学，这也是我现在对学生的基本要求。其实，等我走上大学教师岗位，在做一篇涉及民法和行政法交叉的论文后才发现，逃课并不是学习的最佳选择。我读了差不多有二十多本中外有关行政法、行政诉讼的书籍，心里依然没底。后来找了教行政法的彭贵才老师，论文经过他的修改，才敢公之于众。以此为例，我也经常告诫学生们最好不要逃课。如果逃了课，以后还想学该课程内容所要付出的代价远大于当时在课堂上的学习，且效果还不好。

还有一件最令我感到自豪的事。那就是我曾两次参加校运动会万米比赛，均拿到第五名的好成绩。之所以深感自豪，是因为参赛与成绩都超出我的预想。这应该得益于我的高中中学建在山坡上，几乎每天都在无意识中进行体育锻炼。发现我的运动能力的，是当时任法学院团委书记的吴兰老师。有一次在班级间越野赛上，我接最后一棒时，我班还落后别的几个班，等我跑回来的时候，其他班级的同学还不见影子，所以吴老师就推荐我参加学校运动会。

> 牛津大学培养了霍布斯、洛克、边沁、亚当·斯密等对整个人类文明进程有重大影响的学术大师，像这样的大学才是真正的大学，这样的大师才是真正的学术大师。只有在这样的学校才能真正感受到严肃而自由的学术氛围、民主而开放的人文气息，而我们中国的高校与它们相比实在欠缺了太多。

记：您周围其他同学的校园生活是否跟您的类似？

彭：大家应该都差不多，那时候我还参加了法学会的一些学术活动。我周围的同学除了学习外，也基本上都是踢踢球、下棋或参加其他文体活动。

记：大学毕业之后，您为什么会选择考北大的研究生呢？

彭：选择报考北大研究生，并非完全是冲着这个学校的法学院去的，我觉得吉大法学院已经足够好了。主要原因是，当时我觉得文科在中国有些底蕴的、最好的学府莫过于北大，毕竟北大在"五四运动"中迸发出的民主、自由之人文气息着实令人向往。当时因政治分数没过线而落榜还蛮遗憾的。等后来出了国，我曾先后在伦敦政治经济学院、牛津大学法律系、北海道大学大学院法学研究科留学，这种感受逐渐淡化了许多。正如跟姚建宗老师聊天时曾说的，牛津大学培养了霍布斯、洛克、边沁、亚当·斯密等对整个人类文明进程有重大影响的学术大师，像这样的大学才是真正的大学，这样的大师才是真正的学术大师。只有在这样的学校才能真正感受到严肃而自由的学术氛围、民主而开放的人文气息，而我们中国的高校与它们相比实在欠缺了太多。

记：1994 年您毕业后，作为一名本科生，为什么可以留在吉大呢？像吉大这样好的高校或许会招收更高学历的老师吧。

彭：师资缺少应该是一个原因，因为那时候有不少老师离开吉大下海了。另外，可能是因为我当时在一些核心期刊上发表了几篇专业论文。崔建远老师、石少侠老师等因此也比较看重我，就把我留了下来。我教的第一门课是继承法，受众是跟我本科同级来读双学士的学生。若跟听我课的 16 位同学一起依年龄排序，那么我则排在第 17 位。21 岁当大学老师确实有些年轻。本科留校是特殊历史时期的产物，现在已不太可能了。当然，为了提高学历，任教一年后，我成了崔建远老师名下的硕士研究生。

记：研究生的学习经历对您的学术发展有什么帮助吗？

彭：大有帮助。在硕士研究生导师崔建远先生的指导下，我系统阅读了民法学的一些经典书籍，学术研究能力也有长足的提升。与本科相比，我的知识结构也更为系统化、体系化，研究生学习经历对我现在的学术研究很有意义。

记:作为崔老师的得意门生,您对于他的培养方式有没有什么比较深刻的印象?

彭:不敢说是崔老师的得意门生,因为崔老师有太多优秀的学生,如韩世远教授、王轶教授等。但崔老师的培养方式和许多老师的确不太一样,因为他一直都是用自己严谨的言行来潜移默化地影响学生。我有幸在本科学习的时候就得益于崔建远先生的指导。在大三时,我怀着忐忑的心情把第一篇习作《"情势变更原则"的探讨》拿给了先生指导,等他几天后拿给我时,已是密密麻麻帮我修改了很多处。这篇论文后来发表在《法学》(1993 年第 3 期)上。我的本科毕业论文《赃物应该适用善意取得制度》也是在先生的指导下完成的,这篇文章还被崔老师推荐发表在了《当代法学》(1994 年第 3 期)上。应该说,没有崔建远先生的言传身教,就没有我今天的任何成绩。

记:在 1998 年,您硕士毕业了,那您是否觉得毕业前后您给学生所上的课会有所区别?

彭:还是有区别的。刚上课时,主要是告诉同学们这个学科的某些知识点。硕士毕业后,随着自己专业知识的积累与充实,我不仅会告诉同学们该学科是什么,而且还会给他们解释为什么。

记:从 1998 年研究生毕业到 2004 年您被评为博导,您的学术之路似乎异常顺利,在这期间您觉得您成功的秘诀在哪里?

彭:博导并不意味着和我的学术水平成正比。在学术上我不过还是个学生,博导只是一个体制的产物。如果表面的职称算做成功的话,我觉得其中的原因可能有这么几点:第一,是无欲。从大学二年级开始,我就确定了走做学问这条路,平时多数时间都是在看书。在读书与上课过程中,有什么感想或启发便进行研究并写成论文,并非完全为了评职称。第二,是兴趣。除了看书、写点东西、教书之外,我也的确想不出还能干点其他什么事。第三,是机会。2004 年与 2005 年正好吉林大学进行职称评聘改革,教授、博导在全校范围内重新评聘,我只不过是恰好赶上了这个机会。从真正的学术水平角度看,我深知自己离一个教授、博导应有的学术水平还有不小差距。

记:您在 30 岁就成了博导,如此年轻,周围的人是如何看待您的呢?

彭:确切地说,我是 32 岁被聘为博导的。过早成为博导可能跟我参加工作较早也有关,我在 1994 年 21 岁时便开始从事教学、科研工作,并历经助教、讲师、副教授、教授所有过程才成为博导。了解了这一点,我这也算不上什么成绩。即便如此,我也认为 30 岁出头成为人文社会科学的博导有些过于年轻。然而,我深知,职称与一个人的学术水平并非完全成正比。我不知道周围的人如何看我,但我的确没有因为职称的变化而影响到我的学习与工作的努力。从 1994 年任教以来,我一直保持着学习到凌晨一两点才睡觉的习惯,尽量打牢自己的学术基础。

> 在国外的这段学习经历让我感受到了什么是学术,什么叫学者。在培养出洛克、科斯等真正学术大师的学术殿堂里,没有哪一个教授敢自称为大师。在知识面前大家都是学生,这种高校真正是一个自由平等的学术交流平台。到了伦敦大学和牛津大学,我才明白了什么是大学,什么是大师。

记:2000 年以后您就出国了,能介绍一下您在国外的生活吗?

彭:我出国的主要原因是因为法治文明来源于西方,想到那里拓展一下自己的学术视野。2000 年,我受中国留学基金的资助去伦敦政治经济学院(LSE)留学,合作导师是 J. E. Penner 教授。原本我是要到牛津大学的,因为 J. W. Harris 教授要去澳大利亚国立大学访问一年,他就把我推荐给了 Penner 教授。在 LSE 我系统学习并研究了有关财产与权利领域的相关问题,这些材料同时也是我的博士论文的必备素材,即从财产的视角来理清权利理论的发展脉络。两位教授都不约而同地给我推荐了贝克尔(L. C. Becker)的《财产权利:哲学基础》,还有斯蒂芬·芒泽(Stephen R. Munzer)的《财产理论》等书籍。看完这些书籍,让我基本上理清了财产理论的发展脉络,也感觉到学习与研究法律的清晰思路。2003 年至 2004 年在牛津大学学习时,这种感受就更深了,那就是西方法学思想的传承在某种意义上也是学者之间的传承。如现在实证法的代表人物拉兹,他是哈特的学生。哈特又继承着奥斯丁、边沁的思想,而边沁在牛津又听过布莱克斯通的课,尽管其并不喜欢他的课。我们发现,每一个学者法律思想的发展都是站在巨人的肩膀上。我国却很难发现法律学术思想的历史传承。我总是告诫我的研究生,无论研究任何学术问题,都要找到问题的起点。在国外的这段学习经历让我感受到了什么是学术,什么叫学者。在培养出洛克、科斯等真正学术大师的学术殿堂里,没有哪一个教授敢自称为大师。在知识面前大家都是学生,这种高校真正是一个自由平等的学术交流平台。到了伦敦大学和牛津大学,我才明白了什么是大学,什么是大师。相比而言,发现自己所处的环境中法学理论知识还不够系统、学术思想体系缺乏历史传承、学术氛围及学术环境还不够浓重。尽管国内这些因素、条件的缺失让我做点真正学问的理想颇受打击,但却让我更加安心地去读书、学习,写点真东西。

记:您能否举例子来说明一下,您对哪些教授的印象比较深刻?

彭:J. W. Harris 教授,在我的书上也提到过他。我到 LSE 做研究学者后,第一次联系 Harris 教授的时候,他去澳大利亚做访问教授了,所以没有跟他面对面交流。中间他每次回到英国的时候,就会把我叫到牛津去。我还记得第一次见面时的情景,他问我为什么来英国学习法律。据他了解,中国法律更接近于大陆法系,去德国学习应该会更好。我回答他说,第一个原因是语言,我是学习英语的。第二个原因是来学习法律理论与观念,毕竟牛津的法学理论世界著名。因为很多的中国学者(甚至包括我本人)有这样一种观念:古代中国传统上没有民事法律,没有权利观念,现代的法律制度源于西方。他沉思一下说到,难道古代中国对于抢夺、盗窃不负法律责任吗?我回答说,不但负法律责任,而且负严重的刑事责任。他说,这不就是对财产权利的保护吗?难道古代中国没有物的买卖吗?我回答说,当然有。他说,这不是也有契约吗?怎么能说中国没有法律和权利呢?简单的问题,却把我问得晕头转向。我深为他的法律感觉所佩服,他的这些提问也促使我深入思考古代中国到底有没有法律与权利制度,而不再是人云亦云。这个思考的成果便反映在我的博士论文中,相关论文也发表在《环球法律评论》2004 年秋季号上。

J. E. Penner 教授给我的印象也很深刻,他学问功底很好,其博士论文《法律中的财产观念》在牛津大学获得很高的荣誉。他对我的研究认真而负责,不但给我列出详细的读书清单,还把他本人以及其他教授让他提修改意见的未发表论文拿给我看,让我了解相关问题的研究前沿,并且还给我修改英文论文草稿。另外,我也曾上过拉兹(Joseph Raz)、奥诺(Tony Honoré)、菲尼斯(John Finnis)、帕菲特(Derek Parfit)等教授的课,都给我很深的印象。

> 一个人能完全信任别人的确是非常难的,所以能被别人信任已是我无上的荣耀。

记:在英国的时候,除了感受到大学的气息外,您在生活上还有什么其他感受吗?

彭:英国的风土人情还是不错的。英国是一个传统上保守的国家。依我的理解,他们的传统保守只是相对于外人而言的,一旦你成为他们的朋友,进入到其生活圈子,会发现他们又是非常开放的。除了学习上的导师之外,我也接触、认识了不少好朋友。最要好的几个中,一个是我在伦敦的房东 Barry Hughes,他同时也是我的日常生活和语言导师。退休前,他曾在加纳大学教授了 25 年的生物学。他为人很慷慨。我租用其房屋期间，有一次他看到我的账单，发现政府给我的奖学金是 490 英镑。他觉得这些钱是不够在伦敦生活的，于是就给我优惠，每周减免 5 英镑的房租。在我第二次去牛津留学的时候，他不仅去机场接我，而且也没再按以前的规矩收我住在他家那几天的住宿费，他说我们已经是朋友了。后来，吉大法学院的刘红臻教授、蔡立东教授等去英国留学时，也都曾在他那里住过。他去机场接其中一位老师时，由于飞机晚点，在机场足足等了五个小时左右，足见他的为人之厚道。2005 年，他专门来中国看望我，我真的挺感动。一个七十岁的老人万里迢迢而来，完全是出于信任与友谊，真的很不易。一个人能完全信任别人的确是非常难的，所以能够被别人信任已是我无上的荣耀。我俩也常常发生口角，当然这也只限于讨论事情，并不妨碍我们的友谊。昨天他还给我发了一张照片，说自己又衰老了，开玩笑说这个照片很适合上讣告。在英国的时候，我们两人几乎每两周都会带上他九十多岁的老父亲一起出去旅游，玩得很开心。现在我俩也几乎每周都通一次电话，无话不谈且话题广泛。

还有一位好朋友 Tony Cross，他是我在牛津大学学习生活时学院（Harris Manchester College）的前任院长。我们俩能成为朋友也有一个非常有意思的过程，因为他后来曾告诉我，他从不相信自己会跟一个东方人成为朋友。牛津大学实行会餐制，一般研究人员、教职员工可以坐在 higher table 吃饭，学生只能坐 lower table，我的身份是两样都可以坐。我一般中午坐 lower table，晚饭坐 higher table。在 higher table 上，我俩几次恰好面对面，便多了谈话的机会，彼此也有了印象。后来，他邀请我去他家吃饭，品尝红酒。他给了我一张自制的邀请卡，卡背面是一幅他自己绘制的详细地图，我就按着这个地图的指示来到他家。我们先在他家花园树下的长凳上分享一瓶香槟，随便吃一些小点心。在香槟剩 1/5 左右时，他便起身去做晚饭，剩下的香槟由我独享。晚饭形式很正式，先铺放台布，摆好刀叉，倒上红酒，点上烛台，熄灭电灯。当然，作为一个虔诚的基督徒，他还要先做祈祷。然后，我们就可以品味红酒，享用其做的美味了。他的厨艺很好，能够做法国、意大利、西班牙，当然还有英国等各种口味的大餐。饭后，我们一起收拾残局。他洗碗筷杯具，我就帮他擦干。之后我们便来到客厅，他先给我读一段《圣经》，听几曲经典的音乐，然后我们就开始海阔天空地谈论。在离开他家前，我还记得向他解释了一下我没带礼物的原因。在国外，到朋友家做客，通常都应该带些小礼物。既然是受邀品尝红酒，那我至少应该带瓶红酒。我向他解释说，在超市我的确看了红酒，但不知如何挑选。便宜的可能口味不好，贵的又难以负担。我还附带向他征求一下意见，什么价位的红酒比较合适。

他告诉我 5 到 10 镑的红酒都是很不错的,只有年份的差别,口味还都可以。此后,我几乎每周末都去他家聚一次,前面的过程便成了一种固定程式。在回国前的两三个月里,我甚至每周都有几天住在他家。现在我们仍保持着密切联系。能交到这些好朋友,也是我的荣幸。他们丰富了我的国外经历,让我也深入了解到英国的风土人情。更重要的是,我每次想到伦敦、牛津,那里的情谊让我有别样的感动!

> 学术其实还是有地域性的,尤其是在理论的实践应用方面。在学习了西方的法学知识后,我还是希望能够回到我们的国家,为中华民族的学术进步及法治建设做点有益贡献。

记:您当时是否考虑过留在国外?

彭:没有。我学习的是法律专业,最想的还是服务于我国的民主法治建设。在整个"地球村"建立起来以前,学术其实还是有地域性的,尤其是在理论的实践应用方面。在学习了西方的法学知识后,我还是希望能够回到我们的国家,为中华民族的学术进步及法治建设做点有益贡献。不愿留在国外,还有我自身的心理因素,就是不愿品味那种在国外特有的孤独感。后来在日本工作时,跟在英国时相比较,那种心理感受更为明显。在伦敦,一上地铁,就会感觉到有不少人的眼光一下子聚集到我身上。眼神告诉我,我是个外国人,很是不舒服。如果说有机会留在国外的话,那就是我在 2001 年曾向四个学校申请攻读博士学位,拿到了三个 offer,包括牛津大学、伦敦政治经济学院及伦敦大学国王学院。要完成不少于三到四年的学业,在当时至少要花费包括学费在内的各项费用大概七八十万元。由于实在负担不起,便放弃了这个机会。牛津大学、伦敦政治经济学院还分别给我保留了两三年的机会。如果能够拿到学位,在国外工作应该还是有机会的。现在我也为错过那么好的读书机会而遗憾,但并不为没有留在国外工作而遗憾。

记:这其中您也考了博士,在考博士的时候为什么选择法理学专业而不是民法专业呢?

彭:按照我自己的设计,我更愿意硕士研究生期间读法学理论专业,博士学位读民法学。也就是说,攻读法理本来就是我的兴趣,尽管我的最终研究领域还在民法学领域。但生活往往不会按照我们自己的逻辑进行。我本科留校工作便分在经济法学系民法学教研部,第二年我考取了崔建远老师的硕士研究生。到读博的时候,我便选择了跟从张文显老师攻读法学理论专业。我深知,要想在学术上做点研究,法学理论和法史学等基础知识应该非常重要。对于一个学术问题,不但要知其然,还要知其所以然,这就不但要清楚它在整个法学脉络中的位置,而且还需要深厚法理功底予以论证。

记:我感觉张文显老师好像很喜欢有民法背景的人去学法理,最早姚建宗老师就是从民法转向法理的。

彭:我觉得张老师抓住了问题的实质。从整个法律发展的背景看,法律首先是从民法,具体说是从罗马私法发展而来的,因此张老师这种要求完全符合法律发展的逻辑。另外,真正的大法理学家比如哈特、富勒等,往往首先是部门法学家。我曾参加过几次法学理论专业的博士论文答辩,有时候感觉法理的研究有些过于脱离部门法,这是不太合适的。

记:您是否认为您的法理学研究和民法研究是有相互促进的作用?

彭:大有促进作用。法学理论的学习使我在民法学习与研究中具有较为宏观而开阔的思维、视野,而这为研究部门法的学者往往所缺乏。因为部门法的学者往往是在一条直线上往深里看,而法理理论则告诉我们还要进一步向四周看。当然,民法的研究也能够为法学理论的研究提供理论和实践素材,并且还能进一步检验法学理论。可以说,不懂部门法,则难以提出真正的法学理论。也只有在部门法的基础上发展出的法学理论,才能真正指导部门法。

记:您在2004年从牛津回来,那么从2004年起到最近几年您都做了些什么呢?

彭:这几年我研究的主要侧重还是民法原理方面。具体说主要有三个研究重点:第一个是现代权利理论的研究基点;第二个是民法基本原则在私权形成中的作用及其实践应用;第三个是从民事权利到人权的法律保护。民法基本理论总结起来无非就一句话,民事主体通过自己的行为形成权利义务关系并对自己的权利负责。在主体制度、民事法律行为制度、民事权利与义务以及私法责任等方面,我已经作了初步研究并取得了一些研究成果。上述三个问题应该是我今后相当一段时间内研究的重点。

记:您为什么会在这么年轻的时候就能取得这样的成功?您能否给我们后辈一些启示呢?

彭:从我的研究业绩看,其实并没有什么成功,但仍愿意给未来从事学术研究的精英们分享一下我的感想。首先,我们赶上了一个好的时代。学术前辈如张文显老师、崔建远老师等一批法学家已给我们提供了较为充分、扎实的学术给养。如果我真的有一点小成绩,那也是站在这些巨人的肩膀上。其次,我们有一个相对较好的学术环境。毕竟,从全球学术研究的视野看,我国还是鼓励参与世界学术的交流与对话的。这让我们能够互相交流,相互获取必要的学术信息,开拓了我们的学术视野。再次,尤其是相对年轻的学者,大都有较好的外语功底,有留学背景甚至取得了海外著名大学的学位,有良好的学术养成、开阔的学术视野,这些都为深入从事学术研究提供了良好的基础。最后,还必须要付出勤奋与刻苦努力。确实,任何人要取得成就都不会有捷径可走,做学问更是如此,而且还要耐得住寂寞。

另外,我也想指出我们应该避免的几个问题。第一,我们的学术研究还不够系统与深入。具体说来,学术研究问题浩繁但却不够系统,介绍的多为问题点,而不是体系化的知识面。对于从国外引进的法学知识介绍来说,不但要让读者了解该学科知识是什么,而且还要告诉为什么。制度背后的学理介绍还不够深入。第二,学术研究也还存在浮躁现象。比如诸多对国外学术著作的翻译还不够严谨,论文的前提性论证也有不够明确之处,相关资料的收集与整理还不太全面,一些概念的提出与论证也有待推敲等等。这些问题都需要我们这一代人慢慢克服。第三,职业精神的缺乏。无论作为一位老师还是一名学生,最起码的职业精神还是应该具备的。我常跟同学们交流说,做人至少要做到三点:一定不要做坏人,至少要做个职业人,争取能做个好人。第一点与第三点是道德性要求,第二点职业精神的要求对每一个社会人来说恰是最重要的。第四,缺乏职业理想。我希望学法律的人多少都能有些法治理想。其实,选择了法律便意味着选择了追求正义,从而甘心为铺就民主法治之路做一石子。我们要把这种精神贯彻到给学生的授课、自己的学术研究以及日常生活中去。假如每个法律人都能坚持做到这点,那么我们的民主法治社会就会更加完善。法律人应该有这种社会责任感。我们这一代人不敢说能做出多大的学问,但即便是做一颗学术发展道路上的小石子,也要经得起后来人的踩踏。

（罗　健）

李红海
Li Honghai

1973 年 10 月生。1995 年 7 月于中国政法大学获法学学士学位。1995 年至 2001 年就读于北京大学法律学系,获法学硕士和博士学位。现为华中科技大学法学院教授、普通法研究所所长、私法一般理论方向学科带头人。2005 年 8 月—2006 年 8 月英国剑桥大学法律系、Wolfson College 访问学者。曾任北京林业大学人文学院法律系副教授,兼任《私法》杂志编辑。学术兴趣主要集中于英国普通法,包括其历史和司法问题等。

主要研究成果有:《亨利二世改革与英国普通法》,载《中外法学》1996 年第 6 期;《早期普通法中的权利诉讼》,载《中外法学》1999 年第 3 期;《普通法的历史解读》,清华大学出版社 2003 年版;《判例法中的区别技术及其在我国司法实践中的应用》,载《清华法学》2004 年第 6 期;《普通法的司法技艺及其在我国的尝试性运用》,载《法商研究》2007 年第 5 期;《司法指示:没有法律形式的"特别法"》,载《华东政法大学学报》2007 年第 6 期;Ownership or Estate? —The Concept of Estate in Early Common Law, In *Journal for Law and Policy in China*, Volume 1, No. 1(2007);《普通法的历史之维》,载《环球法律评论》2009 年第 2 期;《英格兰律师职业的起源》(译著),北京大学出版社 2009 年版;《大宪章》(合译),北京大学出版社 2010 年版。

我记得我在大三的时候有一次上皮继增老师的外国法制史课,他给我们讲马伯里诉麦迪逊案,我对这个案例很感兴趣,便跑去图书馆查找相关的资料,找到李昌道老师的《美国宪法史稿》来读,从这个时候开始我对外法史有了兴趣。

记者(以下简称"记"):李老师,我们了解到,您是70年代生人,90年代考上大学,之后走上法学研究的道路。是什么动力促使您报考法学专业,然后对法学研究产生兴趣呢?

李红海(以下简称"李"):我本科是在中国政法大学读的。我记得在大三的时候有一次上皮继增老师的外国法制史课,他给我们讲马伯里诉麦迪逊案,我对这个案例很感兴趣,便跑去图书馆查找相关的资料,找到李昌道老师的《美国宪法史稿》来读,从这个时候开始我对外法史产生了兴趣。于是我决定报考研究生,考进了北京大学由嵘老师门下。由老师在得知我对英美法感兴趣后,就建议我去中国政法大学比较法研究所拜访贺卫方老师。我到法大宿舍找贺老师请教他英国法律史的问题,他向我介绍了包括波洛克和梅特兰的《英国法律史》在内的一些书,因为是英文原著,不太好读,我便花了六十几块钱买了一本《布莱克法律大辞典》(第五版),一个生词一个生词地查着读过去。当花上两三个月读下来了之后,就差不多突破了一个瓶颈,以后再读外文书的话就不像当初那么费劲了。可以说,贺老师是我的学术引路人之一。还有一件事情对我个人学术生涯来说也十分重要,就是《元照英美法律词典》的编撰,我和陈绪刚老师负责写英格兰古法部分。我开始参与词典编撰是在1996年硕士二年级的时候,直到2003年出版,这项工作一直持续了七年。那个时候我刚读了一年的英文原著,所以这和我对英国法律史的学习形成了一种良好的互动。因为我是在具备了一定的专业背景的基础上去做的,编这部词典反过来又对我的专业有极大的帮助。在国内英国法律史研究领域,除了我和陈绪刚,别人可能很少有这个经历,而且这个经历对我今后从事学术研究奠定了基础。我们当时要对每个词条逐一全面地进行解释,一个词条差不多都代表了一种法律制度。这项工作非常地细致,细致到什么程度呢?我们大概进行了七十遍左右的校对工作,这很好地培养了我做事情的认真态度。

记:您编撰这部词典过程中有些什么乐趣?

李:非常地枯燥,编写人员一度很多,可坚持到最后的只有那么几个人。遇到看不懂的地方,经常需要找一些参考书,比如20卷本的《牛津英语大词典》。我还要经常查阅一些英美法方面的书,像布莱克斯通的《英国法释义》。有的时候我还会看一些普通法的判例,但主要还是看布莱克斯通的书。

记:您能回忆一下您在法大和北大读书的不同感受吗?

李:那个时候我在法大的昌平校区,昌平不像今天这么热闹,有那么多的娱乐设施。我觉得法大最主要的特点还是比较务实,讨论得更多的还是实际问题和具体的案例。到了北大就不一样了,他们那里形而上学的色彩比较浓厚,大家都比较喜欢讨论大的、理论性的、思想性的问题。北大对我的影响很大,原来我是属于不爱怎么张口,张口就会脸红的那类人。到了北大之后,逐渐习惯了他们那套交流方式,包括讨论问题、讲课发言。另外,北大思想非常自由,学风很好,那时学生的诱惑也比较少,能沉得下心来看书。

记:您在研究生期间经常往返于北大和法大之间,那您在法大的时候经常和那儿的老师同学交流吗?

李:因为编写词典的缘故,所以和同龄学生交流较多。比如现在在国家行政学院的杨伟东、法大的田士永等,海淀法院、中国银行也都还有当时的一些同事。

> 我在剑桥期间,一般都在法律系的图书馆待着,获取一些第一手的研究资料和最新著作。

记:能和我们分享一下您在英国剑桥大学访学的经历吗?

李:剑桥有很好的大学传统,他们那里做事情很有规矩。学校规章如果打印出来足够编好几部法典了,这样一来便节约了很多制度成本。在这种制度下产出的学生也都比较合格,剑桥(还有牛津)因为它的学院制、导师制号称是学生掉队最少的大学。学生学习非常辛苦,白天在学校里上大课,晚上回到学院里在老师那里接受辅导,老师经常会布置一些作业,如案例讨论、就某一个问题写一篇小文章等。我在剑桥期间,一般都在法律系的图书馆待着,获取一些第一手的研究资料和最新著作。剑桥的法律史是英国最好的,梅特兰曾经就在那里做教授。

记:我们国家现在大学扩招,研究生也在扩招,导致不可能有像国外大学导师和学生那么多单独相处的机会,您觉得出现这种现象,是导师还是学生的责任多一些?

李:一个主要的原因是,大学教育大众化了,资源十分有限,学生都来找老师是很困难的。剑桥有个 Ph. D. 学位,具体说就是学生自己做研究,申请的时候选好课题,在第一年就要论证其可行性,做好报告,通过了才能继续去做。如果有问题,可以向导师预约。我曾在北京林大教书期间带过五六个研究生进行过这方面的尝试。

记:您发起创刊《私法》并担任编辑的经历能和我们讲讲吗?

李:这部刊物是易继明老师在上学的时候就开始办的,当时他邀我一块做,我便成了协助发起人之一。他主要负责联系出版,联系稿件,我参与审稿。其

在剑桥大学梅特兰法律史图书馆，摄于 2006 年 7 月

实，我对民法没有专门研究，但对英美不动产法这一块还是有些关注的，也写过一篇文章。所以，易老师会把涉及这一类问题的文章事先给我看一下。

记：现在国内有一部分搞私法的学者认为，我们应该吸收和借鉴英美法的某些制度和法律体系，不主张民事立法法典化。对于这个问题，您怎么看？

李：首先你要看到，民法典的出台是国内的一些民法学者在推动。民法典确实是大陆法系国家成文立法的一个标志，法国和德国就以此为骄傲，但是英美法系国家却没有这个东西。对于"法典"这个词，我认为它是一个历史流变的过程。古代两河流域的法律、《十二铜表法》和《国法大全》也称为法典，但显然不能和今天法典的概念相比较，充其量不过是一些汇编。而我们现在所称的法典，是以《德国民法典》为样本的。所以，我们要重新考虑我们为什么要搞法典，要搞什么样的法典，用什么概念去界定。我个人认为，法典的出台需要一些基本条件，包括《国法大全》、《法国民法典》和《德国民法典》等，首先需要有政治家的热情来推动，像优士丁尼、拿破仑、俾斯麦、威廉二世都很重视这个事情。其次，需要一个具有法学家身份的行政官员来具体负责，像优士丁尼时代的特里波尼安、拿破仑时代的康巴塞利斯、德国起草民法典时候的温德夏特。再次，民法典是对民事生活领域最基础规则的揭示和表述，在这一点上它和单行法是不一样的。我国台湾地区的苏永钦教授就认为法典应该规定最基础性的人与人交往的共通的规则，像所有权神圣、契约自由、过错责任等，而不是规定诸如抚恤金应该是百分之几这些具体内容。罗马法揭示的那些普适的规则应当反映到法典中来。除了普适的还应有传统的，也就是我们这个社会所特有的民事习惯，如某些物权方面的规则，特别是家事、婚姻、继承方面。编纂《法国民法典》之前法国的立法者也为整理本民族的民事习惯做了大量的工作，包括对巴黎高等法院的判例的整理。《德国民法典》出台之前的一个世纪，当时的萨维尼对于法典持反对意见,就是因为当时德国人对于本国的民族精神、民族习惯研究得还不够。清末民初的立法者着手对这些东西进行了整理,那是因为他们已经意识到了编纂法典需要采取一种什么样的路径。而遗憾的是,这项工作在1949年以后就基本停下来了。所以,从这个层面来说,我们现在编纂民法典的条件还不成熟。我个人觉得,法典本来也不是必须要有的,对于法官,只要有法可依就可以了,不论所依据的法是单行法还是法典,况且法典不比单行法更加有助于老百姓学习和理解法律条文,法典因为追求形式上的完美可能会使得理解起来更为困难。我们现在有《民法通则》《婚姻法》《继承法》《合同法》《物权法》,还有新通过的《侵权责任法》等一系列的单行民事立法,如果单纯为了法典而法典,就会失去法典编纂的意义。英美法系国家就没有大陆法系国家的那套法典,《美国法重述》也只是学者对普通法的书面化的表述和抽象,普通法主要体现在判例法和少数经典著作当中。

> 制定法和普通法是水和乳的关系,水乳交融,两者发展到今天很难说清楚谁影响谁更多一些,应该说是互相影响吧。

记:英美法国家现在好像也兴起了一股成文法典化的潮流,诸如美国一些州有了自己的民法典,您怎么看待这一现象?

李:这个问题正好问到点子上了。这段时间我正在做一个项目,研究普通法与制定法的关系。制定法在英国不是现在才出现的,而是由来已久。在我看来,制定法是早于普通法的,就英格兰来说,盎格鲁-撒克逊时期就有了《伊尼法典》《阿尔弗雷德法典》等。诺曼征服时期,威廉一世也发布了很多的谕令,一直到后来亨利二世的《克拉伦敦宪章》等等。《英国制定法大全》一书收录的最早的英国制定法出现于1236年,这个时候普通法还没有成形。普通法和制定法的关系在很大程度上是司法和立法的关系,是法律解释的问题。在14世纪中期之前,法官对制定法的影响非常大,法官可以参与制定法的制定和解释,因为当时制定法律的主要是国王和他的咨议会,而咨议会的成员很多是法官。13世纪后半期的时候,有一位律师在开庭时试图解释制定法,庭上的Hengham法官告诉他:"这部法律是我们制定的,我们比你更清楚它的含义,你不要去解释。"即使是14世纪之后,很多法律的制定也是源于民众的请愿,然后国王把这些请愿拿到咨议会上讨论。针对请愿最终作出咨议会的决定,法官再根据这些决定来起草法律。所以,贝克说中世纪的很多制定法其实是某个事件的后果,这个事件包括某一请愿或者是某一具体案件。亨利七世时情况有了改变,请愿书直接就按照法律的方式进行准备,以免咨议会决定作出后法官在起草法案时肆意篡改请愿和决定的内容。还有一种情况，那个时候法官适用制定法时的自由裁量权很大，按照普拉克内的说法，他们可以扩张、缩小解释制定法，甚至是搁置不用。直到 14 世纪中期之后，法官才开始对制定法进行严格的解释，即文义解释。所以，在中世纪的英国，法官对制定法的影响非常大。也就是说，司法对立法的影响非常大，普通法对制定法的影响非常大。反过来说，制定法对普通法的影响也非常大，因为许多普通法的原则是从制定法中衍生而来的，如 1290 年的《封地买卖法》，禁止封臣将土地进一步往下分封，只允许其转让，受让人便成了原来领主新的封臣。而不像过去，你是我的下属，我便可以把土地分封给你，你就变成了我的封臣而不是我的领主的封臣。这一影响封建土地关系产生重大转变的制定法成了后来普通法的基础。从这个意义上说，制定法创造了普通法。到了 16、17 世纪，经典普通法的理论认为普通法高于制定法，普通法是 law，是社会生活的基本规则和基本规律，是历代智慧的结晶，是法官从日常的每个案件中抽取的一般性规律，而不是法官自己的看法，法官仅是充当抽取者、揭示者和表述者的角色。在经典普通法理论看来，制定法也应该是这样的，也同样是对法律的一种表述，只不过法官是通过判例的形式表述出来，而议会是通过成文的形式表述出来。但事实上制定法仅仅是一群人意志的体现，所以他们便不把制定法看成法律。黑尔说制定法必须经过一个过程，必须融入普通法当中，被老百姓所接受，才能具有法律效力，否则就不成其为法律。有人比喻普通法和制定法是油和水的关系，是不相容而且独立的，其实放在今天，这个比喻也不是很恰当。因为制定法不断在影响和改变着普通法，欧盟的法律也在影响英国国内的法律，英国的法官便经常运用欧盟法律的解释方法来解释本国的法律，如英美的制定法对所用概念、术语都有详细的界定，几乎不给法官自由解释

在英国剑桥大学访学期间，摄于 2005 年 9 月

的余地。然而,欧洲大陆国家的制定法中的这一概念很宽泛,留给了法官很大的解释空间。剑桥大学有个教授,叫 Jack Peterson,他做过一个演说:"Has the Common Law a future?"讲到制定法怎么修改甚至是推翻普通法,如何类推适用等。我现在的看法是,制定法和普通法是水和乳的关系,水乳交融,两者发展到今天很难说清楚谁影响谁更多一些,应该说是互相影响吧。

> 真正的法律人物应该是做了超越于他本职之外的事情,并且通过自己的努力推动和改变了法治进程的人。

记:您比较欣赏哪种法学研究方法?

李:就部门法而言,你必须围绕一个问题来展开。比如说选毕业论文题目的时候,实际上很多学生是选不出问题的,很多都是我来选,我大多选取社会上的热点问题,比如我指导一个学生的毕业论文,从微软的黑屏事件出发,分析其中的法律问题。这个事件背后其实是一系列正当权利主张之间的冲突,包括微软的著作权、用户对电脑的财产权以及国家的公共安全。你必须认识这个冲突,然后来协调解决这个冲突。还有一个学生,写在网上充电话卡上当受骗的问题,这其实是一个即时交易的问题,因为你一点击鼠标即构成付款。我要他考虑这种买卖行为对于传统的合同法原理构成什么挑战,这主要是对传统的意思表示的原理构成挑战,因为即时交易就意味着失去了予以充分意思表示的空间。对于这个问题我们该怎么完善呢?这些当然要以你对部门法学习得比较扎实为前提,然后通过对问题的分析,掌握一种方法,看到它们背后的思路和矛盾,然后去解决。对理论法学,就法律史来说,首先经典理论必须精读,其他同主题的书可以泛读,这是第一个层次。第二个层次,比如中法史要读原始文献,外法史由于无法接触或读懂第一手材料,我们就要尽力发掘第二手材料。当然,你必须对你所关注的研究领域的基本情况搞清楚之后,再去讨论一些具有理论意义的问题,比如普通法和制定法的关系。

记:您最崇拜和敬佩的法学家有哪几位呢?

李:对于崇拜和敬佩,我有个标准。他不一定要有多大成就,但是他一定要对他所研究的东西坚信并且为之努力。凡事每个人心里都有各自的标准,我们现在不是有每年的十大法律人物的评选吗,我在 2004 年就专门写了篇文章,讨论评判标准的问题,我的标准肯定和中央电视台、《法制日报》不一样。在我看来,那些评上的人应该说只是做好了他们的本职工作而已。在我看来,真正的法律人物应该是做了超越于他本职之外的事情,并且通过自己的努力推动和改变了法治进程的人。

记:好像现在年轻一辈的学者和老一辈的学者相比缺少踏踏实实、严谨求学的态度,这是不是说明学术圈出现了一些浮躁的现象?

李:首先,很多年轻的学者依然是很严谨的,这是一个基本的事实。但是,也有一些人拿学术混饭吃,能不能真正做出成果,对他来说也无所谓。这个现象和个人因素以及社会评价体系都有关系,总体来看,受社会大环境影响很大。简单来说,今天很多地方没有规则,或者说只剩下潜规则了。我前段时间做了一个学术报告,讲到英格兰的宪政史上戴雪所说的"共识"(understanding),共识不是规则,但是大家都认可。你不遵守这个共识可以,因为没有人可以强制你,但是大家都不会去违反,因为违反就会引起舆论哗然,很没有面子。而到了我们这里,这种舆论氛围很缺乏,即使人到了没有面子的地步,也觉得无所谓。之前英国下议院的议长因为议员报销的事情被披露出来,舆论一片哗然,导致他引咎辞职。

记:您觉得我们国家的学术规范是否不太统一? 有些什么需要改进的地方?

李:现在比以前好多了,而且一直在改善。但有些地方仍然比较混乱,投稿的时候,这个杂志社要求这样的格式,那个杂志社要求那样的格式,这就比较麻烦。统一的话当然更好些,但是现在所说的统一很多是为了统计管理的方便。我觉得只要把引证信息标明清楚就可以了,也不一定要搞得花里胡哨。另外,我们国家没有官方去做这个事情,很难统一。

记:您觉得良好的学术评价环境或者说学术评价机制应该是什么样的呢?

李:学者写的东西必须要有一定的价值,而现在有的学者纯粹是为了某些目的去堆积一些东西。我觉得这其中个人判断是很重要的,有价值与否在你自己的判断,也不要太在意当下别人的认可与否,历史总有一天会作出评价的。

记:最后可以请您给法科学子提点希望和要求吗?

李:对于你们来说现在的社会压力很大,和我们那个年代不一样。虽然如此,但还是要坚持自己的兴趣,不管是学法律史还是部门法,围绕自己的兴趣,踏踏实实地做事。如果有什么建议的话,借用苏力老师的一句话:发现你的热爱。你在学校,自然要认真读书,围绕你的兴趣去读书,展开你的生活,围绕你的兴趣产生的知识、思想增量今后到了社会上一定会有用的。现在很多人发现不了自己的兴趣,感觉很迷茫。从这一点看,我觉得导师之所以重要,不在于能教给你多少东西,而在于他能够引导你进入你所感兴趣的领域。

(占志铖)

金可可
Jin Keke

　　1974 年 1 月生,浙江嵊州人。1995 年、2000 年分别于华东政法学院法律系、国际法系取得法学本科、法学硕士学位;2001 年至2004 年于中国社会科学院研究生院攻读博士学位,师从著名法学家孙宪忠教授,获民法学博士学位。2004 年 8 月至今,任教于华东政法大学法律学院民商法教研室,担任民商法教研室主任、德国私法研究所所长。2011 年,被评为华东政法大学博士生导师。

　　主持教育部人文社会科学项目、上海市哲学社会科学项目、上海市曙光学者项目、上海市教委重点项目等科研项目。2008 年 7 月获得德国洪堡基金会"联邦总理奖学金";2009 年 9 月获第四届"上海市十大中青年法学家"称号;2009 年被增选为中国法学会民法学会理事;2009 年入选教育部"新世纪优秀人才计划";2011 年获上海市第二届"社科新人"称号。

　　代表论著:《论债权物权区分说的构成要素》(载《法学研究》2005 年第 1 期)获"上海市第八届哲学社会科学优秀成果奖"(论文类二等奖);博士论文《论债权与物权的区分——以德国法的学说史为中心》获中国社会科学院法学研究所 2004 年度唯一的优秀博士论文称号;论文《私法体系中的债权物权区分说——论萨维尼的理论贡献》获华东政法大学校级科研成果奖(2006—2007 年度)一等奖、第五届全国高等学校科学研究优秀成果奖(人文社会科学)(三等奖,2009 年)。

> 对于民法研究，我一直有这么一个看法，就是做民法研究，必须以制度的研究为中心，切忌拍脑袋去研究一些抽象的东西。现在有些学者动辄就是搞解构、建构，把民法制度与某些时髦的哲学流派联系起来，这样会使民法这一学科丧失自己的尊严。

记者（以下简称"记"）：金老师，很高兴今天有机会和您交流。我们就从您本科阶段谈起，您高考的时候为什么选择了法学专业？

金可可（以下简称"金"）：当时报考的专业是我父母选择的。

记：金老师，您当年在华政法律系，感觉当时华政的学习氛围、学习风气如何？

金：我当时对学校的学习氛围没有什么感觉，一走进华政的校园就开始读书，可能法学专业是父母选择的缘故，当时我对法律系一点概念都没有，于是就开始读书，这样一路走过来了。感觉好不好？因为没有和其他学校比较过，自己也不清楚学习氛围好不好，反正就是读大学的感觉。

记：金老师，您后来为什么选择了继续读研究生、读博士？

金：至于读研究生，是因为大学毕业之后，我在工作单位觉得工作没意思，于是开始考研，考研的时候我才开始慢慢接近法律，天天看书，看着看着，对法律才有点感觉，考上国际法研究生之后，觉得更喜欢去旁听民法相关的课程，可能因为民法这门学科比较有理论的深度，并且更为复杂，更能满足智力上的愉悦感，所以我渐渐地对民法开始产生了兴趣，慢慢开始研究下去。

记：金老师，您是在读研究生期间开始转换您的兴趣，由国际法转变为对民法产生了兴趣？

金：对的，后来我就去中国社会科学院读了民法博士。

记：金老师，您后来为什么选择了出国继续研究呢？

金：出国留学也是因为感兴趣的缘故，对民法有兴趣了，就想把民法中的每一个问题弄明白，接着就开始看这方面的中文资料，但是看中文资料看得越多，发现里面的问题就越多。在我看来，如果研究民法问题，仅仅阅读民法的中文资料，看一辈子也解决不了太多的民法问题，所以，我必须求助于域外的法律资源。毕竟国外是研究了几百年留下来的成果，他们肯定不比我们笨，肯定有其独到之处。因此，我选择了出国留学，这种选择纯粹是为了学习域外法学。

记：金老师，您在国外待了多久呢？

金：我在国外的时间总共加起来长达四年之久。博士毕业之后，我先是来华政工作了一段时间，但半年之后，我就去国外留学了，我在德国呆了四年。

记：金老师，请您回忆一下你求学的过程中，从本科到硕士再到博士，或在出国留学期间，有没有令您印象深刻的事情，或者老师，或者同学？

金：对我影响大的老师，当然就是我的博士生导师孙宪忠教授了。他对我的影响主要体现在学术路线上，他很强调做比较法的研究，也很强调踏踏实实地去做民法学习与研究。

记：金老师，您本科毕业之后，为什么工作了一段时间才去读研究生？

金：主要还是因为本科最后一年考北大西方哲学史研究生没有考上，所以只能去工作。工作后觉得工作没意思，就想继续读书，于是考了研究生。慢慢对法律产生了极大的兴趣，于是想找一个最适合研究的工作，这时就自然觉得作为一名老师很好，所以我博士毕业之后，没有到任何地方找工作，直接找高校进大学教书。

记：金老师，您现在这么年轻，但是著作很多，而且质量也很高，那您对现在的民法学科有什么看法？

金：我是做民法研究的，对于民法研究，我一直有这么一个看法，就是做民法研究，必须以制度的研究为中心，切忌拍脑袋去研究一些抽象的东西，现在有些学者动辄就是搞解构、建构，把民法制度与某些时髦的哲学流派联系起来，这样会使民法这一学科丧失自己的尊严。从这么多年法学的发展趋势可以看出来，如果民法学界还有学者在做这些研究的话，那么他纯粹属于自娱自乐。民法学的尊严在于研究民法制度和民法教义学本身，民法制度研究包括两个方面，一方面是做制度架构的研究，如果我们对某些问题尚未作出规定，那么应该考虑如何架构这种制度，如果已经有了规定的话，那么就考虑如何使该制度变得更好；另一方面是做我们现有制度的解释，这就是我们说的解释论。这两方面就是民法研究的核心，在这个核心之上有不同的研究方法。我个人认为，主要就是对民法制度和民法教义学进行研究，这才体现出民法研究的特征，即在于民法的体系性和民法历史的科学性。民法特别强调体系性，民法的各个制度之间如果不能周密地结合，那么这个民法体系建构是失败的，在现实生活中会导致极大的问题。所以说，民法中对体系的要求是不矛盾的，一旦民法体系中有矛盾，就没有办法解决生活中的现实问题，法律不能给人以公平感。如果同样的事实，对甲案的判决是这样的，对于乙案的判决却是那样的，那就有问题了。这是民法体系所不容许的，同时也是平等原则的价值要求，这就是为什么我们追求民法上的体系性的原因所在。

同时，民法也是一门特别有历史感的科学，必须把民法这种体系建构在历史的基础之上。这就是很多人不理解的地方。为什么研究民法一定要与历史结合起来？那是因为我们的民法有个先天的制约,我们的民法是继受国外的民法而来的,因此,我们就必须知道民法原理和制度是如何形成的,西方人创造该制度的原意是什么,作为被继受国家必须清楚这一点。我们不是盲目立即追随继受国家法律的发展,而是要看我们继受的制度设计的原意是什么。另外,被继受的国家本身有一个很悠久的历史,这个历史我们不可小视。也就是说,在弄清楚继受国制度设计时的想法和原意是什么之后,我们还必须进一步探究该制度的历史由来,只有做好了这一步研究,我们才能说我们的民法制度和西方的接轨了。

记:金老师,您能谈谈中国民法和外国民法的差距在哪里吗?

金:中西方民法的差距表现在西方的民法发展已经很成熟了,各个民法问题都研究得很细致。在他们国家的漫长的发展过程中,民法中的基本问题基本上都在他们的审判实践过程中出现过,而西方国家的学者都对这些问题进行了教义学上的融合,所以他们教义学的发展非常精细,这种精细的表现之一就在于体系的庞大繁复却少有矛盾。而我们国家的民法研究,可以说是刚刚起步,与西方国家的发展差距还是很大的。如果我们再经过三代或四代像我们这样的民法学者的努力,我们可以达到西方国家那种水准的话,那我们国家是很幸运的。但是,如果我们按照目前这个路子走下去,很多民法学者还在一味地强调中国民法特色,这样走下去对于我国民法研究是无益的。但他们如果真正在国外潜下心来学过一两年的话,他们的态度是会变化的。我有个朋友,2008年我们一起去德国,一开始去的时候他说,我们中国的法学家不比德国的差,说我是盲目崇拜德国。但等他在德国待了一年之后,他对德国民法学简直就是狂热,狂热到每天就是扫描书和买书,为什么呢? 因为他担心一旦回国了之后就看不到这么多的书了,那是很可惜的。

记:金老师,就中国的民法研究或民法学界而言,是否存在过较大的争论呢?

金:民法学界的争论主要在民法典的制定问题上,主要有几个问题。第一,要不要制定民法典。争论的各方真是各有千秋。我自己的观点是我们现阶段制定民法典的时机不成熟,而且我们的知识储备不足。当然,你也要看由什么人主持制定民法典,假如让王泽鉴老师主持制定民法典,我觉得是成熟的,因为把台湾地区民法典借鉴过来,再借鉴《德国民法典》、《日本民法典》,就差不多了。现在中国法学家制定民法典,却连一些基础的概念都没有搞清楚,恐怕是太过于草率了。我们看看《德国民法典》的制定,是由温德夏特等一批大家长时间参与完成的,这是我们应该学习的地方。第二,民法典的编纂体例的争论。

这也是一个很大的争论。针对这个问题,现在很多法学家,特别是个别掌握立法资源的法学家和一些个别行政立法机关的工作人员认为,我们国家的民法典需要特色,他们想要在传统的民法学说体系之外进行改革,但我认为他们的改革是不成功的,也不可能成功,即使是按照他们设计的体例制定出来的民法典,也注定是短命的。因为这种设计违背了民法学术规律,举例说明,他们要把人格权法单独成编,我们想想,许多国家关于人格权的规定只有几条,瑞士算是对人格权法特别重视的,但其规定也没有多少条,怎么可以单独成编呢?他们无非是要把侵害人格权的类型具体化,就相当于要把生活中的许多现象描述一遍,这是毫无必要的,法技术的抽象性决定了我们在立法时要关注一些普遍的东西,省略掉一些无关的细节。第三,债法总论是否有必要保留的问题。债法总论怎么可能不要呢?如果没有债法总论,多数人之债怎么解决?侵权之债的债务不履行怎么办?

在我看来,中国有的法学家特别是一些立法机关的工作人员,没有受过特别好的学术训练,觉得自己很强大,在创造一个体系。他们会受到历史的检验的。我们实际上已经有检验了,我们的法学家从 80 年代到 90 年代之间,凡是自己发明的理论,十之八九已经废弃不用了,实践证明他们的理论是有问题的。反而是实实在在继受西方的理论有效果,而且我们现在还在用西方的理论,越用越好了。

我是一个保守主义者,虽然我很反对用什么主义之类来形容民法,用一个核心的立场来说明自己的学术观点,但我还是喜欢用保守主义这个词。为什么说是一个保守主义者呢?在我看来,它的维度来自于多个方面。第一,在西方漫长的历史进程里,有那么多的学者,皓首穷经,终其一生研究民法制度的设计,比如萨维尼、温德夏特等,都是将毕生精力贡献给了民法研究。其中一些学者,他们不出名,却一辈子都在研究民法的某个问题。我想他们都不比我们笨,所以,这些成果都是我们应该学习的。第二,民法体系实在太庞大了,如果说一个人终其一生去研究,也只能去研究民法的一个小问题,那么根据对一个小问题的知识,又怎么能有把握对整个民法作一个判断,甚至敢于去对整个民法进行改革呢?我个人觉得这很困难,我觉得对民法应该持有一个不可知的态度,由于这个维度,我们不得不保持谨慎的态度。民法是一个庞大而精密的体系,如果在制度上进行改革,有可能就某一点割裂来看貌似改革是合理的,但却往往在体系的另一端、在一个意想不到的地方引发出一道更大的裂缝。第三,任何一部法律,都是在历史过程中慢慢生长起来的,这种生长就是萨维尼所说的有机体的概念,在这种有机体生长的过程中,天然有一种合理性,这种合理性人为很难去改变它,如果硬是要改变它的合理性,很有可能会使一些制度设计反而显得不合理,这种后果是灾难性的。保守主义的前提是老老实实学习前人的经验,把前人的经验学习好,如果我们在此基础上真是偶有发展,那也是大大的进步。

> 好多人都误认为我们就想照搬外国法,我的想法是先把外国法的规定搞清楚了之后,我们才决定到底要不要照搬。我们接下来要做的是,全面地学习域外的法律资源。学习他们的法律知识,学习他们制度设计的理由,学习他们制度设计的方法。学习了这些法律技术之后,我们才能开始制造中国的法律机器。这一过程,是我们无法逃避的。

记:请金老师预测一下中国民法未来的发展方向。

金:首先从中国目前民法学的研究水准看,任何一个领域都需要被重写,目前国内没有一个学者的作品像德国法学家那样的成熟。我们这一代法学学者处于不幸的时代,我们的立法技术和研究水平很粗糙,正因为如此,民法对我们而言是全新的,任何一个问题都可以被重写。

记:那如果是这样的话,需要从哪些方面入手呢?

金:首先,需要每个学者做一些细小的技术性的研究,我们不可能期待一个学者研究民法的所有领域。如果每个学者研究一个民法小问题,一辈子研究这个小问题,争取把这个问题研究透了,这也是很了不起的事情。如果研究的人多了,就会形成一个学术共同体,民法学慢慢就发展起来了。这是针对目前中国民法学研究的现状提出的一个趋势,民法所有的领域都会被革新,这种革新不是推翻,而是我接下来要谈的。

其次,需要借鉴域外的法律资源来重新建构民法体系。借鉴域外的法律资源,绝对不是照搬。例如,德国民法规定,债权让与不需要通知债务人就已经生效,但需要通知债务人才能对他产生拘束力。但是,法国民法却规定,债权让与必须通知才能生效,未通知不变动。我们对照一下,就知道绝对不能照搬,但不照搬不意味着我们不学习他们的原理。不过,现在许多学者对此采取粗暴的态度,他们认为不照搬的话,那就不用学习了,这种态度是不对的。我们应该先看看德国人为什么这么规定,法国人又为什么是那样规定的,当我们都了解了这些制度设计的原因之后,我们才决定到底要不要照搬。当然,一般都是不照搬的。好多人都误认为我们就想照搬外国法,我的想法是先把外国法的规定搞清楚了之后,我们才决定到底要不要照搬。我们接下来要做的是,全面地学习域外的法律资源。学习他们的法律知识,学习他们制度设计的理由,学习他们制度设计的方法。学习了这些法律技术之后,我们才能开始制造中国的法律机器。这一过程,是我们无法逃避的。

记:金老师,我们中国的民法学研究还很初级,第一步还没迈出,迈第二步的话就更难了,那我们该如何面对呢?

金:实际上迈出第一步是最难的,先把法律技术学会了,建构制度这一过程不会很难,现在最大的困难在于法学界的人没有意识到这一点,这点很可怕。有些学者喜欢做一些抽象的理论,动辄搞一个什么主义之类,这种主义对民法一点意义都没有,有些学者还在自己拍脑袋想,这些学者过于相信自己理性建构的能力,而不注重学习。我一直觉得学习民法一定要摆正"学"和"思"的关系,对我国现阶段的民法研究而言,一定是"学"为主,在学的过程中"思"。脱离"学"而"思"则"罔"。

记:金老师刚刚谈到民法中的研究方法,那您最喜欢哪种研究方法?

金:我觉得民法研究有很多种方法,我们可以采用前面所讲的教义学研究,也可以脱离教义学本身做历史研究。主要是研究民法的制度史,当然也可以脱离法学研究本身的方法,借鉴其他学科的研究方法,包括社会学和经济学的方法,这些方法都是很有价值的。不过,民法研究本身最为重要的方法是教义学的研究,教义学研究方法实际上还是要多结合比较法研究。我比较喜欢的是做民法制度史的研究,就是把教义学的研究和制度史与历史研究结合起来,我认为中国民法研究要在世界上立足的话,必须要把教义学研究做好,以此对接上西方的传统,才有可能和西方平等对话。如果仅仅是粗暴地借鉴西方的民法而建构中国特色的民法体系以达到与西方平等对话的程度,实际上无非是让西方人看笑话而已。懂得西方的民法再去建构中国自己的民法体系,这是一种巨大的勇气。

记:金老师,您认为您在民法领域最大的贡献是什么?

金:首先,我觉得我在民法领域肯定没有任何贡献。其次,如果说有一点作用的话,那就是我和一批年轻的学者正在推动一种正确的方向,那就是老老实实学习国外的民法学,学习之后才用外国的民法来解释中国的民法,然后再改造中国民法,这是一种方向。这是一批学者在起作用,一个人是起不了作用的。最后,就是我们也会带着学生往这个方向走。如果学生们也沿着这个方向走,那么把中国法律研究的方向带入正道的力量也就越来越多了。

记:请金老师简要谈谈中国法学目前研究的环境状况。

金:目前中国学术研究还是处在比较粗糙、低级和落后的状况,但总体还是在进步。进步来自于那些踏踏实实学习外国法律制度的学者。其实,我们认真想想,那些对中国民法学真正作出很大贡献的学者,早期都是在继受西方的法律。

记:请问借鉴外国民法是不是研究外国的民法历史,从民法的渊源入手?

金:这倒不一定,研究外国的民法有两种方法:一种是研究外国的法律现状,外国法律的现状是过去高度发展的产物;另外一种是做法律史的研究,要研究现在法律制度构建的合理性的来源。为什么我们能够说一种制度合理,另一种制度就不合理呢?一种解释认为,经过体系的检验和论证,这种制度安排会损害公共利益,或者对另一方利益的保护来说不公平;另一种解释认为,这种制度是一种历史发展的过程,了解了这种制度的历史发展过程,我们就知道这种制度借鉴到中国是否会合理。应当正本清源,仅仅有体系说明,还不足以说明制度的合理性。

> 我们一个最大的问题就是学术共同体没有形成,这个没有形成的概念就是学者之间没有讨论,各说各的。学术共同体的形成需要长期的发展,在这个方面我们一点办法都没有,现行体制不可能有助于学术共同体的形成。

记:金老师,您认为中青年学者是多发表论文好还是少发表论文好?

金:首先,我觉得这是顺其自然的事情,如果有学者有能力,能够写出很多文章,那就发表出来,我们不能因此而认为人家写出来的论文一定不好。其次,根据学术规律,一个学者不可能写出太多东西,个别天才除外,社会科学需要一个积累的过程,所以一个学者在一段期间写不了太多论文。最后,我们有一个不好的学术评价体制,看重发表的刊物和发表的数量。这种学术评价体制在中国现行体制下是不得已而为之的,任何个人想改变这种体制是不现实的,目前还找不到更好的体制。以前我和何勤华校长也谈过这个问题,我说我们可以做一个引用率排名。何校长说,这也可以作假,很难实施。确实,我自己也碰到过这种问题,我给一个杂志写文章,编辑未经过我的同意,在我的文章上加了好几个注脚,这不就是造假嘛。

虽然现行的学术评价体制很幼稚,但是没有更好的体制了。我们希望以后有更好的学术评价体制出来。我要讲的是,在现行体制之下,第一,我们要顺应现行体制,如果不顺应现行体制,没有资源也不好,我们不能抱着与体制对着干的态度,我们作为知识共同体的一分子,即使这种体制不好,也要拿出贡献来,体制不好,我们可以修正,我们的观点可以拿出来,与大家一起探讨。第二,我们心里也要明白,学术评价体制不是真理性的评价标准,真理不在于你在《中国社会科学》《中国法学》和《法学研究》上发了多少文章,难道在这些期刊上发表的文章都是好文章?我认为未必,真正的好文章是不能用这个体制来衡量的,所以我们个人要给自己一些期许,不能被现行体制给束缚住。

记:金老师,您认为一个良好的研究环境应该是怎样的?

金:良好的环境就是要有一个良好的学术共同体。首先,就是要有一个良好的社会环境和优良的学术评价机制,就是要让学者一心向学,让学者获得一个应该获得的评价。这句话的意思就是不能一味地靠论文数量,而也要看论文的质量,这对于中国法学的发展是有所贡献的。目前我们就是被现行体制给束缚住了。比如我们民法教研室的孙维飞老师,他非常厉害,也一心向学,但是没有写论文。虽然如此,但他对民法教义学的精深把握是让我们这些同事都受益很多的,这就需要有一个体制去承认他。比方说陈寅恪被聘为清华教授的时候,只写过半篇文章,也没有任何著述,如果有一个体制能够让这样的人进入的话,那就很好了。

其次,我们一个最大的问题就是学术共同体没有形成,这个没有形成的概念就是学者之间没有讨论,各说各的。学术共同体的形成需要长期的发展,在这个方面我们一点办法都没有,现行体制不可能有助于学术共同体的形成。

记:最后,请金老师给我们这些年轻的法科学子一点希望和建议,并推荐一些书目。

金:我觉得,作为年轻学生要做学术研究的话,一定要注意学术研究能力的培养。学术研究能力的培养不是说你的思维能力有多强,我相信绝大部分人的智力都差不多,个别超高水平的除外。在所有人智力和思维水平都差不多的情况下,什么叫做学术能力?就目前中国现状来说,那就是培养"二外"和"三外"的能力,这才是真正的研究能力,不要急于发文章,而要着重于一些目前不能给你带来什么荣誉亦不能增加法学知识的能力培养,比如外语能力提高,我们要做一些基础的语言训练,这是我们培养学术能力的基本功。在台湾地区,民法学者原则上都懂德语,听王泽鉴老师讲,在台湾法律系的课程设置中,往往在课程前加上"比较"二字,比如没有民法总论课程,而只有比较民法总论课程,主要是跟德国比较,当然还可以和法国、意大利和日本等比较。台湾很多课都是比较法课程,比如比较债法总论等,他们意识到要依赖域外的法律资源。

在中国现状之下,语言能力的训练是目前中国学生学术能力训练最大的组成部分。当然,我刚刚所说的只是从技术的角度上讲,事实上,学术能力真正最大的组成部分还是兴趣,"二外"和"三外"只是一些基础。目前在中国做民法学研究,光靠中文资料是不可能做出一流的学术水平来的,即使能够达到这样的水平,他所花费的时间也是其他研究域外法律资源的学者的两倍、三倍甚至更多。我这么说是因为我们的法律不是从秦汉到唐宋再到明清一以贯之的,而是从清末变法借鉴过来的一套法律体系,这套法律体系与原来传统的法律体系格格不入。我们国家当时在社会转型过程中必须引进一个与传统法律体系异质的体系,这种体系完全是外来的,传统成分保留较少,个别的有所保留,因此,我们不得不花时间去把国外法律制度的来龙去脉搞清楚。我们现在一些学者的学术水平提高不了,就是因为他们在没有把国外一些制度的来龙去脉搞清楚的情况下,自己拍脑袋去想,这就是我所说的落后的地方。

我们国家的民法是完全继受国外的法律基础,依赖性非常强,我们很难改变。现在有人试图改变,想重新构建一套体系。这样的改革若要成功,恐怕要对全国下命令:从现在起,全国的教科书必须使用这一套观点,全国的法官必须使用这种观点判案,现行的法律全部废止。我觉得我们必须老老实实研究下去,让法学研究自然成长起来。我们学生在这个环境下不学好"二外",是没有办法做好法学研究的,对中国民法学研究不可能作出本质性的推动。所谓非本质推动,无非是像以前的一些民法学者一样,拍脑袋去构思,这样也不是没有价值,只不过学术价值不大,从投入与产出的角度上考虑,效率实在是太低了。有些学者确实产生了思想的火花,他的理论看起来确实很好,但是我们书看多了,就会发现,其实国外的法学界一两百年前早就这样说过了,有必要自己煞费苦心去想吗?所以说,作为年轻的研究生,最重要的还是要学好"二外"和"三外",提高外语的阅读能力。这倒不是多多益善,而是要对某一外语精通,能够轻松阅读外语文献,轻松和老外交流,我们学习外语的目的是阅读资料并和外国人沟通。一门外语只有做到这个程度了,才能说是掌握了一门外语,贪多却没有一门语言精通,是毫无意义的。年轻学生如果要做学术研究的话,从这一方面来着手做是比较好的。

另外,学生即使不做学术研究,也必须对理论有一定的了解。我上课的时候,经常讲到德国法、法国法和日本法,但有些同学提出来说,他们以后去律师事务所工作,不需要掌握德国法、法国法和日本法,只需要掌握中国法律就好了。其实,这些同学误会了一个问题。以《合同法》第97条为例,法官、检察官、律师和当事人都看到了这一条,但是法官往往会来问学者,这一条该如何理解。法官来问学者,不是他看不懂这几个字,而是因为每一个法律条文背后都有一个理论体系在支撑着,学者对这个理论体系把握得可能更好一些,所以法官碰到困难就来寻求学者的帮助。所以,我们必须把这个理论体系学习好了,我们才能够正确地理解、解释、运用条文,这就是我一直重申的,不要以为学习理论是没有用的。

民法理论怎么学?首先我们能看外文的直接看外文,看不懂外文那就看中文,看中文就要看经典著作,经典著作就是几十年一直为我们所引用的台湾学者的著作和翻译的著作,这些东西是经过时间检验的,看了不会令人误入歧途。

(夏　草、方　砚、李海有)

何志鹏
He Zhipeng

1974 年 2 月生,黑龙江双城人。1992 年考入吉林大学法学院国际法系学习;1996 年入吉林大学研究生院国际法专业学习,由车丕照教授指导;2000 年考入吉林大学法学院法学理论专业学习,由郑成良教授指导,2004 年获得法学博士学位。现任吉林大学法学院教授、博士生导师。兼任中国国际法学会理事、中国国际私法研究会理事、中国法学会国际经济法研究会理事、中国欧洲学会欧洲法律研究会常务理事;吉林省法学会国际法研究会秘书长、长春市法学会理事、吉林大学国际法与比较法研究所执行所长;吉林大学欧洲研究中心、吉林大学理论法学研究中心研究人员;长春市仲裁协会仲裁员、专家咨询委员会委员。

著有《全球化经济的法律调控》《发展权与欧盟的法律体制》《人权全球化基本理论研究》《国际经济法的基本理论》等;在各类核心刊物发表论文一百余篇;主持参与多个部级、校级研究项目;曾获吉林省社会科学学术年会优秀论文一等奖、第一届中国法学教育研究奖一等奖等多个奖项;多次参与国内外各类学术论坛并做主题发言。

> 这也让我觉得郑老师对于学生非常认真,让我印象深刻,这也是孔子所谓的因材施教吧。像我当时就是过于自我感觉良好,郑老师这样的教育让我能够沉静下来看到自己的缺点,这对于我以后的学习生活帮助很大。

记者(以下简称"记"):请问您当时为什么选择吉大国际法专业呢? 来了吉大以后,对吉大有什么印象呢?

何志鹏(以下简称"何"):当时吉林大学负责招生的徐丹老师到我的中学

进行招生宣传,由于我高中期间学习成绩比较优秀,徐老师就代表吉林大学承诺:只要我的成绩过高考重点线就能被录取。徐老师当时向我介绍说,吉大法学院有三个专业:法学、国际法、经济法。从发展的前景看,国际法是比较好的选择,而且由于我的英语还不错,最后就选择了这个专业。当时吉大这个校区(前卫南区)只有两个宿舍、一个图书馆、两个食堂、一个浴池兼开水房,以及一个很小的教学楼,上大课还要在食堂上。因为我是从一个小县城来的,所以觉得学习、生活条件都已经很不错了,而且图书馆里的书也挺多,我一有空就去图书馆翻看各类书籍和中外文杂志,感觉生活也很丰富。

记:您大学期间的学习气氛如何,同学之间交往得怎么样呢?

何:当时的学生可以分为几类:第一类是社会型,第二类是学生活动型,第三类是学习型,第四类是纯玩型。学习的同学之间的交流很大程度上还取决于自己,当时也有很多社团,如法学会、演讲学会、外语协会等,但主要的学习还是靠自己。比如我们同学几个坐在一起交流,而不是采用官方的、正式的方式去做些研讨,我们讨论的内容也不一定是学术性质的,很可能仅仅是看了一本书的感想交流。那会儿的氛围与现在相比,主流是一样的,只不过那会的生活内容比较简单,氛围比较纯净而已。

记:后来是怎么决定考研的呢?读研期间有没有让您印象深刻的老师或同学?

何:在大二、大三的时候,我们国际法专业的很多学兄学姐考到对外经贸大学去学习国际商法,或者到大连海事大学去学习海商法。我曾经也考虑过去对外经贸大学读书。令人遗憾的是,正在我准备复习考研的过程中,听说我想报考的老师去世了。同时,刚好吉大说我可以参加保送(免试推荐)考试。凑巧的是,当时面试的问题刚好是我熟知的知识,所以考核小组对我面试的表现比较满意,就顺利地保送上了。

读研的生活我感觉与本科相比差不多,本科我们班有 25 人,跟我关系比较近的也就两三个,而读研期间我们班有 6 个人,跟我关系比较近的还是两三个,所以感觉没多少差别。我们关系好的几个人都喜欢音乐,本科那个关系最近的同学喜欢古典音乐,我也因此学到了很多有关古典音乐的知识;读研期间关系最好的同学喜欢摇滚音乐,所以我也学到了很多有关摇滚音乐的知识。同时,读研期间,我也从一些同学身上学到了很多做人的道理及日常语言行为模式。还有跟我一起练习书法的同学史海波,现在在文学院讲世界史的课程,至今我们还会经常在一起交流切磋。跟他们在一起让我心胸宽广,受益匪浅。我觉得整个人生就像走一条路,视野越开阔,心胸就会越开阔,遇到挫折时的那种不满的情绪就会越少了。

关于老师,从本科到硕士期间,都是车丕照老师(我硕士研究生阶段的导师)让我印象很深,车老师对学生非常无私。记得我本科的时候想参加一个学术竞赛,就给车老师打电话,希望他能给我的论文写点评语。他拿到论文后很认真地读完了,并写了密密麻麻的一整页评语,这使我非常感动。在那之后我就一直有个梦想,觉得要是读研能做车老师的学生那多好啊。后来也很幸运地成了车老师的学生。有趣的是,听说当时几位导师选学生是通过抓阄的形式,所以这真的是很幸运的事。虽然在读研期间与车老师见面不多,但是他谦和的态度让我印象很深,以至于现在我还会时不时与他联系。其他的老师对我也很有帮助,比如现在还在吉大做老师的那力教授,她的一个最大特点就是对国际法的前沿问题特别敏感,我硕士论文选题也很大程度上受那老师的启示。还有吕岩峰老师,他对国际私法的研究非常缜密细致,这个特点也是我十分仰慕的。很多别的老师在不同的侧面都给了我不同的帮助。

记:您是什么时候决定留在高校从事教育工作的呢?是在读研期间吗?

何:我从小就喜欢当老师,因为我的父亲是小学老师,我的亲戚也有很多从事教育工作,我就一直设想以后当了老师如何帮助我的学生成长。从小学到高中,我就经常被老师挑选出来讲课。小学和初中的时候,由于唱歌比较好,经常被指定教同学唱歌。高中时,有一次我的语文老师出差,就让我代上一堂课,我记得当时我上课的内容是《林黛玉进贾府》,讲完后受到了老师的表扬。因为这一系列的经历,在读研期间就顺理成章地发展了做老师的念头。当时想在吉林大学法学院做国际法专业的老师难度比较大。车老师向我建议,说如果想当老师的话要提交个申请,在他的鼓励下我提交了申请。那一年院里原本不打算在国际法专业留老师的,但是讨论后觉得我各方面还有一点潜力,就把我留下来了。

记:您后来又为什么会选择读博呢?

何:我选择读博有几个因素:首先是我对法理学感兴趣。我在大一上课的时候最感兴趣的就是法理学,当时讲法理课的是郑成良老师,郑老师的课让我从根本上改变了对法学的印象。原来我认为法学就是一堆规范,而郑老师给我们上课时总是举很多很简单的例子,你要是深挖掘的话里面就有很深刻的道理。郑老师对法治价值、法治及法律方法都很有研究。更主要的是,他能用非常简洁的语言、非常生动的例子让我觉得法学并不像我想象的那样无聊。与此同时,我刚上大学那会经常在图书馆看有关哲学的书籍,这也让我对法理学萌生了兴趣。因此,在硕士毕业后我就觉得有必要读法理学的博士,于是就与郑老师联系。其次,吉林大学法学院从1996年开始实施"青年教师博士化工程",

当时我们的师资是博士毕业的还非常少,有些教师是本科毕业就留校了,有些是硕士研究生毕业留校的。而当时吉大法学院还没有太多的博士点,除了法理学就是刑法学,我觉得刑法对于我来说太远了,不太适合我,最后就决定了选择读法理学的博士。

记:能谈谈您印象中的郑老师吗?

何:我觉得郑老师的思维非常清晰,表达特别平易近人,他讲课是那种没有激动人心的华丽语言,却能够让你全神贯注听下去。他的课即使你很累的时候也不会睡觉,同时他的文章也写得非常有思想。郑老师还是个很质朴、很本色的老师。

我在读博的时候,郑老师就已经到吉林省高级人民法院做副院长了,我的博士论文开题都是去法院跟郑老师汇报的。当时我到省法院去上课,课后跟郑老师汇报开题想法。我选了几个问题:一个是国际经济法的基本理论,这是我从本科的时候就感兴趣的;再一个是可持续发展。他听完后说:"第一个问题啥时候都能研究,第二个问题前几届也有人研究过,容易撞车,我这里有个题目《人权与主权的关系》,你可以考虑考虑。"同时,他条分缕析、毫不吝啬地把对于人权与主权的关系的基本论点非常详细地倾囊相授,还跟我说可以直接引用,我就觉得他作为老师非常无私。当然,后来我在写文章的时候没有完全跟着郑老师的思路走,但是郑老师把我的思路完全打开了,让我受益匪浅。后来我论文完成后给郑老师看,他认为我文章中的很多观点都还不成熟,并且非常详细地给我的论文作了批注,包括错字、观点等。之后在杭州开会的时候我又与他谈了一个多小时,经过修改后他终于觉得比较成熟了。这也让我觉得郑老师对于学生非常认真,让我印象深刻,这也是孔子所谓的因材施教吧。像我当时就是过于自我感觉良好,郑老师这样的教育让我能够沉静下来看到自己的缺点,这对于我以后的学习生活帮助很大。

> 我比较推崇的研究方法我本人称之为"批判现实主义",意思是首先要现实主义,对现有的规范、规范的运作要有个非常明确的认识,在这之后你应该树立一个好的价值标尺,然后把现实与理想进行对比找出不足的地方,最后再给出个出路。

记:您能跟我们简单介绍一下您近几年的研究重心和今后的研究方向吗?

何:我近几年主要研究国际法治,就是在整个国际秩序中以法律作为最终依据进行治理。因为现在的国际社会,法治化还很初级,大国操纵国际秩序还很明显。我的想法是包括联合国这样的国际组织、绿色和平这样的非政府组织都要积极地参与到国际秩序的法律建构之中,同时国家也要更进一步地遵守法律。到现在为止,我对国际法治的基本理论已经理出了一个框架,接下来几年中主要打算在经济、环境、人权领域,把相关的问题放到我现有的理论框架进一步去试验,如何设置体系、结构、机制,使之更有效,也使基本理论进一步成熟。从方法上讲,就是用政治学、社会学、经济学、心理学等法学之外的学科的论断及价值取向去分析法律问题,进而得出更有深度、更有说服力的观点。

记:您怎样看待您所从事的国际法领域的研究状态呢,特别是我们国内目前的研究状况?

何:我主要研究国际法的理论,同时跟踪着整个国际法的发展。如果总体做个评价的话,我会说改革开放三十多年来,中国国际法的研究已经取得了非常大的进步,甚至说经历了从量变到质变的过程。但是,做这个论断的基础是:在这之前,中国国际法处于断代的情况,所以尽管现在国际法取得了一些比较突出的、值得肯定的成果,但也存在一系列的问题。总体来看,我们在关注的主题上跟风的比较多,自己发现的问题比较少;纯理论的比较多,真正地能跟国际实践及中国实践密切结合的并且提出有针对性的建议的比较少;从论证手段上踏实的比较少,在教学层面上比较优秀的教科书比较少。这一系列问题就导致了我们中国国际法研究整体上还处在一个相对薄弱的状态,缺乏与国外的顶级国际法学者交流的能力。但是,也必须承认,有那么一批学人和他的成果是值得肯定的。无论是中年一代还是青年一代,都有比较优秀的国际法的学人,他们也是未来国际法研究的希望。

记:刚刚提到有些论证方法是泛泛而谈,您有没有一些比较推崇的论证方法?

何:我比较推崇的研究方法我本人称之为"批判现实主义",意思是首先要现实主义,对现有的规范、规范的运作有一个非常明确的认识,在这之后你应该树立一个好的、比较可靠的价值标尺,然后把现实与理想进行对比找出不足的地方,最后再给出个出路。在批判现实主义这样一个框架下,经济学会是一个价值标尺,因为经济学讲的是效率的最大化;而社会学也是很有用的,它提供了访谈、社会分析等方法;还有就是心理学,国家的行为都有心理学规律的存在。所以,我觉得这些都可以装在这个框架之下适用。我所说的论证,最主要的就是咱们中国很多学者在下判断前没有充足的根据。

记:对现在的学术评价机制学界有很多批评的声音,您在这个问题上怎么看呢?

何:现在的学术评价机制总体来说是个没有办法的选择,现在比较量化,但是如果不量化的话我们无法去评价。对这个问题我也考虑过,也曾经跟美国的一些教授讨论过,他们说美国也一样。问题是这不是一个最好的机制,但是我们也没有找到一个更好的机制。现在中国的主要评价机制是期刊,而期刊的主动权把握在编辑手上,但很多编辑他本身的程度不高,用一些本科生或硕士生的眼光来评价一些教授及博士的研究成果,这样就会使这些成果只停留在他们的层面上。这是存在的第一个问题。还有一个问题就是学术腐败,期刊发表论文不以学术水准为核心尺度,一些学者还存在抄袭等很多问题会导致学术研究质量的下降。从我个人的角度来讲,还是有一些好的杂志的,有些编辑也相当负责认真,我把文稿给他,他会反复地跟我商量如何修改最后再发表,我们彼此都觉得受益匪浅。我想如果多有这样的杂志,中国学术腐败的现象也会有所扭转的。

> 我有一个比喻,就是学术思考就像一把刀,主体上有两方面:刀背跟刀刃,刀刃就是思想的敏锐,能够使思想的敏锐真正发挥作用就需要比较厚的底儿,要真正不断吸收各种各样的知识。

记:作为一个高校的教育工作者,您觉得现在中国的法学教育处于什么样的一种状态?

何:从 1999 年我留校开始,我们当时的院长霍存福老师就领着我们几个研究有关中国法学教育的制度问题,比如起草中国法学本科合格评估方案、准入方案等,现在合格评估方案已经作为教育部的文件,从 2002 年就下发了,所以我对这个问题一直在跟踪思考。应当说,在中国法学教育所处的状态这个问题上,我没有明显的个人观点,我所说的观点都是中国法学界比较普遍的观点。也就是说,经过改革开放后三十多年的发展,中国法学教育的规模已经足够大了,但是它的质量还有待于提高,主要表现为:第一,人才就业的问题;第二,国际竞争的问题;第三,实践能力的问题。首先,从人才就业角度来讲,我猜测会存在就业率低这个问题。其次,我们教育出来的人存在与国际接轨能力不足问题。最后,我们的很多毕业生到了实践岗位后都要重新学习,这就意味着我们在学校的学习忽视了实践能力,包括实践的认知、实践的操作等。所以,未来中国法学教育要真正得到发展,一定要更多地面向社会面向实践,可能也要更理性地去考虑法学教育究竟是个什么样的规模。中国法学教育的改革实际上从 20 世纪末已经启动,到现在为止出了很多思路,但真正有用的举措很少,甚至有一些我们再过十年看是非常糟糕的举措,比如从 2009 年开始招的以法学为基础的法律硕士,无论是从教育部还是各个学校都没有一个非常明确的定位和培养体制。我们思考了很多,也探索了很多,但是能够真正落到实处的却很少。

何志鹏教授是一个十足的摄影爱好者，
常常背着相机游走于自然之间

记：鉴于法学教育现在所处的状态，您作为一个老师会怎样对学生进行引导呢？

何：无论是本科生还是研究生上第一次课的时候，我都会给他们讲整个法学的竞争，我鼓励他们成为最优秀的人才，再激烈的竞争都有取胜的人。我一直有个观点，我们的法学教育中至少有一批学校，如北京大学、中国人民大学、武汉大学、吉林大学等，都应当瞄准法律理论与实际的结合。我在上课的时候，特别是给研究生上课的时候，我会以比较高的要求来要求他们，用英文的教材做讲授，要求他们做大量的阅读。我记得有次跟商学院的一个教授聊天，他说他那有个学生在国外学习根本适应不了，因为在国内从没有一下子要求看八十多页的资料然后讨论这样一个过程。我觉得，在国内应当先通过这样一种方法来训练学生，当然不能保证每一个学生都能成为精英，但是我想如果你没有这样一个目标，那99%都不会是精英。

记：最后，对于那些有意愿走学术道路的青年学生们，您有什么建议吗？

何：首先底儿要厚，也就是要不断开拓自己的视野、知识和信息，一定不要在任何时间自满。其次就是要敏于思考。我有一个比喻，就是学术思考就像一把刀，主体上有两部分：刀背跟刀刃，刀刃就是思想的敏锐，能够使思想的敏锐真正发挥作用就需要比较厚的底儿，要真正不断地吸收各种各样的知识。中国还有种说法，就是无论你做官还是做学问都要先做人。做学术有各种各样的方式，但最终都应当落实到做人，让人觉得你是个踏实、可信的人。如果要做法学研究并且要研究好的话，那么在当前就应当理解法学之外的学问，其次对实践也不能忽视。

（秦贝贝）

何其生
He Qisheng

1974 年 4 月生,河南固始人。1996 年河南大学本科毕业,2002 年在武汉大学获得国际法博士学位,2002—2004 年在北京大学做博士后研究工作。现任武汉大学法学院法学教授、博士生导师,《武大国际法评论》副主编。2005—2007 年兼任武汉市江汉区人民法院副院长,2007 年入选教育部"新世纪优秀人才支持计划"。

2004 年以来先后前往英国、荷兰、奥地利、法国等国的法律院校和一些国际组织进行学习和访问。2005 年 7 月作为中国政府代表团成员之一参加了联合国国际贸易法委员会第三十八届年会,参与了《国际合同使用电子通信公约》等的谈判。

已出版专著三部,主编著作一部,在国内外刊物上发表中英文文章数十篇,为国家立法、司法和政府部门提供了十余份咨询报告。先后获得各类教学、科研奖励十余项,其中省部级奖励五项,包括全国优秀博士学位论文、司法部第二届全国法学教材与科研成果二等奖、第二届钱端升法学研究成果三等奖、霍英东教育基金会第十届高等院校青年教师基金奖(研究类)等。

> 选择法律专业对我而言偶然中似乎又存有某种必然。1992 年高考之时,世代为农的我并不知专业为何物,在茫然中,觉得如果能戴上"大盖帽",在我所在的农村无疑是出人头地、光宗耀祖的事情,因此,意念闪动之中,法律就成了至今几近二十年的热恋。

记者(以下简称"记"):何老师,您对"文革"还有什么印象吗? 您周围的家人朋友有没有受到过"文革"的冲击呢?

何其生(以下简称"何"):我出生在 70 年代农村,对于"文革"我基本上没有什么印象,但对大集体还是有些印象的。我家虽然不是地主,但是和地主有亲戚关系,因此受到了一定的冲击。我父亲没怎么念书,只念到了初中。我非常幸运,在改革开放的年代,有了上学的机会。

记:您报考大学的时候第一志愿是法律吗,还是也考虑过其他的专业?

何:应该说首选法律吧!当然也考虑过其他专业,如历史。选择法律专业对我而言偶然中似乎又存有某种必然。1992 年高考之时,世代为农的我并不知专业为何物,在茫然中,觉得如果能戴上"大盖帽",在我所在的农村无疑是出人头地、光宗耀祖的事情,因此,意念闪动之中,法律就成了至今几近二十年的热恋。

记:好像文史哲是当时最热门的专业吧,法律似乎有点冷?

何:嗯。当时才华横溢的学生们经常写一些诗歌、散文,影响挺大的。

记:您家人对您的期望呢?希望您将来学习法律毕业后进入公安局或者法院吗?

何:父母对我的要求似乎不高,报考志愿的时候他们也没什么特别的建议。只要是我喜爱的,他们也没有反对。我后来收到了河南大学法律系的录取通知书,他们非常高兴,能够跃过"农门"似乎已经出乎他们的意料之外了。

记:您报考的学校是河南大学,刚去这个学校的时候您的感觉如何?

何:我十分幸运,我读过的三个学校(河南大学、武汉大学、北京大学)都是百年名校。河南大学是个很好的学校,历史悠久。当时,它的主体建筑都是木制的,大礼堂非常气派,历史学楼、音乐系的建筑古色古香,非常古老。所以,刚去的时候很震撼。河南大学曾经辉煌一时,她的中文系曾经在整个亚洲是最大而且最好的,外语系等也很强,法律系则刚刚兴起。同时,开封是座非常有历史底蕴的城市,七朝古都。置身其历史文化和风土人情之中,你能感受到她昔日的繁华。

记:大学里有没有对您帮助特别大或者印象特别深的老师或者同学?

何:有位叫吴祖谋的老师,他是法律系的老主任、法学大家,说话很有感染力,他主编的《法学概论》写得非常好,影响很大,至今已发行三百余万册。他给我的印象是充满学识,风度翩翩。我现在仍然和吴老师经常联系。另外,中青年的老师也很优秀,像陈景良、章武生、韩长印、周黎明老师等,我在他们的课堂上受过非常好的教育。

至于同学,我们那个时候法律系整个年级一共七十多人,大家非常熟,关系挺好的。尤其是一个寝室八个同学,来自各个不同的地方,经常用不同的方言卧床夜谈,妙趣横生。我有一个非常好的同学,叫尹文强,那个时候我们都想考研,就经常在一块复习、熬夜,我当时想考武汉大学国际私法专业,他报考的是北京大学国际公法专业。特别值得一提的是,他在大学三年级的时候就通过了北京大学国际公法硕士研究生的考试,很厉害,现在任职于外交部条法司。

记:您能回忆一下您在大学期间的一些有趣的事、难忘的事吗?

何:大学四年是人生最美好的时光,我更多的是在图书馆、教室里看书。回忆起来,难忘的事当然很多,最缺乏的应该是属于这个时段花前月下的故事。而对于我之后学习之路影响最大的莫过于武汉大学的李双元教授。李教授受吴祖谋先生的邀请来河南大学做过演讲。李先生的演讲是脱稿的,气势如虹,白发苍苍的他激情澎湃,不愧为一代学术宗师。我深深折服于他的学术魅力,当时觉得武汉大学应该是一个高深莫测的学府重镇,所以我就报考了武汉大学的研究生。

> 学院国际法悠久的历史、深厚的文化底蕴、和谐的学术氛围、众星汇集的学术大师以及精彩纷呈的学术精品,让我对这么一群人、一些事儿产生了强烈的兴趣,在接触、学习、模仿和反思中,不自然地学术研究便对我产生了凝聚力。

记:您什么时候立下了从事国际私法研究的志向呢?

何:对于学术研究的兴趣应该是在武汉大学攻读硕士和博士学位期间形成的。在我的学术历程中,我是一个非常幸运的人,我所在的武汉大学有一批国际法领域的大师,如韩德培教授、李双元教授、梁西教授等;国际法研究的领军人物,如黄进教授、曾令良教授、万鄂湘教授、余劲松教授等;青年才俊和学术精英,如肖永平教授、余敏友教授等。我经常参与这些老师的座谈、授课、讲座、研讨,受益良多。学院国际法悠久的历史、深厚的文化底蕴、和谐的学术氛围、众星汇集的学术大师以及精彩纷呈的学术精品,让我对这么一群人、一些事儿产生了强烈的兴趣,在接触、学习、模仿和反思中,不自然地学术研究便对我产生了凝聚力。我之所以选择国际法专业,除了当时武汉大学的国际法学科全国实力最强外,中国大变革的社会情势中,国际化是必然趋势。对外开放的深化、入关谈判的艰难以及人权斗争的复杂,让我对很多国际政治、经济和民商事的法律问题非常着迷。放眼世界、参与其中、深入了解是我当时的不二选择。这段时间为我后来的学术研究、出国学习访问、参与国际公约的谈判以及大量的涉外民商事实践打下了很好的基础。

值得一提的是,我在博士期间曾担任学校研究生会的主席、全国学联的副主席,博士毕业以后虽然对学术很有兴趣,但曾一心想去实践部门工作,找到了一些法院的工作。与此同时,我也通过了北京大学博士后的面试。北大是中国的最高学府,我想已经读了那么多年的书,不去也挺遗憾的,就去那里继续做博士后研究了。博士后出站后,我掐指一算已经三十岁了,所以决定就将学术道路进行到底吧,便回武大教书了,因为我觉得武汉大学的学术氛围非常好,人际关系非常和谐,在这儿有山有水,会让你觉得很舒服。

记:您能和我们分享一下您在江汉区人民法院当副院长那段经历吗?

何:武汉大学法学院是一个非常重视培养年轻学者的地方。我刚从北京大学回来不久,学院就安排我去江汉区人民法院锻炼。在那儿的两年,我感触很深,像审案子、走街坊、面对一些复杂的社会事件等等,让我充分领略了当代中国法治的现状。

记:您在法院办案的过程中有没有遇到一些棘手的问题?

何:有不少,像房屋拆迁纠纷、劳资纠纷、网络案件等。有个别原告和被告非常难缠,工作不好做。不过,久而久之也就习惯了,案件总归是要稳妥谨慎地处理的。对于法律人来说,有过这样一些实践经历,应该说是一种收获。

记:做学者和做实务您更喜欢哪一个呢?

何:学校的氛围更宽松和自由一些。也可能是我上学这么长时间,天马行空惯了,所以学校还是更适合于我。同时,在学校你经常可以接触一些新的面孔。有句话叫"铁打的营盘流水的兵",实际上我们老师也是一样,长期驻扎在学校里,教过一拨又一拨的学生。和这些年轻而又富有活力的学生在一起,你会觉得自己也很有活力。所以,我现在觉得在学校教书挺好的。

记:您 2004 年的时候在英国和荷兰海牙有过一段访学经历,在国外的学习和生活给您留下了哪些深刻的印象?

何:我近几年去过不少国家和国际组织。2004 年,我在博士后导师邵景春教授的推荐下参加了英国卡迪夫大学(Cardiff University)"法律技巧和教学方法"项目,感觉他们的教学风格与国内还是有一些差别。同年,参加了海牙国际法学院国际私法暑期讲习班的学习。那个时候在海牙有两位中国籍的大法官:一位是国际法院的史久镛大法官,他当时担任国际法院的院长。我们在参观时,我记得秘书提起他时用的是"full of Knowledge"来形容。另一位是前南刑事法庭(ICTY)的刘大群大法官。在他的介绍下,我去观摩了庭审,感触颇深。

记:您觉得英国的法学教育模式对于我们有哪些可以借鉴的地方?

何:我们的教育一直在改革,从本科生到博士生。每个国家都有自己的教育体系和教育方法,中国的改革肯定是要找到符合中国国情的模式,尽管这中

国际法学奠基人格劳秀斯铜像,摄于荷兰访学期间

间有很多不同的声音。但我们仍然在不断地探索,中国的教育应是走在一条正确的探索之路上。就英国而言,最让我感兴趣的是对两类律师——barrister 和 solicitor 各自单独的训练,不同的律师培养的方式、教材不一样,但都是非常艰苦的训练。这种训练能让你很快地进入专业化的角色,提前进行角色预演。所以,我回到武汉大学之后,授课的时候试图往这些方面进行尝试。之前我带队参加北京贸仲杯和维也纳 Willem C. Vis 杯商事仲裁的比赛,就是由学生组成团队,并分别作为商事仲裁的申请人和被申请人进行对抗演练和比赛。在备赛的三四个月内强制性地去阅读大量的英文,反复写作和讨论诸多的材料,读上几十本的英文书,还要通过 Westlaw 和 LexisNexis 收集大量的外国案例,这应该能给学生带来很有益的锻炼。我想这些训练今后可以系统化,并打算开设这一类模拟国际法庭比赛项目的课程,用全英文来分析案例,进行教学。

记:您能否简单概括一下您的基本学术观点?

何:我的研究领域主要集中在国际私法、国际商法以及电子商务法领域。最基本的一块是国际私法,我的核心认识是:国际私法就是国际民商法。学好国际私法应该具备良好的民商法、国际法知识以及良好的外语水平。另外,随着信息技术、全球化进程的发展以及中国整体实力的提升,跨国民商事法律问题和电子商务法律问题必将日渐增多,越来越专业和复杂,它们的应用与发展无疑有着越来越广阔的空间。

记:我们知道,您的博士论文写的是《电子商务的国际私法问题》。我非常好奇,您当时怎么想到把国际私法和电子商务这两个领域结合在一起研究?

何:因为我的专业是国际私法,我刚读博士的时候是 1999 年,那个时候电子商务刚刚开始兴起,我又很年轻,于是对电脑对网络很感兴趣。但我也很迷茫,不知道电子商务这块能否作为毕业论文的选题。在和导师黄进教授交流之后,他支持我做这一块的选题。当时这个选题是一个非常大的挑战,因为手头的资料很少。为了查资料,我每到一个地方首先就是逛书店,跑图书馆,收集资料。即使这样,中文材料也非常少。大量的外文资料增加了阅读和写作的艰辛。我感觉在这一块我算是做了一些系统性和开拓性的工作。

2008 年 7 月摄于中国—哈萨克斯坦边界

> 方法是研究的一种手段,当需要调研的时候就应该去调研。我在写《域外送达制度研究》这本书的时候,在司法部司法协助外事司花了一个多星期收集资料,请教问题。

记:您最欣赏的法学研究方法是哪种呢?

何:随着时代的发展,法学的研究方法不断更新,比如曾经风靡一时的法经济学。就我的专业来说,国际私法与比较法是密不可分的,这就使比较法成为国际私法最基本的研究方法。除此之外,作为学者一定会关注社会现实问题,理论联系实际。现在我们也提倡关注国家建设过程中的一些重大问题,能够成为国家的思想库、智囊团。这个当然是较高层面的要求。一般情况下,关注现实问题,少不了对案例的分析和解读。另外,在写文章的时候也肯定离不开规则,所以要去分析规则。方法是研究的一种手段,当需要调研的时候就应该去调研。我在写《域外送达制度研究》这本书的时候,在司法部司法协助外事司花了一个多星期收集资料,请教问题。

记:您目前在哪些领域进行一些新的研究?

何:我现在把研究的拓展和申请的项目紧密结合起来。毕业论文拿到全国优秀博士论文之后,我便申请了教育部全国优秀博士学位论文作者专项基金资助项目——"互联网的国际法律问题",进一步全面展开这一问题的研究。在霍英东基金会第十届高等院校青年教师基金的评审中,我进一步缩小了研究领域,申报了"网络社会的国际经济法律问题",非常幸运,评上了一个研究类的奖项。到后来申请教育部"新世纪优秀人才支持计划"的时候,研究就更加细化了。当时,WTO关于电子商务争议很大,比如网上下载电影观看和付费,是货物贸易还是服务贸易。中国在这一问题上没有表明自己的立场,相反美国和欧盟出于自己利益的考虑,立场非常鲜明,欧盟认为是服务,美国主张它是货物。于是,我便申报了"WTO框架下电子商务的规制与发展"这一项目。后来我又回归到国际私法的基本问题领域,申报了司法部的课题"外国法适用的实践困境与理论选择"。再后来,我的研究兴趣又转向了国际私法和国际公法交叉的地带。于是,2009年我又申报了一个教育部人文社科重点基地的项目"国际私法中公法适用问题"。我的兴趣点随着我的项目的延伸在不断地延伸。当然,还有一块就是法学教育,我也写了不少文章。

> 中国作为一个负责任的大国,必须培养具有国际竞争力的法律人才,有能力去和国外同行平等对话,知己知彼,以维护利益,捍卫立场,弘扬中华文化。

记:国际私法的研究领域之内这些年有些什么较大的学术争论,您和其他学者有哪些不同的学术观点?

何:很多。比如说在杭州召开的国际私法年会上,我受黄进教授的指派,负责做涉外民事主体的立法研究的报告,这里就存在民事主体适用本国法还是适用于住所地或者惯常居所地法的争论。按中国现有的立法,适用本国法。全世界来看,则有两大派,英美法系以属地法为主,而大陆法系以属人法为主。在这一领域学者争论的文章很多,一开始我也比较茫然,以前中国是向外移民的国家,意味着为了加强对中国人的保护,适用本国法较好。然而,这样就有一个问题了,现在中国吸引外资很多,是发展中国家最大的外资吸引国,外国人包括留学生越来越多地进入中国,在中国适用中国的法律,当然适用住所地法或惯常居所地法比较好。另外,中国是"一国两制三法系四法域"的复合法域国家,如果要适用本国法的话,那区际法律冲突怎么办? 如果适用住所地法的话,在哪个地方就适用哪个地方的法律,这就比较明确了。世界上有区际法律冲突的国家像英国、美国等也都是适用住所地法。我在杭州做的报告便是从中国海关统计的每年出入境人员数量出发,讲中国的区际冲突法律问题和中国的境外投资法律问题。这一据理力争的观点,最后能否上升到立法层面就不得而知了。

记:您觉得您这一专业的研究程度和国外相比差距在哪里?

何:国际化程度不够。中国的国际化进程在加快,涉外民商事法律问题层出不穷,可是在一些大型国际学术研讨会上和其他一些国际场合很少有对外表达我们立场的声音。我们的一些学者语言能力很强,中国国际私法引进的资源也很多,但是走出去的很少,国际显示度不够。人才、教学和研究国际化程度需要进一步加强,这样才能培养具有国际竞争力的法律人才。中国作为一个负责任的大国,必须培养具有国际竞争力的法律人才,有能力去和国外同行平等对话,知己知彼,以维护利益,捍卫立场,弘扬中华文化。

记:您如何看待一些中青年学者做学问浮躁的现象?

何:首先,我觉得中国的大部分中青年学者都在踏踏实实做一些事情,静心地研究自己的专业,并存在一群精英阶层。当然,社会在发展,社会提供的选择更多了,面临的诱惑和选择很多,当人的时间和精力顾及不上的时候,处理事情可能就不那么彻底和扎实,态度不那么认真,思考不那么有深度。当然,我们在关注这一现象时,还要注意人的能力有高有低,人与人之间的评价因素不一样等。

记:您能简要评价一下当下的法学研究状况吗?

何:我觉得总体比较好,积极向上。大多数学者都在不断关注中国的现实问题,思考这些问题,在推动中国法治的发展。目前,国家正在提倡建设中国特色、中国风格、中国气派的哲学社会科学,法学能否实现这一目标,关键要看这些学者的努力。个人以为,一定会有值得期待的地方。

记:您能否给法科学子提供一些阅读书目?

何:读书是有口味的,人不同,口味当然不一。个人认为,两类书非常值得一读,一是法学名著,尤其是精读原著更好;另外一类非常有价值的就是博士生论文修改后出版的书,它是作者两到三年潜心研究的成果,它代表了一种积累和年轻人的创造性思考。

记:您能对法科学子提一些建议和期望吗?

何:作为老师,对学生总是抱有期望和理想的。如果说有一点建议的话,我想引用已经去世的韩德培先生给武汉大学国际法研究所题的所训:"厚德博学,敬业乐群"。首先要诚信为人,与人为善,讲究德为上;至于博学,不仅是能力的问题,更是社会发展的要求;而敬业则要求做工作要兢兢业业;乐群则是一种积极向上,和大家一起团结奋斗的生活态度。希望同学们能诚信为人、勤恳为事、严谨为学,尽心、尽力、尽责地去履行自己的职责,为祖国的伟大复兴作出自己的贡献。

（占志铖）

罗培新
Luo Peixin

　　1974 年 8 月生，福建连城人。1996 年、2000 年于华东政法大学分别获得法学学士学位、法学硕士学位，2003 年于北京大学法学院获得法学博士学位，2003 年 7 月—2005 年 7 月在中国社会科学院法学所从事博士后研究。现任华东政法大学科研处处长兼国际金融法学院院长，教授、博士生导师。美国耶鲁大学访问学者。曾任《法学》月刊社副总编、华东政法大学经济法学院副院长。兼任上海市法学会经济法研究会副总干事、上海市曙光学者、新华社上海分社特约咨询专家。教育部新世纪优秀人才，上海市第三届"优秀中青年法学家"，华东政法大学第十三、十四、十五届"学生心目中的最佳教师"。

　　代表著作有:《公司法的合同解释》(专著)、《公司法的经济结构》(合译)、《WTO 中的争端解决:程序与实践》(合译)、《转型政治和经济环境下的公司治理》(独译)、《股利政策与公司治理》(独译)、《法律与资本主义:公司危机揭示的全球法律制度与经济发展的关系》(独译)、《公司法的经济学研究》。

　　老师可以通过自己的思想和做人做事方法影响学生和身边的人，然后一代代传下去;也可以通过学术，著书立说，或者翻译国外的著作，节约大家的阅读时间这样的方式让自己的生命得到延续。我也一直在往这方面努力。

　　记者(以下简称"记"):罗老师您好，很高兴今天有机会和您交流。我们就从您本科阶段谈起吧，高考的时候您为什么选择了法律专业?

　　罗培新(以下简称"罗"):我的高考要追溯到 1992 年，当时是在福建参加的考试。我的第一志愿就是填报的华东政法学院的经济法学,那个时候还没有改为大学。当时选择华政主要有三个原因:第一个是小时候一种朦胧的权利与正义的观念。我出生在农村,当时整个农村社会治理的技术、意识以及能力是比较差的,我们经常可以看到一个村或者乡换了村长或者乡长以后,村委会会多一栋装修考究的房子,这是新任领导的,而整个农村的社会发展和普通人的生活却没有什么改变。我们高中老师曾经告诉我们,学法律能够帮助穷人做些事情。当时我还小,只是单纯地想学法律是一种权利意识,可以更合理的方式对社会资源进行再分配。第二个是在上海这样的国际化城市里,懂法律懂经济懂外语是一种需求。尽管在后来的学习中我们发现这个要求实际上是很高的,可能很难达到,就我自己而言也没有很好地做到这一点。当时也想过考国际法,不过觉得国际法可能是处理一些比较大的事的,自己的能力有限,所以最终还是选择了经济法。第三个是校友的推荐。我们在农村,消息有些闭塞,因此,往届的学长是我们最直接的消息来源。我有位校友就和我说华政这个学校蛮不错的,值得来读书,于是我就这样来到了华政。我的校友叫吴吉堂,他后来到了厦门集美的团委工作,现在做了一个镇的镇长,经常和我们聊起如何运用法律来治理一个小镇,很有意思。

到了学校以后才发现,和最初的想象还是有些出入,当我背着行囊越过校园桥,来到河东校区的时候,发现苏州河的味道确实很难闻。(笑)当时就有个关于苏州河的顺口溜:"五十年代淘米洗菜,六十年代水质变坏,七十年代鱼虾绝代,八十年代洗马桶盖。"就在苏州河的气味的熏陶下,我度过了四年的本科生活。现在的苏州河变得越来越清澈了,可以说是个很大的进步。

记:您大学学习中是否有一些有趣的事?

罗:那四年是很愉快的。华政长宁校区是由校园桥连接河东和河西校区,当时河西住的是女生,男生住在河东。大家就戏称校园桥为"鹊桥",河西是"尼姑庵",河东是"和尚庙"。那个时候学生比较少,住得比较紧凑,寝室没有电话,唯一的电话在楼管阿姨那里,每次来电话,就听到阿姨在楼道里喊"XOX,谁谁谁,有电话!"我们其他人就在八卦,肯定是河对面的谁给谁打电话来了。这恐怕也是当时比较紧张繁忙的大学生活中一个有趣的小插曲吧!

我们在读大学的时候家境还是比较清苦的,我记得当时食堂二楼有个窗口卖面条,有两种打法,第一种是二两面加大排之类的浇头,另一种是光打四两面,但是可以浇肉汤。我就经常吃第二种。虽然比较艰苦,但是吃得很饱很开心。我大学刚入校的时候才九十多斤,不到一百斤,以至于军训会演的时候因为体型过瘦,没有能参加,这对我的自尊心也是个挫伤吧!从此我就暗下决心,四年一定要好好锻炼自己。

本科时候一般宿舍每天都有值日生,大家轮换来做,值日生要帮大家打开水。我为了锻炼自己做事小心的能力,就义务地帮助每天的值日生打开水。我每天要拎着六壶水爬六楼,左三壶右三壶,这是一件很需要技巧的事情,开水不能洒出来烫伤自己或者其他同学,就这样我为我们宿舍义务打了四年开水。也可以说,正是通过这个有点小残酷的自我锻炼培养了我做事小心谨慎的能力吧!四年以后我做事比较周全一些,尽量减少差错。

第三件有趣的事是我做了一件错的事情。当时我们要晨跑,路线是从校园桥的一头绕过曹家村到另一头,由老师负责在终点盖章。我有次好心帮同学代跑,第一圈是找的经济法学院的一位贾老师盖的章,第二圈代跑的时候故意避开贾老师,但还是被发现了,他就开玩笑地和我说:"罗培新啊,我是真的贾老师,你是代替同学敲了一个假的真章。"弄得我很不好意思的,现在想想,我这不是剥夺了同学锻炼的权利吗,说不定他当时坚持跑对现在有好处呢!这就好比民法上的"好心施惠"的责任,比如你开车让别人搭顺风车,但是由于你自己的疏忽发生了事故,在民法上你是要承担责任的。

记:在您的学习过程中,有哪些老师对您的影响很大?

罗:本科时我崇拜一位穿着白外套的老师,他叫胡春明,是我们的法理老师,现在在青浦法院做院长。他很博学多才,受到我们大家的喜爱。同时,他讲课思路非常清楚,常常能够结合实际谈自己的想法。此外,他的字也写得很好,板书很漂亮。最让我敬佩的是他不是法学科班出身,自学成才。印象最深的就是他上课总是喜欢穿着白风衣,写完板书回头把粉笔一扔,让人觉得特别有风度,很有指点江山、激扬文字的感觉。我也是从他身上学习怎样成为一位好老师。后来有一次吃饭我专门给他敬酒,感谢他对我的启发。他也很高兴,因为作为老师,能够影响学生是一件很幸福的事情。

我在北大时的导师吴志攀教授也说过类似的话。他就告诉我,做老师最高兴的事情就是自己的生命能在学生的人生和学术道路上得到延伸。老师可以通过自己的思想和做人做事方法影响学生和身边的人,然后一代代传下去;也可以通过学术,著书立说,或者翻译国外的著作,节约大家的阅读时间这样的方式让自己的生命得到延续。我也一直在往这方面努力。

吴志攀教授也是对我影响很大的老师。他在北大当法学院院长期间深受大家的好评,可以说完完全全把自己的时间交给了学院、教授和学生,他对我也特别好。尽管他担任领导职务,平时很忙,但是每周抽出时间给我们开读书会,把文章拿出来让大家讨论。有件事给我们的印象很深,他强调文章语句要简洁,不要有啰嗦繁冗的表达。因此,他认为一个句子只能有一个逗号,如果多了说明肯定是有多余的话可以删掉的。有一次他拿了自己的一篇文章给我们看,我们就故意来挑文章内有没有多余的逗号,果然被我们挑出来了。后来他自己就把多余的表达删掉了。从这件事我也看出来老师是十分严谨的,他的谆谆教诲我一直到现在谨记于心。

记:您是从什么时候开始决定走上法学研究和教育的道路的?

罗:这也要追溯到北大读博士的时候。毕业前我的导师问我:"你毕业后想干什么?"我说好像自己还没有确定人生的目标,他接着说:"你都快三十岁了,小孩都有了,还没想过要做什么吗?"然后他就让我好好地考虑下这个问题。我当时毕业后去了海通证券,它的注册资本是最高的,待遇也不错,可以让我的妻子儿女过上比较舒适的生活。当时的想法就是挣奶粉钱吧!做券商要求对市场有敏锐的嗅觉,我的工作是通过对当天、半个月、一个月、一个季度的数据进行分析写成调查报告。我有一篇报告获得了一个全国性比赛的一等奖,深圳交易所还专门颁发了一个奖项。2004 年 2 月 17 日的三大报《中国证券报》、《上海证券报》和《证券时报》也都刊登了这篇报告,内容是通过股权对价的理论来解决国有股上市的问题。这篇文章的刊登也引起了小小的轰动,可能也间接地对于决策层有些影响。工作了一年后,虽然在证券公司能够实现自己的价值,但是我觉得这不是我喜欢做的事情。我还是希望回到学校做研究,教书育人。

最终回到学校还是受了两位老师的影响,一个是我博士生导师吴志攀教授,我毕业去证券公司的时候他就对我说:"小罗啊,人还是要注重精神层面的东西,物质是带不走的,但是精神是永存的。"我现在也很高兴当时作出了决定回到了校园。另一位是我在中国社科院的博士后导师王家福老先生,他也对我说过:"法律工作者和法学研究者应当让自己过得体面一些,但是除了过得体面一些之外,还要体现自己人生的价值。"我个人认为,有三条途径实现人生价值:立功,在战场上奋勇杀敌;立德,像孔孟之类的大儒;立言。前两条我们今天的时代已经不可能实现了,第三条也是很困难的,但是我想在这条道路上尝试一下。

就这样,我回到了阔别多年的校园。我现在的工作就和这个有些关系,我一直在翻译西方的一些经典著作,希望在介绍西方的道路上贡献出自己的微薄之力。我近几年每年都会翻译一本我认为属于经典的西方法学著作,一方面起到介绍作用,另一方面也是提高自己。我现在写的一些东西总觉得无论是思想的还是理论的深度都有些欠缺,所以我的想法是在四十岁我翻译了十本国外著作之后,再开始写自己的东西。社会科学就是靠着一代代人的慢慢积累,我希望自己能在我们这一代人中间作出一点点小贡献。

回过头来再看看证券行业,我觉得这个行业和现实联系得很紧密,相对于学校而言,会觉得有些浮躁。

记:老师,既然谈到了浮躁问题,现在社会上有种看法,就是我们的中青年学者都很浮躁,您是怎么看待这个问题的呢?

罗:这是个非常好的问题。正好我是华东政法大学科研处的处长,我也在制定和推行我们学校的科研考核标准。这些年来我们大学的科研数据有很大的提升,国家社科基金课题华政连续两年排名全国第一。所有学科的课题总量,华政已经上升到上海第三,排在复旦大学和华东师范大学之后,超过了上海财经大学、上海师范大学这些传统的强校,这是非常不容易的成绩。但同时我们也看到,这个数据是采取非常量化的考核标准催生的,老师们的压力都很大。我们非常细致地考核每位老师承担的科研项目、发表的文章、出版的著作,并公开每位老师的科研积分。另外,对于学科带头人,自己承担的课题和其他研究人员承担的课题都有相应的分数。可以说,每位学科带头人和老师的每一个动作都会被赋予一定的分值,反映你对于学科的个人贡献。通过这种机制,华政的科研成果有了很大的提升,在校外的声誉也好了。相对于前几年华政科研比较弱的情况而言,采取这个方法是有必要的,也是取得了成效的。

但是,采取这样的量化模式确实会刺激一种急功近利的心态,以一种唯数据论的观点来对待科研。一方面,我们鼓励大家多做一些勤勤恳恳的基础工作,提高了翻译、点校、勘校工作的分数;另一方面,我们考虑以一种代核的方式来考量教授、博导职称的标准。比如一个人有三篇文章,另一个人有三十篇,但是三篇的老师文章质量很高,那么评定职称的时候就选前一位老师。在取得了量的突破之后,现在我们要想办法提升科研成果的质量,建立起以质为标准的评价体系。

这也是在我们国家转型阶段的现象。以前学术造假很少被查出来,现在大家的成果都在网上公布,所以很容易查出来。这说明现在的环境慢慢地向好的方面转变,我们也要跟上节奏。比如说,在全国高校都以科研数量衡量科研标准的时候,我们不能置身世外,否则学校的科研数据会落后于人,声誉也会下滑,紧接着是我们同学的毕业就业也要受影响,生源也会受影响,这是个恶性循环。我们要数据,同时也要向质的标准转,给一些老师空间发挥,这也是个转型的问题。

记:老师您刚才所说的是作为一个学校管理者而言的,那么作为一个年轻学者,您个人是怎样看待这个问题的呢?

罗:对,刚才是作为一个管理者,我有感而发。同时,我还有一个身份是一名中青年学者。我在想,一个学者,一定要沉下心来。现在高校里的教师大概分为三类:第一类是天生就是心静的人,比如我们学校的戴永盛老师,虽然他平时很少发文章,也不申报科研项目,但是我从内心还是十分尊敬他的。另外一个是孙维飞老师,也是我们学校的民法才俊,他虽然现在还是讲师,但是自己完全静下心来沉浸在研究领域中,这也很令我敬佩。他们属于天生适合做学问的人。第二类人是有责任和热爱的人,他们觉得在学校有义务把自己的心沉下来做学问,我可能属于这种人。因为我是很好动的人,平时很喜欢打球,而且我也不拒绝一些交流活动,我还在学校担任一些行政工作,所以有时不知不觉中就会发现自己的心慢慢地变得有些浮躁了,为了让自己的心沉下来,我会回到书桌前,每天坚持翻译几页书,等心情好了以后再看一些书。通过这样的方式恪守着一个学者的责任。第三类人是既不天生爱学习也不会强迫自己,属于有点随性的人。这些人在高校中还不少,他们不像戴老师只愿看书,也不像我有些工作狂,可能把高校教职仅仅当做一个谋生的工具。我觉得中青年教师如果不是属于第一类人还是尽量成为第二类人,因为责任高于热爱。在这个山头就要唱这里的山歌,你不能在学校和社会上的其他职业比收入的多少,这是不对的。我们在学校做行政,就要把自己当做服务人员,服务学生和老师。就算再无聊的会议,我也会认真地记录,回来把记录发给我们的老师和同学,因为这是我的责任、我的工作。我们青年教师至少要做到强迫自己回到校园,然后渐渐地向第一类人过渡。我也是在过渡。我的好朋友王迁老师也是这样的,他很勤奋,同时思路很清晰,课讲得很棒。如果出去做律师肯定是个成功的律师,但他回到了高校做老师,因为他的想法和我一样,喜欢在高校的感觉。

如果一个青年教师要达到"家"的程度,还是那句老话:"板凳坐得十年冷,文章不写半句空"。这个方面我不得不说我很佩服何勤华老师。主要有两件事让我印象深刻:第一件是我在北大读博的时候,他有次给我们做讲座,朱苏力老师主持,贺卫方老师点评。朱老师开场的介绍是这样的:尊敬的何勤华教授在上海这个非常繁华的地方的一个相对冷僻的地方川沙县,做着非常热闹的显学法学的相对冷僻的分支法律史的研究。但是,何老师做得非常的投入,也做得非常的出色。我觉得这样的评价很有趣也很形象。讲座结束后我们上台和何老师聊了聊,之后何老师请我们在北京的华政校友吃了一顿饭。第二件事是何老师本身身体不是很好,他和我们说过在北大的时候常常在楼道里烧稀饭吃,因为他的胃不大适合北方的面食。在这样的情况下,研究还这么出色,我也是很感慨的。他曾经和我说,你们做学问要坚持下去,"坚持"两个字说起来很简单,但是真正做到是要放弃很多的。所以说做学者,最困难的是坚持。一开始你是个青年教师,为了生活好一些,努力写文章评职称,但是当你成为教授,生活好了以后,能不能继续研究这是很关键的。有些学者是"房子越来越大,学问越来越小",这个是不好的。

我最后还想谈一个问题,关于法律的本科教育。这也是我最近一直在思考的一个问题。你们也听说了,学校信任我,任命我为新成立的国际金融法学院的院长,何校长对我的要求是"培养精英"。向着这个目标,我们想对现在的法学本科教育做一些改革,我想在本科教育中增开四类课程。

第一是"通识"类的课程。所谓"通识",是培养一个法科学生拥有人文关怀和宽广的人文视野,没有经过这门课程的熏陶,可能使得我们现在的学生更像一个法律的工匠,而对法律背后的逻辑和价值了解不够。我们这个学院的"通识"课包括经济学通论、社会学通论、管理学通论和政治学通论。这些课程在大一完成,这样学生们会有宽广的人文社科视野,而且这些教员在课后会给学生推荐书单,让他们可以拓展自己的阅读范围。

第二类课程是数理统计课程,包括高等数学、微积分和数理统计。开这门课也是我自己的切身感受,我是学经济法本科出身的,但是我们那个时候高数不是必修课,这导致后来我在读国际金融法博士的时候看很多公式、函数、定义都很吃力。我是在博士后才补的课,我希望我的学生能够在精力最充沛最有热情的时候学好它们。

第三类课程是金融财会课程,包括基础会计、金融市场的基本术语等。如果我们连金融衍生品的原理都不知道,怎么谈金融监管?这也是国内法学界的一个短板,我希望我培养出的学生能克服这个缺点。

第四类课程是金融市场的实务类课程,包括金融监管实务、金融审判实务和金融律师实务。这些课程的老师都是券商、法官、律师等直接接触金融市场的从业人员。通过这门课我想让学生毕业后可以直接上手。法学教育不仅是知识体系的构建,还是个人能力的培养,这就必须要学生学会动手,否则无法在社会上生存下去。

此外,我要求我们的学生四年内考出司法考试、CPA、证券律师从业资格、高级口译以及其他的金融行业考试。进了我这个学院的学生被认为是没有假期的,我把你们当做精英来培养,学生自己也要把自己当做精英,没有精英是在太阳下晒出来的。就好比哈佛图书馆墙上刻着的训诫:"此刻打盹,你将做梦;此刻学习,你将圆梦。"因为这些学生都是华政最高分进来的,如果毕业的时候不是华政最优秀的学生,我觉得对不起他们的家长,更对不起他们本人。对于毕业后他们的流向,我希望他们1/3升学读硕士、1/3就业、1/3出国。我们学院的特点是高起点,所有老师都有博士学位;海归云集,有哈佛、耶鲁、慕尼黑大学的博士。我觉得这届学生还是很有希望的。

记:老师,最后对于法学院的莘莘学子有什么建议吗?

罗:拒绝功利,贵在坚持。

（吴　玄、方　砚）

秦天宝
Qin Tianbao

1975 年 5 月生，江苏徐州人。1994 年至 2005 年间就读于武汉大学法学院，分别于 1998、2000 和 2005 年获得法学学士（国际法学）、法学硕士（环境法学）和法学博士（环境法学，中德联合培养）学位。曾获得德意志学术交流中心（DAAD）奖学金，于 2003 年 5 月—2005 年 6 月间以博士生身份在德国法兰克福大学法学院学习环境法和国际法。2000 年 7 月起任教于武汉大学法学院。现为武汉大学法学院副院长，教授、博导；武汉大学中国边界与海洋研究院兼职教授、比利时根特大学法学院和法国巴黎十一大法学院博士生指导教授、哥廷根大学国际法与欧洲法研究所研究员、IUCN 环境法学院高级讲师，*IUCN Academy of Environmental Law Journal* 编委。

主要从事环境法、比较法与国际法的教学、科研和实务工作，在 SSCI 和 CSSCI 学术期刊上发表论文六十余篇，并出版了《生物多样性国际法导论》、《遗传资源获取与惠益分享的法律问题》、《WTO 与环境保护》（合著）、《联合国环境规划署环境法教程》（合译）等多部著（译）作。曾参加《水法》《环境影响评价法》《武汉市水资源保护条例》等多项国家、地方环境与资源立法的调研、论证或起草工作；向环境部、外交部、最高人民法院、中国环境与发展国际合作委员会提交重要咨询报告多篇；曾参加生物多样性与气候变化等领域相关国际谈判的对案准备工作。

学术成果曾入选国家首届"三个一百"原创图书工程，荣获司法部法学教材与科研成果一等奖、全国百篇优秀博士论文提名奖、武汉市社会科学优秀成果奖一等奖、武汉大学人文社会科学研究优秀成果特等奖等荣誉。个人入选教育部"新世纪优秀人才支持计划"。

> 导师的为人为学之道对我产生了很大的影响,他淡定、儒雅、潜心学术的为人处世之道是我终身学习的榜样。

记者(以下简称"记"):秦老师,很荣幸有机会能够与您当面交谈。您当时高考为什么会报考法学专业,进入武汉大学学习呢?

秦天宝(以下简称"秦"):我学法律,一开始还是有点偶然性。20 世纪 90 年代初我参加高考时,一般人对法律是感性认识,认为毕业后从事法官和律师这样的职业比较有前途;我本人也有些兴趣,所以就报考了法学这个专业。当时我了解到武汉大学法学院实力很强,而我也有亲戚在武汉这边。种种因素相加,便来到了武汉大学。当时武大法学院本科是分国际法、法学和经济法三个专业。我学的是国际法专业,是武大法学院的"拳头"专业。

记:那您来到武大之后,对武大的大学学习生活有着怎样的感受呢?

秦:来到武大之后,最切身的体会就是,法学学习很有意思。所以,在武大的学习中,对法学的兴趣越来越浓。武大法学院有很多非常优秀而且各具特色的老师,他们让我感受到了从未体会过的自由、开明与宽容的学风。

我刚到法学院的时候,作为一个男孩比较好动,学习方面不是特别努力。第一年课程结束时,成绩不够理想,这对我触动比较大,后来开始静下心来看书学习。期间也曾担任过院学生会的副主席,组织和参加了一些学生活动,但重心还是放在学习方面。总体而言,我度过了比较充实的大学四年。

记:您本科学的是国际法,现在又怎么会从事国际环境法的研究呢?

秦:本科毕业时,我想继续深造,当时我报考的专业是国际经济法。可能是因为压力太大,考得不是特别理想,但是有机会可以调剂到一些比较冷门的专业,比如法理、法史、环境法。这时我有幸碰到了对我影响很大的王曦教授。王老师是做国际环境法研究的,他想找一个有国际法背景的学生来研究国际环境法。我正好有这个背景,就这样开始了从事国际环境法的研究。

记:秦老师,您对您的导师王曦一定有很深的感情,可以跟我们谈谈他吗?

秦:我的导师是对我影响最大的人之一。王曦老师经历比较坎坷,"文革"期间曾经下放,改革开放后成为我国第一批大学生、第一批研究生、第一批出国的学者。老师的为人为学之道对我产生了很大的影响,他淡定、儒雅、潜心学术的为人为学之道是我终身学习的榜样。他独特的人格魅力与真正的学者风范总是感召和鼓舞着我,他严谨的治学态度与高深的学术造诣也时常鞭策和督促着我。

王老师总是在我发展的重大关头给我鼓励和支持。我在 1999 年读硕士研究生的时候就跟着王老师去澳大利亚进行短期的访问交流。在那个时候硕士研究生能够获得对方资助的出国机会是很难得的。在我的工作方面,2000年的时候武大硕士生留校是很难的。在我留校这件事情上,王老师不遗余力地帮助了我。此外,不管是之后攻读博士学位、出国留学还是加入国际学术组织等方面,王老师都给了我很大的帮助。

由于深知导师对学生的影响至深,在我为人师之后,也一直以王老师为榜样,希望能带给我的学生更多有用的东西,对他们产生正面积极的影响。

记:秦老师,您的导师王曦老师现在在上海交大任教,平时你们怎么联系呢?发邮件吗?

秦:王老师很擅长接受并使用新鲜事物。他是武汉第一批用电子邮件的人,差不多在1993年的时候就开始用电子邮件了。他现在还使用Skype举行网络会议,并开设个人博客。在德国攻博的时候,我们主要通过打电话、发邮件联系。王老师是在我读博二的时候调到交大的。但是,这不会影响我们的交流。如果有适合我的活动,王老师会让我参与;我这边有任何问题也会及时向他请教。古语云:"一日为师,终身为父。"我对王老师一直非常尊敬。

> 在国外待得越久,对祖国的感情就越深。……我很坚定地选择了回国,希望为国家的法制发展做些事情。虽然说一个人的力量有限,但是默默地做些力所能及的事情,渐渐地影响更多的人,国家的法制就会有进步。

记:我们了解到您曾经去德国留学,可以跟我们说说您的留学收获吗?

秦:我是在导师的支持之下申请的国家公派留学基金,是一个与德意志学术交流中心(Deutscher Akademischer Austausch Dienst,DAAD)联合培养博士生的项目,为此我还到上海学习了一年德语。应该说我还是很幸运的,在德国期间我的两位导师Michael Bothe教授和Eckard Rehbinder教授都是德国最权威的两位环境法学家,在他们和王老师的共同指导下,我在德国完成了我的博士论文。博士论文应该是我留学最直接的收获,同时也凝聚了王老师和国外两位导师的心血。它结合了国家的重大需求和国际上的最新发展以及我自己的心得,确确实实是一个很原创的东西。这篇论文后来获得了湖北省优秀博士论文和国家百篇优秀博士论文的提名,还入选国家首届原创图书出版工程。个人觉得还是很受鼓励的。更重要的是,在出国的近三年时间里,我的研究能力、学术视野、对外交往方面得到了很大提升,在语言方面也得到了很大的锻炼。

在德国留学期间到位于波恩国际上最大的环境保护机构
——世界自然保护同盟的环境法中心短期访问

记：现在有很多出国的人都选择留在国外发展，您当时怎么就决定回国呢？您现在如何看待当初的选择？

秦：我是一个有着强烈爱国情感的人。在国外待得越久，对祖国的感情就越深。博士毕业后，我也有机会留在德国工作。但是，想到国家出钱出力培养我，法学院对我又是那么的支持和期待，不回来感情上说过不去。所以，我很坚决地选择了回国，希望为国家的法制发展做些事情。虽然说一个人的力量有限，但是默默地做些力所能及的事情，渐渐地影响更多的人，国家的法制就会有进步。

回国之后，我的发展还是很顺利的。我 2005 年回国，回来之后武大和法学院都给了我很多机会，使我在学术方面进入了一个比较快速发展的阶段，有机会出版和发表一些研究成果，争取到一些研究课题，并在两年后获评教授和博导。国家给我们青年学者很好的发展机遇，我的选择是正确的。所以，我一直很庆幸，很感恩。

> 我到台湾时看到武大老校长王世杰先生的题字"莫道江湖多风雨，且看珞珈有晚晴"，写得很好。我是个知足常乐的人，对很多东西都看得很淡。大红大紫也是过，平平淡淡也是过，我觉得平平淡淡挺好。

记：秦老师，您到武大有多少年了？

秦：从本科读书算起的话，应该快二十年了。有种理论说，在学校的校友中对学校有着最深感情的是本科生，其次是硕士生，再次是博士生。我本科、硕士和博士都在这儿，感情当然更是深了。

记：秦老师，您在武大待了这么多年，想过换个环境吗？

秦：我不愿意离开。武大很养人，每天坐在珞珈山上，看看东湖水，心情很安静。在这里能更静下心来深入研究一些东西。当然，法学院的氛围也是相当好，学术氛围比较自由，历任院领导对年轻人的发展都很支持。我还比较年轻，这里就有一个良好的平台——国家文科重点研究基地和国家重点学科——环境法研究所让我发挥。我非常珍惜这样的机会。我到台湾时看到武大老校长王世杰先生的题字"莫道江湖多风雨，且看珞珈有晚晴"，写得很好。我是个知足常乐的人，对很多东西都看得很淡。大红大紫也是过，平平淡淡也是过，我觉得平平淡淡挺好。

在英国做访问学者期间在苏格兰高地

记：秦老师，从您的话语中我们可以听出您对武大和法学院有着浓浓情意。

秦：是的。法学院给了我很多机会。武大法学院有一传统，总是给年轻人一些快速发展的机会。前段时间，在法学院举办恢复建院三十周年的活动上，马克昌先生还讲，现在国内著名法学家像黄进老师、余劲松老师，也是在很年轻的时候院里就给了发展机会。法学院鼓励年轻人冒尖出头，只要你有能力，院里就会给你发挥的平台。我开始工作时，法学院的主要领导是曾令良院长和莫洪宪书记，环境法研究所所长是蔡守秋教授，他们对我们年轻人的发展、深造都特别支持。我考博士的时候，按学校的规定，必须工作满两年才允许报考，但是我只工作了一年院里就批准了我的申请。我当时工作没多久，工作量应该说还是比较大的，在这种情况下可能其他单位不会支持出国，但是我们院就特别支持。我在国外待了两年多，再加上在上海学习德语的一年，前前后后有三年多时间，法学院完全没有给我安排任何工作，让我专心读书。因为法学院的领导和老师大多都有出国留学的经历，所以更了解"走出去，请进来"的重要性。只要有机会,他们都是特别鼓励和支持交流与发展。武大法学院有这一优良传统,从韩德培、马克昌等老先生们到历任院领导,到现任的肖永平院长和侯振发书记、王树义所长,都是这样鼓励和支持年轻学者。

另外,法学院勇于并乐于创造公平公正的环境,推动年轻学者快速成长。例如,我在副高和正高职称的评审中,主要抱着试一试的心态。但是,法学院来自各个专业的评委们并没有门户之见,本着对年轻人的鼓励以及对学科发展支持的态度,对我的申报很支持。在这样一个春风化雨般的环境中,我逐渐成长起来了。因此,我对法学院有着很深厚的感情,也希望为她多作贡献。

记:我们知道您去了很多国家,那您还是鼓励现在的学生多出去走走吗?

秦:当然,如果有机会的话还是应该出去看看。这主要有三个方面的原因:一个方面是开拓眼界。出国留学不在于你一定要学到什么样的专业知识,而是要切切实实了解到不同国家的历史传统、文化背景和思维习惯。第二个方面就是在方法论上,出国留学会使学习方法、研究方法得到很大的提升。还有一个方面就是语言方面会得到很大的提升。虽然现在学生普遍外语能力比较强,但是在一个语言环境为外语和一个语言环境为汉语的情况下,外语能力的提高还是不一样的。

现在国家加大了公派留学的力度,高水平研究生项目每年支持五千人左右出国留学。从项目开始的第一年我就支持我的研究生出去,基本上每年都有两个学生在国外知名大学攻读博士学位。本科生方面,出国需要我写推荐信或联系学校,我也是非常支持。从我的角度来讲,我是这个方面的受益者,再加上我们法学院有这种传统,我总是毫无保留地支持他们。至于学成之后是否回国,回国后是否继续专业研究,这都是个人选择的问题。我还是认为,只要出去走走,见识见识,对于他们个人今后的发展以及国家的发展都是有好处的。

> 学术研究不能盲目地借鉴和学习西方的东西……我们要做的是"知其然,知其所以然"……先进的我们应该学习,但是一定要结合自己国家的国情来作出相应的规定。

记:您本科学的是国际法,硕士和博士学的是环境法,您现在的研究将两者结合,这在法学领域应该是比较创新的。

秦:确实还是比较新的。我们都知道,环境法本身是一个新兴学科,只有三四十年的历史,国内外皆是如此。从事国际环境法的研究人也比较少。我的导师王曦老师从事这方面研究时,全国也就几个人。现在虽比之前多,但相比其他学科还是比较少。因为国际环境法的研究一方面需要国际法的学术基础,另一方面对外语的要求比较高。现在在从事这方面研究的主要有两股力量,一是环境法中外语能力比较好的,二是传统国际法学界有部分人开始从事国际环境法的研究。总体而言,现在从事国际环境法研究的人越来越多,这是件好事,大家可以更多地交流。现在涉外环境事务也逐渐增多,如气候变化问题,这方面研究力量的增强对于我们国家的国际谈判和学术发展都是有帮助的。

记:秦老师,我们知道您可以用多国语言写论文。

秦:哪里哪里,主要还是英语。我在德国留学,现在用德语交流没有问题。博士阶段曾经修过法语的二外,借助工具书也能基本看懂专业文献。国际和比较环境法这个领域内还是英语比较通行一些。所以,现在还是用英语发表论文、进行学术交流比较多,也比较容易获得国际学术界的认同。

以前我们总说要学习国外的东西,这个很重要。但现在来说,我们更应该将中国的东西介绍出去。但是,如果我们是用母语来写论文,就不会在国际上产生影响。像我之前写了两篇有关气候变化的英文论文,在国际会议上发言和国际期刊上发表,从规范和价值的角度介绍了我国在气候变化上的国际法权利义务及其实施情况,在国际上还是产生了一定的影响,让国外同行了解到我国在气候变化领域的努力和贡献以及我们的愿景。

同时,国际规则的制定也应该有发展中国家的声音。以前发展中国家更多的是遵守国际规则,而这些规则本身可能是不正义的。现在我们就应该积极参与,像在联合国环境规划署国际软法文件《关于有害环境活动所造成损害之责任、应对行动和赔偿的国内法的编制准则》的起草和论证过程中,我就作为中国的唯一代表受邀参加。我准备了长篇的书面评论,并在会议期间积极发言,和其他专家一起争取该准则更多地考虑和维护发展中国家的利益。如果没有很好的语言基础,是很难做到这些的。

记:秦老师,那您觉得我国环境法的发展空间如何?

秦:我觉得我们国家环境法的发展空间还是很大的。首先是怎么理解环境法的概念问题。狭义的理解可能就是环境保护法,广义的理解则是所有与环境有关的法律都可称为环境法。特别是从广义的角度看,环境法大有可为。因为环境问题与生活息息相关,与法律的其他部门也联系紧密。我们可以看到,现在有越来越多的宪法、行政法、经济法、国际法等学科的学者开始从事环境法的研究。其次,环境法是一门新兴的法律部门。前些年我国主要解决了环境立法的问题,现在进入立法与执法并重阶段。我们国家的环境立法已经很多了,但是我国的环境状况似乎是越来越糟,是不是执法出了问题?这种现象是值得我们思索的,同时也给我们提供了较大的研究空间。环境法在某种程度上是反映法律与法学发展的标志性领域,很多其他专业领域的研究可能从环境法方面得到突破。像国际环境法和国际人权法是代表了国际法的发展趋势。在国内法方面,许多环境法的问题充斥着生活的各方面,比如公众参与。很多法学学科都可以研究公众参与问题,但环境法中的公众参与更具典型意义。所有的法学学科都可以与环境法联系起来。所以,环境法的发展空间还是很广阔的。

记:您认为我国对环境法的研究与国外是否存在差距,差距主要在哪里?

秦:差距还是有一些,主要是以下几个方面:第一,在研究的水平和层次上有些差距。虽然我国从事这方面研究的人数多,在研究的选题方面基本上也是与国际同步的,但是真正愿意静下心来做的人并不多。我刚才也提到环境法是关于环境问题的各个法律领域的结合。所以,想从事环境法领域的研究,在对一门传统法学学科有精深的理解和认识后更有助于今后的研究。例如,做国际环境法,就需要从国际法的角度来解释环境问题。所以,我的意见是,在传统学科的基础上从事环境法的研究可能更好。第二,我们的选题容易扎堆,这样做出来的东西容易简单重复。比如循环经济问题,在期刊网上的论文估计不下上千篇,但很多论文的内容和结构甚至是结论都是雷同的。在环境法的其他选题上,也有类似的问题。第三,外语水平问题。在传统学科领域,外语能力强,学术功底扎实的人比较多。环境法作为新兴学科,对外语的要求是很高的,但同时具备这两个条件的人相对较少。所以,在研究成果的质量方面还是有点差距。但是,随着我们国家的迅猛发展,出去学习的人越来越多,差距会逐步缩小,对这一点我还是很乐观的。

还有,我一直认为,学术研究不能盲目地借鉴和学习西方的东西,特别是我们环境法领域。虽然环境法有一些共同性,但是其实在很多情况下是不一样的。学术研究还是要考虑各国的实际发展情况,纯西方的理论和主张在中国等发展中国家可能是不适用的。我还从事比较法研究,从事比较法研究主要有两种方法:一种是比较学习最先进的制度,另一种是比较学习国情最相类似的这些国家的制度。因为任何一种法制、任何一种制度都是有其土壤。如果完全抛开其土壤,我认为这种比较是没有意义的或者说这种结论可能是有误导作用的。我们要做的是"知其然,知其所以然"。我们应该更多地关注规则制定的背景、原因和条件。在我们环境法领域,现在往往只停留在学习欧美发达国家的制度上。当然,先进的我们应该学习,但是一定要结合自己国家的国情来作出相应的规定。比方说,环境保护及其法制的起源和发展在西方国家凭借的是一种"bottom-up"(自下而上)的模式,由民众来推动政府进行环境保护。而我们国家是"top-down"（自上而下）的模式，最开始是由国家机关意识到重要性，通过宣传教育民众来推动环境保护。所以说，逻辑起点都不一样，怎么可能作出相同的制度设计？不仅在环境法领域，在其他领域也存在这样的问题。所以说，我们现在可能更应该关注比如印度、巴西、南非这些与我国国情相似的国家和地区的制度。其中更值得我们关注学习的是我国台湾地区。大陆地区环境法制现在面临的很多问题，在台湾地区几十年前可能都出现过。所以，我们学习他们可能会更好。当然，也不一定都是学习成功的经验，也可以从失败的教训中学习。

记：您是否认为有着传统学科背景的人从事环境法的研究会比较有优势？

秦：应该说各有优势吧。研究生阶段开始专门研究环境法的人可以全面系统了解环境法的知识，那么他的研究可能就会更周延一些。从传统学科角度来研究环境法的话，优势在于传统学科功底扎实，对新的东西会研究得更深入更透彻，但也有可能会拘泥于传统学科研究的范式。所以说，环境法学科有自己独特的特点，传统学科也有自身的优势。我的意见是本科阶段把法学基础打好，特别是能主攻一个方向，再来系统地学习环境法，这样可能会比较好。

记：刚才您提到出国留学对您在方法论上有所启发，那您最喜欢的法学研究方法是哪一种呢？

秦：不同的学者可能对于法学研究方法的理解也有所不同。我刚才提到了比较法，我们环境法是舶来品，所以比较法是我比较常用的方法。既要比较先进的，也要比较国情相似的；既要知其然，也要知其所以然。当然，更重要的是要根据研究的选题来选定研究方法，不要拘泥于某一种方法，关键是找到真正适合该选题的研究方法。

记：您最近在国际环境法领域的主要研究兴趣有哪些？

秦：首先是气候变化方面，我应该属于国内比较早关注这一领域的环境法学者，这些年也一直在做这方面的工作。现在这是个热点问题，很多同仁也开始做，这是好事情，"人多力量大"。我认为在关注热点问题的时候，更应该关注所涉及的基本理论问题。比如"共同但有区别的责任原则"，现在可能是提得最多的一个术语了。但从法律的角度看，它的法律地位是什么？它的内涵到底是什么？为什么它有这么多争议？这是我们应该静下来研究的，不应只停留在口号式的或者短期对策性的研究层面上，应该深入到法理这个层面。在这一领域的研究，应更注重基础性问题的研究，这样才能为国家的决策提供切实可行的法律依据，也能推进法学研究的深化。同时，我还比较关注气候变化中一些不太引起注意的"冷门"问题，比如技术转让。为什么气候变化领域的技术转让总是做不好？在法律上有哪些障碍？我们怎么克服？这些都是我所关注的。

我关注的另外一个重要领域是生物多样性问题。以我的理解，生物多样性问题和气候变化问题是同等重要的。但是，由于问题的复杂性和问题形成的长期性以及措施见效的缓慢性，生物多样性的问题相对气候变化而言是隐性的。所以，这个领域受重视的程度不够，但我还会继续研究。

还有一个领域是跨界环境法律问题，包括国际河流合理开发利用问题、跨界污染及其争端解决问题等等。

其实，国际环境法的基本理论问题一直是我的兴趣所在。因为近几年教学科研任务比较重，没有太多的时间从事这方面的研究，但是今后会在这方面花更多的时间和精力进行研究。

记：秦老师，您在教学中会给您的学生推荐书目吗？

秦：会，依据阶段不同推荐也会有所不同。

记：那您一般会向本科生推荐些什么书目呢？

秦：还是以专业书为主。我现在教授国际环境法。因为本科国际法专业取消后，学生国际法的专业知识不是特别扎实，所以我还是推荐一些国际法方面的书籍，主要是配合我的课程。研究生的话，面还要宽一些。除了本专业的书籍之外，法学其他学科、管理学、伦理学、政治学、经济学等各方面的书都会推荐。

记：秦老师，非常感谢您抽空接受我们的采访，最后请您给我们这些法科学子们提几点建议。

秦：我这个人比较实在，就说点大白话吧：老老实实做人，认认真真做事。人心自有一杆秤，只要你认认真真做事，自会得到别人的认可。我自己的成长经历多少可以证明这一点。我愿意静下心来做事情，也得到了很多支持与关爱。所以，只要平时多做些准备和积累，自己多努力，一定会得到认可与回报的，可能只是时间问题。

（杨　颖、江小夏）